上海现代服务业联合会郑惠强会长出席2021上海徐汇创新论坛并发表讲话

上海现代服务业联合会副会长孙建平主持2021上海徐汇创新论坛

上海现代服务业联合会白焕耀副秘书长发布《上海现代服务业发展报告2020》出版

"长三角地区三省一市信用(行业)协会联席会议"秘书处成立

上海现代服务业联合会与安徽省人民政府驻沪办事处签订合作框架协议仪式

2021上海创意产业博览会筹备工作会议召开

2022年长三角现代服务业联盟工作会议在江苏省现代服务业联合会召开

2022长三角现代服务业联盟工作会议

上海现代服务业联合会企业家考察团调研走访浙江省温州市

上海新英源物流有限公司为上海防疫物资保供做出贡献

上海市物流协会召开第三届第五次会员代表大会暨理事会

上海市商务委相关领导为"上海市冷链服务大数据中心"揭牌

上海市物流协会、学会共同召开产学研基地暨产教合作工作会议

上海市物流协会产教融合专委会在上海商学院举行成立大会

上海物流行业协会组织合作联盟2021年第一次秘书长联席会议召开

上海市物流协会成功举办"上海物流数智化论坛"

上海市物流协会党支部组织收看庆祝中国共产党成立100周年纪念大会

《上海物流年鉴》主编白焕耀在编撰研讨会上发言

市发改委朱思民处长和陈震常务副秘书长出席上海物流行业社会联盟
2021年第二次秘书长联席会议

《上海物流年鉴》编撰相关负责人调研上海现代服务业联合会大数据中心

内蒙古自治区呼和浩特市综合保税区相关负责人走访《上海物流年鉴》编辑部

2021第二届中国（上海）工业品在线交易节暨上海物流业采购日活动成功举办

上海市物流协会组织"企业经营财务优化分析与诊断"培训

上海市物流学会召开九届四次理事会暨会员代表大会及2021年学术年会

上海现代服务业联合会召开2021年《上海物流年鉴》工作会议

上海现代服务业联合会副秘书长白焕耀(右六)受聘内蒙古自治区招商大使

上海现代服务业联合会物流与供应链服务专委会领导参加两岸冷链服务交流座谈会

2021年上海物流节系列活动顺利召开

上海市物流协会固晨曦副秘书长主持物流统计样本企业工作会议

上海现代服务业联合会陈振鸿常务副会长听取《上海物流年鉴》编辑情况汇报

2021年度上海站优质物流专线颁奖仪式

上海物流年鉴 2022

Shanghai Logistics Yearbook 2022

上海现代服务业联合会
上海市物流协会 编著
上海市物流学会

图书在版编目（CIP）数据

上海物流年鉴. 2022 / 上海现代服务业联合会，上海市物流协会，上海市物流学会编著. —上海 : 上海社会科学院出版社，2022

ISBN 978-7-5520-3936-8

Ⅰ. ①上… Ⅱ. ①上… ②上… ③上… Ⅲ. ①物流—上海—2022—年鉴 Ⅳ. ①F259.275.1-54

中国版本图书馆CIP数据核字（2022）第144604号

上海物流年鉴2022

编　　著——上海现代服务业联合会
　　　　　　上海市物流协会
　　　　　　上海市物流学会
责任编辑——董汉玲
封面设计——白焕耀
出版发行——上海社会科学院出版社
　　　　　　上海顺昌路622号　邮编　200025
　　　　　　电话总机　021-63315947　销售热线　021-53063725
　　　　　　http://www.sassp.cn　E-mail: sassp@sassp.cn
印　　刷——上海普顺印刷包装有限公司
开　　本——890毫米×1240毫米　1/16
印　　张——32.25
字　　数——641千
插　　页——12
版　　次——2022年9月第1版
　　　　　　2022年9月第1次印刷
书　　号——978-7-5520-3936-8/F·710
定　　价——399.00元

（如发生印刷、装订质量问题，读者可向工厂调换）

《上海物流年鉴》编辑委员会

主　　任　郑惠强

副 主 任　陈振鸿　孙建平　李关德　简大年　范鸿喜　刘　敏　史健勇
　　　　　史文军　刘春景　黄有方　浦静波　许培星　何健华

委　　员（按姓氏笔划排列）
　　　　　白焕耀　刘龙昌　李　强　杨　斌　肖　刚　吴伟青　吴保峰　陈　震
　　　　　郑国杰　郝　皓　胡　斌　殷　飞　黄郑明　韩志雄　程浩爵　储学俭

主　　编　白焕耀

执行主编　韩志雄

参加编写人员（按姓氏笔划排列）
　　　　　叶克全　朱泽榕　杜旭芒　李　佳　吴　洁　何　牧
　　　　　张瑞坤　固晨曦　高　玲　童　瑶

责任编辑　王　伟

地址：北海路8号福申大厦1001室（上海现代服务业促进中心办公区内）　　邮编：200001
电话：23292214，23292224　　传真：23292238

前　言

2021年是"十四五"规划和第二个百年奋斗目标的开局之年。在持续不断的新冠病毒肺炎疫情全球大流行的影响下，对全球物流供应链行业产生巨大冲击。作为全球经济最具活力的东亚地区，上海物流业仍然保持着持续深入发展的水平。受疫情影响，《上海物流年鉴2022》未能如往年一样在5月6日上海物流节及时发布，但在我们全体编撰人员的努力下，克服种种困难，还是顺利完成了编辑工作。我谨代表上海现代服务业联合会及我个人，向多年来支持和参与《年鉴》编辑工作的工作人员和单位表示衷心感谢，同时向《上海物流年鉴2022》的发行表示祝贺。

在党中央、国务院、上海市人民政府的坚强领导下，上海物流人坚决打赢疫情防控阻击战，保持行业整体高质量发展。全年实现交通运输、仓储和邮政业增加值1843.46亿元，比上年增长13.5%。全年各种运输方式完成货物运输量155211.94万吨，比上年增长11.5%。旅客发送量14047.06万人次，增长17.3%。全年完成港口货物吞吐量77635.43万吨，比上年增长8.3%；集装箱吞吐量4703.33万国际标准箱，增长8.1%。集装箱水水中转比例达49.6%，国际中转比例为13.0%，分别比上年减少2.0和提高0.7个百分点。上海浦东、虹桥两大国际机场全年共起降航班57.47万架次，增长5.4%；实现进出港旅客6541.41万人次，增长6.1%。其中，国内航线进出港旅客6373.62万人次，增长12.9%；国际及地区航线进出港旅客167.79万人次，下降67.7%。

今年出版的《上海物流年鉴2022》是本年鉴创办以来的第11本。经过11年的长跑历程，不懈努力，探索创新，该年鉴已经成为业内认可度很高的权威物流行业发展分析图书，得到物流界内外的一致认可。

千淘万漉虽辛苦，吹尽狂沙始到金。希望我们上海物流行业同仁，立志欲坚不欲锐，成功在久不在速。推动上海现代物流服务行业可持续高质量发展。

2022年5月6日

目 录

第一篇 综合报告和政策文件

一、物流业综合报告和2021年度统计数据 ··· 1
  （一）全国物流业 ··· 1
  （二）上海市物流业 ··· 19
二、2020年物流业政策文件 ·· 23
  （一）国务院暨各部委局物流业部分政策文件 ··· 23
  （二）上海市人民政府暨部门物流业部分政策文件 ··· 34
  （三）物流业各协会2021年度行业发展快报、论坛或行业会议讲话和新闻稿 ············ 42

第二篇 物流业发展景气指数

一、2021年中国物流业景气指数 ·· 49
二、2021年电商物流指数 ··· 62
三、2021年中国仓储物流指数 ·· 68
四、2021年中国快递物流指数 ·· 81
五、2021年中国制造业及全球主要国家制造业采购经理指数 ···································· 91

第三篇 物流基础领域

一、交通运输 ··· 103
二、水路运输 ··· 107
三、铁路运输 ··· 112
四、航空运输 ··· 116

第四篇 口岸、（临港）自贸区、进口博览会、航运中心建设

一、口岸物流 ··· 121
  （一）上海口岸2021年度物流统计数据 ·· 121
  （二）重要政策 ··· 123
  （三）综合信息 ··· 126
二、自贸区物流 ··· 137

（一）2021年度相关统计数据 137
　　（二）2021年上海自贸区重要政策 137
　　（三）上海自贸区物流业年度综合情况 153
三、进口博览会 164
　　（一）2021第四届中国国际进口博览会物流保障综合信息 164
四、航运中心建设 178

第五篇　长三角物流区域联动合作

一、2021长三角区域物流一体化发展报告 185

第六篇　产业供应链物流

一、汽车物流 191
　　（一）2021年中国汽车市场回顾与展望 191
　　（二）中国汽车物流行业市场现状及发展趋势分析 193
　　（三）2021年中国整车物流行业市场现状及发展趋势分析 铁路发运量占比达到30% ... 194
　　（四）"2021汽车物流全球会议"在上海召开 198
　　（五）新能源化、网联化变革趋势是未来汽车产业的发展方向 199
　　（六）2021汽车物流全球会议发布《中国汽车国际物流和供应链联合倡议》 ... 199
　　（七）"2021全国汽车零部件物流大会"在上海召开 200
　　（八）未来物流发展新格局对汽车装备是机遇也是挑战 201
　　（九）"2021全国汽车轮胎物流发展座谈会"在上海召开 203
　　（十）中国汽车流通业于变局中开新局 204
　　（十一）2021年汽车市场的五大特征和变化 206
　　（十二）罗兰贝格公司预测2021年汽车行业趋势 208
二、医药物流 211
　　（一）《中国医药物流发展报告（2021）》十大亮点 211
　　（二）2021年中国医药物流行业市场现状及发展趋势分析 医药物流信息化将进一步完善 ... 213
　　（三）2022年医药三方物流趋势分析 220
　　（四）上海市药品安全和高质量发展"十四五"规划 223
　　（五）上海市药品监督管理局关于印发《上海市药品现代物流指导意见（试行）》的通知 ... 236
　　（六）《上海市药品现代物流指导意见（试行）》政策解读 240
　　（七）透视上海医药商业版图：从分销、零售到创新业务 241
　　（八）国家药监局开展特殊药品安全管理情况检查 244
　　（九）交通运输部、国家卫生健康委、海关总署、国家药品监督管理局联合印发《新冠病毒疫苗货物道路运输技术指南》 ... 245
三、绿色物流"双碳"战略 246
　　（一）我国"十四五"物流业加速"绿化" 246
　　（二）落实国家"十四五"规划纲要　推进交通绿色发展 248

（三）加快形成绿色低碳运输方式 248
（四）专家解读 | 深入开展污染减排 加快推动绿色低碳发展——《"十四五"节能减排综合工作方案》 250
（五）数字化升级与绿色化转型——供应链的融合发展之路 251
（六）碳中和愿景 — 构筑安全高效的中国绿色低碳发展之路：交通篇 252
（七）国务院印发《2030年前碳达峰行动方案》，交通运输绿色低碳行动 成为"碳达峰十大行动"之一 256
（八）大力发展绿色交通消费，到2030年，绿色低碳产品成为市场主流——国家发展改革委等部门印发《促进绿色消费实施方案》通知 257
（九）2021年我国新能源汽车销量达352.1万辆，同比增长1.6倍——绿色消费需求仍待激发和释放，多部门联合印发实施方案全面促进消费绿色低碳转型 263
（十）能源绿色低碳转型顶层设计出炉，推进交通运输绿色低碳转型 264

第七篇 逆向物流

一、逆向物流标准 273
二、逆向物流大赛 276
三、逆向物流行业活动 277
四、逆向物流学术研究文稿 281

第八篇 冷链物流

一、2021年中国冷链物流市场发展现状分析 287

第九篇 城市配送与快递物流

一、城市配送 297
  （一）国内超市、卖场物流概述 297
  （二）2021城市物流配送行业现状及发展前景分析 297
  （三）超市生鲜配送的优势主要有哪些？ 298
  （四）中国零售供应链现状 299
  （五）从达达集团2021年Q2财报看即时零售新阶段的拓展逻辑 300
  （六）商贸物流发展的现状 302
  （七）中物联《2021年城市配送货车便利通行报告》首发 307
二、邮政、快递物流 316
  （一）国家邮政局公布2021年邮政行业运行情况 316
  （二）2020年邮政行业发展统计公报 322
  （三）我国快递年业务量首次突破千亿件大关 325
  （四）2021年中国快递行业发展现状及市场竞争格局分析：快递业务量达1083亿件 327
  （五）2021年中国快递行业市场现状及发展前景分析：未来5年业务收入将达到1.5万亿元左右 334

（六）2021快递业：更畅更智更绿 340
（七）绿色邮政"十四五"发展规划发布 342
（八）一文带你了解2022年中国邮政行业发展现状行业规模稳定增长 344
（九）上海市邮政行业发展统计公报 346
（十）挖掘快递进村的发展潜力 349
（十一）上海邮政快递国际枢纽中心建设被纳入《上海国际航运中心2021年重点任务安排》 350
（十二）市场变了、赛道变了，快递下一站在哪里？ 351
（十三）这里的快递最发达？揭秘"四大城市群" 354
（十四）《青浦区快递物流行业质量提升行动方案》的通知发布 358

三、电商物流 359
（一）2021年我国电商物流需求保持较快增长 359
（二）2021年我国跨境电商进出口规模达到1.98万亿元，增长15% 359
（三）2021全国网上年货节网络零售额达9057.6亿元 360
（四）电商发展顶层设计将出 10亿级市场获政策力挺 362
（五）首破4万亿元大关 | 2021年上海市外贸进出口创新高 363
（六）六种外贸新业态，为何跨境电商跑得最快？ 364
（七）上海市人民政府办公厅印发《关于本市加快发展外贸新业态新模式的实施意见》的通知 365
（八）商务部等六部门印发通知进一步扩大跨境电商零售进口试点 369
（九）商务部等九部门联合印发《商贸物流高质量发展专项行动计划（2021-2025年）》 370

第十篇 物流装备、标准、技术和信息化

一、物流设施与设备 375
（一）综述 375
（二）多个单位联合涉及新版快递塑封袋 预计可较大减少污染量 378
（三）中国特色托盘循环共用黄金时代开启 379
（四）芯片短缺国内车市罕遇"以产定销"新能源车逆势增长年销或超300万辆 379
（五）全国人大代表许燕妮：建议国Ⅶ排放标准实施不早于2033年 381

二、物流标准 382
（一）综述 382
（二）2021年物流国家标准发布一览 382
（三）2021年实施的物流标准 383
（四）2021年3月-2022年2月《物流标准化动态》目录 392
（五）综合信息 401

三、物流常规技术 406
（一）综述 406
（二）掘金7000亿市场，自动驾驶如何赋能"汗水物流"？ 407
（三）赋能物流行业发展，中储智运等网络货运平台"试水"区块链技术 410
（四）设备和技术在物流场景中的应用（技术篇） 411
（五）钢来钢往：新技术赋能大宗商品 驱动产业智慧化升级 412

四、物流信息化 · 414
　（一）综述 · 414
　（二）综合信息 · 415
　（三）网络安全 · 422

第十一篇　物流金融与保险

一、供应链金融概述 · 427
　（一）供应链金融数字化发展趋势 · 434
　（二）供应链金融平台，如何填平信用沟壑 · 436
　（三）秒懂供应链金融的生态圈 · 438
　（四）供应链金融的四大发展趋势与三大创新方向 · 440
　（五）经济发展新格局下 如何构建供应链金融新生态？· 443
　（六）"链"金融，更好链接资金需求 · 452
二、物流融资租赁 · 456
　（一）融资租赁在供应链金融中的几种业务模式 · 456
　（二）物流外包企业融资技巧有哪些 · 460
三、物流直接融资 · 462
　（一）物流企业融资的方式有哪些 · 462
四、物流保险 · 464
　（一）物流保险的基本原则 · 464
　（二）物流保险目前的险种以及对近代物流工业的促进作用 · 465

附　录

上海物流业大事记 · 467
上海物流业重大案例 · 475
上海市物流协会2021年大事件 · 481
上海物流协会会员单位抗疫先进事迹 · 485
新名词解释 · 498
编辑说明 · 501

第一篇 综合报告和政策文件

一、物流业综合报告和 2021 年度统计数据

（一）全国物流业

《中华人民共和国 2021 年国民经济和社会发展统计公报》交通运输、仓储和邮政业部分（节录）

四、服务业

交通运输、仓储和邮政业增加值 47061 亿元，增长 12.1%；

全年货物运输总量 530 亿吨，货物运输周转量 223574 亿吨公里。全年港口完成货物吞吐量 155 亿吨，比上年增长 6.8%，其中外贸货物吞吐量 47 亿吨，增长 4.5%。港口集装箱吞吐量 28272 万标准箱，增长 7.0%。

表 4　2021 年各种运输方式完成货物运输量及其增长速度

指标	单位	绝对数	比上年增长（%）
货物运输总量	亿吨	529.7	12.3
铁路	亿吨	47.2	5.9
公路	亿吨	391.4	14.2
水路	亿吨	82.4	8.2
民航	亿吨	731.8	8.2
管道	亿吨	8.7	5.7
货物运输周转量	亿吨公里	223574.4	13.7
铁路	亿吨公里	33190.7	9.3
公路	亿吨公里	69087.7	14.8
水路	亿吨公里	115577.5	9.2
民航	亿吨公里	278.2	15.8
管道	亿吨公里	5440.3	4.9

全年旅客运输总量 83 亿人次，比上年下降 14.1%。旅客运输周转量 19758 亿人公里，增长 2.6%。

年末全国民用汽车保有量 30151 万辆（包括三轮汽车和低速货车 732 万辆），比上年末增加 2064 万辆，其中私人汽车保有量 26246 万辆，增加 1852 万辆。民用轿车保有量 16739 万辆，增加 1099 万辆，其中私人轿车保有量 15732 万辆，增加 1059 万辆。

全年完成邮政行业业务总量 13698 亿元，比上年增长 25.1%。邮政业全年完成邮政函件业务 10.9 亿件，包裹业务 0.2 亿件，快递业务量 1083.0 亿件，快递业务收入 10332 亿元。全年完成电信业务

总量 16960 亿元，比上年增长 27.8%。年末移动电话基站数 996 万个，其中 4G 基站 590 万个，5G 基站 143 万个。全国电话用户总数 182353 万户，其中移动电话用户 164283 万户。移动电话普及率为 116.3 部/百人。固定互联网宽带接入用户 53579 万户，比上年末增加 5224 万户，其中固定互联网光纤宽带接入用户 50551 万户，增加 5136 万户。蜂窝物联网终端用户 13.99 亿户，增加 2.64 亿户。互联网上网人数 10.32 亿人，其中手机上网人数 10.29 亿人。互联网普及率为 73.0%，其中农村地区互联网普及率为 57.6%。全年移动互联网用户接入流量 2216 亿 GB，比上年增长 33.9%。全年软件和信息技术服务业完成软件业务收入 94994 亿元，按可比口径计算，比上年增长 17.7%。

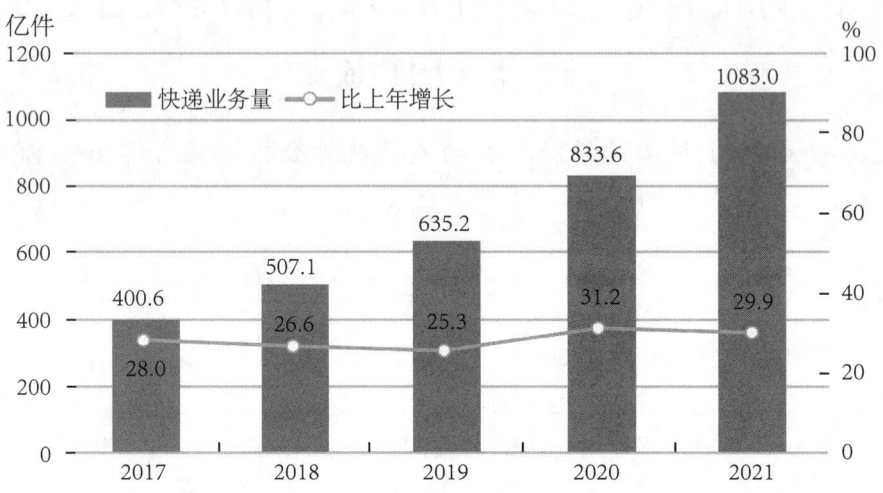

图 12： 2017-2021 年快递业务量及其增长速度

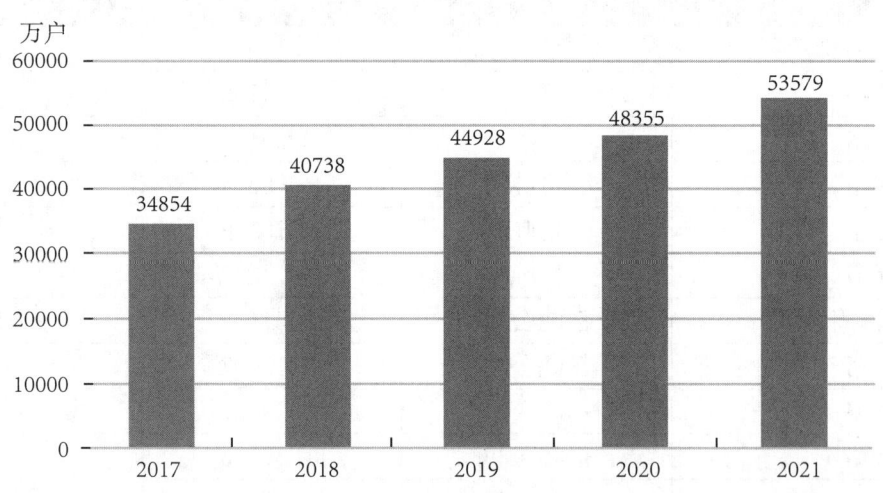

图 13： 2017-2021 年年末固定互联网宽带接入用户数

六、固定资产投资

2021 年全年，全社会固定资产投资 552884 亿元，比上年增长 4.9%。

2021 年全年，全国交通运输、仓储和邮政业固定资产投资额累计增长 1.6%

2021 年固定资产投资新增主要生产与运营能力（交通运输部分）

表 7　2021年固定资产投资新增主要生产力与运营能力

指标	单位	绝对数
新增220千伏及以上变电设备	万千伏安	24334
新建铁路投产里程	公里	4208
其中：高速铁路	公里	2168
增、新建铁路复线投产里程	公里	2769
电气化铁路投产里程	公里	4189
新改建高速公路里程	公里	9028
港口万吨级码头泊位新增通过能力	万吨/年	25368
新增民用运输机场	个	7
新增光缆线路长度	万公里	319

七、对外经济

2021全年外商直接投资（不含银行、证券、保险领域）新设立企业47643家，比上年增长23.5%。实际使用外商直接投资金额11494亿元，增长14.9%，折1735亿美元，增长20.2%。其中"一带一路"沿线国家对华直接投资（含通过部分自由港对华投资）新设立企业5336家，增长24.3%；对华直接投资金额743亿元，增长29.4%，折112亿美元，增长36.0%。全年高技术产业实际使用外资3469亿元，增长17.1%，折522亿美元，增长22.1%。

表 13　2021年外商直接投资（不含银行、证券、保险领域）及其增长速度

行业	企业数（家）	比上年增长（%）	实际使用金额（亿元）	比上年增长（%）
总计	47643	23.5	11494	14.9
其中：农、林、牧、渔业	491	-0.4	55	38.4
制造业	4455	19.4	2216	2.8
电力、热力、燃气及水生产和供应业	465	78.9	249	14.9
交通运输、仓储和邮政业	693	17.1	351	1.3
信息传输、软件和信息技术服务业	4053	15.1	1345	18.8
批发和零售业	13379	23.7	1098	34.1
房地产业	1125	-5.5	1571	11.7
租赁和商务服务业	9290	23.7	2193	19.3
居民服务、修理和其他服务业	522	16.8	31	44.6

全年对外非金融类直接投资额7332亿元，比上年下降3.5%，折1136亿美元，增长3.2%。其中，对"一带一路"沿线国家非金融类直接投资额203亿美元，增长14.1%。

表 14　2021年对外非金融类直接投资额及其增长速度

行业	金额（亿美元）	比上年增长（%）
总计	1136.4	3.2
其中：农、林、牧、渔业	11.3	-18.7
采矿业	49.8	-2.2

续表

行业	金额（亿美元）	比上年增长（%）
制造业	184.0	-7.9
电力、热力、燃气及水生产和供应业	48.9	75.9
建筑业	55.7	7.9
批发和零售业	176.5	9.8
交通运输、仓储和邮政业	51.0	92.5
信息传输、软件和信息技术服务业	75.3	12.2
房地产业	24.9	-8.8
租赁和商务服务业	366.2	-12.4

来源：国家统计局《2021年国民经济和社会发展统计公报》

2021年全国物流运行情况通报

国家发展改革委、中国物流与采购联合会

2021年，我国运行稳中有进，社会物流总额保持良好增势，社会物流总费用与GDP的比率稳中有降，"十四五"实现良好开局。

一、社会物流总额保持良好增势

2021年，全国社会物流总额335.2万亿元，按可比价格计算，同比增长9.2%，两年年均增长6.2%，增速恢复至正常年份平均水平。

从构成看，工业品物流总额299.6万亿元，按可比价格计算，同比增长9.6%；农产品物流总额5.0万亿元，增长7.1%；再生资源物流总额2.5万亿元，增长40.2%；单位与居民物品物流总额10.8万亿元，增长10.2%；进口货物物流总额17.4万亿元，下降1.0%。

二、社会物流总费用与GDP的比率小幅回落

2021年，社会物流总费用16.7万亿元，同比增长12.5%。社会物流总费用与GDP的比率为14.6%，比上年下降0.1个百分点。

从结构看，运输费用9.0万亿元，增长15.8%；保管费用5.6万亿元，增长8.8%；管理费用2.2万亿元，增长9.2%。

三、物流业总收入保持较快增长

2021年，物流业总收入11.9万亿元，同比增长15.1%。

来源：中物联科技信息部

2021年物流运行情况分析报告发布

2021年，我国物流呈现坚实复苏态势，实体经济持续稳定恢复拉动物流需求快速增长，物流供给服务体系进一步完善，供应链韧性提升，有力地促进宏观经济提质增效降本，物流实现"十四五"良好开局。2022年物流业务活动仍将趋于活跃，物流产业转型升级加速，预计全年物流有望延续稳中有进的发展态势。

一、物流支撑经济稳定恢复，构建新发展格局

（一）物流需求增势良好，支撑经济稳定恢复

2021年，物流需求规模再创新高，社会物流总额增速恢复至正常年份平均水平。全年社会物流总额335.2万亿元，是"十三五"初期的1.5倍。按可比价格计算，同比增长9.2%，两年年均增长6.2%。从年内走势看，由于受下半年散发疫情和上年同期基数较高等因素影响，走势前高后低。一季度同比增长24.2%，上半年增长15.7%，前三季度增长10.5%。

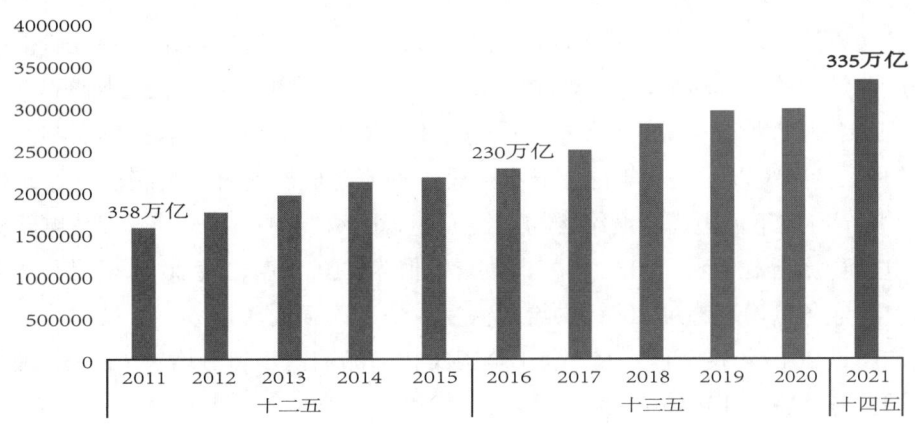

图1 2011-2021年社会物流总额（单位：亿元）

社会物流总额与GDP对比来看，与疫情前的2018年、2019年不同，2020年以来社会物流总额增速持续高于GDP增长，物流需求系数持续提升，显示在疫情压力持续存在的情况下，生产、出口、消费等实物物流恢复保持良好势头，实体经济是物流需求复苏的主要支撑。

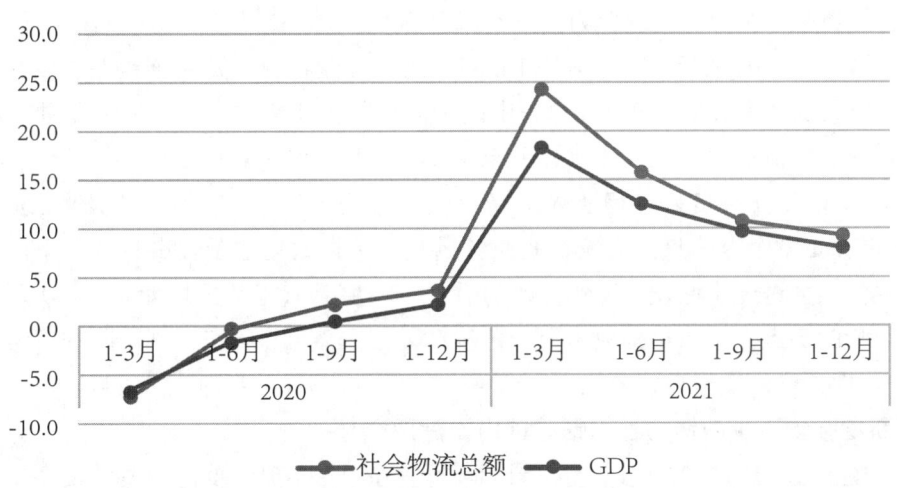

图2 2020-2021年各季度社会物流总额及GDP可比增长

从社会物流总额结构看，物流需求结构随经济结构调整、产业升级同步变化。工业物流总体稳中有进，国际进口物流下行压力较大，民生消费物流保持平稳增长。产业升级带来的高技术制造物流需求发展趋势向好，引领带动作用增强。

创新动能有效增强，工业制造物流需求较快增长。全年工业物流需求总体保持较快增长。2021年工业品物流总额同比增长9.6%，增速比上年加快6.8个百分点；两年平均增长6.1%，增速接近疫情

前水平。其中制造业中出口相关以及高新制造业物流需求发展较好，全年装备制造业、高技术制造业物流需求比上年增长12.9%、18.2%，增速高于全部工业平均水平3.3、8.6个百分点，是工业物流恢复的主要拉动力。

进口物流下行压力趋升，高新技术类产品进口稳步增长。四季度以来高基数效应叠加国内需求减弱，进口物流量下行压力趋升，2021年进口物流量由上年的增长8.9%转为下降1.0%。从年内走势看，上半年各月保持平稳增长，三季度以来由增转降。从结构来看，主要大宗进口量有所趋缓，其中铁矿砂及其精矿、原油需求延续下跌趋势，同比下降3.9%、5.4%。高新技术产品进口量则保持较快增长，有力支撑产业结构的升级转型，全年机电产品类、集成电路进口量同比增长38%、16.9%。

消费物流保持恢复性增长，新业态新模式快速增长。2021年，单位与居民物品物流总额同比增长10.2%，连续多月保持10%以上。从年内走势看，民生物流总额增速有所趋缓，增速比前三季度回落3.6个百分点。疫情影响下，电商、网络购物已经成为居民消费的重要渠道，带动电商快递业务量加速扩张。中国电商物流指数显示，2021年总指数平均值为110.3点，较2020年回升2.4个点，需求端总业务量和农村业务量增速超过20%；供给端恢复较快，库存周转指数、人员指数、实载率指数、成本指数均值均超过2019年疫情前水平。全年全国实物商品网上零售额增长12.0%，国家邮政局数据显示，全年快递业务量完成1085亿件。

（二）顺应需求升级新变化，物流市场活力进一步增强

2021年，物流体系建设稳步推进，适应市场物流需求变化，物流供给服务保持快速增长，支撑产业链、供应链韧性提升。全年物流业总收入11.9万亿元，同比增长15.1%。从年内走势看，各季度物流业总收入均保持15%以上增速，两年年均增速在8.5%以上，市场规模稳步扩大。物流行业实现快速发展，市场活力进一步增强，体现在以下两方面：

一是物流企业竞争力提升，行业集中度提高。物流产业经受了国际严峻环境和国内疫情等多重考验，服务能力有所增强，头部企业竞争力提升。截至2021年年末，全国A级物流企业近8000家，50强物流企业收入合计1.4万亿元，同比增长16.6%。物流行业各领域龙头企业加快兼并重组和上市步伐，央企物流"国家队"重组整合拉开序幕，中国物流集团正式成立。市场集中度进一步提升，50强物流企业收入合计占物流业总收入的比例提升至13%，是近年来的最高水平。

二是物流活动恢复势头良好，行业处于高位景气区间。2021年全年，物流业景气指数平均为53.4%，较上年提高1.7个百分点。物流企业业务量及订单指数均位于较高景气水平，且总体水平有所提升，物流主体活力进一步激发。从年内走势看，一季度景气指数平均为53%，实现良好开局，二季度回升至55.9%的高点，下半年指数出现一定波动，三季度回落至51.3%，四季度缓中趋稳回升到53.2%，物流业韧性提升，实现良好开局。

（三）不断增强物流供应链韧性，畅通国内国际双循环

2021年是构建新发展格局的起步之年，国际环境复杂严峻、国内疫情多发散发多重因素倒逼我国物流运行效率、供应链响应水平加速提升，物流在畅通经济内外循环，保障产业链畅通稳定方面发挥了重要作用，助力单位物流成本稳中有降。从物流成本统计来看，2021年社会物流总费用16.7万亿元，与GDP的比率14.6%，比上年回落0.1个百分点，在连续3年持平后首次回落。结合近年经济数据同时对比美日等国分析显示，国民经济产业结构调整对物流成本下降存在边际递减效应。"十三五"时期服务业增加值占GDP的比重每上升1个百分点，物流成本与GDP的比率下降仅为0.1左右。2020年疫情以来，服务业受到较大冲击至其比重有所趋缓，对我国物流成本与GDP的比率影响进一步减弱。在此背景下这一比率的下降，更多来自物流供应链自身运行效率的改善提升效应：

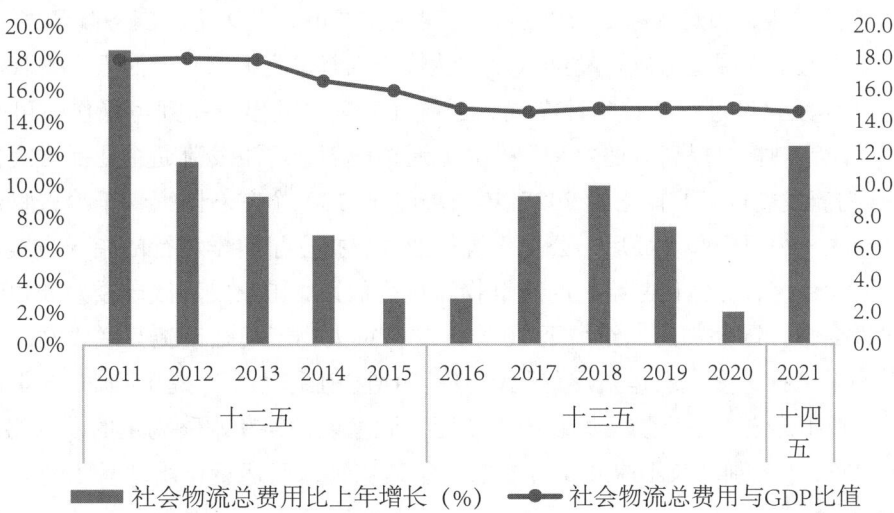

图 3　2011-2021 年社会物流总费用及与 GDP 的比率

一是物流畅通性提升，助力国内国际双循环。物流服务在协助产业链的流程优化的基础上，更是在畅通国内大循环、促进国内国际双循环发挥了重要作用，助力物流成本稳中有降。

从运输环节看，运输物流结构进一步调整优化，保障了国内产业链、国际贸易循环畅通。多式联运业务加速发展，运输方式间的协同性提升。全年完成集装箱多式联运量 620 万标准箱，开通联运线路 450 条，年均增速在 15% 左右，明显高于港口集装箱增长水平。国际物流供应链安全畅通保障水平、国际运输协同性、便利化水平均有稳步提升。全年中欧班列开行约 1.5 万列，同比增长 22%，开行国际货运航班 7.4 万班，同比增长 25.8%，完成国际航线货邮运输量 241.5 万吨、国际及港澳台快递 19.3 亿件，同比分别增长 20.2%、17.4%。

从保管环节看，上下游企业物流、资金流更为畅通，工业企业存货、应收账款周转加快。2021 年年末，规模以上工业企业产成品存货周转天数、应收账款平均回收期分别为 16.8 天、49.5 天，较上年末分别减少 0.9 天、2.0 天，仓储及装卸搬运费用小幅回落 0.1 个百分点。

二是物流与产业融合加速，协同一体化水平提升。近年来，工业、商贸企业采用供应链协同推进生产经营的理念明显提升，特别是疫情以来物流上下游协同合作的水平提升，物流业总收入与社会物流总费用的比率为 72%，显示专业物流服务的广度、密度、深度不断增加。同时，物流集成能力和一体化服务能力持续增强，进一步实现产业、企业间的协同发展，产业链资源整合、资源的优化配置加速推进。头部物流企业发挥引领带动作用，大力推进提供一体化供应链物流服务。2021 年 50 强物流企业供应链一体化收入合计增速在 20%～30%，明显高于运输、仓储等单一物流业务；供应链一体化业务首次为成企业的主要收入来源（一体化物流业务收入占比近四成）。

二、"十四五"开局之年，物流运行环境改善

（一）物流政策环境良好，产业地位稳中有升

2021 年是"十四五"规划的开局之年，党中央、国务院高度重视构建现代物流体系，物流产业地位稳中有升。交通部、发改委、商务部、农业农村部等多部委针对我国物流产业的发展规划、体系构建、组织管理、服务标准等多个方面密集出台了一系列政策，为我国物流产业健康发展提供了坚实的政策保障。

党中央、国务院印发《国家综合立体交通网规划纲要》，提出到 2035 年要建成"全球 123"快

货物流圈，国内1天送达、周边国家2天送达、全球主要城市3天送达。国务院印发《2030年前碳达峰行动方案》，交通运输绿色低碳行动纳入"碳达峰十大行动"。《"十四五"现代流通体系建设规划》对现代流通体系建设进行了战略性布局、系统性谋划，提出一系列可操作、可落地的重点任务，为进一步扩大流通规模，提高流通效率，推动流通领域创新，激发流通企业活力提供有力支撑。《"十四五"冷链物流发展规划》提出到2025年布局建设100个左右国家骨干冷链物流基地，同时针对冷链物流"最先一公里"和"最后一公里"等行业难题提出了科学可行的指导方案，规划提出打造"三级节点、两大系统、一体化网络"的冷链物流运行体系。国家发展改革委发布"十四五"首批国家物流枢纽建设名单，国家物流枢纽增至70家，支持重大物流基础设施互联成网，形成枢纽经济新增长极。国办印发《推进多式联运发展优化调整运输结构工作方案》提出到2025年，多式联运发展水平明显提升，基本形成大宗货物及集装箱中长距离运输以铁路和水路为主的发展格局，全国铁路和水路货运量比2020年分别增长10%和12%左右，集装箱铁水联运量年均增长15%以上，运输结构调整进入新阶段。

（二）物流基础设施环境改善，综合物流网络加快完善

2021年，国家设施综合立体交通网络加快完善，基础设施薄弱环节得到改善，物流基础设施在疫情防控、经济恢复中发挥了更为关键的作用。

宏观层面，物流基础设施网络建设稳步推进，投资额增速稳中有进。全年物流相关固定资产投资有望超3.5万亿元，同比增长3.1%，两年平均增长5.1%，增速与2019年水平基本持平。全年新改（扩）建高速公路超过9000公里、新增及改善高等级航道约1000公里、新颁证民用运输机场9个、新增城市轨道交通运营里程超过1000公里。重大工程建设加快推进，川藏铁路及配套公路、引江济淮航运工程、连云港30万吨级航道二期工程等重大项目建设有序推进，京哈高铁、京新高速公路全线贯通。

微观层面，疫情以来物流企业网络化布局步伐加快，基础设施服务能力进一步提升。从仓储设施来看，2021年中国50强企业仓储服务能力同比增长7.3%，数字化及智能化基础设施的技术创新应用比例达到100%。

（三）物流供需环境改善，服务价格维持较好水平

2021年，国家设施综合立体交通网络加快完善，基础设施薄弱环节得到改善，物流基础设施在疫情防控、经济恢复中发挥了更为关键的作用。

宏观层面，物流基础设施网络建设稳步推进，投资额增速稳中有进。全年物流相关固定资产投资有望超3.5万亿元，同比增长3.1%，两年平均增长5.1%，增速与2019年水平基本持平。全年新改（扩）建高速公路超过9000公里、新增及改善高等级航道约1000公里、新颁证民用运输机场9个、新增城市轨道交通运营里程超过1000公里。重大工程建设加快推进，川藏铁路及配套公路、引江济淮航运工程、连云港30万吨级航道二期工程等重大项目建设有序推进，京哈高铁、京新高速公路全线贯通。

微观层面，疫情以来物流企业网络化布局步伐加快，基础设施服务能力进一步提升。从仓储设施来看，2021年中国50强企业仓储服务能力同比增长7.3%，数字化及智能化基础设施的技术创新应用比例达到100%。

经济运行中的资金周转水平持续偏低。2020年，工业流动资产周转次数2.03左右，与上年基本持平，但比2017年下降了0.4次。工业企业资金周转次数下降导致运转的必要货币需求量有所增加，企业生产经营的流动资金压力也有所增加，直接导致物流运行中的资金周转效率下降。

来源：中物联网

2021年中国物流行业十件大事

中国物流与采购联合会

（2021年12月31日发布）

1. 《中华人民共和国国民经济和社会发展第十四个五年规划和2035年远景目标纲要》21处部署建设现代物流体系，13处强调提升产业链供应链现代化水平。
2. 习近平总书记提出要大力发展智慧交通和智慧物流，实现人享其行、物畅其流，行业数字化转型提速。
3. 国务院印发《2030年前碳达峰行动方案》，交通运输绿色低碳行动纳入"碳达峰十大行动"之一。
4. 国务院办公厅印发《"十四五"冷链物流发展规划》，要求加强顶层设计和工作指导，推动冷链物流高质量发展。
5. 国家发展改革委发布"十四五"首批国家物流枢纽建设名单，国家物流枢纽增至70家。
6. 商务部、中物联等八单位公布首批全国供应链创新与应用示范城市和示范企业，10个城市和94家企业榜上有名。
7. 交通运输部等16个部门印发《关于加强货车司机权益保障工作的意见》，货车司机生产经营环境和合法权益保障引起政府重视。
8. 经国务院批准，中国物流集团正式成立，央企物流"国家队"重组整合拉开序幕。
9. 我国快递年业务量首次突破千亿级别，已连续8年稳居世界第一。
10. 受疫情影响，国际集装箱"一箱难求"，国际海运价格再创历史新高。

来源：中物联，2021年12月31日

围绕"十四五"规划谋定高质量发展，开启现代物流体系建设新征程
——2021年我国物流业发展回顾与展望

中国物流与采购联合会会长、中国物流学会会长 何黎明

2021年是"十四五"开局之年，也是党和国家历史上具有里程碑意义的一年。我们隆重庆祝中国共产党建党100周年，实现第一个百年奋斗目标，开启第二个百年奋斗目标新征程，全方位推进高质量发展。我国物流业总体保持复苏态势，实现了"十四五"良好开局。2022年将召开中国共产党第二十次全国代表大会，是党和国家政治生活中的一件大事，维护产业链供应链安全稳定非常重要。我国物流业将顺势而为，围绕"十四五"规划，谋定高质量发展，以优异成绩迎接党的二十大胜利召开，开启现代物流体系建设新征程。

一、2021年我国物流业发展回顾

2021年，我国物流业总体实现稳步复苏，现代物流体系高质量发展取得新成效，为畅通国内大循环、促进国内国际双循环提供了有力支撑。

一是社会物流需求保持较快恢复。 2021年，中国制造业采购经理指数（PMI）均值为50.5%，高于前两年水平，经济复苏带动物流需求增长。全国社会物流总额335.2万亿元，同比增长9.2%，高于GDP增速1.1个百分点。社会物流需求基本恢复到正常年份水平。其中，工业品物流总额、单位与居

民物品物流总额、农产品物流总额同比分别增长9.6%、10.2%、7.1%，均实行恢复性增长。全年物流业景气指数平均为53.4%，维持在景气水平。受益于疫情总体稳定和制造业较强的韧性，我国出口保持较高增速，工业生产持续增长，工业物流需求旺盛，制造业中出口相关物流以及装备制造、高新制造业物流需求高于平均水平，成为工业物流恢复的重要动力。消费物流增速有所趋缓，疫情推动网络购物成为居民消费重要渠道，实物商品网上零售额占社会消费品零售总额的比重达24.5%，带动电商快递业务量扩张，全年快递业务量首次突破1000亿件，持续领跑其他细分市场。

二是物流市场主体活力显著增强。 2021年，物流企业和个体工商户等物流市场主体超过600万家，就业人数超过5000万人。其中，A级物流企业接近8000家，规模型5A级企业超过400家。全国物流业总收入11.9万亿元，同比增长15.1%，持续保持较快增长速度。中国物流50强企业收入合计1.4万亿元，占总收入比例达到13%左右。疫情下规模型龙头企业抗风险能力显现，市场份额有所扩大，快递快运、冷链物流、航运航空物流、合同物流等细分市场集中度提升。物流资源重组整合步伐加快。经国务院批准，中国物流集团正式成立，物流国家队重组整合拉开序幕。京东物流、东航物流、中铁特货、满帮集团、安能物流等各领域一批龙头企业纷纷上市，资本市场助力打造具有国际竞争力的现代物流企业。

三是物流设施网络布局力度加大。 2021年，全国物流相关固定资产投资有望超过3.5万亿元，一批重大物流基础设施得到有力支持。国家发展改革委发布"十四五"首批25家国家物流枢纽建设名单，目前全国已经布局建设国家物流枢纽增至70个。以承载城市为战略支点，健全国家物流枢纽网络，重在整合存量物流设施，补齐设施短板，联动交通基础设施，促进枢纽互联成网，加快编织"通道+枢纽+网络"的物流运行体系，打造区域物流产业集聚区，为区域经济转型升级创造低物流成本的投资环境。国家发展改革委印发《国家骨干冷链物流基地建设实施方案》，提出到2025年，布局建设100个左右国家骨干冷链物流基地，推动建成三级冷链物流节点设施网络。第三批示范物流园区名单发布，加强园区互联互通、联动发展。第二批多式联运示范工程通过项目验收，加快货运枢纽布局建设。

四是国际物流呈现供需两旺。 2021年，中国出口集装箱运价综合指数迈入3300点大关，"一舱难求"阶段性好转，持续影响国际供应链稳定。国际物流增长较快，全年中欧班列开行约1.5万列，同比增长22%，开行国际货运航班7.4万班，同比增长25.8%，完成国际航线货邮运输量241.5万吨、国际及港澳台快递19.3亿件，同比分别增长20.2%、17.4%。西部陆海新通道班列突破6000列，中老铁路国际货物列车开行，区域物流条件改善彰显开放新优势。受内需转变影响，进口物流下行压力趋升。2021年进口物流量由上年的增长8.9%转为下降1.0%。特别是下半年以来由增转降，主要是大宗进口量有所趋缓。高新技术产品进口量仍然保持较快增长，有力支撑产业结构调整。

五是科技创新引领作用深化提升。 2021年，习近平总书记提出"大力发展智慧交通和智慧物流"，物流行业数字化转型提速。截止到2021年底，全国共有1968家网络货运企业，整合社会零散运力360万辆，全年完成运单量近7000万单，平台经济焕发新动力。物联网、云计算、大数据、人工智能、区块链等新一代信息技术与传统物流融合。无接触配送机器人投入疫区生活物资保障，自动驾驶卡车在港口、矿山等物流场景加快商业化落地，全国第一条常态化大型货运无人机专用航线开通，数字物流仓库大幅提升周转效率，海运行业"全球航运商业网络"（GSBN）区块链联盟正式运营，科技创新对物流产业升级的引领带动作用持续增强。

六是绿色低碳物流影响程度加深。 2021年，我国新能源物流车累计销量超过11万辆，较上年翻一番。国家出台《新能源汽车产业发展规划（2021—2035年）》，要求重点区域新增或更新物流配送等车辆中新能源比例不低于80%。首批16个绿色货运配送示范城市名单发布，各地大力出台新能源和清洁能源物流车便利通行政策，带动城配新能源物流车购销两旺。国务院印发《2030年前碳达峰行动方案》，交通运输绿色低碳行动纳入"碳达峰十大行动"之一。重型柴油货车国六排放标准正式实施，新能源汽车换电模式应用试点启动，氢能产业示范区带动燃料电池车辆商业场景打造，光伏产业推广利用仓库屋顶太阳能发电获得支持，绿色低碳倒逼产业转型升级。

七是物流营商环境持续优化改善。 2021年，中国物流与采购联合会发布《物流企业营商环境调查报告》，超七成企业肯定物流领域审批许可等政务环境的改善。《"十四五"现代流通体系建设规划》正式发布，现代物流体系成为两大支撑之一，助力构建现代流通网络，更好服务双循环新发展格局。《"十四五"冷链物流发展规划》以及商贸物流、数字经济等多项"十四五"专项规划从各自领域对现代物流进行战略部署，现代物流产业地位再上新台阶。国家出台的减税降费、规范执法、便利通行、金融信贷、纾困帮扶等多项政策措施惠及物流业，持续激发和保护市场主体活力。多部门出台文件，多措并举切实维护快递员、货车司机等从业人员合法权益。

八是行业基础工作支撑高质量发展。 2021年，中共中央、国务院印发了《国家标准化发展纲要》，重点提到要加强现代物流等服务领域标准化。自2003年9月全国物流标准化技术委员会建立以来，已制定并发布国家标准90项、行业标准72项、团体标准27项。由中物联组织起草的我国首个食品冷链物流领域强制性国家标准《食品冷链物流卫生规范》正式实施，对于规范冷链物流服务质量具有重要作用。中物联推动国家1+X证书制度试点工作，全年共完成1+X证书考核近3万人，累计考核人数超过9万人，参与试点的院校705所。教育部开展高校一流物流专业建设、物流专业新文科建设试点。目前，全国已有700个本科物流类专业点、1300多个高职物流类专业点和560多个中职物流类专业点。中物联科学技术奖自2002年国家科技部批准以来，评出获奖成果上千项。中物联设立课题研究计划，重大重点课题引导行业研究方向。物流领域产学研结合工作大力推进，产学研基地发挥重要作用，在科技攻关、专利转化、人员培养等方面取得积极成效。

二、当前我国物流业发展面临的形势

当前，我国物流运行面临的国内国际形势较为严峻，对现代物流体系建设带来一定挑战，但也存在重大机遇。需要我们从战略层面积极谋划、妥善应对，开辟一条现代物流高质量发展的道路。

（一）全球产业链供应链调整风险加剧紧。 新冠肺炎疫情对全球产业链供应链的影响持续分化。我国凭借有效的疫情防控措施，较快恢复生产，产业链供应链韧性增强，货物进出口总额再创历史新高。但是国际航运运力紧张、电力能源供应不足等问题加剧了供应链的不确定性。随着国外疫情态势逐步转变，全球供应链呈现区域化、本土化、多元化趋势，部分生产需求将加快回流和转移，这对未来一段时间适应全球供应链调整风险，提升现代物流韧性和灵活性提出了挑战。同时，随着中欧班列常态化开行，陆海新通道、中老铁路等国际大通道陆续开辟，"一带一路"国际经贸走廊承接产能转移，有助于维护区域供应链稳定。《区域全面经济伙伴关系协定》（RCEP）协定正式生效，带来供应链区域合作机会，都对现代物流跟随产业链"走出去"带来新的机遇。

（二）要素成本价格上涨压力持续加大。 2020年下半年以来，国际大宗商品价格持续上涨。到2021年下半年，国内电力、煤炭、成品油等领域出现了阶段性供应紧张。全年成品油价调整出现"15次上涨、6次下跌、4次搁浅"的局面，柴油累计每吨上涨超过1400元，物流企业不堪重负。国家大力推动中小企业普惠金融，但是企业获得感不足。主要原因是物流企业存在大量保证金和运费账期，账期普遍在3个月以上，由于缺乏征信数据和确权手段，无法获得信贷支持导致资金成本高企。此外，物流用人难用人贵、用地难用地贵问题日益突出。《2021年货车司机从业状况调查报告》显示，35岁以下司机占比为25.5%，较2016年调查明显减少，司机"招聘难"成为普遍现象。部分城市规定市区内不再新批物流用地，城市配送中心远离城市大幅推高配送成本。2021年社会物流总费用16.7

万亿元，同比增长12.5%，运输费用、仓储费用、配送费用等上涨幅度较大，单纯依靠要素降本空间日益收窄。

（三）产业迈向价值链中高端存在瓶颈。 新冠病毒肺炎疫情进一步巩固了我国作为世界第一制造业大国的地位。随着外部形势变化和经营成本上涨，倒逼企业向价值链中高端迈进。产业升级提速对产业链供应链现代化提出更高要求。商务部、中物联等八部门确定了第一批10个全国供应链创新与应用示范城市和94家示范企业，各地积极制订并实施"链长制"方案，优质企业牵头制造业强链补链行动，重在推动经济循环流转和产业关联畅通，维护产业链供应链安全稳定。但是，我国物流配套能力低端化成为重要制约瓶颈。物流业作为重要的生产性服务业，长期处于微利经营，主要是服务功能单一、专业化水平低。物流业与制造业之间更多是简单的供需关系，产业融合成熟度不够。国家发展改革委等部门推进物流业制造业深度融合创新发展，激发制造业释放服务需求带动物流业效率提升效益增加，促进物流业以专业服务助力制造业价值链攀升，有望实现产业链供应链整体跃迁。

（四）实施扩大内需战略物流短板凸显。 我国具有超大规模市场的优势，扩大内需战略正在成为战略基点。2021年，内需对经济增长的贡献率达79.1%，是我国经济增长的第一拉动力。我国人均GDP超过1.2万美元，与高收入国家差距进一步缩小。我国城镇化率超过60%，对内需有很大的拉动力。城乡居民收入差距继续缩小，乡村振兴带动城乡区域协调发展。新一轮扩大内需战略重在围绕做大做强国内市场，把满足国内需求作为出发点，加快构建完整的内需体系，着力打通生产、分配、流通、消费等各个环节，增强经济内生动力，这对与内需相适应的物流基础设施和服务能力都提出了更高要求。当前，城市物流普遍面临限行限地问题，特别是城市末端网点短缺，不适应高时效高频次的消费物流需求。区域物流枢纽承载条件不够，不适应标准化大批量的中转物流需求。物流服务交付能力不足，不适应一体化集成式产业物流需求。多层级物流基础设施布局、高标准物流交付能力仍是制约内需扩大的重要短板。

（五）数字经济成为经济发展的新动能。 习近平总书记提出，数字经济正在成为重组全球要素资源、重塑全球经济结构、改变全球竞争格局的关键力量，发展数字经济是把握新一轮科技革命和产业变革新机遇的战略选择。数字经济是继农业经济、工业经济之后的主要经济形态，随着新一代信息技术与传统产业融合程度加深，产业边界正在消融，新兴业态的场景革命正在兴起，开放、共享、协同、去中心等特征使得资源配置效率更高，市场响应速度更短，将从根本上改变整个产业生态体系，对企业转型升级带来更多机遇。《数字经济"十四五"发展规划》明确提出，大力发展智慧物流，涉及物流新基建、新技术、新模式、新业态等。但是，在转型过程中也出现了资本无序扩张、不正当竞争、行业垄断和权益保障等问题。中小企业仍然面临数字化鸿沟，存在"不敢转""不会转""不能转"等问题。数字化政务等公共服务还存在短板，数据治理、平台治理能力还有待提升，制约了智慧物流健康发展。

（六）碳达峰碳中和带来绿色转型机遇。 习近平总书记强调，实现碳达峰、碳中和是一场广泛而深刻的经济社会系统性变革，要把碳达峰、碳中和纳入生态文明建设整体布局。目前，全球有140多个国家以各种形式提出了碳中和承诺，这意味着未来发展范式将发生深刻转变。过去传统的"先发展、后治理模式"被低碳发展模式取代。但是，这也是一项复杂工程和长期任务，不可能毕其功于一役。目前，一些地方出现了"碳冲锋""一刀切"、运动式"减碳"等问题，特别是对于国四、国五排放车辆限行区域越来越大，甚至限制柴油货车进入工矿厂区，将长期目标短期化，影响了地区经济运转和民生保障。对于传统物流业来说，绿色转型是否会增加物流成本，需要统筹考虑外部成本、隐性成本、机会成本等来"算总账"，这也将带动物流相关领域碳排放核算监测和评价体系发育。随着全国碳排放交易市场上线，交通运输绿色低碳行动开展，对物流企业绿色转型的自主变革带来重大机遇。

三、我国物流业高质量发展趋势展望

2022年是全面实施"十四五"规划的关键期，也是现代物流体系建设的攻坚期。继2021年强劲反弹后，由于新冠病毒肺炎疫情持续、长期的供应链挑战和通胀不断增加，全球经济将面临较大复苏压力。我国经济发展面临需求收缩、供给冲击、预期转弱的三重压力，经济下行压力有所累积。但是我国经济韧性较强，长期向好的局面不会改变。国家"十四五"规划多处提到物流和供应链，涉及国民经济的方方面面，全方位、多角度勾画出现代物流体系建设蓝图，现代物流日益成为支撑实体经济发展的先导性、基础性、战略性产业。在稳中求进工作总基调下，我国物流业有望延续稳中有升态势，社会物流物流总额增速全年预计将保持在6%左右。

面临新的形势，现代物流高质量发展是必由之路。当前，现代物流高质量发展将重点体现五个新变化。

新阶段： 从粗放式规模扩张向精益化提质增效转变。我国物流业规模连续多年居世界第一位，物流业收入增速也保持了相对较高的水平，但是企业盈利能力总体不高。随着我国产业加快迈向价值链中高端，对物流交付、时效、品质都提出更高的要求，倒逼物流业转型升级，进入追求高品质、高效率、高效益的精益化新发展阶段。产业升级、结构优化、创新驱动助力提质增效，将成为现代物流高质量发展的重要特征。

新任务： 从单纯降低物流企业成本向降低供应链全流程物流成本转变。当前，我国社会物流总费用与GDP的比率维持在14.6%左右已经有较长一段时期，下一步单纯依靠降低运输、仓储、配送等单环节成本下降空间较小。未来，国家间的竞争就是供应链之间的竞争，现代物流贯穿一、二、三产业，随着物流与制造业、商贸业、农业等深度融合，通过资源整合、流程优化、组织协同、生态共建，来降低供应链全流程物流成本，进一步推进物流运行水平提升潜力巨大。

新模式： 从传统物流模式向数字经济、枢纽经济、低碳经济新模式转变。随着新一代信息技术与物流业深度融合，推动传统物流模式向数字化、智能化、网联化为特点的智慧物流模式转变。随着区域重大战略和区域协调发展战略的实施，畅通国内大循环带动原来以沿海布局为主的物流设施向全国延伸，将加快形成内外联通、安全高效的物流网络，助力产业升级和梯度转移，构建区域经济新增长极。随着碳达峰碳中和任务推进，传统高碳经济向低碳经济转变，产业绿色转型预期更加明确。

新动力： 从劳动力、土地等要素驱动向创新驱动转变。我国传统物流业靠投入劳动力、土地等要素，提供单环节基础性服务为主，同质化程度高，附加价值偏低，存在"低端锁定"问题。随着产业链供应链升级，现代物流一体化、集成化、高端化要求日益迫切，物流业进入以创新和人力资本为主要驱动的时代，技术创新、流程创新、模式创新日益活跃。物流业将由原来的同质化低成本竞争向差异化的质量竞争、效率竞争、效益竞争转变，逐步向微笑曲线两端延伸。

新机制： 营商环境优化和体制机制改革是重要保障。现代物流作为以人为本的产业，与政府监管等营商环境息息相关。可以说，没有高质量的营商环境就没有高质量的物流产业。随着改革逐步进入深水区，更需要通过深层次的体制机制改革，破除阻碍高质量发展的政策瓶颈，逐步由监管缺位越位错位向综合监管、协同监管、数字监管转变，形成有利于现代物流高质量发展的公平竞争、规范有序、开放稳定的营商环境，充分激发起市场主体的活力，为推动现代物流供需适配、经济高效、开放协同、安全可靠和可持续发展奠定制度基础。

下一步，紧扣发展变化趋势，依托自身资源禀赋，坚持守正创新，推进现代物流高质量发展重点有五个战略路径。

一是以深度融合为主线的价值链升级路径。 适应产业链升级趋势，物流业与制造业、商贸业、农

业等产业将深化融合。企业主体之间、业务流程之间、信息数据之间、设施资产之间、标准规范之间融合的程度将逐步加深，逐步从简单外包向战略合作伙伴关系转变，加强客户黏性和供应链稳定性。从提供基础性服务向增值服务再到供应链一体化服务转变，提升附加价值和企业效益。从基础服务商向物流服务商再向物流整合商转变，增强价值创造能力，推动产业迈向价值链中高端。

二是以智慧物流为方向的数字化、智能化、绿色化发展方式变革路径。 抓住新一轮科技革命和产业变革的机遇，智慧物流发展方式将成为物流业演进的重要方向。传统线下物流将全面触网，"上云用数赋智"，加快向业务在线化、数据业务化和流程可视化转型，提升资源配置效率和物流运行质量。物流企业边界将全面打开，产业链上下游相互赋能，加快向共享化、绿色化和平台化转型，培育协同共生的物流生态圈。新一代信息技术与基础设施深化融合，新基建将带动新一代智能物流弯道超车，开辟物流竞争新赛道，万物互联的物流互联网有望形成。

三是以做大做强和"专精特新"为重点的能力提升路径。 现代物流高质量发展最终需要企业来推进。随着营商环境逐步改善，将充分激发大中小型物流市场主体的活力。一方面，物流龙头企业通过兼并重组、联盟合作等多种方式推高市场集中度，着力向标准化、品牌化、高端化转型，构建物流资源集聚平台，优化资源配置效率、发挥规模效应，将涌现一批具有国际竞争力的现代物流企业；另一方面，中小企业聚焦专业领域和细分市场，充分利用社会化平台赋能，深化专业分工合作，坚持走专精特新发展道路，加快向专业化、利基化、定制化转型，提升附加价值和经营效益，仍将是最具活力和灵活性的市场主体。

四是以网络优化为着眼的"枢纽+通道+网络"的布局规划路径。 一体化运作、网络化经营是物流业的基本运作规律。畅通国内大循环需要内外联通、安全高效的物流网络支撑。随着区域重大战略和区域协调战略实施，将带动物流资源向城市群、都市圈和中西部等地区集中和转移，形成以国家物流枢纽为核心，多种运输方式为通道，国家骨干冷链物流基地、示范物流园区、多式联运场站、城市配送中心、物流末端网点等为支撑的"枢纽+通道+网络"的物流运行体系。物流资源集聚逐步形成枢纽战略支点，枢纽经济将推动区域经济转型升级，打造区域新增长极。

五是以高水平开放为支撑的全球市场拓展路径。 后疫情时代随着全球产业链供应链加快重组，国内物流网络将进一步融入全球物流网，促进国内国际双循环。我国企业全球竞争的短板是一体化全球物流交付能力，优势是区域化产业链供应链市场规模和组织能力。通过国内需求牵引全球供给，国内供给服务全球需求，开辟物流大通道和经济大走廊，将改变原有国际市场格局。通过与供应链上下游强强合作，与战略客户抱团出海，搭建全球供应链物流集成平台，提供一站式、多通道、稳定性的全球物流交付服务，推动构建自主可控、安全稳定的产业链供应链，将进一步增强产业链韧性，助力"中国制造"扬帆出海。

沉舟侧畔千帆过，病树前头万木春。2022年，物流业面临的机遇大于危机、机会大于风险，需要我们顺应发展趋势，保持战略定力和耐心，深入围绕"十四五"规划，斟酌谋定高质量发展，开启新时代现代物流体系建设新征程。不忘初心、方得始终。让我们更加紧密地团结在以习近平同志为核心的党中央周围，坚定不移走中国特色现代物流发展道路，以高质量发展的新成绩迎接党的二十大胜利召开！

来源：中物联网，2022年2月22日

2021年上海市国民经济运行情况

上海市统计局 国家统计局上海调查总队

2022年1月21日

2021年,全市在以习近平同志为核心的党中央坚强领导下,坚持以习近平新时代中国特色社会主义思想为指导,深入学习贯彻习近平总书记考察上海重要讲话和在浦东开发开放30周年庆祝大会上的重要讲话精神,坚决贯彻落实党中央、国务院的决策部署,科学把握新发展阶段,坚决贯彻新发展理念,服务融入新发展格局,推动高质量发展、创造高品质生活、实现高效能治理,巩固拓展疫情防控和经济社会发展成果,以实干成绩庆祝中国共产党成立100周年。全市经济持续稳定恢复,主要经济指标运行在合理区间,呈现稳中加固、稳中有进、稳中向好的态势,经济发展韧性增强,新兴动能加快成长,社会民生持续改善,实现了"十四五"发展良好开局。

根据地区生产总值统一核算结果,2021年上海市地区生产总值43214.85亿元,按可比价格计算,比上年增长8.1%,两年平均增长4.8%。分产业看,第一产业增加值99.97亿元,同比下降6.5%,两年平均下降7.4%;第二产业增加值11449.32亿元,同比增长9.4%,两年平均增长5.3%;第三产业增加值31665.56亿元,同比增长7.6%,两年平均增长4.7%。第三产业增加值占全市生产总值的比重为73.3%。

一、工业生产较快增长,工业战略性新兴产业增势较好

2021年全年,全市规模以上工业增加值比上年增长11.0%,两年平均增长6.2%;规模以上工业总产值39498.54亿元,同比增长10.3%,两年平均增长6.0%。全市35个工业行业中有28个行业产值实现增长,增长面为80.0%。其中,汽车造业、专用设备制造业、电气机械和器材制造业较快增长,产值同比增速分别为21.1%、19.7%和15.1%,两年平均增速分别为15.0%、9.5%和9.9%。

2021年全年,全市工业战略性新兴产业总产值16055.82亿元,比上年增长14.6%,两年平均增长11.7%。其中,新能源汽车、新能源和生物产值同比增速分别为1.9倍、16.1%和12.1%,两年平均增速分别为1.8倍、12.2%和7.4%。

二、服务业稳步恢复,交通运输业和信息服务业同比较快增长

2021年全年,全市第三产业增加值比上年增长7.6%。其中,交通运输、仓储和邮政业增加值1843.46亿元,同比增长13.5%,两年平均增长2.0%;信息传输、软件和信息技术服务业增加值3392.88亿元,同比增长12.4%,两年平均增长13.8%;批发和零售业增加值5554.03亿元,同比增长8.4%,两年平均增长2.4%;金融业增加值7973.25亿元,同比增长7.5%,两年平均增长7.9%;房地产业增加值3564.49亿元,同比增长4.8%,两年平均增长3.2%。

三、市场消费持续改善,基本生活类和升级类商品销售增势良好

2021年全年,全市社会消费品零售总额18079.25亿元,比上年增长13.5%,两年平均增长6.8%。分行业看,批发和零售业零售额16623.32亿元,同比增长12.7%;住宿和餐饮业零售额1455.93亿元,同比增长22.7%。从主要商品类别看,基本生活消费增势较好,日用品类零售额同比增长24.7%;升级类消费需求持续释放,文化办公用品类、金银珠宝类和化妆品类零售额同比分别增长40.1%、30.3%和15.7%。

全市网上商店零售额3365.78亿元,比上年增长20.8%,两年平均增长15.4%;占社会消费品零售总额的比重为18.6%,比上年提高2.2个百分点。

四、固定资产投资较快增长,民间投资增势较好

2021年全年,全市固定资产投资比上年增长8.1%,两年平均增长9.2%。分领域看,工业投资

同比增长8.2%，两年平均增长12.0%，其中，制造业投资同比增长7.8%，两年平均增长14.0%；房地产开发投资同比增长7.2%，两年平均增长9.1%；基础设施投资同比增长5.8%，两年平均增长1.0%；民间投资同比增长10.3%，两年平均增长9.3%。

2021年全年，全市新建商品房销售面积1880.45万平方米，比上年增长5.1%，两年平均增长5.3%。其中，新建商品住宅销售面积1489.95万平方米，同比增长3.9%，两年平均增长4.9%。

五、货物进出口较快增长，利用外资增势良好

2021年全年，全市货物进出口总额40610.35亿元，比上年增长16.5%。其中，进口24891.68亿元，增长17.7%；出口15718.67亿元，增长14.6%。一般贸易进出口增长24.1%，占进出口总额的比重为57.5%，比上年提高3.8个百分点。民营企业进出口增长32.5%，占进出口总额的比重为27.2%，比上年提高3.3个百分点。

2021年全年，全市外商直接投资实际到位金额225.51亿美元，比上年增长11.5%。其中，第三产业外商直接投资实际到位金额增长12.7%，占全市的比重为95.5%。

六、金融市场平稳运行，财政收入较快增长

2021年全年，全市金融市场成交额2511.07万亿元，比上年增长10.4%。其中，上海证券交易所有价证券、期货交易所和中国金融期货交易所成交额分别增长26.7%、40.4%和2.4%。12月末，全市中外资金融机构本外币存款余额17.58万亿元，同比增长12.8%；贷款余额9.60万亿元，增长13.5%。

2021年全年，全市地方一般公共预算收入7771.80亿元，比上年增长10.3%。其中，增值税增长8.8%，企业所得税增长21.5%，个人所得税增长28.4%，契税增长8.0%。全年全市地方一般公共预算支出8430.86亿元，同比增长4.1%。

七、居民消费价格涨势温和，工业生产者价格持续上涨

2021年全年，全市居民消费价格比上年上涨1.2%，涨幅同比回落0.5个百分点。八大类价格"六升二降"，交通通信类价格上涨4.0%，教育文化娱乐类价格上涨2.7%，居住类价格上涨1.1%，其他用品及服务类价格上涨0.9%，生活用品及服务类价格上涨0.7%，食品烟酒类价格上涨0.5%，衣着类价格下降0.5%，医疗保健类价格下降1.1%。

2021年全年，全市工业生产者出厂价格比上年上涨2.1%，工业生产者购进价格上涨7.3%。

八、居民收入稳步增长，就业形势总体稳定

2021年全年，全市居民人均可支配收入78027元，比上年名义增长8.0%，两年平均名义增长6.0%。其中，城镇常住居民人均可支配收入82429元，同比增长7.8%，两年平均增长5.8%；农村常住居民人均可支配收入38521元，同比增长10.3%，两年平均增长7.7%。全年全市新增就业岗位63.51万个，比上年增加6.47万个。

总的来看，2021年上海经济持续稳定恢复，主要指标实现预期目标。但也要看到，国际环境更趋复杂严峻和不确定，全市经济全面持续恢复的基础仍需巩固。下一步，要坚持以习近平新时代中国特色社会主义思想为指导，全面贯彻落实党的十九大和十九届历次全会以及中央经济工作会议精神，坚持稳中求进工作总基调，完整、准确、全面贯彻新发展理念，服务构建新发展格局，推动高质量发展，以供给侧结构性改革为主线，以实施国家战略任务为牵引，以强化"四大功能"、深化"五个中心"建设、发展"五型经济"为主攻方向，加快提升城市能级和核心竞争力，统筹疫情防控与经济社会发展，继续做好"六稳""六保"工作，持续改善民生，保持经济运行在合理区间，以优异成绩迎接党的二十大和市第十二次党代表大会胜利召开！

附注：

1. 按照我国地区生产总值统一核算和数据发布制度规定，地区生产总值核算包括初步核算和最终核实两个步骤。经最终核实，2020年，上海地区生产总值现价总量为38963.30亿元，按可比价格计算，比上年增长1.7%。

2. 两年平均增速是指以2019年相应同期数为基数，采用几何平均的方法计算的增速。

稳中有进，韧性增强，质效趋优
——2021年上海经济运行特点解读

2021年，全市在以习近平同志为核心的党中央坚强领导下，坚持以习近平新时代中国特色社会主义思想为指导，深入学习贯彻习近平总书记考察上海重要讲话和在浦东开发开放30周年庆祝大会上的重要讲话精神，坚决贯彻落实党中央、国务院的决策部署，努力克服国际环境复杂严峻、疫情多点散发等不利影响，积极有效落实落地重大战略、重大政策、重大项目和重点民生工作，科学统筹疫情防控和经济社会发展。全市经济持续稳定恢复，呈现稳中加固、稳中有进、稳中向好态势，经济发展韧性增强，新兴动能加快成长，以实干实绩庆祝中国共产党成立一百周年，实现了"十四五"发展良好开局。

一、经济持续稳定恢复

2021年，全市实现地区生产总值（GDP）43214.85亿元，比上年增长8.1%，同比增速与全国持平，两年平均增长4.8%。全市GDP规模自2017年突破3万亿元以来，4年再上一个新台阶，首次突破4万亿元，继续保持国内城市首位。从经济运行走势看，一季度、上半年、前三季度和全年GDP两年平均增速分别为4.7%、4.8%、4.6%和4.8%，表明经济复苏稳健、韧性增强。

二、稳健协调发展成效显著

二三产业协调发展。全年全市第二产业增加值比上年增长9.4%，两年平均增长5.3%，占GDP的比重为26.5%，比上年提高0.2个百分点；第三产业增加值首次突破3万亿元，同比增长7.6%，两年平均增长4.7%，占GDP比重为73.3%，对经济增长贡献率达69.6%。三大需求协同发力。年内制定实施"上海REITs20条"等投资支持政策，举办上海全球投资促进大会，全年固定资产投资比上年增长8.1%，两年平均增长9.2%。制订并落实建设国际消费中心城市实施方案，举办第二届"五五购物节"等重大促消费活动，着力打造"全球新品首发地"和"全球消费目的地"，全年社会消费品零售总额同比增长13.5%，两年平均增长6.8%。推出加快发展外贸新业态新模式实施意见等政策，全年货物进出口总额同比增长16.5%，时隔3年再次实现两位数增长。城乡发展协调性增强。全年城乡居民人均可支配收入之比为2.14，比上年缩小0.05。

三、"五个中心"建设扎实推进

全年上海金融市场交易总额达到2511.07万亿元，比上年增长10.4%。首家外资独资券商等一批金融业开放项目落地，原油期权、"玉兰债"碳中和债等金融创新产品和业务相继推出。全年口岸货物进出口总额10.09万亿元，比上年增长15.4%，继续保持世界城市首位，亚太示范电子口岸网络拓展至24个成员口岸。全年全市货物进出口总额首次突破4万亿元，再创历史新高；其中，进口额、出口额分别增长17.7%和14.6%，增速均创2016年以来的最高水平。全年集装箱吞吐量4703.33万国际标准箱，比上年增长8.1%，规模连续12年排名世界第一。在沪国家实验室建设顺利推进，集成电路、生物医药、人工智能等三大产业"上海方案"加快落实。截至2021年末，每万人口高价值发明专利拥有量达到34件左右，高新技术企业突破2万家。

四、重大战略任务有效落实规上服务业营业利润显著增长。

全面贯彻落实中央支持浦东打造社会主义现代化建设引领区意见，制订实施上海行动方案，明确

100条450项具体任务，278项任务取得积极进展或标志性成果。2021年浦东新区规模以上工业总产值占全市的比重达31.5%，商品销售总额占比达34.7%，货物进出口总额占比达58.8%。洋山特殊综合保税区二期实现封关验收。全年自贸区临港新片区规上工业总产值、固定资产投资分别比上年增长72.7%和62.0%。科创板上市企业融资额、总市值分别达到1517.7亿元和1.5万亿元。长三角国家技术创新中心实体化运作。虹桥国际开放枢纽建设加快推进，总投资290亿元的20个重大工程集中开工。第四届进口博览会如期举办，展览面积和参展世界500强企业数量再创新高，按一年计累计意向成交707.2亿美元。

五、经济新动能持续壮大利用外资较快增长。

三大先导产业较快增长。全年全市集成电路、生物医药、人工智能三大先导产业制造业完成工业总产值3254.74亿元，比上年增长18.3%，增速高于全市规上工业总产值8.0个百分点，占规上工业总产值的比重为8.2%。全年工业战略性新兴产业总产值同比增长14.6%，两年平均增长11.7%，增速分别高于规上工业总产值4.3个和5.7个百分点。其中，新能源汽车产值同比增长1.9倍，新能源、生物、数字创意产值分别增长16.1%、12.1%、11.5%，增速均高于规上工业总产值增速。部分新产品产量同比保持快速增长，其中，新能源汽车增长1.6倍、工业机器人增长34.6%、3D打印设备增长33.3%、笔记本计算机增长31.9%、服务器增长27.7%、集成电路增长19.8%。全年信息传输、软件和信息技术服务业增加值同比增长12.4%，增速高于第三产业增加值4.8个百分点。全年网上商店零售额同比增长20.8%，增速高于社会消费品零售总额7.3个百分点。

六、经济效益不断提高

盈利情况良好。2021年1月-11月，全市规上工业企业利润总额比上年同期增长8.7%，35个工业行业全部实现盈利。其中，化工行业利润总额增长44.7%，电气机械和器材制造业利润总额增长17.2%，通用设备制造业利润总额增长13.4%。2021年1月-11月，全市规上服务业企业营业利润同比增长35.2%；在32个规上服务业行业中，22个行业实现盈利，盈利面为68.8%。其中，交通运输业利润增长4.2倍，科研服务业利润增长39.0%，软件信息服务业利润增长23.2%。财政收入较快增长。全年全市一般公共预算收入比上年增长10.3%。其中，受经济复苏、企业产销较快增长、企业利润增加、居民收入稳步增长等因素拉动，全年全市税收收入同比增长13.1%。

七、民生保障有力有效

全年全市居民人均可支配收入比上年增长8.0%，扣除价格因素，实际增长6.7%；两年平均增长6.0%，两年平均实际增长4.5%。居民消费价格温和上涨，比上年上涨1.2%，涨幅同比回落0.5个百分点，创5年来新低。截至12月末，全市新增就业岗位63.51万个，比上年末增加6.47万个。高校毕业生去向落实率为95.6%，同比提高3.1个百分点。城乡居民基本养老金标准、最低生活保障标准继续提高。全年全市居民人均转移净收入同比增长9.5%，两年平均增长9.5%，在各收入来源中增幅最高，成为收入增长的稳健动力。

总的来看，2021年上海经济发展呈现稳中加固、稳中有进、稳中向好的态势，实现了"十四五"发展的良好开局。但同时也要看到，国际形势依然复杂严峻，经济社会发展仍面临不少困难、问题和挑战，全市经济全面持续恢复的基础仍需巩固。下一步，要全面贯彻落实党的十九大和十九届历次全会以及中央经济工作会议精神，坚持稳中求进工作总基调，完整、准确、全面贯彻新发展理念，服务新发展格局，推动高质量发展，以供给侧结构性改革为主线，以实施国家战略任务为牵引，统筹疫情防控和经济社会发展，保持经济运行在合理区间，以优异成绩迎接党的二十大和市第十二次党代表大会胜利召开！

来源：上海市统计局网，2022年1月21日

中物联：中国物流业景气指数（LPI）（2018年-2021年）
和中国仓储指数（2018年-2021年）走势图

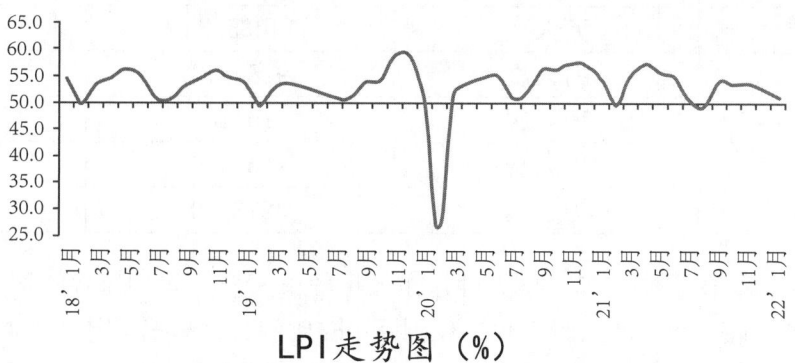

LPI走势图（%）

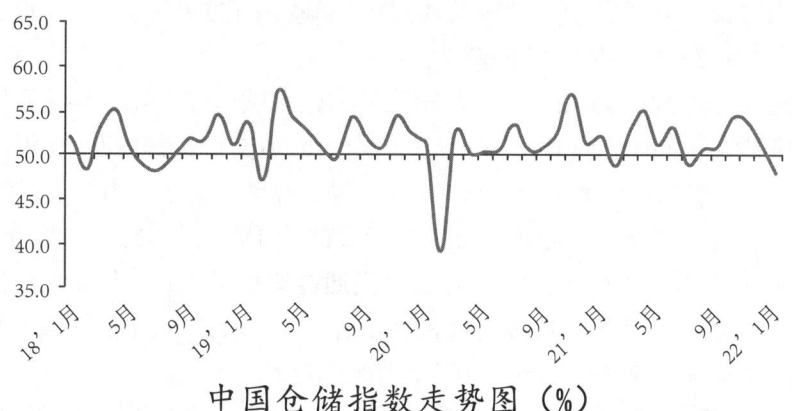

中国仓储指数走势图（%）

来源：中物联网

（二）上海市物流业

《2021年上海市国民经济和社会发展统计公报》
中交通运输、仓储和邮政业部分统计数据（节录）

五、交通和邮电

全年实现交通运输、仓储和邮政业增加值1843.46亿元，比上年增长13.5%。全年各种运输方式完成货物运输量155211.94万吨，比上年增长11.5%。旅客发送量14047.06万人次，增长17.3%（见表9）。

表9 2021年货物运输量与旅客发送量及其增长速度

批标	单位	绝对值	比上年增长（%）
货物运输量	**万吨**	155211.94	11.5
铁路	万吨	496.12	3.8
水运	万吨	101379.81	9.8

批标	单位	绝对值	比上年增长（%）
公路	万吨	52899.40	14.9
机场	万吨	436.60	8.5
旅客发送量	**万人次**	**14035.33**	**17.2**
铁路	万人次	9284.13	22.1
港口	万人次	10.10	-34.2
公路	万人次	1467.70	10.2
机场	万人次	3273.40	8.4

全年完成港口货物吞吐量77635.43万吨，比上年增长8.3%；集装箱吞吐量4703.33万国际标准箱，增长8.1%。集装箱水水中转比例达49.6%，国际中转比例13.0%，分别比上年减少2.0和提高0.7个百分点。上海浦东、虹桥两大国际机场全年共起降航班57.47万架次，增长5.4%；实现进出港旅客6541.41万人次，增长6.1%。其中，国内航线进出港旅客6373.62万人次，增长12.9%；国际及地区航线进出港旅客167.79万人次，下降67.7%。

轨道交通14号线、18号线（御桥站—长江南路站）建成试运行，S7公路（月罗－宝钱段）、北横通道西段、江浦路越江等项目建成通车。至年末，全市轨道交通运营线路20条，长度达到831公里，运营车站508个。至年末，地面公交运营车辆达1.76万辆。其中，国Ⅴ及以上和零排放公交车1.67万辆，占全部公交运营车辆的94.4%。公交运营线路达1596条，线网长度9243公里；运营出租车3.53万辆，全年载客车次2.02亿次。全年公共交通客运总量51.06亿人次，日均1398.79万人次，比上年增长20.6%。其中，轨道交通客运量35.72亿人次，增长26.1%；公共汽电车客运量14.95亿人次，增长9.5%；轮渡客运量3889.49万人次，增长3.1%。

全年完成邮政业务总量1691.92亿元，比上年增长20.4%；电信业务总量557.74亿元，增长18.8%。邮政业全年完成快递业务37.41亿件，快递业务收入1715.82亿元。

来源：《上海市国民经济和社会发展统计公报》，2022年3月15日

2021年上海市物流行业综合发展情况

2021年，全市在以习近平同志为核心的党中央坚强领导下，坚持以习近平新时代中国特色社会主义思想为指导，深入学习贯彻习近平总书记考察上海重要讲话和在浦东开发开放30周年庆祝大会上的重要讲话精神，坚决贯彻落实党中央、国务院的决策部署，努力克服国际环境复杂严峻、疫情多点散发等不利影响，积极有效落实落地重大战略、重大政策、重大项目和重点民生工作，科学统筹疫情防控和经济社会发展。全市经济持续稳定恢复，呈现稳中加固、稳中有进、稳中向好态势，经济发展韧性增强，新兴动能加快成长，以实干实绩庆祝中国共产党成立100周年，实现了"十四五"发展良好开局。

一、经济发展持续稳定恢复

2021年，全市实现地区生产总值（GDP）43214.85亿元，比上年增长8.1%，同比增速与全国持平，两年平均增长4.8%。全市GDP规模自2017年突破3万亿元以来，4年再上一个新台阶，首次突破4万亿元，继续保持国内城市首位。从经济运行走势看，经济复苏稳健、韧性增强。

二、产业协调发展成效显著

二、三产业协调发展。第三产业增加值首次突破3万亿元，同比增长7.6%，两年平均增长4.7%，

占GDP比重73.3%，对经济增长贡献率达69.6%。

三、服务业稳步恢复，交通运输业和信息服务业同比较快增长

2021年全年，全市第三产业增加值比上年增长7.6%。其中，交通运输、仓储和邮政业增加值1843.46亿元，同比增长13.5%，两年平均增长2.0%；

四、市场消费持续改善，基本生活类和升级类商品销售增势良好

2021年全年，全市社会消费品零售总额18079.25亿元，比上年增长13.5%，两年平均增长6.8%。分行业看，批发和零售业零售额16623.32亿元，同比增长12.7%；住宿和餐饮业零售额1455.93亿元，同比增长22.7%。

全市网上商店零售额3365.78亿元，比上年增长20.8%，两年平均增长15.4%；占社会消费品零售总额的比重为18.6%，比上年提高2.2个百分点。

五、基本建成上海国际航运中心

上海作为我国最大的经济中心城市，新华波罗的海国际航运发展指数排名世界第三，口岸贸易总额位居全球城市首位，国际零售商集聚度位居全球城市第二，上海港集装箱吞吐量连续12年位居世界第一，上海机场航空货邮吞吐量位居世界第三。国际航运中心框架基本建成。

六、货物进出口较快增长，利用外资增势良好

2021年全年，全市货物进出口总额40610.35亿元，比上年增长16.5%。其中，进口24891.68亿元，增长17.7%；出口15718.67亿元，增长14.6%。

七、货物运输总量增长

2021年全年，货物运输总量155211.94万吨，同比增长11.5%。其中：铁路496.12万吨，同比增长3.8%；水运101379.81万吨，同比增长9.8%；道路52899.40万吨，同比增长14.9%；机场货运量436.60万吨，同比增长8.5%。

全年港口货物吞吐77635.43万吨，同比增长8.3%。其中进港量45774.44万吨，同比增长6.9%；出港量31860.99万吨，同比增长10.4%。

八、国际标准集装箱吞吐量连续12年居世界第一

2021年全年，完成国际标准集装箱吞吐4703.33万标准箱，同比增长8.1%。其中：进港量2325.01万标准箱，同比增长8.3%；出港量2378.32万标准箱，同比增长7.9%。国际标准集装箱吞吐量连续几年居世界第一。

九、行业创新发展亮点纷呈

"洋山四期超大型自动化集装箱码头关键技术研究与应用"被授予2020年上海市科学技术奖科技进步奖特等奖。这座拥有完全自主知识产权的全自动化集装箱码头，打破国外垄断并实现技术反超，年吞吐量和作业效率均居世界自动化码头首位。

长三角港口2021年集装箱吞吐量已突破1亿标准箱。标志着长三角世界级港口群建设取得阶段性成果，上海国际航运中心服务能级进一步提升。2021年以来，长三角港口群在作业能力、辐射效应、智慧提升、绿色发展等各方面取得突破性进展。

上港集团以色列海法新港正式开港。2021年9月1日，海法新港开港仪式举行，码头集装箱"第一箱"通过远程自动化作顺利起吊。这是以色列60年来的第一个新码头，海法新港采用了我国企业"智慧港口"先进科技和管理经验，为"一带一路"合作画下浓墨重彩的一笔。目前一期已建成，码头岸线长度805.5米，年设计吞吐量为106万标准箱；二期码头岸线长度715.7米，年设计吞吐量为80万标准箱。

东航物流（证券代码：601156.SH）正式在上海主板挂牌上市，成为"航空混改第一股"。东航物流此次发行1.59亿股，总市值超过360亿元。

东方航空物流是一家现代综合物流服务企业,总部位于上海,致力于为全球客户提供安全、高效、精准、便捷的"天地合一"全程综合物流服务。作为国家首批、民航领域首家混合所有制改革试点企业,东航物流在国资委以及东航集团的支持下,率先实施了挂牌增资入股,完成股权多元化改革。东航物流旗下拥有中国货运航空、东航快递、东航运输、东航货站等子公司及境内外近200个分支机构,依托"天地合一"的物流综合服务体系和资源,东航物流已成为集航空货运、货站操作、多式联运、仓储、跨境电商解决方案等业务功能于一体的航空物流综合服务公司。

上海市冷链服务大数据中心建成。上海市冷链服务大数据中心是在市商务委的指导下,在市粮食和物资储备局、市市场监管局、市交通委、市经信委等部门的支持下,通过上海市物流协会冷链分会3年多的数据积累,经过半年多的时间开发完成。这些数据在疫情防控期间,配合市政府在防疫物资抢运、上海港冷藏箱疏港、冷库信息追溯、进口冷链食品中转查验等方面发挥了重要作用。

在上汽集团赋能下,上汽红岩、友道智途洋山港智能重卡在上海洋山港正式装箱启运第4万标箱,圆满完成2021年度4万标箱运输任务。上汽红岩、友道智途洋山港智能重卡依托上汽集团技术赋能打造而成,应用AI、5G、V2X车联通信等先进技术,融入了全栈自主软件和数据驱动算法等智能系统,打通了"智能汽车、车队管理、物流调度、港口作业"之间的全业务链流程。它成功实现了在港区特定场景下的L4级自动驾驶、厘米级定位、精确停车(±3厘米)、与自动化港机设备的交互以及东海大桥队列行驶,为港口运输用户提供了更智能、更安全、更高效、更环保的集装箱转运方案。

上汽安吉物流首次跻身全球第三方物流50强。2021年7月,世界著名物流咨询公司Armstrong & Associates发布了2020年全球第三方物流50强名单,其中3家中国公司上榜。上汽安吉物流以32.02亿美元的营业额位列第32名。上汽安吉物流股份有限公司成立于2000年8月,是上汽集团所属专业从事物流业务的全资子公司,为国内外主要主机厂和零部件厂家提供物流服务。2020年实现销售收入约222亿元。

上汽安吉跨洋物流加码将达33艘,中国最大"车企自营船队"扩容。

2022年1月17日,上汽集团与中国船舶集团正式签署协议,中船江南造船将为上汽旗下安吉物流"量身定制"2艘LNG双燃料、低碳环保、拥有7600车位的远洋汽车运输船(滚装船),积极满足上汽以及国内其它自主、外资品牌不断增长的出口业务需求,加快推动高含金量"中国智造"走向全球。目前,上汽安吉物流已建成国内最大的汽车企业自营船队,拥有包括12艘江船、13艘内贸海船、6艘外贸专用船在内的各类汽车船31艘。据中汽协最新统计,2021年全年,中国汽车企业出口201.5万辆,同比增长101.1%,而"海外每卖出三辆中国车,就有一辆是上汽造"。2021年,上汽集团海外销量高达69.7万辆(其中出口59.8万辆,海外基地产销9.9万辆),连续6年夺得国内车企榜首。

氢能重卡商业落地再提速 上汽红岩在鄂尔多斯首批氢能重卡正式投入运营。

在交付仪式上,上汽红岩交付鄂尔多斯市用户的首批氢能重卡正式投入运行。国务院发布《2030年前碳达峰行动方案》,提出推动运输工具装备低碳转型,积极扩大电力、氢能、天然气、先进生物液体燃料等新能源、清洁能源在交通运输领域应用,推广电力、氢燃料、液化天然气动力重型货运车辆。作为民族重卡企业,上汽红岩积极响应国家"双碳"号召,加快推动氢能重卡的落地应用。基于鄂尔多斯市富集的氢能资源和丰富的使用场景,2021年10月,上汽红岩鄂尔多斯新能源重卡基地揭牌奠基,全球首个万辆级氢能重卡产业链项目正式启动。此次上汽红岩投入商业运营的首批6×4氢能重卡,将主要用于鄂尔多斯市伊金霍洛旗露天煤矿运输,运输路线由原煤坑口运输至集运站,单程100公里左右。

编撰整理: 朱泽榕 高玲

二、2020年物流业政策文件

（一）国务院暨各部委局物流业部分政策文件

国务院暨国家部委物流业部分政策文件辑要及目录

中物联：每月《物流政策辑要》
中物联发布 2021 年 1 月—2 月政策辑要
政策特稿：
习近平在中国—中东欧国家领导人峰会讲话：强调聚焦互联互通，畅通联动发展的合作动脉
习近平在出席世界经济论坛讲话：强调维护全球产业链供应链顺畅稳定，推进高质量共建"一带一路"
政府工作报告：
李克强作政府工作报告：提出发展现代物流体系，健全城乡物流体系，推动国际物流畅通
重大政策：
中共中央国务院：《关于全面推进乡村振兴加快农业农村现代化的意见》
中共中央国务院：《国家综合立体交通网规划纲要》
国务院办公厅：《建设高标准市场体系行动方案》
政策动态：
李克强对全国安全生产电视电话会议做出重要批示：深入开展安全生产专项整治三年行动，增强应急响应和救援能力
李克强主持召开国务院常务会议：依法查处物流等环节强制或不规范收费
交通运输部发布《第一批疫苗货运重点联系企业公示》
交通运输部、公安部：《关于进一步加强治理公路车辆超限超载联合执法常态化制度化工作的通知（征求意见稿）》
政策摘要：
一、交通运输
交通运输部：《关于服务构建新发展格局的指导意见》
交通运输部：《加强和规范交通运输事中事后监管三年行动方案（2021—2023 年）》
交通运输部：《2021 年综合运输春运疫情防控总体工作方案》
二、城市配送
公安部交管局：《关于优化和改进城市配送货车通行管理工作的指导意见》
三、农村物流
农业农村部：《关于落实好党中央、国务院 2021 年农业农村重点工作部署的实施意见》
四、绿色物流
国务院：《关于加快建立健全绿色低碳循环发展经济体系的指导意见》
商务部办公厅：《关于推动电子商务企业绿色发展工作的通知》
交通运输部：《邮件快件包装管理办法》

五、创新驱动

工信部：《工业互联网创新发展行动计划（2021—2023年）》商务部办公厅：《关于加快数字商务建设 服务构建新发展格局的通知》

交通运输部办公厅：《关于开展ETC智慧停车城市建设试点工作的通知》

六、医药物流

国务院办公厅：《关于推动药品集中带量采购工作常态化制度化开展的意见》

交通运输部、国家卫生健康委等四部门：《新冠病毒疫苗货物道路运输技术指南》

地方政策：北京市：《进一步优化营商环境更好服务市场主体实施方案》

江苏省：《关于促进全省跨境电子商务高质量发展工作意见的通知》

浙江省：《关于继续实施惠企政策促进经济稳中求进的若干意见》

浙江嘉兴：《关于快递业"两进一出"工程试点实施方案的通知》

河南漯河：《关于印发漯河市扶持和促进冷链物流业高质量发展若干政策措施的通知》

中物联发布2021年3月政策辑要

政策特稿：

习近平主持召开中央财经委员会第九次会议强调：推动平台经济规范健康持续发展，把碳达峰碳中和纳入生态文明建设整体布局

重大政策：

国务院：关于落实《政府工作报告》重点工作分工的意见

中共中央办公厅国务院办公厅：《关于进一步深化税收征管 改革的意见》

政策摘要：

一、农村物流

中共中央国务院：《关于实现巩固拓展脱贫攻坚成果同乡村振兴有效衔接的意见》

国家发展改革委：《农村产业融合发展示范园建设中央预算内投资管理办法》

国家发改委：《2021年新型城镇化和城乡融合发展重点任务》

农业农村部办公厅：《农业生产"三品一标"提升行动实施方案》

农业农村部：《关于推动脱贫地区特色产业可持续发展的指导意见》

二、冷链物流

交通运输部等五部门：《关于进一步做好新冠病毒疫苗货物运输组织和服务保障工作的通知》

三、铁路物流

国务院办公厅：《关于进一步做好铁路规划建设工作意见的通知》

四、供应链服务

商务部等八部门：《关于开展全国供应链创新与应用示范创建工作的通知》

国家发改委：《关于加快推动制造服务业高质量发展的意见》

五、跨境物流

商务部：《进一步发挥出口信用保险作用加快商务高质量发展的通知》

商务部等六部门：《关于扩大跨境电商零售进口试点、严格落实监管要求的通知》

六、应急物流

应急管理部：《"工业互联网＋危化安全生产"试点建设方案》

七、电商物流

国家发改委：《加快培育新型消费实施方案》
商务部：《关于印发电子商务与快递物流协同发展典型经验做法的通知》
八、道路运输
交通运输部办公厅：《关于加快推广应用道路运输电子证照提升数字化服务与监管能力的通知》
九、粮食物流
国务院：《粮食流通管理条例》

地方政策：
安徽省人民政府办公厅：《关于印发支持跨境电子商务发展若干措施的通知》
江苏省交通运输厅：《关于印发公路限高限宽设施和检查卡点长效管理意见的通知》
杭州市人民政府办公厅：《杭州市重点领域机动车清洁化三年行动方案（2021—2023年）》
唐山市政府：《关于以新业态新模式引领新型消费加快发展的实施意见》
广州市人民政府：《关于印发广州市精准支持现代物流高质量发展若干措施的通知》

中物联发布2021年4月政策辑要

政策特稿：
习近平在博鳌亚洲论坛2021年年会开幕式上主旨演讲：强调高质量共建"一带一路"，推进海南自由贸易港建设

重大政策：
全国人民代表大会：《中华人民共和国乡村振兴促进法》
国务院常务会议：部署进一步促进粮食生产稳定发展等

政策摘要：
一、农村物流
财政部等四部门：《关于深入开展政府采购脱贫地区农副产品工作推进乡村产业振兴的实施意见》
农业农村部办公厅、财政部办公厅：《关于全面推进农产品产地冷藏保鲜设施建设的通知》
二、交通执法
交通运输部：加快推进道路货运行业转型升级 规范货运市场竞争秩序
交通运输部：《交通运输执法领域突出问题专项整治行动方案》
公安部：《〈道路交通安全法（修订建议稿）〉公开征求意见的公告》
公安部：推出公安交管12项便民利民措施
三、危化品物流
交通运输部等四部门：《关于印发常压液体危险货物罐车治理工作方案的通知》
交通运输部：《关于〈危险货物道路运输管理规定（修订征求意见稿）〉公开征求意见的通知》
四、物流成本
国家发改委：《关于做好2021年降成本重点工作的通知》
五、物流装备
交通运输部等八部门：《关于做好标准化物流周转箱推广应用有关工作的通知》
六、供应链金融
中国银保监会办公厅：《关于2021年进一步推动小微企业金融服务高质量发展的通知》
七、食品物流
海关总署：《关于公布〈中华人民共和国进出口食品安全管理办法〉的令》

市场监管总局：《网络食品安全违法行为查处办法》
地方政策：
重庆市人民政府办公厅：《关于印发加快发展新型消费释放消费潜力若干措施的通知》
河南省人民政府办公厅：《关于加快推进快递包装绿色转型的实施意见》
山东省市场监督管理局：《关于加强重点领域涉企收费监管的通知》
厦门市人民政府办公厅：《关于印发加快境外航空货运高质量发展若干措施的通知》

中物联发布 2021 年 5 月政策辑要
重大政策：
李克强主持召开国务院常务会议：部署做好大宗商品保供稳价工作等
韩正在国家粮食和物资储备局主持召开座谈会：强调扎实做好粮食和物资储备改革发展工作
政策摘要：
一、农村物流
财政部、农业农村部、国家乡村振兴局：《关于运用政府采购政策支持乡村产业振兴的通知》
交通运输部 财政部 农业农村部 国家乡村振兴局：《关于深化"四好农村路"示范创建工作的意见》
财政部办公厅、商务部办公厅、国家乡村振兴局综合司：《关于开展 2021 年电子商务进农村综合示范工作的通知》
财政部办公厅、商务部办公厅：《关于进一步加强农产品供应链体系建设的通知》
农业农村部、财政部：《关于做好 2021 年农业生产发展等项目实施工作的通知》
交通运输部：《关于巩固拓展交通运输脱贫攻坚成果全面推进乡村振兴的实施意见》
农业农村部：《关于加快农业全产业链培育发展的指导意见》
国家发展改革委、粮食和物资储备局：《粮食等重要农产品仓储设施中央预算内投资专项管理办法》
二、城市配送
国务院办公厅转发国家发展改革委等部门《关于推动城市停车设施发展意见的通知》
三、商贸物流
商务部、中央农办、发展改革委等十七部门：《关于加强县域商业体系建设 促进农村消费的意见》
商务部、发展改革委等十二部门：《关于推进城市一刻钟便民生活圈建设的意见》
商务部、发展改革委 工业和信息化部农业农村部等七部门：《商品市场优化升级专项行动计划（2021-2025）》
四、交通执法
交通运输部、公安部、生态环境部、住房城乡建设部：《关于深入开展坚决整治违规设置妨碍货车通行的道路限高限宽设施和检查卡点工作的通知》
交通运输部：《关于严格规范公正文明执法的意见》
五、应急物流
应急管理部：《关于推进应急管理信息化建设的意见》
国务院办公厅：《关于印发强化危险废物监管和利用处置能力改革实施方案的通知》
六、绿色物流
财政部、工业和信息化部、科技部、发展改革委：《关于进一步完善新能源汽车推广应用财政补

贴政策的通知》

国家发展改革委：《关于2021年新能源上网电价政策有关事项的通知》
国家能源局：《关于2021年风电、光伏发电开发建设有关事项的通知》
七、区域物流
交通运输部：《关于贯彻实施〈中华人民共和国长江保护法〉的意见》
八、国际物流
商务部办公厅：《关于围绕构建新发展格局做好边境经济合作区、跨境经济合作区工作的通知》

地方政策：
广东省人民政府：《关于推进广东省邮政快递业高质量发展的实施方案》
江西省人民政府：《"智联江西"建设三年行动方案（2021—2023年）》
绍兴市人民政府：《关于印发绍兴市服务业"十四五"发展规划的通知》
南京市邮政管理局等四部门：《南京市城乡物流服务一体化发展三年行动计划（2021—2023年）任务分解表》

中物联发布2021年6月政策辑要

重大政策：
习近平主持召开中央全面深化改革委员会会议：统筹指导构建新发展格局
李克强在全国深化"放管服"改革着力培育和激发市场主体活力电视电话会议上的讲话
李克强主持召开国务院常务会议：积极推动海外仓发展，加强跨国物流等领域国际合作
胡春华在全国农村商业建设工作现场会讲话：积极建设农村商业体系努力畅通国内大循环

政策摘要：
一、基础设施
国家发展改革委：《国家物流枢纽网络建设实施方案（2021—2025年）》
国家发展改革委：《城乡冷链和国家物流枢纽建设中央预算内投资专项管理办法》
二、商贸物流
商务部、中央农办、发展改革委等十七部门：《关于加强县域商业体系建设促进农村消费的意见》
交通运输部等七部门：《关于做好快递员群体合法权益保障工作的意见》
国家发展改革委：《重要商品和服务价格指数行为管理办法（试行）》
三、出行服务
交通运输部、国家发展改革委、财政部：《全面推广高速公路差异化收费实施方案》
交通运输部办公厅：《关于进一步规范医用核磁共振检测仪及限量瓶装氟利昂类制冷气体道路运输管理有关事项的通知》
交通运输部：《关于公布第33批道路运输车辆达标车型的公告》
四、供应链与生产物流
工业和信息化部等六部门：《关于加快培育发展制造业优质企业的指导意见》
商务部等八单位：《关于公布第一批全国供应链创新与应用示范城市和示范企业名单的通知》
五、冷链物流
农业农村部、财政部：《2021年农产品产地冷藏保鲜整县推进试点名单公示公告》
六、绿色物流
财政部、国家粮食和物资储备局：《关于深入推进优质粮食工程的意见》

国家发展改革委：《"十四五"循环经济发展规划》

七、国际物流

全国人大常委会通过《中华人民共和国海南自由贸易港法》

国务院办公厅：《关于加快发展外贸新业态新模式的意见》国家移民管理局：《促进服务航运企业发展十六项新举措》海关总署：《关于在全国海关复制推广跨境电子商务企业对企业出口监管试点的公告》

八、物流科技

全国人大常委会通过《中华人民共和国数据安全法》

工业和信息化部 中央网信办：《关于加快推动区块链技术应用和产业发展的指导意见》

地方政策：黑龙江省生态环境厅 黑龙江省公安厅：《关于实施〈重型柴油车污染物排放限值及测量方法（中国第六阶段）〉（GB17691-2018）有关事宜的通告》（以下简称《通知》）

青岛市发展和改革委员会等9部门：《关于推动青岛市先进制造业和现代服务业深度融合发展若干措施的通知》

中物联发布2021年7月政策辑要

重大政策：

习近平主持中共中央政治局会议：要求开展补链强链专项行动，加快解决"卡脖子"难题

习近平在亚太经合组织领导人非正式会议上的讲话：中方愿积极参与保障疫苗供应链稳定安全、促进关键物资流通等合作倡议

政策摘要：

一、放管服改革

国务院办公厅：《关于印发全国深化"放管服"改革着力培育和激发市场主体活力电视电话会议重点任务分工方案的通知》

交通运输部运输服务司：公布具备道路货运车辆"三检合一"检验检测能力的机动车检验检测机构信息

二、交通安全

工业和信息化部、公安部：《关于进一步加强轻型货车、小微型载客汽车生产和登记管理工作的通知》（征求意见稿）

交通运输部：《道路货运车辆、从业人员及场站新冠肺炎疫情防控工作指南（第二版）的通知》

三、商贸物流

商务部等9部门：《关于印发〈商贸物流高质量发展专项行动计划（2021—2025年）〉的通知》

国务院办公厅：《关于加快发展外贸新业态新模式的意见》

商务部：《关于深化"证照分离"改革进一步激发市场主体发展活力工作实施方案》

商务部、市场监管总局：《关于国家级服务业标准化试点（商贸流通专项）评审结果的公示》

商务部：《海南自由贸易港跨境服务贸易特别管理措施（负面清单）（2021年版）》

四、区域物流

中共中央国务院：《关于新时代推动中部地区高质量发展的意见》

中共中央国务院：《关于支持浦东新区高水平改革开放打造社会主义现代化建设引领区的意见》

交通运输部：《关于命名北京怀柔区等41个县（区、市）城乡交通运输一体化示范县的通知》

五、绿色物流

国家发展改革委：《关于印发"十四五"循环经济发展规划的通知》

国家发展改革委、工业和信息化部、生态环境部：《关于鼓励家电生产企业开展回收目标责任制行动的通知》

交通运输部等四部门：《关于进一步推进长江经济带船舶靠港使用岸电的通知》

六、权益保障

人力资源社会保障部等八部门：《关于维护新就业形态劳动者劳动保障权益的指导意见》

交通运输新业态协同监管部际联席会议：审议《关于加强交通运输新业态从业人员权益保障工作的意见》

七、科技创新

商务部中央网信办工业、信息化部：《关于印发数字经济对外投资合作工作指引的通知》

工业和信息化部、公安部、交通运输部：《智能网联汽车道路测试与示范应用管理规范（试行）》

八、制造业物流

工业和信息化部等六部门：《关于加快培育发展制造业优质企业的指导意见》

地方政策：

陕西省：《关于印发民营经济高质量发展三年行动计划（2021—2023年）的通知》

福建省：《关于公布2021年度省级示范物流企业及示范物流园区培育名单的通知》

专题聚焦：

中物联发布2021年8月政策辑要

重大政策：

习近平在2021年中国国际服务贸易交易会全球服务贸易峰会上发表视频致辞

习近平向可持续发展大数据国际研究中心成立大会暨2021年可持续发展大数据国际论坛致贺信

李克强出席2021年太原能源低碳发展论坛开幕式并发表主旨演讲

政策摘要：

一、交通执法

交通运输部办公厅：《关于转发具备常压液体危险货物罐车罐体检验资质的检验机构名单的通知》

交通运输部：《关于印发深化交通运输"证照分离"改革进一步激发市场主体活力实施方案的通知》

二、农村物流

国务院办公厅：《关于加快农村寄递物流体系建设的意见》

交通运输部：《关于拟公布农村物流服务品牌（第二批）名单的公示的通知》

交通运输部 农业农村部：《关于全力做好农业生产物资运输服务保障工作的通知》

三、区域物流

国务院：《关于推进自由贸易试验区贸易投资便利化改革创新若干措施的通知》

国家发展改革委：《关于印发〈"十四五"推进西部陆海新通道高质量建设实施方案〉的通知》

商务部：《关于2021年增补国家电子商务示范基地的通知》

四、物流标准

商务部：《关于加强"十四五"时期商务领域标准化建设的指导意见》

商务部 市场监管总局：《关于公布国家级服务业标准化试点（商贸流通专项）名单的通知》

五、绿色物流

交通运输部、公安部、商务部：《关于命名天津市等16个城市"绿色货运配送示范城市"的通报》

交通运输部：《关于中国中车集团有限公司开展绿色智能交通装备研制及应用等交通强国建设试点工作的意见》

六、科技创新

国家发展改革委：《关于加强投资数据资源共享持续深化投资审批"一网通办"的指导意见》

交通运输部办公厅：《关于印发〈互联网道路运输便民政务服务系统业务办理工作指南〉〈互联网道路运输便民政务服务系统建设应用技术要求〉的通知》

交通运输部、科学技术部：《关于科技创新驱动加快建设交通强国的意见》

地方政策：

广西壮族自治区：《加快广西供应链金融发展若干措施》

湖南省：《支持先进制造业供应链配套发展的若干政策措施》

江苏省：《"十四五"交通运输信用体系发展规划》

中物联发布2021年9月政策辑要

重大政策：

习近平：中国将陆续发布重点领域和行业碳达峰实施方案和一系列支撑保障措施，构建起碳达峰、碳中和"1+N"政策体系

中共中央国务院：《国家标准化发展纲要》

政策摘要：

一、新基建

工业和信息化部等8部门：《关于印发〈物联网新型基础设施建设三年行动计划（2021—2023年）〉的通知》

交通运输部：《交通运输领域新型基础设施建设行动方案（2021—2025年）》

二、多式联运

交通运输部办公厅 国家发展改革委办公厅：《关于组织开展第四批多式联运示范工程申报工作的通知》

中共中央国务院：《黄河流域生态保护和高质量发展规划纲要》

三、商贸物流

商务部：《关于进一步做好当前商务领域促消费重点工作的通知》

四、农村物流

国家发展改革委办公厅：《关于推广支持农民工等人员返乡创业试点经验的通知》

农业农村部办公厅：《关于做好跨省份道路运输动物指定通道有关工作的通知》

五、物流安全

公安部交管局：部署开展国省道货车超限超载违法行为专项整治行动

工业和信息化部：《关于加强车联网网络安全和数据安全工作的通知》

工业和信息化部：《关于加强车联网卡实名登记管理的通知》

交通运输部办公厅：《关于印发〈基于区块链的进口集装箱电子放货平台建设指南〉的通知》

六、国际物流

海关总署：《关于全面推广跨境电子商务零售进口退货中心仓模式的公告》
海关总署：《中华人民共和国海关进出口货物商品归类管理规定》
民航局：《运输航空公司、机场疫情防控技术指南（第八版）》
七、减税降费
国家发展改革委办公厅：《关于开展引航费定价成本监审的通知》
国家税务总局、工业和信息化部：《关于发布〈免征车辆购置税的设有固定装置的非运输专用作业车辆目录〉（第三批）的公告》

地方政策：
江苏省：《江苏省"十四五"现代物流业发展规划》
四川省：《四川省"十四五"现代物流发展规划》

中物联发布2021年10月政策辑要

重大政策：
习近平出席第二届联合国全球可持续交通大会开幕式：与世界相交与时代相通 在可持续发展道路上阔步前行习近平出席二十国集团领导人第十六次峰会： 中方倡议举办产业链供应链韧性与稳定国际论坛
李克强出席第16届东亚峰会：增加大宗商品和关键零部件等重要商品供给能力，维护国际物流畅通

政策摘要：
一、绿色低碳
中共中央国务院：《关于完整准确全面贯彻新发展理念做好碳达峰碳中和工作的意见》
国务院：《关于印发2030年前碳达峰行动方案的通知》
二、道路货运
国务院办公厅：《关于同意建立推动道路货运行业高质量发展部际联席会议制度的函》
交通运输部等16个部门：《关于加强货车司机权益保障工作的意见》
交通运输部办公厅、中华全国总工会办公厅：《关于深入推进"司机之家"建设提升运营服务质量的通知》
交通运输部办公厅：《关于进一步加强公路服务区货车停放服务工作的通知》
交通运输部：《2020年全国收费公路统计公报》
国务院联防联控机制综合组交通管控与运输保障专班：《关于进一步做好煤炭、天然气等能源物资运输保障工作的通知》
交通运输部：《关于印发〈公路服务区和收费站新冠肺炎疫情防控工作指南〉（第三版）的通知》
三、商贸物流
商务部等24个部门：《关于印发〈"十四五"服务贸易发展规划〉的通知》
商务部、中央网信办、发展改革委：《关于印发〈"十四五"电子商务发展规划〉的通知》
商务部：《关于"十四五"时期促进药品流通行业高质量发展的指导意见》
四、交通强国
交通运输部办公厅：《关于进一步做好交通强国建设试点工作的通知》
交通运输部：《关于黑龙江开展跨境物流体系建设等交通强国建设试点工作的意见》

交通运输部：《关于拟公布第二批多式联运示范工程通过验收项目名单的公示》
五、政府采购
财政部：《关于在政府采购活动中落实平等对待内外资企业有关政策的通知》
六、规范治理
国家市场监督管理总局组织：《互联网平台落实主体责任指南（征求意见稿）》
工信部、公安部联合约谈中国重汽督促整改"大吨小标"货车违规生产问题
地方政策：
河南省人民政府办公厅：《关于建立省级先进制造业集群重点产业链"双长制"的通知》
福州市人民政府办公厅：《关于印发促进现代物流业加快发展八条措施的通知》

中物联发布2021年11月政策辑要
重大政策：
习近平出席全军后勤工作会议强调：加快建设现代军事物流体系和军队现代资产管理体系
习近平出席第四届进博会提出：构建现代物流体系，提升跨境物流能力
政策摘要：
一、发展规划
商务部：《关于印发〈"十四五"对外贸易高质量发展规划〉的通知》
交通运输部：《关于印发〈综合运输服务"十四五"发展规划〉的通知》
交通运输部等五部门：《关于印发〈交通运输标准化"十四五"发展规划〉的通知》
交通运输部办公厅：《关于印发〈交通运输"十四五"立法规划〉的通知》
二、营商环境
国务院：《关于开展营商环境创新试点工作的意见》
国务院办公厅：《关于进一步加大对中小企业纾困帮扶力度的通知》
三、园区枢纽
国家发改委：《印发关于做好"十四五"首批国家物流枢纽建设工作的通知》
四、道路货运
交通运输部等八部门：《关于加强交通运输新业态从业人员权益保障工作的意见》
交通运输部：《关于建立交通运输行政执法规范化长效机制的意见》
交通运输部办公厅等三部门：《关于进一步做好货车ETC发行服务有关工作的通知》
交通运输部：《关于进一步做好新冠肺炎疫情地区民生物资运输服务保障工作的通知》
交通运输部办公厅：《关于进一步加强电煤运输公路通行服务保障工作的通知》
五、绿色物流
中共中央 国务院：《关于深入打好污染防治攻坚战的意见》
六、疫情防控
交通运输部：《关于印发〈港口及其一线人员新冠肺炎疫情防控工作指南（第八版）〉的通知》
交通运输部：《关于印发〈道路货运车辆、从业人员及场站新冠肺炎疫情防控工作指南（第三版）〉的通知》
交通运输部：《关于印发〈公路、水路进口冷链食品物流新冠病毒防控和消毒技术指南（第三版）〉的通知》
七、农村物流

农业农村部办公厅：《关于公布全国农业全产业链重点链和典型县建设名单的通知》
八、物流科技
交通运输部办公厅：《关于组织开展自动驾驶和智能航运先导应用试点的通知》
地方政策：
湖南省：《湖南省"十四五"应急体系建设规划》
海南省：《海南省金融业"十四五"发展规划》
贵州省：《贵州省推进交通强国建设实施纲要》

中物联发布 2021 年 12 月政策辑要
重要政策：
中央经济工作会议：加快形成内外联通、安全高效的物流网络
国务院办公厅：《关于印发"十四五"冷链物流发展规划的通知》
国务院办公厅：《推进多式联运发展优化调整运输结构工作方案（2021－2025 年）》
政策摘要：
一、中小微企业
国务院常务会议：部署清理拖欠中小企业账款，依法依规加大对拖欠中小企业账款整治力度
工信部等十九部门：《关于印发"十四五"促进中小企业发展规划的通知》
国务院办公厅：《关于印发加强信用信息共享应用促进中小微企业融资实施方案的通知》
二、技术创新
交通运输部：《关于印发〈数字交通"十四五"发展规划〉的通知》
工信部、国家发展改革委、科学技术部等十五部门：《关于印发〈"十四五"机器人产业发展规划〉的通知》
工信部、国家发展改革委等八部门：《关于印发〈"十四五"智能制造发展规划〉的通知》
交通运输部、国家税务总局：《关于延长〈网络平台道路货物运输经营管理暂行办法〉有效期的公告》
三、低碳减排
国家发展改革委办公厅等三部门：《关于组织开展可循环快递包装规模化应用试点的通知》
财政部、工信部等四部门：《关于 2022 年新能源汽车推广应用财政补贴政策的通知》
交通运输部办公厅等三部门：《关于组织开展第三批城市绿色货运配送示范工程申报工作的通知》
四、航空物流
民航局、国家发展改革委、交通运输部：《"十四五"民用航空发展规划》
民航局：《关于促进公共航空危险品运输高质量发展的指导意见》
五、产业链供应链
国家发展改革委、工信部：《振作工业经济运行 推动工业高质量发展的实施方案》
六、疫情防控
国务院联防联控机制春运工作专班：《关于印发〈2022 年综合运输春运疫情防控和运输服务保障总体工作方案〉的通知》
交通运输部：《关于切实做好西安等重点地区应对新冠肺炎疫情交通管控与运输保障工作的通知》
七、交通执法
公安部制修订：《机动车登记规定》《机动车驾驶证申领和使用规定》《道路交通安全违法行为

记分管理办法》

地方政策：

广东省：《关于推进跨境电商高质量发展若干政策措施的通知》

重庆市：《重庆市民航发展"十四五"规划（2021—2025年）的通知》

江西省商务厅等九部门：《江西省商贸物流高质量发展专项行动方案（2021—2025年）》

安徽省邮政局等七部门：《关于推进邮政业服务乡村振兴的意见》

摘录整理：王伟

（二）上海市人民政府暨部门物流业部分政策文件

习近平主持中央政治局第三十四次集体学习：把握数字经济发展趋势和规律，推动我国数字经济健康发展

中共中央政治局10月18日下午就推动我国数字经济健康发展进行第三十四次集体学习。中共中央总书记习近平在主持学习时强调，近年来，互联网、大数据、云计算、人工智能、区块链等技术加速创新，日益融入经济社会发展各领域全过程，数字经济发展速度之快、辐射范围之广、影响程度之深前所未有，正在成为重组全球要素资源、重塑全球经济结构、改变全球竞争格局的关键力量。要站在统筹中华民族伟大复兴战略全局和世界百年未有之大变局的高度，统筹国内国际两个大局、发展安全两件大事，充分发挥海量数据和丰富应用场景优势，促进数字技术与实体经济深度融合，赋能传统产业转型升级，催生新产业新业态新模式，不断做强做优做大我国数字经济。

习近平在主持学习时发表了讲话。他指出，党的十八大以来，党中央高度重视发展数字经济，实施网络强国战略和国家大数据战略，拓展网络经济空间，支持基于互联网的各类创新，推动互联网、大数据、人工智能和实体经济深度融合，建设数字中国、智慧社会，推进数字产业化和产业数字化，打造具有国际竞争力的数字产业集群，我国数字经济发展较快、成就显著。特别是新冠病毒肺炎疫情爆发以来，数字技术、数字经济在支持抗击新冠病毒肺炎疫情、恢复生产生活方面发挥了重要作用。

习近平强调，发展数字经济是把握新一轮科技革命和产业变革新机遇的战略选择。一是数字经济健康发展有利于推动构建新发展格局，数字技术、数字经济可以推动各类资源要素快捷流动、各类市场主体加速融合，帮助市场主体重构组织模式，实现跨界发展，打破时空限制，延伸产业链条，畅通国内外经济循环。二是数字经济健康发展有利于推动建设现代化经济体系，数字经济具有高创新性、强渗透性、广覆盖性，不仅是新的经济增长点，而且是改造提升传统产业的支点，可以成为构建现代化经济体系的重要引擎。三是数字经济健康发展有利于推动构筑国家竞争新优势，当今时代，数字技术、数字经济是世界科技革命和产业变革的先机，是新一轮国际竞争重点领域，我们要抓住先机、抢占未来发展制高点。

习近平指出，要加强关键核心技术攻关，牵住自主创新这个"牛鼻子"，发挥我国社会主义制度优势、新型举国体制优势、超大规模市场优势，提高数字技术基础研发能力，打好关键核心技术攻坚战，尽快实现高水平自立自强，把发展数字经济自主权牢牢掌握在自己手中。

习近平强调，要加快新型基础设施建设，加强战略布局，加快建设高速泛在、天地一体、云网融合、智能敏捷、绿色低碳、安全可控的智能化综合性数字信息基础设施，打通经济社会发展的信息"大动脉"。要全面推进产业化、规模化应用，重点突破关键软件，推动软件产业做大做强，提升关键软件技术创新和供给能力。

习近平指出，要推动数字经济和实体经济融合发展，把握数字化、网络化、智能化方向，推动制造业、服务业、农业等产业数字化，利用互联网新技术对传统产业进行全方位、全链条的改造，提高全要素生产率，发挥数字技术对经济发展的放大、叠加、倍增作用。要推动互联网、大数据、人工智能同产业深度融合，加快培育一批"专精特新"企业和制造业单项冠军企业。要推进重点领域数字产业发展，聚焦战略前沿和制高点领域，立足重大技术突破和重大发展需求，增强产业链关键环节竞争力，完善重点产业供应链体系，加速产品和服务迭代。

习近平强调，要规范数字经济发展，坚持促进发展和监管规范两手抓、两手都要硬，在发展中规范、在规范中发展。要健全市场准入制度、公平竞争审查制度、公平竞争监管制度，建立全方位、多层次、立体化监管体系，实现事前事中事后全链条全领域监管。要纠正和规范发展过程中损害群众利益、妨碍公平竞争的行为和做法，防止平台垄断和资本无序扩张，依法查处垄断和不正当竞争行为。要保护平台从业人员和消费者合法权益。要加强税收监管和税务稽查。

习近平指出，要完善数字经济治理体系，健全法律法规和政策制度，完善体制机制，提高我国数字经济治理体系和治理能力现代化水平。要完善主管部门、监管机构职责，分工合作、相互配合。要改进提高监管技术和手段，把监管和治理贯穿创新、生产、经营、投资全过程。要明确平台企业主体责任和义务，建设行业自律机制。要开展社会监督、媒体监督、公众监督，形成监督合力。要完善国家安全制度体系。要加强数字经济发展的理论研究，就涉及数字技术和数字经济发展的问题提出对策建议。要积极参与数字经济国际合作，主动参与国际组织数字经济议题谈判，开展双多边数字治理合作，维护和完善多边数字经济治理机制，及时提出中国方案，发出中国声音。

习近平强调，数字经济事关国家发展大局，要做好我国数字经济发展顶层设计和体制机制建设，加强形势研判，抓住机遇，赢得主动。各级领导干部要提高数字经济思维能力和专业素质，增强发展数字经济本领，强化安全意识，推动数字经济更好服务和融入新发展格局。要提高全民全社会数字素养和技能，夯实我国数字经济发展社会基础。

来源：上海市统计局，2021年10月20日

李克强在上海考察时强调：推进改革开放，优化营商环境，持续激发市场主体活力和社会创造力

新华社上海11月23日电 11月22—23日，中共中央政治局常委、国务院总理李克强在中共中央政治局委员、上海市委书记李强和市长龚正陪同下，在上海考察。他强调，要坚持以习近平新时代中国特色社会主义思想为指导，贯彻落实党的十九届六中全会精神，依靠改革开放增强发展动力，打造有利于各类市场主体蓬勃发展的良好环境，促进经济平稳运行，推动高质量发展。

11月22—23日，中共中央政治局常委、国务院总理李克强在上海考察。11月22日，李克强在上海外高桥国际智能制造服务产业园与多家外资企业负责人交流。

在上海自贸试验区，李克强对这里通过改革开放在投资、贸易、金融等方面形成一系列制度创新成果予以肯定。他说，你们作为全国第一个自贸试验区，要继续先行先试、取得新经验，更好为全国作示范。李克强考察了外高桥国际智能制造服务产业园，了解高端智能设备研发等情况，与多家外资企业负责人交流。他说，近年来我们持续推进"放管服"改革、优化营商环境，投资负面清单越来越短，你们多年在中国发展，应当能感受到。中国对外开放的大门会越开越大，并严格保护知识产权，使更多外资企业放心在华投资兴业。李克强强调，中国企业要面向世界、拓宽视野，在开放中增强竞争力。即将生效的RCEP将形成全球最大自贸区，要用好更大程度贸易投资自由化便利化的机遇，拓展合作共赢空间。

11月22—23日，中共中央政治局常委、国务院总理李克强在上海考察。11月22日，李克强在上海外高桥第三发电公司考察煤炭清洁高效利用、促进绿色低碳发展情况。

李克强考察上海外高桥第三发电公司。他说，电力是经济运行动力，要采取措施千方百计保障民生和企业正常生产用电。发电企业要履行社会责任，在安全生产的前提下多出力出足力。各级政府要进一步加强支持，包括落实好国家对煤电企业缓税等政策，做好协调调度，保证电煤稳定供应，解决一些地方电力缺口问题，防止出现新的"限电停产"现象。要立足我国能源禀赋以煤为主的基本国情，用好国家新出台的专项再贷款政策，推广提高能效的成熟先进技术，推动煤炭清洁高效利用，促进绿色低碳发展。

李克强走进就业促进中心，听取上海市推动就业扩大和灵活就业等情况汇报。在中心实训现场，李克强与参加技能培训的学员们交流，勉励说现在高技能人才短缺，希望你们珍惜机会，掌握精湛技术，增强就业能力。李克强询问在场中小微企业负责人有什么困难，最希望国家出台哪些方面政策。大家普遍建议继续给企业减税降费。李克强说，我们正视你们的困难，会继续采取措施帮助解决，这样也会使你们更有信心。继续围绕市场主体期盼制定政策，保住市场主体这个"青山"，也就能保住就业这个最大的民生。中国人力资源丰富，人民勤劳肯干，要持续推进大众创业万众创新，带动更多就业，激发更大创业创新活力，发挥中国经济的强劲韧性，顶住下行压力，实现持续平稳健康发展。

李克强充分肯定上海经济社会发展取得的成就，希望在以习近平同志为核心的党中央坚强领导下，继续在改革开放、开拓创新上走在前列，为国家发展作出更大贡献。

肖捷陪同考察。

中共中央国务院关于深入打好污染防治攻坚战的意见

（2021年11月2日）

良好生态环境是实现中华民族永续发展的内在要求，是增进民生福祉的优先领域，是建设美丽中国的重要基础。党的十八大以来，以习近平同志为核心的党中央全面加强对生态文明建设和生态环境保护的领导，开展了一系列根本性、开创性、长远性工作，推动污染防治的措施之实、力度之大、成效之显著前所未有，污染防治攻坚战阶段性目标任务圆满完成，生态环境明显改善，人民群众获得感显著增强，厚植了全面建成小康社会的绿色底色和质量成色。同时应该看到，我国生态环境保护结构性、根源性、趋势性压力总体上尚未根本缓解，重点区域、重点行业污染问题仍然突出，实现碳达峰、碳中和任务艰巨，生态环境保护任重道远。为进一步加强生态环境保护，深入打好污染防治攻坚战，现提出如下意见。

一、总体要求

（一）**指导思想**。以习近平新时代中国特色社会主义思想为指导，全面贯彻党的十九大和十九届二中、三中、四中、五中全会精神，深入贯彻习近平生态文明思想，坚持以人民为中心的发展思想，立足新发展阶段，完整、准确、全面贯彻新发展理念，构建新发展格局，以实现减污降碳协同增效为总抓手，以改善生态环境质量为核心，以精准治污、科学治污、依法治污为工作方针，统筹污染治理、生态保护、应对气候变化，保持力度、延伸深度、拓宽广度，以更高标准打好蓝天、碧水、净土保卫战，以高水平保护推动高质量发展、创造高品质生活，努力建设人与自然和谐共生的美丽中国。

（二）**工作原则**

一是坚持方向不变、力度不减。保持战略定力，坚定不移走生态优先、绿色发展之路，巩固拓展"十三五"时期污染防治攻坚成果，继续打好一批标志性战役，接续攻坚、久久为功。二是坚持问题导向、环保为民。把人民群众反映强烈的突出生态环境问题摆上重要议事日程，不断加以解决，增强广大人民群众的获得感、幸福感、安全感，以生态环境保护实际成效取信于民。三是坚持精准科学、依法治污。遵循客观规律，抓住主要矛盾和矛盾的主要方面，因地制宜、科学施策，落实最严格制度，加强全过程监管，提高污染治理的针对性、科学性、有效性。四是坚持系统观念、协同增效。推进山水林田湖草沙一体化保护和修复，强化多污染物协同控制和区域协同治理，注重综合治理、系统治理、源头治理，保障国家重大战略实施。五是坚持改革引领、创新驱动。深入推进生态文明体制改革，完善生态环境保护领导体制和工作机制，加大技术、政策、管理创新力度，加快构建现代环境治理体系。

（三）主要目标

到2025年，生态环境持续改善，主要污染物排放总量持续下降，单位国内生产总值二氧化碳排放比2020年下降18%，地级及以上城市细颗粒物（PM2.5）浓度下降10%，空气质量优良天数比例达到87.5%，地表水Ⅰ－Ⅲ类水体比例达到85%，近岸海域水质优良（一、二类）比例达到79%左右，重污染天气、城市黑臭水体基本消除，土壤污染风险得到有效管控，固体废物和新污染物治理能力明显增强，生态系统质量和稳定性持续提升，生态环境治理体系更加完善，生态文明建设实现新进步。

到2035年，广泛形成绿色生产生活方式，碳排放达峰后稳中有降，生态环境根本好转，美丽中国建设目标基本实现。

二、加快推动绿色低碳发展

（四）深入推进碳达峰行动。 处理好减污降碳和能源安全、产业链供应链安全、粮食安全、群众正常生活的关系，落实2030年应对气候变化国家自主贡献目标，以能源、工业、城乡建设、交通运输等领域和钢铁、有色金属、建材、石化化工等行业为重点，深入开展碳达峰行动。在国家统一规划的前提下，支持有条件的地方和重点行业、重点企业率先达峰。统筹建立二氧化碳排放总量控制制度。建设完善全国碳排放权交易市场，有序扩大覆盖范围，丰富交易品种和交易方式，并纳入全国统一公共资源交易平台。加强甲烷等非二氧化碳温室气体排放管控。制定国家适应气候变化战略2035。大力推进低碳和适应气候变化试点工作。健全排放源统计调查、核算核查、监管制度，将温室气体管控纳入环评管理。

（五）聚焦国家重大战略打造绿色发展高地。 强化京津冀协同发展生态环境联建联防联治，打造雄安新区绿色高质量发展"样板之城"。积极推动长江经济带成为我国生态优先绿色发展主战场，深化长三角地区生态环境共保联治。扎实推动黄河流域生态保护和高质量发展。加快建设美丽粤港澳大湾区。加强海南自由贸易港生态环境保护和建设。

（六）推动能源清洁低碳转型。 在保障能源安全的前提下，加快煤炭减量步伐，实施可再生能源替代行动。"十四五"时期，严控煤炭消费增长，非化石能源消费比重提高到20%左右，京津冀及周边地区、长三角地区煤炭消费量分别下降10%、5%左右，汾渭平原煤炭消费量实现负增长。原则上不再新增自备燃煤机组，支持自备燃煤机组实施清洁能源替代，鼓励自备电厂转为公用电厂。坚持"增气减煤"同步，新增天然气优先保障居民生活和清洁取暖需求。提高电能占终端能源消费比重。重点区域的平原地区散煤基本清零。有序扩大清洁取暖试点城市范围，稳步提升北方地区清洁取暖水平。

（七）坚决遏制高耗能高排放项目盲目发展。 严把高耗能高排放项目准入关口，严格落实污染物排放区域削减要求，对不符合规定的项目坚决停批停建。依法依规淘汰落后产能和化解过剩产能。推动高炉－转炉长流程炼钢转型为电炉短流程炼钢。重点区域严禁新增钢铁、焦化、水泥熟料、平板玻璃、电解铝、氧化铝、煤化工产能，合理控制煤制油气产能规模，严控新增炼油产能。

（八）推进清洁生产和能源资源节约高效利用。 引导重点行业深入实施清洁生产改造，依法开展自愿性清洁生产评价认证。大力推行绿色制造，构建资源循环利用体系。推动煤炭等化石能源清洁高效利用。加强重点领域节能，提高能源使用效率。实施国家节水行动，强化农业节水增效、工业节水减排、城镇节水降损。推进污水资源化利用和海水淡化规模化利用。

（九）加强生态环境分区管控。衔接国土空间规划分区和用途管制要求，将生态保护红线、环境质量底线、资源利用上线的硬约束落实到环境管控单元，建立差别化的生态环境准入清单，加强"三线一单"成果在政策制定、环境准入、园区管理、执法监管等方面的应用。健全以环评制度为主体的源头预防体系，严格规划环评审查和项目环评准入，开展重大经济技术政策的生态环境影响分析和重大生态环境政策的社会经济影响评估。

（十）加快形成绿色低碳生活方式。把生态文明教育纳入国民教育体系，增强全民节约意识、环保意识、生态意识。因地制宜推行垃圾分类制度，加快快递包装绿色转型，加强塑料污染全链条防治。深入开展绿色生活创建行动。建立绿色消费激励机制，推进绿色产品认证、标识体系建设，营造绿色低碳生活新时尚。

三、深入打好蓝天保卫战

（十一）着力打好重污染天气消除攻坚战。聚焦秋冬季细颗粒物污染，加大重点区域、重点行业结构调整和污染治理力度。京津冀及周边地区、汾渭平原持续开展秋冬季大气污染综合治理专项行动。东北地区加强秸秆禁烧管控和采暖燃煤污染治理。天山北坡城市群加强兵地协作，钢铁、有色金属、化工等行业参照重点区域执行重污染天气应急减排措施。科学调整大气污染防治重点区域范围，构建省市县三级重污染天气应急预案体系，实施重点行业企业绩效分级管理，依法严厉打击不落实应急减排措施行为。到2025年，全国重度及以上污染天数比例控制在1%以内。

（十二）着力打好臭氧污染防治攻坚战。聚焦夏秋季臭氧污染，大力推进挥发性有机物和氮氧化物协同减排。以石化、化工、涂装、医药、包装印刷、油品储运销等行业领域为重点，安全高效推进挥发性有机物综合治理，实施原辅材料和产品源头替代工程。完善挥发性有机物产品标准体系，建立低挥发性有机物含量产品标识制度。完善挥发性有机物监测技术和排放量计算方法，在相关条件成熟后，研究适时将挥发性有机物纳入环境保护税征收范围。推进钢铁、水泥、焦化行业企业超低排放改造，重点区域钢铁、燃煤机组、燃煤锅炉实现超低排放。开展涉气产业集群排查及分类治理，推进企业升级改造和区域环境综合整治。到2025年，挥发性有机物、氮氧化物排放总量比2020年分别下降10%以上，臭氧浓度增长趋势得到有效遏制，实现细颗粒物和臭氧协同控制。

（十三）持续打好柴油货车污染治理攻坚战。深入实施清洁柴油车（机）行动，全国基本淘汰国三及以下排放标准汽车，推动氢燃料电池汽车示范应用，有序推广清洁能源汽车。进一步推进大中城市公共交通、公务用车电动化进程。不断提高船舶靠港岸电使用率。实施更加严格的车用汽油质量标准。加快大宗货物和中长途货物运输"公转铁""公转水"，大力发展公铁、铁水等多式联运。"十四五"时期，铁路货运量占比提高0.5个百分点，水路货运量年均增速超过2%。

（十四）加强大气面源和噪声污染治理。强化施工、道路、堆场、裸露地面等扬尘管控，加强城市保洁和清扫。加大餐饮油烟污染、恶臭异味治理力度。强化秸秆综合利用和禁烧管控。到2025年，京津冀及周边地区大型规模化养殖场氨排放总量比2020年下降5%。深化消耗臭氧层物质和氢氟碳化物环境管理。实施噪声污染防治行动，加快解决群众关心的突出噪声问题。到2025年，地级及以上城市全面实现功能区声环境质量自动监测，全国声环境功能区夜间达标率达到85%。

四、深入打好碧水保卫战

（十五）持续打好城市黑臭水体治理攻坚战。统筹好上下游、左右岸、干支流、城市和乡村，系统推进城市黑臭水体治理。加强农业农村和工业企业污染防治，有效控制入河污染物排放。强化溯源整治,杜绝污水直接排入雨水管网。推进城镇污水管网全覆盖,对进水情况出现明显异常的污水处理厂,开展片区管网系统化整治。因地制宜开展水体内源污染治理和生态修复,增强河湖自净功能。充分发挥河长制、湖长制作用,巩固城市黑臭水体治理成效,建立防止返黑返臭的长效机制。2022年6月底前,县级城市政府完成建成区内黑臭水体排查并制订整治方案,统一公布黑臭水体清单及达标期限。到2025年,县级城市建成区基本消除黑臭水体,京津冀、长三角、珠三角等区域力争提前1年完成。

(十六)持续打好长江保护修复攻坚战。推动长江全流域按单元精细化分区管控。狠抓突出生态环境问题整改,扎实推进城镇污水垃圾处理和工业、农业面源、船舶、尾矿库等污染治理工程。加强渝湘黔交界武陵山区"锰三角"污染综合整治。持续开展工业园区污染治理、"三磷"行业整治等专项行动。推进长江岸线生态修复,巩固小水电清理整改成果。实施好长江流域重点水域10年禁渔,有效恢复长江水生生物多样性。建立健全长江流域水生态环境考核评价制度并抓好组织实施。加强太湖、巢湖、滇池等重要湖泊蓝藻水华防控,开展河湖水生植被恢复、氮磷通量监测等试点。到2025年,长江流域总体水质保持为优,干流水质稳定达到Ⅱ类,重要河湖生态用水得到有效保障,水生态质量明显提升。

(十七)着力打好黄河生态保护治理攻坚战。全面落实以水定城、以水定地、以水定人、以水定产要求,实施深度节水控水行动,严控高耗水行业发展。维护上游水源涵养功能,推动以草定畜、定牧。加强中游水土流失治理,开展汾渭平原、河套灌区等农业面源污染治理。实施黄河三角洲湿地保护修复,强化黄河河口综合治理。加强沿黄河城镇污水处理设施及配套管网建设,开展黄河流域"清废行动",基本完成尾矿库污染治理。到2025年,黄河干流上中游(花园口以上)水质达到Ⅱ类,干流及主要支流生态流量得到有效保障。

(十八)巩固提升饮用水安全保障水平。加快推进城市水源地规范化建设,加强农村水源地保护。基本完成乡镇级水源保护区划定、立标并开展环境问题排查整治。保障南水北调等重大输水工程水质安全。到2025年,全国县级及以上城市集中式饮用水水源水质达到或优于Ⅲ类比例总体高于93%。

(十九)着力打好重点海域综合治理攻坚战。巩固深化渤海综合治理成果,实施长江口-杭州湾、珠江口邻近海域污染防治行动,"一湾一策"实施重点海湾综合治理。深入推进入海河流断面水质改善、沿岸直排海污染源整治、海水养殖环境治理,加强船舶港口、海洋垃圾等污染防治。推进重点海域生态系统保护修复,加强海洋伏季休渔监管执法。推进海洋环境风险排查整治和应急能力建设。到2025年,重点海域水质优良比例比2020年提升2个百分点左右,省控及以上河流入海断面基本消除劣Ⅴ类,滨海湿地和岸线得到有效保护。

(二十)强化陆域海域污染协同治理。持续开展入河入海排污口"查、测、溯、治",到2025年,基本完成长江、黄河、渤海及赤水河等长江重要支流排污口整治。完善水污染防治流域协同机制,深化海河、辽河、淮河、松花江、珠江等重点流域综合治理,推进重要湖泊污染防治和生态修复。沿海城市加强固定污染源总氮排放控制和面源污染治理,实施入海河流总氮削减工程。建成一批具有全国示范价值的美丽河湖、美丽海湾。

五、深入打好净土保卫战

(二十一)持续打好农业农村污染治理攻坚战。注重统筹规划、有效衔接,因地制宜推进农村厕所革命、生活污水治理、生活垃圾治理,基本消除较大面积的农村黑臭水体,改善农村人居环境。实施化肥农药减量增效行动和农膜回收行动。加强种养结合,整县推进畜禽粪污资源化利用。规范工厂化水产养殖尾水排污口设置,在水产养殖主产区推进养殖尾水治理。到2025年,农村生活污水治理率达到40%，化肥农药利用率达到43%，全国畜禽粪污综合利用率达到80%以上。

（二十二）**深入推进农用地土壤污染防治和安全利用。**实施农用地土壤镉等重金属污染源头防治行动。依法推行农用地分类管理制度，强化受污染耕地安全利用和风险管控，受污染耕地集中的县级行政区开展污染溯源，因地制宜制订实施安全利用方案。在土壤污染面积较大的100个县级行政区推进农用地安全利用示范。严格落实粮食收购和销售出库质量安全检验制度和追溯制度。到2025年，受污染耕地安全利用率达到93%左右。

（二十三）**有效管控建设用地土壤污染风险。**严格建设用地土壤污染风险管控和修复名录内地块的准入管理。未依法完成土壤污染状况调查和风险评估的地块，不得开工建设与风险管控和修复无关的项目。从严管控农药、化工等行业的重度污染地块规划用途，确需开发利用的，鼓励用于拓展生态空间。完成重点地区危险化学品生产企业搬迁改造，推进腾退地块风险管控和修复。

（二十四）**稳步推进"无废城市"建设。**健全"无废城市"建设相关制度、技术、市场、监管体系，推进城市固体废物精细化管理。"十四五"时期，推进100个左右地级及以上城市开展"无废城市"建设，鼓励有条件的省份全域推进"无废城市"建设。

（二十五）**加强新污染物治理。**制定实施新污染物治理行动方案。针对持久性有机污染物、内分泌干扰物等新污染物，实施调查监测和环境风险评估，建立健全有毒有害化学物质环境风险管理制度，强化源头准入，动态发布重点管控新污染物清单及其禁止、限制、限排等环境风险管控措施。

（二十六）**强化地下水污染协同防治。**持续开展地下水环境状况调查评估，划定地下水型饮用水水源补给区并强化保护措施，开展地下水污染防治重点区划定及污染风险管控。健全分级分类的地下水环境监测评价体系。实施水土环境风险协同防控。在地表水、地下水交互密切的典型地区开展污染综合防治试点。

六、切实维护生态环境安全

（二十七）**持续提升生态系统质量。**实施重要生态系统保护和修复重大工程、山水林田湖草沙一体化保护和修复工程。科学推进荒漠化、石漠化、水土流失综合治理和历史遗留矿山生态修复，开展大规模国土绿化行动，实施河口、海湾、滨海湿地、典型海洋生态系统保护修复。推行草原森林河流湖泊休养生息，加强黑土地保护。有效应对气候变化对冰冻圈融化的影响。推进城市生态修复。加强生态保护修复监督评估。到2025年，森林覆盖率达到24.1%，草原综合植被盖度稳定在57%左右，湿地保护率达到55%。

（二十八）**实施生物多样性保护重大工程。**加快推进生物多样性保护优先区域和国家重大战略区域调查、观测、评估。完善以国家公园为主体的自然保护地体系，构筑生物多样性保护网络。加大珍稀濒危野生动植物保护拯救力度。加强生物遗传资源保护和管理，严格外来入侵物种防控。

（二十九）**强化生态保护监管。**用好第三次全国国土调查成果，构建完善生态监测网络，建立全国生态状况评估报告制度，加强重点区域流域海域、生态保护红线、自然保护地、县域重点生态功能区等生态状况监测评估。加强自然保护地和生态保护红线监管，依法加大生态破坏问题监督和查处力度，持续推进"绿盾"自然保护地强化监督专项行动。深入推动生态文明建设示范创建、"绿水青山就是金山银山"实践创新基地建设和美丽中国地方实践。

（三十）**确保核与辐射安全。**坚持安全第一、质量第一，实行最严格的安全标准和最严格的监管，持续强化在建和运行核电厂安全监管，加强核安全监管制度、队伍、能力建设，督促营运单位落实全面核安全责任。严格研究堆、核燃料循环设施、核技术利用等安全监管，积极稳妥推进放射性废物、伴生放射性废物处置，加强电磁辐射污染防治。强化风险预警监测和应急响应，不断提升核与辐射安全保障能力。

（三十一）严密防控环境风险。开展涉危险废物涉重金属企业、化工园区等重点领域环境风险调查评估，完成重点河流突发水污染事件"一河一策一图"全覆盖。开展涉铊企业排查整治行动。加强重金属污染防控，到 2025 年，全国重点行业重点重金属污染物排放量比 2020 年下降 5%。强化生态环境与健康管理。健全国家环境应急指挥平台，推进流域及地方环境应急物资库建设，完善环境应急管理体系。

七、提高生态环境治理现代化水平

（三十二）全面强化生态环境法治保障。完善生态环境保护法律法规和适用规则，在法治轨道上推进生态环境治理，依法对生态环境违法犯罪行为严惩重罚。推进重点区域协同立法，探索深化区域执法协作。完善生态环境标准体系，鼓励有条件的地方制定出台更加严格的标准。健全生态环境损害赔偿制度。深化环境信息依法披露制度改革。加强生态环境保护法律宣传普及。强化生态环境行政执法与刑事司法衔接，联合开展专项行动。

（三十三）健全生态环境经济政策。扩大环境保护、节能节水等企业所得税优惠目录范围，完善绿色电价政策。大力发展绿色信贷、绿色债券、绿色基金，加快发展气候投融资，在环境高风险领域依法推行环境污染强制责任保险，强化对金融机构的绿色金融业绩评价。加快推进排污权、用能权、碳排放权市场化交易。全面实施环保信用评价，发挥环境保护综合名录的引导作用。完善市场化多元化生态保护补偿，推动长江、黄河等重要流域建立全流域生态保护补偿机制，建立健全森林、草原、湿地、沙化土地、海洋、水流、耕地等领域生态保护补偿制度。

（三十四）完善生态环境资金投入机制。各级政府要把生态环境作为财政支出的重点领域，把生态环境资金投入作为基础性、战略性投入予以重点保障，确保与污染防治攻坚任务相匹配。加快生态环境领域省以下财政事权和支出责任划分改革。加强有关转移支付分配与生态环境质量改善相衔接。综合运用土地、规划、金融、税收、价格等政策，引导和鼓励更多社会资本投入生态环境领域。

（三十五）实施环境基础设施补短板行动。构建集污水、垃圾、固体废物、危险废物、医疗废物处理处置设施和监测监管能力于一体的环境基础设施体系，形成由城市向建制镇和乡村延伸覆盖的环境基础设施网络。开展污水处理厂差别化精准提标。优先推广运行费用低、管护简便的农村生活污水治理技术，加强农村生活污水处理设施长效化运行维护。推动省域内危险废物处置能力与产废情况总体匹配，加快完善医疗废物收集转运处置体系。

（三十六）提升生态环境监管执法效能。全面推行排污许可"一证式"管理，建立基于排污许可证的排污单位监管执法体系和自行监测监管机制。建立健全以污染源自动监控为主的非现场监管执法体系，强化关键工况参数和用水用电等控制参数自动监测。加强移动源监管能力建设。深入开展生活垃圾焚烧发电行业达标排放专项整治。全面禁止进口"洋垃圾"。依法严厉打击危险废物非法转移、倾倒、处置等环境违法犯罪，严肃查处环评、监测等领域弄虚作假行为。

（三十七）建立完善现代化生态环境监测体系。构建政府主导、部门协同、企业履责、社会参与、公众监督的生态环境监测格局，建立健全基于现代感知技术和大数据技术的生态环境监测网络，优化监测站网布局，实现环境质量、生态质量、污染源监测全覆盖。提升国家、区域流域海域和地方生态环境监测基础能力，补齐细颗粒物和臭氧协同控制、水生态环境、温室气体排放等监测短板。加强监测质量监督检查，确保数据真实、准确、全面。

（三十八）构建服务型科技创新体系。组织开展生态环境领域科技攻关和技术创新，规范布局建设各类创新平台。加快发展节能环保产业，推广生态环境整体解决方案、托管服务和第三方治理。构建智慧高效的生态环境管理信息化体系。加强生态环境科技成果转化服务，组织开展百城千县万名专家生态环境科技帮扶行动。

八、加强组织实施

（三十九）加强组织领导。 全面加强党对生态环境保护工作的领导，进一步完善中央统筹、省负总责、市县抓落实的攻坚机制。强化地方各级生态环境保护议事协调机制作用，研究推动解决本地区生态环境保护重要问题，加强统筹协调，形成工作合力，确保日常工作机构有场所、有人员、有经费。加快构建减污降碳一体谋划、一体部署、一体推进、一体考核的制度机制。研究制定强化地方党政领导干部生态环境保护责任有关措施。

（四十）强化责任落实。 地方各级党委和政府要坚决扛起生态文明建设政治责任，深入打好污染防治攻坚战，把解决群众身边的生态环境问题作为"我为群众办实事"实践活动的重要内容，列出清单、建立台账、长期坚持、确保实效。各有关部门要全面落实生态环境保护责任，细化实化污染防治攻坚政策措施，分工协作、共同发力。各级人大及其常委会加强生态环境保护立法和监督。各级政协加大生态环境保护专题协商和民主监督力度。各级法院和检察院加强环境司法。生态环境部要做好任务分解，加强调度评估，重大情况及时向党中央、国务院报告。

（四十一）强化监督考核。 完善中央生态环境保护督察制度，健全中央和省级两级生态环境保护督察体制，将污染防治攻坚战任务落实情况作为重点，深化例行督察，强化专项督察。深入开展重点区域、重点领域、重点行业监督帮扶。继续开展污染防治攻坚战成效考核，完善相关考核措施，强化考核结果运用。

（四十二）强化宣传引导。 创新生态环境宣传方式方法，广泛传播生态文明理念。构建生态环境治理全民行动体系，发展壮大生态环境志愿服务力量，深入推动环保设施向公众开放，完善生态环境信息公开和有奖举报机制。积极参与生态环境保护国际合作，讲好生态文明建设"中国故事"。

（四十三）强化队伍建设。 完善省以下生态环境机构监测监察执法垂直管理制度，全面推进生态环境监测监察执法机构能力标准化建设。将生态环境保护综合执法机构列入政府行政执法机构序列，统一保障执法用车和装备。持续加强生态环境保护铁军建设，锤炼过硬作风，严格对监督者的监督管理。注重选拔在生态文明建设和生态环境保护工作中敢于负责、勇于担当、善于作为、实绩突出的干部。按照有关规定表彰在污染防治攻坚战中成绩显著、贡献突出的先进单位和个人。

来源：中国政府网

（三）物流业各协会2021年度行业发展快报、论坛或行业会议讲话和新闻稿

关于加快制定《上海市促进物流业发展条例》的议案

一、案由

物流业是支撑国民经济发展的基础性、战略性、先导性产业。在推动经济和社会发展、保障民生中发挥了独特作用。

2020年9月9日，习近平总书记在中央财经委员会第八次会议上发表重要讲话强调"培育壮大具有国际竞争力的现代物流企业，为构建以国内大循环为主体，国内国际双循环相互促进的新格局提供支撑"。

2020年9月，国家发改委、工信部等13个部门联合印发《推动物流业制造业深度融合创新发展

实施方案》，对大宗商品物流、生产物流、消费物流、绿色物流、国际物流、应急物流等6个重点领域综合施策，对促进物流业制造业深度融合创新发展作出全方位安排。

2020年11月，《中共中央关于制定国民经济和社会发展第14个五年规划和2035年远景目标的建议》中四处提到"物流"：在加快发展现代服务业中提到"加快发展现代物流"、在统筹推进基础设施建设中提到"加快建设交通强国，完善综合运输大通道、综合交通枢纽和物流网络"、在促进国内国际双循环中提到"构建现代物流体系"、在实施乡村建设行动中提到"完善乡村物流等基础设施"。在推动绿色发展，促进人与自然和谐共生中强调"全面提高资源利用效率"。"加快构建废旧物资循环利用体系"，为物流业绿色循环可持续发展指明了方向，明确了任务。

二、案据

上海物流发展现状

"十三五"以来，上海物流在市委市政府的关心扶持下，在主管部门的指导帮助下得到了极大发展，取得了瞩目成效。上海市物流业增加值年均约10%，超过同期GDP年均增长速度，作为服务业的重要组成，每年对全市GDP的贡献值在15%左右；上海港口集装箱吞吐量连续10年位居全球第一、航空货邮量连续11年进入世界前三，建成的洋山港四期无人码头为全球首个智能化集装箱码头；上海的城市共同配送体系，物流业和制造业"两业"融合发展，快递、冷链和电商物流的规模及在全国的占比，代表物流企业标准化现代化高端水准的5A级物流企业数量等，均走在全国前列。

存在的主要问题

1. 物流发展的总体布局和区域布局不够清晰，物流园区和物流企业不知哪里是可以稳定长留之地；
2. 多式联运推进乏力，公铁海铁联运成为短板，这需要各方协调，加大推进力度，提高占比；
3. 长三角物流业高质量一体化绿色发展的宏观设计需要加强；
4. 部分物流堵点（洋山港海铁联运）影响航运中心建设进展。

从目前的立法情况看，存在立法空白，急需填补。

三、方案

加快出台《上海市促进物流业发展条例》，以立法引领推动上海物流业更高质量更好水平的发展。

建议条例主要包括如下内容：

1. 明确全市物流管理的总体制度安排

（1）关于物流牵头部门的问题。市政府本来有上海市推进现代物流发展工作办公室，由18个政府部门、4个市级行业协会所组成，市商务委作为牵头部门，对全市物流实行行业管理和指导，在推进和实施中发挥了很好的作用，使物流行业起码做到事有可找之门，问有可询之渠。近年来，机构改革后，商务委不再牵头，出现空白，这不利于本市物流业政策的更好落实和行业管理的积极推进。从纵向看，历史形成并行之有效的机制完全应该并可以沿续下去。从横向看，国家层面有以国家发展改革委员会牵头的九部委相关协会组成的联席会议制度。苏浙皖分别有明确的委办分管物流，我市应该与之一致和借鉴。从发展看，产业的推进也不可能是在群龙无首状态下实现的。为响应当前党中央和国家将物流作为"双循环"新格局的关键支撑这一重要指示和精神，推进上海物流高质量可持续发展，物流行业迫切需要明确本市物流业的牵头部门和所对应的机制。（2）关于物流业发展的顶层设计。推进物流业发展，市政府需要有顶层设计，对包括规划制定、政策引导、综合协调等在内的重大问题进行宏观决策和顶层设计。随着国家倡导的物流业制造业深度融合创新发展理念不断深入，行业亟须市政府继续加强对物流业的顶层设计，为发展指明方向、路径和措施。（3）关于物流区域布局。随着城区功能扩展、旧改拆违的推进和蓝天保卫战的打响，本市物流园区、物流企业、物流集散中心纷纷向市郊、远郊甚至周边城乡迁移，这种迁移许多是被动和盲目的，造成物流资源浪费效率低下，因此需要明确本市物流业区域布局，引导物流资源和市场主体有序流动，稳定发展。（4）关于长三角物流一体化发展。在长三角区域高质量发展国家战略中，物流的一体化展如何定位、如何设计、如何推进？在规划中应有所明确。

2. 进一步优化集疏运网络，提高物流运输方式及衔接效率

（1）积极发展海铁联运，提升港口集疏运条件。在"长江经济带""交通强国""海洋强国"等国家战略背景下，上海国际航运中心建设步入关键时期。然而，上海港海铁联运发展缓慢，其中港口、铁路基础设施分离是制约上海港海铁联运发展的关键瓶颈。因此，亟待实现铁路＋港口基础设施之间的无缝衔接，解决海铁联运的底层设计问题。（2）完善海铁联运底层设计，优化发展体制机制。建议成立海铁联运协调办公室，统一协调相关参与部门，共同部署海铁联运的顶层设计以及基础设施投资；以资本为纽带，通过利益联结港口方、铁路方等利益共同体，成立统一集中的运营平台，共同分享收益，共同解决问题；充分利用沪通铁路的规划建设契机，早日把铁路线直接铺进外高桥港区，分流到江苏、安徽以及河南等地不合理的公路运输；合理规划芦潮港中心站的功能，探讨借助于上海自贸区的区位优势，研究港区联动＋海铁联动的一体化方案，减少铁路场站与现行港区之间的对接环节，充分实现信息共享共用；鼓励港口部门优先办理海铁联运业务，对装卸作业以及短驳业务给予一定的财政补贴；同步部署内陆集装箱场站的建设，要打通海铁联运全环节的平台建设，充分扩展内陆集装箱场站的配套建设，完善从工厂到内陆集装箱场站以及铁路场站的前段服务，实现海铁联运全链条的统一发展。

3. 进一步优化口岸营商环境，提升物流国际竞争力

（1）深入推进国际贸易单一窗口建设。拓展单一窗口功能，打造"一站式"政务服务平台，进一步完善国际展会展品进出境等业务办理，拓展贸易金融服务功能，推进结售汇单证验核业务办理，探索服务贸易出口退（免）税纳入单一窗口办理。提升供应链各方的互操作性，进一步扩大信息共享，为进出口货物质量安全追溯信息的管理和查询提供便利。（2）进一步拓展口岸功能。目前上海口岸国际中转货源较少，外高桥和洋山量港区业务联动时间和资金成本较高。需进一步优化口岸营商环境，提高口岸通关监管及物流运作效率，拓展中转集拼、转口贸易、跨境电商等口岸功能。

4. 构建长三角绿色物流体系，打造长三角一体化绿色物流数字化平台

（1）构建长三角一体化绿色物流数字化平台，提供物流、金融以及信息等的综合化集成服务，建立长三角一体化的公共服务与治理支撑体系，以供应链与互联网、物联网深度融合为路径，高效整合长三角地区各类资源和要素，形成长三角范围内基础设施完善、配送及时的绿色物流服务体系。（2）培育一批绿色物流创新与应用示范企业，建设一批跨行业、跨领域，立足上海、辐射长三角、服务全国的绿色物流协同、交易和服务示范平台。鼓励上海大企业通过平台集聚带动长三角区域物流企业的组织化和信息化水平提高。加快上海智慧供应链与绿色物流示范城市建设，打造大数据支撑、网络化共享、智能化协作的长三角绿色物流体系，在绿色物流领域培育新增长点、形成新动能，助力建设现代化绿色物流体系，推动长三角绿色物流一体化高质量发展。（3）推动物流企业建设能源管理体系，建立绿色节能低碳运营管理流程和机制，加快淘汰落后高能耗设备。发展绿色仓储，建设长三角或上海绿色物流园区，加强仓库建筑创新与节能减排技术应用。推广节油技术和绿色节能运输设备，鼓励长三角物流企业使用新能源汽车、经济型节油车、轻量化起重搬运设备。鼓励长三角科研机构和企业积极研发和推广可循环利用、可降解的新型包装材料，鼓励使用绿色循环低碳产品。以绿色经济促进长三角物流产业转型升级和绿色发展。（4）着力完善专业人才培养体系，通过学历教育、职业教育、继续教育、社会培训等多种方式培养市场急需的绿色物流管理人才和技术操作人才。以上海高校为推动力量，加强长三角地区高校及企业间的合作，积极开展长三角绿色物流从业人员职业技

能培训，全面提高长三角绿色物流从业人员业务素质。积极推进长三角地区产学研用相结合。研究实施"中高级物流人才引进计划"，瞄准国内外知名物流企业，引进熟悉国际绿色物流业务和现代绿色物流企业管理的中高级管理人才，为长三角绿色物流业持续快速健康发展提供智慧保障。（5）健全配套制度体系，加快制定绿色物流相关标准、政策、信用等制度体系，减少低水平无序竞争。加强长三角地方政策支持力度，如研究制定包装分类回收利用支持政策，提高包装循环利用率；研究发展绿色物流扶持政策，对新能源货运车辆购置给予财政补贴和通行便利，完善充电加气基础设施，加快推进公共充电桩和加气站规划及建设；推进城市绿色物流配送示范工程，引导区域中心城市规划建设绿色物流配送网络，鼓励物流企业开展统一。

配送、集中配送、共同配送、夜间配送等集约化运输组织模式等。上海市应加强顶层设计，推动各部门之间的政策协同，推行产品全生命周期绿色管理，优化发展环境，提高监管效率，构建绿色物流协同发展机制，提升对长三角一体化发展的基础支撑作用。

5. 提高土地资源利用效率，优化物流资源配置与设施布局

（1）调整土地供给价格，降低物流资源配置成本。（2）明确本市物流业区域布局，引导物流资源和市场主体有序流动，稳定发展。（3）推动物流园区与货运场站一体化发展。将货运场站作为物流园区的重要设施纳入物流园区规划，确保布局协调和用地保障。

6. 持续提升总部经济能级，全面提高供应链全球资源配置能力

（1）推动跨国公司总部机构持续聚集、能级提升。充分利用自由贸易试验区等，持续吸引国际领先的航运企业、第三方物流企业、供应链管理企业、跨国公司采购分拨区域总部落户，在租购房、总部用地、人才等方面加大支持力度。（2）培养具有较强国际竞争力的本土跨国公司。推动本土物流、供应链企业深度融入全球价值链。（3）深化供应链协同与创新应用。推进智慧供应链示范城市建设，打造大数据支撑、网络化共享、智能化协作的智慧供应链体系。积极发展制造供应链，创新发展流通供应链，建立健全农业供应链，规范稳妥发展供应链金融，大力倡导绿色供应链，努力构建全球供应链，培育形成一批模式先进、协同性强、辐射力广、掌握行业大数据的供应链大平台和若干全球供应链领先企业，提升全球连接、全球服务、全球解决方案的能力。

7. 提升应对突发事件物流能力，完善供应链风险预警与管理机制

（1）建立完善区域物流的风险评估、应急体系，提升应对突发事件的物流能力。逐步建立起集风险识别、登记、评估、控制、准备为一体的物流风险管理体系。搭建"应急物流一张图"基础框架，物流风险隐患数据实现空间化管理。建立完善上海市应急预案体系，组织各类突发事件下物流的应急联动演练。实行突发事件下物流的智能化、数字化、柔性化、网格化管理，分级分类落实各类不同等级的物流应急措施。建立上海市突发事件预警信息发布中心，进一步提高预警信息发布的及时性、准确性，确保应急情况下物流抗风险能力快速提升。（2）建立基于突发事件的供应链预警体系，加强供应链安全建设。针对突发事件中（如疫情防控）出现的各类问题，举一反三，研究制订供应链安全防控措施，把供应链安全作为发展战略的重要组成部分，建立供应链风险预警系统，制定和实施供应链多元化发展战略，着力在网络布局、流程管控、物流保障、应急储备、技术和人员管理等方面增强供应链弹性，提升风险防范和抵御能力，促进供应链全链安全、稳定、可持续发展。（3）加快推进供应链数字化和智能化发展。供应链数字化、智能化管理有利于增强信息处理能力，提高供应链动态应对风险的能力，在面对突发事件时能做出快速反应。在硬件方面，要加大以信息技术为核心的供应链基础设施投入，加快推动智慧物流园区、智能仓储、智能货柜和供应链技术创新平台的科学规划与布局，补齐供应链硬件设施短板。在软件方面，加快物联网、大数据、边缘计算、区块链、5G、人工智能、增强现实／虚拟现实等新兴技术在供应链领域的集成应用。在应用方面，要加强数据标准统一和资源线上对接,推广应用在线采购、车货匹配、云仓储等新业态、新模式、新场景,促进供应链数字化转型,实现供应链即时、可视、可感知,提高供应链整体应变能力和协同能力。利用数字化、智能化的供应链,推动政府治理能力和治理体系现代化。

上海市物流协会逆向物流分会供稿

2021年上海国际航运中心建设十大事件发布

新华社中国经济信息社日前发布"2021年上海国际航运中心建设十大事件"

1. 2021北外滩国际航运论坛在沪举办,国家主席习近平致贺信

2021年11月4日,由上海市人民政府和交通运输部共同主办的2021北外滩国际航运论坛在上海开幕,主题为"开放包容,创新变革,合作共赢——面向未来的国际航运业发展与重构"。

国家主席习近平向2021北外滩国际航运论坛致贺信。习近平指出,航运业是国际贸易发展的重要保障,也是世界各国人民友好往来的重要纽带。在全球新冠病毒肺炎疫情蔓延的情况下,航运业为全球抗击疫情、促进贸易复苏、保持产业链供应链稳定发挥了积极作用。中国愿同世界各国一道,共克时艰,顺应绿色、低碳、智能航运业发展新趋势,深化国际航运事务合作,全力恢复和保障全球产业链供应链畅通,促进国际航运业健康发展,为推动构建人类命运共同体作出贡献。

2. 《上海国际航运中心建设"十四五"规划》发布 到2025年基本建成世界一流国际航运中心

2021年7月8日,上海市政府正式印发的《上海国际航运中心建设"十四五"规划》。指出,到2025年,上海国际航运中心建设要形成枢纽门户服务升级、引领辐射能力增强、科技创新驱动有力、资源配置能级提升的发展新格局;基本建成便捷高效、功能完备、开放融合、绿色智慧、保障有力的世界一流国际航运中心。

未来5年,上海将从"优化空间布局,发挥航运产业集聚辐射效应;引领长三角,推动港航更高质量一体化发展;凝聚发展合力,建设品质领先的世界级航空枢纽;打响服务品牌,强化全球航运资源配置能力;优化产业布局,高水平建设邮轮经济中心;挖掘科技动能,促进航运中心可持续发展;优化治理体系,全方位提升航运发展软实力"等7个方面推进上海国际航运中心建设。

3. 中国船舶集团总部迁驻上海 高能级机构加速集聚

2021年12月24日,中国船舶集团有限公司总部迁驻上海大会在沪举行。中国船舶集团总部迁驻上海,将进一步提升上海国际航运中心的全球资源配置能力,也将为中国船舶集团加快建设世界一流船舶集团注入强劲动力。

在中国船舶集团之前,中远海运集团、中国船东协会等总部型、功能型机构也相继迁沪。目前全球排名前列的班轮公司、船级社、邮轮企业、船舶管理机构以及波罗的海国际航运公会等知名国际航运组织纷纷在沪设立总部、分支机构或项目实体,这其中包括全球十大船舶管理机构中的6家、国际船级社协会正式成员中的10家、全球排名前百位班轮公司中的39家。特别是北外滩所在的虹口区,目前已集聚了4700多家航运企业,平均每平方公里落户197家航运企业。

这些高能级机构的集聚,将助力上海现代航运服务业的发展,进一步提升上海国际航运中心的全球资源配置能力。

4. 上海港集装箱吞吐量突破4700万标箱 连续12年位列全球第一

2021年,全球航运业经受疫情巨大冲击,货物滞港、流转不畅、突发不断、成本高企困扰着全球航运业。在重重挑战下,上海港集装箱吞吐量实现逆势上扬,连续12年集装箱吞吐量位列全球第一，上海港为保障全球物流链供应链畅通做出了不可替代的贡献。

数量稳步增长的同时，2021年上海港国际中转箱吞吐量首破600万标准箱，同比增长约13.4%，国际中转枢纽地位持续凸显，也进一步增亮了上海国际航运中心成色。

5. 从全球最大型集装箱船到中国首艘大型邮轮 多项航运高端装备在沪取得新突破

2021年12月29日，中国首制全球最大型24000TEU集装箱船在中国船舶集团有限公司旗下沪东中华造船（集团）有限公司长兴造船基地一号船坞顺利出坞，为2022年上半年完工交付奠定了基础，标志着中国船舶工业在超大型集装箱建造领域取得的又一个重大突破。

2021年12月17日，中国首艘大型邮轮在中国船舶集团旗下上海外高桥造船有限公司顺利实现坞内起浮的里程碑节点。进一步验证中国首艘大型邮轮在设计、工艺、生产准备、总装建造等阶段所取得的一系列重大科研成果，标志着该工程从结构和舾装建造的"上半场"全面转段进入内装和系统完工调试的"深水区"。

6. 从智慧港口到无纸化放货 在沪航运企业绿色化数字化转型加速

2021年6月25日，上港集团超远程智慧指挥控制中心项目落地上海临港新片区同盛物流园区，这是上港集团联合华为公司在全球港口首次将F5G技术应用在港口超远程控制作业场景，是新一代智慧港口运营模式的重大突破。此举意味着上海港的自动化、智慧化建设征程将迈上新台阶。

2021年7月21日，由中远海运、上港集团等发起的全球航运业务网络联盟（GSBN）宣布，该联盟成立以来的首个应用产品"无纸化放货"在中国正式上线。通过将进口口岸链条上的航运公司、收货人、代理和码头等各方都连接起来，"无纸化放货"大大简化了数据交换方式，节约了各方之间的操作时间，将进口货物办理完成单证手续的时间从几天缩短到几个小时。

7.《2021新华·波罗的海国际航运中心发展指数报告》发布，上海保持全球第三

2021年7月11日，《2021新华·波罗的海国际航运中心发展指数报告》发布。报告显示，2021年全球航运中心城市综合实力上海排名第三，仅次于新加坡和伦敦。

上海在航运硬件和软件建设上持续发力，通过枢纽建设与服务业发展"双轮"驱动，借助于自贸试验区发展、科技创新赋能、长三角协同发展等机制，持续提升全球资源配置能力，综合排名紧追冠亚军，保持全球第三。

8. 2021年上海机场货邮吞吐量达436.6万吨，创历史新高

2021年，上海浦东机场和虹桥机场年货邮吞吐量达436.6万吨，同比增长8.47%，一跃超过2017年423万吨的历史高点，在逆势中刷新上海航空货运枢纽保障能级的新纪录。面对全球严峻复杂防疫形势，上海机场集团积极服务上海"国内大循环中心节点和国际国内双循环战略链接"定位，服务保通保运保供大局，为全球产业链供应链稳定贡献上海力量。

作为全球前三、境内第一的国际航空货运枢纽，浦东机场货运航线网络覆盖全球48个国家／地区251个航点，目前有59家境外航空公司、10家国内航空公司在浦东机场运营国际货运业务。浦东机场出入境货运量占总量的93.7%，保障了境内机场超四成的出入境货运量。

9. 洋山港获批开展境外国际集装箱班轮公司沿海捎带业务试点

2021年，上海自贸区临港新片区获批"外贸集装箱沿海捎带业务"试点。在临港新片区内，允许符合条件的外国、香港特别行政区和澳门特别行政区国际集装箱班轮公司，利用其全资或控股拥有的非中国籍国际航行船舶，开展大连港、天津港、青岛港与上海港洋山港区之间，以上海港洋山港区为国际中转港的外贸集装箱沿海捎带业务试点，这将带动洋山港的中转集拼业务发展，吸引国外船公司在洋山港进行货物中转；可以增加码头集装箱吞吐量，提升洋山港枢纽能级，为提升上海港国际航运中心能级带来重大利好。

10. 服务"一带一路"建设 上港集团以色列海法新港正式开港

2021年9月1日,上港集团投资运营的以色列海法新港正式开港,这是以色列60年来的第一个新码头。

海法港位于以色列重要的港口城市——海法市,是以色列北部的交通和工业中心、地中海沿岸的铁路枢纽,在国际航运版图中占有重要地位。

6年前,上港集团从多家国际竞争者中脱颖而出,获得了海法新港码头运营权,2018年正式启动港口建设工程。项目计划分两期建设,一期码头岸线长度805.5米,年设计吞吐量为106万标准箱;二期码头岸线长度715.7米,年设计吞吐量为80万标准箱。目前一期已建成投用,上港集团全面负责码头运营管理。

来源:中华航运网

摘编整理:朱泽榕 高玲

第二篇 物流业发展景气指数

一、2021年中国物流业景气指数

2021年1月中国物流业景气指数为54.4%

中国物流与采购联合会发布的2021年1月中国物流业景气指数为54.4%，较上月回落2.5个百分点；中国仓储指数为52.2%，较上月回升0.7个百分点。

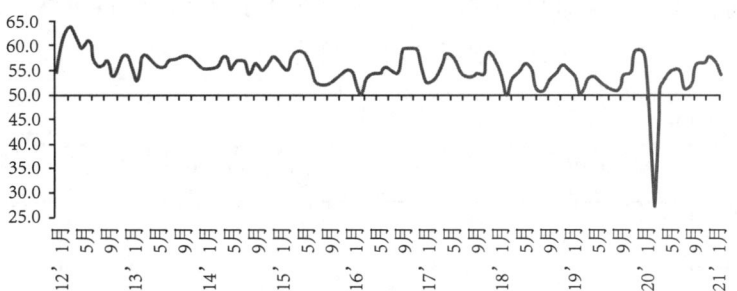

图1：LPI走势图（%）

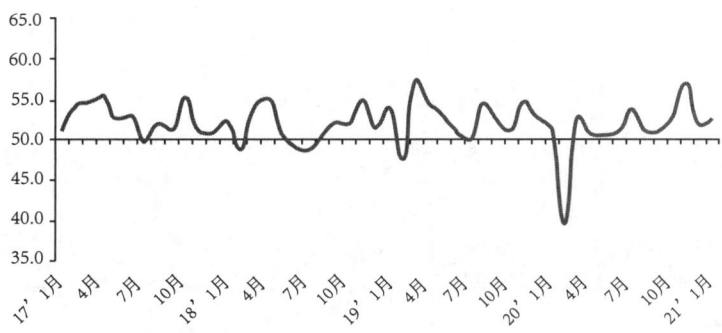

图2：中国仓储指数走势图（%）

中国物流与采购联合会会长助理、中国物流信息中心主任何辉认为：1月，受春节临近的季节性影响，物流业景气指数正常回落，但仍维持在较高的景气区间，且是近年同期最高，资金周转率指数继续上升，新订单指数、库存周转次数指数、设备利用率指数、业务活动预期指数都维持在较高景气区间，从业人员指数、固定资产投资指数、物流服务价格指数也都在景气区间，显示出2021年物流运行开局良好。从分地区和分行业情况看，总体均保持稳定增长态势。从企业规模看，大中型物流企业的业务量指数、新订单指数、库存周转次数指数、资金周转率指数、从业人员指数、主营业务利润指数、业务活动预期指数等都继续维持在较高景气区间，小微型物流企业则受季节性因素冲击影响较大，资金周转率指数、主营业务利润指数、业务活动预期指数等回落出景气区间。2月，随着春节假期的到来，物流业景气指数预计会继续有所回落。

业务总量指数回落，物流业务规模增势减弱。1月，业务总量指数比上月回落2.5个百分点，指数仍位于扩张区间为54.4%，反映出物流经济运行总体保持平稳的态势。

资金周转率指数上升，企业资金状况转好。1月，资金周转率指数为55%，较上个月上升0.2个百分点，位于较高水平。显示出由于年度订单集中支付预付款与上年订单回款速度加快，物流企业资金状况较为良好。

设备利用率指数和从业人员指数回落。1月，受生产建设活动放缓、物流业务规模增势减弱影响，设备利用率指数回落2.7个百分点，回落至52.5%。而加上临近春节的因素影响，从业人员指数回落2.3个百分点，回落至50.2%。

从后期走势看，新订单指数为52.9%；业务活动预期指数为52.7%，未来物流行业仍将保持平稳增长的态势。但由于春节因素影响，2月份景气指数仍将有所回落。

2021年2月中国物流业景气指数为49.8%

中国物流与采购联合会发布的2021年2月中国物流业景气指数为49.8%，较上月回落4.6个百分点；中国仓储指数为48.9%，较上月回落3.3个百分点。

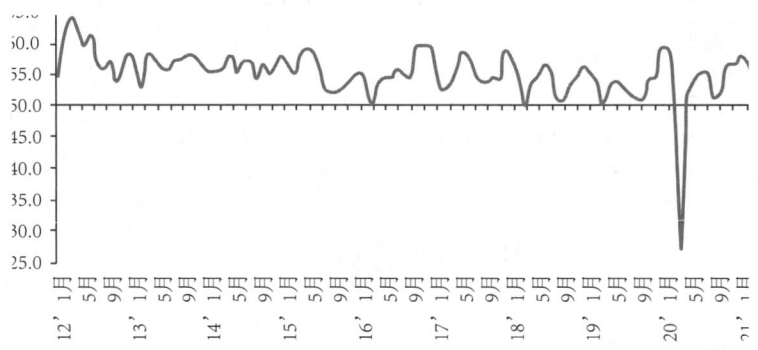

图3：LPI走势图（%）

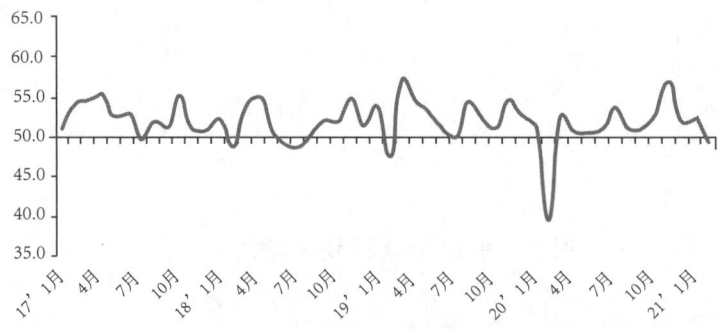

图4：中国仓储指数走势图（%）

中国物流与采购联合会会长助理、中国物流信息中心主任何辉认为：2月，虽然受节日因素及加强冷链物流和局部地区疫情防控需要的影响，物流业景气指数回落至49.8%，但指数水平总体仍保持基本平稳态势，且明显好于去年同期。从行业看，主要是快递快运业和冷链物流受到的影响较大。而从业务活动预期指数看，则大幅回升至65%以上的高水平，反映出随着疫情防控形势的全面好转和生产建设季节的到来，物流企业对市场走势普遍看好。

业务总量指数回落，物流业务规模增势减弱。2月，业务总量指数比上月回落4.6个百分点，为49.8%，反映出受节日因素影响，物流业务活动规模增势减弱，随着进入新的生产建设周期，物流业务活动规模将保持适度增长。

库存指数周期性回落，未来将出现恢复性增长。2月，平均库存量指数回落1.8个百分点至48.2%，库存周转次数指数回落7.7个百分点至45.6%。两项库存指数双双呈现出周期性回落，受到消费需求旺盛影响，将出现恢复性大幅增长。

从业人员指数回落，节日效应释放明显。2月，受生产建设活动放缓、物流业务规模增势减弱影响，春节期间从业人员返乡等因素影响，从业人员指数回落，比上月回落5.2个百分点，回落至45%，随着劳动人员对物流行业认知的不断提高，劳动密集型的物流行业用工需求量大，预计3月起，该指数将逐步回升至节前水平。

从后期走势看，新订单指数为50.4%，业务活动预期指数为65.8%，预示着进入新的生产建设周期，物流活动将趋于活跃，保持适度增长，平稳运行的态势。

2021年3月中国物流业景气指数为54.9%

中国物流与采购联合会发布的2021年3月中国物流业景气指数为54.9%，较上月回升5.1个百分点；中国仓储指数为52.7%，较上月回升3.8个百分点。

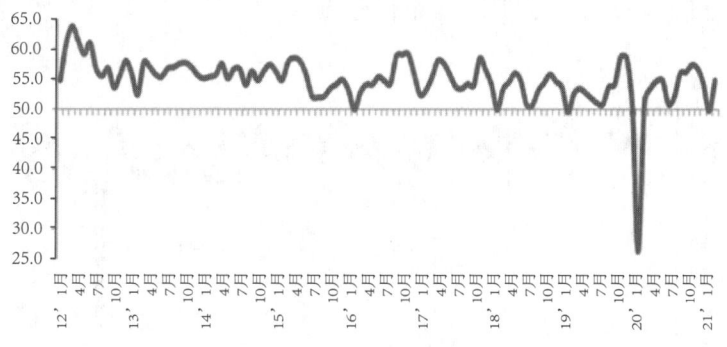

图5：LPI走势图（%）

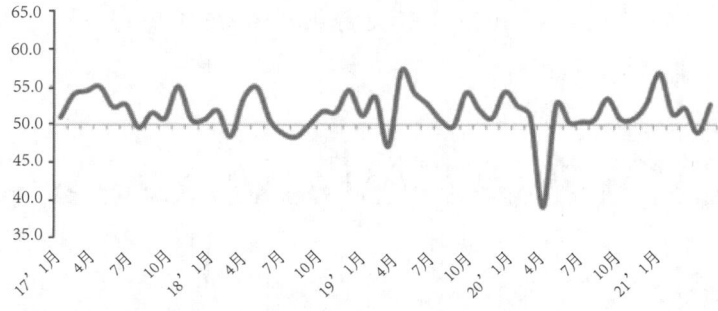

图6：中国仓储指数走势图（%）

中国物流与采购联合会会长助理、中国物流信息中心主任何辉认为：3月，随着我国生产建设季节的到来，供应链上下游经营活动的复苏，物流业景气重回50%以上扩张区间，呈现明显回升态势。从各分项指数上看，物流业务快速增加，物流需求稳中有升，物流业资金周转明显加快，设备利用率逐步提高，物流服务价格指数和主营业务利润指数有所回升，物流企业经营效益有所改善，物流行业从业人数快速回升，行业后市预期继续看好。从地区看，东、中、西部地区物流活动全面回升，尤其是西部地区回升速度更快。从行业看，物流相关行业业务活动均趋于旺盛，其中道路运输业、快递服务业回升幅度明显。从企业规模看，大中型物流企业稳步回升，小微型物流企业快速回升，物流行业后期发展形势向好。

新订单指数上升。3月，新订单指数为54.1%，比上月回升3.7个百分点，东部、中部和西部均保持在50%以上，显示出节后物流业需求全面向好，稳中趋升态势显现。

平均库存量指数和库存周转次数指数双升。3月，平均库存量指数和库存周转次数指数分别回升3.1个百分点和5.2个百分点，指数分别为51.3%和50.8%，两项库存相关指数水平接近，数据双双回升反映生产建设活动加快，供应链上游物流业务活动趋于活跃。

设备利用率指数回升。3月份，物流相关设备利用效率明显提高，设备利用率指数回升4.1个百分点至53.2%，东部、中部和西部均保持在50%以上的景气区间。

资金周转率指数回升。3月，资金周转率指数为50.2%，比上月回升5.2个百分点。显示出随着物流市场业务活动趋于活跃，资金周转情况有所改善。

从后期走势看，新订单指数为54.1%，业务活动预期指数为62.6%，预示着随着供应链上下游企业生产经营活动的全面启动，物流业务活动将继续保持活跃态势。

2021年4月中国物流业景气指数为57.3%

中国物流与采购联合会发布的2021年4月中国物流业景气指数为57.3%，较上月回升2.4个百分点；中国仓储指数为55%，较上月回升2.3个百分点。

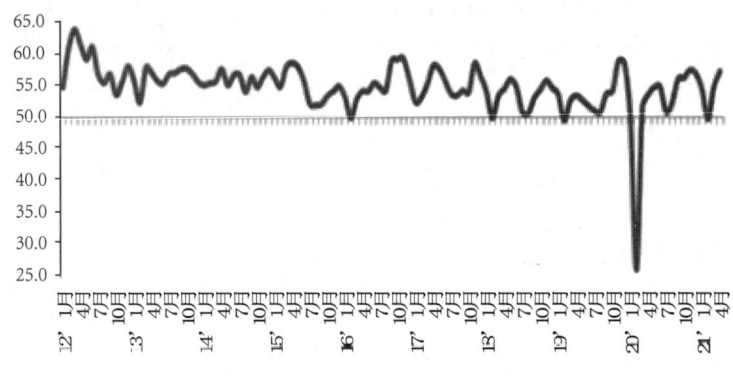

图7：LPI走势图（%）

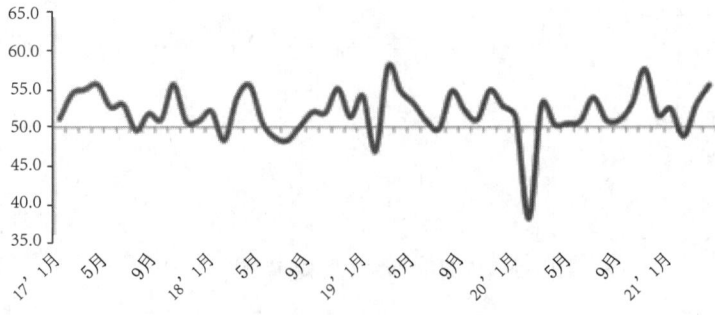

图8：中国仓储指数走势图（%）

中国物流与采购联合会会长助理、中国物流信息中心主任何辉认为：4月，物流业景气指数继续回升，显示出物流活动在继续转旺，物流运行呈现稳中有升的发展态势。从地区看，东中部地区均有所回升，其中东部地区回升幅度较为明显。从行业看，物流相关行业业务活动均趋于旺盛，其中道路运输业、水上运输业、仓储业、装卸搬运和其他运输服务业回升幅度明显，邮政业继续保持高位运行的态势。从指数上看，物流业务规模扩大，新订单数增多，物流需求稳中有升，供需均有所加快。物流业资金周转速率加快，主营业务利润指数回升，资金供应环境有所改善，企业和效益继续有所改善。固定资产投资完成额和设备利用率随着规模扩大而有所提高，就业和投资保持稳定增长，内生增长动力有所加强，市场预期乐观。从企业规模看，大中型物流企业物流活动旺盛，小微型物流企业平稳运行。

物流需求继续增加，新订单指数上升。4月，业务总量指数为57.3%，比上月回升2.4个百分点；新订单指数为56.1%，比上月回升2个百分点。显示出物流业需求继续向好，业务量持续增长，订单数量增加，物流运行将保持稳中趋升的态势。

平均库存量指数和库存周转次数指数双升。4月，平均库存量指数为52.9%，回升1.6个百分点。库存周转次数指数为55.7%，回升4.9个百分点，显示供应链上下游两端业务活动均有所增强。

从业人员指数和设备利用率指数回升。4月份，受物流业务活动增加带动，物流从业人员继续增加，用工缺口减少；设备利用率有所提高，企业运营效率增加。从业人员指数回升0.1个百分点，回升至51.7%；设备利用率指数回升1.8个百分点，回升至55%。

从后期走势看，新订单指数回升至56.1%；业务活动预期指数保持62.1%的较高水平。预示着后期社会物流运行会继续有所回升。

2021年5月中国物流业景气指数为55.8%

中国物流与采购联合会发布的2021年5月中国物流业景气指数为55.8%，较上月回落1.5个百分点；中国仓储指数为51.3%，较上月下降3.7个百分点。

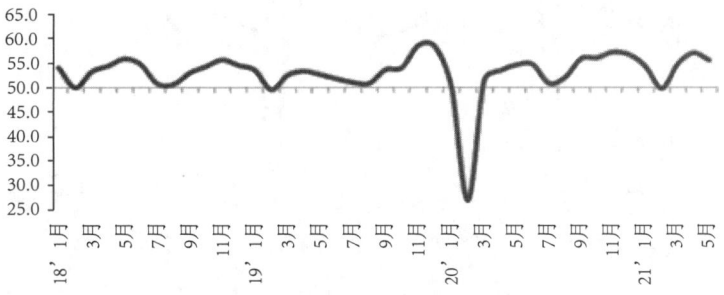

图9：LPI走势图（%）

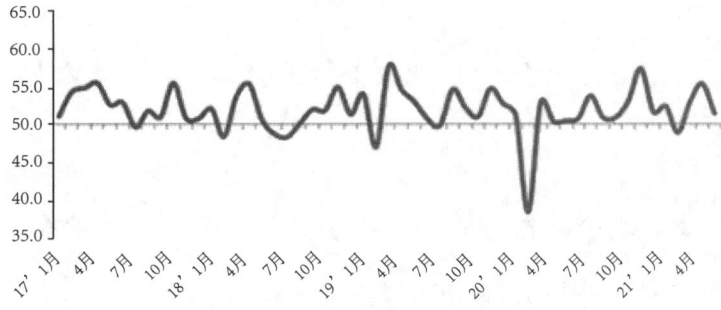

图10：中国仓储指数走势图（%）

中国物流与采购联合会会长助理、中国物流信息中心主任何辉认为：5月，物流业景气指数在扩张区间高位回调，反映出物流业务活动继续保持活跃，但增势略有趋稳。从指数上看，物流业务量和订单量增速放缓，库存指数回落，资金周转率下降，固定资产投资完成情况较好，物流行业从业人员就业稳定，业务活动预期保持较高水平。从地区看，东中部地区均位于扩张区间，其中东部和西部地区业务需求更为旺盛。从行业看，铁路运输业和道路运输业物流业务增速加快，水上运输业、仓储业、装卸搬运和其他运输服务业和邮政业增速略有回落。从企业规模看，大中小微型物流企业业务活动均保持在扩张区间，反映出物流市场的均衡发展。

物流需求增速放缓，新订单指数回落。5月，业务总量指数为55.8%，比上月回落1.5个百分点；新订单指数为54.5%，比上月回落1.6个百分点。显示出物流业需求增速放缓，业务规模缩减，订单数量减少。

库存周转次数指数和平均库存量指数回落。5月，库存周转次数指数回落3.7个百分点，为52%，平均库存量指数回落2.7个百分点，为50.2%。因节日因素影响，与民生相关产成品消费需求旺盛，仓储环节货物去库存明显，物流效率有所提升。

物流行业从业人员就业情况稳定向好。5月，从业人员指数回升0.1个百分点至51.8%，显示出物流行业从业人员就业情况稳定向好。

从后期走势看，新订单指数为54.5%；业务活动预期指数为60.8%。市场需求稳定，后期物流运行将继续保持平稳运行的态势。

2021年6月中国物流业景气指数为54.6%

中国物流与采购联合会发布的2021年6月中国物流业景气指数为54.6%，较上月回落1.2个百分点；中国仓储指数为53.2%，较上月回升1.9个百分点。

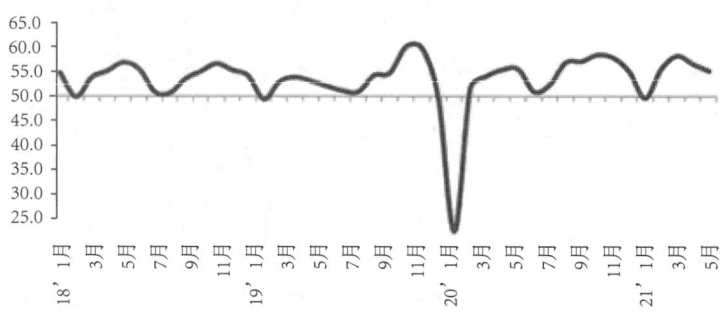

图11：LPI走势图（%）

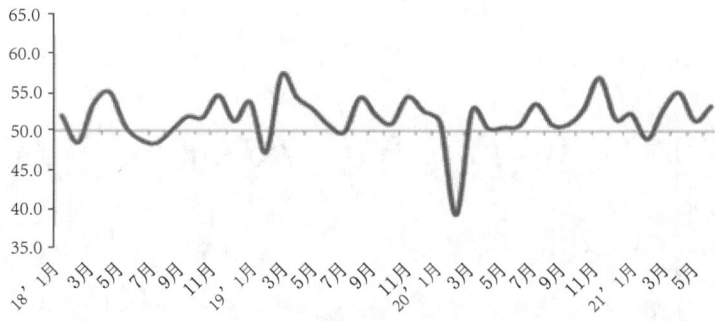

图12：中国仓储指数走势图（%）

中国物流与采购联合会会长助理、中国物流信息中心主任何辉认为：6月，随着高温多雨等季节性因素影响，物流业景气指数略有回落，但仍在景气区间运行，反映出物流业务活动增势虽略有趋缓，但继续保持活跃态势。从指数上看，库存周转次数指数、资金周转率指数和物流服务价格指数等指标较上月有所上升，反映出供应链上下游继续保持活跃、稳健运行态势。从区域看，东部、中部和西部地区均位于景气区间，其中东部和西部地区物流业务量较上月继续有所回升。从行业看，水上运输业、装卸搬运和运输服务业和邮政业物流业务增速进一步加快。从企业规模看，大中小微型物流企业均位于扩张区间，其中小微型物流企业新订单指数有所回升，反映出物流市场继续保持均衡发展态势。

物流需求增速放缓，新订单指数回落。6月，业务总量指数为54.6%，比上月回落1.2个百分点；新订单指数为52.9%，比上月回落1.6个百分点。显示出物流业需求增速放缓，业务规模缩减，订单数量减少。

库存周转次数指数回升。6月，库存周转次数指数较上月回升0.3个百分点，至52.3%。其中与贸易相关的港口企业和与民生相关的快递快运业该指数回升幅度明显，显示出物流相关业务活动仍较活跃。

设备利用率指数下降，仍保持在增长区间。6月，设备利用率指数较上月回落2.7个百分点，为52%。仍保持在景气区间，显示出物流相关业务活动仍较活跃。

固定资产投资完成额指数有所回落。6月，固定资产投资完成额指数回落为51.4%，增速略有放缓，但仍位于扩张区间，反映出物流运行的基础设施条件继续改善。

从后期走势看，新订单指数为52.9%；业务活动预期指数为56.9%，较上月分别回落了1.6个百分点和3.9个百分点。预示受高温季节因素影响，物流活动增长势头将有所放缓。

2021年7月中国物流业景气指数为50.3%

中国物流与采购联合会发布的2021年7月中国物流业景气指数为50.3%，较上月回落4.3个百分点；中国仓储指数为49.1%，较上月回落4.1个百分点。

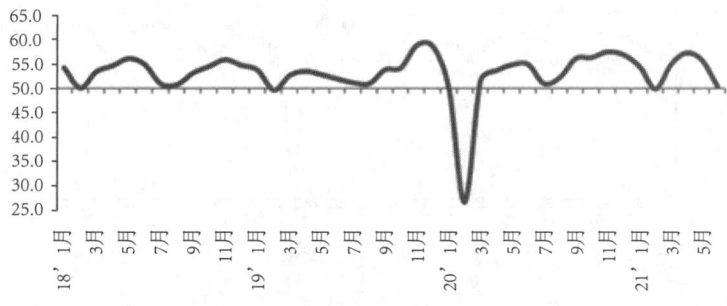

图13：LPI走势图（%）

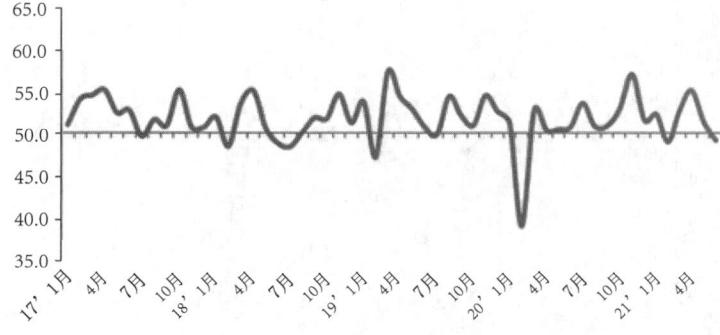

图14：中国仓储指数走势图（%）

中国物流与采购联合会会长助理、中国物流信息中心主任何辉认为：7月，受高温多雨等季节性因素影响，中国物流业景气指数较上月有较大程度回落，但仍位于景气区间，显示出物流业务活动保持较平稳的增长态势。从指数上看，新订单指数、库存周转次数指数、资金周转率指数、设备利用率指数、固定资产投资完成额指数、从业人员指数和业务活动预期指数较上月虽略有回落，但均保持在景气区间，反映出物流业务活动呈周期性回调阶段，整体保持稳健的活跃态势。从区域看，因此次强降水和台风天气主要影响我国东中部地区，运输行业特别是公路运输业受影响明显，受此影响本月东中西部地区业务总量指数均有所回落，东中部地区位于收缩区间，西部地区位于景气区间。从行业看，铁路运输业增速进一步加快，道路运输业、水上运输业和邮政业物流业务保持稳定。从企业规模看，微型物流企业受影响较大，物流业务活动回落至景气区间以下。

物流需求增速放缓，新订单指数回落。7月，业务总量指数为50.3%，比上月回落4.3个百分点；新订单指数为50.4%，比上月回落2.5个百分点。显示出物流业需求增速放缓，业务规模缩减，订单数量减少。

设备利用率指数下降，仍保持在增长区间。7月，设备利用率指数较上月回落1.5个百分点，为50.5%。仍保持在景气区间，显示出物流相关业务活动仍较活跃。

固定资产投资完成额指数有所回落。7月，固定资产投资完成额指数回落0.3个百分点，为51.1%，增速略有放缓，但仍位于扩张区间，反映出物流运行的基础设施受季节性因素影响，进程略有减慢。

从后期走势看，新订单指数为50.4%、业务活动预期指数为58.1%，两项指数均保持在景气区间运行，反映出企业对未来预期乐观，后市将继续保持较平稳的增长态势。

2021年8月中国物流业景气指数为49.5%

中国物流与采购联合会发布的2021年8月中国物流业景气指数为49.5%，较上月回落0.8个百分点；中国仓储指数为50.8%，较上月回升1.7个百分点。

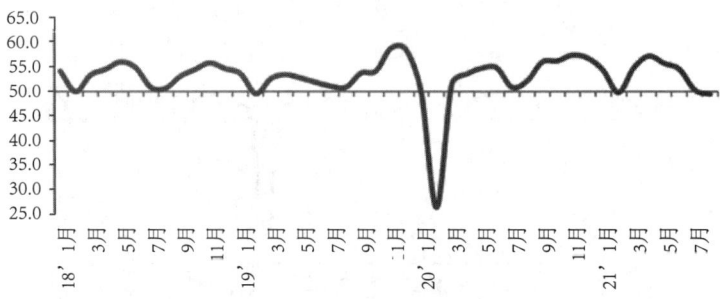

图15：LPI走势图（%）

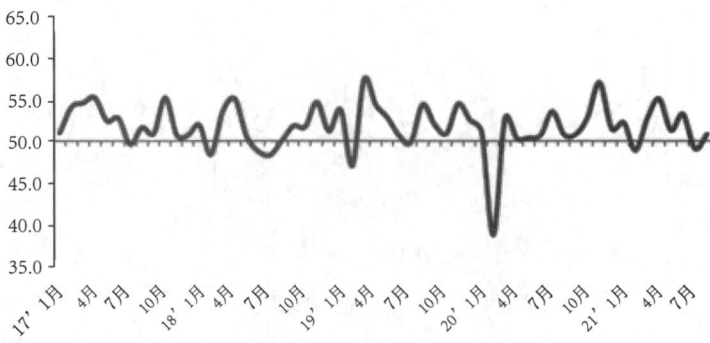

图16：中国仓储指数走势图（%）

中国物流与采购联合会会长助理、中国物流信息中心主任何辉认为：8月，我国进入生产建设淡季，同时受部分地区疫情反复和高温多雨等因素的影响，物流业务活动增速有所放缓，中国物流业景气指数较上月进一步有所回落，回落至50%以下。从指数上看，业务总量指数、新订单指数和设备利用率指数等位于景气区间以下，但库存周转次数指数、固定资产投资完成额指数和业务活动预期指数保持在景气区间。从区域看，中西部地区物流业景气指数有所回落，东部地区作为我国主要经济增长区域，指数仍保持在景气区间。从行业看，仓储业物流企业业务较为活跃。

物流需求增速放缓，新订单指数回落。8月，业务总量指数为49.5%，比上月回落0.8个百分点；新订单指数为48.9%，比上月回落1.5个百分点。显示出物流业需求增速放缓，业务规模缩减，订单数量减少。

库存周转次数指数回升，进出库速率加快。8月，库存周转次数指数较上月回升0.3个百分点，为50.8%，保持在景气区间，显示出物流业库存进出库速率加快。

物流服务价格整体水平依然偏低。8月，物流服务价格指数为48.8%，较上月回升0.2个百分点，仍位于50%荣枯线以下，显示出物流企业服务价格整体水平依然偏低，但降幅有所收窄。

从后期走势看，8月，业务活动预期指数为59.9%，较上月回升1.8个百分点，反映出企业对旺季物流业运行保持乐观，后市将继续保持较平稳的增长态势。

2021年9月中国物流业景气指数为54%

中国物流与采购联合会发布的2021年9月中国物流业景气指数为54%，较上月回升4.5个百分点；中国仓储指数为51%，较上月回升0.2个百分点。

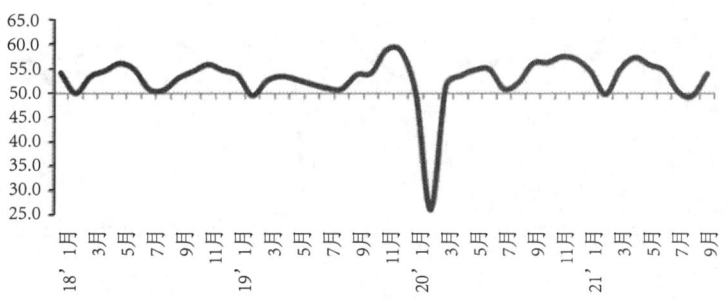

图17：LPI走势图（%）

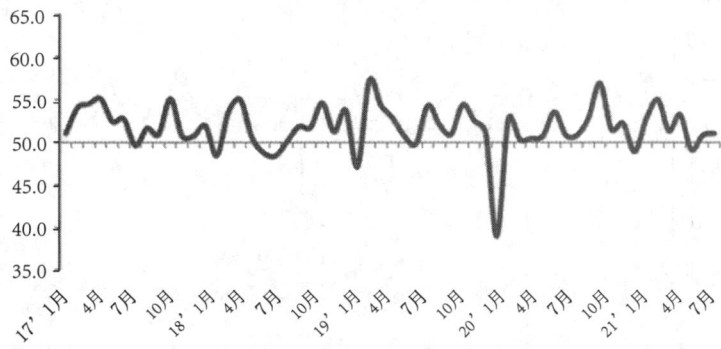

图18：中国仓储指数走势图（%）

中国物流与采购联合会会长助理、中国物流信息中心主任何辉认为：9月，随着"金九银十"生产建设旺季的到来和中秋、国庆两节的来临，物流需求趋旺，业务活跃，扭转了连续四个月回落的走势，各分项指数均有明显回升。从区域看，东中西部均位于景气区间。从行业看，铁路运输业、道路运输业、仓储业和邮政业均回升至较高景气区间。从企业规模看，大、中、小、微企业均较上月有所回升，其中大型物流企业和微型物流企业回升幅度较大。

新订单指数回升，市场需求保持增长。9月，新订单指数为53.3%，比上月回升4.4个百分点，显示出物流市场订单增加，业务需求旺盛。

固定资产投资完成额指数回升，物流基础设施趋于改善。9月，固定资产投资完成额指数为51.3%，回升0.9个百分点，反映出物流运行的基础设施条件呈现改善态势。

从业人员指数回升，物流就业形势平稳。9月，从业人员指数为50.8%，回升1.2个百分点，物流从业人员就业形势稳定。

主营业务成本指数回升，企业成本压力犹存。9月，主营业务成本指数为55.7%，较上月回升2.9个百分点。显示在业务量增长的背景下，物流企业成本压力有所增加。

从后期走势看，新订单指数和业务活动预期指数分别为53.3%和60.6%，预示随着物流运行的需求基础进一步巩固，物流业务活动仍将延续平稳走势。

2021年10月中国物流业景气指数为53.5%

中国物流与采购联合会发布的2021年10月中国物流业景气指数为53.5%，较上月回落0.5个百分点；中国仓储指数为54.2%，较上月回升3.2个百分点。

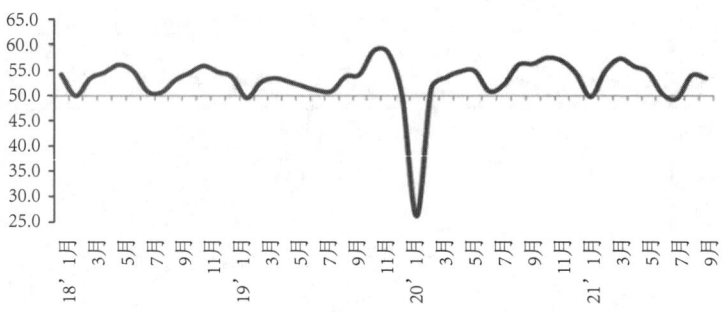

图19：LPI走势图（%）

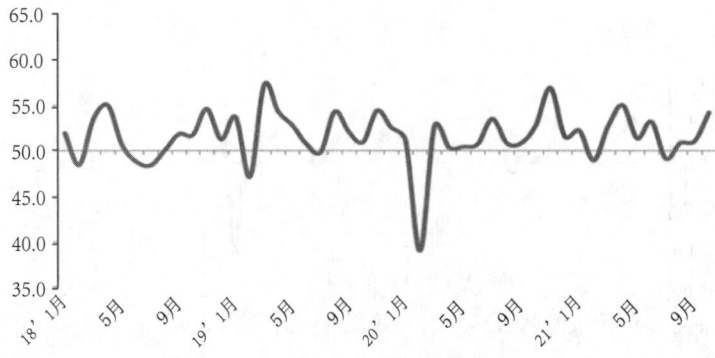

图20：中国仓储指数走势图（%）

中国物流与采购联合会会长助理、中国物流信息中心主任何辉认为：10月，中国物流业景气指数虽略有回落但仍保持在景气区间，显示出受节假日等因素影响，消费端物流需求较为稳定，物流业景气指数保持在景气区间运行。同时因近期多地疫情反复和相关成本增加,影响部分生产企业产能,导致生产端物流需求有所减少,物流业务活动增速较上月有所放缓。从分项指数看,除主营业务利润指数位于收缩区间以外,其他分项指数均位于扩张区间,其中主营业务成本指数增幅较大,创年内新高。从区域看,中部地区指数有所回升,东部地区和西部地区指数有所回落,其中西部地区指数回落至收缩区间。从行业看,铁路运输业、道路运输业和水上运输业指数有所回落,仓储业和快递业仍保持活跃的运行态势。从企业规模看,大中小微型物流企业均位于景气区间,但大型物流企业和中型物流企业物流需求增速有所回落。

新订单指数回落,物流需求较为平稳。10月,新订单指数为52.7%,较上月回落0.6个百分点,显示出物流需求略有减少,但整体保持平稳,仍可支撑物流业保持在适度增长区间。

主营业务成本指数回升,物流企业经营成本有所增加。10月,主营业务成本指数较上月回升3.4个百分点,回升至59.1%,创年内新高;主营业务利润指数回落1.9个百分点至48.8%,显示出物流企业经营成本有较明显增加,影响物流企业主营业务利润。

库存相关指数回升,消费旺季备货增加。10月,平均库存量指数为52.6%,较上月回升2.4个百分点;库存周转次数指数为54.3%,较上月回升1个百分点。反映出随着电商购物节临近,物流企业为销售终端提供的仓储业务量有所增多。

从后期走势看,新订单指数52.7%,业务活动预期指数为62%。预示着物流业经济运行将保持平稳适度增长的趋势。但仍需关注物流企业主营业务成本的后续变化。

2021年11月中国物流业景气指数为53.6%

中国物流与采购联合会发布的2021年11月中国物流业景气指数为53.6%,较上月回升0.1个百分点;中国仓储指数为54.1%,较上月回落0.1个百分点。

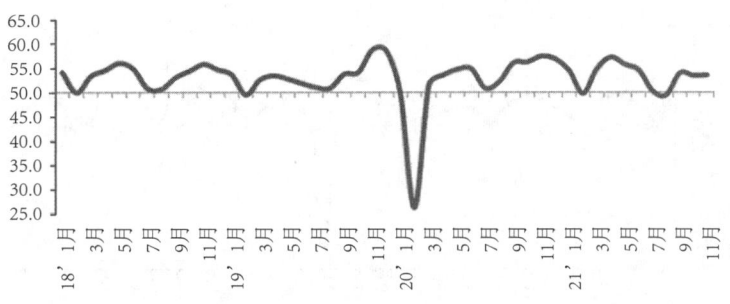

图21:LPI走势图(%)

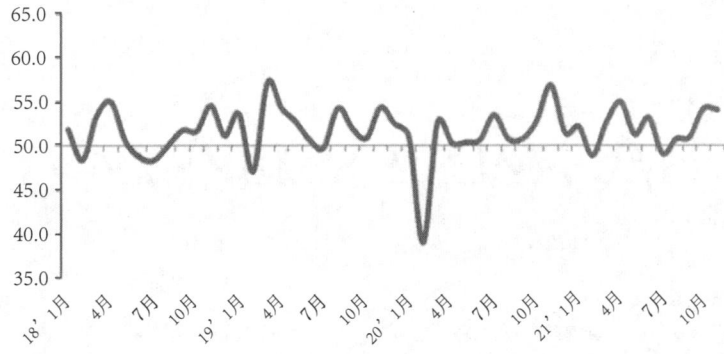

图22:中国仓储指数走势图(%)

中国物流与采购联合会会长助理、中国物流信息中心主任何辉认为：11月，中国物流业景气指数呈现平稳回升的态势。显示出随着"保供稳价"一系列政策效果的逐步释放，生产领域的物流回升较快。从分项指数看，12个分项指数均位于扩张区间，其中业务总量指数、新订单指数、平均库存量指数、库存周转次数指数、资金周转率指数、设备利用率指数、主营业务利润指数和主营业务成本指数增速加快；物流服务价格指数、固定资产投资完成额指数、从业人员指数和业务活动预期指数增速较上月有所放缓。从区域看，中西部地区明显回升，增速加快；东部地区增速趋缓，但仍保持在扩张区间。从行业看，快递快运业、铁路运输业、道路运输业、仓储业和装卸搬运及其他运输服务业继续保持高位运行态势。从企业规模看，大中小微型物流企业均位于景气区间，其中微型物流企业回升最为明显。

业务总量指数回升，需求保持旺盛。11月，业务总量指数回升0.1个百分点，为53.6%。运输业、仓储业和快递快运业均保持快速增长，显示出受电商活动影响，需求旺盛，物流业务更加活跃。

设备利用率指数回升，利用效率提高。11月，设备利用率指数环比回升.4个百分点，回升至55.6%。显示出物流业务量的增加，带动物流服务相关设备利用率的提高。

主营业务利润指数回升，经营情况良好。11月，主营业务利润指数回升1.9个百分点，为50.7%；物流服务价格指数为50.6%。显示出，受供需影响，物流价格在保持稳定的基础上，物流企业利润回升幅度较大，企业经营情况良好。

从后期走势看，新订单指数56.1%；业务活动预期指数为57.8%。预示着物流业经济将保持较好的运行态势。

2021年12月中国物流业景气指数为52.6%

中国物流与采购联合会发布的2021年12月中国物流业景气指数为52.6%，较上月回落1个百分点；中国仓储指数为51.6%，较上月回落2.5个百分点。

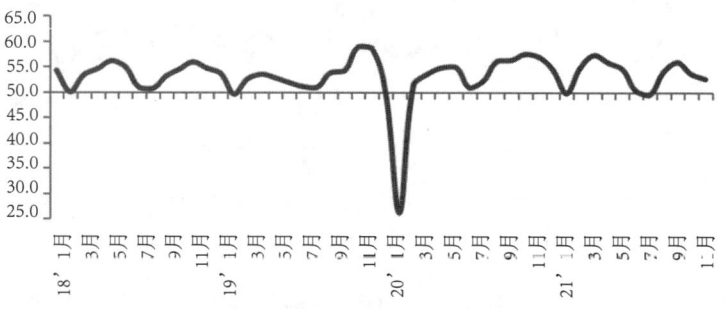

图23：LPI走势图（%）

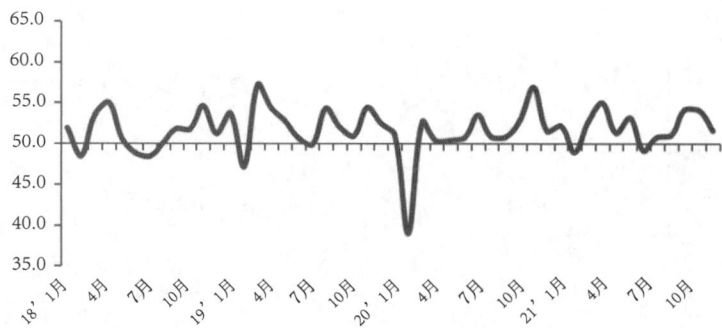

图24：中国仓储指数走势图（%）

中国物流与采购联合会会长助理何辉认为：12月物流业景气指数较上月小幅回落，但仍呈扩张态势。分行业看，铁路运输业、快递快运业指数保持在高景气区间，道路运输业、仓储业、水上运输业和装卸搬运和其他运输服务业运行平稳。纵观全年，物流业景气指数一季度为53%，实现良好开局，二季度回升至55.9%的高点，下半年受供应链上下游需求放缓和多点散发疫情影响，指数出现一定波动，三季度回落至51.3%，四季度缓中趋稳回升到53.2%，全年物流业景气指数平均为53.4%，较上年提高1.7个百分点，实现圆满收官。

设备利用率指数和从业人员指数回落。12月，设备利用率指数为50.5%，较上月回落5.1个百分点。从业人员指数较上月回落1.2个百分点至49.9%。

固定资产投资完成额指数回落。12月，固定资产投资完成额指数为51.6%，较上月回落0.1个百分点，显示出企业固定资产投资完成速率有所减缓。

物流服务价格指数回落。12月，物流服务价格指数为50.1%，较上月回落0.5个百分点，增速略有减缓，但仍保持增长。

从后期走势看，新订单指数和业务活动预期指数分别为51.6%和53.4%，反映企业对后期市场预期总体较好，重点关注未来物流需求和从业人员变化情况。

来源：中物联科技信息部

摘录整理：朱泽榕　高玲

二、2021年电商物流指数

2021年1月电商物流指数为110.3点

中国物流与采购联合会和京东集团联合调查的2021年1月中国电商物流运行指数为110.3点,比上月回落1.4个点。从9个分项指数看,总业务量指数、库存周转指数、实载率指数和成本指数有所上升,农村业务量指数、物流时效指数、履约率指数、满意率指数、人员指数有所回落。

电商物流总需求保持上升趋势。 1月,总业务量指数为130.7点,接近去年同期水平,比上月上升1.2个点;分地区来看,1月份中部地区的总业务量指数有所上升,西部和中部地区总业务量指数高于全国平均水平,东部和东北部地区总业务量指数有所下降,其中东北降幅较大。

农村电商物流需求明显下降。 1月,电商物流农村业务量指数为122.3点,比上月下降4.5个点,结束了5个月连续增长态势。分地区看,四大区域农村电商业务量指数均有所下降,东北部地区下降10.8个点,下降幅度最大,东部地区农村电商业务量高于全国平均水平。

1月,因疫情防控需要,各地倡导"就地过年",春运探亲返乡客流不同以往,但"人未归、年货到",电商物流需求顺势增长,在电商物流企业大力保障下,各电商平台节日年货、电视厨具、服装服饰、油粮主食等品类增势明显,1月电商物流总业务量同比增长超过30%,需求端总体保持活跃态势。但受本轮多点散发疫情影响,干支运输衔接和城乡末端配送受限,电商物流运作效率和农村电商需求有所下降,本月农村业务量指数较大幅度回落,物流时效指数、履约率指数和满意度指数环比分别下降5、4.2和2.1个点,总体上电商物流运行弱于去年四季度和去年同期。近日中办、国办印发《关于做好人民群众就地过年服务保障工作的通知》,明确要求加强生活物资保障,确保生活必需品不断档、不脱销,确保货运物流畅通,预计后期随着疫情逐步得到控制以及消费增长,电商物流指数有望止跌回升。

2021年2月中国电商物流指数为108.9点

中国物流与采购联合会和京东集团联合调查的2021年2月中国电商物流运行指数为108.9点,比上月回落1.4个点。从9个分项指数看,物流时效指数、库存周转指数、实载率指数、满意率指数、人员指数有所上升,总业务量指数、农村业务量指数、成本指数、履约率指数有所回落。

电商物流总需求回调。 2月份,总业务量指数为124.9点,相比上月回落5.8个点。分地区来看,2月份除东北部地区总业务量指数有所上升外,其他地区均有所回落。中部地区回落幅度最大,但中部和西部地区总业务量指数高于全国平均水平。

农村电商物流需求连续放缓。 2月,电商物流农村业务量指数为121.6点,比上月下降0.7个点。分地区看,西部和东北部区域农村电商业务量指数小幅上升,且高于全国平均水平。东部和西部地区农村电商业务量指数下降,东部地区下降幅度最大。

2月,电商物流总指数继续回落,物流总业务量指数出现一定幅度回调,农村业务量指数小幅回调,物流时效、履约时间有所延长。从需求来看,电商物流总业务量指数出现大幅回落,反映出电商物流总需求有所下降,与2月较长假期、工作日较少密切相关,但就地过年激发春节年货物流和外卖需求高速增长,据国家邮政局数据,2021年除夕和初一全国快递处理超过1.3亿件,是去年同期的3倍以上,商务部统计在线餐饮的销售额同比增长135%,美团除夕当天全国外卖订单同比增长70%。但也要注意到,节日期间电商物流企业面临人手不足、成本上升等问题,干支运输衔接和城乡末端配送依然受限，跨省业务时效延长，时效指数和履约率指数有所下降。预计后期，随着疫情形势趋缓和春运的结束，返岗复工率将快速提高，电商物流需求有望止跌回升。

2021年3月电商物流指数为110.4点

中国物流与采购联合会和京东集团联合调查的2021年3月中国电商物流运行指数为110.4点，比上月上升1.5个点。从9个分项指数看，总业务量指数、农村业务量指数、物流时效指数、实载率指数、满意率指数、人员指数、成本指数、履约率指数有所上升，库存周转指数有所回落。

电商物流总需求小幅回升。 3月，总业务量指数为128.1点，相比上月回升3.2个点。分地区来看，3月份所有地区总业务量指数均有所上升，东北部地区回升4.9个点，回升幅度最大。仅有东部地区总业务量指数低于全国平均水平，指数回升2.7个点。

农村电商物流需求止跌回升。 3月，电商物流农村业务量指数为125.5点，比上月回升3.9个点，结束连续两个月的下跌走势。分地区看，所有地区农村电商业务量指数都有所上升，中部地区上升5.2个点，上升幅度最大，仅有东部地区总业务量指数低于全国平均水平，指数回升3.7个点。

3月，电商物流总指数止跌回升，重回110点以上，分项指数明显改善。从需求看，节后各行业有序复工复产，网络购物需求增势不减，跨境消费需求持续回暖，电商物流总业务量和农村业务量双双回升，3月电商物流总需求和农村电商物流需求分别增长近30%和超过25%，1月—2月全国实物商品网上零售额累计增长超过30%。与此同时，"就地过年"加快企业员工返岗复工，2、3月人员指数为近两年同期最高水平，履约率指数重回100点以上，物流时效指数连续4个月、实载率指数连续7个月保持上升。预计后期，经济运行稳定恢复，市场预期继续改善，电商指数或将保持平稳向好运行态势。

2021年4月电商物流指数为111.0点

中国物流与采购联合会和京东集团联合调查的2021年4月中国电商物流运行指数为111.0点，比上月上升0.6个点。从9个分项指数看，仅有总业务量指数有所回落，农村业务量指数、物流时效指数、实载率指数、满意率指数、人员指数、成本指数、履约率指数、库存周转指数有所上升。

电商物流总需求小幅回落。 4月，总业务量指数为127.8点，相比上月回落0.3个点。分地区来看，4月仅有东北部地区回升0.6个点，且高于全国平均水平。中部和西部地区总业务量指数有所回落，东部地区总业务量指数保持不变。

农村电商物流需求继续上升。 4月，电商物流农村业务量指数为129.1点，比上月上升3.6个点，保持连续两个月的上升态势。分地区看，所有地区农村电商业务量指数均保持上升态势，西部地区上升4.3个点，上升幅度最大，中部和西部地区农村业务量指数均超过130，高于全国平均水平。

4月，电商物流总指数持续上升，需求端出现小幅波动，供给端各项指数持续改善。受3月高基数影响，电商物流总需求小幅回落0.3个点，但增长率仍超过25%。在清明假期回乡祭祖等活动影响下，农村业务量指数大幅增长，增长率接近30%。与此同时，电商物流市场环境持续改善，一季度，全国居民人均消费支出同比实际增长17.6%，两年平均实际增长1.4%；社会消费品零售总额同比增长33.9%，两年平均增长4.2%，呈现恢复性较快增长。商品零售额同比增长30.4%，两年平均增长4.8%。全国实物商品网上零售额两年平均增长15.4%，占社会消费品零售总额的比重达到21.9%。电商物流供给端运行良好，物流时效、履约率、满意率、人员指数和实载率指数均创出年初以来的最高值。预计5月，在劳动节假期影响下，居民消费将继续提升，电商指数或将保持平稳向好运行态势。

2021年5月电商物流指数为110.7点

中国物流与采购联合会和京东集团联合调查的2021年5月中国电商物流运行指数为110.7点，比上月下降0.3个点。从9个分项指数看，总业务量指数、农村业务量指数、实载率指数、成本指数有所回落，物流时效指数、满意率指数、人员指数、履约率指数、库存周转指数有所上升。

电商物流总需求继续回落。5月，总业务量指数为126.5点，相比上月回落1.3个点。分地区来看，5月全国所有地区电商物流总业务量均有所回落，中部地区回落幅度较大，西部和东北部地区高于全国平均水平。

农村电商物流需求小幅回落。5月，电商物流农村业务量指数为127.3点，比上月回落1.8个点。分地区看，所有地区农村电商业务量指数均有所回落，中部和西部地区回落幅度较大，东部地区农村业务量指数低于全国平均水平。

5月，电商物流总指数有所回落，主要是总业务量和农村业务量指数回调，供给端各项指数则呈现继续改善态势。受网购促销影响，部分电商物流需求在4月底提前释放，对本月电商物流需求造成一定影响，但总体来看今年以来电商物流需求总体稳步上升的趋势没有变，节假日消费保持强劲动力。据商务部监测数据，4月底至5月5日，全国实物商品网络零售额3042亿元，同比增长27.1%，而"五一"假期实物网络零售额保持更快增速，同比增长28.2%。电商物流供给端运行良好，物流时效、履约率、满意率、人员指数继续创出年初以来的最高值，库存周转指数连续两个月上升。预计6月，在端午节假期影响下，居民消费将继续提升，电商指数或将保持平稳向好运行态势。

2021年6月电商物流指数为111.2点

中国物流与采购联合会和京东集团联合调查的2021年6月中国电商物流运行指数为111.2点，比上月上升0.5个点。从9个分项指数看，总业务量指数、农村业务量指数有所回落，实载率指数、满意率指数与上月持平，成本指数、物流时效指数、人员指数、履约率指数、库存周转指数有所上升。

电商物流总需求继续回落。6月，总业务量指数为126.3点，相比上月回落0.2个点。分地区来看，6月东北地区电商物流总业务量回落0.7个点，中部地区电商物流总业务量与上月持平，东部和西部地区有所上升，西部和东北部地区高于全国平均水平。

农村电商物流需求小幅回落。6月份，电商物流农村业务量指数为126.5点，比上月回落0.8个点。分地区看，东部和中部地区农村电商业务量指数分别回落2.3、1.7个点。中部、西部和东北部地区农村电商业务量指数高于全国平均水平。

随着经济环境持续改善，6月电商物流指数环比回升，为今年新高。供给端运行保持稳定，各项指数明显改善，物流时效、履约率、人员指数创年初以来最高值，库存周转指数连续3个月上升，成本指数止跌回升。需求侧，总业务量指数和农村业务量指数有所回落，主要是去年同期基数较高，同时上月网络消费、线上购物活动活跃，本月更趋理性，促销活动吸引力有所下降，但从消费结构来看，20岁以下年轻人群电商消费和50岁以上的"银发"人群消费能力和预期明显增多。预计7月，居民电商消费需求将继续保持稳定，电商物流业务量指数有望止跌回升。

2021年7月电商物流指数为110.5点

中国物流与采购联合会和京东集团联合调查的2021年7月中国电商物流运行指数为110.5点，比上月回落0.7个点。从9个分项指数看，总业务量指数、农村业务量指数、物流时效指数、履约率指数、成本指数有所回落，人员指数、实载率指数、库存周转指数有所上升，满意度指数与上月持平。

电商物流总需求继续回落。7月，总业务量指数为125.9点，相比上月回落0.4个点。分地区来看，西部和东北部地区电商物流总业务量分别上升0.7和0.3个点，并超过全国平均水平。中部和东部地区电商物流总业务量分别下降1.3和0.5个点，且低于全国平均水平。

农村电商物流需求继续回落。7月，电商物流农村业务量指数为126.1点，比上月回落0.4个点。分地区来看，西部和东北部地区电商物流总业务量分别上升0.6和0.5个点，并超过全国平均水平。中部和东部地区电商物流总业务量分别下降2.5和0.2个点，且低于全国平均水平。

7月以来，我国河南、浙江等多地出现暴雨及洪涝灾害，导致东部和中部部分强地区电商物流供给能力下降，时效延长，需求回落。同时，7月下旬本土疫情爆发以来，有进一步扩散的风险，各地政策收紧，一定程度上对电商物流供需两端造成影响。尽管受到外部冲击，电商物流总业务量及农村业务量仍保持较快增速，7月同比增长均超过25%。物流时效指数和履约率指数也保持在正常偏下水平，人员指数、实在率指数继续创出今年以来最高值，库存周转指数与今年2月最高值持平。但也要注意到，上半年消费品零售总额两年平均增长4.4%，实物商品网上零售额两年平均增长16.5%，均没有回升至疫情前水平，反映出消费水平仍然没有完全恢复，后期要进一步关注电商物流市场需求变化。

2021年8月电商物流指数为110点

中国物流与采购联合会和京东集团联合调查的2021年8月中国电商物流运行指数为110点，比上月回落0.5个点。从9个分项指数看，总业务量指数、农村业务量指数、物流时效指数、履约率指数、成本指数、人员指数、满意度指数有所回落，实载率指数、库存周转指数有所上升。

电商物流总需求继续回落。 8月，总业务量指数为124.3点，相比上月回落1.6个点。分地区来看，西部和东北部地区电商物流总业务量分别上升3.5和1.5个点，并超过全国平均水平。中部和东部地区电商物流总业务量分别下降3.5和0.9个点，中部地区回落幅度较大，且低于全国平均水平。

农村电商物流需求继续回落。 8月，电商物流农村业务量指数为123.2点，比上月回落2.9个点。分地区来看，西部地区电商物流总业务量上升1.5个点，并超过全国平均水平。中部和东部地区电商物流总业务量分别下降3.7和0.4个点，且低于全国平均水平。

受7月份本土疫情扩散及洪涝灾害影响，8月电商物流需求继续回落，且回落幅度进一步扩大，总业务量指数达到年内新低。疫情和洪涝灾害等多重因素导致消费趋缓，需求减弱，中部地区较为明显，总业务量指数和农村业务量指数分别下降3.5和3.7个点。国家统计局数据显示，7月，社会消费品零售总额34925亿元，同比增长8.5%，比6月份回落3.6个百分点，两年平均增长3.6%，环比下降0.13%。1月—7月，全国实物商品网上零售额58130亿元，同比增长17.6%，较上半年回落1.1个百分点；占社会消费品零售总额的比重为23.6%，较上半年回落0.1个百分点。供给端，电商物流供给效率进一步提升，库存周转指数和实载率显著增长，并分别创出自2017年和2019年以来的新高。但满意率、物流时效、履约率和人员指数小幅回落，供给服务质量有待进一步提升。后期来看，随着我国本土新增病例清零以及中秋国庆节临近，电商物流市场需求有望止跌回升。

2021年9月电商物流指数为111.2点

中国物流与采购联合会和京东集团联合调查的2021年9月中国电商物流运行指数为111.2点，比上月回升1.2个点。从9个分项指数看，总业务量指数、农村业务量指数、库存周转指数、物流时效指数、人员指数和实载率指数有所上升，履约率指数、满意率指数有所回落，成本指数与上月持平。

电商物流总需求止跌回升。 9月，总业务量指数为126.7点，相比上月回升2.4个点。分地区来看，东部和中部地区电商物流总业务量分别上升1.4和8.9个点，西部和东北部地区电商物流总业务量分别下降1.4和5.7个点，中部和西部地区电商总业务量高于全国平均水平，其中中部地区回升幅度最大。

农村电商物流需求大幅回升。 9月，电商物流农村业务量指数为128.7点，比上月回升5.5个点。分地区来看，仅东北部地区小幅下降1.8个点，其他地区均有所回升，中部地区回升8.6个点，回升幅度最大，中部和西部地区农村电商物流总业务量高于全国平均水平。

在开学季和中秋佳节到来的影响下，9月电商物流总指数止跌回升。其中，电商物流总需求扭转了之前连续5个月的下跌趋势，本月有了明显回升。中部地区回升8.9个点，创出本年度最大单月涨幅。农村电商物流需求回升5.5个点,创下年内次高。商务部全国重点监测省市北京、上海(线上)、重庆小长假消费数据分别同比增长9.2%、16.5%、9.8%。在常态化疫情防控形势下,部分电商平台节假日整体销量同比涨幅超过100%。供给端,电商物流供给效率进一步提升,库存周转指数和实载率指数继续创出年内新高,人员指数和物流时效指数实现止跌回升,但满意率和履约率指数有所回落。综合来看,传统节假日对电商物流需求端的促进作用日益明显,后期在国庆长假的影响下,电商物流市场需求有望在10月进一步增长。

2021年10月电商物流指数为111.5点

中国物流与采购联合会和京东集团联合调查的2021年10月中国电商物流运行指数为111.5点,比上月上升0.3个点。从9个分项指数看,总业务量指数、农村业务量指数、库存周转指数、人员指数、履约率指数、满意率指数和成本指数有所上升。物流时效指数、实载率指数有所回落。

电商物流总需求继续回升。 10月,总业务量指数为127.3点,相比上月回升0.6个点。分地区来看,中部和东北部地区电商物流总业务量分别上升0.9和1.9个点,东部和西部地区电商物流总业务量分别下降0.3和3.3个点,中部和西部地区电商总业务量高于全国平均水平。

农村电商物流需求有所回升。 10月,电商物流农村业务量指数为129.4点,比上月回升0.7个点。分地区来看,东部和西部地区分别下降0.2和0.6个点,中部和东北部地区分别上升0.5和2.3个点。中部和西部地区农村电商物流总业务量高于全国平均水平。

10月,虽然我国多地出现局部散发疫情,但在国庆假日电商促销活动刺激下,电商物流总指数继续回升。其中,电商物流总需求小幅上涨,实现连续两个月回升。分地区看,西部地区受疫情影响回落幅度较大,总需求回落3.3个点,其他地区总体保持稳定。农村电商物流需求继续回升,并创出年内新高,东北部地区农村电商业务量上升2.3个点,实现止跌回升。据统计局公布数据,前三季度全国网上零售额91871亿元,同比增长18.5%。其中,实物商品网上零售额75042亿元,同比增长15.2%;占社会消费品零售总额的比重为23.6%。供给端,受疫情影响,电商物流供给效率有所回落,物流时效指数与实载率指数环比下降,但满意率指数创出年内新高。后期来看,"双11"电商购物节的到来将显著促进11月电商物流需求的增长,但目前疫情呈现多点散发的情况,防控形势依然严峻,对后期电商物流市场的影响需进一步关注。

2021年11月电商物流指数为109.5点

中国物流与采购联合会和京东集团联合调查的2021年11月中国电商物流运行指数为109.5点,比上月回落2个点。从9个分项指数看,总业务量指数、农村业务量指数、库存周转指数、物流时效指数、履约率指数、满意率指数、人员指数和成本指数回落,实载率指数上升。

11月电商物流总指数回落在预期之中,早在10月下旬开始,本轮疫情多地散发,加之部分地区暴雪极寒天气对干线运输、中转配送和末端物流配送效率造成一定影响,特别是局部地区分拨站点、基层网点出现强制关停情况,对城市配送影响突出,相关指数中库存周转效率指数大幅回落5.7个点,物流时效指数和履约率指数分别回落4.6和1.8个点,反映客户服务的满意度指数再次将至97.4点,环比回落2.5个点。供给能力和效率下降传导至传统电商物流需求旺季,总业务量指数和农村业务量指数分别比上月回落1.4和2.6个点,数据显示总业务量增长虽然超25%,但增速比上月有所放缓,由于需求增速回落,电商物流企业人员用工需求和干线运输租赁需求回调,人员指数回落2.5个点,外部货运运力租赁下降5%左右。具体来看:

电商物流总需求有所回落。 11月,总业务量指数为125.9点,相比上月回落1.4个点。分地区来看,东部、东北和西部地区回落明显,分别下降1.3、3.8和3.5个点,中部地区电商物流总业务量上升1.7个点。

农村电商物流需求增长放缓。 11月，电商物流农村业务量指数为126.8点，比上月回落2.6个点。分地区来看，东部、东北和西部地区分别下降2.4、8.6和3.6个点，中部地区上升0.4个点。

中转环节效率下降、运输效率回升。11月，库存周转指数为110.8点，比上月回落5.7个点。实载率指数为113.7点，比上月回升0.2个点，升至今年以来较高水平。

物流时效和履约水平回落。11月，物流时效指数为98.3点，比上月回落4.6个点。履约率指数为96.7点，比上月回落1.8个点。

2021年12月电商物流指数为108.8点

中国物流与采购联合会和京东集团联合调查的2021年12月中国电商物流运行指数为108.8点，比上月回落0.7个点。从9个分项指数看，物流时效指数、履约率指数、满意率指数有所上升。总业务量指数、农村业务量指数、库存周转指数、人员指数、成本指数和实载率指数有所回落。

电商物流总需求继续回落。12月，总业务量指数为124.7点，相比上月回落1.2个点。分地区来看，仅中部地区环比上月有所上升，且高于全国平均水平。东部、西部、东北部地区分别回落0.3、3.2和0.2个点。

农村电商物流需求环比回落。12月，电商物流农村业务量指数为123.9点，比上月回落2.9个点。分地区来看，各地区均有所回落，西部、东部地区分别回落4.2和2.1个点，中部地区高于全国平均水平。

2021年全年电商物流指数平均值为110.3，比2020年提高2.4个点，接近2019年疫情前均值。全年需求保持较快增长，总业务量指数和农村业务量指数平均值分别为126.6和125.9分别比2020年提高3.4和7.6个点。12月，电商物流运行指数回落0.7，环比上月降幅收窄1.3个点，物流服务能力有所回升，物流时效指数、履约率指数和满意率指数分别回升0.4、1.2和1.1个点。电商物流总需求稳中趋缓，总业务量指数降幅收窄0.2个点。西部地区受疫情影响，总业务量指数和农村业务量指数分别回落3.2和4.2个点。受需求端制约，人员指数、实载率指数和成本指数分别回落1.6、3.2和0.5个点。后期来看，随着春节假期临近，电商物流需求有望止跌回升，但物流企业用工环境趋紧，后续电商物流市场不缺定性将一进步增加。

来源：中物联科技信息部

摘录整理：朱泽榕 高 玲

三、2021年中国仓储物流指数

2021年1月中国仓储指数为52.2%

中国物流与采购联合会与中储发展股份有限公司联合调查的中国仓储指数，2021年1月为52.2%，较上月上升0.7个百分点，连续11个月保持在荣枯线以上。各分项指数中，主营业务成本指数、期末库存指数及平均库存周转次数指数较上月有所回落，其余指数均有不同程度的回升。

由21类商品组成的2021年1月期末库存指数为50.9%，较上月回落1.8个百分点，反映出企业整体库存水平继续上升，增速较上月略有放缓。分品种来看，生产资料类商品中，有色金属、建材、机械设备类商品库存较上月回升明显；生活资料类商品中，服装、农副产品类商品库存较上月回升明显。

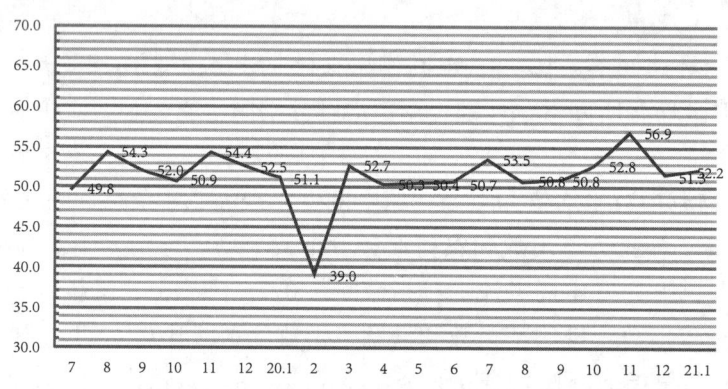

图25：中国仓储指数走势图（%）

中储发展股份有限公司总裁助理王勇认为：1月仓储指数较上月回升0.7个百分点，新订单、业务量和业务利润等主要指数均有较为明显的上升，显示出仓储行业稳中向好的态势继续深入发展。品种表现有所分化，消费品受节日因素提振，业务需求保持旺盛；大宗商品受季节因素和环保限产影响，供需均有下降，业务需求有所减弱。整体库存水平继续提高，但增速下降。此外，受需求旺盛影响，仓储市场租金继续上涨，收费价格指数达到一年以来新高。后期来看，随着春节临近，生产经营活动将有一定程度的停滞，商品周转速度下降，仓储业务减少，预计未来短期内行业运行将面临调整压力。

业务需求保持旺盛。1月，业务量指数达到58.3%，较上月上升3.9个百分点，反映出仓储业务需求在上月高速增长的基础上，依旧保持旺盛的态势。分品种来看，有色金属、建材、石油等生产资料类商品业务量明显上升；食品、农副产品、服装等生活资料类商品业务量明显上升。

收费价格保持上升。1月，收费价格指数为52.5%，较上月上升0.7个百分点，连续四个月位于荣枯线以上，反映出受业务需求旺盛影响，仓库租金价格持续上涨。

企业经营效益改善。1月，业务利润指数为53.3%，较上月上升5.1个百分点，回到荣枯线以上；主营业务成本指数为52.5%，较上月下降2.8个百分点，反映出成本增长速度有所放缓的同时，收费价格上涨带动业务利润增长，企业整体经营效益有所改善。

从业人员人数增加。1月，企业员工指数为52.5%，较上月回升2.5个百分点，反映出仓储行业从业人员人数较上月有所增加。

从后期走势来看，1月，业务活动预期指数为55.0%，较上月下降1.1个百分点，达到五个月以来的低点。随着春节的临近，生产经营活动将有一定程度的停滞，供需两端均将有所放缓，商品周转速度下降，仓储业务减少，预计未来短期内行业运行将面临调整压力。

2021年2月中国仓储指数为48.9%

中国物流与采购联合会与中储发展股份有限公司联合调查的中国仓储指数，2021年2月为48.9%，较上月回落3.3个百分点，落入50%以下的收缩区间。各分项指数中，业务活动预期指数、期末库存指数较上月有所回升，延伸业务量指数与上月持平，其余指数均有不同程度的回落。

由21类商品组成的2021年2月期末库存指数为59.8%，较上月上升8.9个百分点，反映出企业备货增加，库存水平明显提高。分品种来看，生产资料类商品中，钢材、有色、建材、化工类商品库存较上月大幅上升；生活资料类商品中，农副产品库存较上月大幅上升。

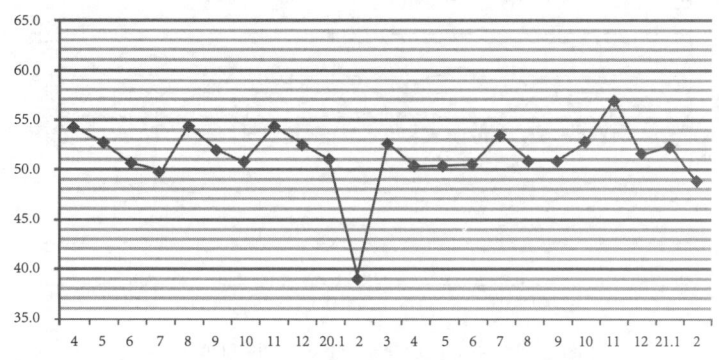

图26：中国仓储指数走势图（%）

中储发展股份有限公司总裁助理王勇认为：2月指数回落幅度较大，主要受春节因素影响。从分项指数来看，新订单、业务量、企业利润、周转效率和企业员工等主要指数均有明显下降，落入收缩区间，表明假日因素影响较为显著。特别是大宗商品市场，企业生产经营基本停滞，业务活动大幅下降，货物周转明显减慢，期末库存有所回升。后期来看，企业预期较为乐观，业务活动预期指数达到近期高点，预示随着节后生产经营活动的逐步恢复，仓储需求将有明显增长，未来短期内行业将会回归向好格局。

业务量明显下滑。2月，业务量指数为41.7%，较上月下降16.6个百分点至荣枯线以下，反映出受春节假期影响，仓储业务量明显下降。分品种来看，钢材、有色、机械设备、矿产品等生产资料类商品业务量均有明显下滑。

库存周转效率下降。2月，平均库存周转次数指数下降6个百分点至42.3%，反映出受业务量下降影响，货物周转效率明显减慢。分品种来看，钢材、化工、机械设备和矿产品等商品周转效率较上月有所回落。

业务利润出现下滑。2月，业务利润指数为44.4%，较上月回落8.9个百分点，落入收缩区间；主营业务成本指数为50.9%，位于50%以上，反映出在业务量下降及经营成本上升的影响下，业务利润出现下滑。

企业员工指数下降。2月，企业员工指数为48.1%，较上月回落4.4个百分点，时隔5个月再次落入收缩区间，反映出受春节影响，从业人员人数较前期下降。

后期走势来看，业务活动预期指数为56.5%，较上月上升1.5个百分点，保持在较高的景气区间。随着春节后生产经营活动的逐步恢复，3、4月的阶段性需求也会逐渐增加，仓储业务将有明显增长,未来短期内行业将会回归向好格局。

2021 年 3 月中国仓储指数为 52.7%

中国物流与采购联合会与中储发展股份有限公司联合调查的中国仓储指数,2021 年 3 月份为 52.7%,较上月回升 3.8 个百分点。各分项指数中,设施利用率指数、期末库存指数及企业员工指数较上月有所回落,其余指数均有不同程度的回升。

由 21 类商品组成的 2021 年 3 月期末库存指数为 55.3%,较上月下降 4.5 个百分点,仍保持在扩张区间较高水平,反映出仓储环节入库量高于出库量,库存水平在上月基础上继续升高。分品种来看,生产资料类商品中,钢材、有色类商品库存较上月有明显回升;生活资料类商品中,食品、服装、纺织品、家电类商品库存较上月有明显回升。

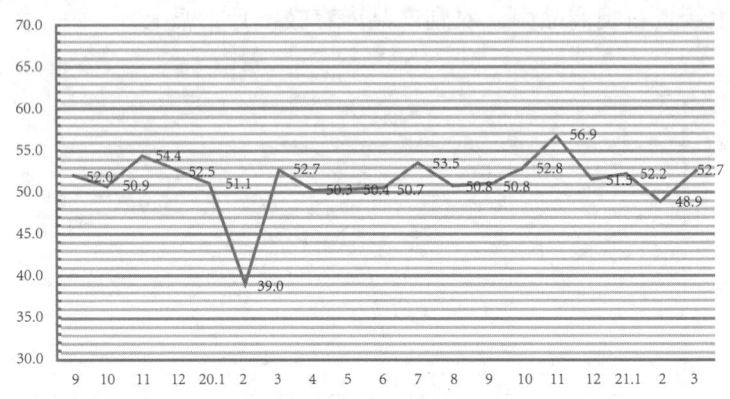

图 27:中国仓储指数走势图(%)

中储发展股份有限公司总裁助理王勇认为:3 月仓储指数回升 3.8 个百分点至荣枯线以上,新订单、业务量、企业利润和周转效率等主要指数均有不同程度回升。表明春节假期结束后,在国内经济恢复势头加快的背景下,仓储业务需求逐渐恢复。特别是大宗商品市场,随着生产建设旺季的到来,各地企业陆续开工,市场需求得以集中释放。同时,消费品仓储需求也有不俗表现,食品、家电等商品的新订单均有明显增长。后期来看,业务活动预期指数达到高位水平,企业对短期内的业务增长信心充足,预示未来仓储行业发展仍将保持向好趋势。

业务量大幅回升。3 月,业务量指数为 54.9%,较上月回升 13.2 个百分点至荣枯线上,反映出在前期基数较低的基础上,随着生产建设旺季的到来,各地企业陆续开工,市场需求得以集中释放。分品种来看,有色、建材等生产资料类商品业务量有明显回升。

库存周转效率提高。3 月份,平均库存周转次数指数为 53.8%,较上月大幅回升 11.5 个百分点,再次回到扩张区间,达到 4 个月以来高点,反映出在需求回升、仓储业务活动活跃的背景下,商品周转效率大幅提高。分品种来看,钢材、有色、化工、矿产品和食品等商品周转效率较上月有明显提高。

收费价格上升。3 月,收费价格指数为 51.4%,较上月回升 1.4 个百分点,反映出受业务需求旺盛影响,仓库租金价格再次上涨,仓储收费价格连续七个月位于荣枯线以上。

企业经营效益有所好转。3 月,业务利润指数为 51.4%,较上月回升 7 个百分点至荣枯线上;主营业务成本指数为 54.9%,较上月回升 4 个百分点,反映出在需求增长带动下,企业经营状况有所改善,但利润指数的回升幅度与业务量指数相比仍有差距,成本仍处高位,效益好转程度有限。

从后期走势来看,3 月,新订单指数为 53.5%,较上月上升 11.8 个百分点;业务活动预期指数为 62.7%,较上月上升 6.2 个百分点,创 3 年以来新高。新订单指数和业务预期指数均保持快速上升势头。近期国内经济恢复动力增强,扩大内需的政策效果逐步显现,对仓储业务需求起到支撑作用,后期旺季延续对仓储需求也具有拉动作用,企业对未来短期内的业务预期较为乐观。

2021年4月中国仓储指数为55.0%

中国物流与采购联合会与中储发展股份有限公司联合调查的中国仓储指数,2021年4月为55.0%,较上月回升2.3个百分点。各分项指数中,延伸业务量指数、企业员工指数较上月有所回落,业务活动预期指数与上月持平,其余指数均有不同程度的回升。

由21类商品组成的2021年4月期末库存指数为56.2%,较上月回升0.9个百分点,反映出行业库存水平仍保持高位。分品种来看,生产资料类商品中,矿产品、建材、化工类商品库存较上月有明显回升;生活资料类商品中,家电类商品库存较上月有明显回升。

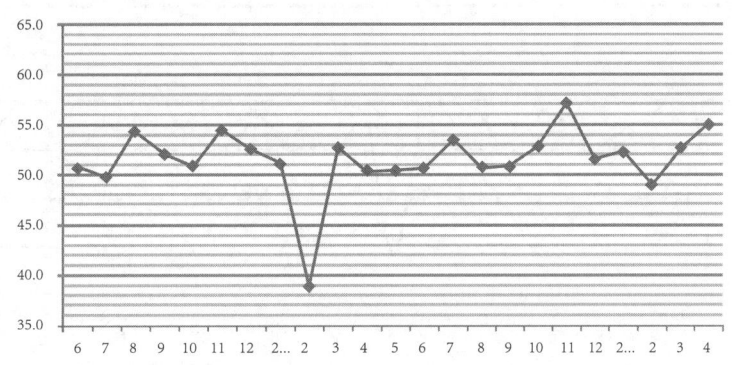

图28:中国仓储指数走势图(%)

中储发展股份有限公司总裁助理王勇认为:4月仓储指数在上月的高水平基础上继续小幅回升,达到55%的高位,业务量、设备利用率和平均库存周转次数等指数回升幅度较为显著,表明在国内经济保持平稳恢复的背景下,仓储业务活动继续保持较为明显的增长态势。业务利润指数继上月转降为升后,本月再次回升,表明企业经济效益继续好转。业务活动预期指数在扩张区间保持高位运行,表明市场对未来仍有信心。综合来看,仓储行业继续保持活跃,显示出较为明显的旺季特征。

业务量大幅增长。4月,业务量指数为63.4%,较上月上升8.5个百分点至高景气区间,反映出在国内经济保持平稳恢复态势的背景下,仓储业务规模继续扩大,市场需求仍然旺盛。特别是大宗商品类表现较好,钢材、有色、化工、建材、机械设备等品种业务量均有明显回升。

库存周转效率提高。4月,平均库存周转次数指数为60.2%,在上月的高水平基础上继续上升6.4个百分点,反映出货物周转效率继续提高,市场活跃,销售顺畅。分品种来看,钢材、有色、服装、日用品和纺织品等商品周转效率较上升幅度较为明显。

收费价格指数回升。4月,收费价格指数为53.0%,较上月上升1.6个百分点,该指数连续两个月保持回升,且本月回升幅度有所扩大,反映出仓储行业收费价格继续提高。

企业利润继续好转。4月,业务利润指数为53.0%,较上月上升1.6个百分点;主营业务成本指数为58.2%,较上月上升3.3个百分点,反映出企业经济效益继续好转,但仍需在成本控制方面加强管理。

从后期走势来看,4月,新订单指数为57.5%,较上月上升4个百分点;业务活动预期指数为62.7%,与上月持平。两项指数均保持在较高景气区间。近期国内经济恢复势头依然不改,新动能和消费品行业增势较好,对仓储业务需求起到支撑作用,预计未来短期内仓储行业仍将保持平稳向好运行态势。

2021年5月中国仓储指数为51.3%

中国物流与采购联合会与中储发展股份有限公司联合调查的中国仓储指数,2021年5月为51.3%,较上月下降3.7个百分点。各分项指数中,业务利润、主营业务成本、企业员工指数较上月有所回升,其余指数均有不同程度的回落。

由21类商品组成的2021年5月期末库存指数为50.8%,较上月下降5.4个百分点,仍保持在荣枯线以上,反映出库存水平仍在上升,只是增速较前期明显放缓。分品种来看,生产资料类商品中,有色金属类商品库存较上月有明显上升;生活资料类商品中,食品、纺织品类商品库存较上月有明显上升。

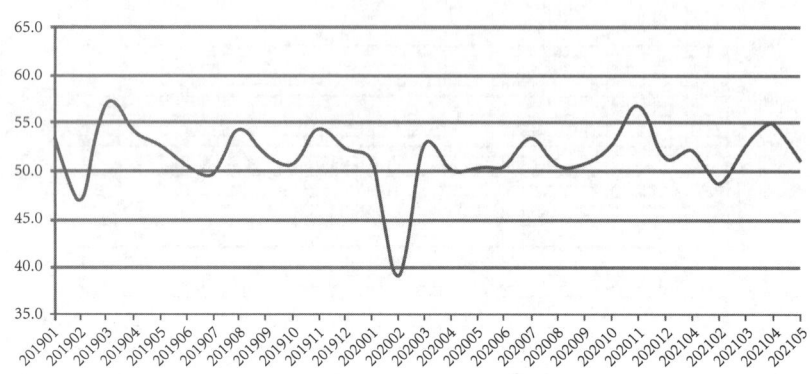

图29:中国仓储指数走势图(%)

中储发展股份有限公司总裁助理王勇认为:5月仓储指数较上月有所回落,但仍保持在荣枯线以上,表明行业继续保持平稳运行态势。指数的回落,主要是因为前两月受旺季影响指数较高,旺季过后市场需求阶段性走弱,指数回落也在情理之中。此外,近期大宗商品价格持续走高,受利润驱动生产增加,需求释放受到抑制,导致仓储业务周转增速下降,去库存速度放缓。但值得注意的是,业务利润指数连续3个月保持在荣枯线以上,且本月涨幅继续扩大,表明企业经济效益持续好转。后期来看,业务活动预期指数仍位于高景气区间,市场预期较为乐观,加之目前扩大内需的各项工作也在抓紧推进,对仓储业务需求有一定支撑,预计后期市场仍将保持平稳向好发展。

业务量增速放缓。5月,业务量指数为51.4%,较上月下降12个百分点,但仍保持在荣枯线以上,表明仓储业务量仍在增长,只是增速较前期明显放缓。分品种来看,消费品表现较好,食品、服装、纺织品等品种业务量均有所上升。

库存周转效率增速下降。5月,平均库存周转次数指数为51.6%,较上月下降8.6个百分点,仍位于荣枯线以上,反映出货物周转效率继续提高,只是增速较前期明显下降。

企业利润持续好转。5月,业务利润指数回升1.3个百分点达到54.3%,连续3个月保持在扩张区间,且本月涨幅继续扩大,反映出企业经济效益持续好转,盈利能力有所增强。

从后期走势来看,5月,新订单指数为52.2%,较上月下降5.3个百分点,但仍保持在荣枯线以上;业务活动预期指数为58.7%,较上月下降4个百分点,指数虽然小幅回落,但仍位于高景气区间,表明市场预期较为乐观,预计后期市场仍将保持平稳向好发展。

2021年6月中国仓储指数为53.2%

中国物流与采购联合会与中储发展股份有限公司联合调查的中国仓储指数,2021年6月为53.2%,较上月回升1.9个百分点。各分项指数中,新订单指数、业务活动预期指数较上月有所回落,延伸业务量指数与上月持平,其余指数均有不同程度的回升。

由 21 类商品组成的 2021 年 6 月期末库存指数为 51.6%，较上月上升 0.8 个百分点，反映出库存水平再次上升。分品种来看，生活资料类商品中的医药类商品库存较上月有较大幅度回升。

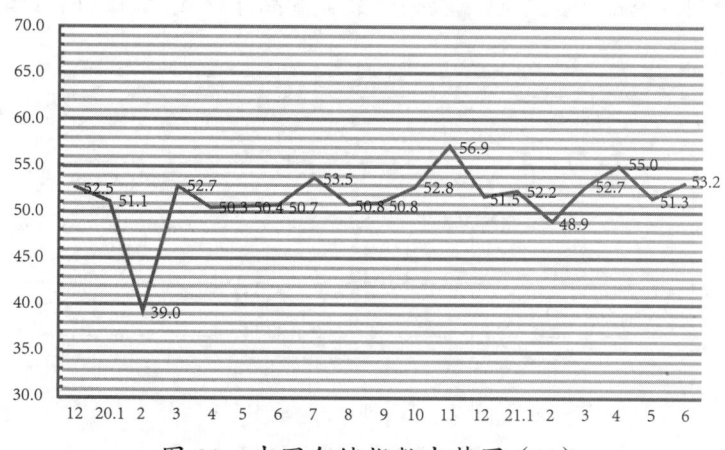

图 30：中国仓储指数走势图（%）

中储发展股份有限公司总裁助理王勇认为：6 月仓储指数较上月小幅回升，连续 4 个月保持在荣枯线以上，表明行业继续保持平稳向好运行态势。大宗商品市场受淡季影响，需求有所收缩，但生产继续保持扩张；消费品市场近期受局部地区疫情反复影响，市场需求也有所放缓。市场整体供需矛盾有所扩大，导致库存有所上升，带动仓储业务需求小幅增长。但值得注意的是，主营业务成本指数连续 4 个月回升，本月达到 60% 以上的高位水平，企业应注意控制成本过快上涨。后期来看，业务活动预期指数仍位于高景气区间，新订单指数也保持在荣枯线以上，市场预期较为乐观，预计后期行业仍将保持平稳向好发展。

业务量小幅增长。6 月，业务量指数为 52.2%，较上月上升 0.8 个百分点，反映出受市场库存上升影响，仓储业务呈现小幅增长态势。分品种来看，大宗商品中的有色金属、化工产品，消费品中的医药产品，业务量均有较为明显的增长。

收费价格继续上升。6 月，收费价格指数为 51.4%，较上月上升 0.7 个百分点，反映出受业务活动活跃影响，仓库租金价格再次上涨，仓储收费价格连续 10 个月保持在荣枯线以上。

企业经营效益保持好转。6 月，业务利润指数为 55.1%，较上月上升 0.8 个百分点，连续 4 个月位于荣枯线以上；主营业务成本指数为 60.1%，较上月上升 1.4 个百分点。在价格连续上涨，业务量不断增加的背景下，企业利润保持增长。但也要注意到，企业成本支出增长过快，后期需重点注意成本控制。

企业员工指数回升。6 月，企业员工指数为 53.6%，较上月上升 2.9 个百分点，反映出仓储行业从业人员队伍扩大。

从后期走势来看，6 月，新订单指数为 51.4%，较上月下降 0.8 个百分点，但仍保持在荣枯线以上；业务活动预期指数为 57.2%，较上月下降 1.5 个百分点，虽然小幅回落，但仍位于高景气区间。两项指数表明市场预期仍较为乐观，宏观经济持续保持平稳恢复态势，对仓储业务需求有一定支撑，预计后期行业运行仍将保持良好势头。

2021 年 7 月中国仓储指数为 49.1%

中国物流与采购联合会与中储发展股份有限公司联合调查的中国仓储指数，2021 年 7 月为 49.1%，较上月回落 4.1 个百分点，时隔 4 个月再次落入收缩区间。各分项指数中，延伸业务量指数、业务活动预期指数较上月有所回升，其余指数均有不同程度的回落。

由21类商品组成的2021年7月期末库存指数为48.3%，较上月回落3.3个百分点，反映出库存水平有所下降。分品种来看，生产资料类商品中，钢材、有色、化工、建材、机械设备类商品库存较上月有所回落；生活资料类商品中，家电、农副产品类商品库存较上月有所回落。

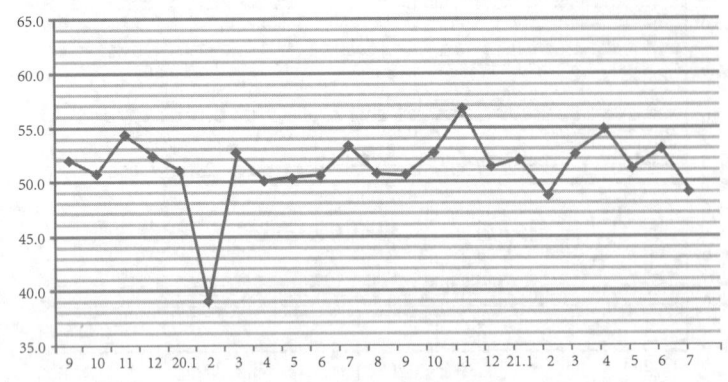

图31：中国仓储指数走势图（%）

中储发展股份有限公司总裁助理王勇认为：7月仓储指数出现较大幅度回落，时隔4个月再次落入荣枯线以下，表明受天气影响行业运行压力短期有所加大。本月国内中东部多个地区遭遇强降雨及台风天气，运输环节受阻，仓库进出库速度明显减慢，部分受灾严重地区停止出入库作业，仓储业务活动受到一定冲击。与此同时，灾害天气也使得行业经营成本继续提高，主营业务成本指数在上月的高水平基础上再次上升，导致营业利润出现明显下滑。后期来看，业务活动预期指数仍位于高景气区间，表明企业对未来业务恢复增长信心充足，但仍需密切注意天气及疫情变化对仓储业务带来的影响。

业务量明显下滑。7月，业务量指数为48.9%，较上月下降3.3个百分点，反映出受强降雨、台风等天气原因影响，仓储业务活动受到一定冲击，业务量明显下滑。分品种来看，钢材、有色、化工、木材等生产资料类商品业务量回落幅度较大。

库存周转效率降低。7月，平均库存周转次数指数为49.5%，较上月下降7.6个百分点，反映出库存周转效率较前期明显降低。分品种来看，钢材类商品周转效率较上月有明显回落。

收费价格仍保持上行。7月，收费价格指数为51.1%，较上月回落0.3个百分点，但仍位于扩张区间，反映出仓库租金价格保持上涨，涨幅较前期略有减小。

成本继续上升，利润下滑显著。7月，业务利润指数为45.7%，较上月下降9.4个百分点；主营业务成本指数为52.7%，虽然较上月有所下降，但仍位于荣枯线以上，反映出在暴雨灾害的影响下，企业成本支出较前期继续提高，在此背景下，企业利润未能延续之前4个月连续上涨的态势，降幅较为显著。

从后期走势来看，7月，业务活动预期指数为57.4%，较上月上升0.2个百分点，仍位于高景气区间。指数表明市场预期仍较为乐观，企业对未来业务恢复增长信心充足，但仍需密切注意天气及疫情变化对仓储业务带来的影响。

2021年8月中国仓储指数为50.8%

中国物流与采购联合会与中储发展股份有限公司联合调查的中国仓储指数，2021年8月为50.8%，较上月回升1.7个百分点。各分项指数中，企业员工指数与上月持平，其余指数均有不同程度的回升。

由21类商品组成的2021年8月期末库存指数为49.5%，较上月回升1.2个百分点，反映出库存水平继续下降，降幅收窄。分品种来看，生产资料类商品中，钢材、有色、化工类库存较上月下降明显；生活资料类商品中，家电类商品库存较上月下降明显。

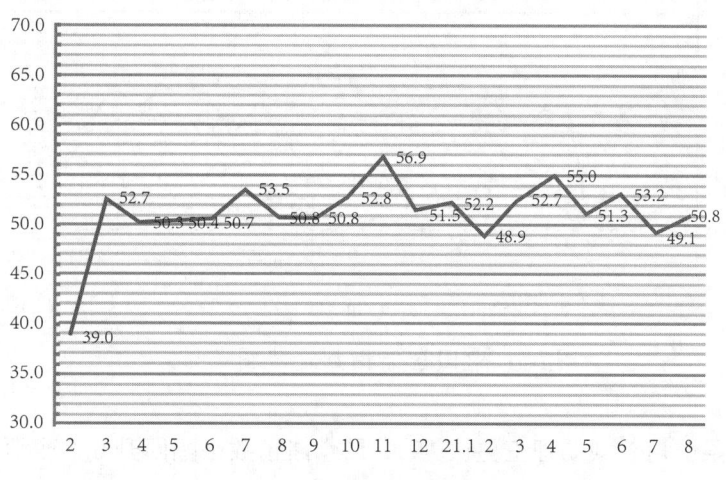

图32：中国仓储指数走势图（%）

中储发展股份有限公司总裁助理王勇认为：8月仓储指数重回荣枯线以上，各分项指数较上月均有不同程度回升，表明行业运行回暖，前期下行压力有所缓解。从市场情况来看，8月，特别是中下旬以来，随着台风暴雨等极端天气的减少和疫情逐步得到控制，仓储业务需求得到明显提振，货物周转效率明显加快，库存水平有所下降。但值得注意的是，虽然业务量明显增长，但业务利润仍在下滑，成本支出居高不下，降本增效措施仍需进一步落实。后期来看，业务活动预期指数继续回升，保持在高景气区间，表明企业对未来业务增长信心充足，预计仓储行业将保持平稳向好发展态势。

业务量回升。8月，业务量指数为54.1%，较上月上升5.2个百分点，反映出仓储业务需求回暖。分品种来看，有色、化工、日用品等商品业务量有明显回升。

库存周转效率提高。8月，平均库存周转次数指数为53.7%，较上月上升4.2个百分点，反映出仓储业务量回升的背景下，商品周转效率提高。分品种来看，钢材、有色和棉麻等商品周转效率较上月有明显提高。

收费价格上升。8月，收费价格指数为52.0%，较上月回升0.9个百分点，反映出仓库租金价格再次上涨，仓储收费价格连续12个月保持在荣枯线上。

企业利润下滑。8月，业务利润为49.0%，虽然较上月上升3.3个百分点，但仍位于收缩区间；主营业务成本指数为54.1%，较上月上升1.4个百分点，继续保持在扩张区间较高水平。指数变化情况表明，企业成本支出继续增长，业务利润仍在下滑。

后期走势来看，8月，业务活动预期指数为58.7%，较上月上升1.3个百分点，仍位于高景气区间；新订单指数为50.5%，止跌回升至扩张区间。指数表明市场预期仍较为乐观，企业对未来业务增长信心充足。

2021年9月中国仓储指数为51.0%

中国物流与采购联合会与中储发展股份有限公司联合调查的中国仓储指数，2021年9月为51.0%，较上月回升0.2个百分点。各分项指数中，新订单指数、设施利用率指数、主营业务成本指数及企业员工指数较上月有所回升，业务利润指数与上月持平，其余指数均有不同程度的回落。

由21类商品组成的2021年9月期末库存指数为48.4%，较上月回落1.1个百分点，反映出整体库存水平继续下降。分品种来看，生产资料类商品中，钢材类商品库存较上月有明显回落；生活资料类商品中，家电、日用品类商品库存较上月有明显回落。

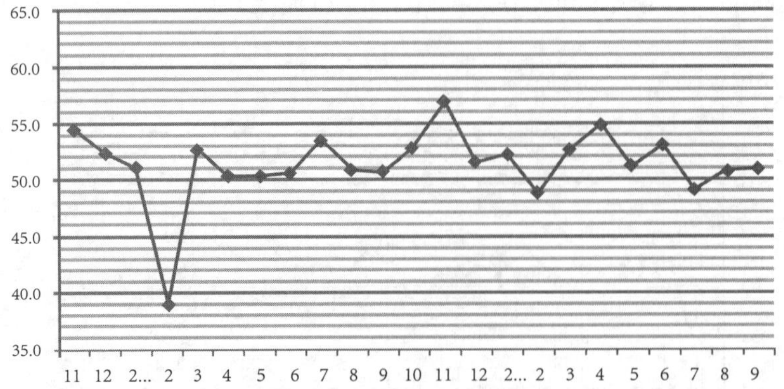

图33：中国仓储指数走势图（%）

中储发展股份有限公司总裁助理王勇认为：9月仓储指数小幅回升0.2个百分点，保持在荣枯线以上，表明行业整体运行平稳，继续保持回暖趋势。9月，大宗商品旺季到来，备货需求增长，但由于能耗双控政策导致生产放缓，加之下游需求偏弱以及大宗商品价格高位上涨等因素影响，仓储业务需求涨幅不及往年同期；消费品在疫情得到有效控制的背景下，需求出现较为明显的恢复势头。但值得注意的是，虽然需求有所增长，但业务利润仍在下滑，成本支出居高不下。后期来看，业务活动预期指数仍保持在高景气区间，四季度节日消费潜力有望继续释放，市场预期相对乐观，但仍需密切注意能耗双控政策带来的后续影响。

业务量保持增长。9月，业务量指数为53.5%，较上月下降0.6个百分点，表明业务量继续保持增长，只是增速较前期有所放缓。分品种来看，机械设备、化工等生产资料类商品业务量有所回升；食品、服装、纺织品、棉麻类生活资料类商品业务量有所回升。

库存周转效率保持高效。9月，平均库存周转次数指数为53.2%，虽然较上月下降0.4个百分点，但仍保持在荣枯线以上，表明货物周转继续保持高效。分品种来看，钢材、化工、木材等生产资料类商品和食品、服装、纺织品、家电、棉麻等生活资料类商品周转效率较上月有所回升。

收费价格继续上涨。9月，收费价格指数为51.5%，虽然较上月回落0.5个百分点，但仍位于荣枯线以上，反映出受业务活动活跃影响，仓储收费价格较前期继续上涨。

企业利润继续下滑。9月，业务利润指数为49.0%，虽然与上月持平，但仍位于收缩区间，表明企业利润仍在下滑；主营业务成本指数为56.1%，较上月上升2个百分点，继续保持扩张趋势，表明企业成本支出较前期继续增长。

从后期走势来看，9月，业务活动预期指数为57.6%，较上月下降1.1个百分点，仍位于高景气区间；新订单指数为52.5%，较上月上升2个百分点，达到五个月以来新高。指数表明市场预期仍相对乐观。

2021年10月中国仓储指数为54.2%

中国物流与采购联合会与中储发展股份有限公司联合调查的中国仓储指数，2021年10月份为54.2%，较上月回升3.2个百分点，连续3个月保持在荣枯线以上。各分项指数中，新订单指数、收费价格指数、业务利润指数、期末库存指数及企业员工指数较上月有所回升，其余指数均有不同程度的回落。

由21类商品组成的2021年10月期末库存指数为57.2%，中，有色、化工、石油类商品库存较上月有所回升；生活资料类商品中，医药类商品库存较上月回升幅度较大。

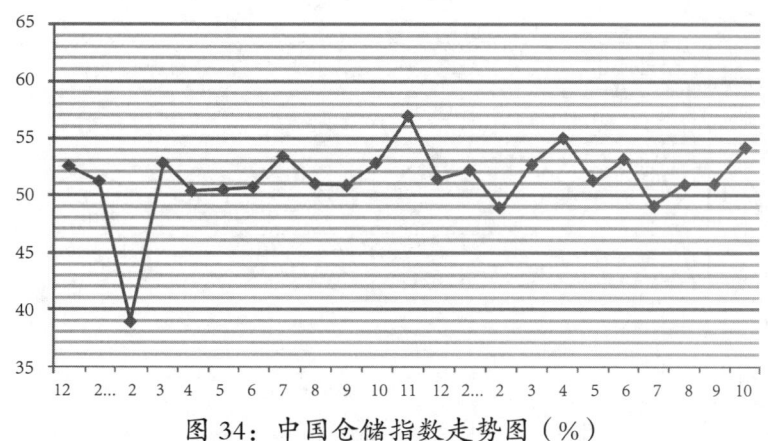

图 34：中国仓储指数走势图（%）

中储发展股份有限公司总裁助理王勇认为：10月仓储指数较上月明显回升，达到较高水平，反映出仓储行业保持平稳向好发展态势。从市场情况来看，大宗商品虽然时值旺季，但在能源价格上涨背景下，生产活动趋于放缓，市场需求相对低迷，导致仓储业务需求不及预期；消费品受国庆假期带动，需求增长较快，同时"双11"电商活动的提前也使企业备货增加，库存明显提高。后期来看，新订单指数保持在高景气区间，四季度基础建设投资及节日消费潜力有望继续释放，市场预期相对乐观，预计未来短期内仓储行业运行仍将保持向好态势。

业务需求平稳小幅增长。10月，业务量指数为50.5%，较上月下降3个百分点，指数连续两个月下降，但仍保持在荣枯线以上，反映出在消费品需求拉动下，仓储业务需求情况良好，整体呈现平稳小幅增长态势。分品种来看，钢材、有色、建材等生产资料类商品业务量有所回落；农副产品、医药类生活资料类商品业务量有所回升。

库存周转效率下降。10月，平均库存周转次数指数为50.0%，较上月下降3.2个百分点，反映出货物周转效率增长势头放缓。分品种来看，钢材、有色等生产资料类商品和食品、日用品等生活资料类商品周转效率较上月有所回落。

收费价格继续上涨。10月，收费价格指数为53.2%，较上月上升1.7个百分点，指数连续4个月保持回升走势，且本月达到近两年来新高，表明仓储业务收费价格较前期继续明显上涨。

企业利润回升。10月，业务利润指数为52.1%，较上月上升3.1个百分点，时隔3个月再次回到荣枯线以上，表明在业务量增加和收费价格上涨的背景下，企业盈利情况有所好转；主营业务成本指数为54.3%，较上月回落1.8个百分点，继续保持扩张趋势，表明企业成本支出增速较前期放缓。

从后期走势来看，新订单指数为54.3%，较上月上升1.8个百分点，达到6个月以来新高；业务活动预期指数为55.4%，较上月下降2.2个百分点。两项指数均保持在扩张区间较高景气水平，表明市场预期仍相对乐观，预计未来短期内仓储行业运行仍将保持向好态势。

2021年11月中国仓储指数为54.1%

中国物流与采购联合会与中储发展股份有限公司联合调查的中国仓储指数2021年11月为54.1%，小幅回落0.1个百分点，连续4个月保持在荣枯线以上。各分项指数中，业务量指数、延伸业务量指数、设施利用率指数、业务利润指数、主营业务成本指数及平均库存周转次数指数较上月有所回升，新订单指数与上月持平，其余指数均有不同程度的回落。

由21类商品组成的2021年11月期末库存指数为52.8%，较上月回落4.4个百分点，仍位于荣枯线以上，反映出库存水平继续升高。分品种来看，生产资料类商品中，钢材、有色、化工类商品库存较上月有所回落；生活资料类商品中，食品、服装、纺织品类商品库存较上月回落幅度较大。

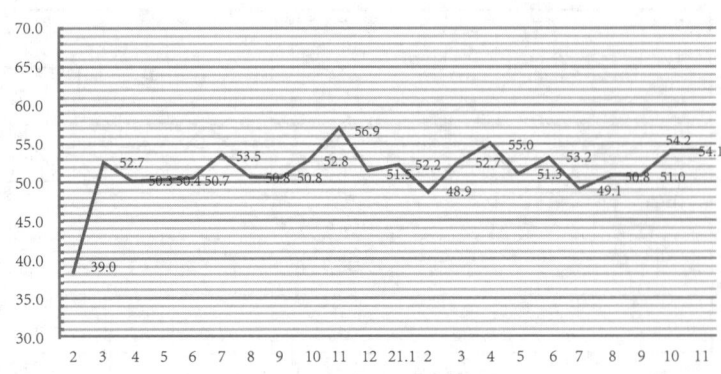

图35：中国仓储指数走势图（%）

中储发展股份有限公司总裁助理王勇认为：仓储指数连续两个月稳定在54%以上的较高水平，各分项指数均保持在荣枯线以上，表明在国内经济运行继续保持恢复态势的背景下，仓储行业保持了较好的发展态势。业务量、设施利用率、平均库存周转次数较上月出现较大幅度回升，表明在原材料价格增速放缓的情况下，企业生产活动出现较快上升，带动仓储行业活力增强，尤其是有色与矿产品的新订单与业务量出现大幅回升。此外，受"双11"等电商活动影响，服装、日用品、农副产品等消费品仓储需求旺盛，也推动了对仓储业务规模的增长。但值得关注的是，由于企业主营业务成本持续上升，业务量的增长并未带来企业利润的明显增加，表明企业经营仍面临较大压力。后续，电商活动和节日因素对仓储业务需求仍有支撑，新订单指数和业务预期指数均保持高位运行，预计短期内仓储行业运行仍将保持稳中向好态势。

业务需求大幅增长。11月，业务量指数为57%，较上月上升6.5个百分点，反映出在企业生产活动加快和消费品需求大幅上升的背景下，仓储业务需求大幅增长。分品种来看，钢材、有色、化工、矿产品等生产资料类商品业务量均有所回升；食品、服装、医药类生活资料类商品业务量大幅回升。

库存周转效率明显提高。11月，平均库存周转次数指数为56.7%，较上月回升6.7个百分点，反映出仓储业务活跃的背景下，库存周转效率明显提高。分品种来看，钢材、有色、化工等生产资料类商品和服装、纺织品、棉麻、医药等生活资料类商品周转效率较上月均回升明显。

收费价格保持增势。11月，收费价格指数为51.1%，较上月回落2.1个百分点，指数连续15个月未落入荣枯线以下，表明仓储业务收费价格近五个季度一直保持上升势头。

企业利润继续回升。11月，业务利润指数为52.2%，较上月上升0.1个百分点，保持在荣枯线以上，表明在业务量增加和收费价格上涨的背景下，企业盈利情况继续好转；主营业务成本指数为55.4%，较上月回升1.1个百分点，反映出仓储行业降本增效仍需进一步夯实。

从后期走势来看，11月，新订单指数为54.3%，与上月持平；业务活动预期指数为54.8%，虽然较上月小幅回落0.5个百分点，但仍保持在扩张区间较高水平。加之受"双12"、圣诞、元旦等电商活动和节日因素的影响，消费品仓储需求仍有支撑，预计后期仓储行业运行仍将保持稳中向好态势。

2021年12月中国仓储指数为51.6%

中国物流与采购联合会与中储发展股份有限公司联合调查的中国仓储指数2021年12月为51.6%，较上月下降2.5个百分点，连续5个月保持在荣枯线以上。各分项指数中，收费价格指数、主营业务成本指数、期末库存指数较上月有所回升，延伸业务量指数与上月持平，其余指数均有不同程度的回落。

由21类商品组成的2021年12月期末库存指数为54.2%，较上月回升1.4个百分点，继续位于荣枯线以上，反映出企业补库存意愿持续升高。分品种来看，生产资料类商品中，机械设备、矿产品类商品库存较上月回升明显；生活资料类商品中，食品、服装、纺织品、棉麻、医药类商品库存较上月回升幅度较大。

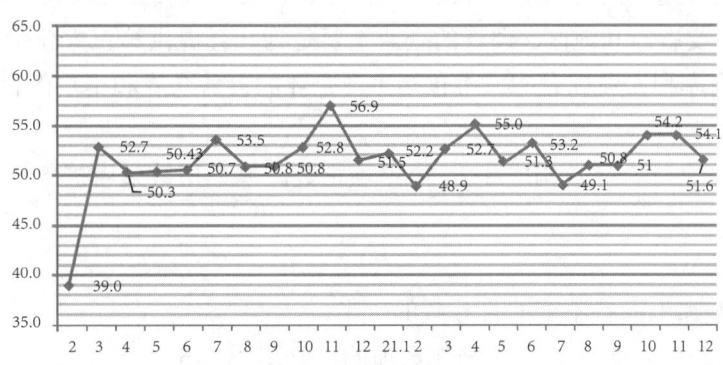

图 36：中国仓储指数走势图（%）

中储发展股份有限公司总裁助理王勇认为：本月指数虽有所回落，但仍位于 50% 荣枯线以上，且连 5 个月保持在扩张区间，反映出仓储行业运行态势较为稳定。消费品受节日因素和电商活动提振，业务需求较为旺盛；部分大宗商品受冬储需求增强影响，整体库存水平继续提高。需求增加令仓储市场租金有所上涨，收费价格指数保持增长。后期来看，受严寒天气持续以及春节临近等因素影响，建筑业景气回落，大宗商品将进入传统需求淡季，加之终端市场需求趋弱，预期后期行业运行压力或将有所加大。

业务需求保持稳定。12 月，业务量指数为 51.7%，较上月回落了 5.3 个百分点，但仍位于荣枯线以上，反映出仓储行业需求在企业生产活动加快和消费品需求保持回升的背景下，仍保持较为稳定的态势。分品种来看，机械设备、矿产品等生产资料类商品业务量有所回升；棉麻类生活资料类商品业务量大幅回升。

库存周转效率保持高效。12 月，平均库存周转次数指数为 51.8%，较上月回落 4.5 个百分点，保持在荣枯线以上，反映出在仓储业务活跃的背景下，库存周转效率高效运行。分品种来看，有色、建材、矿产品等生产资料类商品和食品、医药等生活资料类商品周转效率较上月均回升明显。

收费价格继续上升。12 月，收费价格指数为 52.9%，较上月回升 1.8 个百分点，指数连续 16 个月未落入荣枯线以下，表明仓储业务收费价格保持上升势头。

企业利润下滑。12 月，业务利润指数为 47.1%，较上月回落 5.1 个百分点，落入荣枯线以下，表明在仓储行业经济效益较上月有所下滑；主营业务成本指数为 55.7%，较上月回升 0.3 个百分点，反映出仓储行业降本增效仍需进一步夯实。

从后期走势来看，12 月，新订单指数为 50%，较上月下降 4.3 个百分点；业务活动预期指数为 50.6%，较上月下降 4.3 个百分点，降至全年最低。后期来看，受严寒天气以及春节临近等因素影响，基建、房地产等项目施工逐步停滞，大宗商品需求将进入淡季。消费品需求方面，受线上与线下促销活动的减少，需求趋弱。整体来看，后期行业运行压力或将有所加大。

中国仓储指数调查说明

1. 主要指标解释

中国仓储指数体系是一套立足于仓储企业，通过快捷的调查方式，以翔实、动态的数据信息，反映仓储行业经营和国内市场主要商品供求状况与变化趋势的指标体系。

中国仓储指数由期末库存、新订单、平均库存周期次数和从业人员4个权重指数合成。

2. 调查涵盖的范围

中国仓储指数体系调查包含了生产资料和消费品两大类。调查的地区将覆盖全国（除港、澳、台和新疆、西藏等）的主要省市和地区。调查的企业主要是为社会提供第三方仓储及配套服务的物流企业。主要是指综合性仓库和专业性仓库。不包括生产企业的自营仓库和用户的自用仓库。

3. 计算方法

中国仓储指数由1个综合指数构成和11个单项指数。单个指数采用扩散指数方法。综合指数采用加权综合指数方法。

单项指数的计算公式：

正向回答的百分数加上回答不变的百分数的一半。

DI="增加"选项的百分比×1+"持平"选项的百分比×0.5

综合指数的计算公式：

中国仓储指数= 期末库存×30%+新订单×25%+从业人员×25%+平均库存周转次数×20%

来源：中物联科技信息部

摘录整理：朱泽榕　高　玲

四、2021年中国快递物流指数

2021年1月中国快递物流指数为100.4%

2021年1月，中国物流与采购联合会发布的中国快递物流指数为100.4%，比上月回落6.3个百分点。受农历春节假期以及近期多点散发式疫情等因素影响，相关产业商务活跃度有所回调。其中，商务快件指数和农村快件指数小幅回落6.6和3.9个百分点，但仍位于100%以上，跨境快件指数回落至100%以下。总体来看，多数行业生产经营逐步恢复、平稳运行的态势没有改变，值得关注的问题是近几个月来便利度指数连续4个月回落，应更加关注企业经营环境问题。

制造业商务活动有所放缓。 1月，制造业商务快件指数为101.1%，比上月回落7.4个百分点，总体来看，制造业商务快件指数仍位于100%以上较好水平，制造业21个大类商务快件指数中有12个高于100%。其中，大宗原材料制造业指数较快回落。化学塑料制品业和黑色金属冶炼加工业商务快件指数分别回落6.2和7.1个百分点，时隔3个月重回100%以下；化学原料制品业商务快件指数小幅回落3.6个百分点，仍保持在100%以上。装备制造业整体商务活动水平较好，但增势趋缓。电气机械制造业、汽车制造业、通信电子设备制造业和专用设备制造业商务快件指数分别为105.6%、103.2%、102.3%和102.4%，平均回落6.5个百分点，但均处于100%以上。消费品制造业恢复态势良好。制造业商务快件指数中仅农副食品加工业商务快件指数小幅回升1.6个百分点，达104.2%；医药、烟草制造业商务快件指数小幅回落至105.9%和104.3%，维持在较好区间。

服务业商务快件指数小幅回落。 1月，服务业商务快件指数为100.8%，比上月回落5.9个百分点。分行业看，服务业14个大类商务快件指数中有6个高于100%。其中，房地产业和建筑业商务活动总体平稳、小幅趋缓，商务快件指数在高于100%基础上小幅回落2.1和1.2个百分点。现代服务业商务活动大幅放缓。金融业、信息技术服务业和科研技术服务业商务快件指数回落6.3～14个百分点，均降至100%以下。传统的住宿餐饮、租赁服务等行业商务快件指数本月较快回落，分别回落8.4和8.7个百分点。

人员指数小幅回落。 1月，从业人员指数为101.3%，比上月回落1.4个百分点。分地区看，东北、东部、西部地区均有不同程度回落，回落幅度在4.6～5.4个百分点，中部地区则略微回升0.8个百分点。

企业外部经营便利度持续回落。 1月，便利度指数为62.4%，比上月回落3.4个百分点。分项来看，通行便利度指数为60.1%，比上月回落4.5个百分点；政务服务便利度指数为66.2%，比上月回落1.8个百分点；公共设施便利度指数为62.6%，比上月回落2.8个百分点；投送便利度指数为60.7%，比上月回落3.9个百分点。

2021年2月中国快递物流指数为99.3%

2021年2月，中国物流与采购联合会发布的中国快递物流指数为99.3%，比上月回落1.1个百分点。本月经济发展态势良好，快递物流指数季节性回落。其中，商务快件指数为99.6%，环比回落1.1个百分点；农村快件指数为100.6%，环比回落1.2个百分点；跨境快件指数为91.6%，环比回落0.3个百分点。总的来看，2月经济复苏平稳、市场供需改善以及新动能快速增长等有利因素积累，同时"就地过年"等新举措，助推企业生产经营加快恢复，多重因素带动下，指数虽有季节性回落，但接近100%的水平，为指数发布以来2月最高水平。

制造业商务快件指数回落。 2月，制造业商务快件指数为99.5%，比上月回落1.6个百分点。分行业看，制造业21个大类商务快件指数中有7个高于100%。其中，大宗原材料制造业商务快件指数走势分化。一是煤炭等大宗物资需求旺盛带动下，黑色金属冶炼加工业商务快件指数为98.7%，比上月回升2.2个百分点。二是化学制品业商务活动趋缓，化学塑料制品业和化学原料制品业商务快件指数分别回落0.9和3.3个百分点。装备制造业继续保持较活跃水平。电气机械制造业、通信电子设备制造业和专用设备制造业商务快件指数分别为103.4%、101.4%和101.2%，汽车制造业和交通运输设备制造业商务快件指数回落至100%以下。与民生相关的消费品制造业节日特点凸显。农副食品加工业、纺织服装服饰业商务快件指数分别为97.3%和95.3%，回落7和3.2个百分点；医药制造业、烟草制品业商务快件指数小幅回升至106.2%和102.9%。

服务业商务活跃度下降。 2月，服务业商务快件指数为99.9%，比上月回落0.9个百分点。分行业看，服务业14个大类商务快件指数中有5个高于100%。其中，房地产业和建筑业商务活动保持较好发展态势，商务快件指数分别为104.6%和101.2%。现代服务业中，金融、教育、卫生商务快件指数小幅回落0.1~5.2个百分点，批发零售业、信息技术服务业和科研技术服务业商务快件指数小幅回升0.1~1.6个百分点。文体娱乐、租赁服务商务活动有所好转。商务快件指数分别回升2.6和3.6个百分点。

人员指数继续回落。 2月，从业人员指数为99.6%，比上月回落1.7个百分点。分地区看，东北和西部地区人员指数环比分别回升5.2和3.9个百分点，东部和中部地区人员指数环比分别回落3.7和3个百分点。

经营便利度指数小幅回升。 2月，便利度指数为63.1%，比上月回升0.7个百分点，结束了近几个月的回落趋势。分项来看，通行便利度指数为61.4%，比上月回升1.3个百分点；政务服务便利度指数为67.3%，比上月回升1.1个百分点；公共设施便利度指数为62.8%，比上月回升0.2个百分点；投送便利度指数为60.9%，比上月回升0.2个百分点。

2021年3月中国快递物流指数为101.8%

2021年3月，中国物流与采购联合会发布的中国快递物流指数为101.8%，比上月回升2.5个百分点。节后企业生产经营加快恢复，市场需求持续改善，产业经济活跃度稳步回升，从分项指数看，商务快件指数为102.7%，比上月回升3.1个百分点；农村快件指数为102.1%，比上月回升1.5个百分点；跨境快件指数为95.5%，比上月回升3.9个百分点。总的来看，国内经济恢复动力增强，各行业景气度持续提升，带动产业活跃度转暖回升，同时世界经济缓慢复苏，外部需求持续改善。值得注意的是人力、通行成本较快上涨，导致企业预期信心不足，或将造成产业活跃度回升受阻、不及预期。

制造业商务活动回暖。 3月，制造业商务快件指数为102%，比上月回升2.5个百分点。分行业看，制造业21个大类商务快件指数中有14个高于100%。本月各行业制造业商务快件指数均有不同程度回升。其中，大宗原材料商务快件指数持续向好，黑色金属和有色金属冶炼加工业商务快件指数分别回升3个和1.7个百分点；化学原料和制品类商务活跃度提升，化学塑料制品业和化学原料制品业商务快件指数分别102.9%和103%，重回100%以上。装备制造业动能强劲。电气机械制造业、通信电子设备制造业商务快件指数小幅回升1.1和2.9个百分点，交通运输设备制造业、通用设备制造业商务快件指数回升超过10个百分点。与民生相关的消费品制造业保持较好活跃态势。农副食品加工业、家具制造业商务快件指数分别为103.9%和101.3%，重回100%以上，医药制造业、烟草制品业商务快件指数小幅波动，仍维持在较好活跃区间。

服务业商务快件指数全面回升。 3月，服务业商务快件指数为103.2%，比上月回升3.3个百分点。分行业看，服务业14个大类商务快件指数中有13个高于100%。其中，消费扩大刺激下，房地产业和建筑业商务活动延续较活跃态势，商务快件指数分别为106.9%和104.6%，比上月回升2.3和3.4个百分点。住宿餐饮、文体娱乐和租赁服务商务活动持续活跃，相关指数分别回升1.5-12.6个百分点。现代服务业商务活跃度回升势头良好。金融业、批发零售业、教育业商务快件指数分别为104.3%、101.8%和101.9%，年内首次回升至100%以上；科研技术服务业、卫生服务业商务快件指数分别回升13.7和3.7个百分点，接近105%的较高水平。

就业形势稳中向好。 3月，从业人员指数为101.3%，比上月回升1.7个百分点。分地区看，东北地区从业人员指数为101.5%，比上月回落0.6个百分点，东部地区从业人员指数为100.7%，比上月回升4.7个百分点，西部地区从业人员指数为100.3%，比上月回升4.1个百分点，中部地区从业人员指数为103.1%，比上月回升2.3个百分点。

企业经营便利度有所好转。 3月，便利度指数为63.6%，比上月回升0.5个百分点，连续两周回升。分项来看，通行便利度指数为61.9%，比上月回升0.5个百分点；政务服务便利度指数为67.4%，比上月回升0.1个百分点；公共设施便利度指数为64.8%，比上月回升2个百分点；投送便利度指数为60.3%，比上月回落0.6个百分点。

2021年4月中国快递物流指数为101.1%

2021年4月，中国物流与采购联合会发布的中国快递物流指数为101.1%，比上月回落0.7个百分点。在上月节后生产建设较快恢复基础上，本月市场供需两端增速有所趋缓，产业经济活跃度较前期呈趋稳态势，但经济运行保持稳定恢复，快递物流指数继续运行在较好区间。从分项指数看，农村消费和进出口形势持续改善，农村快件指数和跨境快件指数分别小幅回升0.2和1.4个百分点；受产业活跃度趋稳趋缓影响，商务快件指数小幅回落1.8个百分点；就业形势总体平稳，人员指数连续两个月小幅回升。

制造业商务快件指数小幅回落。 4月，制造业商务快件指数为100.5%，比上月回落1.5个百分点。分行业看，制造业21大类商务快件指数中有14个高于100%。本月制造业商务活动呈现分化走势。一是大宗原材料类快件指数有所回落。受制于大宗原材料类商品价格快速上涨且持续高位影响，企业经营压力加大，商务活动放缓，黑色金属和有色金属冶炼加工业商务快件指数分别回落2.8和1个百分点，均跌至100%以下。二是化工制造业商务活跃度下降。化学塑料制品业和化学原料制品业商务快件指数分别回落4.8和1.1个百分点。三是装备制造业保持较好景气活跃度，新动能较快增长。电气机械制造业、专用设备制造业、汽车制造业和运输设备制造业商务快件指数分别小幅回升0.4~8个百分点，电子通信设备制造业和医药制造业分别为106.6%和106.1%，小幅回升2.3和0.8个百分点，连续位于105%以上较好区间。四是与民生相关的消费品制造业维持在景气区间。纺织服饰业、农副食品加工业、烟草制品业商务快件指数分别达到101.7%、101.6%和104.2%。

服务业商务活动趋稳。 4月，服务业商务快件指数为101.3%，比上月回落1.9个百分点。分行业看，服务业14个大类商务快件指数中有13个高于100%。本月在疫情防控成效巩固和清明假期因素带动下，出行旅游、租赁餐饮等服务业商务活动好转，住宿餐饮、交通运输和租赁服务商务快件指数分别回升1.4、3.9和1.1个百分点。现代服务业中，房地产业、建筑业商务活跃度放缓，但仍位于景气区间。房地产业和建筑业商务快件指数分别为102.7%和100.1%，分别回落4.2和4.5个百分点，仍位于100%以上。金融业商务快件指数小幅回落3.7个百分点，批发零售业、信息技术服务业、科研技术服务业小幅回升0.3~2.5个百分点，连续两个月位于100%以上。

就业形势持续改善。 4月，从业人员指数为101.7%，比上月回升0.4个百分点。分地区看，东北地区从业人员指数为101.9%，比上月回升0.4个百分点，东部地区从业人员指数为101.0%，比上月回升0.3个百分点，西部地区从业人员指数为98.5%，比上月回落1.7个百分点，中部地区从业人员指数为103.4%，比上月回升0.4个百分点。

企业外部经营便利度涨跌互现。 4月，便利度指数为63.4%，比上月回落0.2个百分点。分项来看，通行便利度指数为62.4%，比上月回升0.5个百分点；政务服务便利度指数为67.6%，比上月回升0.2个百分点；公共设施便利度指数为64.0%，比上月回落0.8个百分点；投送便利度指数为59.4%，比上月回落0.9个百分点。

2021年5月中国快递物流指数为101%

2021年5月，中国物流与采购联合会发布的中国快递物流指数为101%，比上月回落0.1个百分点。本月经济运行总体维稳，国内市场需求稳中趋缓。从分项指数看，在服务业商务活动回暖带动下，商务快件指数本月小幅回升0.3个百分点；农村快件指数为101.7%，小幅回落0.6个百分点；从业人员指数和便利度指数均小幅回落。

制造业商务快件指数连续回落。 5月，制造业商务快件指数为100.2%，比上月回落0.3个百分点。分行业看，制造业21个大类商务快件指数中有13个高于100%。其中，大宗原材料及化工制造业商务活动持续走低，黑色金属和有色金属冶炼加工业商务快件指数分别为99.3%和97.5%，连续两个月位于100%以下，化学塑料制品业和化学原料制品业商务快件指数小幅回落0.5和4.3个百分点，均降至100%以下。装备制造业、高技术制造业运行势头良好，延续较高活跃态势。电气机械制造业、电子通信设备制造业、医药制造业和汽车制造业商务快件指数分别为102.7%、103.1%、104.2%和104.5%，相关产业活跃度小幅趋缓但整体仍处在较好区间；运输设备制造业和通用设备制造业商务快件指数本月则小幅回升1.5和1.9个百分点。与民生相关的消费品制造业中除烟草制品业商务快件指数小幅回升1.3个百分点外，其余均有所回落。

服务业商务活跃度回升。 5月，服务业商务快件指数为102%，比上月回升0.7个百分点。分行业看，服务业14个大类商务快件指数中有12个高于100%。其中，房地产业、建筑业商务活动回暖，商务快件指数分别为103.8%和102.8%，小幅回升1.1和2.7个百分点。科研技术服务业、信息技术服务业和运输仓储业商务活动稳中向好，指数分别小幅回升0.2、3.3和1.9个百分点。与居民消费相关的服务业商务快件指数整体运行在活跃区间，批发零售、住宿餐饮和文体娱乐商务快件指数分别为101.1%、103.2%和102.2%。

从业人员指数回调。 5月，从业人员指数为100.5%，比上月回落1.2个百分点。分地区看，仅西部地区从业人员指数有所回升，本月西部地区从业人员100.5%，比上月回升1.9个百分点。中部地区从业人员回落较快，比上月回落3个百分点降至100.5%。

企业外部经营便利度持续回落。 5月，便利度指数为63.1%，比上月回落0.3个百分点。分项来看，通行便利度指数为62.8%，比上月回升0.4个百分点；政务服务便利度指数为67.2%，比上月回落0.4个百分点；公共设施便利度指数为64.2%，比上月回升0.2个百分点；投送便利度指数为58.2%，比上月回落1.2个百分点。

2021年6月中国快递物流指数为101.4%

2021年6月，中国物流与采购联合会发布的中国快递物流指数为101.4%，比上月回升0.4个百分点。本月经济保持良好恢复态势，市场需求总体平稳，在此背景下，快递物流指数结束了两个月的回落，低位回调。分项指数看，行业活跃度出现分化走势，商务活动总体增速趋缓，商务快件指数为100.7%，比上月回落0.5个百分点，其中制造业和服务业商务快件指数均有回落，制造业回落快于服务业。受年中促销活动带动，下沉市场需求回升，农村快件指数为104%，比上月回升2.3个百分点。随着外需趋缓，跨境快件指数为98.8%，仍在低位震荡。

制造业商务活跃度持续走低。 6月，制造业商务快件指数为99.4%，比上月回落0.8个百分点。

分行业看，制造业 21 个大类商务快件指数中有 10 个高于 100%。其中，大宗原材料和化工行业持续运行在较低景气区间。黑色金属和有色金属冶炼加工业商务快件指数分别为 98.2% 和 97.2%，比上月回落 1.1 和 0.3 个百分点，化学塑料制品业和化学原料制品业商务快件指数分别为 99% 和 95.8%，连续两个月位于 100% 以下。装备制造业商务活动小幅趋缓，但保持在较活跃区间。电气机械制造业、电子通信设备制造业、通用设备制造业和汽车制造业商务快件指数环比分别小幅回落 0.9～3.1 个百分点，但仍处在 100% 以上区间。消费品制造业呈现较高活跃度，生产需求加快扩张。纺织业、农副食品加工业、医药制造业和食品酒饮制造业商务快件指数环比分别回升 0.1～1.6 个百分点。

服务业商务活动总体平稳。 6 月，服务业商务快件指数为 101.8%，比上月回落 0.2 个百分点。分行业看，服务业 14 个大类商务快件指数中有 11 个高于 100%。其中，房地产业和建筑业商务快件指数分别为 100.9% 和 100.6%，环比略有回落但整体保持在景气区间。科研技术和批发零售业保持较高景气，科研技术服务业和批发零售业商务快件指数分别为 107.2% 和 102.1%，环比回升 2.7 和 1 个百分点。受局部地区疫情反复影响，运输仓储和生活服务业商务快件指数小幅回落 2.9 和 0.3 个百分点。在电商年中大促、暑期假日等因素带动下，与居民消费相关的教育、文体娱乐和住宿餐饮商务快件指数环比分别小幅回升 3.9、0.9 和 0.9 个百分点。

就业形势有所好转。 6 月，从业人员指数为 103.3%，比上月回升 2.8 个百分点。分地区看，东北部地区和中部地区就业形势较好，人员指数环比分别回升 2.6 和 3.3 个百分点，东部和西部地区人员指数环比回升 1.6 和 0.9 个百分点。

企业经营便利度走势分化。 6 月，便利度指数为 61.2%，比上月回落 1.9 个百分点。分项来看，通行便利度指数为 60.1%，比上月回落 2.7 个百分点；政务服务便利度指数为 67.1%，比上月回落 0.1 个百分点；公共设施便利度指数为 64.5%，比上月回升 0.3 个百分点；投送便利度指数为 53.1%，比上月回落 5.1 个百分点。

2021 年 7 月中国快递物流指数为 100.7%

2021 年 7 月，中国物流与采购联合会发布的中国快递物流指数为 100.7%，比上月回升 0.7 个百分点。本月经济延续恢复势头，但市场需求增速有所放缓，市场供需偏紧，企业生产经营保持谨慎，同时部分地区遭遇恶劣天气，在多重因素作用下本月快递物流指数小幅回调。从分项指数看，国内需求回落但基础较好，商务快件指数、农村快件指数均小幅回落 0.3 个百分点，整体仍运行在 100% 以上。进出口形势有所趋缓，跨境快件指数为 97.8%，比上月回落 1 个百分点。

制造业商务快件指数趋稳。 7 月，制造业商务快件指数为 99.3%，比上月回落 0.1 个百分点。分行业看，制造业 21 个大类商务快件指数中有 12 个高于 100%。其中，大宗原材料和化工行业相关指数低位回升。黑色金属和有色金属冶炼加工业商务快件指数分别为 98.4% 和 97.9%，比上月回升 0.2 和 0.7 个百分点；化学塑料制品业和化学原料制品业商务快件指数分别为 100.2% 和 97.3%，比上月回升 1.2 和 1.5 个百分点。装备制造业总体保持平稳运行。电气机械制造业和运输设备制造业商务快件指数分别回升 1.3 和 3 个百分点，保持较活跃势头。通信电子设备制造业、通用设备制造业、汽车制造业和专用设备制造业本月略有回落，回落幅度在 0.3～1.7 之间，但都维持在 100% 以上。消费品制造业商务活动走势分化、整体趋缓。纺织业服饰业、农副食品加工业商务快件指数小幅回升 0.7 和 0.3 个百分点。烟草制品业、食品酒饮制造业和家具制造业商务快件指数分别回落 1.8～2.4 个百分点。

服务业商务快件指数小幅回落。 7 月，服务业商务快件指数为 101.4%，比上月回落 0.4 个百分点。分行业看，服务业 14 个大类商务快件指数中有 8 个高于 100%。其中，房地产业和建筑业商务活动趋稳，房地产业和建筑业商务快件指数小幅回落 0.2 和 0.1 个百分点，达 100.7% 和 100.6%。交通运输、科研技术和教育等产业商务活动明显放缓，相关指数回落 1.9～3.9 个百分点。受局部地区疫情防控形势严峻影响下，文体娱乐、住宿餐饮和租赁服务商务快件指数较快回落，分别回落 3.9、6.6 和 3.8 个百分点。多重因素作用下仅金融业和生活服务业商务快件指数有所回升，金融业和生活服务业商务快件指数为 100.1% 和 97.8，比上月回升 1.2 和 1.7 个百分点。

人员指数小幅回落。 7月，从业人员指数为 101.1%，比上月回落 2.2 个百分点。分地区看，东北、中部地区从业人员指数回落较快，东北地区和中部地区从业人员指数比上月回落 2.6 和 2.1 个百分点。东部地区从业人员指数为 101.1%，比上月回落 0.8 个百分点；西部地区从业人员指数为 103%，比上月回升 1.7 个百分点。

经营便利度指数持续走低。 7月，便利度指数为 60%，比上月回落 1.2 个百分点。本月便利度指数回落主要受疫情和天气影响，从分项看，通行便利度指数为 61.9%，比上月回升 1.8 个百分点；政务服务便利度指数为 67.3%，比上月回升 0.2 个百分点；公共设施便利度指数为 60.4%，比上月回落 4.1 个百分点；投送便利度指数为 50.5%，比上月回落 2.6 个百分点。

2021年8月中国快递物流指数为 101.1%

2021年8月，中国物流与采购联合会发布的中国快递物流指数为 101.1%，比上月回升 0.4 个百分点。本月总指数上升，主要是人员需求和成本增加导致，而从主要需求分项指数看，商务快件指数为 100.1%，回落 0.3 个百分点；农村快件指数为 101.8%，回落 1.9 个百分点；跨境快件指数环比回升至 100% 以上，反映出国内市场需求放缓，跨境零售活动回暖但仍保持低位，从商务快递来看商务经济活跃度整体平稳。

服务业商务快件指数回落明显。 8月，服务业商务快件指数为 98.3%，环比回落 3.1 个百分点，服务业 14 个大类中有 7 个高于 100%。分行业看，一是房地产业和建筑业商务活跃度回升。相关商务快件指数分别为 101.3% 和 101.1%，比上月回升 0.6 和 0.5 个百分点。二是基础和生产市场服务业商务活动全面放缓。金融业、交通运输、科研技术和信息技术服务业商务快件指数均有不同程度回落，回落幅度在 1.5~2.9 个百分点之间。三是部分地区疫情对消费相关服务业产生影响，商务活跃度持续回落。住宿餐饮服务业商务快件指数回落超过 8 个百分点，教育、租赁服务业和文体娱乐服务业分别回落 6.5、5 和 5.5 个百分点。

制造业商务快件指数回升。 8月，制造业商务快件指数为 101.1%，比上月回升 1.8 个百分点，制造业 21 个大类中有 12 个高于 100%。分行业看，大宗原材料和化工行业商务活跃度趋升。受前期相关指数持续回落低基数影响，本月大宗原材料和化工类商务快件指数低位回升，其中黑色金属冶炼加工业商务快件指数为 99.1%，比上月略微回升 0.7 个百分点。装备制造业延续平稳走势。通信电子设备制造业、汽车制造业、运输设备制造业和通用设备制造业商务快件指数回升较快，比上月回升 1.7-4.6 个百分点。电气机械制造业和专用设备制造业商务活动趋缓，相关指数为 102.2% 和 100.4%，比上月回落 0.3 和 0.8 个百分点。消费品制造业商务活动延续分化走势。纺织服装业和农副食品加工业商务快件指数小幅回升 1.6 和 0.1 个百分点；烟草制品业、食品酒饮制造业和文体娱乐制造业商务快件分别回落 0.4-2.4 个百分点。

从业人员指数明显回升。 8月，从业人员指数为 103.4%，比上月回升 2.3 个百分点，为今年以来最高，从企业调研来看，下半年电商旺季促销对人员需求明显增多，分地区看，东北、东部地区从业人员指数分别回升 4.2 和 3.8 个百分点。中部地区人员指数比上月回落 3.5 个百分点，西部地区就业形势较为稳定，从业人员指数与上月基本持平。

企业经营便利度下降。 8月，便利度指数为 58.2%，比上月回落 1.8 个百分点。从分项看，通行便利度指数为 59.3%，比上月回落 2.6 个百分点；政务服务便利度指数为 67.9%，比上月回升 0.6 个百分点；公共设施便利度指数为 55.3%，比上月回落 5.1 个百分点；投送便利度指数为 50.1%，比上月回落 0.4 个百分点。

2021 年 9 月中国快递物流指数为 102%

2021 年 9 月，中国物流与采购联合会发布的中国快递物流指数为 102%，比上月回升 0.9 个百分点。从分项指数看，商务快件指数和跨境快件指数有所回升，分别回升 0.9 和 1.3 个百分点；农村快件指数回落 0.7 个百分点。综合指数和各分项快件指数均保持在 100% 以上，反映本月商务活跃度有所维稳，产业经济整体保持了平稳运行。

服务业商务快件指数较快回升。 9 月，服务业商务快件指数为 102%，比上月回升 3.7 个百分点，服务业 14 个大类中有 9 个高于 100%。分行业看，房地产业、建筑业商务快件指数连续回升。本月房地产业和建筑业商务快件指数分别为 102.4% 和 101.7%，比上月回升 1.1 和 0.6 个百分点。基础和生产服务业活跃度全面回升。其中科研技术和信息技术服务业商务快件指数分别比上月回升 4 和 3.2 个百分点，达到 105% 以上较高水平。交通运输和批发零售业商务快件指数为 100.1% 和 101.7%，小幅回升 2.5 和 0.2 个百分点。金融业商务快件指数本月虽回升 2.4 个百分点，但仍位于 100% 以下。消费相关服务业在 9 月节假日因素带动下低位回升。住宿餐饮、租赁服务和文体娱乐服务业商务快件指数分别回升 2.9、4.2 和 6.4 个百分点。

制造业商务活跃度下降。 9 月，制造业商务快件指数为 99.8%，比上月回落 1.3 个百分点，制造业 21 个大类中有 11 个高于 100%。在国内制造业需求和成本双重因素制约影响下，本月制造业商务快件指数全面回落。分行业看，重化工业商务快件指数整体低位运行。黑色金属冶炼和有色金属冶炼加工业商务快件指数分别为 98.1% 和 94.3%，比上月均回落 1 个百分点；化学原料制造业和化学纤维塑料制品商务快件指数分别为 96.3% 和 97.2%，比上月分别回落 3.4 和 3 个百分点。装备制造业商务活跃度全面回落。电气机械制造业、通信电子设备制造业、汽车制造业和专用设备制造业较上月小幅回落 0.1~1.9 个百分点，但均保持在 100% 以上水平；交通运输设备制造业商务快件指数连续回升至 105% 以上较高水平。消费品制造业商务活动逆势增长。烟草制品业、农副食品加工业、木材家具制造业分别回升 2.4、1.3 和 2.9 个百分点；纺织业和食品饮料加工业商务快件指数小幅回落 1.1 和 0.5 个百分点，仍位于 100% 以上。

从业人员指数回升。 9 月，从业人员指数为 104.6%，比上月回升 1.2 个百分点。分地区看，东北、东部、西部地区从业人员指数分别为 103.6%、104.4%、102.2%，相较上月均略有回落。中部地区从业人员指数为 107.7%，比上月回升 9.6 个百分点。

企业经营便利度有所回升。 9 月，便利度指数为 60.5%，比上月回升 2.3 个百分点。从分项看，通行便利度指数为 62.5%，比上月回升 3.2 个百分点；政务服务便利度指数为 67.8%，比上月回落 0.1 个百分点；公共设施便利度指数为 57.3%，比上月回升 2 个百分点；投送便利度指数为 54.2%，比上月回升 4.1 个百分点。

2021 年 10 月中国快递物流指数为 101.6%

2021 年 10 月，中国物流与采购联合会发布的中国快递物流指数为 101.6%，比上月回落 0.4 个百分点。本月国内经济增长有所放缓，加之部分地区疫情频发，市场生产需求持续收窄，快递物流指数有小幅回落趋势。从分项指数看，商务快件指数为 100.2%，比上月回落 0.8 个百分点，农村快件指数为 99.6%，比上月回落 1.5 个百分点，跨境快件指数与上月基本持平。

制造业商务快件指数低位回落。 10 月份，制造业商务快件指数为 99.3%，比上月回落 0.4 个百分点，制造业 21 个大类中有 7 个高于 100%。分行业看，大宗、能源等原材料价格过高导致行业活跃度持续低位运行。其中黑色金属冶炼加工业、有色金属冶炼加工业分别为 96.5% 和 95.2%，化学原料制造业和化学纤维塑料制品商务快件指数分别为 97.8% 和 91.5%。装备制造业走势平稳，高技术制造业活跃度较好。电气机械制造业、专用设备制造业分别为 102.5% 和 100.5%，比上月回升 0.4 和 0.2 个百分点。医药制造业自去年以来持续保持较高景气区间，本月小幅回升 0.4 个百分点，达到 105% 以上较好水平。通信电子设备制造业、汽车制造业、交通运输设备制造业和通用设备制造业商务快件指数小幅回落，回落幅度在 3.6～5.8 个百分点。电商大促、居民囤货等消费意识增强，消费品制造业商务活动持续增长。农副食品加工业、酒饮制造业和烟草制造业分别为 100.2%、102.9% 和 100.3%，持续保持在 100% 以上。

服务业商务快件指数较快回落。 10 月，服务业商务快件指数为 100.4%，比上月回落 1.7 个百分点，服务业 14 个大类中有 7 个高于 100%。分行业看，房地产业建筑业商务活跃度稳中向好。房地产业、建筑业商务快件指数分别为 103.5 和 101.8，比上月回升 1 和 0.1 个百分点，连续 3 个月小幅回升。基础和生产服务业行业活跃度走势分化。其中科研技术和信息技术服务业商务快件指数分别回落 7 和 4.7 个百分点，金融业商务快件指数回落 6.6 个百分点。交通运输和批发零售业延续回升态势，商务快件指数分别为 103.9% 和 102.6%，比上月回升 3.8 和 0.9 个百分点。疫情影响下消费相关的服务业活跃度走低。租赁服务和文体娱乐服务业商务快件指数分别回落 2.2 和 5.8 个百分点，住宿餐饮本月小幅回升 3.2 个百分点，但仍位于 95% 左右较低水平。

从业人员指数连续回升。 10 月，从业人员指数为 105.5%，比上月回升 0.9 个百分点。分地区看，西部地区从业人员指数较快回升，回升幅度超 5 个百分点。东北、东部、中部地区从业人员指数分别回落 4.4、4.9 和 3.4 个百分点。

企业经营便利度下降。 10 月，便利度指数为 57.6%，比上月回落 2.9 个百分点。从分项看，通行便利度指数为 62%，比上月回落 0.5 个百分点；政务服务便利度指数为 66.5%，比上月回落 1.3 个百分点；公共设施便利度指数为 52.9%，比上月回落 4.4 个百分点；投送便利度指数为 49.1%，比上月回落 5.1 个百分点。

2021 年 11 月中国快递物流指数为 99.8%

2021 年 11 月，中国物流与采购联合会发布的中国快递物流指数为 99.8%，比上月回落 1.8 个百分点。本月国内经济恢复态势增强，但需求侧还未明显改善，两大行业中，制造业生产建设有所回暖，服务业行业活跃度延续放缓态势。从分项指数看，商务快件指数比上月仍回落 1.2 个百分点；下沉市场在电商促销带动下，农村快件指数比上月回升 1.5 个百分点，国际贸易需求略有改善，跨境快件指数比上月回升 0.2 个百分点。

制造业商务快件指数止跌回升。 11 月，制造业商务快件指数为 100.1%，比上月回升 0.8 个百分点，制造业 21 个大类中有 10 个高于 100%。分行业看，大宗、能源等原材料市场活跃度趋升，相关产业生产活动加快，其中黑色金属冶炼加工业、有色金属冶炼加工业商务快件指数比上月回升 2.9 和 0.1 个百分点，化学原料制造业和化学纤维塑料制品商务快件指数分别回升 0.2 和 2.9 个百分点。装备制造业延续较高活跃度态势，相关指数全面回升。电气机械制造业、通信电子设备制造业、汽车制造业、交通运输设备制造业和专用设备制造业商务快件指数分别为 103.9%、104.3%、102.3%、104.1% 和 101.7%，比上月回升 1.2～5.5 个百分点；医药制造业生产需求旺盛，医药制造业商务快件指数为 107.3%，连续两个月位于 105% 以上。年末居民消费需求增势良好，在前期高基数基础下走势分化。农副食品加工业、木材家具制造业和烟草制品业商务快件指数环比小幅回升，酒精饮料制造业和文体娱乐制造业商务快件指数小幅回落 4.2 和 3.4 个百分点。

服务业商务快件指数持续回落。 11 月，服务业商务快件指数为 98.1%，比上月回落 2.2 个百分点，服务业 14 个大类中有 4 个高于 100%。分行业看，房地产业、建筑业商务快件指数分别为 103.5 和 101%，与上月相比变化不大，总体较为稳定。基础和生产服务业指数整体回落。其中金融业和信息技术服务业略微回落0.3和0.1个百分点,仍在维稳区间。交通运输和批发零售业较快回落,回落超10个百分点。相关指数中仅有教育和科研技术商务快件指数小幅回升0.9和0.1个百分点,达87.1%和98.2%。疫情反复频发导致消费相关服务业指数持续回落。本月租赁服务和住宿餐饮商务快件指数分别回落8.2和9.2个百分点,回落至年内最低水平。

从业人员指数较快回落。11月,从业人员指数为94.9%,比上月回落10.6个百分点。分地区看,东北部、西部地区从业人员指数回落较快,回落幅度超5个百分点。东部、中部地区从业人员指数小幅回落,分别回落1.8和3.2个百分点。

企业经营便利度指数回落。11月,便利度指数为56.4%,比上月回落1.2个百分点。从分项看,通行便利度指数为59%,比上月回落3个百分点;政务服务便利度指数为67.2%,比上月回升0.7个百分点;公共设施便利度指数为52.1%,比上月回落0.8个百分点;投送便利度指数为47.3%,比上月回落1.8个百分点。

2021年12月中国快递物流指数为100.9%

2021年12月,中国物流与采购联合会发布的中国快递物流指数为100.9%,比上月回升1.1个百分点。本月国内经济态势进一步巩固,市场供需加快稳定,企业生产预期回升,快递物流总指数止跌回升。两大行业中制造业恢复优于服务业,服务业尽管小幅回升但受冲击较大。从分项指数看,受益于国内、国际市场需求改善,商务快件指数为100.3%,比上月回升1.3个百分点,重回100%以上;跨境快件指数为105.7%,比上月回升1.3和百分点。疫情多点散发影响下农村快件指数为100.1%,比上月小幅回落1个百分点。

制造业商务活动回暖。12月,制造业商务快件指数为102.4%,比上月回升2.3个百分点,制造业21个大类中有12个高于100%。分行业看,大宗能源等原材料市场持续利好推动行业景气度小幅提升,化学原料制品业和化学塑料制品业商务快件指数分别为98.7%和97.4%,比上月回升0.8和3个百分点;有色金属加工业商务快件指数为96.3%,比上月回升1个百分点。装备制造业增势良好、新动能活动旺盛。汽车制造业、通用设备制造业和专用设备制造业分别为104.3%、104.9%和103.7%,比上月分别回升2.0~2.5个百分点,通信电子设备制造业、交通运输设备制造业和医药制造业比上月回升0.8~3.3个百分点,达到105%以上较好水平。仅电气机械制造业小幅回落0.6个百分点,但仍在100%以上。居民消费需求相关指数全面回升,纺织业、食品饮料制造业和烟草制品业商务快件指数比上月分别回升6.3、2.9和2.3个百分点。

服务业快件指数低位回升。12月,服务业商务快件指数为98.9%,比上月回升0.7个百分点,服务业14个大类中有6个高于100%。分行业看,房地产业、建筑业商务快件指数季节性回落,比上月分别回落3.5和0.5个百分点,但仍维稳于100%以上。基础和生产服务业指数整体回升。金融业、批发零售业商务快件指数较上月低位回升,分别回升至97.2%和96.7%。交通运输业、教育业和科研技术商务快件指数较快回升,较上月分别回升8.6、4.8和6.8个百分点。本月消费相关服务业行业活跃度有一定程度回升,但受疫情影响较大,整体仍处于较低水平,租赁服务、住宿餐饮和文体娱乐商务快件指数分别93%、90.1%和97.6%,比上月回升5.8、3.8和3个百分点。

从业人员指数小幅回升。12月,从业人员指数为96.2%,比上月回升1.7个百分点。分地区看,东北地区回升超5个百分点,西部地区人员指数回落超10个百分点。东部、中部地区从业人员指数相对较为稳定,分别回升0.6和1.6个百分点。

企业经营便利度指数持续回落。12月,便利度指数为55.4%,比上月回落1个百分点。从分项看,疫情影响下,通行和政务服务便利度指数有所回落,但各地加强了本地供给保障,公共设施和投送便利度指数有所回升。其中通行便利度指数为54.2%,比上月回落4.8个百分点;政务服务便利度指数为65.4%,比上月回落1.8个百分点;公共设施便利度指数为53.1%,比上月回升1个百分点;投送便利度指数为57.0%,比上月回升9.7个百分点。

来源:中物联科技信息部
摘录整理:朱泽榕 高 玲

五、2021年中国制造业及全球主要国家制造业采购经理指数

2021年1月制造业PMI为51.3%

中国物流与采购联合会、国家统计局服务业调查中心发布的2021年1月中国制造业采购经理指数（PMI）为51.3%，比上月下降0.6个百分点。从13个分项指数来看，同上月相比，积压订单指数、产成品库存指数和原材料库存指数上升，指数升幅在0.2～2.8个百分点；生产指数、新订单指数、新出口订单指数、采购量指数、进口指数、购进价格指数、出厂价格指数、从业人员指数、供应商配送时间指数和生产经营活动预期指数下降，指数降幅在0.6～1.9个百分点。

特约分析师张立群认为： 1月PMI指数继续下降，但仍保持在荣枯线以上，表明中国经济继续保持平稳恢复态势。从历史走势看，大多数年份1月PMI指数均较上个月下降，可能与岁末年初的季节性特点相关。PMI指数中，需求类指数下降更为明显；在相关的企业调查中，仍有超过1/3的企业反映需求不足是突出困难。与需求不足相关，本月企业采购量、生产活动预期等指数都呈下降态势；表明企业对开年的市场预期仍比较谨慎。此外从业人员指数下降较多，需高度重视。应抓紧抓好扩大内需的各项工作，切实提振国内的投资与消费，带动企业生产经营活动持续恢复向好。

生产指数为53.5%，比上月下降0.7个百分点。 从企业规模来看，大型、中型和小型企业的生产指数都高于50%，分别为54.6%、53.1%和51.4%。

新订单指数为52.3%，比上月下降1.3个百分点。 从企业规模来看，大型和中型企业的新订单指数高于50%，分别为53.8%和51.7%；小型企业的新订单指数低于50%，为49.4%。

新出口订单指数为50.2%，比上月下降1.1个百分点。 从企业规模来看，大型和中型企业的新出口订单指数高于50%，分别为50.2%和51.9%；小型企业的新出口订单指数低于50%，为45.4%。

积压订单指数为47.3%，比上月上升0.2个百分点。 从企业规模来看，大型、中型和小型企业的积压订单指数都低于50%，分别为48.5%、47.1%和44.6%。

产成品库存指数为49.0%，比上月上升2.8个百分点。 从企业规模来看，大型、中型和小型企业的产成品库存指数都低于50%，分别为49.4%、49.4%和47.4%。

采购量指数为52.0%，比上月下降1.2个百分点。 从企业规模来看，大型和中型企业的采购量指数高于50%，分别为53.9%和51.2%；小型企业的采购量指数低于50%，为48.2%。

进口指数为49.8%，比上月下降0.6个百分点。 从企业规模来看，中型和小型企业的进口指数高于50%，分别为50.7%和53.9%；大型企业的进口指数低于50%，为49.0%。

购进价格指数为67.1%，比上月下降0.9个百分点。 从企业规模来看，大型、中型和小型企业的购进价格指数都高于50%，分别为69.6%、66.3%和61.7%。

出厂价格指数为57.2%，比上月下降1.7个百分点。 从企业规模来看，大型、中型和小型企业的出厂价格指数都高于50%，分别为58.4%、56.6%和54.9%。

原材料库存指数为49.0%，比上月上升0.4个百分点。 从企业规模来看，中型企业的原材料库存指数高于50%，为50.4%；大型和小型企业的原材料库存指数低于50%，分别为49.7%和45.2%。

从业人员指数为48.4%，比上月下降1.2个百分点。 从企业规模来看，大型、中型和小型企业的

从业人员指数都低于50%，分别为48.6%、49.0%和47.0%。

供应商配送时间指数为48.8%，比上月下降1.1个百分点。 从企业规模来看，大型、中型和小型企业的供应商配送时间指数都低于50%，分别为49.4%、48.3%和48.0%。

生产经营活动预期指数为57.9%，比上月下降1.9个百分点。 从企业规模来看，大型和中型企业的生产经营活动预期指数高于50%，分别为61.4%和57.4%；小型企业的生产经营活动预期指数低于50%，为49.7%。

2021年2月制造业PMI为50.6%

中国物流与采购联合会、国家统计局服务业调查中心发布的2021年2月中国制造业采购经理指数（PMI）为50.6%，比上月下降0.7个百分点。从13个分项指数来看，同上月相比，出厂价格指数和生产经营活动预期指数上升，指数升幅均为1.3个百分点；生产指数、新订单指数、新出口订单指数、积压订单指数、产成品库存指数、采购量指数、进口指数、购进价格指数、原材料库存指数、从业人员指数和供应商配送时间指数下降，指数降幅在0.2～1.6个百分点之间。

特约分析师张立群认为： 2月PMI指数继续下降，但仍然保持在荣枯线上，表明中国经济继续保持平稳恢复态势。基于PMI指数的特点，历年春节因素对指数短期走势影响都比较明显。2月PMI指数走势，较大程度是春节假期因素影响。PMI指数中，未来生产经营预期指数提高，表明企业对未来市场预期比较乐观，预示春节后生产恢复势头较好。相关调查问卷反映，需求不足问题仍然是困扰1/3以上企业的突出问题。因此，要继续加强扩大内需的各项工作，确保经济回升向好态势进一步得到巩固和加强。

生产指数为51.9%，比上月下降1.6个百分点。 从企业规模来看，大型企业的生产指数高于50%，为54.4%；中型和小型企业的生产指数低于50%，分别为49.6%和48.9%。

新订单指数为51.5%，比上月下降0.8个百分点。 从企业规模来看，大型和中型企业的新订单指数高于50%，分别为53.7%和50.3%；小型企业的新订单指数低于50%，为47.9%。

新出口订单指数为48.8%，比上月下降1.4个百分点。 从企业规模来看，大型企业的新出口订单指数高于50%，为53.5%；中型和小型企业的新出口订单指数低于50%，分别为42.9%和35.1%。

积压订单指数为46.1%，比上月下降1.2个百分点。 从企业规模来看，大型企业的积压订单指数高于50%，为50.8%；中型和小型企业的积压订单指数低于50%，分别为45.0%和35.7%。

产成品库存指数为48.0%，比上月下降1.0个百分点。 从企业规模来看，大型企业的产成品库存指数高于50%，为50.9%；中型和小型企业的产成品库存指数低于50%，分别为48.1%和40.4%。

采购量指数为51.6%，比上月下降0.4个百分点。 从企业规模来看，大型企业的采购量指数高于50%，为56.8%；中型企业的采购量指数位于50%；小型企业的采购量指数低于50%，为40.7%。

进口指数为49.6%，比上月下降0.2个百分点。 从企业规模来看，大型企业的进口指数高于50%，为51.1%；中型和小型企业的进口指数低于50%，分别为47.3%和43.8%。

购进价格指数为66.7%，比上月下降0.4个百分点。 从企业规模来看，大型、中型和小型企业的购进价格指数都高于50%，分别为68.2%、65.7%和64.5%。

出厂价格指数为58.5%，比上月上升1.3个百分点。 从企业规模来看，大型、中型和小型企业的出厂价格指数都高于50%，分别为60.7%、57.0%和55.0%。

原材料库存指数为47.7%，比上月下降1.3个百分点。 从企业规模来看，大型、中型和小型企业的原材料库存指数都低于50%，分别为49.3、47.4%和44.1%。

从业人员指数为48.1%，比上月下降0.3个百分点。 从企业规模来看，大型、中型和小型企业的从业人员指数都低于50%，分别为49.1%、47.5%和46.3%。

供应商配送时间指数为 47.9%，比上月下降 0.9 个百分点。 从企业规模来看，大型、中型和小型企业的供应商配送时间指数都低于 50%，分别为 48.5%、47.7% 和 46.6%。

生产经营活动预期指数为 59.2%，比上月上升 1.3 个百分点。 从企业规模来看，大型企业的生产经营活动预期指数高于 60%，为 61.3%；中型和小型企业的生产经营活动预期指数低于 60%，分别为 57.9% 和 55.8%。

2021 年 3 月制造业 PMI 为 51.9%

中国物流与采购联合会、国家统计局服务业调查中心发布的 2021 年 3 月份中国制造业采购经理指数（PMI）为 51.9%，比上月上升 1.3 个百分点。从 13 个分项指数来看，同上月相比，生产指数、新订单指数、新出口订单指数、积压订单指数、采购量指数、进口指数、从业人员指数、购进价格指数、出厂价格指数、原材料库存指数和供应商配送时间指数上升，指数升幅在 0.5～2.7 个百分点；产成品库存指数和生产经营活动预期指数下降，指数降幅分别为 1.3 和 0.7 个百分点。

特约分析师张立群认为： 3 月 PMI 指数上升，且连续 13 个月保持在荣枯线上，表明经济持续保持恢复态势。一季度 PMI 指数变动受春节等短期因素影响较多，剔除这些因素影响，可以认为 PMI 指数走势大体平稳；反映经济呈平稳恢复态势。3 月份 PMI 指数中的价格指数上升明显；从相关调查看，近 60% 的企业反映价格上涨、原材料成本提高，表明企业成本压力明显加大。此外 1/3 以上企业反映需求不足问题仍然突出。综合看，成本加大和需求不足是当前企业生产经营面对的突出困难。本月生产经营活动预期指数小幅下降，在春节过后生产开局的时点，值得警惕；可能反映企业对未来生产经营前景担忧增大。要着力提高扩大内需的政策效果，积极促进价格上涨行业扩大生产、增加供给。

生产指数为 53.9%，比上月上升 2.0 个百分点。 从企业规模来看，大型、中型和小型企业的生产指数都高于 50%，分别为 55.0%、53.8% 和 51.3%。

新订单指数为 53.6%，比上月上升 2.1 个百分点。 从企业规模来看，大型、中型和小型企业的新订单指数都高于 50%，分别为 54.9%、53.1% 和 50.9%。

新出口订单指数为 51.2%，比上月上升 2.4 个百分点。 从企业规模来看，大型和中型企业的新出口订单指数高于 50%，分别为 51.9% 和 50.6%；小型企业的新出口订单指数低于 50%，为 48.6%。

积压订单指数为 46.6%，比上月上升 0.5 个百分点。 从企业规模来看，大型、中型和小型企业的积压订单指数都低于 50%，分别为 46.9%、46.6% 和 45.9%。

产成品库存指数为 46.7%，比上月下降 1.3 个百分点。 从企业规模来看，大型、中型和小型企业的产成品库存指数都低于 50%，分别为 45.5%、48.1% 和 47.7%。

采购量指数为 53.1%，比上月上升 1.5 个百分点。 从企业规模来看，大型、中型企业和小型企业的采购量指数都高于 50%，分别为 54.2%、51.6% 和 52.4%。

进口指数为 51.1%，比上月上升 1.5 个百分点。 从企业规模来看，大型和中型企业的进口指数高于 50%，分别为 51.4% 和 51.3%；小型企业的进口指数低于 50%，为 48.3%。

购进价格指数为 69.4%，比上月上升 2.7 个百分点。 从企业规模来看，大型、中型和小型企业的购进价格指数都高于 50%，分别为 68.7%、71.1% 和 68.6%。

出厂价格指数为 59.8%，比上月上升 1.3 个百分点。 从企业规模来看，大型、中型和小型企业的出厂价格指数都高于 50%，分别为 61.2%、58.7% 和 57.9%。

原材料库存指数为 48.4%，比上月上升 0.7 个百分点。 从企业规模来看，大型、中型和小型企业的原材料库存指数都低于 50%，分别为 49.0%、47.1% 和 48.6%。

从业人员指数为 50.1%，比上月上升 2.0 个百分点。 从企业规模来看，大型企业的从业人员指数高于 50%，为 50.7%；中型和小型企业的从业人员指数低于 50%，分别为 49.5% 和 49.4%。

供应商配送时间指数为50.0%，比上月上升2.1个百分点。从企业规模来看，大型企业的供应商配送时间指数高于50%，为50.4%；中型和小型企业的供应商配送时间指数低于50%，分别为49.5%和49.8%。

生产经营活动预期指数为58.5%，比上月下降0.7个百分点。从企业规模来看，大型、中型和小型企业的生产经营活动预期指数都高于50%，分别为58.4%、58.6%和58.4%。

2021年4月制造业PMI为51.1%

中国物流与采购联合会、国家统计局服务业调查中心发布的2021年4月中国制造业采购经理指数（PMI）为51.1%，比上月下降0.8个百分点。从13个分项指数来看，同上月相比，产成品库存指数上升，指数升幅为0.1个百分点；生产指数、新订单指数、新出口订单指数、积压订单指数、采购量指数、进口指数、购进价格指数、出厂价格指数、原材料库存指数、从业人员指数、供应商配送时间指数和生产经营活动预期指数下降，指数降幅在0.1~2.5个百分点。

特约分析师张立群认为：4月PMI指数下降，但仍保持在荣枯线以上，表明经济继续保持平稳恢复态势。4月工作日较3月份明显减少，是各分项指数普遍下降的重要原因。也要看到，与经济持续恢复向上的阶段性特点比照，4月PMI指数下降明显，表明经济回升力度偏弱。特别是新订单指数降幅较大，表明市场需求恢复力度不足。相关企业调查反映，当前企业成本压力加大，需求不足问题仍然比较突出，生产经营面对困难仍然较多。应采取有效措施，提高扩大内需的综合效果，尽快改善企业的产品销售形势；积极促进相关大宗商品增加生产，尽快缓解价格上涨、企业成本加大的压力。

生产指数为52.2%，比上月下降1.7个百分点。从企业规模来看，大型、中型和小型企业的生产指数都高于50%，分别为52.8%、51.4%和51.8%。

新订单指数为52.0%，比上月下降1.6个百分点。从企业规模来看，大型、中型和小型企业的新订单指数都高于50%，分别为52.6%、51.2%和51.8%。

新出口订单指数为50.4%，比上月下降0.8个百分点。从企业规模来看，大型和中型企业的新出口订单指数高于50%，分别为50.7%和51.1%；小型企业的新出口订单指数低于50%，为47.0%。

积压订单指数为46.4%，比上月下降0.2个百分点。从企业规模来看，大型、中型和小型企业的积压订单指数都低于50%，分别为47.0%、46.0%和45.5%。

产成品库存指数为46.8%，比上月上升0.1个百分点。从企业规模来看，大型、中型和小型企业的产成品库存指数都低于50%，分别为46.0%、47.3%和48.0%。

采购量指数为51.7%，比上月下降1.4个百分点。从企业规模来看，大型和小型企业的采购量指数高于50%，分别为53.1%和51.1%；中型企业的采购量指数低于50%，为49.9%。

进口指数为50.6%，比上月下降0.5个百分点。从企业规模来看，大型和中型企业的进口指数高于50%，分别为50.9%和50.7%；小型企业的进口指数低于50%，为48.5%。

购进价格指数为66.9%，比上月下降2.5个百分点。从企业规模来看，大型、中型和小型企业的购进价格指数都高于50%，分别为67.8%、67.8%和63.6%。

出厂价格指数为57.3%，比上月下降2.5个百分点。从企业规模来看，大型、中型和小型企业的出厂价格指数都高于50%，分别为59.1%、56.9%和54.0%。

原材料库存指数为48.3%，比上月下降0.1个百分点。从企业规模来看，大型企业的原材料库存指数高于50%，为50.2%；中型和小型企业的原材料库存指数低于50%，分别为47.0%和45.9%。

从业人员指数为49.6%，比上月下降0.5个百分点。从企业规模来看，大型企业的从业人员指数位于50%；中型和小型企业的从业人员指数低于50%，分别为48.9%和49.8%。

供应商配送时间指数为48.7%，比上月下降1.3个百分点。从企业规模来看，大型、中型和小型企业的供应商配送时间指数都低于50%，分别为48.7%、48.9%和48.4%。

生产经营活动预期指数为58.3%，比上月下降0.2个百分点。 从企业规模来看，大型、中型和小型企业的生产经营活动预期指数都高于50%，分别为59.7%、56.9%和57.1%。

2021年5月制造业PMI为51.0

中国物流与采购联合会、国家统计局服务业调查中心发布的2021年5月中国制造业采购经理指数（PMI）为51.0%，比上月下降0.1个百分点。从13个分项指数来看，同上月相比，生产指数、采购量指数、进口指数、购进价格指数和出厂价格指数上升，指数升幅在0.2～5.9个百分点；新订单指数、新出口订单指数、积压订单指数、产成品库存指数、原材料库存指数、从业人员指数、供应商配送时间指数和生产经营活动预期指数下降，指数降幅在0.1～2.1个百分点。

特约分析师张立群认为： 5月PMI指数继续下降，但降幅明显收窄，继续保持在荣枯线以上，表明经济仍保持平稳恢复态势。订单类指数均呈现下降态势，表明市场需求不足，特别是国内市场需求恢复相对缓慢的问题需要高度重视；小型企业PMI指数明显低于大中型企业，且处于荣枯线以下的情况，反映经济恢复的全面性、整体性仍然不够。要进一步抓好扩大内需的各项工作，着力增强宏观经济政策逆周期调节的关键作用，加快夯实经济持续回升向好的基础。

生产指数为52.7%，比上月上升0.5个百分点。 从企业规模来看，大型和中型企业的生产指数高于50%，分别为53.8%和53.2%；小型企业的生产指数低于50%，为49.6%。

新订单指数为51.3%，比上月下降0.7个百分点。 从企业规模来看，大型和中型企业的新订单指数高于50%，分别为52.2%和52.4%；小型企业的新订单指数低于50%，为47.7%。

新出口订单指数为48.3%，比上月下降2.1个百分点。 从企业规模来看，大型、中型和小型企业的新出口订单指数都低于50%，分别为48.7%、49.1和44.2%。

积压订单指数为45.9%，比上月下降0.5个百分点。 从企业规模来看，大型、中型和小型企业的积压订单指数都低于50%，分别为46.8%、46.1%和43.6%。

产成品库存指数为46.5%，比上月下降0.3个百分点。 从企业规模来看，大型、中型和小型企业的产成品库存指数都低于50%，分别为46.4%、46.1%和47.3%。

采购量指数为51.9%，比上月上升0.2个百分点。 从企业规模来看，大型和中型企业的采购量指数高于50%，分别为53.8%和51.4%；小型企业的采购量指数低于50%，为48.2%。

进口指数为50.9%，比上月上升0.3个百分点。 从企业规模来看，大型和中型企业的进口指数高于50%，分别为50.7%和52.1%；小型企业的进口指数低于50%，为49.1%。

购进价格指数为72.8%，比上月上升5.9个百分点。 从企业规模来看，大型、中型和小型企业的购进价格指数都高于50%，分别为74.7%、72.5%和69.0%。

出厂价格指数为60.6%，比上月上升3.3个百分点。 从企业规模来看，大型、中型和小型企业的出厂价格指数都高于50%，分别为62.5%、59.6%和57.4%。

原材料库存指数为47.7%，比上月下降0.6个百分点。 从企业规模来看，大型、中型和小型企业的原材料库存指数都低于50%，分别为48.5%、47.0%和46.9%。

从业人员指数为48.9%，比上月下降0.7个百分点。 从企业规模来看，大型、中型和小型企业的从业人员指数都低于50%，分别为49.7%、48.2%和48.1%。

供应商配送时间指数为47.6%，比上月下降1.1个百分点。 从企业规模来看，大型、中型和小型企业的供应商配送时间指数低于50%，分别为47.1%、48.2%和47.9%。

生产经营活动预期指数为58.2%，比上月下降0.1个百分点。 从企业规模来看，大型、中型和小型企业的生产经营活动预期指数都高于50%，分别为58.8%、58.8%和56.0%。

2021年6月制造业PMI为50.9%

中国物流与采购联合会、国家统计局服务业调查中心发布的2021年6月中国制造业采购经理指数（PMI）为50.9%，比上月下降0.1个百分点。从13个分项指数来看，同上月相比，新订单指数、积压订单指数、产成品库存指数、原材料库存指数、从业人员指数和供应商配送时间指数上升，指数升幅在0.2～0.7个百分点；生产指数、新出口订单指数、采购量指数、进口指数、购进价格指数、出厂价格指数和生产经营活动预期指数下降，指数降幅在0.2～11.6个百分点。

特约分析师张立群认为： 6月份PMI指数继续小幅下降，但仍保持在荣枯线之上，表明经济继续保持平稳恢复态势；但回升势头有所减弱。新订单指数小幅提高而出口订单指数小幅下降，反映内需与外需有此涨彼消的转换苗头；总需求回暖仍较为缓慢。受市场需求形势影响，企业预期仍偏谨慎；从采购活动反映的生产经营形势，有趋缓迹象。需高度重视多种因素决定的出口增长高位回调，着力增强扩大内需政策的实际效果，切实推动市场需求持续回暖，支持国内大循环全面畅通、巩固经济全面回升向好的基础。

生产指数为51.9%，比上月下降0.8个百分点。 从企业规模来看，大型和中型企业的生产指数高于50%，分别为53.2%和51.4%；小型企业的生产指数低于50%，为49.7%。

新订单指数为51.5%，比上月上升0.2个百分点。 从企业规模来看，大型和中型企业的新订单指数高于50%，分别为52.9%和51.1%；小型企业的新订单指数低于50%，为48.8%。

新出口订单指数为48.1%，比上月下降0.2个百分点。 从企业规模来看，大型、中型和小型企业的新出口订单指数都低于50%，分别为47.9%、49.0%和46.6%。

积压订单指数为46.6%，比上月上升0.7个百分点。 从企业规模来看，大型、中型和小型企业的积压订单指数都低于50%，分别为47.9%、47.0%和43.2%。

产成品库存指数为47.1%，比上月上升0.6个百分点。 从企业规模来看，大型、中型和小型企业的产成品库存指数都低于50%，分别为47.7%、47.2%和45.6%。

采购量指数为51.7%，比上月下降0.2个百分点。 从企业规模来看，大型和中型企业的采购量指数高于50%，分别为53.5%和50.3%；小型企业的采购量指数低于50%，为49.6%。

进口指数为49.7%，比上月下降1.2个百分点。 从企业规模来看，小型企业的进口指数高于50%，为50.6%；大型和中型企业的进口指数低于50%，分别为49.9%和48.9%。

购进价格指数为61.2%，比上月下降11.6个百分点。 从企业规模来看，大型、中型和小型企业的购进价格指数都高于50%，分别为64.4%、60.7%和54.7%。

出厂价格指数为51.4%，比上月下降9.2个百分点。 从企业规模来看，大型、中型和小型企业的出厂价格指数都高于50%，分别为51.0%、53.0%和50.2%。

原材料库存指数为48.0%，比上月上升0.3个百分点。 从企业规模来看，大型、中型和小型企业的原材料库存指数都低于50%，分别为48.7%、48.4%和45.8%。

从业人员指数为49.2%，比上月上升0.3个百分点。 从企业规模来看，大型、中型和小型企业的从业人员指数都低于50%，分别为49.3%、49.5%和48.7%。

供应商配送时间指数为47.9%，比上月上升0.3个百分点。 从企业规模来看，大型、中型和小型企业的供应商配送时间指数都低于50%，分别为47.8%、47.8%和48.3%。

生产经营活动预期指数为57.9%，比上月下降0.3个百分点。 从企业规模来看，大型、中型和小型企业的生产经营活动预期指数都高于50%，分别为59.0%、57.8%和55.6%。

2021年7月中国制造业PMI为50.4%

中国物流与采购联合会、国家统计局服务业调查中心发布的2021年7月中国制造业采购经理指数（PMI）为50.4%，比上月下降0.5个百分点。从13个分项指数来看，同上月相比，产成品库存指数、购进价格指数、出厂价格指数、从业人员指数和供应商配送时间指数上升，指数升幅在0.4~2.4个百分点；生产指数、新订单指数、新出口订单指数、积压订单指数、采购量指数、进口指数、原材料库存指数和生产经营活动预期指数下降，指数降幅在0.1~0.9个百分点。

特约分析师张立群认为： 7月PMI指数继续回落，但仍保持在荣枯线以上；表明经济继续保持恢复态势，但势头进一步趋缓。订单类指数全面回落，反映需求不足问题的企业增加，表明需求特别是内需恢复滞后的问题进一步显现；未来生产经营活动预期、采购量、原材料库存等指数回落，表明企业对未来市场的预期偏向谨慎。综上，需求不足问题对经济恢复的制约增强。进一步巩固经济回升向好的基础，必须加强宏观经济政策逆周期调节力度，提高政府投资对扩大内需的带动作用，尽快解决内需恢复相对滞后的问题。

生产指数为51.0%，比上月下降0.9个百分点。 从企业规模来看，大型企业的生产指数高于50%，为53.1%；中型企业的生产指数位于50%；小型企业的生产指数低于50%，为47.6%。

新订单指数为50.9%，比上月下降0.6个百分点。 从企业规模来看，大型企业的新订单指数高于50%，为53.0%；中型企业的新订单指数位于50%；小型企业的新订单指数低于50%，为47.3%。

新出口订单指数为47.7%，比上月下降0.4个百分点。 从企业规模来看，大型、中型和小型企业的新出口订单指数都低于50%，分别为48.3%、48.6%和41.9%。

积压订单指数为46.1%，比上月下降0.5个百分点。 从企业规模来看，大型、中型和小型企业的积压订单指数都低于50%，分别为46.5%、46.7%和44.4%。

产成品库存指数为47.6%，比上月上升0.5个百分点。 从企业规模来看，大型、中型和小型企业的产成品库存指数都低于50%，分别为49.0%、47.8%和44.3%。

采购量指数为50.8%，比上月下降0.9个百分点。 从企业规模来看，大型和中型企业的采购量指数高于50%，分别为52.3%和50.2%；小型企业的采购量指数低于50%，为48.2%。

进口指数为49.4%，比上月下降0.3个百分点。 从企业规模来看，大型、中型和小型企业的进口指数都低于50%，分别为49.8%、49.2%和46.6%。

购进价格指数为62.9%，比上月上升1.7个百分点。 从企业规模来看，大型、中型和小型企业的购进价格指数都高于50%，分别为64.7%、62.7%和59.2%。

出厂价格指数为53.8%，比上月上升2.4个百分点。 从企业规模来看，大型、中型和小型企业的出厂价格指数都高于50%，分别为55.2%、53.6%和51.2%。

原材料库存指数为47.7%，比上月下降0.3个百分点。 从企业规模来看，大型、中型和小型企业的原材料库存指数都低于50%，分别为48.1%、48.7%和45.4%。

从业人员指数为49.6%，比上月上升0.4个百分点。 从企业规模来看，大型企业的从业人员指数高于50%，为50.4%；中型和小型企业的从业人员指数低于50%，分别为49.7%、和47.5%。

供应商配送时间指数为48.9%，比上月上升1个百分点。 从企业规模来看，大型、中型和小型企业的供应商配送时间指数都低于50%，分别为49.2%、48.5%和48.6%。

生产经营活动预期指数为57.8%，比上月下降0.1个百分点。 从企业规模来看，大型、中型和小型企业的生产经营活动预期指数都高于50%，分别为59.4%、57.2%和55.0%。

2021年8月制造业PMI为50.1%

中国物流与采购联合会、国家统计局服务业调查中心发布的2021年8月中国制造业采购经理指数（PMI）为50.1%，比上月下降0.3个百分点。从13个分项指数来看，同上月相比，产成品库存指数上升，指数升幅为0.1个百分点；原材料库存指数和从业人员指数持平；生产指数、新订单指数、新出口订单指数、积压订单指数、采购量指数、进口指数、购进价格指数、出厂价格指数、供应商配送时间指数和生产经营活动预期指数下降，指数降幅在0.1~1.6个百分点。

特约分析师张立群认为：8月PMI指数继续下降，但仍保持在荣枯线以上，总体看经济继续保持恢复态势；但势头进一步趋弱。订单类指数继续下降，且都已在荣枯线以下；1/3以上企业反映需求不足，表明需求制约进一步加强。采购量、对未来生产经营活动预期等指数继续回落，原材料库存指数保持在荣枯线以下，表明企业对未来市场前景信心不足。综合研判，需求不足矛盾对经济持续恢复的制约增强，经济下行压力有所加大。要切实加强扩大内需的工作力度，尽快加大政府投资的带动作用，着力解决需求不足的矛盾。

生产指数为50.9%，比上月下降0.1个百分点。从企业规模来看，大型和中型企业的生产指数高于50%，分别为50.6%和53.0%；小型企业的生产指数低于50%，为48.6%。

新订单指数为49.6%，比上月下降1.3个百分点。从企业规模来看，中型企业的新订单指数高于50%，为51.3%；大型和小型企业的新订单指数低于50%，分别为49.8%和46.8%。

新出口订单指数为46.7%，比上月下降1个百分点。从企业规模来看，大型、中型和小型企业的新出口订单指数都低于50%，分别为47.3%、46.6%和43.8%。

积压订单指数为45.9%，比上月下降0.2个百分点。从企业规模来看，大型、中型和小型企业的积压订单指数都低于50%，分别为46.9%、47.4%和41.5%。

产成品库存指数为47.7%，比上月上升0.1个百分点。从企业规模来看，大型、中型和小型企业的产成品库存指数都低于50%，分别为48.4%、48.4%和45.1%。

采购量指数为50.3%，比上月下降0.5个百分点。从企业规模来看，大型和中型企业的采购量指数高于50%，分别为50.7%和50.4%；小型企业的采购量指数低于50%，为49.3%。

进口指数为48.3%，比上月下降1.1个百分点。从企业规模来看，大型、中型和小型企业的进口指数都低于50%，分别为48.5%、48.4%和46.3%。

购进价格指数为61.3%，比上月下降1.6个百分点。从企业规模来看，大型、中型和小型企业的购进价格指数都高于50%，分别为61.3%、62.6%和59.5%。

出厂价格指数为53.4%，比上月下降0.4个百分点。从企业规模来看，大型、中型和小型企业的出厂价格指数都高于50%，分别为53.5%、54.0%和52.3%。

原材料库存指数为47.7%，与上月持平。从企业规模来看，大型、中型和小型企业的原材料库存指数都低于50%，分别为48.5%、47.9%和45.6%。

从业人员指数为49.6%，与上月持平。从企业规模来看，大型企业的从业人员指数高于50%，为50.1%；中型和小型企业的从业人员指数低于50%，分别为49.6%和48.6%。

供应商配送时间指数为48.0%，比上月下降0.9个百分点。从企业规模来看，大型、中型和小型企业的供应商配送时间指数都低于50%，分别为48.0%、47.4%和48.8%。

生产经营活动预期指数为57.5%，比上月下降0.3个百分点。从企业规模来看，大型、中型和小型企业的生产经营活动预期指数都高于50%，分别为59.0%、57.4%和54.3%。

2021年9月制造业PMI为49.6%

中国物流与采购联合会、国家统计局服务业调查中心发布的2021年9月中国制造业采购经理指数（PMI）为49.6%，比上月下降0.5个百分点。从13个分项指数来看，同上月相比，购进价格指数、出厂价格指数、原材料库存指数和供应商配送时间指数上升，指数升幅在0.1~3个百分点之间；生产指数、新订单指数、新出口订单指数、积压订单指数、产成品库存指数、采购量指数、进口指数、从业人员指数和生产经营活动预期指数下降，指数降幅在0.3~1.5个百分点。

特约分析师张立群认为：9月PMI指数继续下降，且已低于荣枯线，表明经济下行压力加大。订单类指数继续下降，反映需求不足为最突出困难的企业达调查企业的1/3以上，表明需求特别是内需不足的问题进一步发展；与此矛盾的是价格类指数继续提高，表明非市场因素导致的结构性供求缺口仍未消除。受需求不足和成本上升的双重挤压，企业的预期不好，生产经营活动预期指数明显下降；受此影响，生产指数、采购量指数等生产经营活动指标继续下降，反映制造业下行压力有所加大。应尽快加强扩大内需的实效，消除能源、原材料供给增长的制约，着力改善企业发展环境，推动制造业持续回升向好。

生产指数为49.5%，比上月下降1.4个百分点。从企业规模来看，中型企业的生产指数高于50%，为50.1%；大型和小型企业的生产指数低于50%，分别为49.9%和47.7%。

新订单指数为49.3%，比上月下降0.3个百分点。从企业规模来看，大型企业的新订单指数高于50%，为51.0%；中型和小型企业的新订单指数低于50%，分别为48.8%和46.3%。

新出口订单指数为46.2%，比上月下降0.5个百分点。从企业规模来看，大型、中型和小型企业的新出口订单指数都低于50%，分别为46.5%、45.6%和45.9%。

积压订单指数为45.6%，比上月下降0.3个百分点。从企业规模来看，大型、中型和小型企业的积压订单指数都低于50%，分别为46.9%、45.3%和42.9%。

产成品库存指数为47.2%，比上月下降0.5个百分点。从企业规模来看，大型、中型和小型企业的产成品库存指数都低于50%，分别为47.3%、46.5%和47.8%。

采购量指数为49.7%，比上月下降0.6个百分点。从企业规模来看，中型企业的采购量指数高于50%，为50.2%；大型企业的采购量指数位于50%；小型企业的采购量指数低于50%，为48.4%。

进口指数为46.8%，比上月下降1.5个百分点。从企业规模来看，大型、中型和小型企业的进口指数都低于50%，分别为47.2%、46.6%和44.8%。

购进价格指数为63.5%，比上月上升2.2个百分点。从企业规模来看，大型、中型和小型企业的购进价格指数都高于50%，分别为63.1%、65.3%和61.9%。

出厂价格指数为56.4%，比上月上升3个百分点。从企业规模来看，大型、中型和小型企业的出厂价格指数都高于50%，分别为57.1%、56.1%和55.3%。

原材料库存指数为48.2%，比上月上升0.5个百分点。从企业规模来看，大型、中型和小型企业的原材料库存指数都低于50%，分别为48.6%、49.2%和45.9%。

从业人员指数为49.0%，比上月下降0.6个百分点。从企业规模来看，大型企业的从业人员指数高于50%，为50.2%；中型和小型企业的从业人员指数低于50%，分别为48.6%和46.9%。

供应商配送时间指数为48.1%，比上月上升0.1个百分点。从企业规模来看，大型、中型和小型企业的供应商配送时间指数都低于50%，分别为48.4%、47.5%和48.4%。

生产经营活动预期指数为56.4%，比上月下降1.1个百分点。从企业规模来看，大型、中型和小型企业的生产经营活动预期指数都高于50%，分别为57.9%、56.8%和52.4%。

2021年10月制造业PMI为49.2%

中国物流与采购联合会、国家统计局服务业调查中心发布的2021年10月中国制造业采购经理指数（PMI）为49.2%，比上月下降0.4个百分点。从13个分项指数来看，同上月相比，新出口订单指数、进口指数、购进价格指数、出厂价格指数上升，指数升幅在0.4～8.6个百分点；生产指数、新订单指数、积压订单指数、产成品库存指数、采购量指数、从业人员指数、原材料库存指数、供应商配送时间指数和生产经营活动预期指数下降，指数降幅在0.2～2.8个百分点。

特约分析师张立群认为：10月PMI指数在荣枯线以下继续回落，表明经济下行压力有所加大。

订单类指数全部处于荣枯线以下，除新出口订单指数外，其它订单类指数继续回落；被调查企业有1/3左右将需求不足列为最大困难，表明需求不足对企业生产的制约更为突出。购进价格指数继续较快提高，表明企业成本压力进一步加大；出厂价格指数也有一定提高，提示应警惕生产资料价格上涨向生活资料价格传导的趋势。采购量、原材料库存、对未来生产经营活动预期指数继续回落，表明企业预期更为谨慎。综上所述，当前内需不足、能源、原材料供应阶段性紧张等问题对企业生产活动的制约增强；应尽快采取有效措施，提振内需、畅通供应链、产业链，切实改善企业的生产经营条件，着力巩固经济持续恢复向好的基础。

生产指数为48.4%，比上月下降1.1个百分点。从企业规模来看，大型企业的生产指数高于50%，为50.1%；中型和小型企业的生产指数低于50%，分别为47.5%和45.8%。

新订单指数为48.8%，比上月下降0.5个百分点。从企业规模来看，大型企业的新订单指数高于50%，为50.6%；中型和小型企业的新订单指数低于50%，分别为47.7%和46.1%。

新出口订单指数为46.6%，比上月上升0.4个百分点。从企业规模来看，大型、中型和小型企业的新出口订单指数都低于50%，分别为47.3%、47.1%和41.3%。

积压订单指数为45.0%，比上月下降0.6个百分点。从企业规模来看，大型、中型和小型企业的积压订单指数都低于50%，分别为46.8%、44.6%和41.5%。

产成品库存指数为46.3%，比上月下降0.9个百分点。从企业规模来看，大型、中型和小型企业的产成品库存指数都低于50%，分别为46.1%、47.2%和45.4%。

采购量指数为48.9%，比上月下降0.8个百分点。从企业规模来看，大型企业的采购量指数高于50%，为51.0%；中型和小型企业的采购量指数低于50%，分别为47.1%和46.8%。

进口指数为47.5%，比上月上升0.7个百分点。从企业规模来看，大型、中型和小型企业的进口指数都低于50%，分别为48.6%、44.4%和47.9%。

购进价格指数为72.1%，比上月上升8.6个百分点。从企业规模来看，大型、中型和小型企业的购进价格指数都高于50%，分别为72.3%、72.4%和71.4%。

出厂价格指数为61.1%，比上月上升4.7个百分点。从企业规模来看，大型、中型和小型企业的出厂价格指数都高于50%，分别为61.6%、61.0%和60.1%。

原材料库存指数为47.0%，比上月下降1.2个百分点。从企业规模来看，大型、中型和小型企业的原材料库存指数都低于50%，分别为47.7%、46.3%和46.4%。

从业人员指数为48.8%，比上月下降0.2个百分点。从企业规模来看，大型、中型和小型企业的从业人员指数都低于50%，分别为49.4%、48.8%和47.4%。

供应商配送时间指数为46.7%，比上月下降1.4个百分点。从企业规模来看，大型、中型和小型企业的供应商配送时间指数都低于50%，分别为47.2%、46.5%和45.9%。

生产经营活动预期指数为53.6%，比上月下降2.8个百分点。从企业规模来看，大型和中型企业的生产经营活动预期指数高于50%，分别为55.8%和52.9%；小型企业的生产经营活动预期指数低于50%，为49.4%。

2021年11月制造业PMI为50.1%

中国物流与采购联合会、国家统计局服务业调查中心发布的2021年11月中国制造业采购经理指数（PMI）为50.1%，比上月上升0.9个百分点。从13个分项指数来看，同上月相比，生产指数、新订单指数、新出口订单指数、积压订单指数、产成品库存指数、采购量指数、进口指数、从业人员指数、原材料库存指数、供应商配送时间指数和生产经营活动预期指数上升，指数升幅在0.1至3.6个百分点之间；购进价格指数和出厂价格指数下降，指数降幅分别为19.2和12.2个百分点。

特约分析师张立群认为： 11月PMI指数出现明显回升，且重回荣枯线以上，表明中国经济开始回归全面恢复态势。价格类指数下降，表明结构性供求缺口较快收缩，供应链加快畅通；与此联系，生产指数、采购量指数、生产经营活动预期指数等均有提高，表明企业预期在好转、生产经营活动回暖。值得注意的是：需求类指数虽均有回升，但仍处荣枯线以下；反映需求不足为最突出困难的企业，仍占调查企业的1/3以上，表明需求不足的问题仍然突出，经济下行压力仍很明显。综上，在供给端困难缓解的同时，当前需要着力抓好扩大内需相关工作，特别要发挥好政府投资对企业投资、对就业和居民消费的带动作用，尽快化解需求制约形成的下行压力。

生产指数为52.0%，比上月上升3.6个百分点。 从企业规模来看，大型和中型企业的生产指数高于50%，分别为51.7%和54.8%；小型企业的生产指数低于50%，为48.8%。

新订单指数为49.4%，比上月上升0.6个百分点。 从企业规模来看，中型企业的新订单指数高于50%，为50.4%；大型和小型企业的新订单指数低于50%，分别为49.6%和47.6%。

新出口订单指数为48.5%，比上月上升1.9个百分点。 从企业规模来看，大型、中型和小型企业的新出口订单指数都低于50%，分别为48.6%、48.9%和46.6%。

积压订单指数为45.7%，比上月上升0.7个百分点。 从企业规模来看，大型、中型和小型企业的积压订单指数都低于50%，分别为46.9%、46.6%和41.8%。

产成品库存指数为47.9%，比上月上升1.6个百分点。 从企业规模来看，中型企业的产成品库存指数高于50%，为50.1%；大型和小型企业的产成品库存指数低于50%，分别为48.4%和43.7%。

采购量指数为50.2%，比上月上升1.3个百分点。 从企业规模来看，大型和中型企业的采购量指数高于50%，分别为50.3%和52.7%；小型企业的采购量指数低于50%，为46.6%。

进口指数为48.1%，比上月上升0.6个百分点。 从企业规模来看，大型、中型和小型企业的进口指数都低于50%，分别为48.0%、49.0%和46.1%。

购进价格指数为52.9%，比上月下降19.2个百分点。 从企业规模来看，大型、中型和小型企业的购进价格指数都高于50%，分别为51.2%、54.0%和55.3%。

出厂价格指数为48.9%，比上月下降12.2个百分点。 从企业规模来看，中型和小型企业的出厂价格指数高于50%，分别为51.2%和52.3%；大型企业的出厂价格指数低于50%，为46.0%。

原材料库存指数为47.7%，比上月上升0.7个百分点。 从企业规模来看，大型、中型和小型企业的原材料库存指数都低于50%，分别为48.4%、48.8%和44.7%。

从业人员指数为48.9%，比上月上升0.1个百分点。 从企业规模来看，大型、中型和小型企业的从业人员指数都低于50%，分别为49.1%、48.9%和48.4%。

供应商配送时间指数为48.2%，比上月上升1.5个百分点。 从企业规模来看，大型、中型和小型企业的供应商配送时间指数都低于50%，分别为48.5%、48.4%和47.2%。

生产经营活动预期指数为53.8%，比上月上升0.2个百分点。 从企业规模来看，大型、中型和小型企业的生产经营活动预期指数都高于50%，分别为54.0%、54.8%和51.9%。

2021年12月制造业PMI为50.3%

中国物流与采购联合会、国家统计局服务业调查中心发布的2021年12月中国制造业采购经理指数（PMI）为50.3%，比上月上升0.2个百分点。从13个分项指数来看，同上月相比，新订单指数、产成品库存指数、采购量指数、进口指数、原材料库存指数、从业人员指数、供应商配送时间指数和生产经营活动预期指数上升，指数升幅在0.1～1.5个百分点；生产指数、新出口订单指数、积压订单指数、购进价格指数和出厂价格指数下降，指数降幅在0.1～4.8个百分点。

特约分析师张立群认为： 12月PMI指数在荣枯线上保持上升，表明中国经济全面恢复的态势进一步明确。PMI 中价格类指数继续明显回落，表明保供稳价政策的综合效果进一步显现，产业链、供应链堵点加快打通。订单类指数仍处荣枯线以下，新出口订单、积压订单指数继续下降；反映需求不足的企业占比超过 39%，需求收缩的问题仍比较突出。在大、中、小企业中，小型企业 PMI 指数除购进价格外，均低于 50%；表明小型企业困难最突出。要着力增强扩大内需政策的综合效果，尽快解决需求收缩的制约，积极改善企业特别是小微企业的宏观经济环境。

生产指数为 51.4%，比上月回落 0.6 个百分点。从企业规模来看，大型和中型企业的生产指数高于 50%，分别为 53.4% 和 52.3%；小型企业的生产指数低于 50%，为 45.6%。

新订单指数为 49.7%，比上月上升 0.3 个百分点。从企业规模来看，大型和中型企业的新订单指数高于 50%，分别为 50.8% 和 51.7%；小型企业的新订单指数低于 50%，为 44.2%。

新出口订单指数为 48.1%，比上月回落 0.4 个百分点。从企业规模来看，大型、中型和小型企业的新出口订单指数都低于 50%，分别为 49.1%、48.1% 和 43.0%。

积压订单指数为 45.6%，比上月回落 0.1 个百分点。从企业规模来看，大型、中型和小型企业的积压订单指数都低于 50%，分别为 46.2%、46.2% 和 43.2%。

产成品库存指数为 48.5%，比上月上升 0.6 个百分点。从企业规模来看，大型、中型和小型企业的产成品库存指数都低于 50%，分别为 49.4%、49.4% 和 45.1%。

采购量指数为 50.8%，比上月上升 0.6 个百分点。从企业规模来看，大型和中型企业的采购量指数高于 50%，分别为 52.5% 和 52.1%；小型企业的采购量指数低于 50%，为 45.1%。

进口指数为 48.2%，比上月上升 0.1 个百分点。从企业规模来看，大型、中型和小型企业的进口指数都低于 50%，分别为 48.4%、48.3% 和 46.0%。

购进价格指数为 48.1%，比上月下降 4.8 个百分点。从企业规模来看，小型企业的购进价格指数高于 50%，为 50.2%；大型和中型企业的购进价格指数低于 50%，分别为 46.7% 和 49.0%。

出厂价格指数为 45.5%，比上月下降 3.4 个百分点。从企业规模来看，大型、中型和小型企业的出厂价格指数都低于 50%，分别为 44.1%、45.8% 和 48.2%。

原材料库存指数为 49.2%，比上月上升 1.5 个百分点。从企业规模来看，大型企业的原材料库存指数高于 50%，为 50.9%；中型和小型企业的原材料库存指数低于 50%，分别为 49.0% 和 45.5%。

从业人员指数为 49.1%，比上月上升 0.2 个百分点。从企业规模来看，中型企业的从业人员指数高于 50%，为 50.2%；大型和小型企业的从业人员指数低于 50%，分别为 48.9% 和 47.9%。

供应商配送时间指数为 48.3%，比上月上升 0.1 个百分点。从企业规模来看，大型、中型和小型企业的供应商配送时间指数都低于 50%，分别为 48.1%、48.5% 和 48.6%。

生产经营活动预期指数为 54.3%，比上月上升 0.5 个百分点。从企业规模来看，大型和中型企业的生产经营活动预期指数高于 50%，分别为 56.8% 和 54.7%；小型企业的生产经营活动预期指数低于 50%，为 47.9%。

来源：中物联科技信息部

摘录整理：朱泽榕　高　玲

第三篇 物流基础领域

一、交通运输

2021年上海市交通运输业（货运部分）基本情况

2021年交通行业生产运行情况简析

货运方面： 总体保持增长，增速放缓。一是全社会货物运输量。全社会货物运输量完成15.5亿吨，同比增长11.5%。其中铁路货运量496.12万吨，同比增长3.75%；公路货运量5.3亿吨，同比增长14.9%；水路货运量10.1亿吨，同比增长9.8%；航空货运量436.6万吨，同比增长8.5%。二是港口生产。全港货物吞吐量完成约7.8亿吨，同比增长8.3%。其中内贸货物吞吐量3.6亿吨，同比增长10.4%；外贸货物完成4.1亿吨，同比增长6.6%。集装箱吞吐量4703.3万TEU，同比增长8.1%。

2021年1月本市交通行业运行情况简报

2021年1月本市交通行业生产运行平稳有序

1月本市交通运输主要指标与去年同期相比，货运量、港口的货物吞吐量呈现了快速增长的特点，与此同时，受疫情防控和就地过年等因素叠加影响，客运量大幅度下降。与2020年1月相比，货运量等主要指标均保持在10%以上的两位数增长。具体情况为：

货运方面，一是全社会货物运输量快速增长，复苏势头愈加明显。当月完成1.3亿吨，同比增长24.0%。其中铁路完成51.7万吨，同比增长51.8%；公路完成4326万吨，同比增长21.5%；水路完成8198万吨，同比增长25.2%；航空39.1万吨，同比增长29.4%，其中浦东机场占比91.0%。二是港口生产稳中向好，好于预期。当月全港货物吞吐量完成6409.0万吨，同比增长16.6%。从港区来看，海港货物占比91.0%。按内外贸分，内贸货物2890.7万吨，同比增长29.9%；外贸货物3518.2万吨，同比增长7.6%。集装箱吞吐量完成403.5万TEU，同比增长11.9%；其中洋山深水港区完成196.6万TEU，同比增长17.3%。

2021年2月本市交通行业运行情况简报

2021年2月本市交通行业生产运行总体平稳有序

货运方面，一是全社会货物运输量。当月完成1.06亿吨，同比增长23.0%。其中铁路完成30.1万吨，同比增长25.3%；公路完成3164万吨，同比增长43.8%；水路完成7332万吨，同比增长15.6%；航空31.2万吨，同比增长62.9%，其中浦东机场占比92.6%。二是港口生产。当月全港货物吞吐量完成5074.0万吨，同比增长36.4%。从港区来看，海港货物占比94.8%。按内外贸分，内贸货物2011.5万吨，同比增长29.3%；外贸货物3062.5万吨，同比增长41.6%。集装箱吞吐量完成341.0万TEU，同比增长48.4%；其中洋山深水港区完成171.5万TEU，同比增长56.4%。

2021年3月本市交通行业运行情况简报

2021年3月本市交通行业生产运行总体平稳有序

货运方面，一是全社会货物运输量。当月完成1.27亿吨，同比增长13.8%。其中铁路完成46.4万吨，同比增长 38.5%；公路完成 4179 万吨，同比增长 21.9%；水路完成 8438 万吨，同比增长 10.0%；航空 41.1 万吨，同比增长 30.9%，其中浦东机场占比 92.5%。二是港口生产。当月全港货物吞吐量完成 6416.2 万吨，同比增长 16.7%。从港区来看，海港货物占比 93.9%。按内外贸分，内贸货物 3016.7 万吨，同比增长 31.7%；外贸货物 3399.5 万吨，同比增长 6.1%。集装箱吞吐量完成 389.6 万 TEU，同比增长 13.5%；其中洋山深水港区完成 190.5 万 TEU，同比增长 17.8%。

2021 年 4 月本市交通行业运行情况简报

2021 年 4 月本市交通行业生产运行总体平稳有序

货运方面，一是全社会货物运输量。当月完成 1.32 亿吨，同比增长 10.9%。其中铁路完成 40.7 万吨，同比增长 27.0%；公路完成 4650 万吨，同比增长 25.0%；水路完成 8437 万吨，同比增长 4.3%；航空 40.4 万吨，同比增长 17.6%，其中浦东机场占比 92.3%。二是港口生产。当月全港货物吞吐量完成 6532.7 万吨，同比增长 11.8%。从港区来看，海港货物占比 91.2%。按内外贸分，内贸货物 3134.8 万吨，同比增长 21.3%；外贸货物 3397.9 万吨，同比增长 4.3%。集装箱吞吐量完成 371.6 万 TEU，同比增长 6.0%；其中洋山深水港区完成 177.3 万 TEU，同比增长 10.9%。

2021 年 5 月本市交通行业运行情况简报

2021 年 5 月本市交通行业生产运行总体平稳有序

货运方面，一是全社会货物运输量。当月完成 1.36 亿吨，同比增长 12.6%。其中铁路完成 38.24 万吨，同比增长 27.0%；公路完成 4523 万吨，同比增长 20.4%；水路完成 9001 万吨，同比增长 9.1%；航空 39.6 万吨，同比增长 10.0%，其中浦东机场占比 92.3%。二是港口生产。当月全港货物吞吐量完成 6632.2 万吨，同比增长 9.3%。从港区来看，海港货物占比 91.1%。按内外贸分，内贸货物 3212.18 万吨，同比增长 12.3%；外贸货物 3420 万吨，同比增长 6.7%。集装箱吞吐量完成 378.89 万 TEU，同比增长 4.7%；其中洋山深水港区完成 185.54 万 TEU，同比增长 12.4%。

2021 年 6 月本市交通行业运行情况简报

2021 年 6 月本市交通行业生产运行总体平稳有序

货运方面，一是全社会货物运输量继续保持增长。当月完成 1.32 亿吨，同比增长 15.5%。其中铁路完成 37.32 万吨，同比下降 1.3%；公路完成 4604 万吨，同比增长 19.9%；水路完成 8505 万吨，同比增长 13.4%；航空 39.14 万吨，同比增长 17.9%，其中浦东机场占比 92.7%。二是港口生产创上半年新高。当月全港货物吞吐量完成 6814.9 万吨，同比增长 9.5%。从港区来看，海港货物占比 90.3%。按内外贸分，内贸货物 3199.07 万吨，同比增长 4.2%；外贸货物 3615.8 万吨，同比增长 14.6%。集装箱吞吐量完成 409.44 万 TEU，同比增长 14.3%；其中洋山深水港区完成 194.11 万 TEU，同比增长 16.8%。

2021 年 7 月本市交通行业运行情况简报

2021 年 7 月本市交通行业生产运行总体平稳有序

货运方面，一是全社会货物运输量。当月完成 1.27 亿吨，同比增长 11.9%。其中铁路完成 37.7 万吨，同比下降 14.2%；公路完成 4417 万吨，同比增长 11.1%；水路完成 8163 万吨，同比增长 12.5%；航空 38.3 万吨，同比增长 13.8%，其中浦东机场占比 92.9%。二是港口生产。当月全港货物吞吐量完成 6332.8 万吨，同比下降 1.4%。从港区来看，海港货物占比 90.7%。按内外贸分，内贸货物 3067.1 万吨，同比增长 3.3%；外贸货物 3265.7 万吨，同比下降 5.5%。集装箱吞吐量完成 370.2 万 TEU，同比下降 5.2%；其中洋山深水港区完成 179.1 万 TEU，同比增长 1.2%。

2021 年 8 月本市交通行业运行情况简报

2021 年 8 月本市交通行业总体呈现客运明显下降，货运平稳增长。

货运方面，总体运行平稳，但增速明显放缓。一是全社会货物运输量。当月完成 1.26 亿吨，同比增长 2.5%。其中铁路完成 42.7 万吨，同比下降 1.7%；公路完成 4443.3 万吨，同比增长 6.7%；水路完成 8057 万吨，同比增长 0.3%；航空 32.8 万吨，同比增长 0.4%，其中浦东机场占比 90.2%。二是港口生产。当月全港货物吞吐量完成 7254.1 万吨，同比增长 13.5%。从港区来看，海港货物占比 91.2%。按内外贸分，内贸货物 3485.3 万吨，同比增长 17.7%；外贸货物 3768.7 万吨，同比增长 10.0%。集装箱吞吐量完成 432.0 万 TEU，同比增长 12.5%；其中洋山深水港区完成 210.6 万 TEU，同比增长 20.5%。港口货物吞吐量和集装箱吞吐量双双刷新了上海建港以来的单月最高生产纪录。

2021 年 9 月本市交通行业运行情况简报

2021 年 9 月本市交通行业总体呈现货运保持增长

货运方面，一是全社会货物运输量。当月完成 1.25 亿吨，与上月基本持本。其中铁路完成 42.22 万吨，同比下降 8.92%；公路完成 4593.6 万吨，同比增长 9.7%；水路完成 7829 万吨，同比下降 4.7%；航空 28.95 万吨，同比下降 19.7%，其中浦东机场占比 87.3%。二是港口生产。当月全港货物吞吐量完成 6357.9 万吨，同比下降 1.5%。从港区来看，海港货物占比 89.8%。按内外贸分，内贸货物 3064.4 万吨，同比增长 0.1%；外贸货物 3293.5 万吨，同比下降 3.0%。集装箱吞吐量完成 383.5 万 TEU，同比下降 0.5%；其中洋山深水港区完成 186.6 万 TEU，同比增长 3.6%。

2021 年 10 月本市交通行业运行情况简报

2021 年 10 月本市交通行业运行整体平稳有序

货运方面，一是全社会货物运输量总体运行平稳。当月完成 1.25 亿吨，与上月基本持本。其中铁路完成 40.64 万吨，同比下降 14.97%；公路完成 4437 万吨，同比增长 7.3%；水路完成 7960.2 万吨，同比下降 3.4%；航空 34.57 万吨，同比下降 6.7%，其中浦东机场占比 89.5%。二是港口生产总体高位运行，同比增速有所收窄。当月全港货物吞吐量完成 6731.1 万吨，同比下降 2.9%。从港区来看，海港货物占比 90.1%。按内外贸分，内贸货物 3137.0 万吨，同比增长 7.2%；外贸货物 3594.1 万吨，同比下降 0.6%。集装箱吞吐量完成 419.02 万 TEU，同比下降 0.3%；其中洋山深水港区完成 204.03 万 TEU，同比增长 2.3%。

2021 年 11 月本市交通行业运行情况简报

2021 年 11 月本市交通行业运行整体平稳有序

货运方面，一是全社会货物运输量总体运行平稳。当月完成 1.55 亿吨，同比增长 23.3%。其中铁路完成 42.0 万吨，同比下降 10.84%；公路完成 4810 万吨，同比增长 7.7%；水路完成 1.06 亿吨，同比增长 32.4%；航空 35.1 万吨，同比下降 10.1%，其中浦东机场占比 89.7%。二是港口生产总体高位运行。当月全港货物吞吐量完成 6518.3 万吨，同比下降 0.2%。从港区来看，海港货物占比 90.3%。按内外贸分，内贸货物 2951.6 万吨，同比下降 5.2%；外贸货物 3566.7 万吨，同比增长 4.2%。集装箱吞吐量完成 406.2 万 TEU，同比增长 1.4%；其中洋山深水港区完成 194.3 万 TEU，同比增长 2.3%。

2021 年 12 月本市交通行业运行情况简报

2021 年 12 月本市交通行业运行整体平稳有序

货运方面，一是全社会货物运输量总体运行平稳。当月完成 1.37 亿吨，同比增长 6.5%。其中铁路完成 46.4 万吨，同比下降 5.4%；公路完成 4753 万吨，同比增长 2.9%；水路完成 8863 万吨，同比增长 8.7%；航空 36.7 万吨，同比下降 7.6%，其中浦东机场占比 90.2%。二是港口生产总体高位运行。当月全港货物吞吐量完成 6562.5 万吨，同比增长 1.3%。从港区来看，海港货物占比 90.5%。按内外贸分，内贸货物 2976.3 万吨，同比下降 5.1%；外贸货物 3586.1 万吨，同比增长 7.3%。集装箱吞吐量完成 398.4 万 TEU，同比增长 9.6%；其中洋山深水港区完成 191.1 万 TEU，同比增长 11.4%。

来源：上海市交通委

表1：2021年1月—11月公路水路交通固定资产投资完成情况

计量单位：万元

地区	自年初累计		公路建设		内河建设		沿海建设		其他建设	
	实绩	同比增速(%)	实绩	同比增速(%)	实绩	同比增速(%)	实绩	同比增速(%)	实绩	同比增速(%)
总计	253,234,737	5.7	239,256,887	6.0	6,597,124	7.4	6,722,117	19.1	658,610	-67.9
东部地区	83,358,535	0.6	74,802,959	0.9	2,582,980	-4.8	5,803,850	12.4	168,746	-79
中部地区	58,781,158	17.8	55,714,845	18.7	2,760,773	13.3			305,540	-42.0
西部地区	111,095,045	4.0	108,739,083	4.0	1,253,371	26.8	918,267	90.7	184,324	-74.4
北京	1,734,370	47.3	1,728,139	47.2					6,231	66.8
天津	721,740	-26.2	391,011	-34.9			329,414	11.0	1,315	-98.4
河北	7,291,684	-16.6	6,732,594	-19.6	22,717	-	503,067	59.9	33,307	-43.3
山西	7,110,434	16.0	7,110,434	16.7						
内蒙古	2,903,716	-29.4	2,894,340	-28.1					9,376	-89.5
辽宁	1,203,015	3.6	914,616	17.9	2,771	-52.2	275.157	-22.6	10,472	-56.5
吉林	2,487,985	20.3	2,472,366	20.1					15,619	55.8
黑龙江	2,838,013	-8.4	2,831,160	-5.3					6,853	-93.8
上海	1,606,749	-1.2	1,425,244	8.9	181,145	-42.5			360	-85.6
江苏	11,364,389	13.2	9,627,418	13.0	955,475	4.2	767,474	40.8	14,023	-76.1
浙江	18,479,676	4.6	16,606,000	5.4	741,517	0.01	1,124,801	-1.7	7,358	-68.3
安徽	8,771,930	12.4	7,890,268	14.4	875,621	-3.7			6,040	-
福建	6,723,646	-1.6	6,043,578	2.3	37,034	-19.4	617.044	-11.7	25,990	-85.3
江西	7,645,614	-7.1	6,900,442	-10.6	741,283	46.8			3,889	-65.1
山东	15,448,492	9.0	14,060,618	8.9	536,186	-14.0	850,667	34.2	1,021	-20.7
河南	10,040,556	55.5	9,714,651	60.1	157,637	6.0			168,268	-29.4
湖北	10,701,933	8.8	10,007,232	10.5	648,179	-9.0			46,552	-34.8
湖南	9,184,695	46.6	8,788,293	45.1	338,052	108.7			58,350	18.5
广东	17,192,265	-9.1	15,827,309	-9.1	106,135	61.6	1,191,066	10.7	67,755	-81.9
广西	18,863,688	52.5	17,576,785	51.7	367,031	81.7	918,267	90.7	1,605	-98.4
海南	1,592,509	3.7	1,446,434	0.6			145,161	48.3	914	274.8
重庆	6,307,078	1.4	5,968,275	0.5	337,027	20.7			1,777	44.8
四川	20,463,633	16.0	20,051,866	16.5	382,083	14.1			29,684	-63.5
贵州	8,424,852	-24.9	8,330,394	-23.6	67,167	-22.4			27,292	-87.8
云南	28,620,086	8.3	28,527,509	8.3	88,957	7.8			3,620	-72.2
西藏	1,776,633	-53.4	1,775,377	-53.4					1,256	39.5
陕西	3,613,377	-38.2	3,601,500	-38.3	206	-73.1			11,672	36.0
甘肃	8,574,375	-6.0	8,499,332	-6.7					75,044	-
青海	2,294,302	1.2	2,286,315	2.1	5,400	89.5			2,587	-89.8
宁夏	1,419,884	2.0	1,405,654	7.7	5,500	-			8,730	-89.8
新疆	7,833,420	23.1	7,821,738	24.5					11682	-85.0
其中：兵团	942,003	-5.7	942,003	-5.7						

二、水路运输

2021年12月，我国港口企业生产总体放缓。货物吞吐量小幅下降，集装箱吞吐量小幅下降，煤炭吞吐量快速增长，油品吞吐量大幅增长，金属矿石吞吐量小幅增长，粮食吞吐量大幅增长。

一、货物吞吐量小幅下降

12月，我国港口货物吞吐量小幅下降。中港协统计数据显示，本月我国主要港口企业完成货物吞吐量65170万吨，同比下降1.2%，其中外贸同比增长1.8%。2021年累计完成货物吞吐量80.03亿吨，同比增长5.2%，累计外贸同比增长2.2%。其中宁波舟山港股份累计完成货物吞吐量94527万吨，同比增长2.9%。

二、集装箱吞吐量小幅下降

12月，恶劣天气对环渤海港口生产带来一定影响，天津港、青岛港、日照港环比均出现下滑。本月我国主要港口企业完成集装箱吞吐量1931万TEU，同比下降4.1%，其中外贸同比下降0.3%。2021年主要港口企业累计完成集装箱吞吐量24283万TEU，同比增长6.4%，累计外贸同比增长5.6%。其中上港集团累计集装箱吞吐量4703万TEU，同比增长8.1%。

三、煤炭吞吐量快速增长

随着增产保供政策持续推进，原煤生产继续加快，煤炭进口由增转降。12月，生产原煤3.8亿吨，同比增长7.2%，增速比上月加快2.6个百分点；进口煤方面，进口煤炭3095万吨，同比下降20.8%。煤炭价格方面，12月31日，秦皇岛港5500大卡、5000大卡和4500大卡动力煤综合交易价格分别为每吨773元、692元和584元，比11月26日分别回落213元、199元和208元。港口方面，12月份，我国主要港口企业完成煤炭吞吐量9837万吨，同比增长8.8%，吞吐量增速放缓。2021年累计完成煤炭吞吐量110475万吨，同比增长7.2%。其中河北港口集团累计煤炭吞吐量22858万吨，同比增长4.27%；国能黄骅港务累计煤炭吞吐量21377万吨，同比增长4.87%。

四、石油、天然气及制品吞吐量大幅增长

12月，生产增速略有回落，同比增长1.7%，增速比上月放缓1.0个百分点；加工量由增转降，同比下降2.1%。原油进口由降转增，国际原油价格上涨。本月，进口原油4614万吨，同比增长19.9%，上月为下降8.0%；12月31日，布伦特原油现货离岸价格为77.24美元/桶，比11月30日的70.86美元/桶上涨9.0%。港口方面，本月，我国主要港口企业完成石油、天然气及制品吞吐量4992万吨，同比增长18.9%，同比增速加快，其中外贸同比增长20.3%。2021年主要港口企业累计完成石油、天然气及制品吞吐量59129万吨，同比增长3.4%，其中外贸增长3.1%。宁波舟山港股份累计完成石油、天然气及制品吞吐量13144万吨，同比增长4.4%，青岛港集团累计完成石油、天然气及制品吞吐量10424万吨，同比增长2.56%。

五、金属矿石吞吐量小幅增长

12月，钢铁产量持续下降后有所回升，铁矿石需求强度增强，铁矿石进口量环比减少，港口库存持续上升，铁矿石价格由降转升，总体呈震荡上行走势。港口方面，12月，主要港口企业完成金属矿石吞吐量11948万吨，同比增长3.2%，同比增速放缓，外贸同比增长0.5%。2021年我国主要港口企业累计完成金属矿石吞吐量15.3亿吨，同比增长4.3%，其中外贸同比增长2.2%。宁波舟山港股份累计完成金属矿石吞吐27673万吨，同比增长2.16%。青岛港集团累计完成金属矿石17044万吨，同

比增长 1.04%。

六、粮食吞吐量大幅增长

12月，我国进口粮食连续3个月同比下降后回升，12月我国进口粮食1360万吨，同比增长3.4%，全年累计进口粮食16454万吨，同比增长18.1%。港口方面，12月，主要港口企业粮食吞吐量1475万吨，同比增长12.3%，同比增速加快，其中外贸同比增长0.4%；2021年累计完成粮食吞吐量17014万吨，同比增长16.4%，外贸同比增长18.4%。其中，广州港集团累计完成粮食吞吐量3738万吨，同比增长39.15%；广西北部湾港累计完成粮食吞吐量1936万吨，同比增长10.84%。

2021年全国水路运输情况：客运、货运量较上年皆有所增长

中商情报网讯：水路货物运输是指国内沿海港口、沿海与内河港口，以及内河港口之间由承运人收取运费，负责将托运人托运的货物经水路由一港运至另一港的行为。

面对突如其来的新冠病毒肺炎疫情，我国采取了积极有效的疫情防控措施，统筹疫情防控和经济社会发展取得了重大战略成果，经济率先实现复苏，稳健前行，并带动我国水路货物运输市场复苏向好发展。

2020年全国水路完成客运量32.99亿人次，同比大幅下跌45.2%，周转量为32.99亿人公里，同比大幅下跌58%；2021年全国水路完成客运量1.6亿人次，同比上涨9%，周转量完成33.11亿人公里，同比上涨0.4%。

图1：2016-2021年中国水路客运量变化趋势图

2020年中国水路完成货物运输量76.16亿吨，同比下降3.3%，完成周转量10.58万亿吨公里，同比下降2.5%；2021年中国水路完成货物量82.4亿吨，同比增长8.2%，完成周转量11.55万亿吨公里，同比增长9.2%。

图 2：2016-2021 年中国水路货运量变化趋势图

数据来源：交通运输部、中商产业研究院整理

2021 年中国航运行业现状及发展前景分析

一、航运现状

航运表示透过水路运输和等方式来运送人或货物。一般来说水路运输的所需时间较长，但成本较为低廉，这是空中运输与陆路运输所不能比拟的。

随着我国航运行业的发展，我国水路货运量不断上升。2021 年中国水路货物运输量为 82.4 亿吨，同比增长 8.2%。

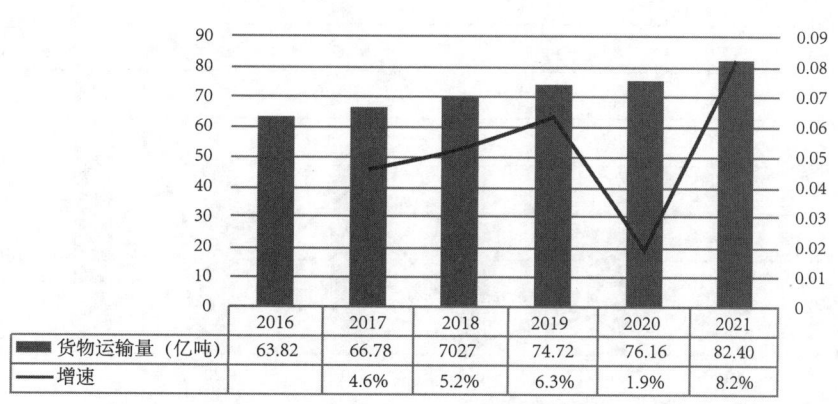

图 3：2016-2021 年中国水路货物运输量及增速

资料来源：交通运输部、智研咨询整理

由于航运具有覆盖范围广、航道投资小、运输能力强、占地少、成本低的优势，在我国现代货物运输中具有不可替代的地位。其中 2021 年中国水路货物运输量最多地区为安徽 134580 万吨。

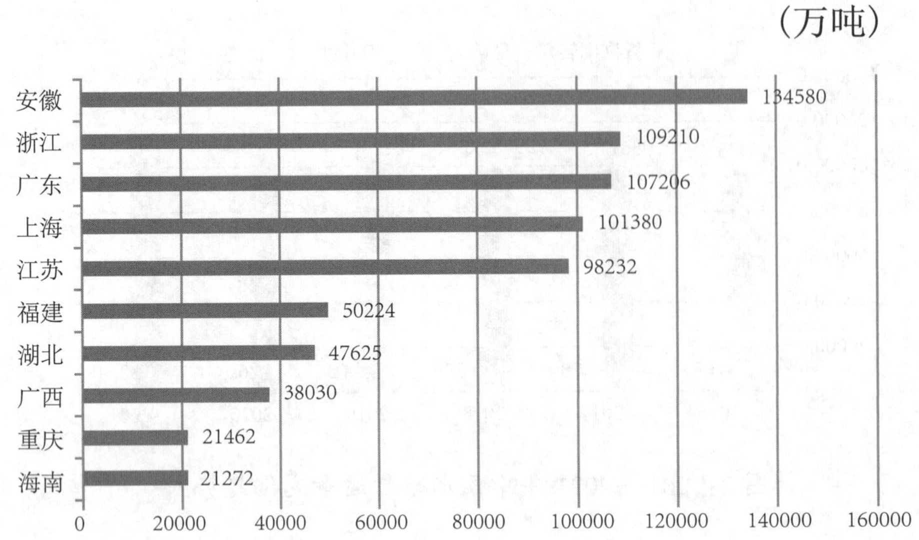

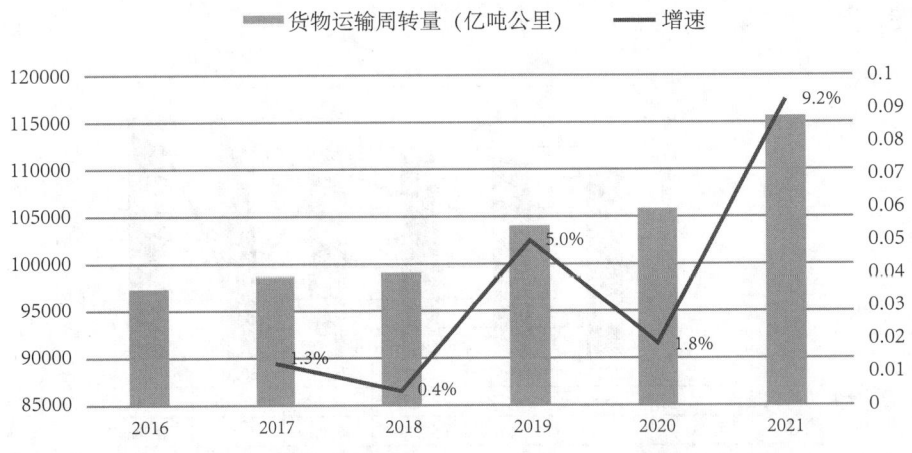

图 4：2021 年中国水路货物运输量前十地区

资料来源：交通运输部、智研咨询整理

水路运输每次航程能运送大量货物，而空运和陆运每次的负载数量则相对较少。因此在国际贸易上，水路运输是较为普遍的运送方式。据交通运输部数据显示，2021 年中国水路完成货物周转量为 115577.5 亿吨公里，同比增长 9.2%。

图 5：2016-2021 年中国水路货物运输周转量及增速

资料来源：交通运输部、智研咨询整理

其中 2021 年中国水路货物周转量最多的地区为上海 330183278 万吨公里；其次是广东地区水路货物周转量为 246885236 万吨公里。

定期船运指船只在固定航线上的之间，接受零星或货运，依照预先安排的船期往复航行。定期船运的优点之一是较为稳定。其中 2021 年中国港口货物吞吐量为 155.5 亿吨，同比增长 6.8%；中国港口集装箱吞吐量为 2.8 亿 TEU，同比增长 7%。

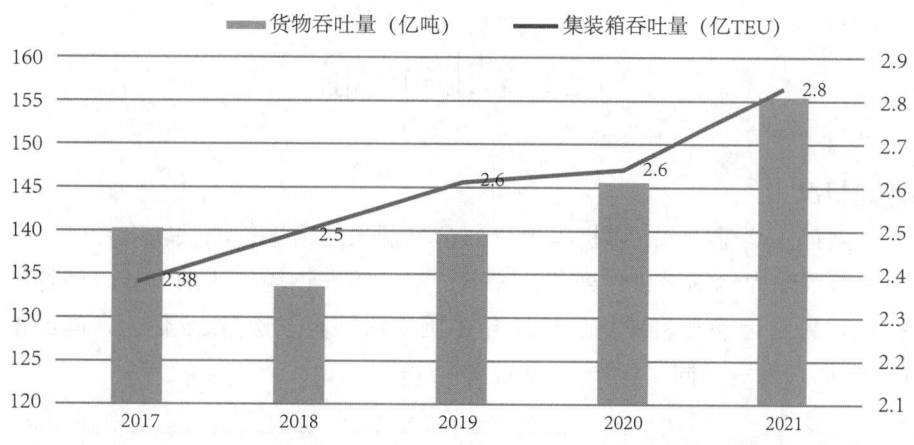

图6：2017-2021年中国港口货物吞吐量及集装箱吞吐量

资料来源：交通运输部、智研咨询整理

（万吨公里）

上海	330183278
广东	246885236
浙江	100295135
福建	87246100
海南	87108742
江苏	77432909
安徽	65132585
湖北	34463874
山东	28024112
重庆	24359447

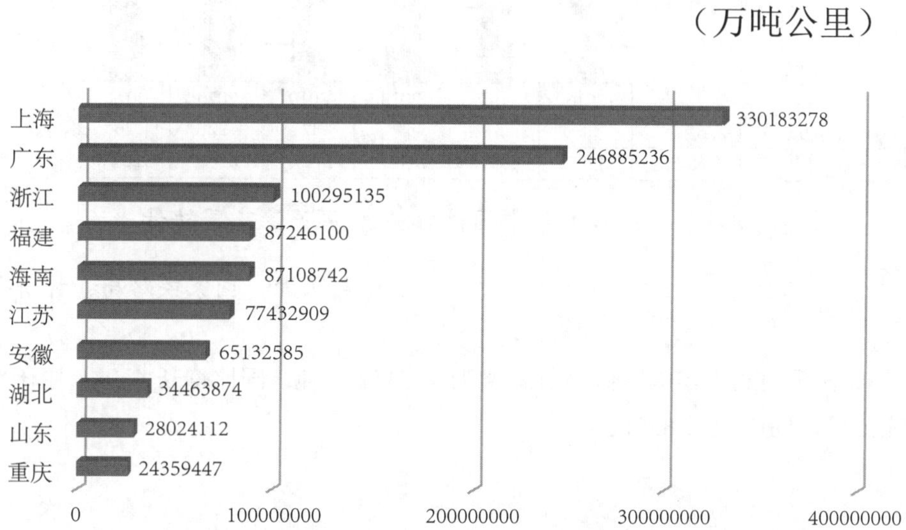

图7：2021年中国水路货物周转量前十地区

资料来源：交通运输部、智研咨询整理

二、航运行业发展前景

航运业作为重要的基础性产业，一直受到国家的高度重视。2022年1月，《水运"十四五"发展规划》提出，2025年，安全、便捷、高效、绿色、经济的现代水运体系建设取得重要进展，水运基础设施补短板取得明显成效。新增国家高等级航道2500公里左右，基本连接内河主要港口。世界一流港口建设提质增效，保障能力适度超前。此外，《关于大力推进海运业高质量发展的指导意见》提出，到2025年，基本建成海运业高质量发展体系，服务品质和安全绿色智能发展水平明显提高，综合竞争力、创新能力显著增强，参与国际海运治理能力明显提升。国策的重视和支持，能够规范航运业的市场竞争，促进航运市场的供需平衡，维护危险液化品水运市场的稳定发展，推动行业健康、有序、可持续发展。

三、铁路运输

一、铁路运输情况

铁路运输是一种陆上运输方式，以机车牵引列车车辆在两条平行的铁轨上行驶。传统方式是钢轮行进，但广义的铁路运输尚包括磁悬浮列车、缆车、索道等非钢轮行进的方式，或称轨道运输。

疫情得到控制，铁路运输开始恢复。2021年中国铁路旅客发送量26亿人，同比增长18.2%；旅客周转量为9567.8亿人公里，同比增长15.7%。

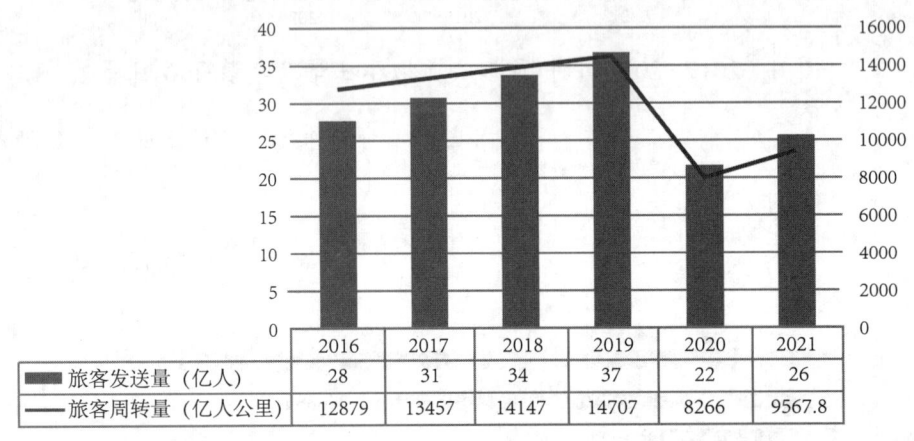

图8：2016-2021年中国铁路旅客发送量及周转量

资料来源：国家铁路局、智研咨询整理

据国家铁路局数据，2021年中国铁路货运量为477372万吨，同比增长4.9%；中国铁路货运周转量为33238亿吨公里，同比增长8.9%。

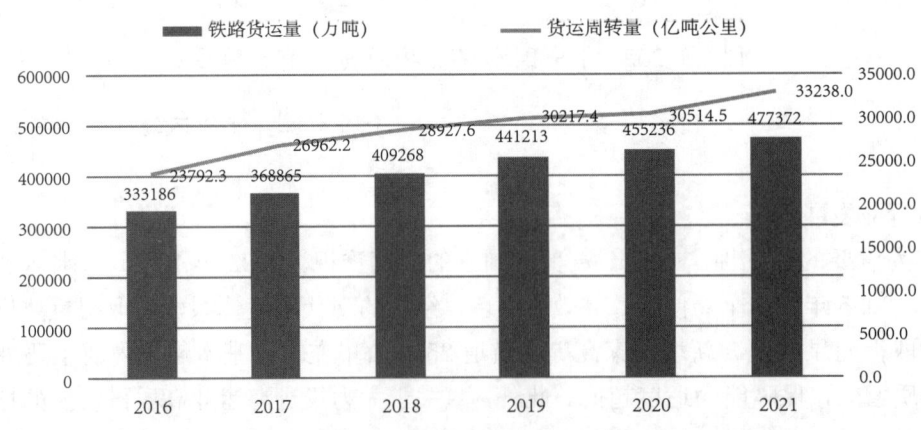

图9：2016-2021年中国铁路货运量及周转量

资料来源：国家铁路局、智研咨询整理

相关报告：智研咨询发布的《2022-2028年中国铁路运输行业市场竞争状况及发展趋向分析报告》

二、中国铁路投资情况

2016-2019年中国铁路投资完成额在8000亿元左右。受疫情影响，2020—2021年中国铁路投资完成额呈下降走势。其中2021年中国铁路投资完成额为7489亿元，同比下降4.2%。

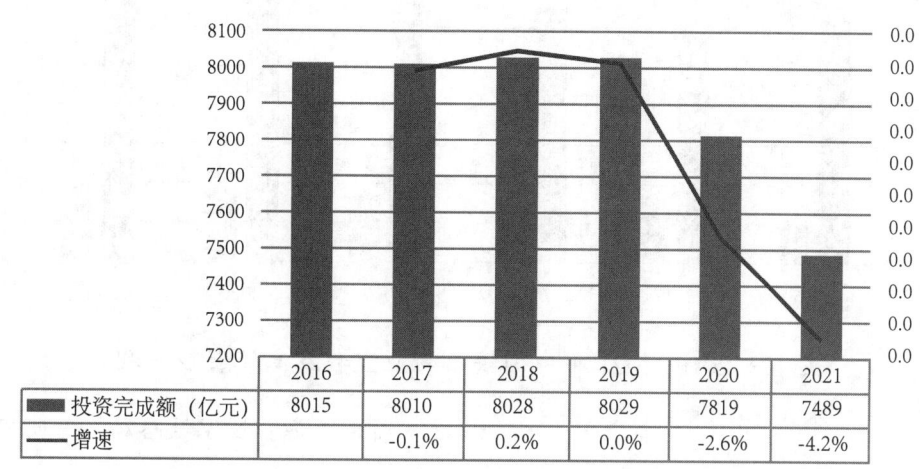

图10：2016-2021年中国铁路投资完成额及增速

资料来源：国家铁路局、智研咨询整理

2019—2021年中国铁路投产新线呈下降走势，2021年中国铁路投产新线4208公里，同比下降14.7%；其中中国高速铁新增2168公里，同比下降14%。

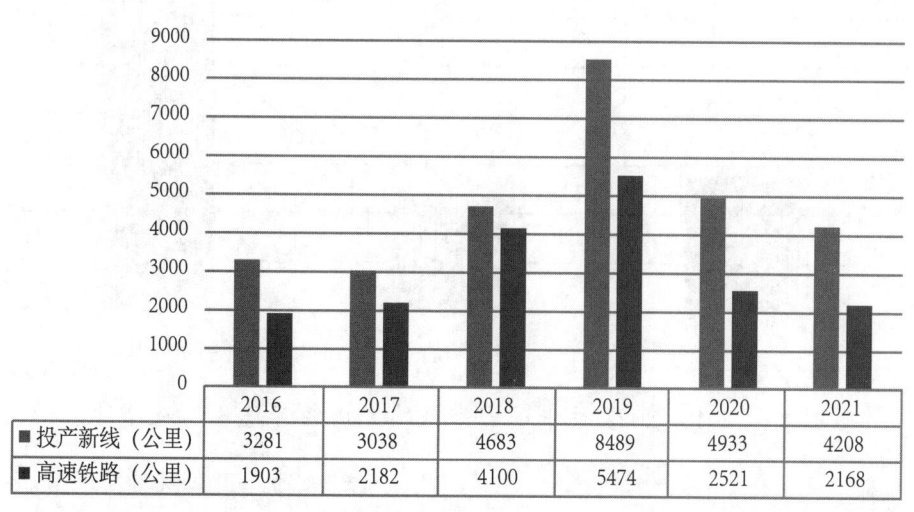

图11：2016-2021年中国铁路投产新线及高速铁路

资料来源：国家铁路局、智研咨询整理

三、铁路经营情况

随着铁路高速的发展,铁路营业里程逐年增加。2021年中国铁路营业里程为15万公里,同比增长2.5%;其中高铁营业里程为4万公里,同比增长5.3%。

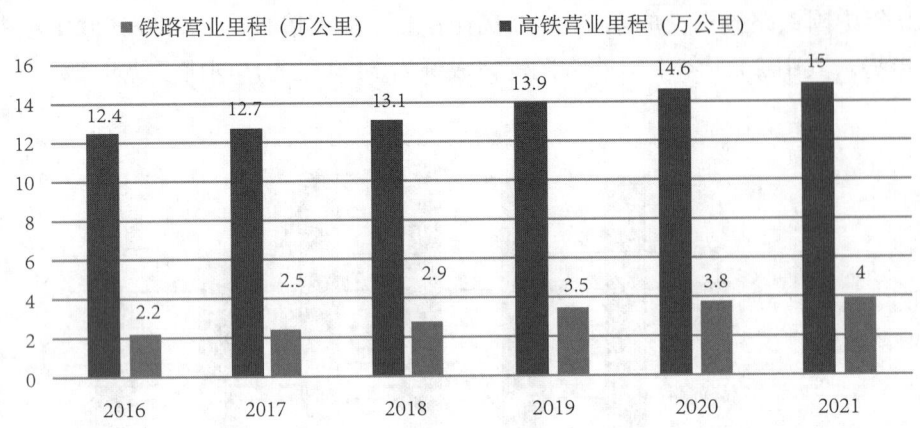

图12:2016-2021年中国铁路营业里程及高铁营业里程

资料来源:国家铁路局、智研咨询整理

2021年国铁集团着力深化法治化市场化经营,有力有效应对疫情汛情及市场变化带来的多重考验,经营管理取得较好成效,企业成本支出、债务规模、资产负债率得到积极控制。国家铁路完成经营总收入11383亿元,同比增收870亿元、增长0.3%。

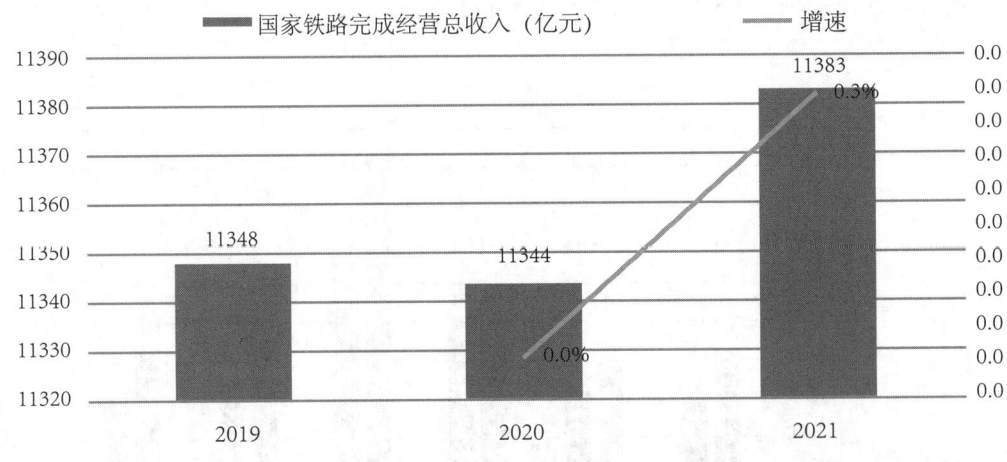

图13:2019-2021年中国国家铁路完成经营总收入及增速

资料来源:国家铁路局、智研咨询整理

其中2021年中国铁路客运收入为3016亿元,占总铁路营业收入的26.5%;铁路货运收入为4359亿元,占总铁路营业收入的38.3%。

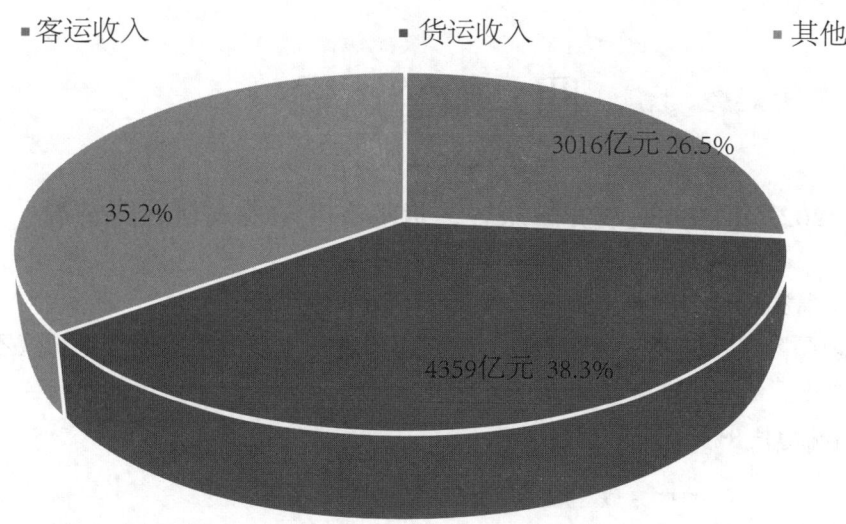

图14：2021年中国铁路客运及货运收入占比

资料来源：国家铁路局、智研咨询整理

以上数据及信息可参考智研咨询（www.chyxx.com）发布的《2022—2028年中国铁路运输产业竞争现状及发展趋势研究报告》。智研咨询是中国领先产业咨询机构，提供深度产业研究报告、商业计划书、可行性研究报告及定制服务等一站式产业咨询服务。

四、航空运输

2021年国际航线完成旅客、货邮吞吐量及飞机起降情况

一、飞机起降情况

国际航空实现国际线路的载人载客飞行运输。中国现在主要的国际航空港口（不含港澳台）是北京，上海，和广州。另外，西部航空也有经营国际航线。2021年中国民航航线完成飞机起降次数977.7万架次，同比增长8%。

图 15：2016-2021年中国民航航线完成飞机起降次数及增速

资料来源：民用航空局、智研咨询整理

2016—2019年中国国际航线完成飞机起降逐年增加，2020—2021年受疫情影响，国际国际航线完成飞机起降有所下降，其中2021年中国国际航线完成飞机起降24.5万架次，同比下降22.2%。

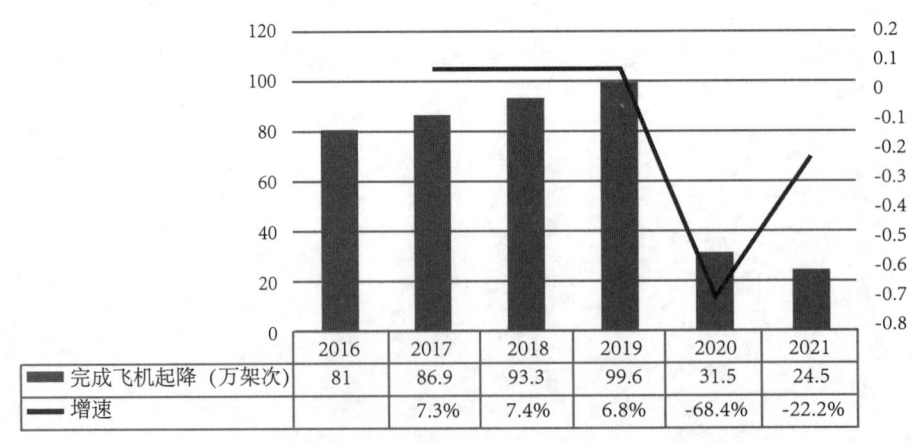

图 16：2016-2021年中国国际航线完成飞机起降及增速

资料来源：民用航空局、智研咨询整理

二、旅客及货邮吞吐量

我国受疫情影响，2020—2021年中国民用运输机场完成旅客吞吐量有所下降，其中2021年中国民用运输机场完成旅客90748.3万人次，同比增长5.9%；中国民用运输机场完成货邮吞吐量为1782.8万吨，同比增长10.9%。

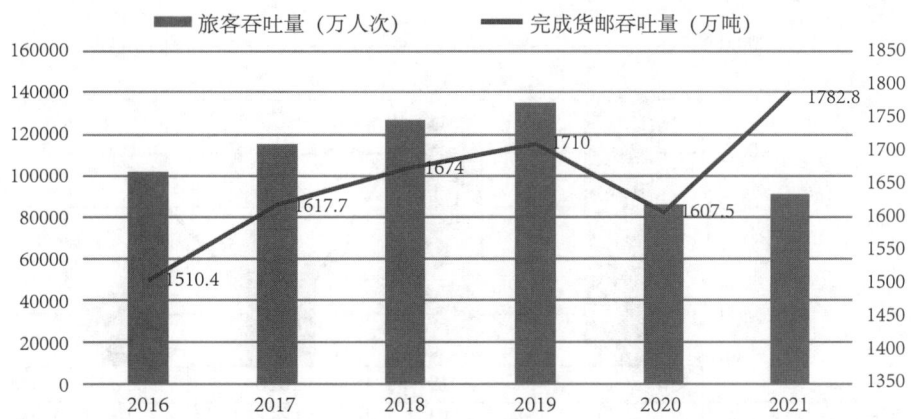

图17：2016-2021年中国民用运输机场完成旅客及货邮吞吐量

资料来源：民用航空局、智研咨询整理

受全球疫情影响，其中国际航线完成旅客及货邮吞吐量急剧下降。其中2021年中国国际航线完成旅客吞吐量为305.1万人次，同比下降82%；中国国际航线完成货邮吞吐量803.4万吨，同比增长21.7%。

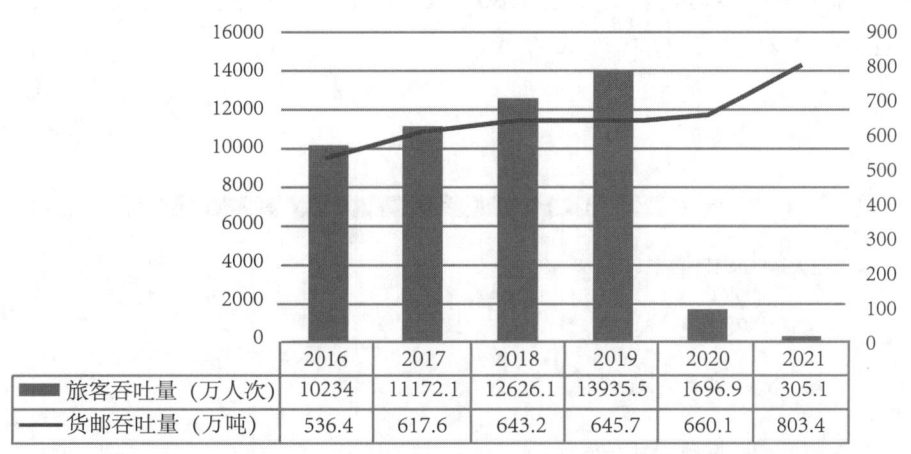

图18：2016-2021年中国国际航线完成旅客及货邮吞吐量

资料来源：民用航空局、智研咨询整理

三、主要企业分析

2021年受新冠疫情影响，全球航空业形势依然严峻。全行业客运需求逐步恢复、货运需求持续旺盛，航空业业绩预期较2020年有所改善。随着全球疫苗接种率的提升和治疗药物的推出，全球客运需求有望进入复苏通道。

中国国际航空股份有限公司作为中国唯一载旗航空公司，公司肩负着打造国家航企名片、落实

"民航强国战略"的历史重任。现已拥有广泛的国际航线、均衡的国内国际网络；最有价值的客户群体和最强大的品牌影响力；机队结构持续优化；盈利能力长期居行业领先地位；公司已跻身世界航空运输企业第一阵营。2021年中国国际航空股份有限公司除大陆以外国家和地区营业收入为137亿元，同比下降22%。

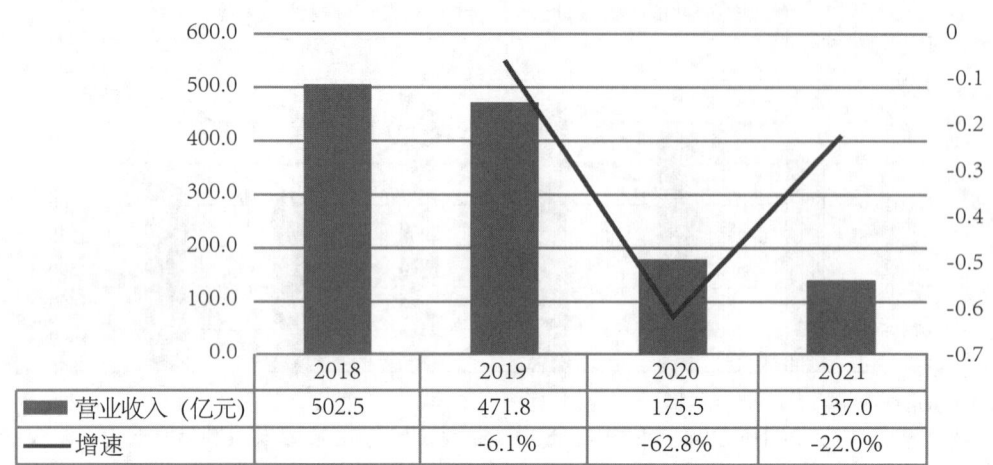

图19：2018-2021年中国国际航空股份有限公司除大陆以外国家和地区营业收入及增速

资料来源：公司年报、智研咨询整理

其中2021年中国国际航空股份有限公司客运收入中，亚太地区及其他客运收入为11亿2117万8000元；日本及韩国地区客运收入为3亿4486万6000元；北美地区客运收入为7亿1727万8000元；欧洲地区客运收入为12亿9960万8000元。

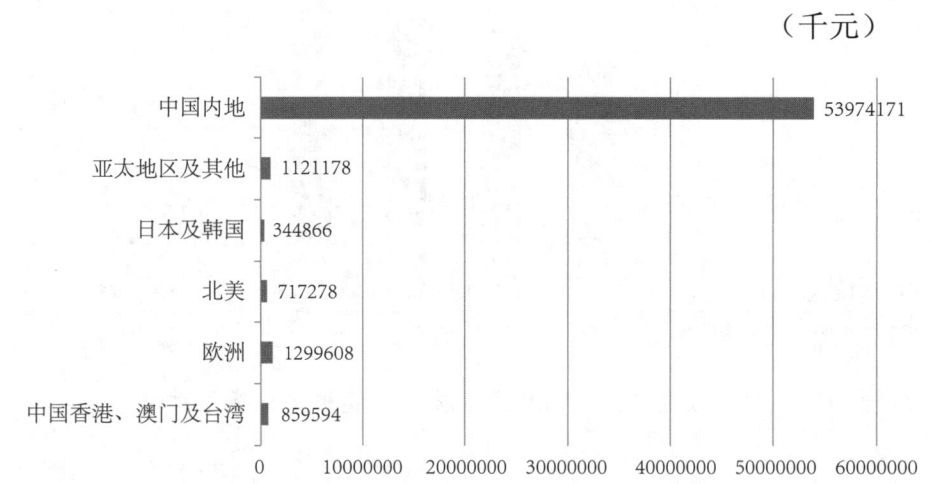

图20：2021年中国国际航空股份有限公司客运收入

资料来源：公司年报、智研咨询整理

其中2021年中国国际航空股份有限公司货邮运输收入中，亚太地区及其他货邮运输收入为29亿8851万5000元；日本及韩国地区货邮运输收入为6亿1403万2000元；北美地区货邮运输收入为19

亿 4424 万 4000 元；欧洲地区货邮运输收入为 34 亿 9588 万 6000 元。

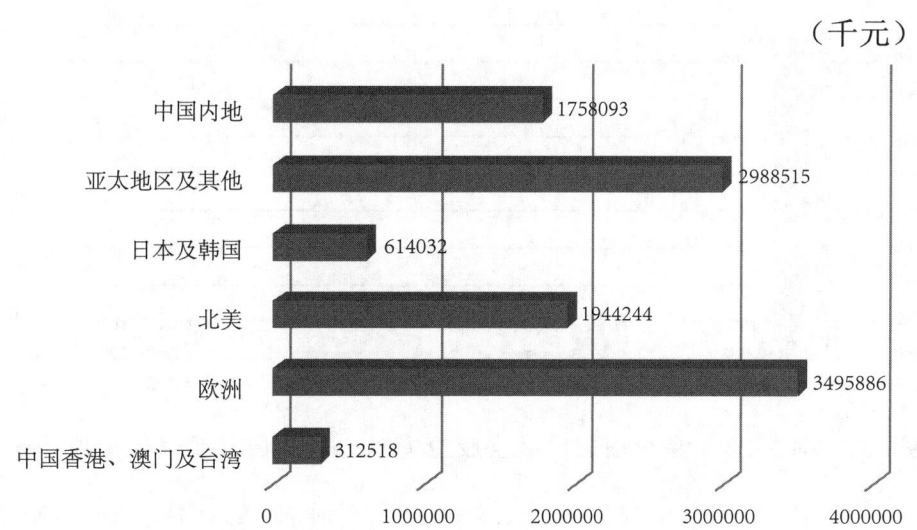

图 21：2021 年中国国际航空股份有限公司货邮运输收入

资料来源：公司年报、智研咨询整理

其中 2021 年中国国际航空股份有限公司国际航线运输可用座位公里为 4152.2 百万；可用货运吨公里为 6715.6 百万。

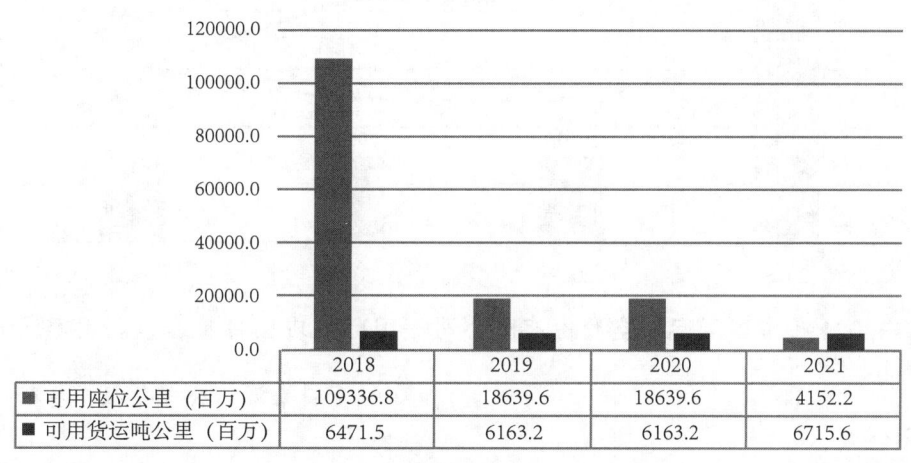

图 22：2018-2021 年中国国际航空股份有限公司－国际航线运输能力

资料来源：公司年报、智研咨询整理

2021 年中国国际航空股份有限公司—国际航线运输周转量中，国际收入客公里为 1880.33 百万，同比下降 84%；收入货运吨公里 2981.52 百万，同比增长 29.6%；旅客人次约为 301310，同比下降 86.6%。

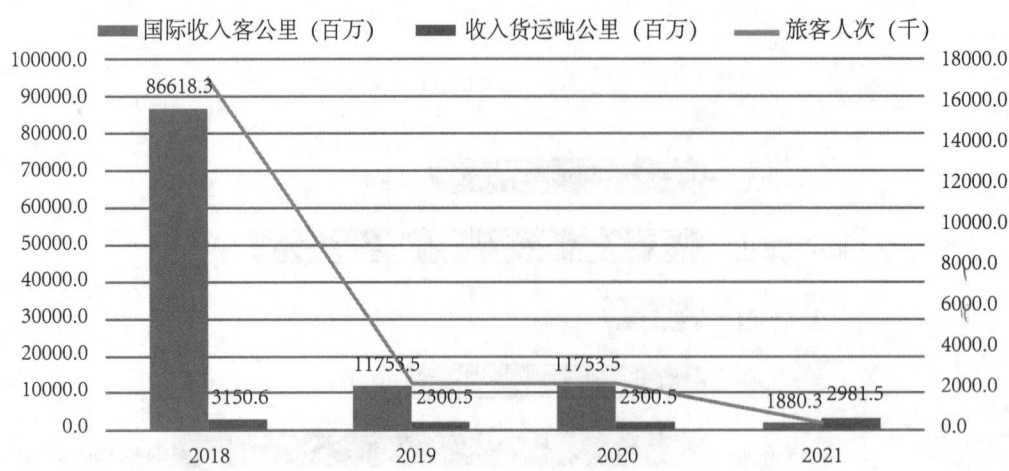

图23：2018-2021年中国国际航空股份有限公司—国际航线运输周转量

资料来源：公司年报、智研咨询整理

其中2021年中国国际航空股份有限公司—国际航班数目为18179个，比2020年减少11524个；国际客座利用率为45.28%；货物及邮件载运率44.4%。

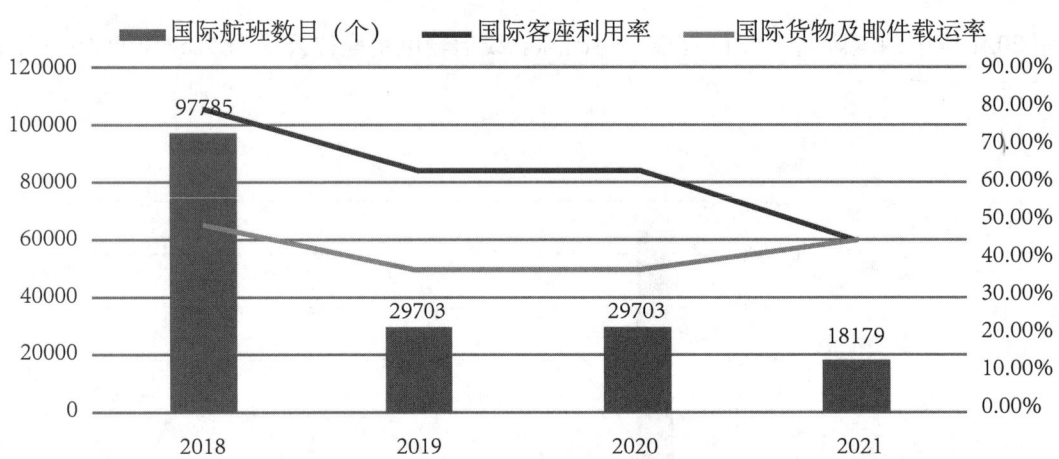

图24：2018-2021年中国国际航空股份有限公司—国际航班数目及客座利用率、货物载运率

资料来源：公司年报、智研咨询整理

以上数据及信息可参考智研咨询（www.chyxx.com）发布的《2022—2028年中国国际空运行业竞争格局分析及投资决策建议报告》。智研咨询是中国领先产业咨询机构，提供深度产业研究报告、商业计划书、可行性研究报告及定制服务等一站式产业咨询服务。

第四篇 口岸、（临港）自贸区、进口博览会、航运中心建设

一、口岸物流

（一）上海口岸2021年度物流统计数据

表1：2021年12月上海口岸主要数据统计表

大类	项目	12月	同比（%）	本年累计	同比（%）
货物	上海口岸进出口货物总值（亿元）	10068.8	22.4	100859.9	15.4
	进口	3985.5	11.3	43505.9	15.6
	出口	6083.3	31.0	57354.0	15.2
	上海关区进出口货物总值	7528.5	23.6	75742.7	17.3
	进口	3001.2	13.3	32059.7	18.6
	出口	4527.3	31.6	43683.0	16.3
	上海市进出口货物总值	3909.2	17.5	40610.4	16.5
	进口	2301.2	11.6	24891.7	17.7
	出口	1608.0	27.2	15718.7	14.6
	上海口岸货物吞吐量（万吨）	3617.34	7.2	41862.5	6.6
	航空口岸货邮量	31.24	-7.2	373.1	9.0
	水运口岸货物量	3586.1	7.3	41489.4	6.6
	上海口岸集装箱吞吐量（万标箱）	336.1	9.8	3955.3	8.7
	出口	152.6	11.6	1786.9	11.9
	进口	137.8	10.6	1629.7	10.4
	内支线	45.7	1.9	538.7	-4.7
人员	上海口岸出入境人员总数（人次）	234599	25.7	2490402	-60.3
	旅客总数	163948	39.8	1702087	-67.3
	航空口岸出入境人员	196860	29.5	2056337	-63.8
	旅客	163947	39.8	1701539	-66.6
	水运口岸出入境人员	37739	8.7	434065	-26.8
	旅客	1	-88.9	548	-99.5
	铁路口岸出入境人员	0	0.0	0	-100.0
	旅客	0	0.0	0	-100.0
交通工具	上海口岸出入境交通工具总数	10335	2.6	113739	-11.8
	飞机（架次）	8486	1.8	92315	-14.2
	船舶（艘次）	1849	6.3	21514	1.0
	列车（车次）	0	0.0	0	-100.0
	进出上海口岸国际航行船舶（艘次）	3181	-2.1	37646	-1.9
	货船	3073	-4.9	37413	-1.8
	邮（客）船	8	-50.0	133	-45.9

备注: ①本月上海口岸进出口货物总值占全国进出口货物总值(37507.6亿元)的26.8%。②本月上海水运口岸货物吞吐量占上海港货物吞吐量(6562.45万吨)的54.6%;水运口岸集装箱吞吐量占上海港集装箱吞吐量(398.4万标箱)的84.4%。③本月上海航空口岸货邮吞吐量占上海航空港货邮吞吐总量(36.7万吨)的85.1%,出入境旅客占上海航空港旅客吞吐总量(360.43万人次)的4.5%。④进出上海口岸国际航行船舶包括在上海口岸办理出入境手续的国际航行船舶(即上海口岸出入境船舶)和在我国其他口岸办理出入境手续但进出上海口岸的国际航行船舶。

来源:市商务委(市口岸办)

2021年上海口岸进出口总值创历史新高

上海口岸海关24日发布的统计数据,2021年上海口岸进出口总值创历史新高,达4.06万亿元(人民币,下同),比2020年增长16.5%。

2021年,上海口岸出口1.57万亿元,增长14.6%;进口2.49万亿元,增长17.7%;贸易逆差9173亿元。当年,外商投资企业进出口2.5万亿元,增长11.2%,占同期上海口岸进出口总值的61.6%;民营企业进出口1.1万亿元,增长32.5%,占27.1%,比重提升3.2个百分点;国有企业进出口4505.2亿元,增长13.1%,占11.1%。

2021年,上海口岸对最大贸易伙伴欧盟进出口8069.3亿元,增长15.8%,占同期上海口岸进出口总值的19.9%;对东盟进出口5380.8亿元,增长11%,占13.2%;对美国进出口5081.2亿元,增长5.5%,占12.5%;对日本进出口4115.6亿元,增长8%,占10.1%。

机电产品是2021年上海口岸主要出口商品,出口额1.08万亿元,增长14%,占同期上海口岸出口总值的68.7%,其中汽车出口增幅令人瞩目,出口额570.1亿元,同比增长超过2倍。集成电路则为最大类进口商品,2021年进口3048.2亿元,增长2.6%,占全市进口总值的12.2%。

来源:中国新闻网

（二）重要政策

关于印发《上海口岸 2021 年深化跨境贸易营商环境改革若干措施》的通知

（沪商自贸〔2021〕40 号）

各相关单位：

为深入贯彻落实国务院《优化营商环境条例》（国令第 722 号）、上海市人大《上海市优化营商环境条例》及上海市委市政府《上海市加强改革系统集成持续深化国际一流营商环境建设行动方案》，加快打造法制化、国际化、便利化的跨境贸易营商环境，持续提升进出口企业获得感，市商务委、上海海关、市发展改革委、市财政局、市交通委、市市场监管局、市税务局、上海海事局、上海银保监局等单位共同制定了《上海口岸 2021 年深化跨境贸易营商环境改革若干措施》，现印发给你们，请认真做好组织实施工作。

上海市商务委员会

上海海关

上海市发展和改革委员会

上海市交通委员会

上海市财政局

上海市市场监督管理局

国家税务总局上海市税务局

上海海事局

中国银行保险监督管理委员会上海监管局

2021 年 2 月 26 日

上海口岸 2021 年深化跨境贸易营商环境改革若干措施

为贯彻落实国务院《优化营商环境条例》《上海市优化营商环境条例》和《上海市加强改革系统集成持续深化国际一流营商环境建设行动方案》，持续优化上海跨境贸易营商环境，进一步降本增效，制定上海口岸 2021 年深化跨境贸易营商环境改革若干措施如下：

一、优化"通关物流"作业流程

1. 加大推广进口货物"两步申报"模式。企业第一步"概要申报"最少仅需填报 9 个项目、确认 2 个物流项目，海关完成风险排查处置后即可提离货物；货物运抵后 14 天内完成第二步"完整申报"，办理缴纳税款等通关手续。

2. 推进关税支付便利化。推广关税保证保险、自报自缴、汇总征税和电子支付政策覆盖面，加快通关速度，提升通关效率。

3. 推广上海国际贸易"单一窗口"预约申报功能。企业可在其他申报信息完备但尚未获得舱单信息的情况下，通过上海国际贸易"单一窗口"申报系统预约进行海关申报，免去等待和查询舱单的时间。

4. 优化高级认证企业（AEO）布控指令。提升风险布控精准度，按照企业信用等级动态调整相关商品的抽检比例，科学设置相关商品在口岸和目的地的抽检比例。

5. 大力推广无陪同查验和在线稽核查。推广无陪同查验，鼓励企业选择"不陪同查验"或"委托监管场所经营人陪同查验"方式，降低通关成本，提高通关效率。推进"多查合一"，通过远程面洽、视频监控、网上报送等方式，减少实际下厂和侵入式检查频次。

6. 推广第三方采信制度。发挥第三方采信在提升跨境贸易便利化水平中的作用，稳步扩大第三方采信商品范围和内容。强化企业主体责任意识，凭企业自主声明和具备专业资质的检验检测机构检验结果，简化实验室检测流程，实施快速通关。

7. 完善跨境贸易大数据监管。依托上海跨境贸易大数据平台，进一步拓展贸易链、供应链、物流链数据采集范围，运用大数据技术构建各类风险防控模型和便利化应用项目，实现安全和便利在更高水平上的统一，便利守法企业货物快速通关，不断提升企业获得感。

8. 持续开展进口货物"船边直提"和出口货物"抵港直装"作业模式试点。在确保港区生产安全的前提下，根据货主自主申请，确保符合作业条件的货物进行"船边直提"和"抵港直装"作业，便利有需求的企业快速提离货物，压缩货物在港堆存时间，加快通关物流速度。

二、简化单证要求

9. 简化报关单随附单证。企业通过国际贸易"单一窗口"无纸化方式申报时，进口环节无需提交合同、装箱清单、载货清单（舱单），出口环节无需提交合同、发票、装箱清单、载货清单（舱单）。

10. 简化报关差错记录复核程序。对因"提前申报""两步申报"修改进出口日期，由于装运、配载等原因而造成货物变更运输工具，或其他非由企业主观故意而引起且企业主动向海关报明并能够及时纠正的违规行为，不予记录申报差错。符合上述条件的差错申报行为，可自报关差错记录之日起15个工作日内通过"关企网上平台"在线申请复核，无需现场提交纸质材料。海关自收到申请之日起3个工作日内进行复核，告知复核结果，对记录错误的予以更正。

11. 简化提单相关手续。鼓励引导船公司、船代取消进口提货单换单纸质委托书。鼓励船公司通过开展出口提单在线签发、企业自主打印试点等途径，提高出口提单签发效率，减少企业获取出口提单的耗时。

12. 全面推广海事危险品货物申报随附单证电子化和自动化审核应用。在进出口申报环节，系统通过对电子随附单证智能识别辅助审核，提高危险货物审核精度，提升海事审核效率，从而进一步规范货物无纸化申报流程，提升通关时效。

三、推进港口设施升级

13. 推动口岸信息化平台升级。建设一站式海运业务查询办理平台，推进港口相关业务受理系统与上海国际贸易"单一窗口"信息双向交互，对上海港电子集装箱设备交接单平台（eEIR）进行"2.0版"升级，实现存箱、用箱信息的及时公开，完善提箱预约等支持服务，便利用户通过单一平台电子化放箱、精准提箱，形成海运作业信息共享、高效协同的服务体系。

14. 提升集卡进出港通行效率。推进智慧道口建设，结合集卡进出港预约系统、手机端app功能整合，逐步对码头道口进行全面智慧化升级，并推动实现码头道口业务的集中受理。

15. 推进关港信息深度融合。依托上海国际贸易"单一窗口"，实现海关查验指令等监管信息与货物抵离港等港口信息双向实时交互，提高监管和港口作业衔接效率，压缩进出口货物在港时间。

16. 推动集装箱封志集约化、电子化发放。推动集装箱封志在堆场及道口集中发放，或通过自助封志机电子化发放，提升封志获取和流转效率。

四、规范口岸收费

17. 完善收费目录清单和服务信息发布。优化上海国际贸易"单一窗口"收费公示及服务信息发布功能，探索通过价格比较、条件筛选实现价值发现；各收费主体应加强收费目录清单管理，对现有清单全面梳理规范、动态调整，做到清单与实际相符、清单外无收费；行业主管部门督促引导市场主体做好收费目录清单公示，公示情况纳入企业诚信管理。

18. 落实国家部委降费措施。严格执行停征港建费、减并港口收费项目等政策措施。持续加强海运口岸收费监管，保持高压态势，依法查处强制服务并收费，明码标价不规范等违规收费行为。重点查处港口、检验检疫环节不落实优惠减免政策行为。

19. 引导船公司规范收费行为。发挥好行业组织自律作用，推动船公司规范收费项目，合理调整海运收费结构。严格执行运价备案制度，开展运价备案执行情况检查。

20. 加强船代、货代收费监管。规范船代、货代收费名称和服务内容，推动精简收费项目，进一步规范船代、货代明码标价行为。

21. 规范港外堆场管理。强化行业指导，加强港外集装箱堆场事中事后监管，推动堆场规范洗修箱、二次吊箱等作业标准及收费行为；加强监督检查，依法打击违法违规收费行为。

五、强化为企服务

22. 推进中介行业信息公开和良性竞争。公布年度报关企业整体通关时间，促进报关企业提升服务效率。推广跨境贸易"中介点评"网，搭建进出口企业和中介服务企业间更全面、客观、便捷的交流互动服务平台，推动跨境贸易中介服务向专业化、市场化、透明化的方向发展。

23. 完善企业意见反馈和帮扶机制。发挥海关 12360 服务热线、海关统计专项调查调研系统、"中国海关信用管理"微信平台、关企协调员、上海国际贸易"单一窗口"热线等渠道作用，收集企业建议和诉求，针对企业需求和实际困难给予定点帮扶。

24. 优化出口退税单证备案制度。推行无纸化单证备案，经税务机关批准后，允许企业自主选择单证留存形式。

25. 加大对外贸企业的融资支持。继续实施加强外贸企业信贷支持稳住外贸基本盘系列举措，支持商业银行设置外贸专项信贷额度，进一步降低外贸企业融资成本，保障外贸供应链产业链稳定。为银行与企业搭建桥梁，为企业获取融资结算、小额信保贷、保易融等服务提供便利。深化上海国际贸易"单一窗口"金融服务功能，提高出口信用保险企业投保覆盖率，丰富进出口企业在线融资类产品，扩展融资渠道。

26. 进一步发挥信用保险作用。扩大"信保+担保"融资模式，对符合条件的中小外贸企业，由上海中小微企业政策性融资担保基金及其他政策性融资担保机构予以担保支持。完善政府、信保及商协会合作机制，中信保上海分公司进一步加大承保力度，对有需求的订单、有潜力的企业做到应保尽保。优先处理受疫情影响企业的出险理赔，在贸易真实性无疑点前提下，重点核实贸易背景及债权金额，适当放宽理赔条件，先行启动定损核赔程序。

27. 加强改革政策宣贯。发挥报关协会、货代协会、船东协会、口岸联合会等行业协会作用，用好上海国际贸易"单一窗口"等平台，广泛开展政策宣传解读，提升政策知晓度；精选一批典型案例在企业中推广，鼓励更多企业参与应用。

来源：上海市商务委员会

《"十四五"时期提升上海国际贸易中心能级规划》印发

日前,上海市人民政府印发《"十四五"时期提升上海国际贸易中心能级规划》(以下简称《规划》),经过5年努力,上海国际贸易中心能级实现跃升,基本建成全球贸易枢纽、亚太投资门户、国际消费中心城市、亚太供应链管理中心、贸易投资制度创新高地,全面建成国际会展之都,为上海建设国内大循环中心节点、国内国际双循环战略链接提供重要支撑。

对应6个发展目标,《规划》共提出6方面23条重点任务措施,其中打造新型国际贸易发展高地、建设数字贸易国际枢纽港、优化跨境贸易营商环境等方面涉及水运行业。

《规划》提出,将打造新型国际贸易发展高地。促进洋山港、外高桥"两港"功能和航线布局优化,进一步简化进出境备案手续,提高货物流转通畅度和自由度。建设洋山特殊综合保税区国际中转集拼服务中心。在高端装备制造、邮轮保养和船供、沿海捎带、多式联运等方面推进科学化、智能化、便利化监管模式。

聚焦建设数字贸易国际枢纽港,《规划》提出推动一批全球保税维修项目先行先试,增加船舶、航空、轨道交通、工程机械、数控机床、通讯设备等维修品类。在优化跨境贸易营商环境方面,推动跨境贸易便利化措施适用至所有海运、空运和海铁联运货物,并探索拓展至边境后管理领域。

在保障措施方面,《规划》提出要发挥贸易与金融、航运、科技创新互相促进的作用;加强贸易与航运联动发展;大力吸引国际性航运专业组织和功能性机构落户,加快优化集疏运体系和海空铁多式联运体系,持续增强长三角贸易综合竞争力。

来源:中华航运网

(三)综合信息

2021年上海国际航运中心建设十大事件发布

防控疫情,保障产业链供应链稳定;创新驱动,绿色化数字化转型持续加速;凝聚共识,北外滩国际航运论坛发出中国声音;蓝图公布,迈向世界一流国际航运中心……"十四五"开局之年,上海国际航运中心劈波斩浪、风帆正劲。

新华社中国经济信息社日前发布"2021年上海国际航运中心建设十大事件",这也是连续第八年发布这一重要事项。

1. 2021北外滩国际航运论坛在沪举办,国家主席习近平致贺信

2021年11月4日,由上海市人民政府和交通运输部共同主办的2021北外滩国际航运论坛在上海开幕,主题为"开放包容,创新变革,合作共赢——面向未来的国际航运业发展与重构"。

国家主席习近平向2021北外滩国际航运论坛致贺信。习近平指出,航运业是国际贸易发展的重要保障,也是世界各国人民友好往来的重要纽带。在全球新冠病毒肺炎疫情蔓延的情况下,航运业为全球抗击疫情、促进贸易复苏、保持产业链供应链稳定发挥了积极作用。中国愿同世界各国一道,共克时艰,顺应绿色、低碳、智能航运业发展新趋势,深化国际航运事务合作,全力恢复和保障全球产业链供应链畅通,促进国际航运业健康发展,为推动构建人类命运共同体作出贡献。

2.《上海国际航运中心建设"十四五"规划》发布 到2025年基本建成世界一流国际航运中心

2021年7月8日,上海市政府正式印发《上海国际航运中心建设"十四五"规划》。《规划》指出,到2025年,上海国际航运中心建设要形成枢纽门户服务升级、引领辐射能力增强、科技创新驱动有力、资源配置能级提升的发展新格局;基本建成便捷高效、功能完备、开放融合、绿色智慧、保障有力的世界一流国际航运中心。

未来5年,上海将从"优化空间布局,发挥航运产业集聚辐射效应;引领长三角,推动港航更高质量一体化发展;凝聚发展合力,建设品质领先的世界级航空枢纽;打响服务品牌,强化全球航运资源配置能力;优化产业布局,高水平建设邮轮经济中心;挖掘科技动能,促进航运中心可持续发展;优化治理体系,全方位提升航运发展软实力"等七个方面推进上海国际航运中心建设。

3. 中国船舶集团总部迁驻上海 高能级机构加速集聚

2021年12月24日,中国船舶集团有限公司总部迁驻上海大会在沪举行。中国船舶集团总部迁驻上海,将进一步提升上海国际航运中心的全球资源配置能力,也将为中国船舶集团加快建设世界一流船舶集团注入强劲动力。

在中国船舶集团之前,中远海运集团、中国船东协会等总部型、功能型机构也相继迁沪。目前全球排名前列的班轮公司、船级社、邮轮企业、船舶管理机构以及波罗的海国际航运公会等知名国际航运组织纷纷在沪设立总部、分支机构或项目实体,这其中包括全球十大船舶管理机构中的6家、国际船级社协会正式成员中的10家、全球排名前百位班轮公司中的39家。特别是北外滩所在的虹口区,目前已集聚了4700多家航运企业,平均每平方公里落户197家航运企业。

这些高能级机构的集聚,将助力上海现代航运服务业的发展,进一步提升上海国际航运中心的全球资源配置能力。

4. 上海港集装箱吞吐量突破4700万标箱 连续12年位列全球第一

2021年,全球航运业经受疫情巨大冲击,货物滞港、流转不畅、突发不断、成本高企困扰着全球航运业。在重重挑战下,上海港集装箱吞吐量实现逆势上扬,连续12年集装箱吞吐量位列全球第一,上海港为保障全球物流链供应链畅通做出了不可替代的贡献。

数量稳步增长的同时,2021年上海港国际中转箱吞吐量首破600万标准箱,同比增长约13.4%,国际中转枢纽地位持续凸显,也进一步增亮了上海国际航运中心成色。

5. 从全球最大型集装箱船到中国首艘大型邮轮 多项航运高端装备在沪取得新突破

2021年12月29日,中国首制全球最大型24000TEU集装箱船在中国船舶集团有限公司旗下沪东中华造船(集团)有限公司长兴造船基地一号船坞顺利出坞,为2022年上半年完工交付奠定了基础,标志着中国船舶工业在超大型集装箱建造领域取得的又一个重大突破。

2021年12月17日,中国首艘大型邮轮在中国船舶集团旗下上海外高桥造船有限公司顺利实现坞内起浮的里程碑节点。进一步验证中国首艘大型邮轮在设计、工艺、生产准备、总装建造等阶段所取得的一系列重大科研成果,标志着该工程从结构和舾装建造的"上半场"全面转段进入内装和系统完工调试的"深水区"。

6. 从智慧港口到无纸化放货 在沪航运企业绿色化数字化转型加速

2021年6月25日,上港集团超远程智慧指挥控制中心项目落地上海临港新片区同盛物流园区,这是上港集团联合华为公司在全球港口首次将F5G技术应用在港口超远程控制作业场景,是新一代智慧港口运营模式的重大突破。此举意味着上海港的自动化、智慧化建设征程将迈上新台阶。

2021年7月21日,由中远海运、上港集团等发起的全球航运业务网络联盟(GSBN)宣布,该联盟成立以来的首个应用产品"无纸化放货"在中国正式上线。通过将进口口岸链条上的航运公司、收货人、代理和码头等各方都连接起来,"无纸化放货"大大简化了数据交换方式,节约了各方之间的操作时间,将进口货物办理完成单证手续的时间从几天缩短到几个小时。

7. 《2021新华·波罗的海国际航运中心发展指数报告》发布,上海保持全球第三

2021年7月11日,《2021新华·波罗的海国际航运中心发展指数报告》发布。报告显示,2021

年全球航运中心城市综合实力上海排名第三，仅次于新加坡和伦敦。

上海在航运硬件和软件建设上持续发力，通过枢纽建设与服务业发展"双轮"驱动，借助于自贸试验区发展、科技创新赋能、长三角协同发展等机制，持续提升全球资源配置能力，综合排名紧追冠亚军，保持全球第三。

8. 2021年上海机场货邮吞吐量达436.6万吨 创历史新高

2021年，上海浦东机场和虹桥机场年货邮吞吐量达436.6万吨，同比增长8.47%，一跃超过2017年423万吨的历史高点，在逆势中刷新上海航空货运枢纽保障能级的新纪录。面对全球严峻复杂防疫形势，上海机场集团积极服务上海"国内大循环中心节点和国际国内双循环战略链接"定位，服务保通保运保供大局，为全球产业链供应链稳定贡献上海力量。

作为全球前三、境内第一的国际航空货运枢纽，浦东机场货运航线网络覆盖全球48个国家／地区251个航点，目前有59家境外航空公司、10家国内航空公司在浦东机场运营国际货运业务。浦东机场出入境货运量占总量的93.7%，保障了境内机场超四成的出入境货运量。

9. 洋山港获批开展境外国际集装箱班轮公司沿海捎带业务试点

2021年，上海自贸区临港新片区获批"外贸集装箱沿海捎带业务"试点。在临港新片区内，允许符合条件的外国、香港特别行政区和澳门特别行政区国际集装箱班轮公司，利用其全资或控股拥有的非中国籍国际航行船舶，开展大连港、天津港、青岛港与上海港洋山港区之间，以上海港洋山港区为国际中转港的外贸集装箱沿海捎带业务试点，这将带动洋山港的中转集拼业务发展，吸引国外船公司在洋山港进行货物中转；可以增加码头集装箱吞吐量，提升洋山港枢纽能级，为提升上海港国际航运中心能级带来重大利好。

10. 服务"一带一路"建设 上港集团以色列海法新港正式开港

2021年9月1日，上港集团投资运营的以色列海法新港正式开港，这是以色列60年来的第一个新码头。

海法港位于以色列重要的港口城市——海法市，是以色列北部的交通和工业中心、地中海沿岸的铁路枢纽，在国际航运版图中占有重要地位。

6年前，上港集团从多家国际竞争者中脱颖而出，获得了海法新港码头运营权，2018年正式启动港口建设工程。项目计划分两期建设，一期码头岸线长度805.5米，年设计吞吐量为106万标准箱；二期码头岸线长度715.7米，年设计吞吐量为80万标准箱。目前一期已建成投用，上港集团全面负责码头运营管理。

来源：新华财经

2021年洋山港集装箱吞吐量刷新历史纪录

上海洋山海关13日发布的统计数据，2021年，洋山港集装箱吞吐量超2280万标箱，刷新历史纪录。其中，洋山四期自动化码头继续成为最大增长点，全年集装箱吞吐超570万标箱，同比增长35.7%。

洋山四期是全自动无人作业码头，洋山海关在四期码头物流通道上部署了移动式H986集装箱检查系统，在无人运输车AGV运输集装箱的过程中，这一新设备能同步实施非侵入式机检扫描，在保证货物物流不受影响的情况下采集进口集装箱的"X光照片"，满足自动化码头高效运作需求。

洋山海关在距离洋山岛40公里外的临港地区设立集中审像中心，对采集到的集装箱X光机检照片，先由人工智能对箱内货物自动进行安全准入风险研判，再由关员参考"智能审图"提示作出结论。"目前,单幅集装箱机检图像的审图用时不到5秒,相比原来的人工审图,不仅节省了时间,准确率也有了显著提升。"洋山海关物流监控三科副科长曹振雷介绍说。

为进一步提升通关效率,洋山海关全面推行了"提前申报"通关模式,合理优化海关审单、税费征收等环节,实现查验货物"到岸查验——快速通关"流程无缝衔接,无布控查验要求的货物抵港后即放行。同时,通过数据交互,实现货物装卸、储存、交付、发运全流程电子信息化流转。凭海关电子放行信息,货物直接进入可提货状态或者装船发运,最大程度压缩在港停留时间,实现通关"零等待"。

来源:中国新闻网

上海浦东率先试点贸易制度创新助推新兴产业发展

上海市浦东新区打造社会主义现代化建设引领区贸易促进大会提出,通过率先开展贸易制度创新试点,助推"中国芯""创新药"等新兴产业发展。

据介绍,2021年在海关部门支持下,浦东新区在全国率先开展生物医药特殊物品入境检疫改革试点,为特殊物品进口建立闭环管理模式,并进一步扩大试点范围。同时,深入开展上海跨境贸易大数据平台建设,基于供应链安全风险评估结果,对近千家浦东新区企业适用快速通关,整体进口通关时间压缩20%。

目前,浦东新区已建立市区两级工作机制,首批生物医药研发用物品进口"白名单"已于近日公布。同时,浦东新区还加大减免税扶持力度,对临床研究的药品免征进口环节税,对经认定的研发机构享受进口自用设备免征进口环节税。

在海关部门支持下,浦东新区还率先开展集成电路企业真空包装协同查验试点。"进口集成电路设备价格高昂,为保护这些设备在物流环节不受损害,一方面需要保持设备处于真空状态;另一方面需要快速通关。"上海华力集成电路制造有限公司执行副总裁周利民说。

启动这一试点,通过事前风险评估、事后风险管理等措施,企业所需设备通关、清关时间由原来的14天缩短至3天左右。

围绕打造社会主义现代化建设引领区,浦东新区2021年国际贸易发展态势良好。浦东新区区委常委、副区长杨朝表示,2021年,浦东新区全年进出口总额保持两位数增长,超过2.3万亿元。其中,离岸贸易方面在国内率先上线"离岸通"平台,通过引入境外的海关报关数据、国际海运数据等,对企业离岸贸易行为进行真实性判断。

对标国际最高标准经贸规则,下一步浦东新区将以区域全面经济伙伴关系协定(RCEP)生效实施为契机,加快发展离岸贸易、数字贸易、跨境电商、绿色低碳贸易,持续做大做强各类进出口贸易平台。

来源:新华网

长三角一体化｜上海口岸"联动接卸"监管模式一年完成进出口近30万标箱

上海海关7日公布,2021年,上海海关与南京海关、合肥海关、杭州海关携手拓展"联动接卸"海关监管模式,共完成进出口近30万标箱,有力推动了上海国际航运中心建设。

这一监管模式将长三角地区相关港口作为上海洋山港接卸地,实施"联动接卸、视同一港"整体监管,实现进出口货物"一次申报、一次查验、一次放行"。

目前,上海洋山港已与江苏太仓港、安徽芜湖港、浙江独山港和安吉港等形成常态化"联动接卸"工作模式，未来还将推广到江苏的大丰、苏州高新、张家港、扬州等沿江沿海港口。

据统计，在"联动接卸"模式之下，洋山港一芜湖港之间货物全程运输时间平均约48小时，相较于其他模式节省近一半时间。相较于传统的"水水中转"模式，"联动接卸"模式出口每标箱可节约物流成本400元，进口每标箱可节约200元。

与"联动接卸"海关监管模式紧密相关，上海海关还积极推动中转集拼业务试点，探索设立国际中转集拼中心，试点研究应用安全智能锁、电子围栏等技术，打造物联平台，实现企业仓库管理系统与海关系统联网，应用高清监控系统对中转集拼作业区域实施全程可视化管理，为中转集拼业务试点提供更加安全高效的监管服务。

最近，上海外高桥四期码头启动国际中转集拼实货试点业务。规模化运作后，将有利于国际采购、分拨配送等高附加值物流增值服务向上海港集聚，推进上海港向港口综合物流服务提供商转变。

上海海关表示，当前，上海国际航运中心正从"基本建成"向"全面建成"迈进。作为长江水道重要的港口，上海承担了大多数长江经济带外贸货物中转业务，成为21世纪海上丝绸之路与长江经济带相互连接的江海联运重要节点。今后，上海海关将积极参与区域营商环境创新试点等改革工作，发挥海关联通国内国际两个市场的重要作用，着力推动长三角对外贸易高质量发展。

统计显示，2021年，上海港集装箱吞吐量突破4700万标箱，比上一年增长8%，已连续12年位居全球第一。

来源：新华社新媒体

世界最大贸易口岸城市地位更加稳固

优化跨境贸易营商环境的27项改革措施已全部提前落实到位，数字化赋能提升营商环境软实力：95%以上报关单几秒内自动审单，码头道口平均通行时间12.8秒，单一窗口让货物申报由1天缩到半小时。

上海市商务委（口岸办）日前传出好消息：截至10月，上海口岸年度累计进出口货值达81671.5亿元，同比增长14.6%。预计全年上海口岸进出口总额将超去年，创历史新高，占全球比重在去年3.2%以上进一步提升，世界最大贸易口岸城市地位更加稳固。

"27条"全部提前落实到位

当今世界承载贸易流量的三大利器，一个是海港、一个是航空港、一个是陆路枢纽，"十三五"时期，在国家有关部门的大力支持下，上海先后完成洋山四期工程、吴淞邮轮码头二期工程和浦东机场卫星厅等的口岸配套设施建设和正式对外开通启用验收，形成水运、航空、铁路全方位开放口岸布局。至"十三五"期末，上海"十三五"国际贸易中心建设既定目标如期实现，世界级口岸城市地位更加稳固，口岸贸易额位列世界城市首位。

硬件方面，上海已经具备了世界一流、海陆空口岸类型齐备、客货运并举的开放体系。而如何进一步提升上海作为全球最大贸易口岸的核心地位？答案是持续优化营商环境的软实力。

2019年和2020年，在国家营商环境评价中，上海跨境贸易指标连续两年位列全国第一。今年年初，根据海关总署跨境贸易便利化专项行动部署会和上海市政府的有关要求，上海市商务委对标国际前沿水平，联合上海海关、市发展改革委等9部门，研究制定并发布实施《上海口岸2021年跨境贸易营商环境专项行动方案》和《上海口岸2021年深化跨境贸易营商环境改革若干措施》，围绕优化"通关物流"作业流程、简化单证要求、推进港口设施升级、规范口岸收费、强化为企服务等五方面推出27项改革措施。

"今年上半年，27项改革措施已全部提前落实到位。"上海市商务委相关负责人介绍，其中，推广进口货物"两步申报"、提高出口货物"提前申报"覆盖面、开展"出口直装""进口直提"港口操作模式试点、优化查验陪同机制、公布口岸经营服务企业作业时限标准和推进通过单一窗口查询口岸收费等一系列便利化措施，高度契合企业需求。

数字化转型优化口岸营商环境

"27条"全部提前落实到位，秘密在于数字化转型。在大数据、互联网时代下，为持续优化上海口岸跨境贸易营商环境，上海海关探索推进大数据监管，打造了跨境贸易大数据平台。

平台整合贸易全链条数据，形成了覆盖整个贸易链、相互之间比对印证的完整信息链，破解了海关与被监管者信息不对称的困境，便利海关全面了解企业风险等级，快速捕捉到不合规的企业，对其进行布控监管，而对于诚信合规的企业，提供"秒放"的便利通关服务，实现贸易安全与便利的平衡。目前，95%以上的报关单无需人工干预，可以在几秒钟内完成自动审单。

海事部门也依托数字技术，插上智能监管的"翅膀"。一是全面推广"E上船"船员远程自助任解职服务举措，降低航运公司运营成本，减少船员上下船任解职工作对船期的影响，促进海事高效服务。二是进一步推进"E核载"智能监管项目，实现对船载集装箱危险货物积载隔离的远程智能化核查，加强船载危险货物运输的事中事后监管，有效提升码头船舶装卸效率，保障码头作业安全。三是在洋山港上线运行海运集装箱重量验证（VGM）智能监控系统，实现了船公司、托运人或代理、码头与海事监管部门之间VGM数据的共享互通，搭建起共管共治平台，实现了出口集装箱重量信息自申报至码头装船的全程闭环监控，有效保障了码头装卸和船舶航行安全。四是在全港运行国际航行船舶疫情防控系统，实现船员伤病救助、船员健康异常、船员换班全流程线上流转、一次报送、数据共享服务，缩短处置时间，减少接触风险，依托科技赋能，提升防疫精准性和工作效率。

2020年，上海港全年集装箱吞吐量逆势达到4350万标准箱，连续11年蝉联世界第一，这一切，也离不开"智慧港口"的持续探索。继步入港口业务"全程无纸化时代"之后，今年6月，上海港又启动码头出场智能道口全面改造工程，智能道口借助于箱号识别、车号识别、道闸、人机交互、出场道口监控等系统，实现集卡自动进出场，道口平均通行时间仅为12.8秒，有效加快集卡进出港通行速度，并实现码头出场快速道口在全港所有外贸码头的应用覆盖。

另外，上海港打造集卡预约平台，集卡司机可以通过在线预约平台选择要去的码头和时间段，拿到预约号的集卡可以享受优先作业的权利，进港时无需等待，全面实行集卡预约进港。截至2020年12月底，各码头提重箱预约占比提升至81%，港方45分钟预约兑现率普遍达到90%以上；出口重箱进场预约占比54%，港方45分钟预约兑现率普遍达到90%以上。

长三角"单一窗口"专区试点上线

"七年磨一剑"的中国（上海）国际贸易单一窗口（以下简称"单一窗口"），更是上海口岸通过数字化转型全面赋能优化营商环境软实力的标志。

2014年，在国家口岸管理办公室等中央部委的大力支持下，上海率先在全国启动国际贸易单一窗口建设。截至目前，单一窗口服务企业47万户，实现货物贸易领域出口退税办理全覆盖，全年共有1033亿元退（免）税通过单一窗口办理；年支撑全国超1/4贸易量和上海4000万标箱吞吐量的数据处理，成为全球数据处理规模最大的地方单一窗口，在长三角乃至全国打响了"上海服务"品牌。

"单一窗口实际上是外贸进出口业务的线上一门式办事大厅，它运用大数据、云计算、AI等新技术，企业原先需要线下跑到各个部门进行申报，现在只要通过电脑上的电子单证就可以直接申报审查。"上海市商务委相关负责人介绍，有了它，办事流程由"串联"改成"并联"。货物申报时间由1天缩到半小时，船舶申报时间由2天缩至2小时，从经济效益上来说，每年可节约高达20亿元，初步统计通关时效压缩了一半。

除了监管职能，"单一窗口"在有了丰富数据沉淀的基础上，近年来还通过金融服务为企业赋能。如深化"信用保险 WE 平台"建设，提高出口信用保险企业投保覆盖率。今年前三季度，小微企业投保企业数达 8165 家，较去年同期增长了 18.8%，投保额达 125.7 亿元，较去年同期增长 22.9%；丰富结算融资类产品。今年前三季度，汇出汇款业务对接银行及金融机构达 27 家，服务货主企业共 4230 家，与去年同期相比增长 36.6%，交易累计总额 276 亿人民币，与去年同期相比增长 380%。融资信贷业务产品超十款，服务企业 191 家，与去年同期相比增长 48%，平台融资总额 16856 万元，与去年同期相比增长 54%，切实帮助企业走出"融资难、融资贵"困境。

上海市商务委相关负责人表示，到"十四五"末，上海要实现"努力让上海国际贸易中心能级实现跃升"的总目标，离不开全方位融入长三角区域一体化。2020 年 6 月举行的长三角地区主要领导座谈会上，三省一市口岸主管部门已签署《长三角国际贸易单一窗口合作共建协议》，为此，上海市商务委已经成立工作专班，分别前往合肥、杭州、南京，与三省口岸办和电子口岸对接沟通，就长三角国际贸易"单一窗口"合作专区的主要功能、技术方案以及共建成果展示形式等，形成初步共识。最近，在前期沟通及技术初步对接的基础上，上海与浙江、江苏等长三角"单一窗口"专区已经试点上线。

来源：《解放日报》

上海港推出全国首个数字化退税业务产品

11 月 30 日，"上海—重庆·税港通"全面启动，上海港在全国率先推出数字化出口退（免）税业务产品，为企业出口退税提速。

据介绍，"税港通"出口退（免）税业务产品由上港集团联合重庆市税务局和重庆港推出，打通了上海港与税务部门"大数据"通道，通过数字化赋能启运港退税模式，为出口外贸企业提供其在上海港国际干线离境等物流信息，代替原有物流纸质单证备案，提升长江流域腹地客户办理出口退税便捷度。

上港集团方面介绍，"税港通"启用，将增强港口服务的业务竞争力和货源吸引力，有利于提升长江水运通道的服务效率，助力营商环境优化，实现外贸企业、港口、税务机关三方共赢。同时，这也是上港集团运用"互联网+"、大数据、云计算、区块链等技术，建设完善港口智能化运营管理服务系统的举措之一。

航运界人士表示，此次港口集团与税务部门深度合作，有望打破信息壁垒，解决航运企业征信难题。

据悉，此前该产品已上线试运行。其间，"税港通"出口退税服务累计为重庆地区数十家企业完成出口退税，共计减少 21 份纸质单证备案工作，跨出了备案单证数字化的第一步。

后续，上港集团将与重庆市税务局共同加强该业务产品和服务的宣传、推广和应用，同时总结形成可复制推广的经验，将"税港通"出口退（免）税业务产品推广至长江沿线和沿海其他港口，助力国家"启运港退税"政策更广泛地惠及广大出口贸易商。

来源：中国新闻网

上海水运口岸洋山港实行"联动接卸"海关监管新模式让企业降本增效

2021 年以来，安徽芜湖、江苏太仓不少外贸企业，开始改变从当地到上海的公路集卡运输，转而以水运方式运抵或提离上海水运口岸洋山港，穿梭于上海与长三角各口岸间的接驳船明显多起来。

这个"水水中转"新现象，源自从去年底启动并迅速推广至太仓港、芜湖港及浙江独山港、安吉港的"联动接卸"海关监管新模式。在这一模式下，各港口货物进出口可实现一次申报、一次查验、一次放行，恰如太仓港口管委会相关负责人所言，"太仓港已经约等于上海洋山港"。

据介绍，"水水中转"是外贸货物中转最为经济、省时的运输方式，但"水水中转"需要海关监管政策与码头之间的高效协同。此前，外地外贸企业为了快速通关，往往选择以成本较高的陆路运输方式，将出口货物运至上海，直接从上海口岸报关出口。仅在苏南地区，每天就有约4万辆集卡往返于当地与上海港之间。"联动接卸"，是上海及周边港口与海关联手推出的政策组合拳——外地港口相关进口货物可在洋山港办理进口放行手续，经专用驳船转运至外地港口后直接提离；出口货物在外地港口办理报关手续后，经专用驳船从当地港口运抵洋山港后，也可直接搭载远洋货轮离境。这一模式一举解决了货物转关申报等问题，组合了最经济的运输方式和最便利的通关政策，从而吸引外贸企业"弃陆转水"，洋山港与周边港口的"水水中转"由此真正热闹起来。

据悉，"联动接卸"第一票始于2020年11月3日。当天，安徽省技术进出口股份有限公司自美国进口的23.47吨红橡木板材，在上海水运口岸洋山港由洋山海关派员查验放行后，经"太仓快航"接驳，从洋山港运抵太仓港。这一区域通关一体化新做法，很快在芜湖港形成复制。2021年3月10日，安徽一批出口太阳能电池组件，从芜湖港运抵上海洋山港，成为芜湖港与洋山港牵手运行"联动接卸"首单业务。紧接着今年4月，浙江独山港、安吉港的集装箱货物也开始"弃陆改水"，选择通过水运接驳方式，在洋山港完成货物进出口。据统计，2021年1月—6月，浙江、安徽、江苏各港与上海水运口岸洋山港之间以"联动接卸"监管方式完成的进口达1.42万标箱，出口更多，高达12.39万标箱。

江苏一家经营板材业务的供应链公司负责人测算，公司每年进口板材约1000标箱，过去以集卡方式经东海大桥到洋山港，提货后，先在上海找暂存仓库，将货物卸下，随后归还集装箱空箱，再经公路运输将货物拉至太仓，中间环节多、费用高，还常遇道路堵塞，致效率低下。而今，进口货物在洋山港实现通关放行后，可直接搭乘定班接驳船直抵太仓港，每个标箱可节约运输成本约200元，运输时长反而还比陆路运输减少一半。不少尝到"联动接卸"甜头的企业反映，物流时间上的确定性，让企业能够算准库存与周转时效，从而降本增效，在交货期上更敢"拍胸脯"，"以前没有把握的合同也敢签了。"

上海水运口岸洋山海关物流监控四科科长金杰告诉记者，新监管模式下，长三角各港口与上海洋山港"视同一港"，这既优化了上海国际航运中心枢纽地位，也强化了上海航运中心南北翼各港对上海的"喂给"功能。

根据上海水运口岸洋山海关的调研，目前按"联动接卸"模式，每个进口和出口集装箱可降低物流成本分别为200元和400元。在时效上，发挥上港集团多式联运接驳船作用，进口货物自洋山港运至芜湖港，物流平均用时48小时。

"联动接卸"这一创新举措，直接促使长三角公路上集卡变少。近期，南昌、重庆海关也开始与洋山港接洽，更大范围、更多点位的"联动接卸"有望在年内实现。多港联动热络，更带来各港集装箱量俱增局面。2021年上半年，上海水运口岸洋山港集装箱吞吐量达1115.5万标箱，同比增长20%，创历史新高。同期，太仓港集装箱吞吐量同比增长42.61%，芜湖港还首次进阶中国江河港口集装箱吞吐量排名第四位置。

来源：上海海关

洋山四期"中国芯"激活码头新动能

从沪嘉高速公路旧址出发，途经沪芦高速公路、驶过东海大桥，15分钟的车程后，上海港洋山深水港区四期码头（简称洋山四期）渐入眼帘。高耸的桥吊自行挥舞巨臂从船上精准抓箱，无人驾驶的电动卡车来回运送，繁忙却安静有序，码头作业几乎空无一人，只见一辆辆集卡沿着东海大桥往来穿梭。

这是4月6日记者参加"沿着高速看中国"采访活动，在洋山四期码头看到的一幕。

洋山四期共建设7个集装箱泊位，集装箱码头岸线总长2350米，是目前全球规模最大、智能化程度最高，我国拥有完全自主知识产权的全自动化集装箱码头。自2017年12月开港以来，规模不断扩大、产能不断释放，2018年吞吐量达到201万标箱，2019年实现327万标箱，2020年突破420万标箱，已基本实现码头建设的初期目标。

"洋山四期吞吐量逐年增长，2020年仍然比2019年增长了28％，达425万标箱，其中有约52％吞吐量通过东海大桥陆运进行集疏，大量货物通过高速公路运往全国各地。"上港集团尚东分公司副总经理孙金余说。

2019年，东海大桥道路监控设施和通信设施全面改造，成为了国内第一座试点无人驾驶的桥梁，不仅提供了更加良好的道路通行环境，还可满足洋山港区智能集卡自动驾驶的需要。

创新驱动、科技赋能在港区内外同时上演。洋山四期采用上港集团自主研发的全自动化码头智能生产管理操控系统（简称ITOS系统），是我国唯一拥有"中国芯"的自动化码头。

ITOS系统覆盖自动化码头全部业务环节，通过衔接上海港业务受理平台、集卡预约平台、数据分析平台、统一调度平台等数据信息平台，实现智能调配生产计划模块、实时调度码头作业过程。孙金余介绍，自投入使用以来，ITOS系统不断迭代升级，为洋山四期提升港口运营管理能力、综合服务能力，持续在规模和智能化程度上保持全球领先提供了有力支撑。

据了解，洋山四期码头装卸作业采用"远程操控双小车集装箱桥吊＋自动导引车＋自动操控轨道式龙门起重机"生产方案。结合装卸设备的实际特点，上港集团创新研发了指令调度架构平台，并导入ITOS系统，通过设备调度模块与协同过程控制系统的应用，提升了码头现场生产效率，实现了码头作业从传统劳动密集型向自动化、智能化的革命性转变。

洋山四期自动化码头的建成和投产标志着我国港口行业在运营模式和技术应用上实现了里程碑式的跨越升级与重大变革，为上海港进一步巩固港口集装箱货物吞吐能力世界第一的地位、跻身世界航运中心前列提供了全新动力，也成为我国深化改革、扩大开放的重要窗口。

来源：中华航运网

上海口岸探索"一站式"查验通关 大幅降低中外航运企业时间成本

对港航企业来说，时间就是效益。上海的口岸边检部门正不断简化国际航行船舶查验流程，提升船舶通关速度，优化口岸营商环境。

记者从外高桥边检站获悉，该边检站对综合信誉好、管控风险低的国际航行船舶，整合优化了国际航行船舶"入境预检"与"入境正检"的查验功能及流程，第一时间派员登轮"一站式"办理查验手续。此举有效降低船舶在港等候和代理往返的时间成本。

"简单、省时，又少跑路，真好举措"，船务代理有限公司业务员张健高兴地对记者说，"'一站式'查验通关模式真正把通关时间变为零，还省去了我们往返边检窗口办理手续的时间，一艘船可以节省2个小时。"

从韩国驶来的"长锦维娜"轮一靠泊外高桥一期码头，民警身着防护服、手持最新研发配备的边检智能查验终端登轮，仅用15分钟便办结了船舶及船员的入境查验手续，整个过程无需船舶代理人员往返检查窗口办理手续，也无需船方提交任何纸质申报材料；查验完毕船舶即可开工作业、上下人员，大幅提升了船舶通关效率和码头周转效率。

据外高桥边检站方面为记者算了一笔"账"，外高桥口岸每年国际船舶查验量达2.3万余艘次，年内预计有超过95%的入境船舶可享受此项通关便利，这样便可累计节约手续办理时间约1.3万余小时。

该边检站方面表示，该站将深入推进海港口岸勤务模式改革，通过简化船舶进出港边检手续、拓宽边检行政许可适用范围、加强移动查验终端和现场查验车的科技化手段应用等服务举措，使手续不断简化、流程持续优化，从而降低企业成本，加快通关速度。

来源：中国新闻网

10项简化通关新举措助力洋山港开年冲刺

国家移民管理局发布服务促进长三角航运枢纽建设10项措施实施已满月，各项便利措施逐步落地见效，新措施给洋山港带来了新变化。

多系统数据比对，使入出港外轮船员免予查验出入境证件、免收各类纸质入港申报单证，对长三角移泊到洋山港的船舶免办入出港手续……手续再次简化、流程再度优化、企业成本持续降低、通关速度稳步提升，助推洋山港竞争力再提升，长三角一体化再加速。2021年1月1日以来，洋山港在多年一遇的霸王级寒潮面前，日均出入境（港）船舶24艘次，装卸集装箱6.3万标箱，呈现开年就是冲刺的良好状态。

2020年下半年以来，洋山港集装箱吞吐量逆势上扬，超大型集装箱轮密集进港，码头泊位利用率始终维持高位，各码头装卸作业效率不断刷新纪录。2020年，洋山港吞吐量2022.2万标箱，平均每船装卸约2400个集装箱，每分钟约吊装38.5个集装箱。

为使边检通关手续办理和生产装卸作业无缝衔接，一个月来，洋山边检站进机关、赴企业、上外轮、访港区，先后走访相关政府部门、口岸联检单位、港航企业等单位宣传讲解10项措施，发放宣传册，让相关部门、企业及时了解便利措施、及时享受政策红利。同时，积极协调港区调整内部管理制度，做好长三角区域港口边检站签发证件的审核查验工作，实现长三角"一地办证、区域通用"的一证通模式。目前，已有113艘从长三角地区移泊到洋山港的外轮免办入出港手续、46艘入境船舶在入境核查时一次性办结入境和出港的边检手续。这些措施，减少了边检民警的登轮核查次数，节约了装卸作业等待时间，进一步提升了港口的生产作业效率。

上海上港联合国际船舶代理有限公司业务经理顾平表示，国家移民管理局10项新举措简化了边检通关手续，降低了企业运营成本，提高了通关效率。浙江嵊泗华浦船务有限公司的业务员小范说，公司业务跨越沪、浙两地，切实享受到了长三角区域内"一证通"的便利性，节约了时间，避免了重复办证。

来源：《新民晚报》

上海港集装箱吞吐量连续 12 年全球第一

刚刚过去的 2021 年，上海港集装箱吞吐量同比增长 8%，突破 4700 万标准箱，连续 12 年位居全球第一。昨天，今年首批新增两台桥吊从"振华 31"轮顺利卸至洋山深水港码头，即将安装调试投入生产，进一步提高港口产能。

桥吊是集装箱码头生产设备的重要组成部分，洋山港海事局去年共保障洋山四期自动化码头新增桥吊 5 台、轨道吊 12 台。洋山四期自动化码头 2021 年完成集装箱吞吐量 570 万标箱，同比增长 35.7%。

装载桥吊的"振华 31"轮总宽度近 150 米，左舷超出舷外 33.8 米，右舷超出舷外 72.9 米，超出舷外部分距水面约 56 米，水面以上最大高度超 90 米，属于超宽、超高船舶进港。为保障码头生产设备快速、安全进港，洋山港海事局制定有针对性的安全保障方案，进港过程中指挥中心对重点水域实施临时交通管制，全力保障载运港口生产设备船舶及时进港。

除了生产设备扩容助力产能外，上海港集装箱吞吐量持续增长，与跨境贸易营商环境不断优化息息相关。日前，上海外高桥四期码头完成首票国际中转集拼实货试点业务。规模化运作后，将有利于国际采购、分拨配送等高附加值物流增值服务向上海港集聚。上海港正在向港口综合物流服务商转变。

上海海关积极推动中转集拼业务试点，应用安全智能锁、电子围栏等技术为中转集拼业务试点提供更加安全高效的监管服务。去年，上海海关与南京海关、合肥海关、杭州海关等长三角直属海关拓展"联动接卸"海关监管模式，实施"联动接卸、视同一港"整体监管，实现进出口货物"一次申报、一次查验、一次放行"。目前，洋山港已经与江苏太仓港、安徽芜湖港、浙江独山港和安吉港等形成常态化联动接卸工作模式，未来还将推广到大丰、苏州高新、张家港、扬州等沿江沿海港口。

以洋山—芜湖港"联动接卸"模式为例，全程运输时间平均约 48 小时，相较其他模式节省近一半时间。据测算，相较传统的水水中转模式，"联动接卸"模式出口每标箱可节约物流成本 400 元，进口每标箱可节约 200 元。2021 年全年，通过联动接卸模式共完成出口 27.1 万标箱、进口 2.2 万标箱，上海港航运枢纽地位进一步凸显。

来源：《文汇报》

二、自贸区物流

（一）2021年度相关统计数据

2021年保税区域进出口情况

2021年，外高桥保税区完成进出口额1603.4亿美元，同比增长20.4%，其中进口额1200.2亿美元，增长19.3%，出口额403.2亿美元，增长23.8%。外高桥港综合保税区完成进出口额34.1亿美元，增长9.3%，其中进口额13.5亿美元，下降9.1%，出口额20.6亿美元，增长26.1%。浦东机场综合保税区完成进出口额108.5亿美元，增长11.2%，其中进口额55.5亿美元，增长17.0%，出口额52.9亿美元，增长5.7%。

三区合计完成进出口总额1745.9亿美元，同比增长19.5%，其中进口额1269.2亿美元，增长18.8%，出口额476.8亿美元，增长21.6%。

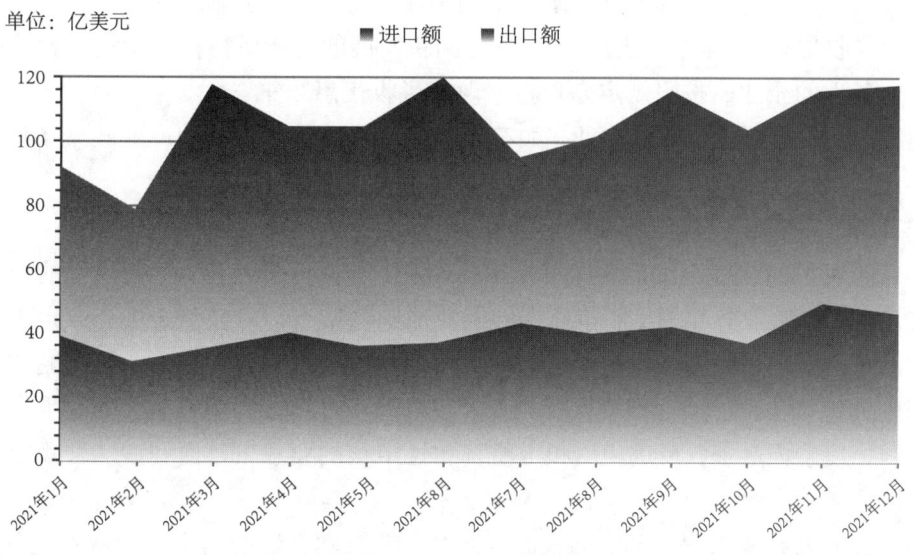

图1：保税区域进出口

来源：海关总署网

（二）2021年上海自贸区重要政策

临港新片区促进离岸贸易高质量发展的若干措施

为贯彻落实《中国（上海）自由贸易试验区临港新片区总体方案》、《上海市国民经济和社会发展第十四个五年规划和二零三五年远景目标纲要》，以及市委、市政府关于加快建设新型国际贸易先行示范区的有关要求，加速推动临港新片区新型国际贸易健康有序发展，打造离岸贸易创新发展实践区，制定本措施。

一、发挥特殊经济功能区的作用

（一）坚持以习近平总书记"五个重要"指示精神为统领，建设新片区离岸贸易创新发展实践区，统筹发展在岸业务和离岸业务，打造全球产业链供应链价值链的重要枢纽。

（二）充分发挥洋山特殊综合保税区功能，借鉴国际离岸金融监管经验，加快建设大宗商品离岸贸易集聚区。在洋山特殊综合保税区提供国际大宗商品仓储、转运、拼装、分装、配送等服务，开展国际大宗商品仓单、提单的离岸交易，办理相关登记业务和结算融资等金融服务。

二、促进离岸贸易产业集聚

（一）业务种类。包括离岸转手买卖、离岸经贸业务及临港新片区认定的新型国际贸易。

（二）支持范围。企业工商注册地、实际经营地、财税户管地均在临港新片区（产城融合区 386 平方公里区域范围内），且连续两年未受法律法规处罚或海关、外汇信用降级。企业须未被纳入监管部门公开发布的限制性分类管理目录，包括但不限于：货物贸易外汇管理分类 B、C 类，跨境人民币业务重点监管名单等。

（三）离岸贸易专项奖励。企业年营业收入（销售收入）超过 3 亿元（其中离岸贸易业务收入占比不低于 35%）且年经济贡献度超过 1000 万元（含），或对临港新片区有重大贡献，按照离岸贸易实收汇款规模给予一定比例的专项奖励，最高不超过地方财力贡献。

（四）企业税收优惠。积极探索适应离岸贸易创新发展的企业所得税和印花税新片区支持政策。经认定的、符合条件的企业，按照规定享受相关现行税收优惠政策。

（五）奖励原则。享受本措施的企业，如符合临港新片区管委会其他产业政策条件的，以企业法人主体为单位，按从优不重复原则执行。

三、支持离岸贸易项下国际结算和融资便利

（一）在风险可控的前提下试点离岸贸易结算便利。支持内控完备、管理规范的商业银行在切实履行"了解客户""了解业务""尽职审查"的展业原则基础上，对诚信合规企业自主优化离岸转手买卖业务审核流程。鼓励企业通过自由贸易账户办理离岸经贸业务，支持商业银行通过分账核算单元按国际通行规则为符合条件的企业提供国际结算、贸易融资在内的跨境金融服务便利。支持商业银行在符合"反洗钱、反恐怖融资、反逃税"和贸易真实性审核的要求下，便利诚信合规企业的跨境资金收付。

（二）探索建立特殊需求研判及会商机制。针对企业真实合法的离岸贸易特殊业务需求，临港新片区管委会牵头组织相关业务主管部门、商业银行、专业服务机构等开展个案分析与政策研究，根据行业的不同属性为其量身定制个性化解决方案，满足企业多元化业务需求。

四、提供全方位服务

（一）深化离岸贸易服务中心建设。加强与企业需求对接，开发离岸贸易与国际金融服务平台，为贸易商提供政策咨询、专业人员培训等服务，为区内银行提供数据支撑，提升服务水平。

（二）完善离岸贸易创新发展实践区基础设施。建设离岸仓储设备以及仓单公示系统、结算清算系统、登记托管系统等离岸贸易生产服务系统，为企业提供全流程仓储物流服务。鼓励区内开展人民币计价结算的大宗商品转口贸易。

（三）吸引国内国际专业机构入驻。鼓励高水平专业服务机构落户临港新片区，提供法律、审计、融资、汇率风险管理及保险等综合配套服务。

（四）建设离岸贸易创新发展研究基地。依托专业机构和资源，在临港新片区举办各类离岸贸易实务培训、经验交流、专题研讨等，不定期发布临港新片区离岸贸易发展报告，推动政、产、学、研、用一体化协同发展。

五、创新监管模式

（一）推动数据信息共享平台建设。在上级主管部门支持和指导下，临港新片区管委会牵头对接和融合海关、商务、公安、人民银行、外汇管理、商业银行等部门数据信息，紧扣临港新片区离岸贸易发展目标及实际需要，分步推进信息共享平台建设。

（二）实施主体分类监管。积极探索"负面清单＋正面清单"管理模式，由临港新片区管委会统筹协调商业银行加强对市场主体的分类调研，引导行业自律，推动商业银行根据离岸贸易特点优化业务操作规范，分类实施差异化管理，重点关注关联交易、收支金额异动、大额高频收支、融资杠杆比例和融资过度集中等现象。

（三）实施系统监测管理。临港新片区管委会加强与商务、海关、人民银行、外汇管理等部门的协同配合，提升跨部门联合监测能力，实施集中有效的规范性评估和自律监测管理措施，以分类、协同、智能监测分析为核心对系统性跨境资金流动风险进行全流程预警管理。拓展离岸贸易监管方式，向商业银行和企业提示离岸贸易业务风险，督促履行应尽的责任和义务。

六、综合保障措施

（一）重点人才支持。向市相关部门推荐优质离岸贸易企业纳入居转户"七转三"重点机构单位清单，其符合政策条件的人才，可直接引进落户，其他符合政策条件的骨干人才，居转户年限由 7 年缩短至 3 年（其中新片区工作时间不低于 2 年）。

（二）外籍人才支持。推荐企业纳入临港新片区试点口岸电子签证邀请单位资格清单；推荐纳入政策单位清单，聘用的外籍人员可申请最长 5 年工作类居留许可，工作满 3 年后符合一定要求，可申请在华永久居留；对符合认定标准的外籍高层次人才，

直接向市出入境管理局推荐申请在华永久居留。对境外和海外回流高端紧缺人才，给予个人所得税 15% 以上部分税负差额补贴。实行从业资格互认，允许具有境外职业资格的专业人才经备案后，在临港新片区内提供服务，其在境外的从业经历可视同国内从业经历。

（三）优化营商环境。构建国际商事争议纠纷解决机制，引进一批国内外知名的仲裁、调解等机构，加大法律服务业开放压力测试，为离岸贸易提供一站式纠纷解决服务。发挥金融法院的审判职能，依法审理因离岸贸易跨境投融资、跨境支付结算等业务所引发的各类金融纠纷，为临港新片区离岸贸易发展提供更加公正、高效、便捷和可预期的金融司法保障。

七、附则

（一）针对本措施执行过程中国家或上海市出台最新支持措施，原则上按新规从优执行。

（二）本措施自发布之日起实施，有效期至 2023 年 12 月 31 日。

（三）本措施由中国（上海）自由贸易试验区临港新片区管委会及相关主管部门共同负责解释。

来源：临港新片区

上海临港新片区"十四五"规划发布

上海市人民政府关于印发《中国(上海)自由贸易试验区临港新片区发展"十四五"规划》的通知

各区人民政府,市政府各委、办、局:

现将《中国(上海)自由贸易试验区临港新片区发展"十四五"规划》印发给你们,请认真按照执行。

上海市人民政府

2021年7月22日

中国(上海)自由贸易试验区临港新片区发展"十四五"规划

为加快推进中国(上海)自由贸易试验区临港新片区(以下简称"临港新片区")建设,根据《中国(上海)自由贸易试验区临港新片区总体方案》(以下简称《总体方案》)和《上海市国民经济和社会发展第十四个五年规划和二〇三五年远景目标纲要》,制定本规划。

一、发展基础

2019年8月20日临港新片区挂牌成立,为上海当好新时代全国改革开放排头兵和创新发展先行者、推动经济高质量发展提供了重大历史机遇,以高水平开放引领高质量发展进入了新的阶段。

(一)经济发展稳中加速

2020年,临港新片区工业总产值完成1703亿元,全社会固定资产投资完成618.2亿元。集成电路、生物医药、人工智能、民用航空等前沿产业加快布局,智能新能源汽车和高端装备制造产业集群效应初步显现。智能制造研发与转化平台等5个科技创新功能型平台落地,世界顶尖科学家社区和国际联合实验室启动建设。滴水湖金融湾项目开工,全国首家外资控股合资理财公司等一批项目签约落地。航运贸易服务功能持续强化,运营高效的航运枢纽基本建成,洋山港集装箱吞吐量达到2022万标箱。

(二)改革开放取得重大突破

《总体方案》明确的各项改革试点任务已基本完成,国务院印发《中国(上海)自由贸易试验区临港新片区管理办法》,本市出台《关于促进中国(上海)自由贸易试验区临港新片区高质量发展实施特殊支持政策的若干意见》《关于以"五个重要"为统领加快临港新片区建设的行动方案(2020-2022年)》等120余个政策文件。洋山特殊综合保税区(一期)封关区域正式运行,临港新片区一体化信息管理服务平台建成运营,着力构建全面风险监测和防范体系。

(三)基础设施逐步完善

依托S2公路、G1503公路、两港大道、轨道交通16号线等主要对外通道,加快构建综合对外交通体系,内部交通加快完善,基本形成"环+射"的路网结构。临港"城市大脑"等一批示范项目和智能网联汽车综合测试示范区启动建设。扎实推进"水、气、土"污染防治行动,全面消除劣V类水体,空气主要污染物浓度满足所在区域环境空气质量功能二类区要求,基本实现污染地块全面安全利用。

（四）社会民生持续改善

明珠小学等优质基础教育资源逐步集聚，上海电力大学等高校入驻，各级各类学校达到47所。上海中学东校高中部等26所学校启动建设，青少年活动中心等项目扎实推进。初步建立以三级医院为核心、以社区卫生服务中心为基础的医疗服务体系，基本满足区域内居民医疗卫生服务需求。商业设施建筑面积达到45万平方米，主要居住区基本实现商业配套覆盖。加快推进上海天文馆、冰雪之星等重大文旅项目建设，丰富各类文旅活动，年旅游接待达到500万人次左右。

（五）营商环境不断优化

加大"放管服"改革力度，分两批集中承接市、区两级行政审批和行政处罚等事权1170项，率先实施商事主体登记确认制改革，建立特色营商环境指标体系。设立临港新片区法律服务中心，引进境内外知名法律服务机构。

二、总体要求

（一）指导思想

以习近平新时代中国特色社会主义思想为指导，全面贯彻党的十九大和十九届二中、三中、四中、五中全会精神，全面贯彻落实习近平总书记考察上海重要讲话和在浦东开发开放30周年庆祝大会上的重要讲话精神，深入践行"人民城市人民建，人民城市为人民"重要理念，围绕强化"四大功能"、深化"五个中心"建设，聚焦发展"五型经济"、推动城市数字化转型，以"五个重要"为统领，对标国际公认的竞争力最强的自由贸易园区，实施差异化政策制度探索，进一步加大开放型经济的风险压力测试，以高水平开放推动高质量发展，加快打造更具国际市场影响力和竞争力的特殊经济功能区，不断提高公共服务均衡化、优质化水平，建设开放创新、智慧生态、产城融合、宜业宜居的现代化新城。

（二）发展目标

到2025年，聚焦临港新片区产城融合区，建立比较成熟的投资贸易自由化便利化制度体系，打造一批更高开放度的功能型平台，集聚一批世界一流企业，区域创造力和竞争力显著增强，经济实力和经济总量大幅跃升，初步实现"五个重要"目标；初步建成具有较强国际市场影响力和竞争力的特殊经济功能区，在若干重点领域率先实现突破，成为我国深度融入经济全球化的重要载体，成为上海打造国内国际双循环战略链接的枢纽节点；初步建成最现代、最生态、最便利、最具活力、最具特色的独立综合性节点滨海城市；基本建成服务新发展格局的开放新高地、推动高质量发展的战略增长极、体现人民城市建设理念的城市样板间、全球人才创新创业的首选地。

——开放型政策和制度的国际市场竞争力显著增强。以建设更高水平开放型经济新体制为目标，形成新一轮政策制度供给。积极把握区域全面经济伙伴关系协定（RCEP）签署等带来的机遇，深化构建与国际通行规则相衔接的制度体系，更好发挥构建更高水平开放型经济新体制的试验田作用。

——创新策源能力显著增强。发挥开放优势，集聚创新资源，破除制约科技创新的体制机制障碍，推进国际协同创新。到2025年，建设不少于10个顶尖科学家实验室，引进培育高层次人才不少于100名，新增高新技术企业1000家左右，科创中心主体承载区功能持续彰显。

——世界级、开放型、现代化产业体系基本形成。到2025年，地区生产总值在2018年基础上翻两番，年均增速达到25%左右。培育形成智能新能源汽车、集成电路、高端装备制造3个千亿级产业集群，做大做强生物医药、人工智能、民用航空等先进制造业产业集群。大力发展跨境金融服务、新型国际贸易、现代航运服务、数字信息服务、科技创新服务等产业，形成一批具有影响力的功能型平台，累计认定总部机构50家左右。

——独立综合性节点滨海城市发展框架基本形成。按照"产城融合、功能完备、职住平衡、生态宜居、交通便利、治理高效"的要求,助力上海加快形成"中心辐射、两翼齐飞、新城发力、南北转型"的空间新格局。城市人口加快集聚,常住人口规模达到80万人左右;"国际风、未来感、海湖韵"城市风貌有力彰显,区域文化软实力显著增强,产城融合更加凸显;加快区域交通条件改善、环境品质提升和公共服务功能完善,数字城市建设形成先发优势和标杆效应。

——高效能城市治理体系基本形成。打造"放管服"改革先行区,市场化、法治化、国际化的营商环境进一步优化。城市精细化、数字化治理能力大幅提高,建设不少于30个数字化城市治理应用场景。

表2:"十四五"时期临港新片区发展主要指标

序号	指标名称	单位	指标属性	2025年
1	地区生产总值年均增速	%	预期性	25左右
2	全社会固定资产投资	亿元(人民币)	预期性	累计6000左右
3	工业总产值	亿元(人民币)	预期性	5000左右
4	培育千亿级产业集群数量	个	预期性	3
5	数字经济增加值年均增速	%	预期性	50左右
6	外商直接投资实到金额	亿(美元)	预期性	累计50左右
7	货物贸易进出口总额	亿元(人民币)	预期性	2000左右
8	港口集装箱吞吐量(洋山港)	万标箱	预期性	2600左右
9	洋山特殊综合保税区区域经营总收入年均增速	%	预期性	15左右
10	跨境融资额年均增长率	%	预期性	30左右
11	全社会研发经费占生产总值比重	%	预期性	6左右
12	新增高新技术企业数量	家	预期性	1000左右
13	认定总部机构	家	预期性	累计50左右
14	各类金融机构和投资类企业	家	预期性	累计300左右
15	新增上市公司数量	家	预期性	累计20左右
16	常住人口规模	万人	预期性	80左右
17	5G网络区域覆盖率	%	预期性	不低于99
18	地表水达到或好于Ⅲ类水体比例	%	约束性	不低于60
19	社区级公共服务设施15分钟步行可达覆盖率	%	约束性	不低于85
20	每千常住人口医疗卫生机构床位数	张	预期性	6.5左右
21	绿色交通出行比例	%	预期性	80左右
22	生态空间比例	%	约束性	不低于50
23	旅游接待人次	万人/年	预期性	1500左右

三、主要任务

（一）全力推动全方位高水平开放

对标最高标准、最好水平，构建更高水平的开放型政策和制度体系，成为参与全球经济治理的重要试验田。

1. 构建高水平国际投资贸易自由化便利化政策制度体系

全面推动新一轮全方位高水平对外开放和深化改革。全面落实中共中央、国务院《关于支持浦东新区高水平改革开放打造社会主义现代化建设引领区的意见》，全面完成《总体方案》主要任务，研究临港新片区新一轮全方位高水平对外开放和深化改革方案，推动出台支持临港新片区自主发展、自主改革和自主创新的相关政策。以投资自由、贸易自由、资金自由、运输自由、人员从业自由等为重点，实施国际互联网数据跨境安全有序流动，加快投资贸易自由化便利化。

探索在若干重点领域率先实现突破的政策和制度支持。加大在投资准入、货物和服务贸易、金融开放、数字经济、知识产权保护、国企竞争中立、政府采购、争端解决等领域的风险压力测试。根据国家统一部署，率先试点在若干领域放宽外商投资准入、市场准入等限制。先行先试扩大金融、增值电信、数据跨境流动、教育、医疗、文化等领域对外开放，加快发展文化服务、技术产品、信息通讯、医疗健康、跨境数据交易等服务贸易。探索放宽或取消跨境交付、境外消费、自然人移动等跨境服务贸易市场准入限制。进一步推动高水平资本项目可兑换，强化国际金融资产交易、人民币离岸交易、跨境支付结算、离岸金融等功能。进一步完善"中国洋山港"籍船舶登记管理制度，扩大沿海捎带政策适用范围，积极探索发展国际中转集拼业务。进一步提升境外人才出入境、停居留便利水平，完善电子口岸签证制度，放宽境外专业人士从业限制。加快探索实施具有国际竞争力的税收政策，研究重点产业关键领域核心环节目录动态调整方案，积极探索支持总部经济、跨境金融服务、离岸业务、再保险业务、自由贸易账户、境外投资等方面的特殊税制安排，在风险可控的前提下，探索支持企业服务出口的增值税政策。

建立健全风险防范和安全监管制度体系。聚焦检疫、原产地、知识产权、国际公约、跨境资金等特殊领域和国际业务、跨境金融服务、前沿科技研发、跨境服务贸易等重点产业体系，打造全面风险防控体系及风险管理制度。进一步完善一体化信息管理服务平台，构建风险预警模型，形成一批风险监管应用场景，实现全生命周期实时监测、线索发现、动态预警、核查处置和反馈闭环的工作流程，筑牢精准有效的风险防线。构建信用分级分类管理体系，完善信用评价基本规则和标准，按照"守信激励"原则，把信用评价作为企业享受优惠政策和制度便利的重要依据。

2. 打造最具国际竞争力的洋山特殊综合保税区

切实推进政策和监管制度创新。推进金融等领域开放政策在洋山特殊综合保税区内先行先试。优化简化监管流程，实施物理围网外"一企一策"政策，建立以"电子监管"为特色的监管制度和服务体系。进一步完善综合信息数据湖，提供一站式贸易自由化便利化服务，为部门协同监管、创新服务提供有力支撑。在货物进出口、海事危险品、企业生产物流全程真实性、企业购付汇等领域开展风险防范，创新一线风险防控模型。

推动在岸离岸业务联动发展。培育国际供应链管理、跨境综合服务、高端制造服务等功能，加快建设国际中转集拼中心、分拨配送中心、销售服务中心等平台。鼓励发展在岸离岸保税研发设计、保税加工制造等业务，建设国际一流的检测维修中心和绿色再制造中心。加强洋山特殊综合保税区与外高桥综合保税区联动发展。大力发展离岸贸易、跨境金融、国际大宗商品交易、数字贸易、跨境电商、高端消费品保税展示交易等产业，打造离岸贸易创新发展实践区，洋山特殊综合保税区区域经营总收入年均增速达到15%左右。推动芦潮港、小洋山岛及浦东国际机场南侧区域建设特色明显的功能集聚区，加快推进洋山特殊综合保税区扩区工作。

（二）增强创新策源和国际创新协同能力

坚持科技创新和制度创新"双轮驱动"，以"非对称"赶超战略突破关键核心技术，加强国际科技交流合作和创新协同，成为全球创新网络重要节点，引育海内外优秀人才。

1. 集聚多元优质的创新主体

汇聚高水平研发主体。积极布局世界顶尖科学家国际联合实验室，推进重大科学设施装置和国家级研究中心建设运营。推动高水平研究型大学建设，支持国内外高水平研究机构和创新型企业在临港新片区设立总部、分支机构和研发中心，引进20家左右国内行业龙头企业的研发中心。

打造科技成果转移转化平台。加快应用场景和公共资源开放共享，推动朱光亚战略科技研究院、工业互联网创新中心等平台运营，建设30家国内领先的开放型产业创新平台。集聚全球化、高端化科技创新服务资源，培育技术转移服务机构，加强技术评估、技术投融资、国际技术转移等领域探索。建设全球科技创新成果交易中心，探索高端技术成果、技术产品的跨境保税交易。探索科技保险，创新科技金融产品，建立有利于科技创新和成果转化的金融体系。

培育壮大创新型企业。强化企业技术创新，引导科技型企业持续加大研发投入力度。实施精准扶持政策，加快培育一批科技含量高、拥有核心技术和产品的高科技企业，推动一批优质创新创业和科技服务企业上市。构建创新创业生态，加大科技创新创业孵化载体、众创空间引进力度，支持落户跨国公司等设立内部孵化器。到2025年，培育引进50家以上高质量科技服务机构。加强政府对初创期科创企业的支持，加大中小科创企业贷款贴息支持力度。

2. 打造创新活力迸发的人才高地

集聚具有全球影响力的高端人才。面向重点产业、科学领域发展需求，加快引进领军人才。实行更加便利的外籍高端人才出入境、停居留和工作许可政策，实施好境外人才个人所得税税负补贴新政策，大力引进海外高端人才。

培育重点产业急需的专业人才。结合重点产业行业对紧缺急需人才的需求，坚持引育并重，构筑专业技能人才队伍发展体系。建设国家产教融合试点城市，支持设立产教融合工作推进平台，支持校企共建实训基地和现代产业学院、研究生联合培养基地，推行技术类专业现代学徒制和企业新型学徒制，支持职业院校推进学历证书＋若干职业技能等级证书的"1+X"证书制度试点。到2025年，培养不少于10万名具有初级及以上职业技能等级和专业技术职称的产业工人。

培育引进海内外创新创业人才。搭建更具支撑力的创新创业交流服务平台、创新成果展示交易平台等。吸引海外留学人员、在读外籍留学生和国（境）外高水平大学优秀外籍毕业生创新创业。强化青年人才的培育和引进。到2025年，主要劳动年龄人口中受过高等教育的比例超过45%。

建立健全人才服务保障体系。优化临港新片区国际人才服务港功能，集聚一批高质量、专业化、综合性的人力资源服务机构，构建服务全国、连接全球的人才市场体系。到2025年，集聚30家以上知名人力资源机构。建立符合市场规律的人才流动机制，支持科技创新人才通过挂兼职、短期工作、项目合作等方式合理流动。建设行业人才市场化评价体系。完善人才安居政策，建设面向青年人才的活力创新社区。

3. 建设具有全球影响力的国际创新协同区

高水平建设世界顶尖科学家社区。围绕国际创新协同功能，聚焦生物医药、人工智能、新能源、新材料、量子通信等领域，打造全球前沿科学策源地。加快建设服务科学研究的商务会展专业服务设施和生活配套设施。依托科创总部湾，加快科技型总部建设，打造研发总部集聚区。依托临港科技城，加快集聚一批创新型企业和产业创新平台，提供科创孵化、跨境研发等服务。

构建国际创新网络重要节点。充分发挥世界顶尖科学家论坛品牌效应，集聚世界一流科技院校和高端人才，引进一流科技合作组织，打造一批全球化合作、市场化运作的共性技术研发和产业服务平台。发挥人才政策优势，支持国内外科学家开展重大科技联合攻关，构建新型联合研发模式。推动重大科研基础设施、大型科研仪器、科技文献、基础科学数据、实验材料等科学资源开放共享。加快浦东南北科技创新走廊建设，发挥张江科学城重大科学基础设施和科创研发优势，完善临港新片区承接科学技术转移、推动成果产业化的功能，加快建设创新要素集聚点。

（三）打造世界级先进制造业集群

强化高端产业引领，打响"数联智造"特色品牌，建立以关键核心技术为突破口的前沿科技产业集群，深度融入全球高端产业链、供应链和价值链。

1. 集成电路产业。建设"东方芯港"特色产业园区

围绕集成电路制造、贸易、核心装备、关键材料、高端芯片设计等领域，加快推动重点企业集聚、重点项目建设投产，加强关键材料本地化配套能力，形成集成电路全产业链生态体系。加快关键核心技术协同攻关，聚焦汽车电子、工业互联网等重点领域电子设计自动化（EDA），积极布局智能传感、人工智能（AI）、功率芯片等。加快圆片级、扇出型等先进封装技术研发量产，提升制造、封装、测试一体化服务能力。聚焦先进特色工艺集成电路材料，推动第三代半导体材料等领域突破，加快12英寸设备研发及产业化。发展电子元器件分销业务，建设辐射全国、扩展亚太地区的集成电路设备支持服务中心以及零组件、耗材等仓储配送中心。到2025年，集成电路产业规模突破1000亿元。

2. 生物医药产业。建设"生命蓝湾"特色产业园区

聚焦创新药研发、新技术赋能医疗服务，建设集聚研发、生产、测试、展示等功能的国际生物医药产业基地，打造精准医疗先行示范区。聚焦精准医学、精准药物、精准医疗器械、精准诊断等领域，引进拥有核心技术的高端特色医药，创新发展互联网医院。推动高性能医疗设备和人工智能、5G技术、大数据高效融合，引进和发展"五新"化学药，推动新型生物技术、药物、治疗技术产业化。推进临床转化平台建设，支持企业联合高校、科研院所共建生物医药创新中心、制药研发平台、共性技术研发平台等。到2025年，生物医药产业规模达到800亿元左右。

3. 人工智能产业

布局人工智能开源开放平台，充分发挥企业、高校、科研院所等单位科创资源优势，建设视觉、语音识别等技术平台，打造"平台＋应用"人工智能生态链。聚焦智能芯片、智能传感器等关键技术研发，加快技术突破和产品应用，实现本土化硬件安全自主可控。加速"AI＋"多元应用场景落地，推动无人驾驶、智能工厂等应用示范，重点打造智能网联汽车车载试验区，建设城市级智能服务AI试验场。到2025年，人工智能核心产业及相关产业规模达到900亿元左右。

4. 民用航空产业。建设"大飞机园"特色产业园区

服务好国家大飞机战略，重点发展民用航空综合型产业，推进大飞机核心装备产业链本土培育，初步构建集设计、研发、制造、应用、服务于一体的产业体系。围绕大型客机、机载系统、发动机等领域，加强关键核心技术攻关。完善民用客机产业链布局，积极探索通用航空器低空空域飞行试点，推动发动机试验验证平台等配套功能集聚，引进航空复合材料及零部件维修等配套企业，打造综合性飞机及航空器检测维修服务中心。推动航天领域布局，重点围绕商业航天及遥感数据开发、卫星通信、导航定位等领域，推动卫星互联网应用。强化适航认证能力建设，支持引导企业开展个性化适航认证。按照国家有关法律法规，建立符合与国际接轨的适航管理流程与审核标准，设立专业化的适航审定实验室和相关服务机构。到2025年，航空航天产业规模达到600亿元左右。

5. 智能新能源汽车产业

聚焦新能源汽车头部企业，加大产业链上下游布局力度，营造产业生态体系。加快核心技术自主研发，重点围绕智能新能源汽车电动化、网联化、智能化、共享化，在自动驾驶芯片、传感器和电池、电机、电控等关键零部件方面实现突破，提升国产化配套比重，加速推动整车企业供应链国产化、本地化。加强与浦东金桥园区联动发展，共同推动相关领域产业链互补延伸。到2025年，智能新能源汽车产业产值达到2000亿元左右。

6. 高端装备制造产业

瞄准尖端硬核的装备制造业，集中攻克一批智能制造共性技术，建设世界级智能制造中心。推进动力装置核心技术研发，促进国产动力装置加快迈进国际先进行列。依托上海交通大学智能制造转化平台，引进和培育一批具备国际竞争力的智能制造装备供应商、系统解决方案供应商，建设一批智能制造公共服务平台和智能制造示范工厂。加快智能化转型升级，全面提升生产自动化水平、设备运行效能和产品创新能力。到2025年，高端装备制造产业产值达到1000亿元左右。

7. 新型特色产业

加快推动中日（上海）地方发展合作示范区建设，重点围绕氢能产业，加强国际产业转移和技术合作，在储氢、制氢、加氢等技术方面实现突破；打造氢能源汽车产业链，重点推动氢能燃料汽车示范应用，建成氢能燃料电池动力的中运量线路，探索氢能物流、氢能大巴、氢能重卡等典型应用示范；建立氢能及燃料电池产业体系，适时布局氢能燃料汽车整车制造。拓展绿色再制造新模式，打造上海绿色再制造产业先行引领区；依托龙头企业，研究制定再制造技术标准；依托国家再制造产业示范基地，打造人才实训基地、检测认证中心等服务平台；争取再制造政策突破，创新高端设备再制造监管模式。聚焦新一代机器人及核心零部件，加强技术研发与集成创新，推广多场景技术应用。积极参与6G标准研究，促进自动驾驶、无人驾驶汽车大规模应用。建设"海洋创新园"，集聚和培育一批海洋高端装备科技创新型企业和项目，打造海洋高端装备技术研发、综合试验、企业孵化等产业链条，成为全球海洋中心城市、国家海洋经济创新发展示范城市的重要承载区。

（四）发展配置全球高端要素资源的现代服务业

统筹在岸与离岸业务，加快发展跨境金融、新型国际贸易、高端航运、数字经济等现代服务业，不断提高全球高端要素资源配置能力。

1. 推动金融开放创新发展

先行试点更加开放的金融政策及创新措施。探索开放创新政策制度及风险压力测试。全面落实外商投资国民待遇，在银行、保险、证券、资管等领域引入更多高水平国际竞争者，对接国际高标准规则，推动金融业高水平开放。以资金自由流动为目标，进一步实施更有利于资金便利收付的跨境金融管理制度体系。建立金融"监管沙盒"制度，试点跨境金融、离岸金融等领域政策和业务创新。

促进金融业快速集聚发展。加快国际金融资产交易平台建设，推动国家级大型场内贵金属储备仓库、跨境人民币贸易融资转让服务平台、上海航运金融服务一体化科技平台等高能级平台设立，推进人民币国际化进程和跨境人民币使用。加快滴水湖金融湾和中银西岛综合体建设，吸引各类金融机构入驻，打造金融科技集聚、资产管理创新、股权投资产业的新高地。推进融资租赁业务创新和资产交易。大力发展金融科技产业，鼓励国内外金融机构、龙头科技型企业设立赋能平台、金融科技事业部、金融科技公司等，打造金融科技生态圈。到2025年，累计引入各类金融机构和投资类企业300家左右。

提升金融对实体经济的服务能力。发挥政府产业投资基金引导作用，鼓励社会资本按市场化原则设立产业投资基金。鼓励金融机构对实体企业进行金融支持。鼓励金融机构为企业和非居民提供跨境发债、跨境投资并购、跨境资金集中运营、离岸转手买卖、跨境电商、供应链金融等金融服务。探索设立科创银行,为科技创新企业提供一体化科创金融服务,探索对优质科创企业进行初创期信用贷款、投贷联动、保险、贴息、融资担保、股权投资、跨境支付结算等方面的全过程特色综合金融支持。

2. 集聚发展新型国际贸易

大力发展总部经济。实施总部激励计划,吸引跨国公司地区总部、贸易型总部、研发类总部和国际组织(机构)地区总部等功能性总部机构集聚,加快培育和引进民营企业总部。鼓励跨国公司设立全球或区域资金管理、运营中心等功能性机构。鼓励引进具有投资、研发、运营、结算、人力资源等综合性功能的总部。

提升贸易规模能级。依托洋山特殊综合保税区,持续提升口岸贸易额,强化大宗商品配置能力。聚焦有色金属、石油化工等领域,探索布局交割仓库、物流网络以及交易经济业务,增强转口贸易功能。加快重大贸易平台建设,打造大宗商品"洋山价格"体系。加强国际分拨中心建设,进一步提高货物流转通畅度和自由度。做强国家外贸转型升级基地(汽车及零部件)。

深度拓展贸易新业态。加快发展服务贸易,支持企业承接生物医药、软件信息、研发设计、检测维修等国际服务贸易业务,推动服务贸易向价值链中高端转型升级。完善上海国际服务贸易总部示范基地平台功能,加快文化服务、技术产品、信息通讯、检验认证等领域服务贸易发展。扩大跨境电商"正面清单"范围,加快建设跨境电商综合试验区。建设跨境电商综合服务平台、国际配送平台,支持企业建设海外仓。加快离岸贸易发展,加大对离岸贸易结算、税收等制度创新的支持力度。

3. 提升现代航运服务能级

优化航运功能设施。加快完善"两海港(洋山深水港、南港)+两枢纽(四团站、芦潮港站)"布局,构建洋山港水公铁集疏运系统,建设临港集疏运中心。推进小洋山北侧综合开发。加快完善内河航道网络化,推进内河出海通道建设,进一步优化江海直达、江海联运配套港口设施。强化港航物流联动信息资源共享,打造港航物流公共信息平台,持续推动自动化、智能化港口建设。

发展高端航运服务业。重点围绕航运金融、航运交易、船舶检验、海事法律、航运咨询等业态,发展航运保险、航运金融、航运结算、航材租赁、航运仲裁、船舶交易等高端航运产业,打造高端航运服务业集聚区。提升航运综合服务功能,打造洋山保税船供公共服务平台,吸引全球船舶管理龙头企业、航运服务专业机构等。构建国际航运补给服务体系,强化飞机船舶备品备件供应、维修保养等综合服务,开展船用保税低硫燃油加注业务。发展航空中转集拼、航空专业服务等衍生产业,打造区域性航空总部基地和航空快件国际枢纽中心。

创新发展港航物流联动模式。推动航运公司、港口运营公司向仓储物流领域延伸,打造集仓储物流、高端制造、港航联运等功能于一体的物流产业集聚区。支持对拼拆箱货物进行简单加工、包装组装,延伸物流增值服务。建设航空物流服务平台,形成具备国际货代、空空中转的物流能力。打造全球维修航材分拨中心,提供全天候航材物流配送服务。

4. 加快发展数字经济

着力打造国际数据港。聚焦"信息飞鱼"全球数字经济创新岛,分领域打造 10 个跨境产业协同创新示范区,汇聚 100 家跨境数据配套服务企业和重点领域头部企业,打造 1000 亿元规模的产业生态体系。探索建设国家数据跨境流动试验示范区,建设以产业集聚、展示交易为一体的跨境便捷交互的"国际数据港"。开展数据跨境流动安全评估,搭建跨境数据流通公共服务平台,确保数据跨境安全可控。在不涉及国家秘密和个人隐私的前提下,探索特定领域数据非本地化存储。加快推进数字产业化与监管创新,集聚数字创新型企业,推动智能网联汽车、电子商务、金融等领域数据跨境流通。加快信息服务业对外开放,有序放开外商投资增值电信业务领域准入限制,完善云计算等新兴业态外资准入与监管。

建设数字经济高地。以产业数字化为核心，推进工业互联网建设，打造国际领先的工业互联网功能转化平台、数字经济产业链，推进标准实验室、高质量工业数据集和工业算法库、工业互联网标杆园区和"两业融合"创新示范项目。强化工业智能融合创新场景示范应用，打造一批"数字工厂"。加快发展"在线新经济"，培育一批以"在线、智能、交互"为特征的龙头企业，发展高端化数据处理、数据分析、数字挖掘等数据增值服务。

建设国际信息通信设施。依托海缆登陆站，新建和扩容直达亚太、通达全球的海底光缆系统。建设连接长三角区域的骨干光缆网络。统筹区域互联网数据中心、边缘计算节点发展，探索推进全球数据枢纽平台、新型互联网交换中心建设，构建多功能集约化基础设施体系。

（五）打造体现人民城市建设理念的现代化新城样板间

聚焦人民群众高品质生活需求和高水平产业发展需要，高标准建设城市基础设施，彰显现代化滨海新城风貌特征。

1. 塑造"一核一带四区"空间格局

重点发展"一核一带四区"。在产城融合区构建由滴水湖核心、沿海发展带和洋山特殊综合保税区、前沿科技产业区、综合产业区、新兴产业区组成的功能布局。滴水湖核心围绕现代服务业开放区和国际创新协同区，重点建设滴水湖金融湾、105社区TOD开发区域、世界顶尖科学家社区和"信息飞鱼"等重要载体。沿海发展带依托两港大道等沿海交通走廊，强化联动功能，串联滴水湖核心、各产业及生活区，形成产城融合发展格局。推进四大功能区发展，洋山特殊综合保税区着力发展中转集拼、保税研发和制造等产业；前沿科技产业区聚焦集成电路、生物医药、人工智能等重点产业，打造特色产业集聚区；综合产业区以生产性高新科技研发功能为主导，融合生活居住功能，形成产研一体化布局；新兴产业区推进空间拓展和工业用地转型升级，引入重大产业项目，提高空间利用效率。

统筹临港新片区全域规划建设。从临港新片区全域长期发展需求出发，按照"一带三核、三廊九片"的远景空间结构和"整体规划、分步实施"的原则，加快推进产城融合区整体发展。发挥滴水湖核心的综合服务功能，增强产城融合区辐射能力，统筹周边功能组团和城乡社区发展。提升综合城市功能，强化公共交通支撑，实施以公共交通为导向的开发模式，围绕重要站点集聚公共服务资源。

完善城镇融合发展体系。加快推进南汇新城建设，打造与临港新片区功能相契合的高能级、智慧型、现代化未来之城。提升交通互联互通水平，着力优化生态环境，集聚教育、医疗、商业、文化等公共服务资源。完善万祥、泥城、书院、四团等社区功能，加快公共服务设施建设，打造宜居生活社区。

深入推进乡村振兴战略。大力推进农用地整治和永久基本农田保护区内耕地集中连片，积极推进农业基础设施和农田水利设施建设，提高农用地生态价值和生产功能。提升旅游业与农产品附加值，强化乡村生态主题，打造特色文化品牌。引导低效建设用地有序减量，稳妥推进农民相对集中居住，重点解决"三高两区"以及规划农村居民点范围外的分散居住户问题。

2. 构建高效便捷智慧的综合交通体系

打造高效畅达的对外交通枢纽。围绕"15分钟到达浦东枢纽、30分钟可达龙阳路枢纽、60分钟可达虹桥枢纽、90分钟可达长三角毗邻城市"的目标，加快推进轨道交通及枢纽建设。加快建设两港快线，启动与中心城区直达快速轨道交通的方案研究，规划建设南枫线，加快推进沪通铁路二期、沪乍杭铁路等对外通道项目建设，全面融入国家交通运输大通道和长三角高速铁路网。积极对接浦东综合交通枢纽，加快四团综合交通枢纽规划建设。构建高快速路和干线公路网，规划形成S2公路、G1503公路和两港大道等高快速路的路网格局，建成S3公路一期，完成两港大道快速化改造。建成

S2 公路海港大道立交和 S2 公路新元南路立交，推进新沪杭公路、新四平公路等道路建设。研究小洋山客运码头整体搬迁，加快客运码头规划研究。

构建便捷绿色的内部交通体系。推动新元南路、沪城环路等一批主次干路建设，推进重点地区次支路建设，打通区内断头路，新改建道路总里程不少于 110 公里。优化路网级配，滴水湖核心区路网密度达到 6000/ 平方公里。加快中运量 T1 示范线建设运营，规划建设 T2、T6 中运量线路。到 2025 年，中运量线路总长达到 50 公里以上，覆盖主要客运走廊和重点开发区域。加强公交线路跨区联动，开辟至浦东综合交通枢纽大站快车客运专线，发展定班线、接驳线和共享班车等，增强重点区域、线路的公交服务。加快推进公共交通枢纽和场站建设，建设 10 个公共交通枢纽和 2 个公交停保场。构建城市林荫道与骑行网络，依托沿湖沿河滨水空间，形成"两环七带"慢行游憩休闲体系。完善货运和配送网络体系，构建多层次货运通道，实现客货运通道有效分离，重点完善物流末端节点建设，发展智慧物流。

完善智能便民的交通管理服务。支持新能源汽车发展，新增公交车辆全部清洁能源化。到 2025 年，绿色交通出行比例达到 80% 左右。新建停车场全部配备充电设施，新建车位中充电桩占比不低于 15%。适时布局燃料电池汽车终端设施。丰富自动驾驶开放测试道路场景，支持东海大桥智能化集卡车系统建设并形成技术标准。打造综合交通"智慧平台"，实现各系统交通信息共享和新增公交站点智能化全覆盖，推进 MaaS（出行即服务）技术的应用。完善以需求管理为导向的静态交通，加强滴水湖核心区等重点区域停车保障，推进停车资源共享和智能管理，建设临港新片区智慧停车信息平台。到 2025 年，新增 43 处公共停车场（库）。

3. 建设环境优美的生态宜居城市

建设林景相融的公园城市。加快建设绿丽港、黄日港等楔形绿地，启动建设南汇嘴生态园，多点推进社区公园与口袋公园建设。到 2025 年，人均公园绿地不低于 17 平方米，建设绿道总长度不低于 200 公里。推进新增河道沿岸林带、沿海防护林、环廊森林片区、生态走廊建设。依托森林斑块和景观海岸线建设，促进滨河空间、生态空间与游憩空间相融共生，加强滨海步道、绿道、公园等与开放空间串联融合。到 2025 年，生态空间比例不低于 50%。推进近海湿地修复与保护，加强生物保护。以海洋灾害防御为前提，统筹一线海塘达标、海岸带生态修复和沿海防护林建设。

建设生态韧性的海绵城市。推进海绵城市建设全覆盖，健全规划、建设、管理机制，规范促进社会主体积极参与建设。完善海绵城市建设技术标准体系，实行分级分片分类管理，因地制宜采用"渗、滞、蓄、净、用、排"等措施改善水环境。加快城镇排水泵站和管网建设，因地制宜配套建设雨水集蓄利用设施，城镇化地区 35% 左右区域达到 3～5 年一遇排水能力。实施泐马河等骨干河道整治和出海闸建设工程，提升区域防汛除涝能力，构建临港韧性水网。建设临港水厂和配套原水工程，提升原水和供水保障能力，打造高品质饮用水示范区。扩建临港污水厂，提升污水收集和处理能力。

打造综合利用的无废城市。落实"三线一单"生态环境分区管控要求，建立区域源头准入管控体系，健全生态环境监测网络。预控规划重点产业特征性废水排放，加强非常规水源利用，积极开展中水回用试点。深化大气环境污染防治，开展重点区域重点行业挥发性有机化合物（VOCs）减排。完善重点监管企业土壤污染预防，实施农用地污染风险防控，加强入河湖排污口和农田面源管理。全面实施垃圾分类，控制生活垃圾填埋量，提高回收利用率。加强危废规范安全管理，促进废弃物末端处置向源头管控转变，加快城市废弃物生化处理中心、工业固废（危废）高值资源化与集约化示范基地项目建设。

构建绿色环保的低碳城市。按照国家和本市有关碳达峰、碳中和的部署要求，加快建设低碳发展实践区和低碳产业新高地，研究制订碳达峰方案和碳中和规划，选取合适区域开展近零排放试点。提升天然气等清洁能源利用比例，推进绿色能源示范项目建设。加强重点领域排放控制，强化交通节能减排，大力推广电动、氢能源车辆，推进农业领域碳减排。开展绿色生态城区试点创建，提高绿色建筑执行标准，推广装配式等新型建造方式。到2025年，新建民用建筑全部采用装配式建造方式，绿色建筑达标率100%。

4. 打造数字智慧城市

加快数字新基建。提升开放型新型数字基础设施体系能级，推进城市数字化转型升级。高标准构建全域通达的超高速光网，打造临港5G和固网"双千兆"示范区，实现5G网络连续覆盖。建设全域感知的智能物联专网，新增不少于1万个高清智能摄像头。聚焦滴水湖核心区，科学部署监测传感、智能分析等感知终端，建设20万个以上神经元，实现50+社区覆盖。试点数字孪生城市建设，打造上海数字化转型示范区。坚持数字城市与现实城市同步规划建设，聚焦国际创新协同区、现代服务业开放区和洋山特殊综合保税区建设数字孪生平台，创新打造数字交通、数字能源、数字楼宇等应用场景。

丰富数字生活。推动生活场景数字化，提供线上线下融合的社区生活服务。到2025年，建设10个国内领先的新型"数字社区"。建设智能医联体服务平台，探索"互联网＋医疗健康"服务模式和运行机制。全面发展数字教育，打造以智能物联、在线教育为特点的示范学校，重点建设数字教室、数字实验室、全息课堂等基础设施。推进实体旅游资源发展线上数字化体验产品，建设数字天文馆、数字少年宫等新型数字平台。建设临港新片区旅游公共服务平台，打造智能停车、多语种伴游、沉浸式观景、线上旅游营销等应用场景，普及非接触式设施应用，实时监测区域客流、车流、消费趋势，打造数字旅游创新示范标杆。

5. 提供高品质公共配套服务

推进教育资源优质均衡发展。加大基础教育资源统筹力度，与上海交通大学、华东师范大学、上海师范大学等高校合作办学，引入优质基础教育学校，打造教育改革开放先行区。建成上海中学东校高中部、临港青少年活动中心等重点项目。完善学前教育和托育服务体系，增加多层次托育服务供给，争创市级示范性幼儿园。支持高校打造3～5个重点学科，争创1～2个国家一流学科，支持产教融合型大学建设，建设1所混合所有制的职业院校。提升教育国际化水平，引进上海中学国际部办学点，按需设立独立法人的外籍人员子女学校，推动世界高水平高等教育合作办学。建设临港老年大学，构建教育发展联盟，提升"临港大学堂"品牌，办好临港开放市民大学。

提升医疗健康服务能级。优化医疗资源布局，建设高品质健康生活引领区。鼓励国企和社会力量参与，加快集聚高标准医疗卫生机构和人才。联合市第六人民医院临港院区共同打造市级医学中心，推进紧密型健康医疗联合体建设。建设社区医院，鼓励引入市场化家庭医生服务机构，做优家庭医生签约服务。积极引入国际优质医疗资源，重点布局国际化专科医院、诊所和前沿医学中心，增加特色化医疗服务供给。探索公立医院参与社会办医的合作机制，形成高水平医生执业发展平台。开展国际医疗保险结算试点，争取国外已批准上市的药物、医疗器械等在临港新片区先行使用。建设高水平医疗服务与临床研究紧密结合的特色医院，打造医学创新功能型平台，支持公立医院参与生物医药产业发展，推动临床研究和成果转化。

加强养老及社会保障体系建设。加快养老设施建设，完善社区嵌入式养老服务设施，按照每千人建筑面积不低于40平方米的标准，完善社区养老服务设施，推进社区综合为老服务中心、长者之家、日间照护、长者助餐点和老年活动室等建设，支持社会力量因地制宜兴办养老机构。提供多层次公共就业服务，健全创业政策服务体系。逐步完善社会救助体系，持续建设社会保险托底工程。加强社会福利和慈善工作。

完善租购并举的住房体系。注重职住平衡，加大住房供应力度。到2025年，累计新增规划住房建筑总量约 1600 万平方米，累计新增各类住房约 20 万套。加快先租后售公租房、公共租赁住房、共有产权房、征收安置住房"四位一体"住房保障体系建设。创新先租后售公租房建设运营管理机制；政府、机构及企业持有的新建租赁性住房比重不低于 30%，优先在轨交站点周边建设租赁住房；规范长租房发展，逐步使租购住房在享受公共服务上具有同等权利；探索利用集体建设用地建设租赁住房，重视产业园区配建租赁住房。加强市场调控，建立完善房价地价联动机制。

加大高品质商业服务供给力度。构建商业基础设施布局，建设临港大道、申港大道、海港大道、东港大道以及临港产业区商业综合体等项目。完善社区园区商业配套，发展品牌连锁便利店。形成以中央厨房为核心，连锁早餐网点为主体的早餐供应体系。打造商业数字化转型示范区，积极发展商业在线消费和电商直播平台。加快引入高端特色目的地消费体验项目，依托商圈商街、旅游景点、文体场馆等设施，打造商旅文体联动的一站式消费新地标。到 2025 年，临港新片区商业设施建筑面积达 100 万平方米左右。

提高城市文化软实力。繁荣社会主义先进文化，弘扬上海城市品格和城市精神，更好地传播红色文化、海派文化和江南文化。聚焦文体旅融合发展，打造世界级文体旅游目的地。创新发展文化产业，以影视工业 4.0 示范实践区为引领，打造以高科技影视摄制基地为主的文化产业集聚区；探索跨境艺术品保税交易，推进国际文物艺术品交易中心建设，助力社会文物管理综合改革试点任务实施。做大做强体育产业，建设临港水上运动中心、临港足球基地等体育运动设施，以体教结合为基础，建设大型综合性体育场馆；引进国际知名体育赛事，重点发展健身休闲、竞赛表演、体育服务等国际化体育产业。规划建设图书馆、剧场等文化设施。大力发展全域旅游产业，建成上海天文馆、冰雪之星等重大文旅项目，持续推进滴水湖国际旅游度假区建设。到 2025 年，实现 3A 级以上景区全覆盖，年旅游接待人次达到 1500 万左右。

完善综合能源基础设施体系。构建 1 个综合智慧管控平台、2 个主干网络、6 个重点建设区域、若干领域的综合能源建设布局。到 2025 年，清洁能源占能源消费总量比例达 50%。推进 500 千伏远东变电站主变扩建和 4 个 220 千伏、16 个 110 千伏输变电工程，完成奉贤海上风电场并网接入。完善燃气管网和调压站点布局，形成高标准次高压环网系统。加强太阳能、风能等可再生能源开发，实现新建厂房光伏屋顶全覆盖，有序推进陆海风电建设。到 2025 年，新增分布式光伏 200 兆瓦以上，光伏累计装机 340 兆瓦，风电累计装机 800 兆瓦。建设氢燃料电池动力的 T6 中运量公交线。启动国际创新协同区、国际文化创意港等综合能源站建设。

推动地下空间高效集约综合开发。科学规划城市地上地下空间，统筹建设轨道交通、综合管廊、人防工程等项目。聚焦金融总部湾、两港快线站点等重点区域，加大地下空间开发力度。坚持分层有序开发，充分利用浅层中层空间，预留深层空间。

（六）提升城市治理能力现代化水平

进一步深化"放管服"改革，全力推进"两网融合"，促进投资贸易自由便利、行政审批精简高效、政务服务全面优质、事中事后监管规范有效、法治体系科学完备，持续推进治理体系和治理能力现代化。

1. 营造国际一流营商环境

深化综合审批改革。坚持"系统集成、协同高效"的原则，深化商事主体登记确认制改革，稳步推进企业设立"承诺即入、一次办成"，推动"一业一证"和"证照联办"改革试点，深入开展综合审批系统改革。探索全面实施告知承诺制，试点投资项目承诺制改革，深化工程建设领域审批制度改革。在更多领域实现高效办成"一件事"，提升投资项目"一站式"审批服务能级，打造"一站式"服务平台。强化惠企政策"一键直达"，完善招商引资工作机制，优化"企业+人才"双专员服务。

加强事中事后监管。加强重点领域的风险监管和信用监管，全面推行跨领域的"双随机、一公开"监管，探索建立行业综合监管机制，对新技术、新产业、新业态、新模式实施包容审慎监管。建立"一支队伍管执法"的综合执法体系。

营造公平公正的市场竞争环境。强化竞争政策的基础性地位，形成规范高效、公平竞争的统一市场。建立完善公平竞争审查联席会议运行机制，探索建立重大政策措施会审制度。试点经营者集中反垄断审查制度。强化政企沟通渠道，建立营商环境等投诉维权机制。健全政府采购和招标制度规范，实施招标投标全流程电子化。打造知识产权保护高地。建立多元化知识产权争端解决与维权援助机制，构建知识产权保护的社会参与机制。建设知识产权服务平台，集聚行政管理、行政执法、司法保护、仲裁调解、第三方服务等资源，打通"管理、创造、运用、保护、发展"全链条，提供全生命周期知识产权服务。探索知识产权证券化，推动建立知识产权与科技成果产权交易中心。

完善制度创新的法治保障。推动制定临港新片区条例和洋山特殊综合保税区管理办法，储备实施一批调法调规事项。创新国际商事审判机制，提升在国际争端解决体系中的影响力和话语权。推动相关审判职能机构入驻临港新片区。引进一批国内外知名的仲裁、调解等法律服务机构，打造法律服务集聚区。加快建设金融法治试验区，构建区域性金融风险防控体系，协同做好跨境资本流动的监测预警、评估、调控。建立企业投资投诉工作体系，构建诉讼、仲裁、调解等多元纠纷解决机制。建立涉外劳动人事争议处理机制，提供全方位、多层次的涉外法律服务。

2. 增强城市精细化治理能力

加强和创新社会治理。形成共建共治共享的融合治理新格局，打造社会主义现代化城市治理新标杆。全面推进"四个覆盖"，做实党建引领多元力量参与社区治理机制。推动优质公共服务向基层延伸，打造家门口服务样板间。建立健全居村法律顾问制度，设立"一站式"纠纷解决服务平台。探索国际化社区治理模式，推进基层公共事务共商共治，鼓励社会组织有序参与社会治理。

全面提升"一网通办"服务能力。完善一体化信息管理服务平台政务服务功能，实现审批事项"全程网办"，全面形成线上申报、咨询、受理、审批、发证的工作模式。探索设立"窗口事务官"，提高审批事项窗口办结比例，推进政务服务"好差评"工作，提高线下服务水平。

全面提升"一网统管"精细化管理水平。构建具有临港新片区特色城市运行管理架构，打造城市运行管理门户、城市运行管理中心以及技术支撑、感知采集、业务协同、安全管理、运行管理、公共服务等六大平台。加强网络基础设施建设，加快与"智慧公安""综治平台"深度融合对接。加强城市运行管理平台数据共享，构建城市事件智能识别服务系统，推进城乡网格化管理全覆盖。

增强城市应急管理能力。进一步建立完善应急预案体系，提高应急处置能力。加快应急指挥中心平台建设，优化应急值守工作机制，试点一体化应急救援体系。组建应急救援队伍，加强实战演练。加强应急物资储备和调运能力，推进救灾物资储备体系建设。

保障城市安全运行。强化韧性城市建设，优化重大决策社会稳定风险评估，健全社会矛盾排查预警机制，增强重点领域风险识别管控能力。构建医防融合的公共卫生服务体系。推进应急指挥中心、避难场所等设施建设，探索建立安全生产实训基地和体验中心。提高全民安全防范意识，提升员工安全操作技能。

四、保障措施

（一）加强规划组织实施

完善规划体系，以本规划为统领，以国土空间规划、专项规划等为支撑，形成定位清晰、功能互补、统一衔接的规划体系。加强规划任务分解落实，研究制订规划实施工作方案，加强市区联动、部门协作，推动规划有效实施，确保各项任务落地。

（二）加强政策项目支撑

统筹资金投入，优化财政支出结构和政府投资结构，保障重大项目的财政投入。强化政府投资的引导带动作用，鼓励社会投资，支持企业直接融资。创新土地使用管理制度，探索土地创新集约利用路径，强化重大项目、重点产业土地供应保障。

（三）加强规划考核评估

加强规划宣传，推进规划实施信息公开。健全信息沟通交流机制，发挥社会参与和监督的作用，促进规划有效实施。完善主要指标监测、统计、评估、考核制度。开展规划年度跟踪监测、中期评估和末期全面评估。

来源：中国上海门户网站

（三）上海自贸区物流业年度综合情况

上海自贸试验区：凤凰展翅东海飞

中国（上海）自由贸易试验区挂牌成立7年多来，"敢闯敢试""先行先试"，持续深化自贸试验区制度创新、改革集成，不断增创国际开放合作和竞争新优势，建立了与国际通行规则相衔接的制度体系，为上海加快打造国内大循环中心节点和国内国际双循环战略链接发挥着重要作用。

实现"零"的突破

2013年上半年，上海自贸试验区以超常规的速度完成了从成立联合推进工作小组到形成总体方案的阶段。2013年9月29日，作为我国首个自贸试验区，中国（上海）自由贸易试验区正式挂牌成立。

上海市委常委、浦东新区区委书记翁祖亮说："上海自贸试验区成立后，以制度创新为核心，在投资、贸易、金融和事中事后监管等领域率先构建与国际通行规则接轨的制度体系，有300多项制度创新成果向全国复制推广。外商投资负面清单从2013版的190条减少至2020版的30条。目前上海口岸100%的货物申报、全部的船舶申报和出口退税业务都已通过'单一窗口'办理。"

"我们对照国际最高标准，打造国际一流的国际贸易'单一窗口'，从上海口岸出口的货物申报，由1天加速到半小时，船舶申报由2天加速到2小时，目前已向全国推广。"运营上海电子口岸的上海自贸试验区亿通国际股份有限公司常务副总经理吕锋说。

复旦大学经济学院院长张军说："国际贸易'单一窗口'不仅涉及海关，还涉及自贸试验区内所有与投资和贸易有关的部门管理体制的巨大改革，是营造自贸试验区营商环境一个非常重要的制度创新。"

2015年4月，上海自贸试验区扩展区域正式揭牌，陆家嘴金融片区、金桥开发片区、张江高科技片区等浦东开发开放第一批启动的三大开发区正式纳入上海自贸试验区，标志着上海自贸试验区建设进入一个新阶段。几年中，三大片区都在上海自贸试验区制度创新的引领下取得跨越式发展。

2019年8月20日，中国（上海）自由贸易试验区临港新片区正式揭牌。临港是一片被喻为东海之滨"一只正在起飞的'金凤凰'"的创新创业沃土，揭牌后这里的建设如火如荼。

制度创新引领

浦东新区副区长杨朝告诉记者，7年多来，上海自贸试验区坚持对标国际最高标准、最好水平，"大胆试、大胆闯、自主改"，在投资、贸易、金融和政府职能转变等领域形成了众多向全国分层次分领域复制推广的制度创新成果。

杨朝说，上海自贸试验区制度创新的特点是以深化"放管服"改革为重点，全面加强改革系统集成；以投资贸易自由化便利化为核心，全面推动制度型开放；以更好服务国家战略为导向，全面增强全球资源配置能力；以改革激发市场活力为动力，全面推动高质量发展。

制度创新激发了市场创新活力和经济发展动力。记者从上海统计局获悉，即使在困难重重的2020年，上海自贸试验区经济活力依然明显增强，贸易便利化改革效应持续显现，有力推动了浦东转型发展。

投资环境进一步优化。代理记账许可审批改革取得明显成效，率先建立健全《浦东新区代理记账行业综合监管办法》及配套制度，依托代理记账行业综合监管平台，实现可视化、智能化、协同化、精准化的全过程闭环监管，改革后由原来3个工作日压缩至0.5个工作日，部分变更和备案事项实现即到即办，审批效率全市领先。

金融市场进一步开放。自由贸易账户（FT账户）功能持续发挥，首批保险机构接入自贸试验区分账核算单位，自此实现银行、证券、保险等三类金融机构全覆盖。截至2020年底，累计开立FT账户13.2万个，全年跨境人民币结算总额54311.8亿元，比上年增长4.3%，占全市比重为41.4%；跨境人民币境外借款总额6.7亿元，比上年下降84.2%。

贸易服务体系不断完善。2020年8月30日，国务院正式批复同意上海外高桥保税物流园区转型为上海外高桥港综合保税区。自贸文投平台作用显现，先后推出艺术品进出口批文申办5个工作日完成、艺术品进境免除CCC证明、艺术品进出境备案免除文广局批文等贸易便利化创新措施。进出境文化艺术品量从上年的61件增加至2020年的2234件，占全国总量90%，保税区文化艺术品累计进出境货值逾480亿元。

重点产业蓬勃发展。2020年，自贸试验区高技术产业产值达2905.78亿元，比上年增长6.7%；其中，汽车制造、电子信息、生物医药等行业分别增长37.6%、9.5%、2.1%。

三、推动全方位开放

近年来，浦东坚持以上海自贸试验区和临港新片区建设为引领，不断提高开放的能级水平，努力打造全方位开放的前沿窗口。

陆家嘴金融城是上海自贸试验区金融改革和对外开放的试验田和主战场。这里已成为我国市场主体集聚、专业人才汇聚、功能配套完备的世界级中央商务区和全球最佳投资目的地，为全球企业对外投资、业务布局和资源整合提供最好的发展平台。上海自贸试验区陆家嘴管理局局长张宇祥近日表示，将推动打造2幢100亿元税收楼，希望陆家嘴楼宇经济能再上一个新台阶。

上海自贸试验区的"金桥样本"已由"加工"升级为"智造"，正向着有全球影响力的"智造创新集聚区"迈进。2020年3月12日，金桥在上海率先打造的"金桥5G产业生态园"开园，一个多月后，金桥综合保税区正式挂牌。上海自贸试验区金桥管理局局长杨晔说："作为未来金桥开发建设的参与者，我们将担负起新的历史使命，迈向新征程。"

上海自贸试验区管委会张江管理局副局长付军说："张江要瞄准世界前沿，加快布局，把大科学设施集聚优势转化为基础科学领域研究的创新优势、转化为关键核心领域突破的技术优势，全力做强创新引擎。"

2020年12月，在上海自贸试验区策源地上海自贸试验区保税区域启动实施"全球营运商计划"，将用5年至10年时间，培育一批真正意义上的全球营运"头部"企业，在全国乃至世界范围内形成引领示范效应。上海自贸试验区管委会副主任、保税区管理局副局长陈彦峰说，将从专业化服务、系统性支持和开拓式创新三个方面着手，全力推进全球营运商计划。

临港新片区独具"特殊经济功能区"和"特殊综合保税区"叠加优势。"临港大发展的机遇已经来临。"上海市委常委、临港新片区党工委书记、管委会常务副主任朱芝松表示，将加快探索具有较强国际市场竞争力的开放型经济新体制，不断加大压力测试，不断拿出更多突破性、引领性的改革创新制度和实践成果，为国内提供上海经验、临港路径，为国际提供中国智慧、上海模式。

杨朝说，下一步，上海自贸试验区将率先落实中央对上海提出的使命要求，全面对标国际规则，加大压力测试，着力打造升级版，力争率先建成与国际高标准经贸规则相衔接的对外开放枢纽门户功能示范区，融通全球资金、信息、人才等高端要素资源的全球资源配置功能示范区，集聚全球创新资源的科技创新策源功能示范区，聚焦产业链、价值链、生态链核心环节的高端产业引领功能示范区。

来源：《经济日报》

上海自贸试验区"离岸通"10月14日上线

如何对离岸贸易行为作真实性判断，是离岸贸易能否"风生水起"的关键一环。10月14日上午，中国（上海）自由贸易试验区"离岸通"平台的上线仪式在外高桥保税区举行。

"离岸通"平台是全国首个直接整合境外数据用以支持贸易真实性审核的辅助信息平台，这一平台的上线标志着上海自贸试验区在离岸贸易发展道路上迈出坚实一步。

离岸贸易是什么？它是一种货物运输在海外、资金结算在国内的特殊贸易模式，在促进贸易的资金流和信息流向总部型企业集聚，对总部所在地的贸易、金融、配套服务等方面发展具有强大的带动作用。离岸业务的规模也代表了一个区域的国际市场竞争力和全球市场资源配置能力。

去年4月，在上海自贸试验区离岸转手买卖产业服务中心启动仪式上，上海自贸区保税区管理局相关负责人提出建设离岸转手买卖信息服务系统的设想，希望通过大数据方式，对企业的离岸转手买卖业务环节提供验证，支持商业银行对离岸转手买卖的收付汇结算。

经过一年多持续推进，平台已完成一期系统框架搭建，基本达成预期目标。润通航运、索尼电子运营、西门子国贸等区内企业与其合作银行已将实际业务数据导入"离岸通"平台测试，结果达到预期目标。

据了解，"离岸通"平台将包含"一门户、五系统"，通过引入境外的海关报关数据、国际海运数据和港口装卸数据，辅助银行对企业的离岸贸易行为做真实性判断。目前，"离岸通"平台已获取境外17个国家的海关报关数据、并对接覆盖约60%国际海运业务的船公司和港口装卸信息。通过对全球数据的整合，这一平台不仅能够支持浦东新区内企业离岸贸易的真实性判断，而且未来将扩展服务范围到长三角地区乃至全国。

上海自贸区外高桥保税区管理局有关负责人表示，"离岸通"平台的上线运作，是助力上海自贸试验区离岸转手买卖产业加速进入常态化、规范化、规模化发展的有力抓手，也是增强国际资源配置能力的重要举措。

两年来，在中国人民银行上海总部和国家外汇管理局上海市分局的支持下，离岸业务已经成为上海自贸试验区新的增长点。根据最新数据显示，2021年上海自贸试验区保税区域内企业离岸转手买卖业务规模已占全市90%以上。

下一步，上海自贸试验区将继续完善离岸转手买卖信息服务系统功能，同时继续多渠道加大力度支持离岸贸易发展，优化商品资源及金融资源配置，助力国际国内双循环的相互促进，使自贸试验区真正成为"买卖全球、调度全球"的国际资源配置中心。

来源：《新民晚报》

助力建设国际消费中心外高桥实现进口汽车保税存储功能

根据《引领区意见》精神，浦东将建设国际消费中心。2021年9月1日，首单玛莎拉蒂"大贸进口汽车"保税存储、展示业务在浦东正式开展。

此次玛莎拉蒂业务的开展是上海外高桥港综合保税区揭牌后，继成为全国唯一实现铜品种4个市场完全流通地后的又一次创新，标志着浦东实现进口汽车保税存储展示功能，迈入了进口汽车从"落地征税"到"保税存储""不销不税""即销即税"发展的新时代。

上海自贸区保税区管理局有关负责人介绍，这将充分发挥区港联动、自贸区和综保区政策叠加、供应链产业链集聚等优势，减轻企业提前缴纳进口环节税收的负担，减少企业的运营成本和资金压力，缩短进口汽车从"国外工厂"到"国内市场"的时间，给消费者带来更好的消费体验，为国外高端产品与国内客户需求零距离对接提供快速通道，从而引领带动国内汽车消费升级的需求。

玛莎拉蒂是世界顶尖轿跑车制作技术的代表之一。玛莎拉蒂中国董事总经理薄嘉铭先生表示："此次玛莎拉蒂大贸进口车的成功入区，不仅减少了时间成本和资金成本，将对我们进一步开拓国内市场、辐射亚太市场提供有力保障。"

目前，上海外高桥港综合保税区已经建成近5万平方米的汽车保税存储仓库。下一步，将积极引进更多的知名进口汽车品牌和首发产品在区内开展保税存储展示业务，实现批量化、规模化运作，预计年进口汽车将达到3000辆，总价值将达1.8亿美元。

未来，保税区域将着力建设具有全球影响力的高端进口汽车展销集散中心，努力成为进口汽车的"中转站"和"桥头堡"，助力浦东建设国际消费中心，打造面向全球市场的新品首发地、引领消费潮流的风向标，更好地推动上海建设国际消费中心城市。

来源：《新民晚报》

"一单制"改革加码，多式联运发展迎来春天

日前，国务院印发的文件提出加快推进多式联运"一单制"并探索赋予多式联运单证物权凭证功能，从自贸试验区先行试点，实现"一次委托，全程服务"

"一单制"改革加码，多式联运发展迎来春天

2020年初持续至今的新冠肺炎疫情导致全球供应链不畅、欧美港口持续拥堵等问题，同时反衬出海铁联运在保障全球供应链稳定中的重要性。

日前，国务院发出《关于推进自由贸易试验区贸易投资便利化改革创新若干措施的通知》（《通知》），提出要加快推进多式联运"一单制"并探索赋予多式联运单证物权凭证功能。以"一单制"为引领的一系列改革创新必将促进整个行业的发展，给多式联运带来春天。

赋予多式联运单证物权凭证功能

《通知》指出，多式联运"一单制"改革的具体实施先在自贸试验区先行试点；以铁路运输为主；率先在国内陆上公铁联运使用标准化单证，逐步推广到内水陆上多式联运，做好与空运、海运运单的衔接，最终实现陆海空多式联运运单的统一。

多式联运"一单制"推行的是多种运输方式的单证统一，需要跨多部门、多种运输方式承运商的合作。目前，多式联运中海陆空铁都各有各的运输单证。以海运为例，根据《海商法》规定，海运提单是"用以证明海上货物运输合同和货物经由承运人接收或者装船，以及承运人保证据以交付货物的单证"，具有三项功能——托运人和承运人的运输合同证明、承运人收到货物的收据、货主据此提货的物权凭证。

多式联运单证与海运提单相似，既是货物收据也是运输契约的证明，但是不像海运提单"天然"具备物权凭证功能。根据《中华人民共和国民法典》第840条："多式联运经营人收到托运人交付的货物时，应当签发多式联运单据。按照托运人的要求，多式联运单据可以是可转让单据，也可以是不可转让单据"，多式联运单证只有在作为指示单据或不记名单据时才具有物权凭证功能。

为了弥补多式联运单证这一天然不足，《通知》第9条提出要探索赋予多式联运单证物权凭证功能，通过司法实践积累经验，条件成熟时形成司法解释，逐步探索铁路运输单证、联运单证实现物权凭证功能。

在自贸区内先行试点

根据《通知》精神，推进多式联运"一单制"改革，探索赋予多式联运单证物权凭证功能将在自贸试验区内先行试点，力争在国际规则层面解决铁路运单物权凭证的问题。作为中国首个自贸试验区，上海自贸试验区的海铁联运始终存在一定短板，该业务的快速发展对加速多式联运"一单制"改革的意义不言而喻。

2019年7月，上海市政府发布《上海市推进海铁联运发展工作方案》（《方案》），提出聚焦芦潮港站中心站功能作用发挥和上海港集疏运体系优化，推动公路集装箱中短距离运输向铁路、水运方式转移，至2035年完成海铁联运箱量175万～300万TEU，最终全面实现多式联运年均增长20%、海铁联运年均增长10%的目标。2019年11月，由上海港、上海铁路局、中铁集和中远海运四方合资成立的海铁联运平台——上海海港海铁联运有限公司应运而生。

"实现铁路货运和海运的单证互认，并全面推行电子单证，实现铁路箱、海运箱、自备箱各种箱源的互认，把铁路场站变成内陆'无水港'，成为港口的延伸，或者把铁路线修至港区内，是我们公司的努力方向。"上海港海铁联运有限公司总经理陈伟向《航运交易公报》表示，"2020年我们的海铁联运箱量已经突破20万TEU，未来有望突破100万TEU。上海外高桥港区内即将接入铁路网，这是硬件设施的质的改变。"

实现"一次委托，全程服务"

"多式联运'一单制'改革任务是实现多种运输方式的整合，达到'一次委托，全程服务'的效果。当前多式联运存在的主要问题是成本高且服务效率低，未来将实现反转，亦即成本下降、服务质量提高。"上海港海铁联运有限公司商务信息部经理、上海铁路集装箱中心站发展有限公司副总经理顾希表示。

按照多式联运"一单制"的要求，上海港海铁联运有限公司目前已经在内部信息平台上实现了铁路、港口和集卡的电子信息整合，下一步将争取与更多班轮公司开展合作，实现向门点和海运段延伸。

据顾希分析，要达成"一单制"的实际落地，需要解答两大问题：一是谁来做签单人，亦即多式联运承运人究竟由谁来担任。据介绍，海陆空铁等承运方只是分段承运人，而整段运输过程的承运人需具备整合多种运输方式并提供相应信息的能力，对其经营管理、信息化程度、资金体量以及行业公信力有相当高的要求。二是各分段承运人如何进行货权交接和票据互认。需要一个较高层面、具有足够公信力的信息平台以电子提单来替代当前使用的纸质提单，多端运输单证的流转在这个信息平台上以系统内部的电子货票交付加以实现。亦即通过某信息平台形成一个多式联运信息链，各分段承运人均需上链，通过电子扫码等终端方式及时记录货物的流转和交互过程，解决相应的物权转移难题。此外还需要金融行业的参与，因为金融机构能帮助解决资金垫付和运输标的物权担保交付的难题，类似通过网购时中间担保支付的功能。

《方案》中已经考虑到上述问题，为此特意指定交通运输部、商务部、海关总署、最高人民法院、银保监会、国家铁路局等按职责分工负责，明确多式联运电子运单的数据标准、交换规则及参与联运各方的职责范围等,加快推进全国多式联运公共信息系统建设。

来源:中华航运网

上海港东北亚空箱调运中心揭牌,将加快港内空箱周转效率

8月10日,上海港东北亚空箱调运中心在上海自贸区临港新片区签约并揭牌。上海港东北亚空箱调运中心落户洋山特殊综合保税区,将提供港内空箱修理服务,加快港内空箱周转效率,根据各航运物流公司的需求和特点分块运营空箱中心,解决因进出口箱量不平衡所导致的季节性缺箱。

上海市"十四五"规划强调,要深化临港新片区建设,依托政策优势,推进航运领域对外开放,探索与国际接轨的航运发展制度和运作模式,营造稳定、公平、透明的发展环境。其中,建设枢纽港、优化集疏运体系、提供口岸配套服务保障等是航运发展的重要组成部分,上港集团建设"上海港东北亚空箱调运中心",进一步提升洋山港区码头资源配套能级和上海国际航运中心综合服务能力。

作为21世纪海上丝绸之路的桥头堡和长江流域经济带江海联运的重要枢纽,上海港建立东北亚空箱调运中心的谋划由来已久。洋山港区是临港新片区的重要组成部分,也是上海国际航运中心的核心枢纽港,更承担着全球供应链核心节点的使命。临港新片区制度创新优势和洋山港区优越的地理位置为建设东北亚空箱调运中心奠定条件。

上港集团与马士基、达飞、地中海和长荣等全球知名航运物流共建东北亚空箱调运中心,落户洋山特殊综合保税区,有利于发挥临港新片区制度创新集成优势,形成系统运营模式,提升区域物流系统效率和对国际、国内两个市场航运资源配置效率,将对上海港大力发展国际、国内水水中转,提升航运枢纽能级起到积极意义。

"为着力打造国内大循环中心节点和国内国际双循环战略链接,上海港将在'十四五'期间致力于形成更加安全、便捷、高效的物流路径。"上港集团党委书记、董事长顾金山表示,上港集团将进一步深化与航运企业的战略合作,实现港航企业互联互通和共建共享,解决因进出口箱量不平衡所导致的季节性缺箱,提升港航物流资源配置能力和港口航运综合服务水平,使"上海港东北亚空箱调运中心"成为洋山特殊综保区的示范项目,为全面提升航运枢纽服务辐射能级,助推临港新片区新一轮高质量发展注入新的动能。

下阶段,上海港东北亚空箱调运中心将立足洋山深水港区,发挥临港新片区政策制度的创新优势,加强自身能力建设,推动关港联动、港航合作,形成系统运营模式:丰富完善运力结构,提升硬件服务能力和信息处理能力,提供港内空箱修理服务,加快港内空箱周转效率;积极争取海关关于空箱报关的政策支持,将洋山区域打造成为空箱中转的核心节点;与船公司建立战略合作机制,根据各航运物流公司的需求和特点分块运营空箱中心,解决因进出口箱量不平衡所导致的季节性缺箱,提升港航物流资源配置能力,提高港口航运综合服务水平,并共同探索港口物流业务新形态。

上港集团也将紧紧围绕建设世界一流航运枢纽的目标,通过新科技赋能、新区域开拓、新业态发展,为客户提供安全、便捷、高效、经济的物流服务,助力临港新片区打造更具国际竞争力、影响力的上海国际航运中心和辐射全球的航运枢纽。

来源:中华航运网

上海外高桥港综合保税区上午揭牌 8个重大项目集中签约 企业乘风破浪"出海"更通畅

"有了新政策,企业不但可以做进口贸易,乘风破浪'出海'也更通畅了!"中外运物流有限公

司副总经理程敏表示。今天上午，上海外高桥港综合保税区颁证揭牌暨重点项目签约仪式在浦东举行。这是浦东加快打造社会主义现代化建设引领区的又一重大举措。

17年后转型升级

2004年4月15日，海关总署发布《关于上海外高桥保税区与外高桥港区联动试点的公告》，确认了上海外高桥保税物流园区封关运行。17年后的今天，上海外高桥港综合保税区正式揭牌，这也标志着全国第一个保税物流园区——外高桥保税物流园区正式转型升级为外高桥港综合保税区。

当天上午，揭牌仪式后，中外运物流有限公司副总经理程敏谈到对企业的影响时告诉记者，过去还是外高桥保税物流园区的时候，自己的企业以进口为主，涉及跨境交易的出口贸易，主要是针对大宗贸易的。"随着国际贸易形势的变化，现在国外线上的散单、小单也越来越多。转型升级后，有利于企业加快'乘风破浪'，发展出口贸易。"

曾经的上海外高桥保税物流园区是我国首个经国务院批准设立的"区港联动"先行先试区，推出了海运直通等口岸功能与区域功能相结合的业务。17年来，在这个"特殊的区域"，新产业、新模式、新功能在此大胆探索实践，联动打通了港口区域与保税区域政策业务隔离的瓶颈，发展建立了顺应国际物流需要的特色功能与业务模式，创新提升了保税区域的新业务模式和品牌地位，成为上海第一个国家级示范物流园区，创造了扩大开放与深化改革、制度创新与功能拓展的多个第一，为我国不断推进改革开放提供了生动案例。

上海外高桥港综合保税区由上海外高桥保税物流园区原址、原地、原面积整合优化，规划总面积为1.03平方公里。上海外高桥港综合保税区揭牌后，浦东将在打造功能创新桥头堡、提升物流枢纽能级方面取得新突破，并初步形成了1+1+3（一个特殊综保区、一个保税区、三个综保区）的海关特殊监管区域联动发展新格局。

8个重大项目集中签约

外高桥港综合保税区的正式揭牌，为外高桥转型发展提供了新机遇，也激发了企业入区发展的激情。

活动现场，8个重大项目集中签约，涉及海空运联动、跨境电商进出口双向运作、高端定向招商、保税汽车进出口产业链服务、生物医药供应链服务等多个领域。这些项目具有规模大、能级高、带动力强、示范引领的特点，将进一步丰富上海外高桥港综合保税区跨境贸易方式、完善服务体系服务模式，大大提升其国际物流枢纽和国际国内双循环重要节点的地位，为外高桥港综合保税区高质量发展、高水平开放注入新的强大动能。

外高桥保税区管理局有关负责人介绍，上海外高桥港综合保税区作为浦东和上海自贸区的重要组成部分，今后将发挥"保税+"功能优势，推动产业链、供应链、价值链和创新链融合发展，探索具有创新示范意义、体现差异化竞争、发挥引领作用的外高桥港综合保税区创新试验新路子，为我国改革开放积累新经验、提供新样本。

来源：《新民晚报》

货物不分昼夜"速递全球"

12月14日，经过"自动扫描单号、自动抓取、自动发货……"等全流程自动化操作，近铁国际物流（中国）有限公司（以下简称"近铁公司"）在新建成的全球分拨中心为其半导体行业客户成功运作了首单货物。这标志着全国首个全智能全天候半导体全球分拨中心在浦东机场综合保税区正式启用。

在上海海关全天候通关服务的支持下，该中心通过运用全流程自动化系统，实现了"一键下单、不分昼夜、立即发货、全球通达"，即便是客户一片、两片芯片的需求，也能从浦东机场综保区发货全球、快递到家。

在海关总署出台的15项支持浦东新区高水平改革开放措施中，明确提出"支持浦东实施'全球营运商计划'（GOP）"。作为首批纳入GOP的企业，近铁公司得到了上海浦东国际机场海关的高度关注。针对近铁公司提出的"快速进出、及时配送"的"芯需求"，上海浦东国际机场海关联合GOP领导小组其他成员单位，主动作为、积极破局，努力提供更精准的政策支持、打造更智能的操作模式、营造更便捷的营商环境。

上海浦东国际机场海关驻空港区域办事处主任程红梅介绍，"制度赋能＋科技赋能""基础化服务＋个性化服务"双向发力，通过海关高级认证企业（AEO）培育、设立通关服务专窗、打造"7×24小时"通关卡口、建设无尘查验室等创新举措，实现了一站式海关监管验放，为企业提供"全天候通关"保障。

此外，海关还与保税区管理局等部门共同努力，建立"一企一档"工作机制，在投资贸易、外汇结算、人才流动等方面给予政策支持，为近铁公司高标准智能仓库建设、外籍人才入境等提供便利，为企业解决后顾之忧，助推近铁公司将运作范围从亚太区向全球拓展。

据了解，该中心是近铁公司面积最大、业务量最大的分拨中心，通过高密度存储系统、多层穿梭车系统、协作机器人等自动化设备，整个流程中只需在收货时扫描物料信息、发货时输入出货信息，即可实现发货全球、快递到家。相比传统的分拨仓库，同等面积下货物处理效率提升近5倍，空间利用率提高约4倍。同时，近铁公司还研发了月台管理系统，实现了每一票订单的动态进程跟踪与管理，司机可以根据该系统指示，快速有序地完成仓库提送货、自助打印进出区单证、海关过卡等环节，真正实现了全流程的自动化，确保了业务24小时高效不间断运行。

近铁公司保税物流负责人介绍，该中心启用后，预计业务量将实现倍增，年进出口额预计将由原来的200亿元增至近400亿元，这也更坚定了近铁在中国发展的信心。未来，近铁公司将加速全球关键市场战略布局，在浦东机场综合保税区建设更多智能化分拨中心，不断向亚太和全球拓展新业务。

今年7月15日，《中共中央国务院关于支持浦东新区高水平改革开放打造社会主义现代化建设引领区的意见》明确了浦东"全球资源配置的功能高地"的战略定位。上海海关有关负责人表示，该关将以全面落实海关总署15项支持措施为抓手，全方位梳理产业链、价值链、创新链，在关键环节和领域寻求贸易便利化的改革突破，助力企业向产业链价值链两端延伸功能，推动更多企业成为面向全球、运作全球和配置全球的高能级功能总部。

来源：《中国国门时报》

上海自由贸易试验区：去年全年进出口额增速快于全国

2021年4月8日报道：今天下午，上海市政府举行新闻发布会。现场介绍了《"十四五"时期提升上海国际贸易中心能级规划》的相关情况。2020年，记者从现场获悉，去年全年，上海自由贸易试验区5个保税区域全年进出口额比全国增速快2.3个百分点，在全市稳外贸工作中发挥了助推器和创新者作用。

具体而言，自由贸易试验区保税区域外贸贡献度稳步提高，支持外贸基本盘稳定。上海市发展改革委副主任阮青介绍，2020年，上海自由贸易试验区内的5个保税区域（外高桥保税区、外高桥港综合保税区、浦东机场综合保税区、金桥综合保税区、洋山特殊综合保税区）全年实现进出口额1.1万亿元,同比增长4.2%,比全国增速快2.3个百分点。其中,进口额增长了4.5%;出口额增长了3.5%。同时,上海实施更高能级的"全球营运商计划(GOP)",旨在集聚一批面向全球和配置全球资源的贸易、投资、供应链及研发型等高能级功能总部。

目前,松下电器全球采购(中国)有限公司等首批41家企业与自由贸易试验区签署全球营运商计划(GOP)战略合作备忘录,企业主体包括外资、央企和民企,外资国别涵盖英国、德国、日本等11个国别和地区。众多高能级主体参与营运商计划,将对贸易中心的能级提升有很大的促进作用。

阮青介绍,自由贸易试验区跨境电子商务发展态势领先于全市。2016年,自由贸易试验区内的外高桥保税区、外高桥保税物流园区、洋山保税港区和浦东机场综合保税区成为本市跨境电子商务综合试验区第一批示范园区。

在上海海关等口岸监管单位的支持下,自由贸易试验区率先推出了"直购进口提前申报""行邮税电子化征缴""跨境电商担保验放"等多项便利制度,获得市场主体认可。

2020年,保税区域跨境电商保税备货进口、直购进口继续保持快速发展势头,如外高桥保税区跨境电商保税备货进口订单量同比增长了2.6倍,交易额同比增长1.8倍、根据上海市跨境电商公共服务平台数据统计,2020年保税区域(不含洋山特殊综合保税区)跨境电商订单量占全市比重45.2%;交易金额占全市比重53.2%。

此外,自由贸易试验区离岸转手买卖等新型国际贸易增势良好。人行上海分行和上海市商务委发布了明确自由贸易账户支持上海发展货物转手买卖贸易有关事项的通知,对于纳入"离岸经贸业务企业名单"的企业,银行可以通过FT账户为企业办理离岸经贸业务。

2020年4月,中国(上海)自由贸易试验区离岸转手买卖产业服务中心在外高桥保税区正式启动运作,成为上海自由贸易试验区服务和支持离岸转手买卖企业发展的服务平台。目前,浦东新区离岸转手买卖业务集聚效应已经初步显现,"离岸经贸业务企业名单"试点企业数量、收支金额分别超过全市的80%和90%,在全市新型国际贸易发展中,自贸试验区走在了前列。

来源:上海海关

上海筹划多年的海铁空联运终于要实现了?全国首个保税物流园升级后带来新变化

4月15日上午,上海外高桥港综合保税区正式揭牌,这也标志着全国第一个保税物流园区——外高桥保税物流园区正式完成转型升级。此时,距外高桥保税物流园区封关运行刚好过去了17年。

从保税物流园区到综合保税区,升级后这片紧邻外高桥码头的特殊区域,会有哪些新的变化,又能为企业发展带来哪些新的机遇?

不是简单"换个名字"

2004年4月15日,海关总署发布《关于上海外高桥保税区与外高桥港区联动试点的公告》,确认了上海外高桥保税物流园区封关运行。曾经的上海外高桥保税物流园区是我国首个经国务院批准设立的"区港联动"先行先试区,推出了一批诸如海运直通等口岸功能与区域功能相结合的新业务。

17年来,这个"特殊的区域"大胆探索新产业、新模式、新功能,联动打通了港口区域与保税区域政策业务隔离的瓶颈,发展建立了顺应国际物流需要的特色功能与业务模式,成为上海第一个国家级示范物流园区,为我国不断推进改革开放提供了生动案例。

而升级后的外高桥港综合保税区由外高桥保税物流园区原址、原地、原面积整合优化而来,规划总面积为1.03平方公里。尽管地址、面积都没有发生变化,但外高桥港综合保税区可不是简单"换个名字"而已。上海保税区管理局规划建设和环境管理处处长赵峰说,过去外高桥保税物流园区受"身份限制",只能从事仓储运输这些与保税物流有关的产业,拓展的余地相对有限。"升级为综合保税区后,这里的企业可以从事保税研发、智能制造、生物医药、跨境电商等各种业态,区域功能进一步得到拓展和丰富,可以更好地承接外高桥地区的产业溢出。"

业态功能的突破激发了企业入区发展的激情。在昨天的揭牌现场,8个重大项目进行了集中签约,这些项目涉及海空运联动、跨境电商进出口双向运作、高端定向招商、保税汽车进出口产业链服务、生物医药供应链服务等多个领域。中外运物流有限公司副总经理程敏是签约代表之一,她说中外运2012年就进驻外高桥保税物流园区,但过去只能做大宗贸易物流服务,而随着外高桥港综合保税区的揭牌,今后通过跨境电商平台,公司可以将整单货物拆分,然后销售给全世界各地的顾客。"我们在国内有几千家供应商,通过创新贸易方式,新园区可以满足他们的出口需求。这样的业务在过去物流园区时代是不能想象的。"

用铁路联通海港空港

新园区、新业态带来了大量新机遇。外高桥保税物流园区的升级,进一步完善了上海海关特殊监管区域联动发展的新格局,为上海提升国际国内双循环重要节点地位,注入了强劲动能。

外高桥港综合保税区揭牌后,浦东将初步形成一个特殊综保区、一个保税区、三个综保区的"1+1+3"新布局。这其中,洋山特殊综合保税区将打造最具国际市场影响力和竞争力的自由港。外高桥港综合保税区、外高桥保税区、机场综合保税区则将依托海洋与空港的优势,依托铁路运输,打造海铁空多式联运体系,而这正是上海国际航运中心多年来想要构建的现代集疏运格局。"外高桥港综合保税区紧邻外高桥码头,未来通过沪通铁路,一路往南将连接起外高桥保税区、机场综合保税区。在这条线上,我们将开设空运直通车,建设海铁空立体运输网,帮助企业更好发展,"赵峰说。

事实上,很多企业已经未雨绸缪,行动起来了。华璘大昌商业(上海)有限公司计划在新揭牌的外高桥港综合保税区内,建设一个6000平方米的医药仓库,专为外资医药巨头——罗氏诊断提供仓储、冷链配送服务。该仓库启用后,将向东亚、东南亚14个国家和地区配送包括生物试剂在内的各种医疗诊断器材。公司之所以选择落户外高桥,正是看到了这里巨大的海铁空联运优势。"生物诊断试剂对时间要求很高,一般采用空运方式进行国际间运输。今后,外高桥港综合保税区内的仓库与浦东机场内的货栈,可以通过铁路直通车的方式高效联通,这对企业抢占国内国际市场都是重大利好,"公司首席执行官程学蕙说。

上海自贸区管委会副主任、保税区管理局副局长陈彦峰表示,外高桥港综合保税区作为浦东和上海自贸区的重要组成部分,未来还将深化海关特殊监管区域与自贸试验区的统筹发展,打造高能级国际采购配送分拨中心、全球贸易枢纽,率先建立基于互联网技术和智能化管理的园区便利化业务运作监管新机制。"尽管名字变了,但努力实现更多的'第一',力争成为新发展格局下全国海关特殊监管区域发展样板,为国家战略推进做出新的更大贡献,这一点永远不会变。"

来源:上观新闻

首单成功!上海外高桥保税区内跨境零售进口从此"退得了货"

2021年6月22日,国务院总理李克强在主持召开国务院常务会议上提出"要便利跨境电商进出口退换货管理"。近日,在上海外高桥保税区海关的大力支持下,营运中心公司电商部测试跨境电商退货入区成功。

"退货难"一直是跨境电商发展路上的"拦路虎"。此单的成功也标志着上海外高桥保税区跨境电商进口业务"退得了"环节的打通。首单退货的顺利完成，切实解决了跨境电商企业的业务痛点，提升了消费者的购物体验，进一步促进了跨境电商企业在上海外高桥保税区内高质量发展。

根据2020年海关总署推出的《关于跨境电子商务零售进口商品退货有关监管事宜的公告》（海关总署公告2020年第45号），电商企业可在《申报清单》放行之日起30日内申请退货，并且在《申报清单》放行之日起45日内将退货商品运抵原海关监管作业场所、原海关特殊监管区域或保税物流中心（B型）的，相应税款不予征收，并调整消费者个人年度交易累计金额。

今后，外高桥保税区内跨境电商企业可将消费者退回的、包装完整不影响再次销售的商品（含原运单包裹）退回到我司指定地点，进行后续退货手续。海关确认退货商品运抵，经查验无误后实施验放。退货商品可恢复海关库存，重新上架销售。

来源：中国（上海）自由贸易试验区管理委员会网站

三、进口博览会

（一）2021第四届中国国际进口博览会物流保障综合信息

第四届进博会于11月10日闭幕。本届展会成果丰硕，亮点纷呈。进博会暨虹桥论坛开幕式万众瞩目，国家主席习近平以视频方式出席开幕式并发表主旨演讲，向全世界进一步展现中国扩大高水平开放、分享发展机遇、推动经济全球化的坚定决心。中国加入世贸组织二十周年高层论坛成功举办，全面总结入世20年来中国发展成就和贡献，为维护多边贸易体制、促进世界开放合作进一步凝聚全球共识。虹桥论坛12场分论坛以及《世界开放报告2021》发布暨国际研讨会，以线上线下结合方式举办，发出响亮"虹桥声音"。国家展运用虚拟现实、三维建模等新技术手段，首次在线上举办，深受各方关注。企业商业展共有来自127个国家和地区的2900多家企业参展，展览面积达到36.6万平方米，再创历史新高，展示新产品、新技术、新服务422项。

受疫情等因素影响，本届进博会按一年计意向成交金额707.2亿美元，比上届略降2.6%。配套现场活动内容丰富，形式多样，有力发挥进博会四大平台作用。现场服务保障专业便捷，"人、物、馆"防疫严格高效，截至今日12时，累计进场超过48万人次。新闻宣传营造强大声势，3000多名中外记者报名采访。

今年是中国共产党成立100周年，也是我国加入世贸组织20周年。在各方共同努力下，本届进博会办成了一届成功、精彩、富有成效的国际经贸盛会，彰显了我国疫情防控和经济社会发展的重大成就，为推动经济全球化和构建开放型世界经济做出重要贡献。

一、综合信息

（一）高规格主场外交发出时代强音

11月4日晚，习近平主席在开幕式上发表题为《让开放的春风温暖世界》的主旨演讲，全面总结中国加入世贸组织20年的成就，宣布了下一步中国扩大高水平开放的一系列举措，展现了中国对外开放的决心，指明了开放合作的方向，发出了凝聚发展共识、促进互利共赢的时代强音，得到与会人士及海内外各界的高度认同和广泛赞誉。阿根廷、哈萨克斯坦、赞比亚、意大利、泰国、斐济等国家领导人，世贸组织、联合国贸发会议等国际组织负责人在线上出席开幕式并致辞。国家副主席王岐山出席开幕式并巡视企业展。国务院副总理胡春华、上海市委书记李强出席相关活动。此外，来自106个国家和国际组织的133位部级以上嘉宾通过线上方式出席。

（二）高层论坛和专题展充分展示对外开放成就

"中国加入世贸组织二十周年：互利共赢 共创未来"高层论坛取得圆满成功，国家副主席王岐山出席并致辞，体现了中国推动经济全球化和世界开放合作的一贯立场，彰显了中国维护多边贸易体制的坚定决心，成为本届进博会一大亮点。

进博会期间，还举办了"中国加入世贸组织二十周年"专题展，全面展现过去20年特别是党的十八大以来我国全方位对外开放的辉煌成就和新时代高水平对外开放的新局面，受到观展的多国驻华使节、参展商、交易团和其他各类参会人员的广泛好评。

（三）虹桥论坛议题广泛、影响力强、成果丰富

本届虹桥论坛围绕"百年变局下的世界经济：后疫情时代全球经济合作"主题，在主论坛和高层论坛之外，通过线上线下相结合方式，举办12场分论坛和《世界开放报告2021》发布暨国际研讨会。150余位政府官员、驻华使节、国内外知名学者、世界500强及行业龙头企业高管参与讨论发言，2000余名各界嘉宾参会。

论坛坚持开放发展和创新引领，议题涵盖绿色发展、数字经济、消费新趋势等领域，为全球政商学界嘉宾提供高端对话平台，传播范围更大，业界影响更广，成果更加丰富。在《世界开放报告2021》发布暨国际研讨会上，首次发布"世界开放指数"，对2008年以来全球129个经济体的开放度进行了评估。

（四）国家展探索线上国家展示新模式

国家展首次在线上举办，为58个国家和3个国际组织提供数字展厅。各参展方充分展示其发展成就、优势产业、文化旅游、代表性企业等精彩内容。塞浦路斯总统，斐济代总理，叙利亚、老挝、西班牙、马耳他、奥地利、科威特、特立尼达和多巴哥等国部长级官员以及联合国工发组织总干事等，纷纷通过国家展平台，表达对进博会促进全球开放合作的高度赞誉和对推动构建人类命运共同体的强烈认同。

国家展吸引了大量海内外网友关注、互动，经初步统计，累计访问量超过5800万次，为促进各国交往、开创线上国家展示新模式作出有益尝试。

（五）企业展成为全球高精特新产品"大秀场"

本届进博会"朋友圈"进一步扩大，发达国家、发展中国家和最不发达国家企业均踊跃参展。世界500强及行业龙头企业数量达281家，其中近40家为首次亮相的新朋友，更有120多家是连续四届参展的老朋友。企业展六大展区亮点纷呈：

食品及农产品展区参展企业国别更多，102个国家的1200多家企业带来的全球美食，让消费者体验到"舌尖上的进博会"。

汽车展区汇集了全球十大汽车集团，全面展示世界汽车工业的最新发展成果和未来愿景。

技术装备展区设置集成电路、数字工业、能源低碳及环保技术等专区，专区总面积超过3万平方米。

消费品展区展览面积超过9万平方米，是面积最大的展区，全球十大化妆品品牌、世界三大时尚高端消费品巨头首次集体亮相，体育用品及赛事专区突出展示冰雪元素。

医疗器械及医药保健展区首发新产品、新技术数量达135项，继续位居六大展区之首。

服务贸易展区聚焦数字化应用推广，为服贸产业打造新场景、创造新业态，全新亮相的文化旅游板块引起广泛关注。

展会期间，第四届进博会参展商联盟举办了20多场活动。工业数字转型、公共卫生防疫等专委会发布行业报告，有效帮助企业获取权威信息、把握行业发展趋势。

（六）配套现场活动着力放大四大平台作用

共举办政策解读、对接签约、投资促进等六大类95场配套现场活动，充分发挥促进展会成交、双向投资、产业合作等积极作用。主要具有以下四个特点。

一是活动组织层级高。联合国工发组织、国际贸易中心、世界知识产权组织等有重要影响力的国际组织举办多场高端国际论坛。商务部、工信部、人民银行、市场监管总局、国家药监局、国家医保局等多个中央部门举办多场专题活动。

二是洽谈签约效果好。大型贸易投资对接会专业性突出，围绕五大投资推介主题，聚焦六大产业领域，开设"一带一路"等专区，完善线上洽谈服务，强化交易撮合对接，助推"展商变投资商"。据统计，线上线下共有来自55个国家的640家展商、766家采购商参会，达成合作意向273项；同时举办17场投资推介会和80场集中签约活动。

三是新品发布人气旺。62家国际知名企业在新品发布专区发布123项新品和服务，全球首发占比较高。中央广播电视总台新闻特别节目进行直播，各平台线上观众近3300万人次，更吸引众多媒体现场开展报道。

四是人文交流亮点多。共展示非遗项目261项，其中世界级7项，国家级142项。104个"中华老字号"品牌亮相，河北、浙江、西藏等地组织62场文化公益演出，营造出热烈的文化交流氛围。

（七）现场服务保障严守防疫底线、精益求精

严格按照疫情防控工作总体方案，坚持科学防控、精准防控，根据有关部门要求，推进防控工作开展和措施落地，服务保障精益求精。现场搭建方面，选用环保材料，强化现场监管，确保绿色展台普及率100%。餐饮供应方面，丰富餐饮品类，延长供餐时间，加强备餐保障，单日供餐能力最高可达20.2万份。导览指引方面，临时标识覆盖面更大，增加防疫标识4.3万个，累计发放《导览手册》等印刷品超过60万册。科技应用方面，实现展会场景下数字人民币支付全覆盖，丰富5G应用场景，全面打造"智慧进博"。证件服务方面，首次应用证件复用功能，共开通约6.5万张复用证件，践行绿色低碳理念。

同时，第五届进博会招展工作已经启动。截至目前，企业预定展览面积超过15万平方米，进度快于去年同期。

11月4日晚，在第四届中国国际进口博览会暨虹桥国际经济论坛开幕式上，习近平主席通过视频发表主旨演讲，阐明了中国坚定不移扩大开放的一贯立场和鲜明主张，展示了中国与世界共享机遇、互利共赢的胸怀与担当。国家副主席王岐山和国务院副总理胡春华、上海市委书记李强出席。11月5日上午，中国加入世贸组织20周年高层论坛举行，国家副主席王岐山出席论坛并发表致辞。

在进博会组委会的领导下，第四届进博会执委会充分发挥部市协同机制，通过高效有力的现场指挥和统筹协调，确保了进博会如期、安全、精彩举行

二、基本情况

本届进博会，面对严峻复杂的疫情形势，在参展参会人员共同配合支持下，城市服务保障实现了安全有序、快捷便利、温馨周到的目标。

（一）展会安全有序

在疫情防控方面，在国家卫生健康委的指导下，商务部、上海市共同制定了第四届进博会疫情防控总体方案，并经国务院批准。同时，还构建了22个专项方案、13个应急方案和流程、16个技术指引的防疫方案预案体系。执委会领导高度重视总体方案的贯彻落实，多次实地检查防疫措施，反复强调从严从紧从实做好组织实施。根据总体方案，聚焦"人、物、馆"，紧盯入城口、居住地、流动中、展馆门、活动点和监测哨等关键节点，实施"全程闭环管理、全链条可追溯、全员疫苗接种、全量核酸检测、全部查验准入、全面环境清消"措施，严密构筑"国境、城市、区域和展区"疫情防控线。围绕参展参会人员，严格落实入馆参会要求，工作人员核酸检测点、全市37个进博会核酸检测点，检测结果均无异常。围绕参展展品，3655箱进口冷链食品展品采取闭环管理措施，全部查验合格后入馆。围绕展馆，部署现场疫情防控力量，组建20支现场疾控保障小组，派驻P2+移动实验车，保障突发情况应急处置需要。展馆门20个出入口布设了107套一体化测温验证设备，做到人员进场"无感知、不停留、可追溯"，工作人员、志愿者全程提醒参展参会人员佩戴口罩。

截至目前，本届进博会疫情防控零感染、零发生、零事故。

在运行保障方面，全方位加强场馆警戒、证件查验等措施，确保主会场、酒店住地等场所安全，切实筑牢进博安保防线。国家会展中心及周边区域，累计巡检电力线路1785公里、水务管网2929公里、燃气管道5568公里，展会期间水、电、燃气供应稳定。食品安全快检4454件次，馆内208台扶梯、216台升降梯定人定岗值守，展会期间未发生食品安全和特种设备安全事故。国家会展中心5G

小区共有748个,较第三届新增220个,总体实现200兆连片覆盖,通信网络总体运行平稳。

(二)参展便捷舒适

在客商参展方面,参观更加便利,通过轨交2号线红线内4、5号口就近入馆达12.9万人次,以"即停即走"方式进入国展中心围栏内的车辆1070车次。展馆内安检、指引、翻译、洽谈等岗位上都能看到志愿者"小叶子"服务的青春身影,协助展客商更快找到展位、更好参观洽谈。

在展品进入方面,跨境贸易大数据平台进博会专窗增设"进博会展期内销售确认功能"、实施"口岸、展馆查验作业相结合"协同作业查验模式,这些新举措使345批次展品更加便捷地通关。进一步支持文物艺术品参展,共有货值约1.9亿美元的96件艺术品、文物,通过保税展示方式参展。继续做好参展进口特殊食品服务措施,共发放86张特殊食品临时许可证书。

在展会服务方面,馆内设置了5个医疗站点、24个临时观察处置点,展馆外设立34家定点医院,共同构筑起加强版医疗卫生防疫保障圈。馆内60多家餐饮商户,既有中西式快餐,也有小吃美食广场。近20个品种的上海特色小吃很受欢迎,为参展参会人员提供了优质的现场服务。

在进博氛围方面,"百个景点、百条花道、百里花带"打造了"上海花城",国家会展中心南广场成为"网红"打卡地,进博会城市形象片《上海的邀请》作为暖场片之一在开幕式播放,上海大街小巷随处可见"进宝"身影,整个城市处处洋溢着欢迎各方宾客的热烈氛围。

三、特色亮点工作

本届进博会,上海深入贯彻落实国家战略,以溢出效应提升上海城市能级,以数字转型赋能进博会服务保障。

(一)两个分论坛展现上海贯彻落实国家战略的决心和行动

"中国浦东高水平改革开放和建设开放型世界经济"分论坛,围绕浦东进一步对接国际经贸新规则、深入推进高水平制度型开放等进行了探讨交流。"虹桥国际开放枢纽建设与区域协同发展"分论坛,回答时代课题,贡献虹桥智慧,为国际中央商务区和国际贸易中心新平台建设献计献策。

(二)进博溢出效应展现上海城市魅力和"超强引力"

城市推介再度引燃上海这片投资热土。2021上海城市推介大会现场重点项目签约19个,投资总额178亿元,涉及生物医药、集成电路、人工智能等重点领域。

上海城市综合形象展示,结合上海品牌优势,集成了老字号、设计师、制造品牌,打造了"百年华章""智造未来"和"可持续时尚"三大主题展区,展现了人人向往的"创新之城""人文之城""生态之城",充分演绎了"城市让生活更美好"。

配套活动促进对接洽谈成果丰硕。展会期间,上海交易团举办了26场配套活动,涵盖政策解读、对接签约、新品展示等方面,丰富的配套活动促进了展客商有效的洽谈和签约。上海交易团青浦分团签署7亿美元采购意向订单,连续四届签下上海交易团首单。上海国资分团11个项目进行了现场集中签约,意向交易金额30多亿元。大型零售采购商联盟洽谈推进了49个采购项目,签约采购金额19.68亿元。

进博首发推进上海国际消费中心城市建设。依托进博会大平台,上海首发经济发展势头良好,今年前三季度,上海新开首店845家,较2020年同期增长18.7%。本届进博会后,多家知名展商将在上海再添数家高能级首店、旗舰店。同时,进博会期间,"2021拥抱进博首发季"点亮申城,"进博集市""国别商品周""国别风情文化周"系列活动丰富多彩,再度开启了"进博买买买"模式。

(三)数字转型赋能进博会体现上海城市治理的温度与智慧

首次依托大数据平台,后台比对参展参会人员健康码、核酸检测、疫苗接种等健康信息,为证件核验提供有力支撑。

首次在"随申办"平台上线"进博随申"服务专栏，为参展商和专业观众提供找展商、看展馆、品美食等信息，展客商充分体验线上进博会的风采。其中，进博交通APP功能整合成为"进博随申"的一部分，重构进博会交通实景3D展现、出行指南服务、实时信息服务等三大功能。

首次应用AR眼镜整合集成展位、展品等信息，配合音视频软件，提升智慧巡馆水平。

首次打造"数字转型 暖心服务"场景，参展参会人员在线预订酒店、快捷办理入住，体验了进博专属服务。

来源：中国国际进口博览会门户网站

上海海关开启110个进博会专窗和绿色通道

从上海海关获悉，该关组建的首批15人驻场队伍已于前天正式入驻国家会展中心，应用"智慧监管"，全天候通关，靠前服务，全方位做好第四届中国国际进口博览会海关监管服务工作。

自9月27日第四届进博会首票进境展品快速验放通关以来，上海海关已完成26批次进境展品、8批次ATA单证的通关放行。预计接下来的十余天时间里，展品将密集入境参展。

今年，上海海关做实做细各项筹备工作。指导企业采取"一次备案、分批提交清单"的方式办理海关手续，更新大数据平台功能便捷企业数据录入，全力保障快速通关。通过关企座谈会、政策宣贯会、设立进博咨询专窗、发布通关小贴士等形式，指导第四届进博会参展企业用好用足海关政策。此外，据悉，今年进博会现场，将在展品监管中首次应用AR眼镜、数字标签等新兴技术，提高对展品监管的效率和精准度；继续推广使用高清智能球机、巡馆APP、执法记录仪等智能化手段。

上海海关已开启"进博模式"，在上海海运、空运、陆运口岸总计设立110个进博会专窗和绿色通道，提供全天候通关服务。

来源：《新民晚报》

进博会展品首次乘坐中欧班列抵沪

就在第四届中国国际进口博览会开幕前几天，从德国汉堡出发的首班"中欧班列—进博号"到达上海，上面装载的都是智能真空喷射冲洗系统、电机零件等参展展品，这也是进博会展品首次乘坐中欧班列直达上海。

在国际物流供应链严重拥堵的大背景下，中欧班列几乎成了全球贸易最稳定的链接之一。未来，上海与汉堡之间双向对开的中欧班列将逐步完成每年开行500列的目标。

无论是在国际贸易大动脉上开辟"上海通道"，还是提供进博会大舞台共享"中国机遇"……这些高举经济全球化旗帜的举措，无不是中国持续扩大对外开放、积极嵌入全球贸易价值链的主动而为。

今年12月11日，中国就将迎来加入世界贸易组织20周年，入世正是这个国家融入世界的一大标志性事件。眼下，面对逆全球化的回头浪，作为一座重要的经济中心城市，上海正肩负起全新使命，借助进博会等重大机遇探索更高水平改革开放，打造国内大循环的中心节点和国际国内双循环的战略链接，更好向世界展现中国理念、中国方案、中国道路。

坚定开放，更广层面的融入

回望入世以来的这段历程，中国迅速找到融入全球经济与贸易体系的规则基础，并以此为支点，用开放持续带动改革，逐步撬动起庞大的国内市场体系。

上海发展的"上升曲线"就是最好的例证：20年来，这座带着开放基因的城市，进出口数据、吸引外资数量等核心经济指标始终处于上升通道。来自上海海关的最新统计，今年前三季度，上海实现进出口总值2.92万亿元，比去年同期增长15.4%。其中，出口1.1万亿元，增长9.9%；进口1.82万亿元，增长19.1%；贸易逆差7111.6亿元，扩大36.8%。

与20年前不同的是，如今的中国已成为全球第二大经济体，主动融入世界还意味着经济开放与对外贸易发展红利的持续对外释放。

2018年11月，中国在入世17年之际，毅然选择在上海举办中国国际进口博览会，主动扩大开放，用实际行动高举多边自由贸易旗帜，与世界各国分享中国市场和改革开放溢出效应，为全球企业提供巨大商机。

这几年来，上海尽最大努力让进博会"越办越好"——参展商越来越多，覆盖范围越来越广，开放力度也越来越大。今年的第四届进博会共有58个国家和3个国际组织参加国家展，来自127个国家和地区的近3000家参展商亮相企业展，国别、企业数均超过上届。

在复旦大学经济学院教授沈国兵看来，连续举办的进博会正在加快实现从数量型向质量型的嬗变，这样一个汇聚全球企业新产品、新服务、新工艺、新理念的首发交易平台，联通着世界和中国，从而为世界贸易组织多边自由贸易注入鲜活动力。

对标最好，更深层次的对话

中国入世给自身带来的最重要变化就是：能更加自信地融入世界，利用开放带来的助推力，不断推动深层次改革，而上海正是一片处于改革开放前沿的试验田。

2013年9月，上海自贸试验区发布全国首张外商投资负面清单，清单外实施备案制，办理时间由8个工作日缩减到1个工作日，申报材料由10份减少到3份。

"一张单子，划清一道边界"，负面清单为市场主体推开了"非禁即入"的大门，让市场在资源配置中起决定性作用和更好发挥政府作用，由此引发了一系列清单式改革。

实施外商投资准入前国民待遇和负面清单管理模式，是上海自贸试验区最基础、最重要的改革，迈出了与国际通行投资规则接轨的重要一步。如今，在自贸试验区先行先试的基础上，我国在外资领域已全面实行负面清单管理模式，清单确定的管理事项不断缩减，开放度和透明度越来越大。

开放绝不意味着被动等待，而是主动对标国际通行的投资贸易规则，向最高标准、最好水平不断靠拢。

就在上个月，上海自贸试验区"离岸通"平台在外高桥保税区上线，成为上海加速推动离岸贸易的一大"利器"。离岸贸易是经济全球化的产物，是更能体现全球资源配置和门户枢纽功能的贸易业态。目前，该平台已获取境外17个国家的海关报关数据，并对接覆盖约60%国际海运业务的船公司和港口装卸信息。通过对全球数据整合，这一平台不仅能够支持判断浦东新区内企业离岸贸易的真实性，未来还将扩展服务范围至长三角地区及全国。上海自贸试验区管委会副主任陈彦峰透露，上海将继续多渠道加大力度支持离岸贸易发展，优化商品资源及金融资源配置，助力国际国内双循环相互促进，使自贸试验区真正成为"买卖全球、调度全球"的国际资源配置中心。

提升话语权，更高层级的引领

随着上海期货交易所原有铜期货的多年积累，以及以人民币计价、全面引入境外交易者参与的国际铜期货的适时推出，由上海期货市场产生的铜价格正被越来越多投资者重视。

不久前发布的《上海国际金融中心建设"十四五"规划》明确，支持上海金、上海油、上海铜、上海胶等"上海价格"在国际金融市场广泛使用，提升我国对于世界重要大宗商品价格的影响力。

可以预见，随着越来越多境外企业开始使用"上海价格"做生意，这一基于上海国际金融中心的价格，必将成为引领全球市场的风向标。

"当今世界正经历百年未有之大变局"。根据沈国兵的观察，入世 20 年后，中国正通过优质产能的全球化配置，提供可复制的商业模式设计等一系列方式，加上国际协调力和动员力的提升，结合人民币国际化，来构建更具活力的内外经济联动体系。

最近发布的《中共中央 国务院关于支持浦东新区高水平改革开放打造社会主义现代化建设引领区的意见》赋予了浦东新区改革开放新的重大任务，其中明确要求浦东"率先建立与国际通行规则相互衔接的开放型经济新体制"。

中国已经做好准备，将为全球经贸治理规则重构作出更大贡献。而作为一座志在提升世界影响力的社会主义现代化国际大都市，上海不仅要加速集聚配置全球资源的能量，助力我国的生产、分配、流通、消费，让国民经济循环更加顺畅，更要提升话语权，深度参与乃至引领全球风向，以要素链接、产能链接、市场链接和规则链接，成为"走出去"的最好跳板、"引进来"的前沿阵地。

来源：《文汇报》

东航物流成功保障第四届进博会首票展品"氢能源赛车"

随着第四届中国国际进口博览会的日益临近，首票进博展品——Mission H24 氢能源赛车已于 2021 年 9 月 27 日完成报关并顺利入境，作为米其林在本届进博会的主要展品之一，这款赛车由米其林集团和合资公司 Symbio 提供新款轮胎和氢燃料电池技术，这也是东航物流保障的首票进博会展品。

9 月 26 日，晚上 19:00 分，装载着首单进博展品的 CV7984 航班由巴黎经卢森堡缓缓降落至上海浦东机场。晚上 23:00 左右，运单号 172-37137881，共 3 件重达 1070 公斤的展品，进入东航物流西区货站进港场地。东航物流业务部门早已待命，启动进博保障预案，开辟绿色通道，划定指定区域，由专人指挥拆板理货，协助客户快速办理一系列通关提货手续，多部门通力合作，加强货物入库、驳运、理货分拨、留场直提等环节的服务保障，同时按照要求，进行防疫消杀等，确保运输环节全链条无缝衔接，并将展品安全、贴心的交付客户手中。

作为中国国际进口博览会的合作伙伴之一，东航物流已连续三年承接进博会展品运输任务。继成功运输"会飞的汽车""芬兰概念车""捷克水晶"精密仪器及车厘子、牛奶等各类生鲜民生物品后，东航物流已积累并实践运行了成熟的操作流程和优质的服务理念，为全球客户提供全程物流解决方案，助力人们享受来自世界各地的优质产品与服务。

此外，作为国际共享盛会，进博会也一直在努力提倡"可持续""减碳排"，东航物流高度契合进博理念，除承接进博展品运输任务外，坚守绿色低碳环保可持续发展理念，积极打造绿色物流，为高质量发展植入绿色底色。2013 年以来，旗下中货航就先后参与了上海市碳交易体系（试点）和欧盟碳交易体系工作，并根据各碳交易体系要求，编制监测计划、排放报告、接受第三方机构核查并完成履约。在日常运行中，东航物流通过精细化的运行控制，如欧美洲际航线走向持续优化、临时航线提前布局申请、航班日常运行最佳航路优选使用、多发飞机地面单发滑行、航班重心指数控制、电子飞行包新技术等，减少燃油消耗、实现节能减排，以低碳引领的技术助力实现"碳达峰"及"碳中和"目标。此外，东航物流还陆续更换新能源车 37 辆，在北京大兴地区租赁 45 辆新能源车，通过提升车辆平均装载率等措施，为绿色物流发展贡献力量。

来源：《新民周刊》

第四届进博会 98% 的展品已在境内 进博会正式进入布展阶段

10月24日，从中国国际进口博览局了解到，两辆卡车载着第四届进博会的首批展品正式进场。这也标志着第四届进博会正式进入布展阶段。

首批展品包括天田公司的折弯机和永恒力公司的前移式叉车及电动牵引车。进场的第一件展品是来自日本天田公司的全自动更换模具折弯机 HRBC-ATC。2019年，专业生产钣金加工机械的大型跨国公司日本天田公司与第二届进博会结缘，并得到多方关注，成功扩大产品知名度，为市场推广奠定扎实基础。据负责人介绍，该展品首次在大型综合展会上亮相，搭载全自动模具更换装置，将以往手动的模具工前准备完全自动化，同时也将折弯加工的生产效率实现最大化。另外，通过自动角度感应器（选配），一次达到目标角度，实现无试折弯。

其余两件展品都由德国永恒力带来。永恒力是一家内部物流解决方案供应商领先企业，已经连续四年参展进博会。今年，他们带来了绿色理念展品，包括亚洲首发 EZS7280 以及中国首秀 ETVQ20。ETVQ20 门架前移式多向叉车注重超长货物的存储、搬运，主要应用于超长的管材／型材的制造存储行业，同时也可应用于常规密集型仓储，最高可有效提高 30% 的仓储效率。

国家会展中心（上海）运营中心展会物流高级经理冯剑辉表示，在前期准备中，为确保展品安全、及时进馆，进口博览局和国家会展中心早在2021年8月便安排主场运输服务商驻场办公，开展线下精准对接，排摸展品运输计划，制订运输方案。同时，严格实施相关防疫要求，主场运输服务商提前安排司机及施工人员完成疫苗接种以及核酸检测，展品也在起运前连同车辆完成整车防疫消毒。展品由北广场运抵红线内后，根据进博会防疫指引要求，对车辆及展品外表再次进行消毒，确保车辆、人员、展品的双重防疫保障。

截至10月23日，上海口岸暂时进口展品已达150批次，第四届进博会98%的展品已在境内。接下来，所有展区将全面开始布展，预计到11月2日左右完成展台搭建和展品布置。

来源：《北京青年报》

第四届进博会 | 进博参展商讲述物流故事：疫情之下如何跑出加速度

一场进博会，汇聚了127个国家和地区的近3000家参展商，琳琅满目的展品背后，物流是基础保障。

在第四届进博会航运港口展台前人头攒动，面对新冠病毒肺炎疫情给物流带来的影响，不少企业和采购商都来此咨询，希望在展会现场找到成本更低、效率更高的物流服务。

全球三大快递、五大货代、运力排名前五的船舶公司齐聚进博会服务贸易展区。此外，还有希腊比雷埃夫斯港务局、德国汉堡港等港口公司连续多届参展。

合作共赢，正在成为国际物流的主流。"现在海运行业已经很少有一家公司独立运营航线了，大部分公司都在合作，既分散风险，也优势互补。"总部位于新加坡的太平船务（中国）有限公司上海分公司助理总经理刘闻介绍说，"因为我们在东南亚地区布设了完善的运输网络，很多同行会将运输的后半程委托给我们"。

在刘闻看来，因为中国疫情防控有力，复工复产快，货物运输需求快速增长，让全球的航运公司看到了曙光。"综合考虑全球需求，公司及时调配资源，把大部分船队投入了中国市场的运营。"

面对中国稳定增长的进出口需求，国内外物流企业利用数字化赋能、合作运输、开发新通道等方式，在新冠病毒肺炎疫情下保障全球货物贸易运输。

"比如跨境电商，其主要创新点正是传统清关模式的数字化。以前消费者从海外直邮买东西需要线下报税，有可能一两个月收不到货。如今，菜鸟的数字清关技术已经应用于国内各大口岸，一件海外直邮的商品从仓库发货到国内送货上门，也就一周左右的时间。"参加进博会的菜鸟国际供应链总经理赵剑说。

在赵剑看来，当前国内的"95后""00后"对于小众、高颜值、性价比高的进口商品比较青睐。"作为智慧物流企业，我们希望进一步推动国际贸易的数字化进程，让跨境商家一键发全球。"

除了数字化，不同运输方式的组合，也为疫情下的物流畅通贡献力量。

面对海运、空运运力紧张，汉堡港积极推动铁路运输成效显著。"目前，每周约有230班可预定的货运班列连接汉堡与中国的20个目的地，这是对每周中国和汉堡之间约15条海上航运线的补充。"汉堡驻中国联络处首席代表潘桦说，汉堡和上海之间的直达货运班列"上海号"最近已投入使用，进一步推动了中德贸易往来。

记者在进博会上获悉，明年中欧班列"上海号"将实现每月"8出2进"的常态化运营，为饱受国际贸易海运、空运运力紧张的企业增加一个新的物流选择，为其解决燃眉之急。

上海东方丝路多式联运公司副总经理乌菟子举例说："铁路运输的时间是海运的1/3，价格也比空运节省了2/3。奶制品通过海运运输一般要一个多月，通过我们的专列，22天就能抵达上海。"

日邮物流中国公共事务与品牌推广负责人马丽萍也表示，针对科技、汽车、医药、食品等不同领域客户的需求，企业可以提供定制化的海陆空综合运输方案。

"我们注意到，中国提出要构建现代物流体系，提升跨境物流能力，这让我们倍感振奋。"美国飞协博亚洲董事总经理高学亨说，飞协博已经和平安财产保险签约，为疫情之下的国内外企业提供更加智能化、透明化、多元化的物流和供应链服务。

在SGS集团首席执行官吴国宏看来，中国一直用实际行动兑现自己推动建设开放型世界经济的理念。进博会为来自世界各地的产品和服务提供了进入中国市场的大门，这将有助于推动世界经济复苏。

来源：《新华网》

中国东航"四位一体"全力备战进博会服务保障

第四届中国国际进口博览会即将于11月5日在国家会展中心（上海）开幕，作为本届进博会的"核心支持企业""指定航空承运商""采购商""服务商"，中国东航在延续前三届进博会优秀服务的基础上，将继续以"四位一体"的方式在"航空运输、参展签约、场馆服务、后勤支持"等多个领域为第四届进博会提供支持保障。目前，东航各项服务保障工作均已进入全面冲刺阶段。

航班运行安全顺畅，当好"指定航空承运人"

作为国有三大航空运输企业和全球第七大航空公司，同时也是在沪的民航央企、进博会举办地最大的主基地航空公司，中国东航在近日获颁由中国国际进口博览局、国家会展中心（上海）有限责任公司向东航集团颁发荣誉证书，东航成为"第四届中国国际进口博览会核心支持企业、指定航空承运服务单位"。

本届进博会期间，东航专门结合国家会展需求进行了航班优化。东航在原有航班量基础上，计划加班航班110班，主要新增上海虹桥、浦东两大机场往返深圳、成都、重庆、武汉、海口等地的航线。东航还对部分航线优化调整机型，通过由小机型换大机型执飞的方式，净增加座位1800余个。

在即将执行的冬春季航班计划中，东航进一步打造"快线"、"准快线"航班，总数增至42条，更好连接上海、北京、广州、深圳、成都、西安、昆明、青岛、重庆、武汉、长沙等重点城市，为进博期间商务客群的出行提供了便利。

在进博会到来之前，东航集中开展了岗位大练兵和航空器、各项设备检查，进行了飞机定检、专包机调整合计1700余班。疫情防控方面，东航及时根据疫情形势变化更新防疫政策，确保疫防控工作落实到位。在地面做好旅客登机前手部消毒和相关设施设备的消毒工作；在空中提醒旅客佩戴口罩，对机上重点区域强化清洁消杀。

东航还联合虹桥机场与同仁医院开设"仁虹通道"，为前往部分地区需要48小时内有效核酸阴性证明的旅客提供核酸检测服务。东航将坚持"高标准、严要求、高质量"，精心组织、统筹安排，保障进博期间旅客顺畅平安出行。

热心保障进博旅客，打造真情贴心"服务商"

在牢牢把握疫情防控安全关口的同时，东航重点关注为海内外旅客提供"精细、精准、精致、精彩"的精品服务。

在上海虹桥国际机场、上海浦东国际机场，东航精心挑选政治素养高、业务能力强的地面服务人员，成立"进博会专项保障小组"；并将浦东机场国际D2柜台、国内A24／319柜台设置为"进博会值机专柜"，将中转厅T区国际7号柜台、国内1号柜台设置为"进博服务专柜"。旅客可通过柜台摆放的进宝、进博号、进博台旗等醒目标识快速搜索识别，获取东航地服人员的协助服务，办理值机、中转、问询、客票服务等一系列航空服务。

11月1日至11月10日期间，东航将在上海始发前往北京、成都、西安、昆明、广州、深圳、重庆等七地、提供热正餐或热简餐的航班上，推出融入进博吉祥物熊猫"进宝"元素的限定版进博主题套餐，包括"进宝慕斯蛋糕"、"进宝提拉米苏"等甜品，以及备受旅客欢迎的葱烤大排、腊味煲仔饭等热正餐，乘坐航班的旅客可在万米高空感受进博文化元素、享受东航美食。

展品运输、场馆服务齐发力，担当好"核心支持企业"

在本届进博会上，东航承担着"核心支持企业"的职责，在展现东航品牌、服务、文化的同时，全力以赴支持筹展布展工作，助力进博"越办越好"。

东航集团旗下东航物流作为中国国际进口博览会的合作伙伴之一，已连续4年承接进博会展品运输保障任务，成功运输包括"会飞的汽车"、"芬兰概念车"、"捷克水晶"精密仪器等各类参展货品。第四届进博会首票展品Mission H24"氢能源赛车"已于9月26日成功从巴黎经卢森堡顺利入境中国；首批参展的"进博会明星水果"——法国A级皇家嘎啦果及苹果汁也于10月28日"坐"东航航班飞抵上海。进博期间，东航物流特别开辟进博会货物绿色通道、设置专用服务窗口、专用暂存场地，安排专人对接、受理、跟踪进博货物，按规定做好防疫消杀工作。截至10月28日，东航物流已顺利保障第四届进博会展品45票、135件、29953.1公斤。

在进博场馆服务方面，9月10日起，东航选派了3名经验丰富、业务精湛的员工入驻中国进口博览会注册管理中心，经过一系列的理论和实操培训考核后正式上岗开展志愿服务，为各参展商提供首问服务、证件咨询、补换证件等业务办理。

在往届进博会上广受好评的东航凌燕礼仪志愿者，也将再次齐聚进博场馆，参与到进博会的形象礼仪、外事接待、会场导引等多个服务项目中。

考虑到今年进博会分论坛数量高达14场，为历届之最，东航乘务志愿者分论坛保障组组员人数也增加至25名。乘务志愿者代表在开幕前夕曾多次参与分论坛的彩排工作，并将在届时为嘉宾做好迎宾、引导、签约等服务，以周到、细致的服务，用她们的美丽与智慧，向世界展示上海服务、民航精神、东航品牌的魅力。

来源：国资委网站

共赴东方之约！上海邮政积极服务第四届进博会

中国国际进口博览会是迄今为止世界上第一个以进口为主题的国家级展会，是国际贸易发展史上的一大创举。自2018年以来，已在上海市国家会展中心成功举办3届，彰显了中国对外开放的决心，体现了中国支持多边贸易体制、推动发展自由贸易的一贯立场，是中国推动建设开放型世界经济、支持经济全球化的实际行动。

自2018年以来，进博会展览面积不断扩大，意向成交金额不断提升。目前，第四届进博会企业商业展签约展面积已达36万平方米的预定目标，参展世界500强和行业龙头数量已超过上届规模。

进博会让展品变成商品，让展商变投资商，交流创意和理念，联同中国和世界，已成为国际采购、投资促进、人文交流、开放合作的四大平台，成为全球共享的国际公共产品。

3年来，上海邮政积极践行国有企业经济责任、政治责任、社会责任，聚焦"最高标准、最严措施、最强管控、最佳服务"，为服务国家战略作出邮政贡献。连续2年收到了来自进博方的感谢信，青浦邮政作为属地服务单位荣获市总工会授予的"2019年上海市五一劳动奖状"，下属徐泾邮政支局荣获市总工会授予的"工人先锋号"、寄递事业部市场部经理王良荣获市总工会授予的"2019年凝心聚力进博会建功立业创一流'先进个人"。

今年是中国共产党成立100周年，也是"十四五"开局之年和全面建设社会主义现代化国家新征程的开启之年，再接再厉办好第四届进博会，具有特殊重要的意义。第四届进博会将于今年11月5日至10日在上海市国家会展中心举办。

中国邮政将第四年扛起保障进博大旗，以"第四届中国国际进口博览会核心支持企业""第四届中国国际进口博览会指定寄递服务商""国家会展中心（上海）指定寄递服务商"称号，让护航"有速度、有力度、有温度"。

1. 寄递服务安全高效

还在担心路途远、时间紧，无法现场拿到"入场券"？邮政天团帮您解决，只需选择邮政寄递渠道。中国邮政将撑起行业"国家队"责任担当，派出精兵强将提供从证件交接、信息采集、邮件收寄到封发出口、专车押运、主动客服、信息反馈等一条龙的全过程、专业化服务，确保将每一张证件安全、准时、高效的送至每位参展商、采购团、服务者手中！

2. 馆内服务创新升级

今年，中国邮政集团有限公司上海市分公司在一楼中心商圈首次设立了"进博会主题邮局"，服务面积达102㎡。提供信函、明信片销售寄递、进博纪念品"线上+线下"销售及定制、个性化邮票制作、EMS现场寄递、邮政普惠金融业务咨询、信用卡办理及激活业务等现场业务。

进博期间，馆内设置的10个服务点将提供融合"寄递+邮务+金融"一体的综合邮政服务。此外还将推出线上延伸服务，专门推出"进博邮政服务"微信在线服务，让公众在展会期间方便、快捷地享受邮政服务，并可定制进博个性化邮票等纪念品。

来源：中国邮政集团网站

菜鸟首次亮相进博会，快来看最新物流"黑科技"

11月5日，第四届中国国际进口博览会正式开幕。要想"进博路"越走越顺，高效的跨境物流是关键。

菜鸟作为一家全球化产业互联网物流公司，今年首次亮相进博会服贸展区。以"进口好服务 消费新体验"为主题，该展区展示了菜鸟覆盖全球100多个国家和地区的跨境智慧物流网络以及绿色减碳等方面的能力。

此外,菜鸟智能眼镜、LEMO靶枪和环保循环箱等物流"黑科技",以及海南数智供应链示范区沙盘模型首次亮相。现场观众可以到场与这些高科技设备亲密互动,了解一个科技范儿十足、扎扎实实做事的菜鸟。

疫情下跨境物流逆势提速 上百条国际航线服务进口商家

当前,新冠病毒肺炎疫情持续反复,多国纷纷采取旅行管制等措施,导致全球航空客运需求骤降,航司大幅削减运力,各地跨境商家苦不堪言。进博会的如期举行,为世界经济发展注入新动能,为全球商界注入极大信心。

为了让更多国家和企业搭乘中国发展的"快车",稳定的全球物流与供应链必不可少。为此,今年以来,菜鸟开通了超300多条国际航线,建设覆盖全国24个口岸上百万平米的智慧保税仓网络,帮助来自100多个国家和地区的商家、企业和国际组织参与到与中国经贸往来之中。

在2021年双11购物节中,已经有来自87个国家和地区的超3亿件进口商品通过菜鸟全球物流网络,顺利在其国内和海外仓进行备货。日本威士忌、德国小众香氛、韩国高丽参等销量增长明显,体现了消费者对于高品质生活的美好向往。

由于进口商品从海外发货到国内的运输距长,物流时效一直是制约进口商家的"阿喀琉斯之踵。"在海关与有关部门的支持下,菜鸟秒级数字通关系统已覆盖全国主要口岸。今年11月1日,菜鸟仅用5小时37分钟就完成1000万单商品的清关,比去年同期整整提升了近1小时。

值得一提的是,近日菜鸟首次推出部分大贸仓发货的进口商品"预售极速达"服务,覆盖全国200多个城市。据统计,今年"预售极速达"包裹平均一件仅需15个小时送货上门,首次实现了进口商品的"小时级"送达。再加上菜鸟保税仓智能分仓服务,商家的跨境包裹次日达比例最高可提升90%,进一步优化消费者体验。

"进博会的举行让全球商家看到中国市场释放的巨大潜力,而物流是全球贸易中的重要一环。"菜鸟国际供应链总经理赵剑告诉记者,依托于菜鸟搭建的覆盖100多个国家和地区的全球智慧物流网络,可以为跨境商家提供包机、中欧班列、海运等海陆多式联运、全链路的跨境运输解决方案。未来,菜鸟希望可以持续加码对海外物流基础设施的投入,构建现代跨境物流体系,让海外中小企业更轻松触达全球客户,减少国际贸易中的困难和挑战,促进全球数字经济发展。

四年的时间,进博会让展品变商品、让展商变投资商,而中国企业则从过去推着"购物车"满载而归,到如今"国货出海"变成新热潮,角色悄然变化的背后,折射出中国分享市场开放广阔机遇的信心与决心。

在今年双11期间,菜鸟预计用超过300架次包机,全球6大eHub(数字物流中枢)全面启动,加足马力服务中国出海商家。马来西亚eHub的正式投入使用,更是受到中国驻马来西亚大使欧阳玉靖的点赞。他指出,菜鸟马来西亚eHub的成立,可以共同推动马来西亚数字经济基础设施的发展,促进马来西亚企业参与全球市场。

此外,菜鸟比利时列日eHub——菜鸟欧洲最大的数字物流中枢亦即将正式启动。目前,该物流中枢通过列日机场中转的年货量,接近欧洲一中小型机场一年货量之和,服务进出口双向贸易。

为提升跨境包裹的履约时效,服务全球消费者,菜鸟已于近日启动欧洲七大分拨中心,配备全自动分拣设备与智能分拨系统,预计可以包裹分拣成本下降近50%以上;此外,菜鸟在欧洲部署了近5000组自提柜,为海外消费者提供无接触式的取件模式,提升最后一公里的服务体验。

对于本届进博会"低碳发展,绿色复苏"的重要主题,菜鸟也展示了其环保减碳的路径与解决方案。今年"双11"期间,菜鸟全球包裹网络通过智能合单技术预计能减少近2000万次末端配送,以德国地区为例，如果消费者5个包裹能完成合单，相较单个包裹的逐一配送可减少末端配送中约80%碳排放。

据悉，截至2020年底，菜鸟网络已在全球连接了200多个跨境仓库，开通超过1800条国际海、空货运航线，日均跨境包裹数量位居全球前列。菜鸟将不断加码对海外物流基础设施的投入，打造智慧、绿色、普惠的全球物流网络，帮助国内外商家借助于进博会把握市场先机。

来源：《钱江晚报》

光明乳业领鲜物流汇集光明力量，全力护航进博会

11月5日—10日，第四届中国国际进口博览会（进博会）在国家会展中心（上海）举行。这是进博会的第四年，也是光明乳业旗下领鲜物流服务进博会餐饮物流配送的第四年。领鲜物流从10月24日至11月12日，在进博会准备、召开、撤展的全过程，承担所有团餐的热链配送以及部分冷链配送。

对于餐饮物流来说，温度和速度是关键。每辆参与服务的车辆都经过专门设计，安装了独特的制冷设备，车厢分隔为"-18摄氏度冷冻区""2℃—6℃冷藏区"和常温区。车厢内安装有温度感应器，与物流总部信息联网。当车厢温度不在规定范围内，感应器就会报警。"车上有测温枪，首先由驾驶员验证车内温度，如果确实调温出现问题，将就近安排物流中心冷藏车及时对接转运。"

近期国内多地新增新冠病毒肺炎疫情病例，疫情防控成为了大众关注的重点。据悉，为保障餐品安全，在"疫情全程接种""每48小时进行核酸检测"的基础上，领鲜物流自我加压，在物流中心设立了核酸检测点，实现配送人员每24小时一次核酸检测。同时，车辆出场回场均进行消毒，包括车厢、底盘、驾驶位等区域，落实消杀的台账记录，做到一车一档。

为了确保配送的快速与安全，领鲜物流立足指挥中心的"智联安行"可视化系统，实时监控每辆车的位置和运行状态。司机行车过程中的个别行为，如车距过近、左右压线预警、超速等，将被实时干预和调整。车辆今年还增配了车内监控设施，针对打电话、抽烟、保险带未系等危险驾驶行为进行预警。

据了解，进博会期间，光明乳业旗下的牛奶棚食品将继续以"供得上、吃得好、吃得安"为服务主旨，担负起进博会期间的应急餐食保障工作。进博会期间，牛奶棚食品将共准备餐饮应急套餐0.5万份，并根据保障小组的要求，通过光明乳业领鲜物流将保障物资提前运全国展中心商业广场A区510馆进行储备。目前，所有保障物资均已经完成定制。

来源：中华网

中远海运承运的第四届进博会首批海运展品顺利到沪

10月13日，由中远海运承运的第四届中国国际进口博览会德国展品顺利到沪。这批首次参展进博会的展品于9月16日在德国汉堡港装上2万TEU集装箱船"中远海运天秤座"轮出运，经过20多天的海上航行，安全抵达上海洋山深水港，将为第四届进口博览会带来了新的参展亮点。

据了解，该展品来自总部位于德国慕尼黑的RS直升飞机公司，主要是采用其专利技术开发的同

轴旋翼超轻型直升飞机系统，包括一架 va115 单座直升机、一架 va250 双座直升机，以及一套单座直升机训练平台。

中远海运作为中国国际进口博览会境外海运段官方唯一推荐服务商，已经连续 4 年为进博会提供展品运输。

据中远海运集运进口博览会物流操作小组的周依雯介绍：在与 RS 公司的接洽中，展商表达了对中国国际进口博览会的高度期待，并希望借助于进博会这样一个国际化平台，打开潜力巨大的中国民用直升机市场。在接到 RS 的运输委托后，中远海运根据直升机货物对海上运输的特殊要求，经过与客户的反复沟通，严谨细致的策划设计，在 2 天时间里就为客户制订出了包括订舱、装箱、启运地报关、内陆拖运、装船、海运、卸港等全程服务方案。而此次承运直升机展品的"中远海运天秤座"轮是中远海运旗下 2 万 TEU 级星座系列中的一艘，运营于该公司的精品航线——欧洲三线。该轮汇集了先进的设计理念和优良的建造工艺，是中国航运业对"绿色航运、智慧航运"这一发展理念的最新诠释，曾成功执行过多次承运进博会展品到沪的任务，当之无愧地成为"21 世纪海上丝绸之路"的新使者和新名片。面对当前严峻的全球疫情形势和国际海运物流拥堵情况，中远海运始终坚持央企担当，依托强大的全球航线网络、数字化航运平台和端到端物流服务能力，不遗余力地优化全球运力资源，积极为全球展品的出运打造海运物流的绿色通道。

此次展品海运到港，得到了上海边检、上港集团等多家单位和企业的鼎力支持。其中，洋山边检站严格人、车管理和船岸人员不直接接触措施，通过上海"单一窗口"边检申报平台提前进行网上预检申报，保证了船舶在航行途中就完成入境预检手续。上海盛东国际集装箱码头有限公司开设进博展品"优先进港、优先卸运、优先入场、优先提箱"专用通道，提前安排，加强管理和现场巡查。各方精诚协同，携手保障船舶抵港即可按计划装卸作业和展品安全有序卸船中转，共同确保各国各地区展商的展品完美地出现在 2021 年的进博会展台上。

来源：中国远洋海运官网

摘录整理：固晨曦 童瑶

四、航运中心建设

2021年上海港航业发展情况分析

一、吞吐量

2021年，上海港完成集装箱吞吐量4703.3万TEU，同比增长8.1%，上海港集装箱吞吐量连续12年全球第一。其中，洋山港贡献了2281.3万标箱，同比增长12.8%。全年国际中转箱首破600万标准箱，同比增长约14%。上海港覆盖的外贸航线超过310条。洋山四期自动化码头2021年完成集装箱吞吐量570万标箱，同比增长35.7%。

二、智慧港口发展

在洋山港，5G智能重卡、超远程指挥控制中心等都已启用，大数据、机器学习、数字孪生等新技术在港口的应用，也将为上海港建设智慧港口带来更多可能。

洋山四期自动化码头应用的数字孪生系统已开始逐步在其他码头推广应用。2021年，借助于VR、数字孪生等新技术与新手段，上港集团计划继续推进"智慧港口生产智慧数字化平台"建设，形成2.0版本。在1.0版本下，上港集团可以通过一块智慧大屏，实时了解上海港各码头的作业情况。未来目标是获得更细致的信息，甚至包括码头上每一台设备的运作情况、船舶在航线上航行的情况、连接港区的集疏运系统的运行情况等，以实现对码头生产更高层次、更高水平的实时动态管控。

三、长三角口岸协同发展取得成效

海关积极推动中转集拼业务试点，应用安全智能锁、电子围栏等技术为中转集拼业务试点提供更加安全高效的监管服务。去年，上海海关与南京海关、合肥海关、杭州海关等长三角直属海关拓展"联动接卸"海关监管模式，实施"联动接卸、视同一港"整体监管，实现进出口货物"一次申报、一次查验、一次放行"。目前，洋山港已经与江苏太仓港、安徽芜湖港、浙江独山港和安吉港等形成常态化联动接卸工作模式，未来还将推广到大丰、苏州高新、张家港、扬州等沿江沿海港口。

以洋山—芜湖港"联动接卸"模式为例，全程运输时间平均约48小时，相较其他模式节省近一半时间。据测算，相较传统的水水中转模式，"联动接卸"模式出口每标箱可节约物流成本400元，进口每标箱可节约200元。2020年全年，通过联动接卸模式共完成出口27.1万标箱、进口2.2万标箱，上海港航运枢纽地位进一步凸显。

四、集疏运体系

为更好整合"水—公—铁"物流通道资源，上港集团布局集疏运体系，全方位推进长三角区域港口与物流一体化，打造内陆集装箱枢纽。2021年3月和9月，上港集团分别成立江苏太仓、安徽芜湖服务中心，推进长江信息平台建设，发挥上海港母港优势，增强服务能力。

五、上港集团海外港口投资

2021年9月1日，上港集团投资并历时3年建设的以色列海法新港正式开港运营。是日，随着桥吊操控员的远程自动化操作，"第一箱"起吊作业顺利完成，通过这人类有史以来创造的伟大奇迹之一——集装箱的标准化运输装卸体系，为以色列及地中海地区提供高效便捷的物流服务，深化"一带一路"高水平合作共建。

六、船舶运输企业数

截至2021年，本市在册从事国际船舶运输的企业国际船舶运输企业50户，共有船舶501艘，

2839.01 万载重吨。

七、船级社

序号	排名	知名船级社	成立时间	地址
1	5	中国船级社质量认证公司上海分公司	2008.10.23	上海市浦东新区浦东大道 1234 号
2	2	日本船级社（中国）有限公司	2009.01.05	上海市黄浦区外马路 1288 号综合楼五层 A 室
3	6	必维船级社（中国）有限公司	2009.01.19	上海市黄浦区鲁班路 558 号 2 楼 A21 室
4	1	DNVGL 挪威船级社（中国）有限公司、德国劳氏船级社（中国）有限公司	2009.02.19	上海市徐汇区柳州路 399 号（甲）1005 室
5	7	韩国船级社（中国）有限公司	2009.03.09	上海市长宁区虹桥路 1591 号虹桥迎宾馆 4 号楼
6	8	意大利船级社（中国）有限公司	2009.06.12	上海市长宁区延安西路 1160 号首信银都大厦 20 楼 2002、2003、2005 室
7	4	英国劳氏船级社（亚洲）上海代表处	2013	上海市长宁区延安东路 550 号海洋大厦 19 楼
8	3	美国船级社（中国）有限公司	2013.03.14	上海市黄浦区西藏南路 228 号永银大厦商场 502 室
9	11	波兰船级社（皮阿艾斯上海船舶检验有限公司）	2011.02.14	上海市黄浦区人民路 885 号 713 室
10	12	克罗地亚船级社（克尔艾斯上海船舶检验有限公司）	2014.02.25	上海市闵行区光华路 2118 号第 7 幢 E103 室

八、国际知名邮轮公司

序号	国际知名邮轮公司	成立时间	地址
1	英国嘉年华邮轮有限公司上海代表处	2012.12.26	上海市黄浦区南京西路 128 号永新广场 15 楼 A-C 室
2	皇家加勒比游轮船务（中国）有限公司	2013.06.07	上海市虹口区东大名路 358 号 1615 室
3	诺唯真游轮船务（上海）有限公司	2017.02.08	上海市虹口区吴淞路 575 号 2902 室
4	地中海邮轮船务（上海）有限公司	2017.03.06	中国上海常乐路 989 号世纪商贸广场 2307-09
5	云顶旅行社（上海）有限公司	2004.08.16	上海市虹口区中山北一路 1102 号 1 楼 1C 预留办公室

九、全球十大船舶管理机构在上海设立分支机构情况

序号	排名	相关企业（自贸区）	成立时间	地址
1	1	中英中船船舶管理（上海）有限公司	2017.01.30	上海市浦东新区福山路 450 号新天国际大厦 9 楼 E 室
2	2	卫狮船舶管理（上海）有限公司	2015	中国（上海）自由贸易试验区浦东大道 2123 号 3 层 F20
3	4	贝仕船舶管理（中国）有限公司	2005.03.11	上海市浦东新区蔡伦路 1690 号 7 号楼 1－3 层
4	5	哥伦比亚船舶管理（新加坡）私人有限公司上海代表处	2001.06.20	上海市虹口区四川北路 1350 号利通广场 1506 室

续表

序号	排名	相关企业（自贸区）	成立时间	地址
5	8	上海东茂船舶管理有限公司	2014.10.30	上海市浦东新区奥纳路18号奥吉综合楼第二层208室
6	9	上海威尔森华洋国际船舶代理有限公司	2004.10.30	上海市黄浦路53号海湾大厦9楼D座

数据来源：http://port.zhoushan.gov.cn/art/2019/12/13/art_1571538_41010728.html

十、国际集装箱船公司[1]

序号	排名	国际集装箱船公司	成立时间	地址
1	1	马士基（中国）有限公司上海分公司	2014.07.03	上海市黄浦区蒙自路757号22层03单元（名义楼层25层）
2	2	利胜地中海航运（上海）有限公司	2009.11.05	上海市虹口区杨树浦路248号上海瑞丰国际大厦26楼
3	3	中远海运集装箱运输有限公司	1997.11.11	中国（上海）自由贸易试验区业盛路188号临港管理服务中心A楼428室
4	4	达飞轮船（中国）有限公司	1996.06.19	上海市延安东路222号金光外滩金融中心39层
5	5	赫伯罗特船务（中国）有限公司	1996.02.08	上海市虹口区四川北路1350号801室
6	6	海洋网联船务（中国）有限公司	2017.09.07	上海市黄浦区黄陂南路838弄1号4幢5、6层（实际楼层为4、5层）
7	7	长荣物流（上海）有限公司	2009.04.24	中国（上海）自由贸易试验区民生路1199弄2号10层1002室
8	8	阳明海运上海分公司	1905.06.16	上海市西藏中路18号港湾广场30层
9	9	现代商船（中国）有限公司	1995.10.04	上海市西藏中路18号港陆广场33-34楼
10	10	太平船务（中国）有限公司	1995.07.19	上海市虹口区公平路18号5号楼902室
11	11	以星综合航运（中国）有限公司	1998.10.26	上海市西藏中路268号来福士广场1201室、1205室、1206室
12	12	万海航运（香港）股份有限公司上海代表处	1999.05.06	上海市黄浦区广东路689号22楼01室
13	13	上海中谷物流股份有限公司	2010.03.05	中国（上海）自由贸易试验区双惠路99号综合楼106室
14	15	伊朗伊斯兰共和国航运公司上海代表处	1993.04.12	上海市浦东南路1088号中融大厦1501室
15	14	高丽海运（上海）有限公司	2008.11.12	上海市虹口区吴淞路130号901、902室
16	16	美国安通思控股有限公司上海代表处	2012.06.27	上海市浦东新区银城中路68号时代金融中心22楼2231室
17	17	新加坡海丰国际有限公司上海代表处	2001.09.26	上海市卢湾区茂名南路59号锦江饭店锦江俱乐部58662室
18	30	韩国森罗商船株式会社上海代表处	2017.02.07	上海市宝山区长逸路188号1幢A-1195室
19	20	香港德翔航运有限公司上海代表处	2002.01.31	上海市虹口区吴淞路469号森林湾大厦1806室
20		长锦商船（中国）船务有限公司	2000.04.11	上海市虹口区吴淞路258号603室

1 根据Alphaliner全球100大集装箱运输公司排名整理，据此排名，表中整理了各公司在上海开设的分支机构情况。

续表

序号	排名	国际集装箱船公司	成立时间	地址
21		中外运集装箱运输有限公司	1998.05.28	中国（上海）自由贸易试验区张杨路800号605室
22		宏海箱运船务有限公司	2000.11.20	上海市黄浦区西藏中路18号港陆广场2601-2603室
23		美森轮船（上海）有限公司	2008.01.29	上海市黄浦区延安东路550号海洋大厦712室
24		荷兰尼罗河航运私有有限公司上海代表处	2008.10.27	上海市浦东新区芳甸路1088号1705室
25		太古轮船有限公司	2019.02.01	上海市静安区石门一路288号香港兴业中心一座13楼1312单元
26		萨姆达拉船务有限公司上海代表处	2000.07.04	上海市中山北二路1800号7幢14楼1406室
27		韩国兴亚海运有限公司上海办事处	1995.09.01	上海市黄浦区延安东路700号港泰广场2104室
28		新加坡亚川船务代理公司上海代表处	2000.12.04	新加坡亚川船务代理公司上海代表处
29		韩国南星海运株式会社上海代表处	1999.08.19	上海市黄浦区延安东路58号10楼05室
30		俄罗斯远东海洋轮船公司驻上海代表处	1993.03.16	上海市黄浦区北京东路668号外滩京城15楼15H室
31		上海锦江航运（集团）有限公司	1983.03.24	上海市浦东新区龙居路180弄13号2楼
32		韩国天敬海运株式会社上海代表处	2003.04.14	上海市黄浦区延安东路700号20层C1室
33		上海海华轮船有限公司	1990.12.08	中国（上海）自由贸易试验区顺通路5号B座228F室
34		新加坡孟虎航运有限公司上海代表处	2008.12.18	上海市黄浦区金陵西路28号金陵大厦1029室
35		韩国泛洲海运株式会社上海代表处	1999.10.08	上海市黄浦区延安东路700号港泰广场21A（02）室
36		香港达通国际航运有限公司上海代表处	2007.04.02	上海市天目西路218号嘉里不夜城1座2506室
37		韩国东进商船株式会社上海代表处	2004.12.10	上海市黄浦区延安东路700号21层A室（01）部位
38		神原汽船（中国）船务有限公司	2003.06.05	上海市黄浦区九江路288号宏伊国际广场1805、1806室
39		俄罗斯萨哈林航运股份公司上海代表处	2014.01.16	上海市杨浦区控江路1142号23幢4064-67室

十一、上海国际航运研究中心编制《2021年中国航运景气指数》

2021年，上海港航业一项重要工作是，由上海国际航运研究中心按季度编制发布了《中国航运景气指数》。该指数作为上海航运指数的重要组成，每季度向全球传递中国航运业的发展情况。中国航运景气指数以100为临界点，在0—200点的范围内上下波动。当指数大于100时，说明上升的指标占上风，即称为景气，表示中国航运处于增长、繁荣的景气状态，指数越高，景气状态越好。当指数在100以下时，说明下降的指标占上风，即称为不景气，表示中国航运处于下降、萧条的不景气状态，指数越低，景气度越差。

2021年是中国航运业蓬勃发展的一年，随着全球航运市场的发展，中国航运企业的盈利快速增加，航运企业的景气度不断提升，第二季度中国航运景气指数达到126.39点，进入相对景气区间，景气指数再创发布以来历史新高。中国航运信心指数为164.20点，与上季度基本持平，维持在较强景气区间。

三季度开始,受拉闸限电等因素的影响,中国航运企业景气度开始进行调整,但仍处于历史上的高景气区间。2021年第四季度,中国航运景气指数达到119.43点,较上季度下滑4.49点,跌入相对景气区间;中国航运信心指数为159.16点,较上季度下降3.55点,维持在较强景气区间。

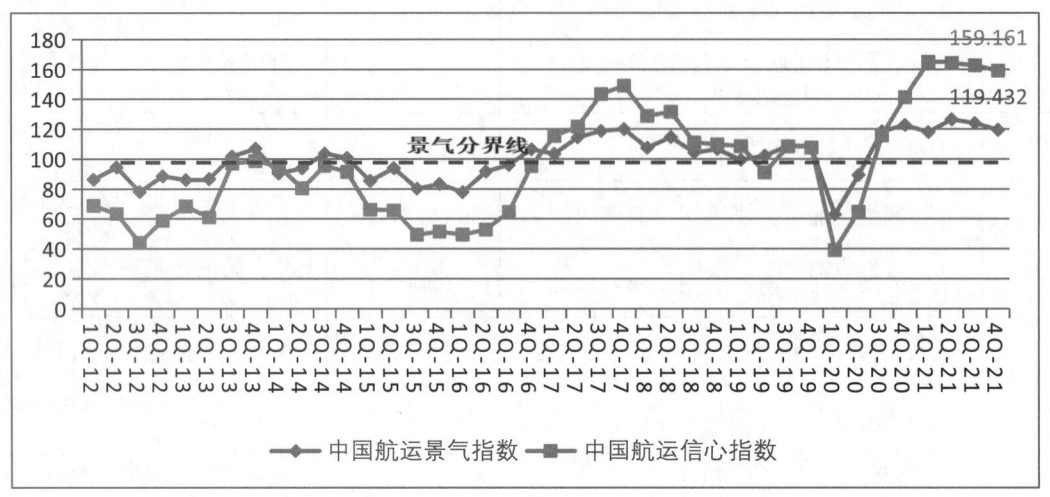

图2: 中国航运景气指数与信心指数走势图

船公司的总体盈利大幅增加。2021年,中国航运企业总体上保持在高景气区间,企业总体景气度一直保持高位。第四季度,船舶运输企业景气指数为127.63点,维持在较为景气区间;船舶运输企业信心指数为170.51点,维持在较强景气区间。分指标来看,船舶运输企业船舶运输企业运力投放增加,舱位利用率大幅上涨,运费收入大幅增加,虽然营运成本有所上升,但企业盈利依然大幅增加;企业贷款负债减少,劳动力需求增加,船东们的运力投资意愿有所回升,由于企业大幅盈利,流动资金非常宽裕,企业融资相对容易,企业抗风险能力进一步上升。

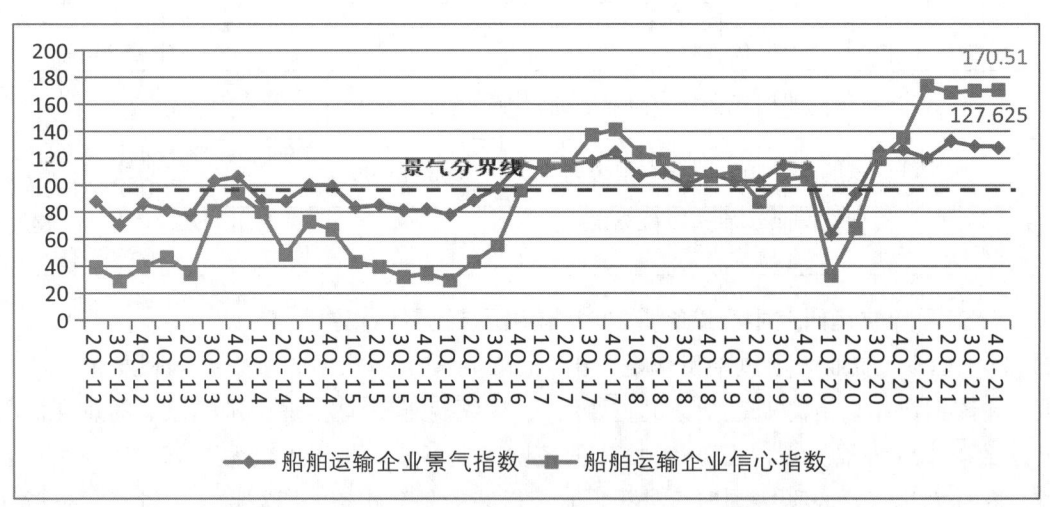

图3: 船舶运输企业景气指数与信心指数走势图

中国港口企业进入相对景气区间。中国港口企业一直是中国航运业的压舱石,在全球航运市场相对较高的情况,中国港口企业景气状况也不断提升。第四季度,中国港口企业景气指数为119.43点,进入相对景气区间,港口企业总体经营状况良好;港口企业信心指数为144.47点,维持在较为景气区间，港口企业家们信心充足，对行业总体运行状况持乐观态度。从各项经营指标来看，港口的吞吐量大幅上升，泊位利用率也大幅上升，港口收费有所增加，虽然营运成本继续上升，但企业盈利依然大幅上升。港口企业流动资金仍然相对宽裕，企业融资难度继续降低，企业资产负债继续减少，同时港口企业的劳动力需求增加，新增泊位与机械投资较上季度也有所增加。

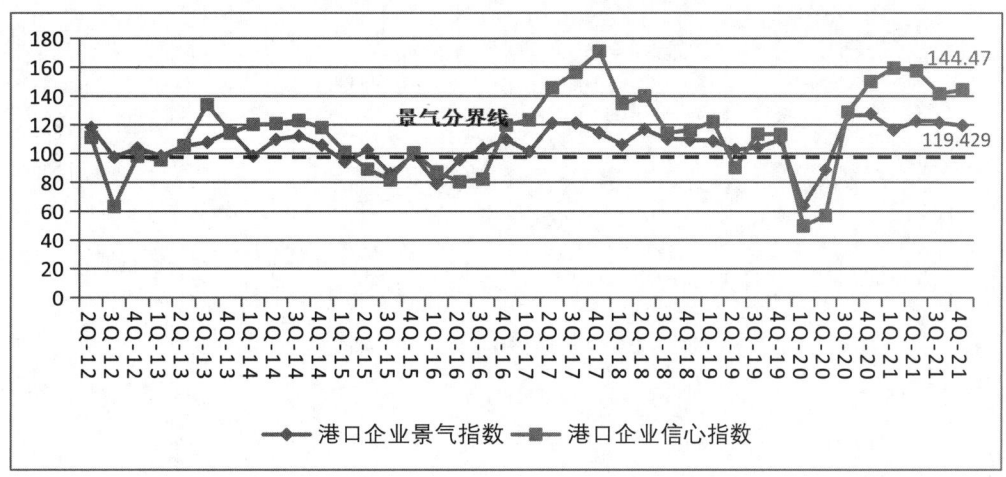

图 4：港口企业景气指数与信心指数走势图

供稿单位： 上海国际航运研究中心

第五篇 长三角物流区域联动合作

一、2021 长三角区域物流一体化发展报告

长江三角洲区域一体化发展是习近平总书记亲自谋划、亲自部署、亲自推动的重大战略。长三角人均地区生产总值已经跨过了世界银行设立的高收入经济体门槛，是我国最有条件率先实现现代化的区域。长江三角洲地区（以下简称"长三角地区"）是中国经济最具活力、开放程度最高、创新能力最强的区域之一，是全球重要的先进制造业基地，是中国更高起点深化改革和更高层次对外开放的先行区，在国家现代化建设大局和全方位开放格局中具有举足轻重的战略地位。

长三角一体化上升为国家战略以来，三省一市紧扣"一体化"和"高质量"，积极探索、主动作为，一体化程度日益加深，呈现出4个方面的特点：一是从经济合作深化为全方位合作；二是从省市合作深化为地方合作；三是从单向合作深化为多向合作；四是从松散合作深化为紧密合作。尤其进入"十四五"时期，长三角区域各城市紧抓物流强国和一体化发展机遇，加强区域互联互通，加快构建安全、便捷、高效、绿色、经济的现代综合交通运输体系，加快打造"高效便捷"的快速网、"内畅外联"的物流网、"绿色高效"的信息网，建设区域性综合交通枢纽，为长三角现代物流示范区建设助力。

长三角城市群在上海市、江苏省、浙江省、安徽省范围内，由以上海为核心、联系紧密的多个城市组成，主要分布于国家"两横三纵"城市化格局的优化开发和重点开发区域，规划范围包括26个市。多年来，通过突出上海的核心地位，强化南京、杭州、合肥、宁波、苏锡常等都市圈的辐射作用，以"五纵五横"物流运输通道为重点，以港口和交通枢纽为牵引，高等级公路网络为基础，内河水运发挥比较优势，构建面向全球，辐射亚太，联通国内主要城市群和区域内重要节点的区域高质量物流网。

我国"十四五"规划提出，要着力完善与先进制造业运输需求相适应的现代化物流体系，促进物流业降本增效。畅通物流大通道瓶颈制约，强化和国际物流通道的衔接，建设战略性经济走廊。近年来，长三角一体化以联运枢纽（城市）为核心，正在推动建设一批辐射带动力强的货运枢纽（物流园区），完善提升多式联运、干支衔接、口岸服务等功能，充分发挥着长三角区域枢纽的物流集聚和辐射效应。

为此，上海江苏浙江安徽的政府工作报告中，不约而同提到了同一件事。在对新一年重点工作的展望中，沪苏浙皖四地共同关注的热门区域是——"枢纽建设"建设。其中，江苏政府工作报告提到，支持苏州参与虹桥国际开放枢纽建设；浙江政府工作报告提到，推进虹桥国际开放枢纽南向拓展带建设；安徽政府工作报告回顾了在2021年与虹桥国际开放枢纽实现联通链接，并提出在2022年建设虹桥国际开放枢纽安徽城市展示中心；上海政府工作报告提到，全面落实虹桥国际开放枢纽建设总体方案。

为什么沪苏浙皖都提到虹桥国际开放枢纽？因为从2021年开始，"大虹桥"建设主体从上海一家变成三省一市共建，目标定位从过去的"虹桥商务区"提升到"虹桥国际开放枢纽"，已经由上海

一地的实践上升为长三角共同推进，由上海的虹桥提升为长三角的虹桥、世界的虹桥。

2021年2月18日，国家发改委批复了《虹桥国际开放枢纽建设总体方案》。根据方案，虹桥国际开放枢纽将从上海市域拓展延伸至苏浙两省，形成"一核两带"发展格局，"一核"是上海虹桥商务区，"两带"是以虹桥商务区为起点延伸的北向拓展带和南向拓展带。"一核两带"功能布局犹如一张蓄势待发的"弯弓"，居于中心位置的虹桥商务区是其"动力核"，将长三角乃至更广腹地的发展动能和开放势能汇聚于此、辐射而出。

2021年5月7日，长三角物流发展联席会议和长三角现代物流合作联盟主席团秘书处工作会议在南京召开。来自上海、浙江、江苏和安徽三省一市物流行业协会的代表20多人参加会议。会议就如何深化长三角物流业一体化合作，持续推进高质量发展提出了六条建议：一是加强物流企业信用建设方面的合作；二是加强物流统计方面的合作；三是加强物流标准化建设方面的合作；四是加强物流智能化装备推广应用方面的合作；五是加强技能和人才教育培训方面的合作；六是加强一体化示范区行业社团和企业的深度融合。与此同时，本届会议讨论并通过了2021年长三角物流发展与合作论坛方案。

而紧接着，两个月后，7月23日，由苏浙沪皖三省一市物流协会、学会主办的"长三角物流发展与合作论坛"在苏州召开。论坛以"智慧物流赋于物流行业高质量发展"为主题。轮值方江苏省现代物流协会副会长兼秘书长候普主持，浙江省物流协会会长胡江潮、上海市物流学会会长许国良致词。复旦大学副教授刘建林等8位专家学者与企业家作了精彩演讲。来自苏浙沪皖的物流行业代表、专家学者、政府有关部门代表共500人参会。

这一次，三省一市物流专家就"长三角区域的智慧物流发展何去何从？"展开深度讨论。这是一次聚焦"智慧物流赋能物流行业高质量发展"、推进长三角物流一体化高质量发展的高水平论坛。论坛立足新发展阶段、贯彻新发展理念、构建新发展格局，进一步推进智慧物流理念、技术和模式在物流行业广泛应用，在物流创新发展、降本提质增效和创造新价值方面发现新路径，形成新功能。参会专家、教授、企业家、协会负责人精彩的、多视角、高水平的演讲得到参会嘉宾的共鸣和强烈反响。这次论坛讨论的问题进一步开启了智慧物流应用和发展大门，未来长三角区域智慧物流方面的合作、交流、联动，以及互通有无、优势互补、资源整合等方面的一体化发展任重道远。

（一）智慧物流的理念

IBM于2009年首次提出，建立一个面向未来的具有先进、互联和智能三大特征的供应链，通过感应器、RFID标签、制动器、GPS和其他设备及系统生成实时信息的"智慧供应链"概念，将物联网、传感网与现有的互联网整合起来，通过以精细、动态、科学的管理，实现物流的自动化、可视化、可控化、智能化、网络化，从而提高资源利用率和生产力水平，创造更丰富社会价值的综合内涵。

我国也于2009年12月出现智慧物流的概念。智慧物流是指通过智能软硬件、物联网、大数据等智慧化技术手段，实现物流各环节精细化、动态化、可视化管理，提高物流系统智能化分析决策和自动化操作执行能力，提升物流运作效率的现代化物流模式。智慧物流利用集成智能化技术，使物流系统能模仿人的智能，具有思维、感知、学习、推理判断和自行解决物流中某些问题的能力。即在流通过程中获取信息从而分析信息做出决策，使商品从源头开始被实施跟踪与管理，实现信息流快于实物流。即可通过RFID、传感器、移动通讯技术等让配送货物自动化、信息化和网络化。

在以物联网为基础的智慧物流技术流程中，终端利用射频识别RFID技术、红外感应、激光扫描等传感技术获取商品的各种属性信息，再通过通信手段传递到智能数据中心对数据进行集中统计、分析、管理、共享、利用，从而为物流管理甚至是整体商业经营提供决策支持。

在智慧物流概念出现的同一年，国务院《物流业调整和振兴规划》提出，积极推进企业物流管理信息化,促进信息技术的广泛应用;积极开发和利用全球定位系统(GNSS)、地理信息系统(GIS)、道路交通信息通信系统(VICS)、不停车自动交费系统(ETC)、智能交通系统(ITS)等运输领域新技术,加强物流信息系统安全体系研究。两年后,2011年8月,《国务院办公厅关于促进物流业健康发展政策措施的意见》持续强调,加强物流新技术的自主研发,重点支持货物跟踪定位、无线射频识别、物流信息平台、智能交通、物流管理软件、移动物流信息服务等关键技术攻关。适时启动物联网在物流领域的应用示范。两项政策都从国家宏观层面,强调了发挥地理信息系统等关键信息技术,在物流信息化中的作用。

很多先进的现代物流系统已经具备了信息化、数字化 网络化、集成化、智能化、柔性化、敏捷化、可视化、自动化等先进技术特征。很多物流系统和网络也采用了最新的红外、激光、无线、编码、认址、自动识别、定位、无接触供电、光纤、数据库、传感器、RFID、卫星定位等高新技术,这种集光、机、电、信息等技术于一体的新技术在物流系统的集成应用就是物联网技术在物流业应用的体现。智慧物流理念的提出,顺应历史潮流,也符合现代物流业发展的自动化、网络化、可视化、实时化、跟踪与智能控制的发展新趋势。

(二)智慧物流的实践

本次论坛的演讲嘉宾大都围绕智慧物流应用与实践展开讨论,其中既有智慧物流技术的创新、物流平台化的发展、物流装备的智能化,也有数字化的探索。

1. 智慧物流平台化

南京大学副教授、中储智运创始人李敬泉在题为"科技赋能物流,物流支撑产业"的演讲中,着重介绍了智慧物流的业态探索——网络货运平台的发展,打造数字供应链生态圈,通过技术赋能和资源共享,实现社会资源的优化配置和高效利用,通过智运(一站式智慧物流综合服务平台)、智链(智能链接,服务升级)、智信(数据驱动,信用增值)三大集成平台实现企业生产、交易、物流、库存全流程数字化,提高运营效率与效益。

复旦大学上海物流研究院博士后副教授刘建林在"中国物流信息化智能化趋势与发展"的演讲中指出,物流企业信息化智能化的目的在于帮助企业转型升级与实现高质量可持续发展。通过信息化、数字化、智能化的技术手段实现成本优势向综合优势的转变,以价竞争向以质竞争的转变,安全与交付向品牌与体验的转变,粗放型增长向同心多元化发展转变。

安徽科大国创慧联运科技有限公司ETC创新事业部市场总监于夏子作了"数智ETC助力物流精准降本:长三角货车ETC一体化运营平台"的演讲,一是长三角实现最优惠的货车ETC记账卡一体化办理,为物流行业精准降本;二是长三角货车ETC记账卡先通行后付费产品一体化平台,为物流运营提效;三是长三角一体化货车ETC记账卡管理服务,为物流企业降本增效。

2. 两业融合的智慧物流

江苏飞力达国际物流股份有限公司副总裁王佩芳,作了题为"面向智能制造的智慧物流实践与发展"的演讲。公司的使命是助力制造企业提升供应链管理效率,实现客户价值主张,通过智慧物流助力智能制造,提升企业竞争力,实现专业供应链管理。一是研究制造业供应链现状,发现行业普遍痛点,开发助力制造业的解决方案;二是提炼行业优秀的物流解决方案案例,形成案例库;三是诊断执行的一站式供应链服务,直达成果。成为数据科技驱动的智造供应链管理专家。

杭州网营物联控股集团公司总裁吴军旗作了题为"两业融合的浙江模式:网营物联(海宁)智慧经编创新示范园"的演讲。一是构建经编产业供应链新生态,实现采购、生产、物流、配送、研发和销售展示一体化;二是创新实践突破传统直销模式,通过库存前置方式,将传统批量直销模式变革为"多批次销售+物流快速响应"模式;三是建立循环共用管理系统,通过和上下游企业进行带板运输,提高货物流转效率。

振石集团浙江宇石国际物流有限公司董事长寿丹平介绍了宇石物流基于两业融合的多模式供应链物流一体化创新。一是深入开展物流数据信息共享,提升信息传递效率;二是"一线多点、循环甩挂",提高车辆重载运输时间,降低物流成本;三是开展多式联运,提高物流运营效率。

3. 数字转型的智慧物流

安徽省徽商物流有限公司总经理岳建波,在"徽商物流数字化转型的探索"演讲中说,以数字化转型推进一体化整合,与物流智能化融合带动高质量发展,培育壮大物流新动能,激发创新驱动力,引领区域内物流产业结构的高端化、现代化升级。徽商智慧物流数字化转型需要做到以下几点:物流产业"智能+"应用加速融合;加速数字化转型,打造物流一体化生态;推进物流智能化融合,共创产业高质量发展。

路歌集团数字物流华东区域营销总监陈家玉在"路歌数字货运服务方案"演讲中介绍,通过数字货运、运力采购数字化、运力供应链数字化、运力组织新模式实现路歌数字化货运解决方案。中国联合网络通信有限公司上海市分公司网络总监郑磊在"中国联通数字化可信供应链助力智慧物流数字化"演讲中介绍了数字化仓库物联网装备认证平台的八大核心能力:安全防护、应用敏捷开发、高效运营维护、规则引擎、云物网协同、设备全生命周期精细化管理、终端海量零配置接入、SIM智慧运营,为数字化仓库提供技术服务和解决方案。

4. 新能源与智能化的智慧物流

福田智蓝新能源市场与商业模式总监王玉静在"碳达峰与碳中和目标下的商用车发展趋势"的演讲中介绍,商用车绿色低碳势在必行,新能源汽车对燃油汽车的替代是交通运输行业的重要碳减排措施。新能源商用车领域将以多能源形式共存,共同助推碳达峰、碳中和的实现,纯电动集中在转微型商用领域,燃料电池重点在中重型商用车场景应用,纯电动和氢燃料是汽车使用环节实现零排放的最佳技术路线,混合动力技术路线可应用于各场景。

奥铃营销公司价值客户部总监朱恺在"奥铃轻卡助力长三角物流产业发展"的演讲中介绍,可实现:1. 远程控制和远程监控实现智能运营;2. 紫外线消杀和智能故障检验,预防货物污染和变质;3. 全程监控和多温监控实现货物主动安全管理。林德(中国)叉车有限公司苏州分公司销售经理梁纶周在"物流管理之林德精益之道"中介绍,林德自动化机器人(无人驾驶叉车)可以24小时运作、提升精准性、提升操作安全性、降低管理成本、减少人员成本。

5. 智慧供应链物流

南京财经大学教授、江苏一带一路研究院院长吴志华在"实行智慧物流与现代供应链管理的战略制胜"演讲中介绍,随着"一带一路"高质量发展的不断推进、国内外经济双循环与碳达峰、碳中和要求的细化落实,以及后新冠疫情时代美元等货币超发影响的综合显现,企业之间可持续跨界合作、跨地区合作正日趋加强,又显得异常复杂……不仅要考虑迅速发展与运用的现代信息等技术变化所带来的供应链手段、方式与模式影响,而且还要考虑全球供应链环境恶化条件下,日益主要与迫切的中国特色现代供应链创新及落地等问题。

(三)智慧物流的发展

物流业作为支撑国民经济社会发展的基础性、战略性产业,在国民经济转型发展中发挥着巨大作用,国务院各部委密集出台政策,推进智慧物流、数字化等技术,在生产制造、商贸流通、金融服务等领域的应用和发展,智慧化、数字化成为未来物流行业发展的方向。从智慧物流的实践来看,智慧物流既提升了生产效率、降低了生产成本,还解决了传统物流所不能解决的问题、创造了新的价值。未来智慧物流发展的趋势:

1. 智能化

智能化发展是物流发展的必然趋势，因为智能是智慧物流的典型特征，它会随着人工智能技术、自动化技术、信息技术的发展，智能化程度会不断提高。不仅仅限于当前的水平。所以随着时代的发展，智慧物流也将不断地被赋予新的内容。

2. 柔性化

"以顾客为中心"这个理念必须坚持按照客户的需要提供高度可靠的、独特的、增值的服务。如果"以顾客为中心"服务的内容不断增多，那服务的重要性也将越来越大，没有智慧物流系统柔性化是不可能达到的。

3. 一体化

智慧物流系统既包括企业内部的全部物流活动，也包括企业外部的物流活动，所以一体化就是指智慧物流的整体化和系统化。以智慧物流管理为核心，将物流过程中运输、存储、包装、装卸等诸环节集合成一体化系统。

4. 社会化

随着物流设施的国际化资源整合、物流技术的全球化和物流服务的全面化，物流活动并不仅仅局限于一个地区或一个国家。还将实现货物在国际间的流动和交换，以促进区域经济的发展和世界资源优化配置。而社会化的智慧物流体系的形成，降低物流成本，并成为智能型社会发展的基础。

总之，随着经济社会日新月异的发展，智慧物流会让物流行业分工越来越明细，管理越来越精细化，供应链越来越协同化。未来长三角智慧物流市场将进一步扩张，行业发展将朝向物流连接升级、数据处理升级和经营模式不断创新的方向发展，随着智慧物流的大规模应用，结构不断优化，融合新理念、新模式、新技术、新业态来发挥智慧物流的优势，将推动中国物流业的革命性发展，实现物流行业的转型升级高质量发展。

摘录整理：王　京、张三敏

第六篇　产业供应链物流

一、汽车物流

（一）2021年中国汽车市场回顾与展望

发布时间：2021年12月31日

2021年是"十四五"开局之年，在世纪疫情与百年变局交织之际，如何有效抓住去除梗阻、打通循环的关键因素，畅通国民经济循环，是推动"十四五"时期高质量发展的题中应有之义。当前，中国正努力实现着从快速发展的经济体向相对成熟的经济体和从投资主导型经济向消费主导型经济的两大转变，消费已成为畅通国民经济循环的主攻方向和战略重点，被摆在"双循环"新发展格局中的突出位置，而汽车消费则是消费的重头戏和顶梁柱，稳定和扩大汽车消费，激活汽车市场内生动力和经营主体活力，将是加快形成新发展格局、建设市场大国的必由之路。

2021年，汽车市场在多重挑战下努力实现恢复和增长，1月－11月，汽车产销分别完成2317.2万辆和2348.9万辆，同比分别增长3.5%和4.5%。但受疫情反复多点散发，极端天气和自然灾害频发，消费预期降低，全球供应链风险激增等国际国内多重因素的叠加影响，使得今年的汽车市场仍然面临复杂严峻的形势。中央经济工作会议提出我国经济发展面临需求收缩、供给冲击、预期转弱的三重压力，在汽车市场中反映的尤为突出，一方面受政策和预期等因素影响，最终消费需求面仍然窄小；另一方面，供应链的风险对市场造成较大冲击，汽车市场出现了需求不足与供给短缺并存的鲜有现象。

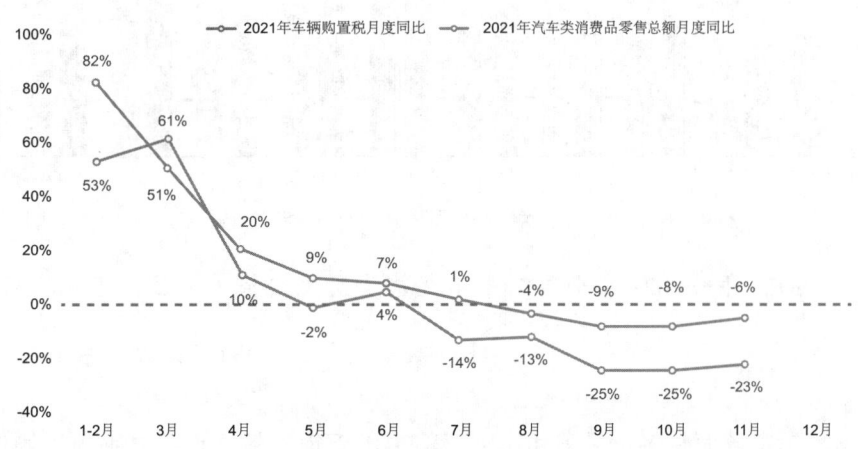

图1：2021年车辆购置税与汽车消费品零售额趋势变化

数据来源：财政部、国家统计局

从数据上看，1月—11月，国家统计局汽车类消费品零售总额达39215亿元，占社会消费品零售总额的 9.8%，同比增长 9.7%。但 8 月开始，汽车类消费品零售总额连续 4 个月出现同比降幅，较 2019 年同期相比也呈现逐月收窄态势，同时，受新能源汽车高速增长的推动，汽车类零售总额降幅明显低于购置税的降幅，且下降月份的趋势也相对缓和。

1 月—11 月，财政部车辆购置税累计 3270 亿元，同比增长 2.5%。总体看，车辆购置税趋势同汽车消费品零售总额趋势大体一致，且因去除了免征车辆购置税的新能源汽车，更贴近燃油车市场的实际情况。具体看，一季度受去年同期低基数影响增幅明显，进入二季度，同比增幅呈现逐月收窄态势，7 月份开始连续 5 个月降幅超过两位数，最高时达 25%，其中 10 月单月购置税 229 亿元，为近 3 年来最低月份。

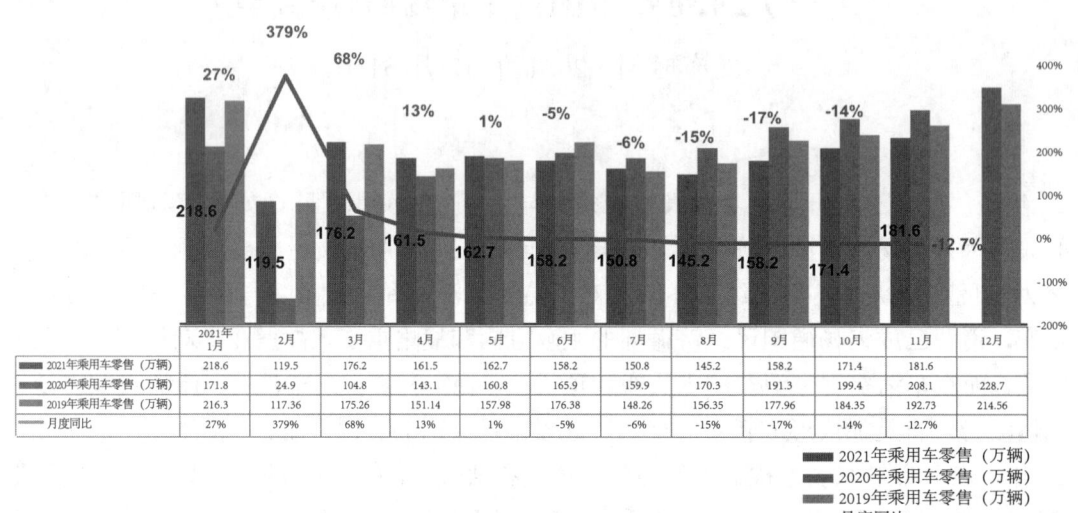

图 2：2019-2021 乘用车零售市场趋势

数据来源：中国汽车流通协会汽车市场研究分会（乘联会）

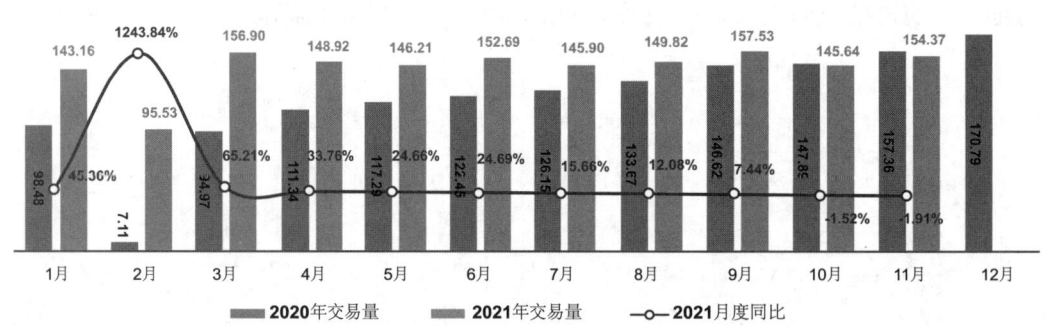

图 3：2020 年—2021 年全国二手车交易量变化趋势（单位：万辆，%）

数据来源：中国汽车流通协会

尽管 2021 年汽车市场面临多重挑战和压力，但也不乏很多新亮点：二手车市场保持快速增长，新能源汽车逆势上扬，汽车出口翻倍增长。中国汽车流通协会数据显示，1 月—11 月，乘用车零售累计达 1906 万辆，同比增长 7.1%。全国二手车累计交易 1596.69 万辆，同比增长 26.38%，交易金额 10155 亿元。各车型交易量较去年同期有明显增长，其中 SUV 车型增速达 48%，全年二手车累计交易量有望突破 1700 万辆。

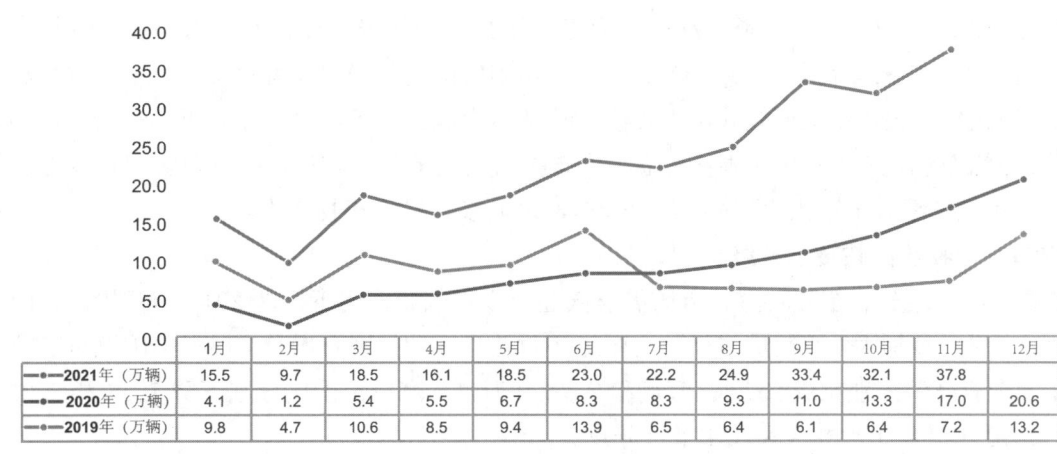

图 4：2019 年—2021 年新能源乘用车零售走势

数据来源：中国汽车流通协会汽车市场研究分会（乘联会）

新能源汽车市场高歌猛进，与燃油车走势形成鲜明对比，进一步拉动了汽车市场向新能源化转型的步伐，总体判断，传统燃油车市场已基本见顶，新能源汽车正逐步抢滩燃油车市场。1月—11月，零售端新能源乘用车销量达 251.4 万辆，同比增长 1.7 倍，市场渗透率升至 13.9%，相较 2020 年 5.8% 的市场渗透率有显著提高。

综合各方面情况和市场特征，预计 2022 年新车市场总体将呈现平稳发展态势，全年乘用车零售累计有望突破 2100 万辆。二手车累计交易量将冲击 2000 万辆大关，保持两位数的增长速度。新能源汽车销量将达到 540 万辆，市场渗透率有望达到 20% 左右。在 2021 年 12 月举办的中国汽车流通行业年会上，2000 多位现场嘉宾对 2022 年的汽车市场趋势进行了预测，投票显示：50.5% 的与会代表认为 2022 年汽车市场将有 5% 增长，46.1% 的与会代表认为将有 5% 以上增长；55.8% 的与会代表认为 2022 年新能源汽车渗透率将达到 20%～25%，27.9% 的与会代表认为渗透率将达 25% 以上。

2022 年如期而至，展望"十四五"新征程，汽车市场仍处于大有可为的重要战略机遇期，汽车流通行业对新一年中国汽车市场满怀信心，通过全面贯彻新发展理念，坚持稳字当头、稳中求进，深入推动质量变革、效率变革、动力变革，加快构建高效、畅通的现代汽车流通体系，凝聚起推动中国汽车市场高质量发展的磅礴力量！

来源：中国汽车流通协会，标题有改动

（二）中国汽车物流行业市场现状及发展趋势分析

发布时间：2021 年 2 月 20 日

1. 中国汽车物流发展现状分析

在汽车物流行业中，由于运输物品和环节的不同，汽车物流可分为零部件物流和整车物流两个大类。零部件物流又可按服务环节的不同，细分为零部件采购物流、生产物流、零部件进出口物流、售后备品件物流等；整车物流可细分为商用车物流、乘用车物流和二手车物流。

国内汽车物流企业主要分三类：汽车厂商下属子公司，代表主要有安吉物流和一汽物流等，其主要采用自有运力和承运商模式相结合的方式，以集团内部业务为主要客户资源；第三方物流企业，代表为长久物流等，采用承运商模式，主要依靠外部运力提供服务，由于独立于汽车制造厂商，其可以服务于多家汽车制造企业；中小型物流企业，该类公司物流能力较低，在获取客户资源方面较为困难，一般作为外协运力与大型汽车物流企业合作，进而参与到汽车物流中。

2. 中国汽车物流面临转型升级

在宏观经济低增长、企业转型、市场需求低迷等多重因素作用下，从2018年开始，我国汽车产业面临的压力进一步加大，产销量与行业主要经济效益指标均呈现负增长。根据中国汽车工业协会数据，2019年汽车产销分别完成2572.1万辆和2576.9万辆，产销量同比分别下降7.5%和8.2%，产销量降幅比2018年分别扩大3.3和5.4个百分点。

截止至2020年1月—10月，中国汽车累计产销分别为1951.9万辆和1969.9万辆，同比下降4.6%和4.7%，降幅与1月—9月相比，分别收窄2.1个百分点和2.2个百分点。

汽车行业低增长必然会影响到汽车物流行业的发展，汽车物流市场原有依赖汽车产销量增长而带来的业务增长模式已经不适应现在的发展趋势，整个市场正在由增量市场向存量市场不断转移，汽车物流行业面临转型提升的新阶段，存量市场中的汽车后市场、二手车、汽车租赁等行业的物流需求逐渐引起关注，存量市场物流价值将被进一步挖掘。

3. 中国汽车物流发展趋势分析

基于错综复杂的国际宏观经济形势和产业结构调整的背景下，汽车行业进入发展调整期，汽车物流行业也面临新的挑战，未来汽车物流的发展将继续扩张市场空间、打造物流服务新模式、孕育科技发展新动能、强化产业融合新生态、打开国际物流新局面，加快从物流环节向供应链物流全链条延伸拓展，打造高质量汽车物流服务新体系，迎接新时代汽车产业发展的新要求。

来源：互联网

（三）2021年中国整车物流行业市场现状及发展趋势分析
铁路发运量占比达到30%

发布时间：2021年3月11日

根据中国汽车工业协会数据，2020年汽车产销分别完成2522.5万辆和2531.1万辆，同比分别下降2%和1.9%。根据中物联汽车物流分会资料，2020年整车铁路发运量为617万辆，占乘用车市场总运量的30%以上。随着铁路运输业务量的不断增加，铁路运输模式逐渐呈多样化发展，在整体物流运作上可以有效发挥铁路批量运输和场地仓储优势。

整车物流的整个流程包括：主机厂的商品车下线以后，将商品车存放至库区进行仓储管理。库区进行验车，入库，将商品车进行存储，等待发运。待销售公司下达发运指令，中都进行发运指令处理后，库区接收到出库指令，库区司机备车完成后，驾驶员进行装车。

商品车出库后，通过3种运输方式将商品车完好地送往经销商的手中。到达经销店，驾驶员将车辆交给经销商，进行运抵操作。最终，经销商将商品车交付于客户手中。

1. 国内汽车产销逐渐趋于稳定

在宏观经济低增长、企业转型、市场需求低迷等多重因素作用下，从2018年开始，我国汽车产业面临的压力进一步加大，产销量呈现逐年下降态势。

根据中国汽车工业协会数据，2020年汽车产销分别完成2522.5万辆和2531.1万辆，同比分别下降2%和1.9%。2021年1月汽车产销分别完成238.8万辆和250.3万辆，产销量同比分别增长34.64%和29.49%。

由于汽车制造业显著的规模效应，目前我国已经形成了六大汽车生产基地的格局，分别是以长春为中心的东北，以北京、天津为中心的华北，以上海为中心的长三角，以武汉为中心的华中，以广州为中心的华南，以及以重庆为中心的西南。

主机厂所在地需要配备与产量匹配的中转仓库，商品车通过中转库发向全国实现销售。目前我国汽车销量最大的区域为华东区域，汽车生产的集中与消费市场的分散带来了巨大的物流需求。

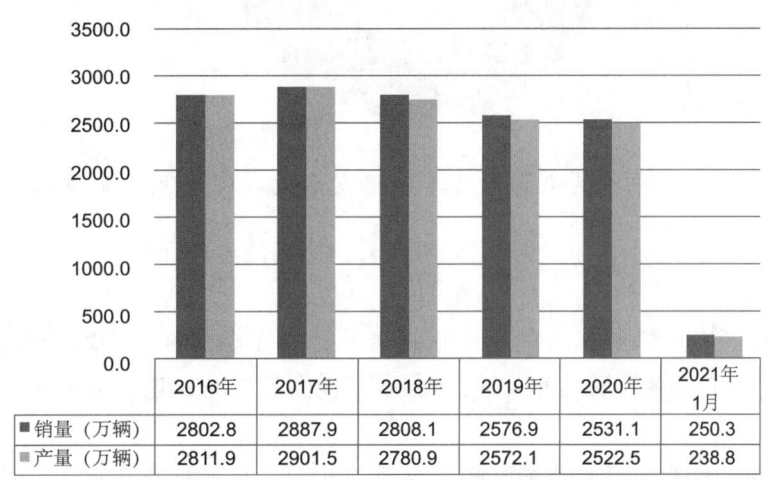

图5：2016-2021年中国汽车产销规模趋势图（单位：万辆）

数据来料：中国汽车工业协会 前瞻产业研究院整理

2. 整车物流运输结构分析

汽车物流行业作为汽车产业的重要支撑，受汽车市场的影响，经营压力加大，行业企业面临业务结构调整，服务转型升级的新需求。

我国整车物流的运输结构已进入新一轮的优化调整期，铁路、水路充分发挥了其低成本、大批量的运输优势，承担更多中长距离的批量干线运输业务，公路运输重点转向中短途运输和两端短驳，逐渐形成分工合理、节能高效的汽车整车综合运输网络。

表1：整车物流不同运输方式的特点分析

整车运输方式	运输特点	发展优势
公路	小批量，多频次	主要服务于中短途运输、区域内分拨配送、铁水两端"门到门"短途接驳等运输需求，是汽车整车综合运输体系的重要组成部分。
铁路	大批量，定班定点	通过铁路商品汽车"库前移"模式，在整体物流运作上可以有效发挥铁路批量运输和场地仓储优势。
水路	大批量，以滚装运输模式为主，少量采用集装箱运输模式	通过汽车滚装码头逐步建立以多式联运为重点的港口集疏运体系，以促进不同运输方式间有效衔接，进一步发挥在汽车物流综合运输体系中的连接作用。

数据来源：前瞻产业研究院整理

3. 铁路发运量占 30% 以上

2020 年全年共计完成汽车整车铁路发运 617 万辆，占乘用车市场运量的 30% 以上。随着铁路运输业务量的不断增加，铁路运输模式逐渐呈多样化发展，主要有站到站、站到店、站到库、厂到店等，尤其是铁路商品汽车"库前移"模式，在整体物流运作上可以有效发挥铁路批量运输和场地仓储优势。

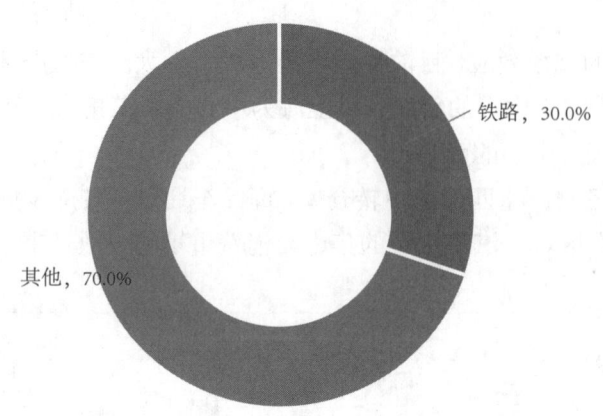

图 6： 2020 年中国乘用车整车铁路发运量占比情况（单位：%）

数据来料：中国汽车工业协会 前瞻产业研究院整理

中铁特货作为我国汽车铁路运输的主要承担者，目前在全国拥有 160 余个商品汽车装卸作业点，190 余个物流基地和铁路货场，可同时存储 26 万辆商品汽车；班、专列比例达 60%，平均每周开行 120 列。

目前，企业的商品汽车专用运输车已经发展至第 9 代，目前拥有 JSQ5、JSQ6、JSQ7、JSQ8、JNA1 等型车，各车型保有量已达 19979 辆，能够匹配各类商品汽车运输需求，年运输能力达 700 万台以上，为汽车铁路运输持续发展提供强有力的保障。

4. 水路运输中沿海滚装占比超 70%

我国汽车滚装码头经过多年发展已形成规模，目前大连码头、广州新沙、武汉江盛、重庆果园等部分港口码头拥有港口铁路专用线，具备实现公铁水联运发展的条件；上海海通、天津滚装／环球、大连码头、广州南沙、武汉江盛等主要滚装码头拥有较为完善的口岸汽车物流服务体系，可以提供物流增值服务。

汽车滚装码头逐步建立以多式联运为重点的港口集疏运体系，以促进不同运输方式间有效衔接，进一步发挥汽车滚装码头在汽车物流综合运输体系中的连接作用。

中物联汽车物流分会资料显示，2020 年我国共完成汽车整车滚装运输量 312 万辆，其中沿海滚装 225 万辆，长江滚装 87 万辆。截至 2020 年年底，我国江海滚装船共计 88 艘，其中江船 58 艘，海船 30 艘，在役船舶总计 12.43 万额定车位数。

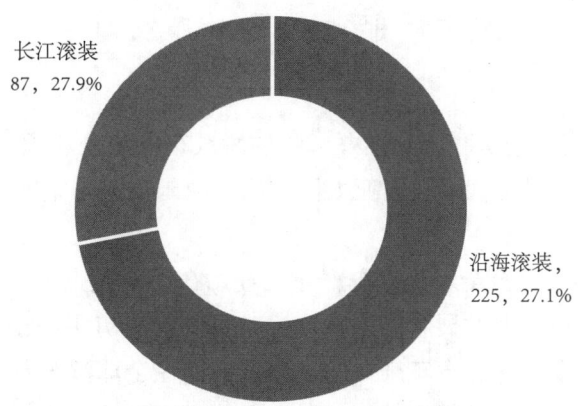

图7：2020年中国乘用车滚装运输结构占比情况（单位：万辆，%）

数据来料：中国汽车工业协会 前瞻产业研究院整理

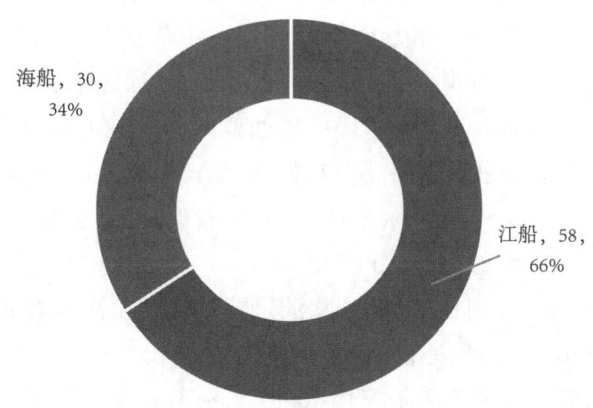

图8：2020年中国江海滚装船不同类型数量占比情况（单位：艘，%）

数据来料：中国汽车工业协会 前瞻产业研究院整理

5. 整车物流行业发展趋势分析

当前，加快构建以国内大循环为主体、国内国际双循环相互促进的新发展格局，利好国内汽车物流转型提升。立足扩大国内汽车消费，通过持续完善汽车综合运输体系，充分发挥公、铁、水路运输各自优势，将进一步推动我国汽车物流综合服务水平提升。随着汽车消费潜力逐渐释放，我国汽车整车物流市场未来发展稳中向好。

以上数据及分析来源参考前瞻产业研究院发布的《中国物流行业市场前瞻与投资战略规划分析报告》，同时前瞻产业研究院提供产业大数据、产业规划、产业申报、产业园区规划、产业招商引资、IPO募投可研等解决方案

来源：前瞻产业研究院

（四）"2021汽车物流全球会议"在上海召开

发布时间：2021年9月24日

9月23日，由中国物流与采购联合会主办，中物联汽车物流分会承办的"2021汽车物流全球会议"在上海召开。国际采购与供应管理联盟亚太区主席、中国物流与采购联合会副会长蔡进出席会议并致辞。

蔡进在致辞中表示，中国乃至全球的汽车产业已经站在了新起点上，正在发生着深刻的变革，主要集中在两个方面：一是汽车产业发展新能源化。新能源汽车从初期发展阶段进入快速成长阶段。行业企业要抓住这个趋势，更要从国际汽车产业角度出发，抓住全球汽车发展趋势。二是汽车产业发展网联化。如今汽车出行的智能化需求越来越高，而实现整个出行智能化的前提是实现网联化。国内技术水平的逐渐提高对汽车产业网联化的发展起到了极大推动作用。在技术发展和出行需求的推动下，汽车和互联网之间可实现无缝衔接，汽车产业网联化发展趋势越来越明显。这两大变革趋势代表未来汽车产业的发展方向。

本次会议邀请了分会名誉会长、中国第一汽车集团股份有限公司原党委书记赵方宽，长春市汽开区党工委副书记张世杰，国家信息中心信息化和产业发展部副主任刘明，中国汽车研究中心资深首席专家吴松泉，国机汽车股份有限公司董事会办公室副主任王存，还有来自白俄罗斯大使馆海关参赞Dzmitry Kavalionak、拉脱维亚共和国驻华大使馆运输和通信部参赞Helmuts Kols、波兰投资贸易局首席代表Andrzej Juchniewicz博士、印度尼西亚共和国驻上海总领事馆经济事务领事Widya Parsaoran Gultom、菲律宾驻上海总领事馆商务参赞Mario C. Tani等嘉宾共同出席会议。

LConnect总监Louis Yiakoumi，国际采购与供应管理联盟主席Marina Lindič、CEO Markku Henttine、欧洲区域主席Jose Francisco Garrido Casas，印尼采购协会会长Khairul Rizal，泰国采购与供应管理协会会长Akanit Smitabindu，欧洲采购管理学院院长Bemard Gracia，菲律宾采购管理协会会长Ricardo Sison，中国香港采购与供应链协会会长Stephen Ng，马来西亚采购管理协会会长Yang Chorleong，新加坡物资采购学院院长Roger Lee等众多嘉宾因新冠疫情不能到会，特意发来线上视频，祝贺大会的召开。

此次在上海召开的汽车物流全球会议是中国汽车物流行业极具影响力的国际会议之一，同时也是中国与全球汽车供应链对话交流的专业平台。来自国际知名汽车集团、合资车企与国内自主品牌等众多主机厂、零部件供应商、汽车进出口物流企业、铁路及水运相关企业、物流技术与装备等200多家企业的450余名代表参与会议，共同探讨全球汽车供应链与物流发展新趋势。

本次会议得到了长久物流、CNW、中铁特货、集保、元初国际、西安国际陆港、通汇物流、Kuehne+Nagel的大力支持。

来源：中物联汽车物流分会，标题有改动

（五）新能源化、网联化变革趋势是未来汽车产业的发展方向

发布时间：2021年9月23日

国际采购与供应管理联盟亚太区主席、中国物流与采购联合会副会长 蔡进在2021汽车物流全球会议上的致辞中说，汽车和互联网之间可实现无缝衔接，汽车产业网联化发展趋势越来越明显，以上两大变革趋势代表未来汽车产业的发展方向

蔡进说，今天会议的主题是"再启航 New Start"，十分契合当前汽车产业的发展趋势。中国乃至全球的汽车产业已经站在了新的起点上，正在发生着深刻的变革，主要集中在以下两个方面：

一是汽车产业发展新能源化。尤其是从今年开始，新能源汽车从初期发展阶段进入到快速成长阶段。这样的趋势不仅仅是中国，全球的汽车产业都是如此。截至2021年6月底，中国新能源汽车的保有量达到603万辆，占全球的半壁江山。今年1月—8月，新能源汽车的产量是181.3万辆，1-8月的汽车产量是1616.6万辆，新能源汽车占整个汽车产量的11%以上。另外，政府也出台了非常多的支持政策，今年国务院、中央政治局会议已经连续几次提出要推进新能源汽车的发展，"碳达峰、碳中和"目标也将推动新能源汽车的兴起和发展。近两年中国汽车产业最重要的发展趋势就是新能源汽车从初期发展阶段到快速成长阶段。行业企业要抓住这个趋势，更要从国际汽车产业角度出发，抓住全球汽车发展趋势。

二是汽车产业发展网联化。以往汽车智能化程度无法满足无人驾驶的要求，现在仅实现无人驾驶已经不能满足汽车产业智能网联化高速发展的要求。如今，对于汽车出行的智能化需求越来越高，而实现整个出行智能化的前提是实现网联化。国内技术水平的逐渐提高对汽车产业网联化的发展起到了极大推动作用，如北斗导航系统和5G基站的快速建设。在技术发展和出行需求的推动下，汽车和互联网之间可实现无缝衔接，汽车产业网联化发展趋势越来越明显。

以上两大变革趋势代表未来汽车产业的发展方向，希望与会代表能够对此进行更加深入地探讨，形成行业共识。

近几年中国汽车国际化发展趋势越来越明显，在汽车物流全球会议上就有很显著的变化。过去我们提到汽车物流全球化时，更多地讨论汽车如何进口，物流如何操作。然而这几年，我们全球会议不仅要探讨汽车进口，更要探讨汽车出口。正如今天的会议，我们分别有进口和出口两个专题，非常契合我国汽车产业的发展。今年我国汽车进口量和出口量都大幅度增长，这表明我国汽车正朝着国际化发展目标大踏步前进。

这些是我们汽车产业未来发展的亮点，也是汽车产业发展的基本趋势。我希望通过今天的会议，对行业发展趋势、亮点和挑战进行充分的交流与探讨，共同为全球汽车产业和物流行业的发展出谋献策！

来源：中物联汽车物流分会网站，标题有改动

（六）2021汽车物流全球会议发布《中国汽车国际物流和供应链联合倡议》

发布时间：2021年9月23日

9月23日，由中国物流与采购联合会主办，中物联汽车物流分会承办的"2021汽车物流全球会议"在上海召开。

会上，在国际采购与供应联盟亚太区主席、中国物流与采购联合会副会长蔡进，分会名誉会长、中国第一汽车集团公司原书记赵方宽，中国物流与采购联合会会长助理、汽车物流分会执行副会长马增荣的共同见证下，来自上汽安吉物流、长久物流、一汽物流、中铁特货、东风物流、重庆长安民生物流、北京普田物流、深圳招商滚装运输、中远海运集运、中都物流、一汽富晟集团、辽宁联合物流、华通汽车物流、长城蚂蚁物流等14家国内汽车物流行业领军企业，与中物联汽车物流分会共同发起"中国汽车国际物流和供应链联合倡议"。目前，我国汽车产销多年来稳居全球第一，去年跃居全球汽车保有量第一大国，中国市场在全球汽车供应链体系中占有举足轻重的地位。特别是随着新能源、智能网联、共享服务成为行业发展的趋势，国际车企纷纷重新布局中国市场，本土车企积极加快全球化进程。对于汽车物流与供应链的保障能力，提出了更高的要求。新冠病毒肺炎疫情的持续蔓延和国际贸易摩擦加剧引发了一系列新的问题，如芯片短缺、集装箱运费暴涨、国际物流受阻等，给汽车产业链供应链的全球化运行带来了挑战。《倡议》提出，为了提升中国汽车和全球汽车产业链供应链安全稳定与物流的高效运行，汽车物流行业要加强国内外企业合作与交流，提出以下三点倡议：1. 面对新时期汽车产业全球化物流和供应链服务的新发展机遇和空间，中国汽车物流行业企业要深化合作，形成共赢。2. 行业企业要积极合作，提升中国汽车物流国际服务能力，保障中国汽车产业国内国际的可靠和安全稳定；3. 行业企业要积极加强与国际同行的协同合作，推动全球汽车物流行业联合发展和进步。在全球汽车产业体系中，我国汽车物流企业将积极打造中国汽车物流和供应链服务品牌，为全球汽车供应链畅通、汽车产业稳定运行做出支撑，在全球汽车物流与供应链网络中发挥中国力量，做出中国贡献！

此次在上海召开的汽车物流全球会议是中国汽车物流行业极具影响力的国际会议之一，同时也是中国与全球汽车供应链对话交流的专业平台。会议由来自"一带一路"沿线国家驻华大使馆、中国物流与采购联合会、国家信息中心、中国汽车技术研究中心、国机集团等单位，以及国际知名汽车集团、合资生产企业与国内自主品牌等众多主机厂、零部件供应商、汽车进出口物流企业、铁路及水运相关企业、物流技术与装备等200余家企业的近450余名代表参与，共同探讨全球汽车供应链与物流发展新趋势。

来源：中物联汽车物流分会网站

（七）"2021全国汽车零部件物流大会"在上海召开

发布时间：2021年6月14日

6月9日—10日，中国物流与采购联合会汽车物流分会与AIAG（美国汽车工业行动集团）联合主办的"2021全国汽车零部件物流大会"在上海召开，中国物流与采购联合会副会长蔡进出席会议并致辞。

蔡进在致辞中表示今年是我国"十四五"规划的第一年，我国社会经济由全面实现小康社会开始进入社会主义现代化发展的新阶段。在新发展阶段和发展时期，我国物流行业仍处于增量扩张阶段，具有较大的市场发展空间。未来我国物流高质量发展，可以通过以下几个方面来思考：1. 运营数字化，物流发展的新格局首先在于全流程的数字化运营，实现物流全过程的无缝衔接。2. 操作智能化，目前智能化发展在汽车装备中已经取得了一定成绩，而无人驾驶技术对智能化操作要求将更高。3. 组织专业化，未来物流运作将以产业为依托，需要行业向精益化、专业化、标准化方向发展。4. 产业服务化，未来物流服务将不再是提供运输或仓储等单一环节的服务，而是提供从生产到消费的全链条、全方位的解决方案。5. 发展低碳化，我国已经提出了碳达峰、碳中和的目标，未来物流低碳化发展趋势将会越来越显著，对于汽车装备也会提出更高的要求。6. 治理网络化，未来行业需要的是供应链治理模式，需要上下游能够形成流程化的治理方案，打造网络化治理模式。7. 是组织生态化，未来汽车产业、物流产业需要相互融合形成生态圈，将问题和痛点提前解决，行业与行业融合形成生态体系将会是未来发展的基本趋势。8. 装备高端化，不同阶段的劳动力主体的消费观念不同，高端化的汽车装备在年轻的劳动力主体中越来越受欢迎，这对汽车装备来说既是机遇也是挑战。

在"十四五"期间，甚至更长时间内我国物流业高质量发展格局将会不断变化，我们要把握以上这些变化，抓住高质量发展的机遇，迎接行业发展的新格局。

本次会议邀请了分会名誉会长、中国第一汽车集团股份有限公司原党委书记赵方宽，美国汽车工业行动集团首席执行官 J. Scot Sharland，分会常务副会长、上汽安吉物流股份有限公司副总经理、安吉智行总经理沈飞为大会致辞。国家信息中心汽车市场处副处长包嘉成、中国汽车流通协会副秘书长兼产业协调部主任郎学红参加会议并演讲。来自全国知名的汽车主机、汽车零部件、汽车物流企业及物流技术装备供应商等近 300 家企业的 650 余名代表共同参加会议，并以"汇智聚力 链上未来"为主题，围绕汽车零部件供应商物流、汽车零部件入厂物流与汽车售后备件物流等众多内容进行了热烈的讨论与深入的交流。会议同期召开了第十二届全国汽车后市场物流论坛。本次会议由上汽安吉物流股份有限公司、安吉智行物流有限公司特别协办。

来源：中物联汽车物流分会网站，标题有改动

（八）未来物流发展新格局对汽车装备是机遇也是挑战

发布时间：2021 年 6 月 9 日

在 2021 全国汽车零部件物流大会上，中国物流与采购联合会副会长蔡进致辞说：今年是我国"十四五"规划的第一年，我国社会经济由全面实现小康社会开始进入社会主义现代化发展的新阶段。我国物流行业在转型升级发展过程中将发生深刻的变化。这对于汽车及物流装备产业既是挑战更是机遇。我们要对未来物流发展的新趋势、新格局有所把握。

从发展趋势看，"十四五"期间，我国物流业仍将保持 5%～6% 的增长速度，处于增量扩张阶段。按此速度，到"十四五"末期，全国物流总额将增加 60 万亿元，2020 年我国物流总额是 300 万亿元，到 2025 年将会增加至 360 万亿元，说明我国物流业仍具有较大的发展空间。这是需要我们把握的未来物流业发展的基本趋势。这也为汽车产业创造了巨大的市场机遇。我简单作了一个量化分析，2019 年我国载货汽车市场保有量为 2783 万辆。未来我国物流总额每增加 10 万亿元，就会释放出近 100 万辆载货汽车的市场需求，"十四五"期间将会释放 500 万辆载货汽车的市场需求。同样，汽车零部件市场规模也将会相应进一步扩大。另一方面，我们更要把握好我国物流业高质量发展的新格局所形成的挑战与机遇。我们说物流高质量发展的新格局可以通过以下几个方面来思考：

1. 运营数字化。物流发展的新格局首先就在于全流程的数字化运营，实现物流全过程的无缝衔接。这就要求车辆不仅是智能化，而是要实现车辆数字化。不仅车辆本身的数字化，更要实现车辆运营的数字化。这是未来物流高质量发展所需要把握的。

2. 操作智能化。物流智能化可以形象的用"四无"来表达，即无人车、无人仓、无人机、无人港。目前智能化发展在汽车装备中已经取得了一定成绩，无人驾驶已经达到了L4级，L5级就是真正意义的无人操作，这对智能化操作要求将更高。

3. 组织专业化。目前我国物流组织基本上是粗放的，是以产品为基础形成物流组织活动的，对物流装备的要求不高。未来物流运作将不以产品为基础，而是以产业为依托，比如做汽车物流的会专注于做汽车物流，这要求汽车装备更加精细和专业，需要行业向精益化、专业化、标准化方向发展。

4. 产业服务化。未来物流服务将不再是提供运输或仓储等单一环节的服务，而是提供从生产到消费的全链条、全方位的解决方案。在这样服务业态的转变过程中，汽车不能仅作为产品，而是作为整体解决方案的其中一个物流元素。换言之，对于客户来讲，购买的是全流程的服务方案，而车辆是作为购买服务的其中一环。未来的业态是卖服务送产品，业态发生了实质改变。目前行业中已经出现了一些雏形，比如汽车租赁，但还没有将租赁这一服务元素与整体物流解决方案衔接起来。

5. 发展低碳化。我国已经提出了碳达峰、碳中和的目标，汽车行业在低碳化发展过程中是比较领先的，已经采取了减排、车辆轻量化等措施。未来物流低碳化发展趋势将会越来越显著，对于汽车装备也会提出更高的要求。

6. 治理网络化。现阶段治理更多的是属于公司治理，是由各企业治理各自的业务板块，但行业需要的是供应链治理模式，需要上下游能够形成流程化的治理方案，打造网络化治理模式。从汽车行业来说，就是发展车联网，目前汽车品牌格局已经基本固化，技术水平也基本同质，需要通过网络化治理，形成车联网，做出新业态，最终形成产业服务化。

7. 产业生态化。物流产业也好，汽车产业也好，都不能从单一产业出发，而是需要相互融合。比如目前生产一款车，需要经过客户使用后，才会发现各种问题，再去改进，这样的组织模式效率低下，还会造成资源的浪费。未来如果生产一款新车，车型的需求会与物流融合起来，形成一种生态，在这样的生态圈内，将问题和痛点提前解决。行业与行业融合形成生态体系将会是未来发展的基本趋势。

8. 装备高端化。现阶段我国物流用工人员"80后"是主体，而"90后""00后"将逐渐成为劳动力主体。他们的消费观念是不一样的，老一辈认为性价比好就可以，只把车辆当作一种工具去使用。但是未来的年轻人，对于购车的考虑不仅仅是性价比，而是会综合考虑车辆的舒适度、安全性、稳定性等多方面，比如现在自动档载货汽车越来越受到欢迎。对于"90后""00后"来讲，一辆车就是他们的家。总之，未来物流发展的新格局对于汽车装备来说既是机遇也是挑战。在"十四五"期间，甚至更长时间内我国物流业高质量发展格局将会不断变化，我们要把握以上这些变化，抓住高质量发展的机遇，迎接行业发展的新格局。

来源：中物联汽车物流分会网站，标题有改动

（九）"2021 全国汽车轮胎物流发展座谈会"在上海召开

发布时间：2021 年 6 月 10 日

6 月 8 日，由中物联汽车物流分会主办的"2021 全国汽车轮胎物流发展座谈会"在上海顺利召开。来自米其林、固特异、大陆马牌、倍耐力、佳通轮胎、玲珑轮胎、中策橡胶、回力轮胎等轮胎企业、轮胎经销商以及汽车生产企业、汽车物流企业、物流装备技术企业的 80 余位代表参加了本次座谈活动，共同探讨新形势下我国轮胎物流与供应链发展现状、现阶段存在问题和行业发展趋势。

1. 专题演讲部分

倍耐力轮胎有限公司物流总监马红雨作"轮胎的分销与物流浅析"演讲。马红雨首先介绍了近些年轮胎分销情况的演变趋势，尤其是 2020 年我国轮胎市场的产销情况，并从轮胎行业供应链各环节分析了轮胎物流的需求分布。最后他围绕新零售下分销渠道和经营模式的变化给轮胎物流带来的机遇和挑战进行了分享。

安吉智行物流有限公司业务发展高级经理朱海青作"全渠道零售时代轮胎后市场物流的变革与机遇"演讲。朱海青首先介绍了全渠道零售时代的内涵，分析了轮胎后市场供应链产生的变革，轮胎物流面临着需求升级、成本升高、库存复杂、配送高要求、系统支撑能力等方面的挑战；对比了传统渠道和全渠道零售下轮胎后市场供应链的差异。介绍了安吉智行为轮胎行业提供的一体化供应链解决方案，展示了服务案例与未来新零售服务场景。

大连固特异轮胎有限公司物流总监郑宗和作"轮胎物流面临的挑战和未来"演讲。郑宗和分享了目前轮胎物流面临过多的人工作业，行业内载器具非标的困境；新零售模式对物流的新需求，耐用品零售模式转换需要物流应对的方法，新技术、新系统在轮胎物流领域的应用以及无人仓运作、数字化运营、智慧化决策的前景。

中外运物流有限公司汽车及工业制造事业部总经理孙海平作"轮胎产业与全程供应链之共生与发展"演讲。孙海平围绕轮胎供应链现状与未来发展趋势进行了分享，对轮胎企业的国际国内市场布局策略进行了简要分析。中外运以创新的轮胎物流解决方案，打造全网运营平台，可提供海外建厂物流服务。中国外运致力于提升轮胎精益运营能力，以数字化助力标准化轮胎物流降本增效。

2. 互动讨论部分

在中物联汽车物流分会秘书长左新宇的主持下，参会代表以"汽车轮胎供应链发展趋势"为主题，围绕汽车轮胎市场形势、市场预测、销售渠道、自动化装备应用、运输跟踪与管理、库存的设置与优化、数据应用与处理、轮胎出口物流等内容进行了深入的交流，也针对行业内存在的运输车型不规范、跟踪信息不到位、数据交互不畅通、劳动力逐渐减少、出口航运价格上涨等现实存在的问题进行了热烈的讨论。

本次会议得到了上汽安吉物流股份有限公司与安吉智行物流有限公司特别协助支持。

来源：中物联汽车物流分会网站，内容有个别改动

（十）中国汽车流通业于变局中开新局

发布时间：2021年12月12日

冬日海口，蓝天白云，椰风树影，水清沙白。12月2日～3日，汽车流通人排除疫情阻隔，或亲临现场、或登陆云端，共襄中国汽车流通业年度盛宴——2021中国汽车流通行业年会暨博览会。

2021年是汽车业披荆斩棘的一年，也是转身求变的一年，中国汽车流通协会审时度势地将"新格局下的机遇与挑战"确定为本次年会主题，意在共同探索在新的发展阶段，汽车市场与流通行业如何发挥好超大市场规模优势，以创新驱动为牵引，重塑增长新格局，为行业、企业的发展注入澎湃动力。

与此同时，中国汽车流通行业年会在今年已步入第12个年头，十二年风雨兼程，年会见证了中国汽车市场的发展变化，记录了汽车流通行业的成长轨迹，而行业人士年底齐聚一堂洞悉市场变化、把脉行业趋势，也潜移默化地成了一种行业习惯。

12月3日，2021中国汽车流通行业年会主论坛隆重召开。中国汽车流通协会会长沈进军在致辞中对当前汽车流通业的现状、问题和未来，做了深入浅出的分析和研判。

回顾即将过去的这一年，随着汽车市场和流通行业的变化，沈进军提出了五大行业洞察：

1. 一旦全面打通二手车市场堵点、痛点的相关政策出台，将为二手车市场的发展注入新活力，二手车流通将会和新车的流通一样便捷，进而为新车消费创造更大的市场空间，推动整个汽车市场的可持续发展。

2. 新能源汽车市场正在由原来的政策单轮驱动向政策和市场需求双轮驱动转变。

3. 在智能网联时代，数字化对汽车产业和市场可持续发展将至关重要。

4. 芯片短缺对全球汽车产业的冲击依然存在，应当引起高度重视，另外燃油车产销已基本见顶，未来下行已是趋势，而新能源汽车将保持高速增长，逐步抢滩燃油车市场。

5. 协会秉持积极、开放的态度对待渠道多样化，并乐于看到一个以高效畅通为特征，渠道多元化、业态和模式多样化的现代汽车流通体系的建立，但反对漠视既有经销商的伙伴价值，单方面改变渠道模式现状，损害经销商发展利益的做法。

对于今年汽车流通业的表现，商务部消费促进司汽车流通处调研员宋英杰在视频发言中概括指出，从汽车全流通链条看，二手车市场增长明显好于新车市场，报废机动车、汽车改装保持较快发展。从汽车流通模式来看，授权销售仍是汽车销售的主渠道，汽车电商、直营等非授权销售也不断发展，促进了汽车市场竞争，提升了汽车流通效率。同时商务部也非常关注模式变化所带来的其他方面的影响，希望模式创新尽量给汽车市场各参与方带来共赢，使厂商关系更加和谐，各方应严格遵守《汽车销售管理办法》等法律法规，避免任何一方利用优势地位伤害其他相关方的利益。

同时宋英杰还介绍了2022年商务部的"汽车行动"：继续着眼于汽车全生命周期，会同有关方面深化汽车流通领域改革，优化汽车消费使用政策，积极推动新车市场在稳增长中优结构；着力促进二手车市场在强活力中扩规模，取消对二手车交易的不合理限制，支持新能源汽车加快发展，规范发展报废机动车回收和汽车后市场，加快推动构建梯次消费、高效使用、绿色循环的汽车市场新发展格局，进一步促进汽车全产业链高质量发展。

国务院发展研究中心市场经济研究所原所长、研究员、博士生导师任兴洲在主题发言中高屋建瓴地分享了当前经济发展中所面临的突出问题、今年的形势和特点以及明年宏观政策取向3个话题。任兴洲指出，明年我国经济开始恢复，同时中共二十大、冬奥会的召开，会让经济的基本盘更加扎实。与此同时，世界供应链在逐步调整，世界经济的整体复苏对外需有很好的拉动作用，但国内外存在的不确定性仍需重视。比如，对外有全球疫情持续的出现或者变异，全球通胀和供应链紧张的影响，美国等对中国的打压等不确定性因素仍在继续。对内的不确定性因素包括：国内经济巩固防风险、调结构的任务还很艰巨；投资、消费的提振存在着不确定性；多地散发的疫情对消费的增长，产业的发展产生多大影响；出口势头能否保住今年的速度；宏观政策跨周期调节能否平稳落地；企业发展的宏观环境、营商环境能否改变。

任兴洲并针对汽车流通业如何于变局中谋新局给出建议，制造商应充分认识社会化分工的作用，无所不包、大而全可能不是效率最佳模式，所以未来经过实践积累形成的经销商角色优势和价值的重要性，也会逐步体现出来，因此要充分考虑到经销商的价值。

每年中国汽车流通行业年会上的国际环节无疑是个亮点，备受与会人士的关注。今年由于全球疫情持续，国际汽车流通行业友人未能亲临现场。不过，在此前的6个月中，中国汽车流通协会与全球主流汽车市场的汽车流通或经销商行业机构进行了密切沟通。在年会举办前夕，来自欧洲汽车贸易及服务理事会、美国汽车流通协会、法国汽车行业协会、德国汽车经销商与维修协会、意大利昆特吉亚公司、澳大利亚汽车经销商协会、日本汽车经销商协会的负责人相继发来视频，表达了本机构对于全球汽车产业及流通行业变革的思考和建议。

针对汽车市场的走势，国家信息中心副主任徐长明预判，"十四五"期间，汽车市场将保持比较缓慢的增长，大概每年增长几十万辆。2022年，从保险终端消费角度讲会比2020年有所增长，大概增长五六十万辆，批发量增长的幅度会大一点。在结构方面，由于"95后"逐步成为购车主力，并到2030年会超过1/3的比重，届时会倒逼汽车市场加速智能化、电动化发展，与此同时自主品牌会处于有利地位。

中国电动汽车百人会常务副秘书长刘小诗在"新能源汽车的发展现状与市场机遇"主题演讲中谈到，预计今年全年国内新能源汽车销量在330万辆左右，明年将达500万辆以上，到2025年，有望达到700万～1000万辆，而2025年的新能源汽车市场渗透率要从此前预测的20%调至30%，2030年很有可能到50%，这大大超出行业预期。目前，中国的新能源汽车占据全球保有量的40%以上，销量、保有量、生产量已连续6年全球第一。更重要的是，得益于政府的前瞻布局和政策支持、换道先行的智慧、动力电池的路线、消费电子的基础、基础设施的建设以及潜力巨大的市场，中国已形成了自己的新能源汽车电池工业，提高了中国品牌的占有率，更在国际上打响了中国品牌，并为汽车与其他产业创造了融合共生的商业机会。值得经销商关注的是，未来新能源汽车不仅有存量转换，还有增量替换的问题。

平安银行行长胡跃飞在"汽车金融的光荣与梦想"主题演讲中讲述了平安银行作为中国汽车金融领域的先行者，如何助力汽车流通业发展的风雨历程。胡跃飞指出，随着产业变革和新商业模式的冲击，汽车流通行业在销售模式、盈利模式以及客群经营方面，将面临更多新挑战，对汽车金融服务的要求也会越来越多、越来越新。为此，平安银行将在征信方式、服务效率、客群覆盖方面进行全面升级，并积极探索汽车生态金融服务的新举措，从帮卖、帮赚、帮管三大方面，与经销商共建智慧4S店。

成都路行通信息技术有限公司董事长兼CEO陈剑波的"直面数字经济"主题演讲为变革下焦虑的经销商注入信心。他认为，汽车经销商的征程是从全面信息化到数据化，最终形成智能化的演进。数字化转型其实是一场革命，是经销商投资人的一场自我认知的革命。在3.0数字经济时代，传统的经销商无须惧怕互联网平台，因为其才是数字化、数字经济的主角。

截至2021年9月，全国新能源汽车保有量已经达到678万辆，其中纯电动汽车保有量55只万辆。至2030年，预计新能源汽车保有量将超过8000万辆。由此可见，新能源汽车的高速发展已成为行业共识，但在配套服务建设上还比较薄弱，为此中国汽车流通协会整合行业资源，推出"新能源汽车智慧服务平台",旨在为新能源车主解决用车难题。在大会上,中国汽车流通协会副会长兼秘书长肖政三、通用技术中国汽车工程研究院股份有限公司公司总监抄佩佩,中国汽车流通协会柠檬查二手车信息服务平台负责人高凌共同见证了"新能源汽车智慧服务平台"的启动仪式。

而在商业社会中,社会责任是永恒话题。汽车流通行业企业不仅能很好地顺应消费需求而不断提升服务,还有很多企业在践行社会责任的路上,坚定前行!中国汽车流通协会副秘书长宋涛上台发布了,中国汽车流通协会联合清华大学等机构共同完成的《2021中国汽车流通行业社会责任报告》,并宣布了年度"社会责任榜样"名单。

在全球经济化不可逆转的时代潮流面前,给全国各行业都带来了前所未有的挑战,汽车行业也未能幸免遇难,但是同时也带来了新的机遇与挑战。在新时代赶考路上,经销商们如何进一步发挥和利用好现有渠道在效率和体系方面的优势,这都需要厂家和经销商以开放和包容的心态去共同面对,秉持共商、共建、共享理念,于变局中开新局。希望我们在汽车产业和市场格局发生重大变化的当下,构建成一个真正的命运共同体!共同推动行业发展!

来源:中国汽车流通协会会员部

(十一)2021年汽车市场的五大特征和变化

发布时间:2021年12日12日

12月3日,2021中国汽车流通行业年会暨博览会在海口召开。中国汽车流通协会会长沈进军在会上致辞,总结了2021年汽车市场和流通行业呈现出的五大特征和变化:

2021年是"十四五"开局之年,更是具有特殊意义的一年,我们迎来了党的百年华诞,回顾百年的壮阔历程,汽车流通人心潮澎湃。

站在"两个一百年"的历史交汇点,全面建设社会主义现代化国家的新征程已经开启,进入新发展阶段,以国内循环为主体、国内国际双循环相互促进的新发展格局正在加快形成,经济增长的动力将发生根本转变,消费需求在国民经济发展中的作用日益凸显,以全面的消费引导完善市场体系,将是建设市场大国的必由之路,而汽车消费则是稳增长、扩内需的重点领域。

今年3月5日,李克强总理在人大十三届四次会议上所做的《政府工作报告》中明确提出,要推进汽车行业生产准入和流通管理全流程改革,稳定增加汽车等大宗消费;同月,《国民经济和社会发展第十四个五年(2021—2025年)规划和2035年远景目标纲要》发布,《规划》指出要深入实施扩大内需战略,增强消费对经济发展的基础性作用,加快推动汽车等消费品由购买管理向使用管理转变。

应当说,汽车市场发展仍处于重要战略机遇期,但机遇和挑战都有了新的变化,机遇和挑战之大前所未有,总体看机遇大于挑战。

2021年,中国汽车流通行业年会已经步入了第12个年头,十二年风雨兼程,年会见证了中国汽车市场的发展变化,记录了汽车流通行业的成长轨迹;十二年春华秋实,年会将再一次同汽车市场一道,与汽车流通人一起,继往开来、并肩前行再出发,共同迎接新发展格局下的机遇与挑战。回顾即将过去的这一年,汽车市场和流通行业呈现出以下几点显著的特征和变化:

1. 国家在汽车流通领域"放管服"改革持续向纵深推进

继国务院常务会议确定对二手车经销企业销售旧车减按销售额 0.5% 征收增值税之后，今年 8 月，商务部等三部门联合印发了《关于推进二手车交易登记跨省通办 便利二手车异地交易的通知》，加快形成二手车交易全国统一大市场。

目前，有关部门正在研究制定优化二手车转移登记，规范二手车销售管理，大力发展二手车经销业务，全面打通二手车市场堵点、痛点的相关政策，一旦措施出台，将为二手车市场的发展注入新活力，二手车的流通将会和新车的流通一样便捷，进而为新车消费创造更大的市场空间，推动整个汽车市场的可持续发展。

2. 新能源汽车异军突起

与传统燃油车走势形成了鲜明对比，新产品层出不穷，销量逆势上扬，同时，私人消费占比大幅提升，市场渗透率显著提高。这让我们看到了新能源汽车市场，正在由原来的政策单轮驱动向政策和市场需求双轮驱动转变。

3. 伴随着新一轮科技浪潮和数字经济的发展，汽车产业和市场的数字化转型正在加速，并且已经深入到行业发展的各个领域

在智能网联时代，数字化对汽车产业和市场可持续发展将至关重要。从市场数据来看，今年 1-10 月，零售端新车销量达 2142.7 万辆，同比增长 10.8%，这份成绩的取得来之不易，既是全行业在疫情影响下不畏艰险，通过落实疫情防控政策和扎实推进复工复产所取得的成果，更彰显了中国汽车市场发展的强大韧性。

4. 车用芯片短缺导致汽车产销下滑

受国际国内多重因素的影响，汽车供应链的安全风险激增，深刻影响着汽车产业链和供应链的结构平衡，突出表现为车用半导体芯片产能短缺对全球汽车市场造成的不利影响。时至今日，芯片短缺对全球汽车产业的冲击依然存在，应当引起高度重视。

综合来看，我们认为传统燃油车的产销已基本见顶，未来下行已是趋势，而新能源汽车将保持高速增长，逐步抢滩燃油车市场。

5. 汽车流通渠道多样化发展

2021 年，对于汽车流通行业来说是披荆斩棘、转身求变的一年。受疫情持续散发、供应链问题等因素的影响，市场供求关系发生了逆变，一方面，经销商盈利水平受市场价格影响有所提升，另一方面，经销商又处于无车可卖的尴尬局面。

更为重要的是，传统汽车销售模式正在面临前所未有的考验，汽车产品和技术在变，市场结构在变，消费者需求在变，渠道也必然发生变革。不论是以特斯拉、"蔚小理"为代表的新造车势力，还是传统汽车品牌的电动车，抑或是传统汽车品牌的燃油车，都在进行着渠道的创新，试水直营或代理等销售模式，探索多渠道营销，寻找用户体验与成本效率之间的平衡点。

我们愿意看到一个以高效畅通为特征，渠道多元化、业态和模式多样化的现代汽车流通体系的建立，也希望与汽车品牌厂家、经销商等产业链各方一道，共同探索有助于提升流通效率和服务体验的可持续发展新模式，同时，我们也反对漠视既有经销商的伙伴价值，单方面改变渠道模式现状，损害经销商发展利益的做法，这也是与《汽车销售管理办法》的有关规定相悖的。

经销商是品牌发展的战略合作伙伴，而渠道则是品牌的竞争力所在。如何进一步发挥和利用好现有渠道在效率和体系方面的优势，最终达到品牌发展事半功倍的效果，这需要厂家和经销商以开放和包容的心态去共同面对，秉持共商、共建、共享理念，于变局中开新局。

我们携手与共，走在创新的道路上，唯有同舟共济、顺势而为，方可行稳致远、再创辉煌。在汽车产业和市场格局发生重大变化的当下，汽车供应商与汽车经销商要构建成为一个真正的命运共同

体。以"新格局下的机遇与挑战"为主题,希望与广大行业同仁,共同探索在新的发展阶段,汽车市场与流通行业如何发挥好超大市场规模优势,以创新驱动为牵引,重塑增长新格局,为行业、企业的发展注入澎湃动力。

来源:中国汽车流通协会网站,标题和内容有删节

(十二)罗兰贝格公司预测2021年汽车行业趋势

本文节选自罗兰贝格公司《"预见2021"罗兰贝格中国行业趋势报告》

发布时间:2021年1月30日

尽管2020年的新冠肺炎疫情震荡了整个汽车产业,但这些行业大势依旧在2020年得以纷纷呈现。不同的是,由于疫情所带来的短期销量与利润影响,以及终端需求的抑制与改变,部分产业变革趋势发展脚步相对放缓,而与数字化、智能化等相关的趋势在新冠病毒肺炎疫情危机下加速发展。

展望2021年,我们认为中国汽车产业将整体复苏,后疫情时代下汽车产业各领域的优胜劣汰将被放大,危机后正是产业链企业推进业务重塑、技术赶超、模式创新、运营优化并构建中长期"护城河"的最佳时机,因此变革升级与格局重塑将成为今年的主基调。在2020中国汽车行业十大年度趋势持续深化的基础上,2021年的汽车行业将呈现以下八大关键动态。

1. 乘用车销量呈U型反弹,供需提振推动销量复苏

中国汽车产业于2017年进入市场与产业结构的深度调整期。2020年,受新冠肺炎疫情冲击,汽车生产面临停摆,消费需求受到抑制,供应链受到波及。罗兰贝格预测中国乘用车与新能源车市表现最有可能出现"U型——延迟反弹"走势,上半年销量下滑明显,下半年需求逐步恢复且愈加强劲。随着疫情影响逐步消退与中国经济转向"内循环"等综合因素影响,中国乘用车销售将进入波动性缓慢恢复的新阶段,2021年有望实现10%的年增长率,并带动上下游零部件与经销商回温、复苏。

2. 新能源政策需求双向利好,产业链多元创新发展

受行业整体趋势影响,2020年新能源汽车销量相较2019年呈微降,但政策端进一步发力,供给端竞争格局初显变化。随着2020年11月发布《新能源汽车产业发展规划(2021—2035年)》与2025年新能源汽车销量占比目标,加之市场需求在后疫情时代下稳健复苏,今年新能源汽车市场蓄势待发,逐步进入健康成长期。在传统车企大举加码新能源并纷纷推出高端纯电品牌以获取市场的背景下,领先新势力造车企业仍凭借用户体验和产品创新优势,在2020年实现了交付数量与资本市场表现的双重突破。预计在2021年,我们将看到新能源汽车全产业链从以量为先转向以质为重,实现供给侧的进一步多元创新发展与需求撬动。

3. 重卡格局纷繁复杂,商用车价值双向延伸

在政策与需求的双重驱动下,2020年中国重卡市场逆势上行,销量创历史新高。2021年,随着市场小幅回落与竞争加剧,行业格局将更为纷繁复杂。我们预期,中国商用车市场将呈现双向延伸趋势:(1)产品和品牌的升级延伸。今年商用车双积分草案即将出台,道路安全法规逐步落实,商用车市场将进一步向绿色、智能的方向发展。同时,随着国际品牌在中国加速布局落位,中国企业亟需推动品牌向上与高端产品线布局。(2)全生命周期价值的延伸。行业玩家对用户需求的关注点从购

车环节延伸到用车环节，加速布局 ETC、用车金融、二手车等领域，并且出现了车货匹配、智能驾驶租赁运营等新兴模式。我们将看到更多生态各方的合作及业务模式创新。

4. 汽车金融竞争加剧，玩家加速业务与模式重塑

近年来，随着各类企业加速涌入与现有行业玩家加大投入，汽车金融行业竞争逐步加剧。2020年，受疫情与新车销量影响，中国汽车金融行业遭受巨大冲击，行业面临利润与经营压力，过去粗放的经营模式难以为继，业务定位、布局重塑与经营转型迫在眉睫。展望2021年，中国汽车销量将以"U型"态势恢复增长，市场基盘企稳将为汽车金融各细分市场的重整旗鼓与经营优化奠定基础，行业迎来新的发展窗口期。乘用车金融企业将在模式创新、渠道差异化与产品定制化上持续发力；二手车金融在持续蓬勃增长的大背景下，有望在行业基础与规范建立上实现进一步突破；商用车从购车金融向用车金融拓展，车队资产管理支持下的精细化风险管理是下一年度运营升级的重点挑战。

5. 二手车精准化残值评估与数字化资产管理体系逐步成型

在新车销量经历拐点与波动的过去3年，中国二手车市场销量逆势上扬，成为低迷市场中为数不多的增量市场。2020年，中国二手车销量整体保持平稳。同时，二手车电商企业密集开展业务拆分与收并购交易，带来新的竞争格局动态。展望2021年，随着中国汽车保有量进入更大体量阶段，将为二手车市场提供充分供给。同时，新能源汽车逐步进入淘汰置换周期，市场对精准化残值评估需求日趋强烈。如何构建起精准化的残值评估体系与数字化车辆资产流通体系，借力数据智能解决中国二手车流通在供给端、需求端与交易流程中的核心痛点，是今年二手车市场提升发力的重要焦点。

6. 移动出行行业洗牌，后疫情创新升级探索提速

2020年，中国移动出行正式进入下半场，各个细分领域不断出现行业洗牌，豪华网约车市场有新玩家涌入，中型网约车玩家发力顺风车并实现可盈利模式，长短租头部企业推进业务组合与战略方向优化。与此同时，共享出行定制车辆开始投入运营，移动出行服务提供商逐步向定制化方向战略转型。2021年，中国移动出行产业将进入发展新纪元，我们将看到网约车、长短租与分时租赁等各细分市场玩家迎合后疫情时代消费者对出行场景与诉求进行演变，进一步创新升级。整车企业与移动出行服务供应商将围绕智能出行与定制化、差异化服务开展更多合作探索与博弈，行业集中度与头部企业竞争格局也将呈现更多动态。

7. 自动驾驶的商用车场景加速落地

以港口为代表的封闭低速自动驾驶细分场景在2020年实现突破，领先重卡主机厂联合头部无人驾驶科技公司实现港口场景量产交付和运营作业，并推出无驾驶室港口无人驾驶集装箱卡车；同时，多家自动驾驶科技企业在2020年与投资集团、主机厂、零部件供应商等多方建立全新合作伙伴关系，产业链各玩家加速布局自动驾驶。2021年，商用车自动驾驶领域的市场热度仍将持续。更大规模、更多场景下的自动驾驶重卡量产及 L3 级别自动驾驶运营租赁服务实现商业化落地值得关注。

8. 中国汽车产业加快向技术驱动转型

2020年第四季度正式颁布的《节能与新能源汽车技术路线图2.0》与《新能源汽车产业发展规划（2021—2035年）》完善了对中国汽车产业"新四化"技术的顶层规划，并进一步明确了新能源、智能网联与自动驾驶等技术的发展目标。随着中美贸易战和逆全球化成为常态、地缘政治与贸易不确定性持续增加，中国汽车产业将更加注重科技优势、体系创新与价值链把控能力，逐步向技术驱动转型。2021年，中国汽车技术投资力度有望在全球一枝独秀，一部分自动驾驶与智能化产品技术将实现量产，产业技术生态将初步成型。

2021年是中国汽车产业重启加速的一年，在顶层目标规划、市场终端需求与供给侧变革升级的三重支撑下，汽车产业链的长期趋势将叠加短期动态，持续重塑行业新格局。

对整车厂而言，应有效把握数字赋能趋势，加速线上、线下融合，重塑用户体验模式，使渠道触点多样化，积极应对消费人群变化，构建品牌向上策略，借力新技术和新生态以综合提升产品服务组合并探索模式创新。对零部件供应商而言，应把握竞合与供需关系重构机遇，加强应对新趋势下的产品布局探索，重视短期成本削减和效益、效率的持续优化，关注海外并购契机。对投资机构而言，如何把握汽车出行价值链转移与模式创新的投资并购机遇，加强投后管理增值与协同挖掘，是持续布局与发力的关键主题。

来源：《上海汽车报》内容有删节

摘编整理：张瑞坤

二、医药物流

（一）《中国医药物流发展报告（2021）》十大亮点

发布时间：2021年10月21日

《中国医药物流发展报告》作为国内医药物流行业独有的年度发展报告，伴随着医药物流行业的发展已经连续多年出版。该《报告》兼具专业性、权威性、前瞻性，年度核心数据被业内广泛引用。目前《中国医药物流发展报告（2021）》已正式出版，现整理报告中十大亮点主题供行业内外人士参考。

1. 医药流通市场规模增速放缓

2020年全国医药商业市场的规模约24029.87亿元，同比去年增长4%。

医药物流费用规模持续增长，2020年我国医药物流总费用为754.97亿元，同比去年增长11.4%。

医药物流仓储面积整体涨幅较小，2020我国医药物流仓储面积为2109.12万平方米，同比去年增长2%。

医药物流行业自有车辆大幅度增加，2020年我国医药物流自有车辆总数为38582辆，同比去年增长11.91%。

2. 医药冷链全景呈现

医药冷链市场销售额持续增长，2020年我国医药冷链市场销售额达3903.4亿元，同比去年增长14.97%。从细分产品看，我国医药冷链市场运输产品包括疫苗、血液制品、生物制品、IVD试剂、医疗器械（IVD试剂除外），其中疫苗占比为10%，血液制品占比为13.86%，生物制品占比为40.74%，IVD试剂占比为24.9%，医疗器械（IVD试剂除外）占比为10.5%。

医药冷链物流费用规模涨幅较大，2020年医药冷链物流费用规模为173.17亿元，同比去年增长25.81%。

医药冷藏车持续大幅增长，2020年我国医药冷链企业自有冷藏车数量达到10671辆，同比去年增长31%。

2020年我国医药冷链仓库面积上升，冷藏库的面积为88.66万平方米，同比去年增长10%。

3. 新冠疫苗国内运力保障能力专题分析

2021年1月，交通运输部发布第一批新冠疫苗道路运输重点联系企业名单。关于28家新冠疫苗道路运输重点联系企业的运输保障能力，中物联医药物流分会对其中21家企业进行了调研，针对企业运力结构、运输能力进行了深入分析，结果如下：

（1）运力结构

根据疫苗运输业务类型，干线运输主要为4.2米以上冷藏车型及部分4.2米冷藏车型；支线运输（区域内城配业务）主要为4.2米以下冷藏车型及部分4.2米冷藏车型，因此，本次分析将车辆运力结构以4.2米冷藏车为划分依据。

截至2021年3月4日，21家企业共有用于新冠疫苗运输的冷藏车1399辆，其中：4.2米以下冷藏车车型占比约9%；4.2米冷藏车车型占比约52%；4.2米以上冷藏车车型（主要为5.2米、6.8米、7.6米、9.6米）占比约39%，其中干线业务中使用率较高的6.8米、7.6米等冷藏车车型占比约20%。

(2) 运输能力

根据不同车辆类型，部分重点车型实际有效利用容量如下：依维柯冷藏车 4—5 立方米，4.2 米冷藏车约 12 立方米，7.6 米冷藏车约 30 立方米，9.6 米冷藏车约 37 立方米；

根据调研，不同生产企业新冠疫苗包装规格各不相同，差异较大。以此测算装载量也会产生较大差异。以 200 支规格的包装尺寸进行测算 21 家企业各重点车型一次性装载能力，估算可实现约 6500 万支新冠疫苗的运输。

4. 医药终端市场发展概览

2020 年年末我国共有各类药品终端销售机构约 156.62 万个，较 2019 年年末增加约 9.24 万个。

2021 年 4 月底发布的最新数据显示，以终端平均零售价计，受疫情影响，2020 年我国三大终端药品销售额 16437 亿元，同比下降 8.3%。整体来说，新冠肺炎疫情对 2020 年上半年终端市场销售额的冲击较大。

从实现药品销售的三大终端的销售额分布来看，公立医院终端市场份额最大，2020 年占比为 64.0%，较 2019 年下降 2.6%；零售药店终端市场份额 2020 年占比为 26.3%，较 2019 年上升 2.9%；公立基层医疗终端市场份额 2020 年占比为 9.7%，较 2019 年下降 0.3%。

5. 医药产业园区呈集群式发展

截至 2019 年年底全国共有 168 家国家级高新区和 219 家国家级经开区，共计 387 个国家级产业园区，其中有 193 家将生物医药产业作为重点发展方向，占比高达 49.87%。形成了包括长三角地区、珠三角地区、环渤海地区在内的产业集聚区。其中珠三角和长三角两个地区园区数量总和占比近六成。

2017—2020 年我国生物医药产业园区产值规模总体呈逐年增长态势。据 CCID 数据，2020 年我国生物医药产业园区产值规模为 2.5 万亿元，同比增长 12.4%。但我国生物医药产业园区仍存在地区发展不均衡的问题。

6. 跨境医药电商新模式新业态显现

北京市药监局会同北京市商务局、北京海关、北京天竺综合保税区管理委员会制订的《北京市跨境电商销售医药产品试点工作实施方案》（以下简称《方案》）于 2019 年 12 月 30 日发布，这是国内跨境电商政策在涉及医药产品方面的一次"破冰"。

依据《北京市跨境电商销售医药产品试点企业仓储物流管理规范》的规定，2021 年 1 月 29 日，药兜（北京）国际医药有限公司作为国内首个跨境医药零售试点三方仓储资格获批，为跨境医药电商企业提供仓储物流第三方服务。

7. "互联网+医疗"疫情中优势凸显

据不完全统计，疫情期间个别第三方互联网医疗平台的诊疗咨询量比去年同期增长了 20 多倍，处方量增长了近 10 倍。互联网+医疗加持下"无接触式"服务优势凸显，成为抗击疫情的"第二战场"。尤其疫情催化在线医保支付政策落地，互联网医疗加速发展。

互联网医院建设加速。在 5G、AI、物联网等新技术的推动下，互联网医院将正向 3.0 阶段过渡，新一批的智慧生态型互联网医院即将出现。

8. "十三五"期间医药领域政策全面梳理

据不完全统计，"十三五"期间，国家和地方政府层面发布的政策文件数量共 7662 件，直接提及药品的为 4072 件，医疗器械的为 1561 件。其中：2020 年出台政策文件 1857 件，包括国家级政策文件 334 件、国家级行业协会政策文件 8 件、地方级政策文件 1515 件。

整体来看，2020 年政策文件出台总数量为历年最多；2020 年医保系统出台的政策文件数量居首位；2020年使用环节文件最多，研发注册环节文件居第二位；2020年宏观性政策文件较少，细化管理类的政策文件较多；2020年政策重心不断变化，成为行业关注重点。

集中采购、医保制度、药品监管成为2020年政策实施的3个重要方面。2021年此政策方向将进一步延续，值得关注。

9. 欧美日等国家医药冷链物流经验启示

欧美日等国家通过行业协会对企业进行约束，具有成熟的社会信用征信体系。美国医药物流行业集中度高。美国大型的医药批发企业约100家，而排名前三的大型药品批发企业，其总销售额占到全美总销售额的95%；药品零售市场则由RiteAid、Walgreen和CVS三家公司垄断，市场份额占60%以上。美国80%以上药品通过最大的3家批发企业进行配送，美国药品分销网络层次分明，分工明确。日本医药物流行业以分级配送为主，提高流通效率。日本低温药品流通市场的区域性强，国内的药品批发企业数量多，规模小，药品批发企业在各自的市场区域设有分销中心，多以分级配送为主，使得其服务半径短、配送可控性较强。

10. 典型实践案例以科技引领行业发展

报告收录了5家企业优秀实践案例，盛世华人打造冷链云平台助力企业智慧监管；科箭以TMS云和TOS云从运输管理方面进行完善和升级；康展物流建立智慧云平台提高物流运行效率；上海讯轻"懂调度"智能系统驱动企业物流数智化运营；开利通过制冷技术优化为客户提供优质服务。更多行业数据和热点领域内容，详见《中国医药物流发展报告（2021）》。

来源：中物联医药物流分会

（二）2021年中国医药物流行业市场现状及发展趋势分析
医药物流信息化将进一步完善

在国内"两票制"、税制改革、一致性评价等对医药行业的创新性改革发展的背景下，中国医药物流行业也悄悄发生了变化，医药物流技术水平不断提升，医药物流信息化建设初见成效，都是不断适应我国医药行业变化取得的新进展。

1. 产业简介：医药物流贯穿于整个医药产业链中

医药物流是指药品、医疗器械等在空间上的转移，贯穿于整个医药产业链中，为我国医药行业的流通与发展贡献了不可磨灭的力量。医药物流依托一定的物流设备、信息技术和营销管理系统有效整合药品生产、销售网络中的上下游资源，通过优化药品供销配送环节的验收、储存、分拣、配送等作业过程，提高订单处理能力，减少库存和缩短配送时间，降低流通成本，提高服务水平和资金使用效益，实现自动化、信息化和效益化。

在医药物流产业链上，主要涉及行业供应企业、医药物流企业和药品消费终端。其中上游环节主要包括药品生产以及商贸企业；中游环节为药品的流通环节，主要为药品物流企业，可以分为附属于药品集团的内部子公司和第三方物流企业；医药消费终端是指药品的，主要包括全国各级医院、基层医疗机构、零售药店等。

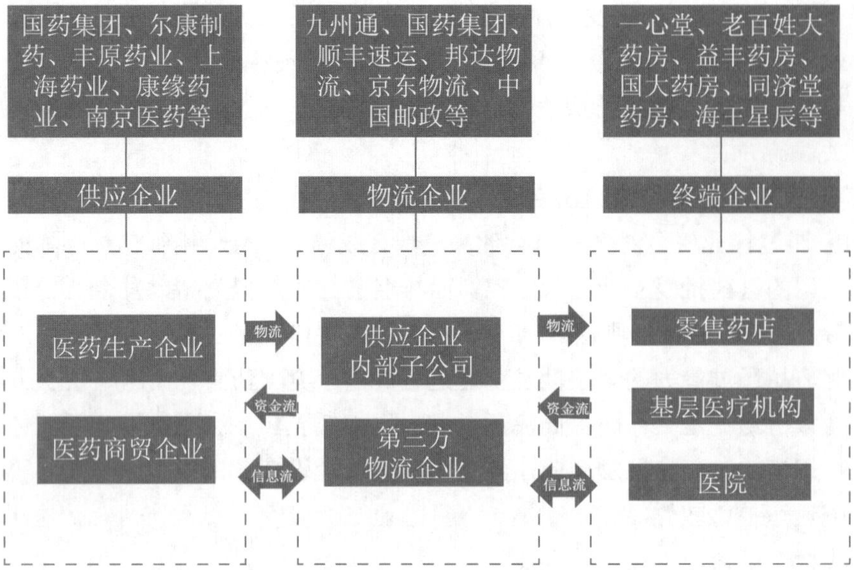

图 9：中国医药物流产业链全景图

数据来源：前瞻产业研究院整理

医药物流模式可分为终端医院主导型、商贸企业主导型与第三方物流主导型三种。终端医院主导型医药物流模式由药品供应企业的子公司或者委托其他物流公司进行物流作业，院内药品物流由医院全权自理；商贸企业主导型的物流由商贸企业负责，可以是商贸企业的物流子公司，也可以是其他第三方物流企业；第三方物流企业主导型的物流模式是指由专业的第三方物流全权负责整个供应链服务需求，基于其服务的专业性、高水平和低成本特征，正逐渐被广泛推广应用。

表 2：医药物流模式比较分析

模式分类	参与物流企业类型	模式特征	优势分析
终端医院主导型	生产或者商贸企业物流子公司或者第三方物流企业	医院全权负责药品的采购、收货、验货、出库、信息控制等物流流程，由此产生的信息流和资金流也安全由医院自己掌控	1）一定程度上规避由于操作不恰当导致的药品质量、库存安全问题； 2）保障药品供应速度。
商贸企业主导型	商贸企业物流子公司或者第三方物流企业	商贸企业与终端医药或者零售企业签订供货合同，按照规定的交货时间、地点、品类、数量要求供货，提供定制化的物流服务	1）降低药品的库存成本； 2）消费终端的药品供应链稳定性增加； 3）有效降低终端医药或者企业的经营成本。
第三方物流主导型	第三方物流企业	第三方物流企业通过对多个服务需求的集约化、规模化物流管理，供需双方实现信息共享，降低单位药品物流管理成本。	1）实现药品物流的规模化经营，降低药品物流成本； 2）有效实现药品的质量追溯； 3）实现供需信息共享。

数据来源：前瞻产业研究院整理　　　　　　　　　　　　　　　　　　　　　　　　　　　　@前瞻经济学人APP

2. 市场规模：医药物流市场规模稳步上升

从医药制造业企业营业收入情况来看，根据国家统计局数据显示，2019 年中国医药制造业规模以上企业实现营业收入为 23908.6 亿元，同比增长 87.4%。其中营业成本为 13505.4 亿元，同比增长 5.7%；实现利润总额 3119.5 亿元，同比增长 5.9%。

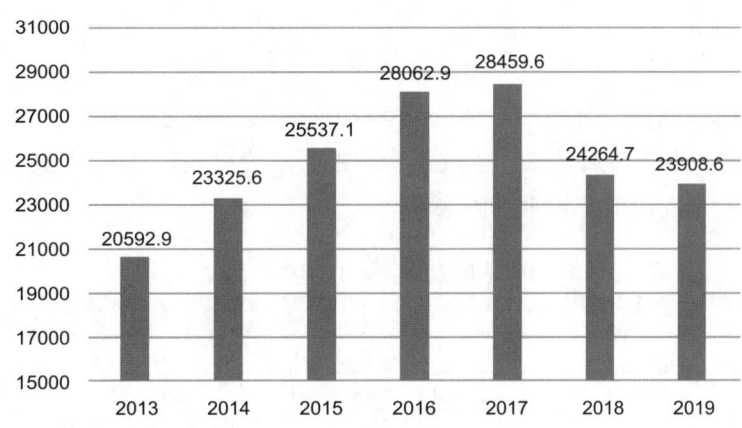

图 10：2013-2019 年中国规模以上医药制造业企业营业收入情况（单位：亿元）

数据来源：国家统计局　前瞻产业研究院整理

随着"两票制"、税收改革、一致性评价等重大医药改革的逐步实施，国家对医药物流行业的规范性和规模也愈加重视，不断出台政策加大监管力度，推动行业规模发展；医药流通行业发展也对医药物流行业提出了更多的需求，医药物流行业处于持续增长阶段。2019 年我国医药物流总费用为 677.71 亿元，同比增长 10.39%。受宏观经济下行和医改政策等因素的影响，同比增速回落 2.51 个百分点。整体上看，虽然增速略有放缓，但是我国医药物流费用规模呈稳步持续上升的趋势，增长的原因主要包括：（1）医药行业市场规模的增加；（2）医疗终端需求的大幅度增加；（3）2019 年医药电商获得了突破性的发展；（4）物流成本的上升、订单碎片化、订单配送末端化，以及集中带量采购对医药物流行业提出更高的物流要求。

图 11：2016-2019 年中国医药物流总费用变化情况（单位：亿元，%）

数据来源：中物联医药物流分会　前瞻产业研究院整理

3. 产业布局：

医药物流作为现代物流中的重要组成部分，承担着医药流通和周转的重要职责，根据中物联医药物流分会资料显示，在医药物流七大功能模块（运输、仓储、装卸搬运、流通加工、包装、网络设计和信息处理）中，医药物流运输市场总额占比超过 50%，运输是医药物流行业中的主要环节，位居第二位的是仓储管理，其余部分占比均不超过 10%。以下重点分析医药物流的运输、仓储业务布局情况。

（1）医药运输布局

2019年4月，中物联医药物流分会根据综合性指标评价，根据申报企业的主营收入、人员配备、物流网点、运输车辆、仓储设施等指标，评选出了2018年度医药运输五十强企业，医药运输五十强企业规模相对较大，但行业集中度较低，位列前三甲的分别为民航快递有限责任公司、顺丰医药供应链有限公司和北京盛世华人供应链管理有限公司。

表3：中国医药运输TOP10企业名单

排名	企业名称
1	民航快递有限公司
2	顺丰医药供应链有限公司
3	北京盛世华人供应链管理有限公司
4	希杰荣庆物流供应链有限公司
5	京东物流集团
6	北京华欣物流有限公司
7	上海佳吉物流股份有限公司
8	山东大舜医药物流有限公司
9	上海康展物流有限公司
10	中国外运物流发展有限公司

数据来源：中物联医药物流分会　前瞻产业研究院整理

注：截至2020年11月，中物联医药物流分会暂未公布2020年评选结果，此处提供2019年评选数据。

从区域分布来看，医药运输企业大多集中于华东和华北地区，在医药运输50强企业名单中，华北地区共16家企业入围，主营业务收入累计23.44亿元，占比46.3%；华东区域共24家企业入围，主营业务收入累计18.37亿元，占比36.3%。

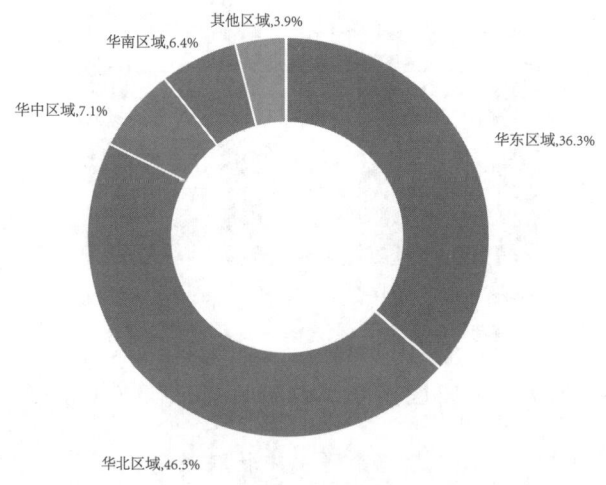

图12：中国医药运输企业50强区域结构（按业务收入占比分）（单位：%）

数据来源：中物联医药物流分会　前瞻产业研究院整理

注：截至2020年11月，中物联医药物流分会暂未公布2020年评选结果，此处提供2019年评选数据。

（2）医药仓储布局

2019年8月,中物联医药物流分会根据综合性评价指标(包括企业主营业务收入、区域、人员、仓库、异地设仓情况等)评选出医药仓储50强企业,位列前三甲的分别为国药控股股份有限公司(国药集团医药物流有限公司)、九州通医药集团股份有限公司和华润医药商业集团有限公司。

表4:中国医药仓储TOP10企业名单

排名	企业名称
1	国药控股股份有限公司(国药集团医药物流有限公司)
2	九州通医药集团股份有限公司
3	华润医药商业集团有限公司
4	上海控股有限公司(上海医药物流中心有限公司)
5	深圳市海王银河医药投资有限公司
6	安徽华源医药集团股份有限公司
7	重庆医药(集团)股份有限公司
8	浙江英特物流有限公司
9	广州医药有限公司
10	江西五洲医药营销有限公司

数据来源:中物联医药物流分会 前瞻产业研究院整理

注:截至2020年11月中物联医药物流分会暂未公布2020年评选结果,此处提供2019年评选数据。

从医药仓储50强企业的地域分布来看,华东地区企业较多,达到23家,数量占比46%,企业分布结构与我国医药企业地域分布基本一致。

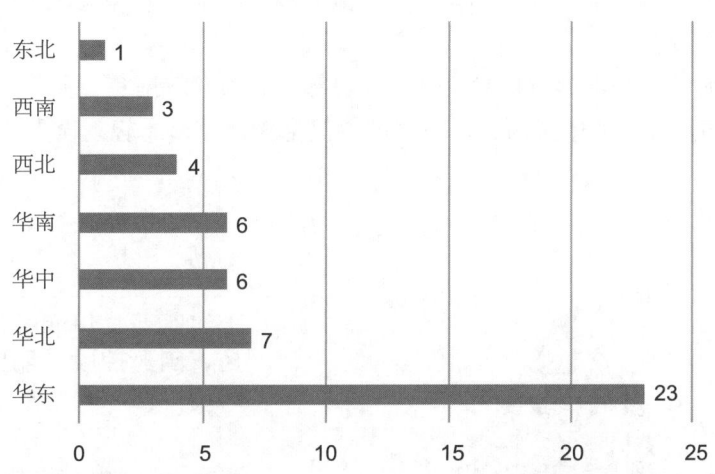

图13:中国医药仓储50强企业区域分布(单位:家)

数据来源:中物联医药物流分会 前瞻产业研究院整理

注:截至2020年11月中物联医药物流分会暂未公布2020年评选结果,此处提供2019年评选数据。

4. 竞争格局:龙头企业网络布局优势明显

国内医药物流企业主要分为制药企业物流子公司、医药商贸企业物流子公司、专业第三方医药物流企业和其他社会物流企业。

表5：中国医药物流企业发展对比分析

企业类型	发展优势	发展不足	代表企业
制药企业物流子公司	资源优势、管理优势	物流操作专业性不足	国药集团、哈药集团
医药商贸企业物流子公司	资质优势、渠道优势、经验优势、整合优势、管理优势	与大型物流企业或电商平台物流企业相比，物流数据把控，运输过程监控、数据收集反馈方面有一定差距；承担企业自身经营药品的仓储和运输职能，因为经营压力小，容易出现决策保守，创新滞后，运营成本高，不具备竞争力等问题。	国医物流、华润医药、九州通物
专业的第三方医药物流公司	政策发展红利、终端优势、专业优势	渠道较为局限，客户资源不足；整体企业规模小，经营范围比较集中，运营风险大，资源获取能力低；企业管理模式较为散乱，缺少集团化的管理模式。	盛世华人供应链，康展物流、城市映急
其他社会物流企业	专业化优势、运输网络完善、成本优势	客户资源不足，行业经验不够丰富，缺少医药行业专业人才	顺丰、中国邮政、京东

数据来源：前瞻产业研究院整理

医药"两票制"（即指药品生产企业到流通企业开一次发票，药品流通企业到医疗机构开一次发票，压缩流通环节）的推行使得医药供应链链条缩短，链条节点上的医药生产、医药流通、终端结合更加紧密，规模性生产企业拥有更强优势，部分传统流通配送企业向供应链服务商转型，产业园区聚集效应更加明显，药品配送效率大大提高，医疗服务水平得到提升，供应链扁平化趋势显著，医药物流呈现去中心化的发展趋势。

目前，我国医药物流企业基本形成辐射全国、辐射部分省市和辐射单一省市三大梯度。其中，上海医药、华润医药、国药控股、瑞康医药、九州通的物流配送网络基本辐射全国大部分地区，行业竞争优势明显。

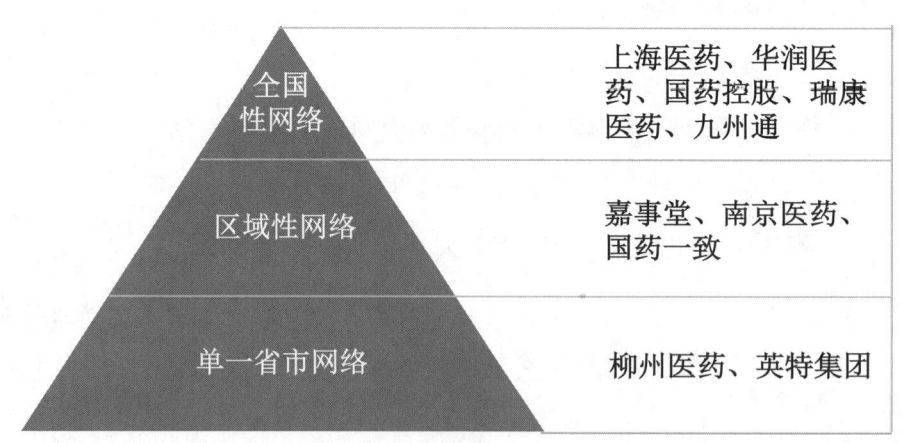

图14：中国医药物流企业发展格局

数据来源：前瞻产业研究院整理

表6：中国主要医药物流企业网络布局情况

企业	物流网络布局	物流辐射范围
上海医药	形成覆盖全国的物流配送网络	全国
华润医药	形成114个覆盖全国的物流中心	全国
国药控股	4个枢纽物流中心、43个省级物流中心、173个地级市物流网点	全国
瑞康医药	全国七大区核心骨干仓储网格化布局	全国
九州通	设立了31个省级医药物流中心，并向下延伸设立104个地市级物流中心	覆盖全国大部分县级行政区域
嘉事堂	北京、上海、广州、四川、安徽等省市设立营销及物流节点	5个省市
南京医药	已有20个物流中心、覆盖江苏、安徽、福建等地区	华东地区
国药一致	设置40个物流中心，以广州为核心的南区阶梯式配送网络	华南地区
鹭燕医药	已在福建、江西、四川、安徽、海南、香港等地区扩张布局，实现了跨区域的快递发展	6个省市
人民同泰	拥有东北三省最大医药物流中心哈药物流配送中心	东北三省
柳州医药	以玉林、桂林、百色等主干城市未配送节点，辐射自治区14个地级市	广西省14个地级市
英特集团	拥有杭州、宁波、温州、金华物流中心	浙江省

数据来源：前瞻产业研究院整理

5. 发展趋势：医药物流信息化将进一步完善

（1）政策促进行业规范化发展

2020年作为"十三五"规划的收官之年，医药行业的政策主题基本契合行业"十三五"时期发展规划，仍旧以合规、降价、控费、集采等为主旋律。

表7：2020年中国医药物流行业相关重点政策汇总

发布时间	发布单位	文件名称
2020年2月	中共中央、国务院	《关于深化医疗保障制度改革的意见》
2020年4月	商务部	《关于进一步做好供应链创新与应用试点工作的通知》
2020年4月	国家发改委、中央网信办	《关于推进"上云用数赋智"行动培育新经济发展实施方案的通知》
2020年5月	国家卫生健康委办公厅	《关于进一步推动互联网医疗服务发展和规范管理的通知》
2020年5月	中共中央国务院	《中共中央国务院关于新时代加快完善社会主义市场经济体制的意见》
2020年6月	国家发改委、交通运输部	《关于进一步降低物流成本实施意见的通知》
2020年7月	国家药监局	《关于发布药品记录与数据管理要求（试行）的公告》
2020年7月	国务院办公厅	《关于推进医疗保障基金监管制度体系改革的指导意见》
2020年7月	国务院办公厅	《深化医药卫生体制改革2020年下半年重点工作任务》
2020年9月	国家发改委	《推动物流业制造业深度融合创新发展实施方案的通知》
2020年9月	国务院办公厅	《关于以新业态新模式引领新型消费加快发展的意见》

数据来源：前瞻产业研究院整理

（2）2020年新冠病毒肺炎疫情加速行业信息化升级

2020年初突发的新冠病毒肺炎疫情加深了社会对医药物流发展的重要性认识，信息技术升级、应急管理体系、供应链创新、互联网+等成为国家加强建设发展的重点。在疫情防控常态化背景下，医药物流行业信息化建设使得物流降本增效、药品追溯、医药电商等模式创新成为可能，医药物流信息化是未来医药物流发展的主要方向。

信息技术在医药物流上的应用主要体现在实现多码并存、来处可查、去处可追、药品信息化追溯体系的建立，另外可结合无人车、无人仓等先进技术、打造建立标准化、规范化、技术化的智慧医药物流。

在扩展宽度方面
- WMS建设将覆盖所有物流中心
- TMS建设将推动下一个物流信息化建设高潮，无论大小企业都会重视TMS建设。
- 大多数医院和供应商会逐步接受医药物流信息系统向上下游延伸。因此，医药物流信息系统向院内和供应商延伸会成为行业普遍现象。
- 医药物流供应链信息平台将成为下一步医药物流信息化建设的重点，各大流通企业及医药物流企业逐步从规划层面向实施层面落地推进
- 物流主数据平台逐步突破单个企业，向行业主数据平台发展。通过行业平台及标准的建设，会降低行业物流成本，提高物流效率。

在完善深度方面
- WMS、TMS会更加重视流程优化，重视个性化需求
- 原来系统缺少的诸如耗材管理、资产管理、绩效管理、计费管理、客户服务管理等功能逐步在相应的系统中得到完善，建立统一的对外窗口将成为必然。
- 储位优化、配送线路优化、装载优化、库存分布决策等优化模块逐步在WMS、TMS、物流供应链信息平台上应用。
- 数据挖掘深度进一步提高，如对订单品项相关性进行分析，来优化商品储位规划。

图15：中国医药物流信息化发展趋势

数据来源：前瞻产业研究院整理

以上数据及分析来源参考前瞻产业研究院发布的《中国医药物流行业市场前瞻与投资战略规划分析报告》。

来源：前瞻产业研究院

（三）2022年医药三方物流趋势分析

发布时间：2022年1月14日

10月28日，国家商务部发布《关于"十四五"时期促进药品流通行业高质量发展的指导意见》，该文件明确指出，要"加快建立布局合理、技术先进、便捷高效、绿色环保、安全有序的现代医药物流服务体系，提升由区域物流中心、省级物流中心和地县配送中心构成的全国医药物流网络的服务功能，发展多层次的药品供应链物流网络"。要"加快农村药品流通网络建设。以县域为中心、乡镇为重点、村为基础，继续加快农村药品供应网络建设。逐步完善县乡村三级药品配送体系，支持药品流通企业与第三方物流、邮政、快递等进行市场化合作，参与城乡药品流通的第三方企业要严格执行《药品管理法》《药品经营质量管理规范》对于药品储存、运输等环节的有关规定"。

商务部的文件还提出要求，要"加快发展现代医药物流，加强智能化、自动化物流技术和智能装备的升级应用。推进区域一体化物流的协调发展，探索省内外分仓建设和多仓运营。鼓励第三方医药物流发展，推动药品冷链物流规范发展，构建便捷、高效、安全的现代医药物流体系。推动建设一批标准化、集约化、规模化和产品信息可追溯的现代中药材物流基地，培育一批符合中药材现代化物流体系标准的初加工仓储物流中心"。

从商务部的文件可以看出，行业主管部门对医药流通业物流体系的建设非常重视，并且有意识推动医药物流领域的可持续发展。那么，在新冠疫情防控常态化的形势下，我国医药物流行业又会发生

哪些变化呢？

1. 全国层面从事医药三方物流将有法可依

截至目前，我国已经有超过400家药企获得了各地省级药监部门认可的从事药品三方物流业务的备案，但是由于在全国层面尚无支持现代医药物流企业从事药品三方物流业务的法规，因此现有从事医药三方物流业务的企业只能在其所在省区内开展三方物流业务，不允许跨区经营。同时，由于各地药监部门对医药三方物流业务的监管规定不同，这也导致同样的业务在不同省份面临不同的监管政策，给企业的经营带来了困扰。

2021年11月12日，国家药监局在其官网发布了《药品经营和使用质量监督管理办法》（征求意见稿），在第10条［批发企业许可条件］规定：从事药品批发活动，应当具备本办法第九条规定的条件，其储存药品的仓库还应当具备实现药品入库、传送、分拣、上架、出库等操作的现代物流设施设备；经营范围包含体外诊断试剂（药品）的，企业质量管理人员中至少1人具备主管检验师资格。同时，该文件第46至49条，也明确规定了从事"委托储存运输"所需的条件和监管要求，并明确了"接受持有人和药品批发企业委托储存的，有符合现代物流条件的药品储存场所和设施设备"。

应该讲，如果《药品经营和使用质量监督管理办法》能够顺利出台，相当于企业在全国层面从事药品三方物流业务将在法律层面再无障碍。

2. 统一尺度的现代药品物流标准需尽快制定

如前所述，当前我国的药品物流标准差异太大：在一省范围内，具有法律效力的当属各省级药监部门出台的标准；所在省份从事医药三方物流业务的企业必须达到药监部门的标准，否则不得从事医药三方物流业务。但是由于我国地域太大，各省情况不一，企业发展阶段不同，因此标准千差万别，给企业带来的投资要求也大不一样。

从行业引导的角度而言，中国医药物资协会于2018年发布了我国首部涉药物流团体标准《现代医药物流储运管理规范》，由中国医药物资协会医药商业分会负责推广，截至目前已经有近130家药企达到了该标准的试点水平。从有关标准管理的法规而言，达到这一标准的医药物流企业即可在中国医药物资协会数千家会员之间开展医药物流业务，在我国各类涉药物流标准中使用范围最广、反响良好。

如果《药品经营和使用质量监督管理办法》能够在2021年底顺利出台，则我国亟须统一各省级药监部门的药品现代物流标准或指导规范，只有这样才能确保各省从事医药三方物流业务的企业按照同样的准入门槛、经营标准、质控标准从事业务活动，才能确保我国医药三方物流业务能够有序、健康的发展。

同时，针对医药物流行业的特点，还需要进一步的细化和补充各项可执行的标准，才能确保医药物流领域的健康。据悉，中国医药物资协会医药商业分会已经在会员企业中征集《医疗器械物流储运管理规范》（暂名）《医药物资应急配送体系建设规范》（暂名）《医药物资电商物流中心管理规范》（暂名）《生物制品储运管理规范》（暂名）《现代医药物流中心自动化设备管理规范》（暂名）五项团体标准的起草单位。相信随着上述标准的制订工作得以实现，能够有助于行业的发展。

3. 医药物流将越来越柔性化和智慧化

商务部的文件明确鼓励加强农村药品物流体系建设，完善县乡村三级药品配送体系，也支持"加快发展现代医药物流，加强智能化、自动化物流技术和智能装备的升级应用"。同时，由于疫情的影响，我们医药电商业务尤其是BTC电商业务得以快速发展，其年交易规模已经接近2000亿人民币。我国知名医药物流自动化集成研究机构上海通量信息科技有限公司预测，我国医药电商业务年销售规模预计3年后将超过5000亿元。

和传统业务不同的是，医药电商业务的特点是品类非常多、订单金额小、拆零化非常严重，并且对配送的及时性要求越来越高。上海通量信息科技有限公司受托调研显示，我国医药电商BTC业务的平均订单金额不超过80元，平均订单行数不到两行，并且城市OTO业务的增速明显。如果要满足我国农村百姓以及基层医疗机构的医药电商需求，则专业医药物流中心不仅仅要投入自动化、智慧化的物流软硬件设备，还要在管理上下功夫，要能够支持线上业务临时紧急爆单的情况；同时，还必须建立一支高效、低成本、数据可追溯、质量可控的医药产品终端配送体系。

从我国医药物流领域的现状而言，终端配送体系已经是明显的短板，未来三年亟需要进行提升。同时，更多的智慧化物流设备和储运软件功能需要得以验证和运用，比如近年来越来越多的TLOG案例医药物流中心在使用各型号货到人拣选设备、四向穿梭车、无人AGV机器人、高速数智化分拣机等，药品拣选、医疗器械拣选等场景得到了验证，相信这些设备将在医药物流行业越来越普及。

4. 医药物流多仓联动将进入快车道

目前，我国有各类医药批发企业约1.4万家，有各类医疗器械生产企业2.75万家，各类器械经营企业近百万家，这些企业的药品、器械都要通过物流环节进入最终的消费与使用终端。在国家药监局颁布的《药品经营和使用质量监督管理办法》（征求意见稿）中，也明确了药品经营企业可以跨省辖区设置仓库。可以讲，无论是从医药物流业务还是政策法规的角度而言，医药物流云仓多仓联动已是未来已来的现实。

目前，我国只有4家头部药企基本建立了覆盖全国大多数省区的医药物流体系，但是其内部软件系统仅仅在金融财务、业务ERP层面实现了初步打通；医药物流体系还不能做全国数字信息共享、订单流转、数据追溯。

对于我国数百家现代医药物流企业而言，其现代化也仅仅停留在企业仓储作业的自动化和内部信息的初步共享层面，更谈不上在全国建立了医药物流网络体系。中国医药物资协会医药商业分会从2018年开始筹划建设全国医药物流云仓网络，2020年开始建设医药物资应急配送体系，2021年启动了全国医药物流云仓多仓联动建设工作，其核心目的就是通过信息化平台手段将不同现代医药物流企业的仓库WMS软件对接起来，实现在协会建设的医药物流云仓网络内数字信息共享、跨区域物流订单一键转接、订单信息全网可追溯等效果，进而将物流信息与供应链金融业务结合起来，解决参与企业的三方物流业务开发、固定资产盘活和订单融资等需求。

据悉，由医药商业分会指定单位上海通量信息科技有限公司和云集药业合办的多仓联动系统对接首期培训班已经于2021年6月在成都召开过了，初期15家合作单位已经有序开始系统对接工作；第二期培训班将于2022年1月举行。

从行业发展趋势来看，这种由专业的行业协会牵头、具体企业以项目合作的形式参与的多仓联动体系建设工作，将有效推动我国医药物流网络体系的建设，会比较贴近市场的需求。

来源：通量科技（作者：中国医药物资协会医药商业分会秘书长 张凌辉）

（四）上海市药品安全和高质量发展"十四五"规划

上海市食品药品安全委员会关于印发《上海市药品安全和高质量发展"十四五"规划》的通知

发布时间：2021年11月17日

各区食药安委，市食药安委各成员单位：

现将《上海市药品安全和高质量发展"十四五"规划》印发给你们，请认真按照执行。

上海市食品药品安全委员会

2021年11月17日

上海市药品安全和高质量发展"十四五"规划

保障药品安全、有效和质量可控关系到广大人民群众的身心健康、合法权益及社会经济发展，是以人民为中心发展思想的具体体现。为推进本市生物医药产业高质量发展，实现药品监管体系和监管能力现代化，根据《上海市国民经济和社会发展第十四个五年规划纲要》《上海市市场监管现代化"十四五"规划》，制定本规划。

一、发展基础

"十三五"期间，本市各级药品监管部门深入学习贯彻习近平新时代中国特色社会主义思想，坚决贯彻落实市委、市政府和国家药监局决策部署，坚持"四个最严"监管理念，全面落实监管责任，严守药品安全底线，以体制机制创新为契机，以能力建设为抓手，持续推进药品监管体系现代化建设，有力推动了全市生物医药产业高质量发展。

监管体制机制改革深入推进。根据中央和本市深化机构改革的决策部署，组建上海市药品监督管理局，优化直属事业单位机构设置，夯实技术审评、检验检测、监督检查、监测评价等技术支撑机构能力基础。建立疫苗管理部门联席会议制度，实施本市疫苗生产企业派驻检查员制度，疫苗质量管理体系进一步完善。各区市场监管局均设置药械化监管内设机构，市区两级监管职责进一步明确，职业化、专业化检查员队伍基本建立，监管力量持续强化，新的药品监管格局基本形成。

药品安全形势保持稳定。坚持严防、严管、严控药品安全风险，强化风险监测评价与高风险产品监管，综合运用现场检查、有因核查、飞行检查、监督抽检等举措，深入开展集采中选药品、中药饮片、无菌和植入性医疗器械、化妆品"线上净网、线下清源"等专项整治60余项。"十三五"末，药品、医疗器械、化妆品抽检合格率分别为99.5%、98.4%和98.3%。聚焦民生关切，重拳打击非法添加、制假售假等违法违规问题，累计查处药品案件4800余件，罚没款2.5亿元，人民群众的安全感、获得感不断提升。

疫情防控工作扎实有效。强化疫情防控药械生产经营企业、应急审批重点企业及上市产品、出口防护产品等监管工作，守住了疫情防控药械质量安全底线。迅速出台促进防疫产品产能提升的各项措施，第一时间开设应急审批、应急检验绿色通道，大幅压缩审批注册办结时限，推动6项新冠病毒诊断试剂和8个防疫医疗器械上市，4个产品进入国家药监局应急审批通道，3个医疗机构制剂获得应急备案。全力支持企业复工复产，保障防疫产品市场供应，建立"线上线下"高风险购药人员监测预警工作机制，得到了国家七部委督导组的高度肯定。

服务发展效能显著提升。出台我市鼓励药品医疗器械创新32条，全面深化审评审批制度改革。率先实施药品上市许可持有人制度和医疗器械注册人制度，企业创新活力充分释放。"十三五"期间，甘露特钠胶囊、PET-CT等一批重磅创新成果获批上市，新增106个药品批准文号，其中创新药8个；获批第三类创新医疗器械18个；备案国产普通化妆品累计32.6万个，备案进口普通化妆品2.4万个。78个药品品种通过仿制药质量和疗效一致性评价。修订出版《上海市中药饮片炮制规范（2018年版）》。推进国家药监局药品、医疗器械审评检查长三角分中心建设，长三角区域生物医药产业一体化高质量发展取得新突破。

行政服务水平不断优化。持续深化"放管服"和"证照分离"改革，实施进口普通化妆品备案改革，办理时限缩短85%。发布我市第二类医疗器械创新特别审查和优先审批程序，进一步优化审评审批流程。推进"一网统管""一网通办"，实现市区两级73项政务服务事项全程网办，400余项申请材料免于提交，群众和企业办事便利化水平明显提升。

监管支撑保障有效夯实。检验检测机构建设进一步拓展，上海市食药检院二期工程竣工使用，疫苗批签发能力加快建设；上海市医疗器械研究院迁建项目获批立项。全市8个重点实验室获国家药监局资格认定。药品（疫苗）信息化追溯体系逐步由疫苗追溯向麻醉药品、精神药品、血液制品等重点品种追溯拓展；医疗器械唯一标识系统试点工作深入推进。开通"上海药店"APP，"零售药店含麻药品销售信息采集系统"上线运行，药品经营数字监管水平不断提升。人员队伍水平日益专业化，中高级以上专业技术职称人员比例达到75%以上。

社会共治格局日趋完善。药品安全党政同责要求有效落实，推动形成各部门齐抓共管、全社会共治共享的良好局面。监管科学研究水平不断提升，建立7家国家级药械化检查员实训基地。引入第三方机构开展医疗器械生产企业质量体系有效运行评价及监管绩效评估，推动行业诚信建设。开展形式多样的药品安全科普宣传，加强舆情监测和应对，开展药品安全应急演练，应急处置能力和水平进一步提升。

二、总体要求

（一）指导思想

以习近平新时代中国特色社会主义思想为指导，深入贯彻党的十九大和十九届二中、三中、四中、五中、六中全会精神，全面落实习近平总书记考察上海重要讲话和在浦东开发开放30周年庆祝大会上重要讲话精神，深入践行"人民城市人民建、人民城市为人民"重要理念，坚持以人民为中心，落实"四个最严"要求，全面加强能力建设，全力推动监管创新，强化依法监管、专业监管、科学监管，加快形成我市药品监管共建、共治、共享发展新格局，构建完善高标准、高效率的超大城市药品安全治理体系，打造全国药品科学监管新标杆和创新发展新高地。

（二）基本原则

一是坚持人民至上、生命至上。更好满足新时代人民群众日益增长的用药安全和健康生活需要，对标最高标准最严要求，全面加强系统治理，全力提升监管效能，切实保障人民群众用药安全有效。

二是坚持底线思维、依法监管。更加突出药品监管专业性，加强风险管理，强化药品安全全生命周期管理。建立健全制度体系，严格监督和执法办案，实施数字监管，激发引导广大监管干部担当作为，全面提升监管法制化、制度化、规范化水平。

三是坚持目标导向、改革创新。更加注重服务国家战略和城市发展，转变监管理念，创新监管方式，深化审评审批制度改革，鼓励支持研发创新药械上市，充分激发地区发展活力，助力生物医药、化妆品产业高质量发展。

四是坚持党政同责、系统治理。坚持党的全面领导,将党建工作和业务工作一起谋划、一起部署、一起落实、一起检查。更好落实药品安全各方责任,构建政府监管、企业主责、行业自律、社会协同的共治格局。强化系统观念,深化医疗、医保、医药联动,将药品安全监管作为城市治理的重要内容,凝聚全社会齐抓共管的强大合力。

(三) 发展目标

到"十四五"期末,基本构建符合超大城市特点规律的权责清晰、运行高效、指挥有力、保障到位的药品监管体系。药品监管的科学化、法治化、现代化、国际化水平进一步提升,服务重大战略实施和产业高质量发展的作用进一步凸显,药品监管能力进一步加强,更好满足人民群众对药品安全的需求,助力培育国际消费中心城市,努力推动上海药品安全治理现代化和医药产业高质量发展走在全国前列。

药品监管体系进一步完善。形成科学、高效、权威、现代的组织体系,建立工作"一盘棋";构建分工明确、齐抓共管的责任体系,实现监管"一张网";探索长三角区域监管协同新模式,深化合作"一体化"。以不发生区域性、系统性风险为底线,确保药品安全形势持续保持总体向好。

审评审批改革取得积极成果。持续深化"放管服"改革和审评审批制度改革,以审评审批提质、增效、扩能为切入点,全面优化药械化审评机制,鼓励新技术应用和新产品研发,服务国产创新药械加速上市使用,更大程度激发产业发展动力和市场活力。

行政执法体系更加完善。建立健全与国家药品监管法律法规相配套的地方性法规、制度文件;推进技术指南、标准制度修订。坚持依法行政、从严执法、专业执法,强化技术支撑,健全行政执法程序,规范行政执法行为,加强跨部门协作力度,深化行政执法信息公开,依法严厉打击药品安全领域违法犯罪行为,着力打造法治化营商环境。

应急处置能力显著提升。建成覆盖市区两级的应急管理体系,应急审评审批、应急检验检测的技术能力储备进一步夯实;药品安全应急监测、预警、处置机制基本完善,应对重大突发公共卫生事件能力与水平进一步提高。

技术支撑能力持续增强。健全覆盖药械化全生命周期和风险管理的技术支撑体系,构建完善的审评核查机构质量管理标准和体系。推进国家药监局重点实验室建设,提升重点领域的检验检测能力。

职业化专业化队伍体系基本建立。基本建立我市职业化专业化药品检查员队伍管理制度体系,构建与生物医药产业区域发展相匹配,以专职检查员为主体、兼职检查员为补充的检查员队伍,形成协作顺畅、覆盖全面、具有上海特点的药品监督检查工作体系。

表1:"十四五"时期药品安全和高质量发展主要指标

序号	指标名称	属性	指标要求
1	进入国家创新医疗器械特别审查程序产品	预期性	50项
2	建设市级生物医药产品注册指导-服务工作站	约束性	12家
3	打造药械化数字化生产标杆企业	预期性	16家
4	培育生物医药企业或相关机构获"上海市质量金奖"	预期性	5家
5	培育国家药监局监管科学研究基地	预期性	1个
6	培育国家药监局重点实验室	预期性	3个
7	在产药品质量抽检覆盖率	约束性	100%
8	药品不良反应监测报告数	预期性	1500份/百万人
9	医疗器械注册人在国家不良事件监测信息系统注册率	预期性	100%

续表

序号	指标名称	属性	指标要求
10	市级行政审批承诺时限（不含审评时限）较法定平均时限压缩比例	预期性	50%
11	第二类医疗器械注册审评平均时限较法定时限压缩比例	预期性	50%
12	制修订医疗器械国家、行业标准	预期性	60项
13	制定《化妆品安全技术规范》、国家标准或补充检验方法等	预期性	5项
14	辖区内新增生产疫苗品种批签发授权	预期性	2个
15	市级药物警戒专职技术人员	预期性	50名

三、主要任务

（一）深化改革创新，推动高质量发展

1. 打造创新高地

围绕我市战略新兴产业布局，聚焦创新药物及高端制剂、基因与细胞技术、高端医疗器械、类脑智能、生物技术服务等重点领域，推动科研攻关转化，为构建科学高效疫情防控体系和维护人民生命健康提供更加强有力的科技支撑。助推"1＋5＋X"生物医药特色产业集聚区快速发展，协力打造开放协同的重大创新平台，为张江生物医药创新引领核心区、临港新片区精准医疗先行示范区、东方美谷生命健康融合发展区、金海岸现代制药绿色承载区、北上海生物医药高端制造集聚区和南虹桥智慧医疗创新试验区等的高质量发展赋能。支持企业联合高校、科研院所共建一批生物医药创新中心、制药研发平台等。加快国家药监局药品、医疗器械技术审评检查长三角分中心建设，支持长三角区域药品医疗器械制造业集群发展，打造生物医药产业创新平台和新增长极。

2. 促进成果转化

充分利用我市临床医学和药械研发的人才和资源优势，健全医学研究、药械研发和先进制造等创新发展产业链，推动临床医学成果转化平台建设，实施"促进研发创新及成果转化工程"，加速成果转化应用。进一步释放药品上市许可持有人、医疗器械注册人制度政策红利，推进仿制药质量和疗效一致性评价工作。"十四五"期间，培育5家生物医药企业或相关机构获"上海市质量金奖"。

专栏一　促进研发创新及成果转化工程

（一）鼓励规范开展药物医疗器械临床试验

有序推进临床试验机构备案工作，规范临床试验机构管理，促进临床试验质量提升。支持在我市开展创新药械临床试验和国际多中心临床试验。支持拓展性临床试验，推动其安全性数据用于注册申请

（二）扶持特殊人群和重大疾病领域急需产品研发

对在诊断或治疗恶性肿瘤、重大传染病、罕见病、老年和儿童疾病等方面具有明显临床优势的药械，加强对申报企业的服务和指导，通过主动对接、提前介入，促进创新型、临床急需的产品尽快上市并使用。对临床急需，且在我国尚无同类产品获批、国外已上市的恶性肿瘤、罕见病等治疗领域的药械等，争取国家授权，在上海先行定点使用

（三）建设临床医学成果转化平台

以国家药监局药品、医疗器械审评检查长三角分中心建设为契机，推进"国家放射与治疗临床医学研究中心"和"上海临床研究中心"等临床医学成果转化的合作交流平台建设。加强技术审评过程中共性疑难问题研究，及时将研究成果转化为指导审评和研发的指导原则或技术标准

3. 优化营商环境

深化"放管服"改革，以支持浦东新区高水平改革开放，打造社会主义现代化建设引领区为抓手，在浦东新区、自贸区、临港新片区等重点区域，进一步放权赋权、给予更大自主权，下放一批、取消一批许可事项，推进改革事项先行先试。

深化"证照分离"全覆盖改革试点工作，拓展告知承诺审批方式。完善审评审批机制，重点以医疗器械审评审批提质增效扩能、推进普通化妆品备案为抓手，通过承诺制、容缺办理等方式，分级分类推进"减材料""减时限"，进一步优化审评审批流程，压缩审评审批时限，切实提升企业的获得感和满意度。

持续推进"一网通办""一网统管"，进一步优化审批信息系统建设，运用人工智能技术积极探索"好办""快办"服务。通过现场核查、检验检测、风险预警等信息的双向运用和闭环管理，提升审批工作效能。

（二）聚焦重点领域，积蓄发展动能

1. 服务药品行业发展

加大对创新药、改良型新药研发支持力度；建立我市生物医药通关试点企业和物品"白名单"，进一步提升研发用物品及特殊物品通关便利化水平；试点多点委托生产，进一步释放闲置产能，推动企业做大做强。

支持中药传承和创新。结合现代科学技术和制药技术，挖掘传统经典中药方和临床经典方，鼓励源于古代经典名方的中药复方制剂、具有长期临床疗效验证的医疗机构制剂等申请上市。鼓励和支持中药生产企业开展中药配方颗粒生产和标准研究。支持推进上海中医药国际标准中心建设。

促进药品流通行业健康发展，通过引导药店科学布局、均衡配备医保药店、优化医药现代物流要求等举措，进一步优化行业发展环境；积极引导"互联网＋药品流通"规范发展，打造全国领先的医药零售终端市场和具有特色的药品零售健康服务体系。

2. 服务医疗器械行业发展

进一步强化产业部门与监管部门高效互动，围绕分子诊断试剂及配套检测设备、医学影像设备、植介入器械、高端康复辅助器具、手术治疗设备、生命支持设备及微创诊疗器械等重点领域，提升我市医疗器械审评审批效率，加大注册申报前服务指导力度，加强产业项目落地服务，不断优化产业生态，推动我市医疗器械产业高质量发展。"十四五"期间，争取我市进入国家创新医疗器械特别审查程序产品达50项。进一步实施"医疗器械审评审批提质增效扩能工程"，我市第二类医疗器械首次注册、变更注册、延续注册的技术审评平均时限比法定时限平均缩减50%。

专栏二　医疗器械审评审批提质增效扩能工程
（一）建立完善审评审批机制 建立立卷审查制度，对医疗器械产品首次注册、复杂许可事项变更等申请事项，开展受理前立卷审查和注册补正资料提交前预审查指导；建立健全分级分路分段审评机制，完善集体会商机制 **（二）拓宽优先审评审批通道** 对经产业部门推荐、药品监管部门确认的重点项目，予以优先检测、优先审评、优先体系核查、优先审批

续表

专栏二　医疗器械审评审批提质增效扩能工程
（三）优化监管政策咨询服务 建立12家生物医药产品注册指导服务工作站（点），指导组建医疗器械注册专业团队，对区内企业提供注册前期指导服务，打造服务专业、运行良好、各具特色、经验可复制推广的区域注册服务指导品牌 **（四）优化检测服务流程** 建立检测业务全流程一站式服务，实现远程沟通电子化，送检过程透明化，为企业提供便捷优质送检服务

3. 服务化妆品行业发展

推进化妆品研发和产业集聚，打造"化妆品新品首发地"。拥有3～5个走向国际的领军品牌，培育20个国内一流经典品牌，孵化一批潮流新锐品牌，上海自主品牌市场占有率逐年提升。支持化妆品新业态发展，鼓励企业探索小批量、多品种、灵活度高的柔性生产、离散制造、生产空间集约利用等新产业、新模式。发展护肤美妆个性化定制系统、成分快速匹配系统等智能化应用场景，探索化妆品生产制造、质量检验的数字技术解决方案。

依托社会组织、龙头企业，搭建产学研医平台，加快美妆前沿科技成果转化。加强对新原料、新工艺、新功效产品，以及中国特色植物资源原料的创新服务指导。加快质量标准体系建设，鼓励行业协会、龙头企业参与化妆品行业标准、团体标准、企业标准制度修订。凝聚长三角地区行业协会、化妆品骨干企业、原材料供应商、检测机构等合力，共同推进产业链一体化高质量发展。推进国家级和市级化妆品检验检测等技术服务平台建设，"十四五"期间，培育20家以上先进的研究开发、检验检测、安全评估、功效评价机构。

4. 推动产业数字化转型

加快推动药械化传统制造的数字化、智能化、绿色化转型，促进新一代信息技术与制造业深度融合，全面提升产出效率、配置效率和运行效率。激活生物医药产业创新发展与信息化技术改造活力，推进数字化创新技术改造；提升政企互动水平，帮助企业解决数字化转型升级中遇到的实际困难；畅通产业数字化转型升级的渠道，降低企业转型升级成本。"十四五"期间，打造3家药品数字化示范企业、3家医疗器械数字化示范企业、10家化妆品数字化转型示范企业和应用场景。

（三）健全监管体系，严守安全底线

1. 强化法规标准体系

结合我市生物医药产业发展和监管实际，构建促进我市生物医药产业发展的相关地方性法规规章体系。积极支持浦东新区生物医药产业立法、中国（上海）自由贸易试验区临港新片区条例制定等工作，加快推进《上海市药品管理条例》立法及化妆品地方政府规章制定。

强化药械化网络监管、追溯管理和监测评价等全生命周期制度建设。推进地方药品监管合规性审查的标准建设，建立并完善药械化全生命周期内核查、检验、监测和评估等相关规范或指南，推进嵌合抗原受体T细胞（CAR-T）类治疗药品供应链、药品生产过程数字化、数字赋能化妆品研发生产等领域团体标准建设，助力"上海标准"建设。

2. 强化专业监管体系

强化风险防控，聚焦疫苗和血液制品等高风险药品、植入性医疗器械、特殊化妆品等品种，统筹运用监督检查、质量抽检和监测评价等手段，完善风险分类监管措施，实行差别化监管。健全高风险企业预警谈话和安全风险会商机制，加强与企业的风险信息交流，指导企业采取预防与纠正措施，有效防控风险。

强化生产环节监管，严格执行药械化生产质量管理规范，实施"疫苗全链条监管工程"，对高风险生产企业全面开展系统性全覆盖检查。建立健全企业分级分类信用监管制度，优化分级分类监管评价指标，综合运用分级监管、飞行检查、第三方评价以及延伸检查等方式，强化监督检查效能。

强化经营使用环节监管，加强批发企业、零售连锁总部、药械化网络交易服务第三方平台监管，坚持问题导向，督促企业持续规范经营。支持药械流通企业供应链创新，促进药械流通企业规模化、集约化、规范化发展。针对新冠疫情等公共卫生安全问题，推进零售智能监管系统集约化升级，督促电商平台加强系统开发和数据对接，提升线上线下零售渠道疫情防控能力，切实发挥疫情防控"哨点"作用。

强化市、区、街镇三级监管协同，优化综合监管和专业监管相结合的工作机制。加强信息归集和综合研判，切实提升药品监管的针对性和靶向性。

专栏三　疫苗全链条监管工程

（一）完善疫苗监管质量管理体系

结合世界卫生组织关于疫苗国家监管体系（NRA）评估标准，药品监管、卫生健康等部门共同推进我市疫苗质量管理体系建设，不断提升疫苗监管效能

（二）加强疫苗派驻检查员队伍建设

优化疫苗生产企业派驻检查工作机制。聚焦mRNA疫苗、腺病毒载体疫苗、多联多价疫苗等前沿技术和创新疫苗领域，培养一支专业强、素质高的疫苗检查员队伍，进一步提升监管服务水平

（三）加强疫苗批签发能力建设

按国家药监局统一部署，逐步增加我市疫苗批签发品类，加快技术储备和能力提升，为疫苗产业发展提供优质技术服务

（四）加强疫苗上市后质量监管

完善疫苗全链条监管工作流程，持续开展在产疫苗企业监督检查和药品生产管理规范（GMP）符合性检查，加强疫苗检查发现问题整改督促力度。强化疫苗冷链储存、运输以及预防接种中的质量监管，保证疫苗质量安全与供应，依法严厉查处疫苗质量安全违法行为，坚守质量安全底线。组织实施疫苗安全突发事件应急演练，提升疫苗应急处置能力

（五）充分发挥我市疫苗管理协同机制作用

完善我市疫苗管理协同机制，加强相关部门沟通交流和数据共享，统筹协调我市或区域性疫苗生产流通、预防接种中的重大问题

---

3. 强化执法办案体系

落实市、区两级政府对本行政区域内药品监管工作责任，统筹行政执法资源，完善药品行政执法、技术支撑体系和能力标准化建设。实施"执法办案能力水平提升工程"，严格落实行政执法公示、执法全过程记录、重大执法决定法制审核制度。加强市、区执法联动，完善重大案件督查督办制度，建立重大案件市级统一指挥、组织协调，各区分工负责、协同查处的办案模式。落实"处罚到人"，加大违法行为的打击力度。深化行政执法和刑事司法衔接，强化信用监管，形成市场自律、政

府监管、社会监督互为支撑的协同监管格局。加强应急队伍及专家库建设，推进应急管理的信息化建设。建立应急联动和预警响应机制，完善应急预案，强化应急培训演练，健全信息报送制度，进一步规范事故调查处理工作程序，有效提高应急指挥决策水平。

专栏四　执法办案能力水平提升工程

（一）完善行政执法机制

加强市、区、街镇药品执法机构建设，强化市级执法队伍飞行检查、大案查办、指导督查等职能；加强区级执法队伍区域管理、隐患排查、案件查办等能力建设

（二）规范稽查执法行为

综合运用行政强制、行政处罚、联合惩戒、移送司法机关等手段，依法惩处违法违规问题。对严重违法企业和相关责任人员依法实施财产罚和资格罚，落实行业禁入机制。规范行政执法程序和执法文书，合理行使行政裁量权，完善行政处罚裁量基准制度。通过文字、音像等记录形式，对行政执法的启动、调查取证、审核、决定、送达、执行等全部过程进行记录，并全面系统归档保存，做到执法全过程留痕和可回溯管理。进一步完善重大执法决定法制审核制度，探索建立健全药品监管系统内公职律师统筹调用机制

（三）深化行刑衔接机制

加强与司法机关的协作配合，完善药品涉嫌犯罪案件移送、线索通报、检验与认定、涉案物品处置、协作配合、信息共享、信息发布和联合督办考评等工作机制，建立药品违法案件中涉及行政拘留的衔接机制，完善药品违法犯罪案件检验认定工作制度，规范涉案物品抽样、委托检验、鉴定评估等工作程序

（四）推进监管执法公开

在行政许可、行政检查、行政强制等行政执法的事前、事中、事后，坚持"谁执法，谁公示，谁负责"的原则，按要求统一在相关门户网站或政务新媒体，依法及时、准确公开行政执法基本信息、结果信息。行政执法公示与"一网通办"、"行政许可和行政处罚信息公示"、权责清单公示等工作实现信息共享

（五）提升信用监管效能

依法建立权威统一、可查询的药品生产经营者信用记录。实施药械化生产企业质量信用分级分类监管，推进化妆品注册人备案人分类分级管理。落实长三角区域药品领域信用联动奖惩合作备忘录、"严重失信者名单"互认合作协议，实施严重违法失信者重点监管制度，强化跨行业、跨领域、跨部门失信联合惩戒，建立健全信用修复、异议申诉等机制

（六）提升执法装备能力

各级市场监管部门要根据药品监管工作需要，加强药品监管执法力量配备，保障必要的监管人员、经费和设备等条件。鼓励信息化技术手段应用，提升数字监管装备在执法办案中的应用

---

4. 强化数字监管体系

实施"药品数字监管工程"，建设药品和医疗器械数字监管平台。推进药品生产经营过程"在线"监管，鼓励具备条件的药品生产经营企业建设数字化质量管理体系，保存生产经营关键环节的动态数据，加强与药品监管部门的数据对接。加强产品追溯管理，"十四五"期末，沪产已上市产品和我市进口药品持有人境内代理的进口药品纳入"药品追溯监管系统"。

专栏五　药品数字监管工程
（一）建设药品追溯监管系统 发挥追溯信息在日常监管、风险防控、产品召回、应急处置等监管工作中的作用，推动疫苗药品追溯信息与市预防接种信息系统、国家疫苗追溯协同服务平台数据共享，全面实现我市药品全过程可追溯，做到来源可查、去向可追、责任可究 **（二）建设医疗器械技术审评系统** 以医疗器械技术审评全网通办为目标，建设基于审评理念的医疗器械注册模块化审评系统，实现专家咨询管理、检查员随机选调及医疗器械智能咨询答疑功能，加强人机交互，有效满足企业需求 **（三）建设上海药品监管云** 依托我市电子政务云建设，实现药品监管工作云端办理、云端储存，加强系统互联互通，加大风险信号数据挖掘能力。进一步整合监督检查、样品抽检、案件稽查、举报投诉、舆情监测、药物警戒等各类信息，形成风险预警平台 **（四）建立化妆品安全风险快速预警机制** 整合化妆品行政检查、监督执法、检验检测、不良反应等风险信息，建立与哨点医院、不良反应评价基地、各区市场监管局以及海关等相关部门的化妆品风险信息交换机制，全面实现化妆品风险信息的快速预警、快速交互、即时应对

（四）强化能力建设，提高监管效能

1. 提升审评核查能力

加强与国家药监局药品、医疗器械审评检查长三角分中心共建，不断提升我市药品审评核查能力水平，增强技术储备和技术支撑，打造与国际接轨的药品技术审评机构。参照国际通用规则，探索以品种为主线的风险管理模式，细化完善审评核查标准与指南，为实施差异化监管提供有力支撑。建立医疗器械审评补正资料沟通机制，健全现场审评机制，优化现场核查减免或合并机制。

2. 提升检验检测能力

实施"检验检测能力建设工程"，加强重点实验室建设，"十四五"期间培育至少3个国家药监局重点实验室。对标国际先进水平，率先制定与国际接轨的安全项目检测方法，加强生物制品检验检测技术研究。发挥医用电器、有源植入器械、呼吸麻醉设备等7个标准化技术委员会在归口领域的标准引领作用，"十四五"期间，制修订医疗器械国家、行业标准不少于60项，稳步提升医疗器械国际标准转化力度。推进国家级和市级化妆品检验检测等技术服务平台建设，推动化妆品新原料及功效检测方法、检测技术突破发展。

专栏六　检验检测能力建设工程
（一）上海市医疗器械检验研究院整体迁建工程 建设"两大研究中心"，即植入性医疗器械检测技术研究中心和大型医疗设备评价和研究中心。重点加强"四大产品领域"检验检测和风险评估能力，即植入性医疗器械、大型高端医疗设备、体外诊断设备（试剂）、新型医疗器械等领域。重点建设23个检验检测实验室（8个基础实验室、9个专业实验室以及6个特殊实验室），建立和完善"四个公共测试平台"，即医用电气设备安全性、电磁兼容安全性、生物材料安全性及理化安全性等公共测试平台。全方位拓展检验检测、风险评估、科学研究和产业服务"四大功能"

续表

专栏六　检验检测能力建设工程
（二）国家药监局重点实验室建设项目 　　培育药物安全评价实验室、药品包装材料质量标准研究、有源植入器械等实验室升级为国家药监局重点实验室。按照《国家药监局重点实验室管理办法》，加强化学药品制剂质量分析、中药质量控制、治疗类单抗质量控制、药品微生物检测技术、化妆品监测评价、呼吸麻醉设备、医用电气安全设备等国家药监局重点实验室建设。通过搭建人因工程检验检测技术平台、可靠性检验检测技术平台、医用机器人检验检测技术平台、呼吸麻醉创新技术／产品检验研究平台，打造具有国际水平的检测评价研究机构 **（三）药品质量控制与新技术应用** 　　发布2-3个上市后药品安全性和质量控制评价标准，具备10种以上单抗新药品种检测能力，建立5种以上新技术新方法用于单抗质量控制，打造"快、准、全"的单抗质量控制技术平台；嵌合抗原受体T细胞（CAR-T）类制品质量控制技术能力，建立数据可追溯实验室，加强单抗药物和疫苗等生物制品检验检测技术和科学研究水平 **（四）化妆品标准与方法研究** 　　开展化妆品原料基础数据、动物替代试验、安全风险物质、禁限用物质、功效成分等的检测技术研究，拓展《化妆品安全技术规范》、国家标准、补充检验方法等各类标准的制修订能力，完成不少于5项标准制修订工作 **（五）包装材料质量控制与新技术研究** 　　开展包装材料新技术和包装系统相容性研究，包括药品生产组件系统质量评价、包装系统完整性评价等。不断提高药品包装中亚硝胺和亚硝胺可生成物、包装材料变更及新型包装材料安全性等方面的检测能力。增强对包装材料中未知物的筛查能力，及时跟进国际人用药品注册技术协调会的元素杂质指南要求，建立包括有害元素砷、铅、汞，稀有元素钌、金、银等全列表元素筛查方法。创建多种抗氧剂降解产物、酚醛树脂混合物中特征单体、环境污染物多环芳烃等的检测方法，建立技术数据库，解决关键性、战略性的技术问题

3. 提升监测评价能力

实施"药物警戒与安全研究中心建设工程"，建立健全药物警戒制度、医疗器械和化妆品不良反应监测评价制度。加强医学、药学、流行病与卫生统计学等专业技术人才配备，实现从不良反应监测到药物警戒的转型，构建以主动监测、风险预警、技术评价、应急处置为主的药物警戒体系。完善市、区两级监测机构，建立覆盖全市、涵盖药械化的监测质量管理网络。加强药物警戒数据管理、大数据决策分析和政策研究能力，为实现我市药物警戒全生命周期管理提供有力支撑。

专栏七　药物警戒与安全研究中心建设工程
（一）提升药物警戒与安全研究能力 　　开展药物警戒理论与方法学研究，重点研究药品安全性监测和药物警戒数据应用，推动建立长三角区域药品安全及疫苗安全性的药物警戒协同平台。开展药品安全风险预警大数据决策体系研究，依托高校、医联体、区域医疗中心等，建设基于医疗健康大数据的主动监测与评价系统，推动药品监管学科建设研究

续表

专栏七　药物警戒与安全研究中心建设工程
（二）提升药物安全监测评估能力 　　优化药械化专业评价平台建设，完善安全评估专家库，协同上市许可持有人（注册人）、医疗机构及消费群体，强化全生命周期风险防控，完善药械化安全合理使用和药物滥用监测机制。加强政策研究和上市后药械化产品安全性评估，为行政审批和稽查执法等提供技术支撑 **（三）提升药物警戒体系检查能力** 　　打造一支药物警戒质量体系检查员队伍，定期开展药物警戒质量管理规范（GVP）检查，检查覆盖率达到100%。市级药物警戒专职技术人员原则上不少于50名，各区级药物警戒技术人员原则上不少于8名

4. 提升监管队伍素质

强化专业监管要求，严把监管队伍入口关，优化监管队伍专业、年龄结构。实施监管队伍"双提升"工程，提升教育培训针对性和覆盖面，重点培养高层次、国际化的审评员和检查员，实现核心监管人才数量、质量"双提升"。深化与有关高等院校、科研机构合作，建立联合培养机制，开发药品监管培训与交流项目，扩大博士后研究人员的招录和培养。积极支持和推荐青年技术骨干参加领军人才、扬帆计划、青年英才计划、青年拔尖人才和科技创新奖申报，培养一批在全国药品监管领域具有影响力的核心人才、领军人物。

专栏八　监管队伍"双提升"工程
（一）实施专业人才"蓄水池"工程 　　建立"千人专家库"，通过双向挂职、短期聘用、项目合作、技术咨询等柔性人才政策，探索不同体制中的专业技术人才共享机制，吸引具有创新、创造、创业实践经验的优秀专业人才从科研院所、高等院校和企业向药品监管系统有序流动，进一步优化药品监管队伍的专业、年龄结构。同时，发挥社会专业人才资源优势，通过政府购买服务方式聘用兼职检查员，作为检查力量的有益补充 **（二）实施高端人才"标杆"工程** 　　根据我市生物医药产业高质量发展需求，引进、培养20～30名在疫苗、血液制品等高风险领域和医学影像、材料学、独立软件、增材制造等专业领域，具有专业技能和实践经验的专家级检查员。依托我市药品监管系统"蓝鸟"出国（境）人才培养计划，开展中长期境外专业培训、学历教育、学术交流、项目合作等，同时积极争取和拓展渠道，通过到相关国际行业组织工作、参加境外研发生产企业现场检查、参与国际和地区性行业标准制定等多种形式，培养20～30名具有国际视野和国际监管事务经验的国际检查员。探索设立药品监管科学首席专家岗位，面向全球招募引进1～2名具有国际药品监管机构从业实践经验的高级监管人才，进一步提升国际化水平 **（三）实施稀缺人才"定向培育"工程** 　　借鉴国际药品监管机构培训模式，对标国际药品新兴前沿研发领域，根据本市生物医药产业特点和优势，结合国家药品监管科学研究重点项目目录，针对基因治疗、细胞治疗、大分子药物、纳米制剂、新材料、心血管植入介入器械、增材制造定制式医疗器械、高端医学影像、体外诊断检测系统等细分品类领域，以提升实际监管技能为重点开展特色小班化专题培训，定向培育40-50名能够满足新兴前沿领域产业发展亟需的监管人才，率先建立5-8项产品监管指南和指导手册，主动占据药品新兴前沿领域监管规则制定话语权。

（五）加强协同共治，凝聚监管合力

1. 健全药品安全责任体系

认真履行药品安全尤其是疫苗安全的政治责任，坚持党政同责，做到守土有责、守土尽责。建立健全市区两级药品安全工作协调机制，加强市级药品监管部门对区级市场监管部门的监督指导，发挥大市场监管优势，强化市区协同联动，健全信息通报、风险会商、联合办案、考核评议等工作机制，形成药品监管工作全市一盘棋格局。强化药品监管、卫生健康、医疗保障、科技、公安、经信、发改、商务等政府部门间的沟通协作机制，持续推进医疗、医保、医药"三医联动"，统筹好药品安全监管与产业高质量发展。

2. 完善长三角区域合作机制

贯彻落实《长江三角洲区域一体化发展规划纲要》和《长三角生态绿色一体化发展示范区总体方案》，发挥国家药监局药品、医疗器械审评检查长三角分中心溢出效应，探索建立区域药品监管领域"互认互信、联查联审、共建共享"长效合作机制。逐步实现长三角区域内注册备案审评要求统一，检查标准尺度统一，稽查执法协作联动，重大事件处置联动，安全风险联控，检验检测平台联建，科研攻关联合，促进长三角生物医药产业一体化高质量发展。

3. 推动全社会各主体广泛参与

加强多方协同共治，落实企业药品质量安全主体责任，健全药品安全责任人约谈制度，发挥行业组织作用，推动行业诚信建设。积极引入保险、认证、审计、咨询等第三方机构和专家参与监管。进一步完善举报奖励和举报人保护制度。实施"药品科普宣传重点工程"，加强科普宣传，强化面向企业的法律法规知识培训和案例警示教育，持续推进药品安全知识进社区、进乡村、进机关、进学校、进企业、进家庭"六进"活动，不断提升公众药品安全意识和知识素养。

专栏九 药品科普宣传重点工程

（一）全面改造建设中药标本馆

扩大中药标本馆规模，提升软硬件水平，建设品种覆盖范围广、具有数字化展示功能的标本展览馆和中医药科普基地，为打造国内领先的药材鉴定研究中心奠定必要基础，为弘扬中医药文化发挥积极作用

（二）科普宣传共建共享网络

依托各类平台载体，不断拓宽科普宣传形式和渠道，进一步发挥各区、街镇药品科普基地和企业作用，构建立体化的科普宣传网络

（三）科普宣传人才队伍建设

加强科普专家队伍建设，依托相关行业协会和专业机构，引导社会组织、基层群众性组织等第三方机构开展专题科普宣传、风险交流和评估

---

4. 推进监管科学研究应用

跟踪生物医药产业和科技发展前沿动态，依托我市高校及科研院所等优质科研资源，支持推动在沪建立国家药品监管科学研究基地。以《中国新药与临床杂志》《中国医疗器械杂志》期刊品牌为依托，搭建药品与医疗器械科学监管与技术创新的高质量学术交流平台。实施"监管科学研究基地建设工程"，重点开展药品监管体制机制研究、药品监管法规标准体系研究、生物医药行业发展研究等，推动一批监管科学研究成果转化应用。

专栏十　监管科学研究基地建设工程
（一）培育国家药监局监管科学研究基地 开展药品监管科学理论和方法研究，结合我市实际，比较分析国内外药品监管科学理论和实践经验，构建与上海具有国际影响力创新高地目标相匹配的监管科学研究基地 **（二）建设药品监管科学研究基地** 与复旦大学等高等院校探索共建药品监管科学研究基地，开展数字监管研究和科学监管技术规范研究。对我市具有优势和特点的生物医药产业领域，如单抗产品、细胞治疗、吸入制剂、纳米制剂等产品领域，建立地方性监督检查工作指南、检验检测标准、规范操作工作程序等 **（三）建设医疗器械监管科学研究基地** 与上海交通大学等高等院校共建医疗器械监管科学研究基地，开展药械组合产品技术评价研究与医疗器械全生命周期质量评价技术研究。建立系统化、规模化、集成化的转化医学技术体系，开展从临床实践到基础研究、药械产品和技术开发，再回到临床应用的转化医学研究 **（四）建设化妆品监管科学研究基地** 与上海应用技术大学等高等院校共建化妆品监管科学研究基地。开展化妆品安全与功效检测与评价研究，强化化妆品基础科学研究

四、保障措施

（一）加强统筹协调

统筹协调各级各部门药品安全工作，加强与国家药品安全、我市相关发展规划的资源配置、技术支撑、信息数据等有效衔接。围绕本规划提出的目标任务，各相关部门制定相应配套政策措施、工作方案和专项计划，认真组织实施。各区政府应当将药品安全工作纳入重要议事日程和本地区国民经济和社会发展规划。

（二）强化资源保障

建立与我市社会经济发展和生物医药产业发展相适应的经费保障机制，保障规划提出重大改革、重大政策、重大平台、重大项目的资金投入。注重政策引导，优化资源配置，鼓励更多社会力量参与药品安全工作，不断完善政府重点支持、社会积极参与的多元投入格局。对纳入政府购买服务指导性目录的服务事项，按照现行的管理要求规范开展政府购买服务工作。

（三）完善沟通机制

建立健全部门间、省市间和区域间沟通交流机制，加强信息共享，定期进行会商，凝聚协同监管合力，提高规划目标和重大项目的完成效率。加强发展规划主要任务、重大项目解读，及时解答社会各界关注的热点问题，主动回应社会关切，合理引导各方预期，营造良好的规划落实舆论氛围。

（四）实施效果考评

将药品安全工作纳入地方党政同责的考核体系，对规划执行情况进行监督检查，督促属地政府重视药品安全工作。建立重点任务落实机制，健全评价体系，加强对本规划实施情况的跟踪分析，建立主要目标任务反馈机制，组织开展2～3次规划评估，有关情况向上级部门报告。

来源：上海市药品监督管理局网站

（五）上海市药品监督管理局关于印发《上海市药品现代物流指导意见（试行）》的通知

发布时间：2021年4月6日

沪药监规〔2021〕1号

各区市场监督管理局、临港新片区市场监督管理局，市药品监督管理局机关各处、稽查局、药品审评核查中心：

《上海市药品现代物流指导意见（试行）》已经市药品监督管理局2021年3月17日第4次局长办公会审议通过，现印发给你们，请遵照执行。

特此通知。

上海市药品监督管理局
2021年4月6日

上海市药品现代物流指导意见（试行）

第一章 总则

第一条【目的和依据】 为加快上海市药品现代物流发展，优化资源配置，促进药品经营企业规模化、规范化发展，形成高效专业的药品现代物流体系，确保药品供应保障和流通环节药品质量，根据《中华人民共和国药品管理法》《中华人民共和国疫苗管理法》和《药品经营质量管理规范》等法律法规规章，结合本市实际，制定本意见。

第二条【适用范围】 本市新开办的药品批发企业和开展受托储存、运输药品业务的药品批发企业，应当符合本意见要求。

境外药品上市许可持有人的境内授权代理人委托储存、运输的，受托的药品经营企业应当符合本意见关于受托储存、运输药品的要求。

鼓励本市已开办的药品批发企业逐步实现本意见规定的药品现代物流要求。

第三条【鼓励发展药品现代物流】 鼓励药品批发企业配备适合药品储存和实现药品入库验收、传送（分拣）、上架、出库装置等设施设备和独立的计算机信息化管理的物流系统，覆盖企业药品的购进、储存运输、销售各环节经营管理全过程的质量控制和信息追溯，通过降低药品物流运营成本，提高服务能力和水平，实现药品物流管理和作业的规模化、集约化、规范化、信息化、智能化。

第四条【药品追溯责任】 新开办的药品批发企业和开展受托储存、运输药品业务的药品批发企业应当按照国家药品监督管理局制定的统一药品追溯标准和规范，建立并实施药品追溯制度，配合上市许可持有人落实药品追溯主体责任。确保经营的药品来源可查，去向可追，责任可究。

第二章 机构与人员

第五条【机构人员总体要求】 新开办的药品批发企业（以下简称企业）应当设置与其业务相适应

的质量管理、验收养护、物流管理、信息管理等机构或人员，建立完整的符合《药品经营质量管理规范》的管理体系，质量负责人应当充分行使质量管理职能，在企业内部对药品质量具有裁决权，保证药品经营全过程持续符合法定要求。

第六条【主要管理人员从业规定】企业的法定代表人、主要负责人对本企业的药品经营活动全面负责。企业法定代表人、主要负责人和从事药品经营和质量管理工作的人员应当符合《药品经营质量管理规范》规定的资格要求，不得有《中华人民共和国药品管理法》《中华人民共和国疫苗管理法》规定的禁止从事药品生产经营活动的情形。

第七条【质量管理人员要求】企业法定代表人、企业负责人、药品质量负责人、质量部门负责人及其他从事药品经营管理的工作人员应当符合《药品经营质量管理规范》，以及下列要求：

（一）企业负责人应当具有大学专科以上学历或者中级以上专业技术职称，经过基本的药学专业知识培训，熟悉有关药品管理的法律法规及本意见；

（二）药品质量负责人应当具有大学本科以上学历、执业药师资格和3年以上药品经营质量管理工作经历，在质量管理工作中具备正确判断和保障实施的能力；

（三）质量部门负责人应当具有执业药师资格和3年以上药品经营质量管理工作经历，能独立解决经营过程中的质量问题；

（四）企业应当对各岗位人员进行与其职责和工作内容相关的岗前培训和继续培训，熟悉《药品管理法》《药品管理法实施条例》等法律法规规章的要求，熟悉药品知识，掌握相应专业技术，符合岗位技能要求。

（五）企业应组织质量管理、验收、养护、储存等直接接触药品岗位的人员进行岗前及年度健康检查，并建立健康档案。

第三章　设施与设备

第八条【设施设备总体要求】企业应当具有符合《药品经营质量管理规范》要求，且与经营范围和药品物流规模相适应的仓储库房、设备及运输车辆，并按要求开展验证和校准，具备承接药品现代物流业务的储存、配送能力。

第九条【仓储设施】企业仓储应当能满足物流规模和作业流程的需要，按照需要设置符合药品质量管理和物流操作的功能区域，具体要求如下：

（一）企业有与药品物流规模相适应的储存条件，仓库储存区整体建筑面积不少于1万平方米或容积不少于5万立方米。其中整件储存区应当设有自动化仓库，容积不得少于2.5万立方米。专营生物制品的，其仓库整体建筑面积不少于3000平方米或容积不少于1万立方米。

（二）仓库按药品储存要求，可分为常温库、阴凉库和冷库等库区。其中常温库以外的温控库面积应当达到50%以上。开展冷链药品物流业务的，应当配备2个（含2个）以上独立冷库（柜），总容积不少于1000立方米。如果经营特殊储存温度要求的药品，还需配备与经营品种和规模相适应的仓库和设施。具有疫苗配送业务的企业应当符合《疫苗管理法》的相关要求。

（三）企业应当配备与物流规模相适应的托盘货位。

（四）具有能覆盖储存、拣选、集货配送、作业控制等功能区域，与分拣量相匹配的药品自动输送设备，配备与业务模式和业务规模相适应的零货及整箱拣选、自动输送、在线扫描复核、自动分拣等设施设备，出库零拣复核滑道、出库分拣机滑道，实现作业自动化。

（五）拣选作业区内开展拆零拣选作业的，应当选用识别管理设备实现药品入库验收、上架、分拣、养护、出库复核、药品运输、配送等作业管理。配备与物流规模相适应的条型码编制、打印扫描设备、无线射频终端、"可识别"标签辅助拣货系统等设备。设置零货储存区的，应当配置与物流规模相适应的货架、货位，货位间必须有效隔离。

第十条【运输车辆】企业应当配备与药品配送规模相适应的密闭式自有运输车辆不少于5辆，开展冷链药品物流业务的，还应当配备可自动监测、显示、记录温度的冷藏车不少于2辆。专营生物制品的，应当按开展冷链药品物流业务要求配备冷藏车。

企业运输车辆、冷藏箱（保温箱）应当编号管理，并统一标识。冷藏车和运输麻醉药品、精神药品、医疗用毒性药品等特殊管理药品的车辆应当配备定位追踪系统。

第十一条【设备监控和控制】企业应当建立具备仓库温湿度监控、冷藏车温度监控以及异常状况报警等功能的控制室（区），并能实现远程监控。冷库、冷藏车应当能自动监测、显示、记录温度状况，温度出现异常情况能自动报警。

第十二条【供电保障】冷库供电应当采用双回路或配备相匹配的备用发电机组。备用发电机组功率应当至少能保障冷库设备、温湿度监控设备、计算机服务器数据中心及控制室（区）正常运行。

第十三条【特殊药品储运】麻醉药品、精神药品、医疗用毒性药品等特殊管理药品存放保存应当按国家相关规定执行。

第十四条【疫苗配送】企业从事疫苗配送的，还应当符合国家疫苗配送的有关要求。

第四章 信息管理系统

第十五条【信息管理总体要求】企业应当具有独立的信息管理系统。系统的数据库软件、网络安全与应用安全管理软件、操作系统软件等应当与药品物流规模相适应，符合《药品经营质量管理规范》相关要求，满足药品现代物流运营、药品质量管理和信息安全的需要。

第十六条【信息管理具体要求】企业的信息管理系统应当具备仓储管理、运输管理、温湿度监测等功能。具体要求如下：

（一）仓储管理系统应当与业务管理信息系统的数据进行实时对接，实现药品入库、出库、储存、退回等仓储全过程质量管理和控制，并具备全程货物查询、追溯功能。

（二）运输管理系统应当具备对运输药品的品种、数量、批号、工具、人员、发货时间、到货时间、签收，以及冷链药品温度等进行全程跟踪、记录、调度的功能。

（三）温湿度监测系统应当对药品所有仓库温度、湿度，以及冷藏车温度实时监测及记录。

第十七条【信息追溯系统】企业应当配置信息追溯系统，保证经营过程中数据的真实、准确、完整、可追溯，企业应当采用信息化手段实现数据共享、信息互通，按要求实现对药品最小包装单位可追溯、可核查。

第十八条【计算机硬件和网络条件】企业应当配置与药品物流规模相适应的计算机硬件系统和网络环境，并符合以下要求：

（一）企业计算机信息系统应具备系统持续性运行能力和数据完整性能力，可以有效规避因单一服务器系统异常导致的服务中止和数据不完整性，实现持续提供服务。

（二）计算机管理系统应当有固定接入互联网的方式和可靠的信息安全平台；企业网络出口带宽应当与业务规模相适应。

（三）数据按日备份，采用安全、可靠的方式（异地服务器或云储存等）存储和追溯管理。数据记录应当至少保存5年。

第五章 制度与管理

第十九条【管理制度】企业应当制定符合业务管理要求，能够保证药品质量的管理体系文件，应当包括《药品经营质量管理规范》规定的制度，以及下列管理制度：

（一）物流、信息部门或人员的药品质量岗位职责；

（二）药品物流配送管理制度；

（三）设施设备的标准操作规程和维护保养管理制度。

第二十条【质量管理记录】企业应当按要求建立药品质量管理记录。包括：药品收货和验收、药品退回、仓库温湿度、药品养护检查、药品出库复核、药品送货、销售退回药品验收、不合格药品控制和销毁、存在质量安全隐患药品的处理等记录。质量管理记录保存不少于5年。

第二十一条【药品销毁】销毁药品应根据法律法规的要求，由企业自行监督销毁或由监管部门监督销毁，销毁方式应采取符合环保要求的无害化处理方式，并对销毁的过程和环节进行记录。

第六章 受托储存、运输药品的要求

第二十二条【受托储存、运输药品总体要求】开展受托储存、运输药品业务的药品批发企业，应当按照《药品经营质量管理规范》的要求开展储存、运输活动，配合委托方开展质量评估，按照委托协议履行义务，并且承担相应的法律责任和合同责任。药品批发企业开展受托储存、运输药品业务在符合本意见以上条款之外，还应当符合本意见第六章的要求。

第二十三条【仓储设施】开展受托储存、运输药品业务的药品批发企业，仓储面积不少于1.5万平方米或容积不少于7.5万立方米。

第二十四条【运输车辆】开展受托储存、运输药品业务的药品批发企业，应当配备与药品配送规模相适应的密闭式自有运输车辆不少于8辆，开展冷链药品物流业务的，还应当配备自动调控和显示温度状况的冷藏车不少于3辆。

第二十五条【委托储运信息交换】开展受托储存、运输药品业务的药品批发企业，应当配置电子数据交换平台，支持物流作业数据与委托储存配送的进行信息交换，具备对委托方药品收货、验收、入库、储存、养护、出库、运输、退回等指令的处理功能，实现药品委托储存全过程质量管理和控制，并具备全程货物查询、追溯功能，确保实现药品信息的有效追溯。

第二十六条【质量管理制度和记录】开展受托储存、运输药品业务的药品批发企业，应当制定药品委托储存配送的管理制度，与委托方进行指令和信息交换以及对委托方审核的管理制度。建立的质量管理记录应当包括委托方的收货指令、委托方的发货指令记录等。

第二十七条【委托协议】开展受托储存、运输药品业务的药品批发企业，应当与委托方签订包括委托业务范围、记录和数据管理、票据管理、质量责任和违约责任、重大问题报告、评估要求等内容在内的委托协议。

第七章 附则

第二十八条【名词解释】自动化仓库是指借助于机械设施（如高层货架、巷道堆垛机、自动分拣系统、出入库自动输送系统、以及周边设施设备等）计算机管理控制系统实现存入和取出物料的系统。

第二十九条【实施期限】本规定自2021年4月6日起施行，有效期2年。

来源：上海市药品监督管理局网站

（六）《上海市药品现代物流指导意见（试行）》政策解读

发布时间：2021年4月7日

一、《意见》的制定的目的和意义是什么？

近年来随着医改深入推进、"两票制"政策的落地，药品流通行业进入新一轮的外延并购周期，药品批发行业集中度逐年提高，产业兼并重组进程加速。一方面，国家推进药品现代物流政策导向明确，多个外省市药监部门制定了省级药品现代物流指导文件，规范药品批发企业准入、推进辖区内企业转型升级；另一方面，生物医药是上海市三大战略性新兴产业之一，药品供应链发展又是生物医药全产业链整体布局的重要组成部分，需要有明确的要求引导、推动和规范药品批发企业的高质量发展。在参考外省标准，充分考虑本市行业实际和发展需要的基础上，经过通盘考虑、整体设计，制定《上海市药品现代物流指导意见（试行）》（以下简称《意见（试行）》）

二、《意见（试行）》的制定依据是什么？

《中华人民共和国药品管理法》（中华人民共和国主席令第31号）《中华人民共和国疫苗管理法》（中华人民共和国主席令第30号）《国务院办公厅关于进一步改革完善药品生产流通使用政策的若干意见》（国办发〔2017〕13号）《药品经营质量管理规范》（总局令第28号）、《关于修订印发〈药品经营质量管理规范现场检查指导原则〉有关事宜的通知》（食药监药化监〔2016〕160号）。

三、哪些企业需要符合《意见（试行）》的要求？

本市新开办的药品批发企业和开展受托储存、运输药品业务的药品批发企业，应当符合本意见要求。

其中新开办的药品批发企业应当符合第一章至第五章的要求；开展受托储存、运输药品业务的药品批发企业还应当符合第六章的要求，即符合更高的要求，具体表现在要求其具有更多的仓储面积或容积以及运输车辆，增加电子数据交换平台配置，相关质量管理制度和记录的建立以及委托协议的要求，确保发挥企业物流专业的优势的同时，保障药品储存、运输、配送过程中的质量安全。

境外药品上市许可持有人境内代理人通过委托储存、运输销售所代理的药品时，应待委托符合本意见的开展受托储存、运输药品业务的药品经营企业。

对于本市已开办的药品批发企业，鼓励和引导其按照《意见（试行）》逐步改造提高，最终实现整体提升本市医药物流水平的目的。

四、药品仓储建筑是否必须是自有房产？

药品仓储建筑可以为自有或租赁。企业应当评估所使用的建筑是否可满足配备《意见（试行）》所要求设施设备的要求。

五、新开办药品批发企业、开展受托储存、运输药品业务的药品批发企业、专营生物制品的药品经营批发仓储面积或容积以及运输车辆的要求分别是什么？

新开办药品批发企业，其仓库储存区整体建筑面积不少于1万平方米或容积不少于5万立方米。开展冷链药品物流业务的，应当配备2个（含2个）以上独立冷库（柜），总容积不少于1000立方米。应当配备与药品配送规模相适应的密闭式自有运输车辆不少于5辆，开展冷链药品物流业务的，还应当配备可自动监测、显示、记录温度的冷藏车不少于2辆。

开展受托储存、运输药品业务的药品批发企业，其仓库储存区整体建筑面积不少于1.5万平方米或容积不少于7.5万立方米。开展冷链药品物流业务的，应当配备2个（含2个）以上独立冷库（柜），总容积不少于1000立方米。应当配备与药品配送规模相适应的密闭式自有运输车辆不少于8辆，开展冷链药品物流业务的，还应当配备可自动监测、显示、记录温度的冷藏车不少于3辆。

专营生物制品的药品批发企业，其仓库整体建筑面积不少于 3000 平方米或容积不少于 1 万立方米。应当配备 2 个（含 2 个）以上独立冷库（柜），总容积不少于 1000 立方米。如果经营特殊储存温度要求的药品，还需配备与经营品种和规模相适应的仓库和设施。还应当配备可自动监测、显示、记录温度的冷藏车不少于 2 辆。

六、企业应当配备哪些输送和识别管理设施设备？

企业应根据其业务模式和规模，选择相适应的输送和识别管理设施设备，实现作业自动化。包括零货及整箱拣选、自动输送、在线扫描复核、自动分拣等自动输送设施设备，条型码编制、打印扫描设备、无线射频终端、"可识别"标签辅助拣货系统等识别管理设备。

七、企业的信息管理系统应当有哪些功能？

企业的信息管理系统应当具备仓储管理、运输管理、温湿度监测等功能。此外，企业还应当配置信息追溯系统，保证经营过程中数据的真实、准确、完整、可追溯，按要求实现对药品最小包装单位可追溯、可核查。

八、开展受托储存、运输药品业务的药品批发企业在信息系统数据对接方面的要求是什么？

开展受托储存、运输药品业务的药品批发企业，应当配置电子数据交换平台，支持物流作业数据与委托储存配送的进行信息交换，具备对委托方药品收货、验收、入库、储存、养护、出库、运输、退回等指令的处理功能，实现药品委托储存全过程质量管理和控制，并具备全程货物查询、追溯功能，确保实现药品信息的有效追溯。

九、开展委托储存、运输药品对双方的协议有什么基本要求？

委托和受托双方应当签订包括委托业务范围、记录和数据管理、票据管理、质量责任和违约责任、重大问题报告、评估要求等内容在内的委托协议。

十、《意见（试行）》的实施期限是如何规定的？

鉴于《意见（试行）》是药品批发企业许可的审批依据，与疫情防控重要物资供应，与保障国家安全、经济安全、社会稳定和其他重大公共利益相关，根据有关规定，本《意见（试行）》自印发之日起实施，有效期 2 年。

来源：上海市药品监督管理局

（七）透视上海医药商业版图：从分销、零售到创新业务

发布时间：2021 年 2 月 20 日

谈及上海医药，医药圈的人往往将其业务一分为二，一是医药工业；二是医药商业，其中在医药商业领域，上海医药常年保持第一梯队的龙头地位。根据 2019 年财报，上海医药商业板块实现营业收入 1630.76 亿元，占总营收的比例超过 87%。

这一业务领域与每个人的健康息息相关。如果去医院尤其是上海的医院看病，常常能看到带有"上海医药"标识的物流车辆。一盒药，从生产车间到医院药房，再到用药患者的手中，作为全球第七、中国第二大医药流通企业，上海医药就是站在医疗机构背后的那个企业。

但倘若因此将医药商业归于"医药物流"这样的搬货郎，则未免太过于小觑这家世界 500 强企业的雄心壮志。作为《财富》杂志 2020 年世界 500 强排行榜中新进名单里唯一的一家中国医药企业，

上海医药很早就开始思考在医药物流的基础上,将医药商业板块做大做强,推动企业实现创新转型。

1. 医药商业不是搬货郎

医药商业是现代流通体系的重要组成部分,现代医药物流是实现医药商业的重要基础,这个基础有多重要,2020年新冠疫情给了最好的例证。

1月20日,官方确定新冠病毒存在"人传人",上海医药当即决定400名物流人员留沪应急,通知所有上海公立医院热线电话,24小时保障供应。

2. 上海医药物流运输车

这种危难时的担当并不盲目,上海医药执行董事、副总裁李永忠告诉澎湃新闻(www.thepaper,cn),当时上海有关部门曾有想法把整个上海的所有物资保障都放在上药控股,也就是说,一是要向1000多个公立医疗机构保障供应;二是要向5000多家涉及民用物资的企业进行采购和配送;三是要对更多的社会捐赠物资统筹调度。

"我们客观评估后发现,如果混在一起,就超出了我们的能力负荷。"李永忠介绍,当时,上海医药实事求是向市政府建议,把医疗物资保障按三大类分开:第一类是专门针对医院、针对前线医疗队的医用防护物资;第二类是民用防护物资;第三类是社会捐赠物资,最终上海的医疗物资由上药控股负责采购、配送和分销;民用物资由百联负责,社会捐赠物资由绿地集团来协调。

医药物流承担举足轻重的作用,但并非上海医药商业板块的全部之义。正如上海医药董事长周军在采访中所言:"我们的分销业务和一般卖产品不一样,它更多的是一个服务业,不是简单的搬货角色。"

从服务内容来看,上海医药的商业板块主要包括三部分:一是医药品供应链服务,包括国际供应链服务(主要服务内容是物流、商流、资金流和信息流);二是渠道相关服务,既包括传统的渠道服务,也包括交易、准入、营销等服务;三是创新性服务,既包括供应链延伸,如SPD、社区处方延伸、CTM及CRO等服务,也包括融合创新,如互联网医药科技、特药险等。

从商业构成上讲,上海医药的商业板块主要包括分销、零售以及创新业务。

放眼全国,上海医药是中国第二大药品流通企业,在北京、上海、广州以及浙江、江苏、山东等24个省市建立了药品区域分销中心,分销网络覆盖全国3万余家医疗机构,为医疗机构提供快捷的药品配送、优质的售后服务以及强大的药品供应链优化及院内物流解决方案。

通过医药零售连锁药房、医疗机构院边店、DTP药房等三类服务终端消费者,上海医药的零售规模也位居医药零售行业前列,在全国16个省市布局超过2000家优质品牌药房,拥有华氏、雷允上、国风、余天成、雷蒙等全国或地区性优质品牌。

这些药房虽处在医药商业的末梢,但作用巨大。华氏大药房总店店长濮玉婷告诉澎湃新闻记者,其所在的药房药品种类在2600种左右,而去年3月通过DTP业务,仅仅一个肿瘤单品,到当年年底就达到了2100万元的销售额。

在今年年初的疫情期间,口罩非常紧缺,一度出现抢购的混乱,上海医药许多像濮玉婷这样的一线员工,每晚10点甚至凌晨收到成箱的口罩分拆成小包装,第二天一早便开始分发给居民,保证了特殊时期人们的需求。

除了传统的分销和零售,创新业务成为上海医药重要的增长来源,重点推进SPD、互联网新零售、医疗器械及大健康产品、创新性金融保险支付等领域的布局,实现产业链的优势互补。

3. 并购、投入双加码

谈及医药商业的发展历程,李永忠介绍,1998年公司整体营收达到44亿元,员工数量2022人,是扎根上海的地方性商业龙头公司,但上药商业的发展雄心远远不囿于此,决心从服务一方到辐射全国。

在此过程中，必须提到的是2017—2018年并购康德乐。

2017年11月15日，上海医药发布公告，其下属全资子公司与康德乐集团签署协议，拟以现金5.57亿美元（36.7亿人民币），收购康德乐马来西亚100%的股权。交易完成后，上海医药将持有康德乐马来西亚在中国的业务实体。

彼时的康德乐在中国市场的实力不容小觑，数据显示包括14个直销公司，17个分销运营中心，覆盖322座城市的分销网络，服务近1.1万家医疗机构，拥有30家DTP药房，直销业务规模超过100亿元，年销售规模250亿元，进口分销业务在其全部分销收入中大约占80%以上的份额，医疗器械分销也有近100亿元级的业务流量。

上海医药对康德乐中国的收购轰动产业圈。现在谈起这起收购，李永忠感慨颇多，他相信，这不论对行业，还是都上药，都是一件大事。行业整合的过程远未结束，整合仍然是未来一段时间产业演进的基调之一。

除了对外发起并购，上海医药自身也在不断加大投入。

早在2005年，上海医药启用国内首个现代医药物流中心，迈入医药供应链现代化新时代；2010年开始，全国范围推进现代医药物流建设，将集约化的供应链管理理念推广全国，着手打造一体化的医药供应链体系；同时，加快全国业务管理体系建立及省平台建设的推进，使公司的管理结构得到优化，经营效率得到显著提升。

4. 上海医药现代化物流中心

今年各行各业都受到新冠疫情的影响，但李永忠介绍，在今年新冠疫情期后，政府对集团的产业（尤其是上药控股）给予了很多的支持，因此有了绥德路二期工程、宝山超级物流和临港公司等重大工程的建设。

其中，宝山物流中心有望实现五大目标功能，包括基于"互联网＋物联网"的超级物流中心，上药集团超级工厂的物流运作支持中心，医药大健康服务线上和线下医疗的运营展示中心，上药控股全国信息数据云中心及国家、地方和军队三级医疗物资的战略储备基地。

目前，宝山超级物流中心项目已成立领导小组，与宝山工业园区签订了投资协议，并已完成项目建议书编撰，加快推进集团内立项审批。

与此同时，通过供应链整合提升运营效率的行动也一直在进行，通过整合仓储、物流资源，进一步提升作业效率，降低操作费用。

从华东市场到全国，再到世界500强，上海医药一步步实现了华丽转身。

5. 数字化转型

当"互联网＋"成为热词，作为领头企业的上海医药也是互联网＋医药的先行者。

早在2015年，上海医药成立上海医药大健康云商股份有限公司（以下简称"上药云健康"）。该平台以电子处方为核心，围绕电子处方的获取、管理、支付、配送等构件医药生态圈闭环。目前，上海医药已成为国内创新药的首选渠道，电子处方可下沉至上海社区，并创建镁信，引领特药险行业。

6. 2020年的新冠疫情进一步加速了产业生态变革

"科技、政策、疫情的交织将快速推进互联网医疗及处方药新零售的快速演进，"李永忠表示，"借助于疫情契机，互联网科技企业进一步加快产业布局，建设生态，以提升市场渗透，而公立医院的互联网医院也全面开花，线上连锁药店也在大举推进处方药新零售战略，市场竞争日趋激烈。"

面对竞争，上海医药并不慌乱，而是瞄准机遇，加快转型。2018年，上药控股就确定了向科技型健康服务企业转型的发展路径，"科技"的核心内涵就是数字化、生态化。

今年，上药控股更加坚信之前的认识，数字化将对整个医药流通行业带来革命性的重塑、全方位的赋能，必须以背水一战的战略决断，推进企业数字化转型。

云健康便是转型的重要载体。顺应医药新零售向"以互联网医疗和创新药全生命周期为核心"的生态体系转变的趋势，上药云健康进一步转向"互联网医药科技平台"，全面承接上海地区公立医院的互联网医院解决方案，推动产业生态进一步完善。

未来，上药控股将围聚焦数字健康、数字中国的概念框架，加快建设智慧供应链，以数字化服务贯通医保、医疗、个人以及整个医药产业链，推进线上线下融合的批零一体化，建设集成"物流＋信息＋药事＋药政＋药品＋患者管理"服务的云药房，成为一个开放性的数字健康科技平台和国家级的现代医药流通平台。

7. 科技对医药流通有特别的意义

周军曾在采访中表示：医药是个特殊产品，特别是医院的用药，需要处方，涉及人民的生命健康，不是买点蔬菜或者买个盒饭那么简单，而上海医药在其中的地位不可取代。

李永忠则认为，经营效率、服务能力是分销企业的内功和根本竞争力，而内功的修炼永无止境。以带量采购所带来的冲击为例，必须不断提升精益运营效率，寻求规模效益，方能在竞争中脱颖而出，而上药在诸多领域拥有扎实的内功基础。

与此同时，日新月异的科技创新也正在改变医药商业。苦练内功事关生存，而科技创新则有关发展，两者缺一不可。在医药行业，科技创新正在推动成本降低与效率提升，如数字化、大数据等。

李永忠透露，诸多创新技术如无人仓、大数据等已在上海医药的智慧供应链中得到广泛应用，提升供应链效能，推动分销商产业升级。而未来，上海医药也会不遗余力的推动云计算、云服务、人工智能等技术赋能业务、服务患者。

来源：上海医药

（八）国家药监局开展特殊药品安全管理情况检查

发布时间：2021年6月28日

在"6.26国际禁毒日"前夕，为深入贯彻落实习近平总书记关于禁毒工作和药品监管工作的重要指示，国家药监局对特殊药品安全管理情况开展突击检查，督促特殊药品经营、储存单位进一步加强特殊药品监管，确保公众用药安全，防范安全风险，为建党100周年庆祝活动顺利举行营造良好的安全氛围。

药品监管司主要负责人等分别带队赴国药集团药业股份有限公司、麻醉药品储存单位就特殊药品经营安全管理情况开展检查，对麻醉药品和精神药品的仓储管理、购销管理、安全管理体系等情况以及麻醉药品原料的收购、储存、调拨销售及储备过程中的安全保卫工作进行了现场检查。

检查组强调，各级药品监管部门和相关药品生产经营企业要认真学习贯彻习近平总书记关于禁毒工作和药品监管工作的重要指示批示，充分认识做好特殊药品安全管理工作的极端重要性，进一步完善管理制度，落实各方责任，防范化解风险，保障特殊药品医疗需求，严防流入非法渠道。特殊药品企业作为生产经营安全管理第一责任人，要切实履行特殊药品安全管理主体责任，建立严格的责任落实机制，强化特殊药品销售环节管理，积极推进特殊药品追溯体系建设。各级药品监管部门要加强属地监管，强化特殊药品生产经营环节的日常监督检查，持续推进智慧监管和科学监管，不断健全部门间协作配合机制。

检查组要求，各级药品监管部门和特殊药品储存单位要落实国家药监局要求，坚持守底线保安全，认识到特殊药品安全是公共安全的重要组成部分，认真分析研判解决新情况、新问题，提高对风险的感知、预测、防范能力，持续完善特殊药品安全管理制度，全力推进特殊药品安全管理工作，坚决守住安全底线，切实保障人民群众用药安全；要进一步完善部门间协作配合机制，提升特殊药品突发事件的处置能力和水平，将应急管理贯穿于特殊药品安全管理的各个环节；要做好特殊药品收购调拨工作，严格按照国家药监局下达的年度计划收购、调拨特殊药品。要及时消除特殊药品安全风险隐患，结合此次现场检查发现的问题和特殊药品安全管理工作实际，深入开展特殊药品安全隐患排查，坚决杜绝特殊药品安全事件和流弊事件发生。

来源：国家药品监督管理局网站

（九）交通运输部、国家卫生健康委、海关总署、国家药品监督管理局联合印发《新冠病毒疫苗货物道路运输技术指南》

发布时间：2021年1月26日

今天，交通运输部、国家卫生健康委、海关总署、国家药品监督管理局联合印发《新冠病毒疫苗货物道路运输技术指南》，内容如下：

各省、自治区、直辖市、新疆生产建设兵团交通运输厅（局、委）、卫生健康委、药品监督管理局，海关总署各直属海关：

为深入贯彻落实党中央、国务院有关决策部署，切实保障新冠病毒疫苗货物安全便利运输，交通运输部、国家卫生健康委、海关总署、国家药品监督管理局共同组织编制了《新冠病毒疫苗货物道路运输技术指南》（附后），为新冠病毒疫苗上市许可持有人、生产企业、配送单位等运行主体开展道路运输提供参考。现印发给你们，请及时转发各相关单位。

交通运输部 国家卫生健康委 海关总署 国家药品监督管理局

2021年1月25日

（此件公开发布）抄送：外交部、公安部、商务部、国家市场监督管理总局、国家国际发展合作署、中国民用航空局，中国物流与采购联合会、中国道路运输协会、中国国际货运代理协会，中国医药集团有限公司、北京科兴中维生物技术有限公司等新冠病毒疫苗上市许可持有人，交通运输部科学研究院、公路科学研究院，交通运输部法制司、公路局、水运局、国际合作司、应急办、海事局，中央纪委国家监委驻交通运输部纪检监察组。

来源：中物联医药物流分会

摘编整理：张瑞坤

三、绿色物流"双碳"战略

（一）我国"十四五"时期物流业加速"绿化"

发布时间：2021年1月27日

国务院新闻办公室近日发布的《中国交通的可持续发展》白皮书指出，截至2019年底，新能源城市物流配送车达43万辆，天然气运营车辆超18万辆，邮政快递车辆中清洁能源车辆的保有量及在重点区域的使用比例稳步提升。在交通运输结构不断优化下，2012—2019年，全国机动车污染物排放量下降65.2%。

多位业内人士表示，交通领域节能减排效果显著，但使用化石燃料为驱动的交通运输工具仍会在未来较长一段时期内存在，汽油和柴油产生的二氧化碳排放也将持续，这将是未来交通部门深度脱碳面临的主要挑战。实现2030碳达峰、2060碳中和目标，交通部门须尽快实现低碳发展转型。

中国物流与采购联合会副会长任豪祥表示，交通运输是社会经济发展的重要组成部分，也是能源消耗和温室气体排放大户，交通能耗和碳排放仍将随着我国经济高速发展而快速增加。"随着申通、中通、韵达等快递巨头看好LNG（液化天然气）重卡，意味着绿色物流和清洁能源在交通领域使用再次受到关注。大力推动绿色物流工作恰逢其时，物流行业绿色发展在国家绿色发展战略中也将扮演更加重要的角色。" 任豪祥说。

1. 政策驱动绿色运输

绿色物流是指在物流过程中减少对环境的危害，实现节能降耗，降低碳排放和对物流环境的净化，让资源得到充分利用。

国家统计局数据显示，"十二五""十三五"期间物流能耗持续上升，交通运输、仓储和邮政业能源消费量由2011年的约2.97亿吨标准煤增至2018年的约4.36亿吨标准煤，在我国能源消费总量中占比也由7.7%增至9.2%。预计"十四五"时期将继续呈快速上升态势。

2. 降低物流能耗、发展绿色物流十分必要

"目前国家环境政策的要求不断提升，电动货车、LNG燃气车既是解决物流能源和环境问题的重要措施，也是我国未来物流运输的发展方向。"任豪祥说。

2019年发布的《城市绿色货运配送示范工程绩效考核评分细则》提到，到2020年，城市建成区新增和更新轻型物流配送车辆中，新能源车辆和达到国六排放标准清洁能源车辆的比例超过50%，重点区域达到80%；北京通过办理货车通行证方式允许日间通行五环以内道路的4.5吨以下轻型物流车中纯电动货车比例力争达到90%。2020年底前，京津冀及周边地区、汾渭平原淘汰国三及以下排放标准营运中型和重型柴油货车100万辆以上。《新能源汽车产业发展规划（2021-2035年）》明确提出，2021年起，国家生态文明试验区大气污染防治重点区域新增或更新公交、出租、物流配送等公共领域车辆新能源汽车比例不低于80%。

"在物流行业快速发展的背景下，电动车、天然气物流车潜在的发展空间十分可观。对物流企业来说，清洁能源物流车相比燃油物流车不仅具备显著的运营成本优势，还可以享受在进城、路权、优先上牌照和免购置税等方面的优惠政策。企业布局新能源物流车，可避免传统物流车进入市区的限制，全面提升物流效率。物流企业已经意识到这个发展方向，提早布局，有利于在新的竞争环境中抢占先机。"任豪祥说。

3. 企业主动拥抱清洁能源

任豪祥指出，我国物流业能耗持续增长，快递业能耗增长尤为突出，国家邮政局发布的最新数据显示，近3年快递业以每年100亿件的速度在增长。此外，交通运输行业带来的环境污染问题也受到了社会的广泛关注。以柴油货车为例，其仅占机动车保有量不到一成，却占据了机动车排放总量57.3%的氮氧化物和77.8%的颗粒物。

因此，实现绿色物流需要实现物流基础设施绿色化、物流作业绿色化、货物运输绿色化、物流包装绿色化和绿色物流管理创新。

"目前，很多企业积极践行绿色物流，如宝供物流、日日顺、京东、顺丰、联合利华等大型物流企业和生产制造企业，都在推广绿色包装、运用绿色物流信息统计制度、使用太阳能板、LED灯，加大投入电动叉车、LNG卡车和电动卡车，提高铁路和水运在运输模式上的占比，在建立数字化和智能化仓库等方面不断努力，致力于打造全链条绿色物流解决方案。"任豪祥说。

据京东物流相关负责人透露，目前，京东物流已投放新能源车近1.2万辆，规模化新能源车队覆盖多种业务场景，累计减少二氧化碳排放量近40万吨，减少氮氧化物和悬浮颗粒物等污染物排放量近2000吨。"此外，我们成为首个引入使用氢能源车的物流企业，已在上海、广州、佛山等3个城市常态化使用氢能源物流车。"该负责人说。

"未来，大力推进电动物流车辆、电动为主的混合动力物流车、LNG等新能源物流车应用尤为重要。绿色物流已经从内生驱动的点状发展阶段，转变成政策和市场驱动的链状发展阶段。我们也希望通过编制研究报告、制定行业标准、开展绿色评价等方式促进行业可持续发展。"任豪祥说。

4. 行业痛点仍存

在任豪祥看来，物流行业的绿色转型肯定要经历阵痛期，目前绿色物流痛点主要体现在成本、便利性和技术成熟度等3个方面。

"首先，新能源货车一次性投入成本较高，保值性不如传统能源车辆。近年来国家坚持平缓补贴退坡力度，根据《进一步完善新能源汽车推广应用财政补贴政策的通知》，2021年，包括城市物流配送在内的公共交通等领域电动车辆，补贴标准在2020年基础上退坡10%。这就意味着企业购置新能源货车需要投入更多的成本。其次，充电桩和换电站等基础设施的配套不够完善。新能源货车需要充足便捷的充电或换电设施、快速的充电效率以满足营运的需求，但是目前基础设施较为欠缺。除此之外，新能源货车目前主要应用于短途货运，长途货运在技术上还存在障碍。为了大力推广新能源货运车辆，还需要在开放路权、加大基础设施建设、技术升级和节能环保政策支持上面做更多的努力。"任豪祥说。

碳达峰目标及碳中和愿景的实现要求能源、工业、建筑和交通领域最大程度减排，也为物流绿色发展带来挑战。

"不论是设备投入还是管理升级都将增大企业运营成本。与此同时，绿色物流涉及指标内容复杂、数据获取渠道不通、企业物流业务差异大等问题严重阻碍了物流行业绿色发展程度的量化，进而阻碍了政府对绿色物流发展的政策布局和行业监督，同时削弱了企业在绿色物流发展中的行动力度。因此我们将出台《企业绿色物流评估指标》《物流企业温室气体排放核算方法》两项行业标准，希望通过评价考核提高企业推动绿色物流的积极性，增强企业的社会责任感，引导企业的战略布局，通过良性竞争进一步促进物流行业绿色发展。"任豪祥说。

来源：《中国能源报》

（二）落实国家"十四五"规划纲要 推进交通绿色发展

2021年3月24日下午，国务院新闻办公室举行新闻发布会，交通运输部副部长王志清介绍深入贯彻"十四五"规划，加快建设交通强国有关情况，部总规划师兼综合规划司司长汪洋共同出席，并答记者问。

中国财经报记者：

我们知道，绿色是新发展理念的重要内容，习近平总书记在中财委第九次会议上提出，把碳达峰、碳中和纳入生态文明建设整体布局，如期实现碳达峰、碳中和的目标，请问交通运输部将采取哪些举措推进交通绿色发展？

汪洋：党中央提出碳达峰、碳中和重大决策部署，中央财经委第九次会议也明确要求"交通领域要加快形成绿色低碳的运输方式""鼓励绿色出行"，为交通运输绿色低碳发展提供了方向指引。我部积极推动交通运输碳达峰相关研究工作，促进交通运输全面绿色低碳转型。

一是要推动绿色交通基础设施建设，将生态环保理念贯穿交通基础设施规划、建设、运营和维护全过程，建设绿色交通基础设施，统筹利用综合运输通道线位、土地等资源，加大岸线、锚地等资源整合力度和利用效率。推进废旧路面、建筑垃圾、工业固废等在交通建设领域的循环利用。

二是优化调整交通运输结构，加快推进大宗货物和中长距离运输的"公转铁""公转水"，大力发展多式联运，提升集装箱铁水联运和水水中转比例，开展绿色出行创建行动，提高绿色出行比例。

三是加强碳排放和污染防治协同控制，加快新能源、清洁能源推广应用，推进营运车船能效提升，强化车辆排放检验与维护制度实施，深入推进实施船舶排放控制区。

来源：交通运输部官微整理

（三）加快形成绿色低碳运输方式

发表时间：2022年1月4日

交通运输排放约占我国碳排放总量的10%。国务院印发的《2030年前碳达峰行动方案》提出，加快形成绿色低碳运输方式。近年来，交通运输行业持续推进绿色交通基础设施建设，不断优化调整交通运输结构，节能减排取得了积极成效。

交通运输排放约占我国碳排放总量的10%。国务院印发的《2030年前碳达峰行动方案》提出，加快形成绿色低碳运输方式。

改善绿色交通基础条件、优化交通运输结构、推广应用新能源和清洁能源运输装备、倡导绿色出行……近年来，交通运输行业节能减排取得积极成效，为降低碳排放强度作出了有力贡献。

1. 绿色交通基础条件越来越好

G65包茂高速桂林至阳朔段宛若一条长龙，串起沿途南国美景。"2020年初，桂阳段路面大修工程完工，不仅路面旧貌换新颜，修建过程也十分绿色。"招商公路桂林公司工程技术部副经理王伟给记者算了一笔账：与传统重铺方案相比，此次路面大修节约11万吨沥青混合料，节约能耗0.63万吨标准煤，减少1.3万吨二氧化碳排放。

交通运输部公路局有关负责人介绍，过去几年，各地积极开展废旧沥青路面循环利用关键技术及多元化高效利用技术研究。"十三五"末，全国国省干线公路废旧路面材料回收率达到98%、循环利用率达到80%以上。在交通运输部的大力引导下，不少地方在公路工程建设中，从线位选择、取弃土方案、排水防护、桥隧结构选型、互通布设、服务设施设置等方面综合考虑，集约节约利用资源。

不只是公路建设，近年来我国在绿色交通基础设施建设方面取得了不少积极进展。

推广新能源和清洁能源运输装备。近年来，城市公交、出租车和货运配送成为我国新能源汽车应用的重要领域，使用量超过120万辆，城市公交车中新能源车辆占比超过66%，水运行业应用液化天然气（LNG）也在积极推进，内河船舶LNG加注站达到20个。

推进绿色航道建设。在长江等内河航道整治工程中广泛应用生态护岸、生态护滩、人工鱼礁等新材料、新技术、新结构、新工艺，形成了以荆江生态航道和长江南京以下12.5米深水航道建设工程等为代表的一批绿色航道工程。

推动靠港船舶使用岸电。截至2020年底，全国港口和水上服务区具备岸电供应能力泊位约7500个，其中长江经济带共建成岸电泊位4700余个。长江游轮、大型客运码头以及京杭运河水上服务区基本实现岸电全覆盖、全使用。

推广电子不停车收费（ETC）应用。截至2020年底，全国累计建成ETC专用车道32465条，发展ETC用户2.25亿。经初步测算，2020年，累计节约车辆燃油约18.71万吨，减少碳氢化合物排放约1482.16吨。

2. 交通运输结构不断优化调整

"以前，港口码头经常有大货车排成长龙。近几年，我们持续推进大宗商品'公转铁''散改集'，不仅让港口集疏运更加井然有序，也大幅减少了汽车尾气排放。"天津港股份有限公司业务部副总经理张文俊说。

近年来，我国港口"公转铁""公转水"成效明显。到2020年底，环渤海、长三角地区等17个沿海主要港口的煤炭集港已全部改由铁路和水路运输；沿海主要港口矿石疏港采用铁路、水运和皮带机的比例达到61.3%，比2017年提高近20个百分点。

港口"公转铁""公转水"，是我国近年来运输结构调整的一个缩影。2018年，我国启动了《推进运输结构调整三年行动计划（2018—2020年）》，深入实施铁路运能提升、水运系统升级等六大行动，以推进大宗货物运输"公转铁""公转水"为主攻方向，不断完善综合运输网络，减少公路运输量，增加铁路运输量。

铁路货运量占比不断提高。2020年，全国铁路货运量为45.52亿吨，在全社会货运量中占比由2017年的7.7%提高至9.7%，铁路承担的大宗货物运输量显著提高。

水路货运量快速增长。水运具有运能大、单位运输成本低、能耗小、污染少的比较优势。近年来，我国加快完善内河水运网络，水路承担的大宗货物运输量持续提高。2020年，水路货运量达76.16亿吨，超额完成"三年行动计划"提出的目标。

多式联运稳步发展。铁水联运、公铁联运、空铁联运、江海联运等运输组织模式创新发展，2020年，全国港口完成集装箱铁水联运量687.2万标箱，同比增长29.6%。

货运更清洁，客运也更绿色。目前，全国公交运营线路长度达148万公里，公交专用道超过1.6万公里，服务保障能力明显提升。北京、上海等6个城市轨道交通客运量占公共交通的比例超过50%。

3. 推广低碳运输装备，引导绿色出行

"交通运输部将以降碳为抓手，尽快制定交通运输绿色低碳转型有关文件，形成绿色低碳运输方式。"交通运输部综合规划司有关负责人表示，下一步工作将主要集中在以下方面：

——推广低碳高效运输装备。加快城市公交、出租、物流配送、邮政快递车辆电动化进程，国家生态文明试验区、大气污染防治重点区域的公共领域新增或更新公交、出租、物流配送等车辆中新能源汽车比例不低于80%。加快沿海和内河船舶新能源和清洁能源应用。推进新建船舶应用电力、混合动力和清洁能源。

——建设绿色交通基础设施。推进以低碳排放为特征的绿色公路、绿色航道、绿色港口建设，大力推广应用节能型建筑养护装备、材料及施工工艺工法，积极扩大绿色照明技术、用能设备能效提升技术，以及新能源、可再生能源应用。推广应用绿色低碳公路养护技术及材料。

——优化交通运输结构。加快专业化、规模化内河港口和航道建设，加快形成江海直达、江海联运有机衔接的江海运输物流体系。全面加快推进集疏港铁路项目建设进度，加快推进沿海及内河港口大宗货物主要采用铁路、水路、封闭式皮带廊道、新能源和清洁能源汽车等绿色运输方式。积极推进多式联运"一单制"，加快培育一批具有全球影响力的多式联运龙头企业。

——引导绿色低碳出行。开展绿色出行创建行动，深入实施公交优先发展战略，构建以城市轨道交通为骨干、常规公交为主体的城市公共交通系统。因地制宜构建快速公交、微循环等城市公交服务系统，有序发展共享交通，加强城市步行和自行车等慢行交通系统建设，鼓励公众绿色出行。

——强化能力建设和国际合作。完善绿色交通标准体系，持续发布交通运输行业重点节能低碳技术推广目录。深度参与交通领域全球温室气体减排，加强绿色交通国际交流与合作。

来源：《人民日报》

（四）专家解读｜深入开展污染减排 加快推动绿色低碳发展——《"十四五"节能减排综合工作方案》

国务院印发实施《"十四五"节能减排综合工作方案》（以下简称《方案》）。深入开展污染减排，持续减少主要污染物排放总量，是调结构、转方式、惠民生的重要抓手，是深入打好污染防治攻坚战、建设美丽中国的重要内容。

"十三五"期间，全国累计淘汰黄标车、老旧车2460多万辆，大力推广应用新能源汽车，环渤海、长三角等地区沿海主要港口以及唐山港、黄骅港的煤炭集港全部改为铁路和水路运输，进一步提升了交通运输绿色化水平。污染减排积极助推产业、能源、交通运输结构调整，生态环境保护与经济社会发展实现协同并进的良好态势。

"十三五"时期，污染减排积极助推能源、产业、交通运输结构调整，而结构调整同时也是二氧化碳的主要减排路径。"十四五"时期，面对环境质量改善与温室气体减排的双重压力与迫切需求，必须把握减污与降碳的内在联系，加大结构调整力度，推动环境治理从注重末端治理向更加注重源头预防和源头治理有效转变，促进源头减排、协同减排。同时，充分利用现有生态环境制度体系协同促进绿色低碳发展，加强减污和降碳政策机制统筹融合与创新，切实发挥减污降碳协同效应。

《方案》以精准、科学、依法治污为工作方针，聚焦"十四五"期间要解决的突出生态环境问题和影响环境质量的主要污染物，紧盯重点行业、重点领域、重点区域和短板弱项，部署谋划污染减排任务举措。突出能源、产业、交通运输三大结构优化调整，从源头减少主要污染物排放。

《方案》将污染减排与节能降碳工作有机融合、一体推进，在重点行业、园区、城镇、交通物流、农业农村、公共机构、重点区域、煤炭消费、挥发性有机物整治、环境基础设施等十大节能减排重点工程中协同部署。在对象上，以钢铁、有色金属、建材、石化化工等行业和能源、工业、城乡建设、交通运输等领域为重点。在措施上，重点行业突出节能改造和污染物深度治理，重点领域突出能源清洁高效利用和污染源头治理。在效果上，通过实施节能减排工程，推动能源利用效率大幅提高、主要污染物排放总量持续减少，实现减污降碳协同增效。

摘要来源：国家发展改革委（作者：王金南 蒋春来）

（五）数字化升级与绿色化转型——供应链的融合发展之路

——在第二十五届中国供应链技术与管理发展高级研讨会上的致辞

中国物流与采购联合会副会长 任豪祥

2021 年 12 月 2 日

围绕"数字化、绿色化"这两个供应链未来发展的核心方向，谈谈我的观点和体会。

当前，我国开启了全面建设社会主义现代化国家新征程，同时也面临着复杂多变的国内外环境。新一轮科技革命和产业变革，以及国际力量对比深刻调整和逆全球化趋势是大变局的重要推动力量，新冠疫情全球大流行促进了全球供应链重组，创造了大量非接触的应用场景，加速了供应链的数字化转型。习近平总书记 10 月 18 日在中共中央政治局集体学习时指出，"数字经济发展速度之快、辐射范围之广、影响程度之深前所未有，正在成为重组全球要素资源、重塑全球经济结构、改变全球竞争格局的关键力量。"截至 2020 年，我国数字经济规模达到 39.2 万亿元，占 GDP 比重为 38.6%，比 2019 年提升了 2.4 个百分点。当前全球数字经济飞速发展，以中美两国为核心的双核格局基本形成，未来全球竞争主题之一就是"数字化"，尤其是数字化赋能的物流和供应链领域。物流与供应链数字化融合，提高了物流与供应链网络化、智慧化、服务化水平，加速了产业链形成和价值链重构，促进了高效稳定、协同有序、敏捷柔性、绿色低碳、安全韧性的新型生产与物流组织形态的形成。可以说，"数字化"已经成为物流和供应链企业推动资源整合、流程优化、组织协同，最终实现降本增效、提高全球竞争力的必然选择，同时也是物流和供应链企业创新转型、提前布局、赢得发展先机的新赛道。

纵观今年的国际国内形势，还有一个最醒目的关注点就是"绿色低碳"。当前，国际社会应对气候变化问题的共同意愿愈来愈强烈，绿色低碳循环发展已经成为全球经济发展的必由之路。2018 年，IPCC《1.5℃特别报告》指出：要实现 1.5℃目标，全球需在 2030 年比 2010 年减排 45%，在 2050 年左右实现碳中和。2021 年 8 月，《IPCC 第六次评估报告第一工作组报告》对外发布，该报告指出除非立即、迅速和大规模地减少温室气体排放，否则将升温限制在接近 1.5°C 或甚至是 2°C 将是无法实现的。为了应对这个紧迫的局势，2021 年 11 月 13 日，《联合国气候变化框架公约》第 26 次缔约方大会（简称 COP26）在艰难努力下，最终达成了"格拉斯哥气候协议"，该协议旨在保持将全球变暖控制在 1.5°C 的希望，从而守住拯救世界免受灾难性气候变化影响的机会。为了遏制全球变暖趋势，减少温室气体排放，世界各国都积极宣布减碳计划，目前全球已有 151 个国家加入净零排放承诺行列，排放量占全球 89%。

我国历来高度重视节能环保工作，习近平主席明确指出，地球是我们的共同家园，应对气候变化一刻也不能松懈。人类需要一场自我革命，加快形成绿色发展方式和生活方式，建设生态文明和美丽地球。中国要实施积极应对气候变化国家战略，推动和引导建立公平合理、合作共赢的全球气候治理体系，推动构建人类命运共同体。虽然我们仍属于发展中国家，但是已经成为全球应对气候变化的重要参与者、贡献者和引领者，体现了我们作为负责任大国的担当。习近平主席在去年9月22日75届联合国大会上作出"中国将提高国家自主贡献力度，二氧化碳排放力争2030年前达到峰值，努力争取2060年前实现碳中和"的庄严承诺。为实现"双碳"目标，我国坚持"全国统筹、节约优先、双轮驱动、内外畅通、防范风险"原则，构建碳达峰、碳中和"1+N"政策体系。我国最新提交的《中国落实国家自主贡献成效和新目标新举措》中更新了国家自主贡献目标为：二氧化碳排放力争于2030年前达到峰值，努力争取2060年前实现碳中和。到2030年，中国单位国内生产总值二氧化碳排放将比2005年下降65%以上，非化石能源占一次能源消费比重将达到25%左右，森林蓄积量将比2005年增加60亿立方米，风电、太阳能发电总装机容量将达到12亿千瓦以上。

国家层面减碳目标的层层分解，以及国际跨国公司碳中和目标的供应链传导，都不可避免地将碳减排任务落实到物流和供应链企业身上。在应对气候变化的国际大背景下，供应链的绿色发展对于推动整个产业链的绿色发展具有重要意义。未来，国家绿色低碳目标要求和政策支持、企业物流服务绿色采购、企业践行社会责任等都将成为供应链绿色转型的重要推动力。目前绿色物流已经列入《产业结构调整指导目录》，进入国家西部大开发企业所得税政策支持范围。越来越多的供应链上游企业在招标文件中加入绿色物流的指标强制要求，促使物流供应商加快绿色升级，最终完成整个供应链的绿色低碳发展。从全球范围看，欧盟、美国、日本等主要发达国家以及中国香港都建立了比较完善的ESG[Environment（环境）、Social（社会）、Governance（治理）]体系，对上市公司进行评价，在财务评估的同时，衡量企业的可持续经营能力。

面对复杂多变的国际环境和瞬息万变的技术革新，企业应尽快把握方向，谋篇布局，在激烈的市场竞争中抢占先机。今年研讨会的主题聚焦"数字"和"绿色低碳"，我认为切中了行业发展脉搏，因为这是物流行业高质量发展转型的基本要义。我期待与会的企业、机构、行业专家分享真知灼见，集思广益、畅所欲言，共同打造一场高质量、高效率、高水平的行业研讨盛会！也期待各位同仁紧跟时代的步伐，抓住数字化、绿色化战略机遇，以推动我国物流与供应链事业不断创新发展为己任，让传承久远的物流事业在新的历史时期焕发出新的生机，成为我国国民经济实现新旧动能转化和可持续健康发展的重要支撑和推动力。

来源：中物联绿色物流分会，有删节

（六）碳中和愿景——构筑安全高效的中国绿色低碳发展之路：交通篇

发布时间：2021年11月11日

作为"构筑安全高效的中国绿色低碳发展之路——建筑篇"的姊妹篇，本文包含安永对交通运输领域实现"双碳"目标的文件理解和实施建议。

1. 政策背景与碳排放现状

(1) 政策背景

自 2020 年 9 月,国家主席习近平在第 75 届联合国大会提出 "2030 年前碳达峰、2060 年前碳中和"的"双碳"目标后,我国政府各部门不断出台支持绿色交通的相关政策,如推广清洁能源公共交通、支持充电桩等新能源汽车配套基础建设、出台新能源汽车的车辆购置税减免政策等。

2021 年 9 月,中共中央、国务院印发《关于完整准确全面贯彻新发展理念做好碳达峰碳中和工作的意见》(以下简称《双碳工作意见》),为"双碳"实施政策确定了原则和目标。文件强调加快推进低碳交通运输体系建设是其中一项重点工作,并进一步提出三大举措:通过建设综合立体交通网、发展多式联运、绿色物流等优化交通运输结构;通过发展新能源和清洁能源车船、智能交通、电子化改造等推广节能低碳型交通工具;通过建设大容量公共交通基础设施和城市慢行系统等积极引导低碳出行。

2021 年 10 月国务院发布的《2030 年前碳达峰行动方案》(以下简称《达峰行动方案》)提出能源绿色低碳转型、节能降碳增效、工业领域碳达峰、城乡建设碳达峰、交通运输绿色低碳等"碳达峰十大行动"。"交通运输绿色低碳行动"作为"碳达峰十大行动"之一,提出了推动运输工具装备低碳转型、构建绿色高效交通运输体系、加快绿色交通基础设施建设三项重点行动。由此可见,随着我国交通工具保有量的不断增长与后疫情时代出行需求的反弹,如何减少交通领域的碳排放是实现"碳达峰、碳中和"的关键一环。

(2) 交通领域的碳排放现状

根据 International Energy Agency(IEA)统计数据,目前我国交通运输阶段的碳排放占社会总碳排放比重达 9.7%,其中约 80% 的碳排放来自路面交通(占全国总碳排放的 7.85%)。若包含交通工具生产和供应链环节的碳排放,交通领域总体碳排放占社会总碳排放的比重将超过 10%。

汽车行业中以乘用车为例,根据中汽数据有限公司数据,2019 年我国乘用车全生命周期碳排放总量为 6.2 亿 tCO2e(占同年社会总碳排放量的 5.8%),其中燃油车贡献了 94.7%,碳排放总量为 5.8 亿 tCO2e。通过上述数据可以看出,汽车碳排放是交通领域碳排放的最大来源。因此,实现汽车全生命周期的碳减排是实现交通领域整体碳中和的重中之重。

除了汽车,航空和水运行业碳排放也是交通领域碳排放的重要来源。目前,我国在民用航空业的碳排放总量位列全球第二,仅次于美国,约占全国碳排放总量的 1%,占交通运输行业排放总量的约 10%。根据中国民用航空局发布的《民航行业发展统计公报》,2019 年中国民航运输业的碳排放总量达到 1.2 亿 tCO2e,与 2015 年的 0.7 亿 tCO2e 相比,年均增幅达到了 14.8%。可以看到,尽管民用航空业的碳排放规模远小于汽车行业,但其增速惊人。

相比之下,水运行业的碳排放量已经进入了下降通道。2019 年全球航运碳排放量相比 2008 年下降了 18%,我国 2019 年水运行业的碳排放量约为 0.9 亿 tCO2e。虽然已经实现了一定程度的减排,化石燃料仍然是船舶动力的主要来源,而这也是水运行业碳排放的主要来源。

因此,与航空业类似,水运行业将力争采用新的燃料以降低碳排放总量。预计到 2060 年,小型船舶将会大规模使用可再生能源生产端氢气或者氨气提供动力,而大型远洋船舶的减排将依赖新型低碳或零碳燃料的开发。

2. 交通领域实现"双碳"的挑战

交通领域碳中和的核心问题是产业链整体的减排降耗,其中的难点是生产环节的减排和使用阶段的低碳化。

TCFD(气候相关财务信息披露工作组)为温室气体排放测算的指标界定了三个范畴。其中,范畴 1 是直接温室气体排放,产生于机构直接拥有或控制的资源。在交通领域的生产环节,随着轻量化材料和新能源交通运输工具的普及，新型材料和新零部件的大规模生产也带来了额外的碳排放量。

例如，相比普通钢材，轻量化材料在生产阶段的碳排放强度更高；以汽车行业为例，新能源车动力蓄电池的生产带来了额外的碳排放，存储的电能通常仍来自火力发电。而在车辆全生命周期中，动力蓄电池的平均碳排放量高于纯电动乘用车其他部件平均碳排放量的总和。因此，为了实现碳中和，不仅要使用新的能源形式，更要提高动力蓄电池的梯次回收利用能力，才能全方位地降低碳排放。

温室气体排放测算的范畴2是企业在电或热能购买使用过程中产生的温室气体排放。在交通领域的生产环节中，现有产能仍基于传统的火力发电模式，产能提升带来了大量的煤炭消耗。但短期内采用水电、光伏发电等清洁能源仍存在稳定性上的缺陷，无法全面替代现有能源模式。例如水能发电和光伏发电都会受到气候、地貌、季节等自然条件的限制，造成无法保证稳定的供电。根据国家统计局、国家能源局的数据，2020年中国火力发电占总发电量的比例为68.5%，相比2011年81.7%有所下降，但是仍旧占据总发电量的一半以上。

温室气体排放测算的范畴3指除范畴2之外所有间接产生的温室气体排放，来源于机构非实际拥有或控制的资源所产生的温室气体排放。交通工具使用阶段的碳排放就属于这一范畴。传统动力交通工具在使用阶段的碳排放占比高居不下，是交通领域碳中和的最大障碍。

以一辆燃油型SUV为例，根据相关数据，汽车零部件制造产生的碳排放占14%，整车制造环节为1%，燃料生产环节为9%，而整个生命周期燃料使用的碳排放达到76%。在航空业，其中约79%的航空业碳排放直接来自飞行途中的燃油燃烧，20%来自与飞机相关的地面排放，包括飞机燃油运输、飞机维修与回收以及航空服务配套的地面交通。在水运业，化石燃料作为船舶动力的主要来源，仍是水运行业碳排放的主要来源。为了应对碳排放的快速增长，开发新的燃料类型，降低交通工具使用过程中产生的碳排放将会是未来一段时间内交通领域实现碳中和的重点之一。

3. 交通领域实现"双碳"的建议

坚持双轮驱动、内外通畅是交通领域实现"双碳"目标的重要保障。《达峰行动方案》重点突出了能源、钢铁、有色金属、石化化工、建材、交通、建筑等行业和领域的转型升级。从交通领域生产企业的角度来看，大力推进产业结构转型升级是实现碳中和目标的重要举措，具体包括以下三大方面：

（1）加快生产端的节能降碳改造

交通领域企业在生产阶段的碳排放主要分为两类：一类是由生产企业所拥有的设施、工厂等直接产生的碳排放，另一类是生产企业在生产环节消耗的电力、蒸汽、热能等的间接排放。

《达峰行动方案》提出深入实施绿色制造工程，建设绿色工厂；促进工业能源消费低碳化，提高可再生能源应用比重；实施节能降碳重点工程，提升能源资源利用效率。我们认为交通领域生产企业应当在生产制造阶段提升技术能力，减少碳排放。具体来说，交通领域生产企业应增加使用可再生能源，利用绿色设计优化生产方案，采用可回收材料、发展循环经济业务模式，实现自身生产基地的低碳化发展。此外，发展分布式可再生能源+储能，以及对企业的设施和建筑进行低碳化改造也是企业在生产阶段降低碳排放的潜在途径。

（2）发展全供应链的绿色制造

除了交通领域生产企业自身生产环节外，绿色制造还应结合上下游产业链全盘考虑。

针对上游供应商直接与产品生产相关的活动，交通领域生产企业可以通过将供应商碳排放情况纳入评估范围、将绿色制造的要求延伸至供应链最上游的供应商、更多地使用低碳材料（如铝）、提高供应链本土化程度以降低物流造成的碳排放、零部件再生产等方式有效降低碳排放量。而下游的碳排放活动则包括对已售产品的加工、使用和报废处理。对此，交通领域生产企业应改善产品回收体系，以此减少碳排放活动。

(3) 大力推动交通工具使用的低碳化

《双碳工作意见》提出加快推进低碳交通运输体系建设，推广节能低碳型交通工具，积极引导低碳出行。未来，电气化、智能化、共享化是帮助实现交通工具在使用阶段的绿色低碳的主要驱动力。

一方面，在充电桩、配套电网、加注（气）站、加氢站等绿色交通基础配套设施的进一步完善下，未来交通领域的全面电气化将显著降低交通工具使用过程中的碳排放和化石燃料消耗。

《达峰行动方案》提出积极扩大电力、氢能、天然气、先进生物液体燃料等新能源、清洁能源在交通运输领域应用；到2030年，当年新增新能源、清洁能源动力的交通工具比例达到40%左右。

我们认为，在此政策目标下，汽车生产企业应继续推进新能源车布局，制定燃油车停售时间表，加快实现全谱系产品的电动化；物流流通企业应大力推广电力、氢燃料、液化天然气动力重型货运车辆，提升运输系统电气化水平；水运行业企业应重点发展电动、液化天然气动力船舶，深入推进船舶靠港使用岸电，因地制宜开展沿海、内河绿色智能船舶示范应用；航空企业应重点提升机场运行电动化智能化水平，探索可持续航空燃料 SAF 供应链投资以及发展新能源航空器。

另一方面，智慧交通和共享出行将极大提升整体交通的出行效率。短期来看，共享单车有效解决了"最后一公里"的问题，而共享汽车则提高了车辆的利用率，减少了多余的汽车产量，这两类共享出行都对实现碳中和起着积极的作用。而长期来看自动驾驶能为人们带来更有效率的出行，减少路面拥堵，提高交通流运转效率，减少资源消耗。例如基于5G技术的智慧交通可实现车—人—路—云之间的信息交换和指令控制，制定最佳行驶路径，减少交通拥堵。

根据《达峰行动方案》中提出的发展智能交通、提升交通流通环节企业运行管理效率、发展绿色物流、推动绿色低碳交通方式等目标，我们认为交通领域生产及流通企业应重视在共享出行及智慧交通等领域的布局，积极发展与互联网公司、信息与通信技术公司及其他相关企业的合作，并加强智慧运行，实现系统化节能降碳。

除此之外，《双碳工作意见》还提出加强绿色低碳重大科技攻关和推广应用，同时强调积极发展绿色金融。因此我们建议交通领域主要行业企业应加快先进适用技术研发和推广应用，助推"双碳"目标的实现。除了大力加强绿色低碳技术的研发和建设之外，主要行业企业还应重视这些核心技术的商业转化和应用，包括当前最为典型的低碳科技包括低碳或负碳能源技术、数字化能效管理等。

另一方面，随着"双碳"工作的实质性推进，绿色金融的重要性日益凸显。国家政策积极鼓励引导绿色低碳金融产品和服务开发，设立碳减排货币政策工具、绿色信贷、绿色低碳项目融资等。随着绿色金融体系的完善，将会有更多有利于环境发展的项目、企业和个人得到金融体系的帮助。交通领域主要行业企业也需要相向而行，主动配合，与银行和机构投资者共同推动绿色金融的发展。

4. 安永价值

（1）战略规划与设计

安永可为交通领域客户提供领先实践对标分析、整体战略规划设计、降碳实施路径设计三方面服务。例如，通过参考跨行业中各类碳中和领先企业的核心经验，安永将从具体业务的角度出发，帮助车企制定车辆使用阶段的战略规划，探索智慧交通、共享出行等新的业务模式，以降低汽车使用阶段的碳排放量。

特别是，针对在华开展业务的合资车企，安永可在协助其制定中国特色降碳路径的同时，帮助其满足来自全球总部的碳中和目标要求。

（2）碳足迹排查和测算

安永可帮助交通领域客户排查其全生命周期的碳排放足迹，通过模型分析测算各环节的碳排放量，从而获取客户整体的碳排放规模，并识别出高碳排放环节。

（3）综合运营管理优化

安永将从企业运营管理的角度出发，结合丰富的项目经验，帮助交通领域客户提出综合的运营优化方案，减少企业运营阶段的碳排放量。

来源：安永

（七）国务院印发《2030年前碳达峰行动方案》，交通运输绿色低碳行动成为"碳达峰十大行动"之一

发布时间：2021年10月26日

为深入贯彻落实党中央、国务院关于碳达峰、碳中和的重大战略决策，扎实推进碳达峰行动，确保如期实现2030年前碳达峰目标，近日，国务院印发《2030年前碳达峰行动方案》。

方案要求将碳达峰贯穿于经济社会发展全过程和各方面，重点实施能源绿色低碳转型行动、节能降碳增效行动、工业领域碳达峰行动、城乡建设碳达峰行动、交通运输绿色低碳行动、循环经济助力降碳行动、绿色低碳科技创新行动、碳汇能力巩固提升行动、绿色低碳全民行动、各地区梯次有序碳达峰行动等"碳达峰十大行动"。

交通运输绿色低碳行动

加快形成绿色低碳运输方式，确保交通运输领域碳排放增长保持在合理区间。

1. 推动运输工具装备低碳转型

积极扩大电力、氢能、天然气、先进生物液体燃料等新能源、清洁能源在交通运输领域应用。大力推广新能源汽车，逐步降低传统燃油汽车在新车产销和汽车保有量中的占比，推动城市公共服务车辆电动化替代，推广电力、氢燃料、液化天然气动力重型货运车辆。提升铁路系统电气化水平。加快老旧船舶更新改造，发展电动、液化天然气动力船舶，深入推进船舶靠港使用岸电，因地制宜开展沿海、内河绿色智能船舶示范应用。提升机场运行电动化智能化水平，发展新能源航空器。到2030年，当年新增新能源、清洁能源动力的交通工具比例达到40%左右，营运交通工具单位换算周转量碳排放强度比2020年下降9.5%左右，国家铁路单位换算周转量综合能耗比2020年下降10%。陆路交通运输石油消费力争2030年前达到峰值。

2. 构建绿色高效交通运输体系

发展智能交通，推动不同运输方式合理分工、有效衔接，降低空载率和不合理客货运周转量。大力发展以铁路、水路为骨干的多式联运，推进工矿企业、港口、物流园区等铁路专用线建设，加快内河高等级航道网建设，加快大宗货物和中长距离货物运输"公转铁"、"公转水"。加快先进适用技术应用，提升民航运行管理效率，引导航空企业加强智慧运行，实现系统化节能降碳。加快城乡物流配送体系建设，创新绿色低碳、集约高效的配送模式。打造高效衔接、快捷舒适的公共交通服务体系，积极引导公众选择绿色低碳交通方式。"十四五"期间，集装箱铁水联运量年均增长15%以上。到2030年，城区常住人口100万人以上的城市绿色出行比例不低于70%。

3. 加快绿色交通基础设施建设

将绿色低碳理念贯穿于交通基础设施规划、建设、运营和维护全过程，降低全生命周期能耗和碳

排放。开展交通基础设施绿色化提升改造，统筹利用综合运输通道线位、土地、空域等资源，加大岸线、锚地等资源整合力度，提高利用效率。有序推进充电桩、配套电网、加注（气）站、加氢站等基础设施建设，提升城市公共交通基础设施水平。到2030年，民用运输机场场内车辆装备等力争全面实现电动化。

来源：物流与供应链政策

（八）大力发展绿色交通消费绿色，到2030年，绿色低碳产品成为市场主流——国家发展改革委等部门印发《促进绿色消费实施方案》通知

发布时间：2022年2月7日

国家发展改革委等部门关于印发《促进绿色消费实施方案》的通知

发改就业〔2022〕107号

中央和国家机关有关部门、有关直属机构，全国总工会、全国妇联，各省、自治区、直辖市及计划单列市、新疆生产建设兵团发展改革委、工业和信息化主管部门、住房和城乡建设厅（委、管委、局）、商务主管部门、市场监管局（厅、委）、机关事务管理局：

为深入贯彻落实《中共中央、国务院关于完整准确全面贯彻新发展理念做好碳达峰碳中和工作的意见》和《2030年前碳达峰行动方案》有关要求，根据碳达峰碳中和工作领导小组部署安排，国家发展改革委、工业和信息化部、住房和城乡建设部、商务部、市场监管总局、国管局、中直管理局会同有关部门研究制定了《促进绿色消费实施方案》。现印发给你们，请结合实际，认真抓好贯彻落实。

国家发展改革委
工业和信息化部
住房和城乡建设部
商务部
市场监管总局
国管局
中直管理局
2022年1月18日

促进绿色消费实施方案

绿色消费是各类消费主体在消费活动全过程贯彻绿色低碳理念的消费行为。近年来，我国促进绿色消费工作取得积极进展，绿色消费理念逐步普及，但绿色消费需求仍待激发和释放，一些领域依然存在浪费和不合理消费，促进绿色消费长效机制尚需完善，绿色消费对经济高质量发展的支撑作用有待进一步提升。促进绿色消费是消费领域的一场深刻变革，必须在消费各领域全周期全链条全体系

深度融入绿色理念，全面促进消费绿色低碳转型升级，这对贯彻新发展理念、构建新发展格局、推动高质量发展、实现碳达峰碳中和目标具有重要作用，意义十分重大。按照《中共中央、国务院关于完整准确全面贯彻新发展理念做好碳达峰碳中和工作的意见》和《2030 年前碳达峰行动方案》有关要求，制定本方案。

一、总体要求

（一）指导思想。 以习近平新时代中国特色社会主义思想为指导，全面贯彻党的十九大和十九届历次全会精神，深入贯彻习近平生态文明思想，落实立足新发展阶段、贯彻新发展理念、构建新发展格局的要求，面向碳达峰、碳中和目标，大力发展绿色消费，增强全民节约意识，反对奢侈浪费和过度消费，扩大绿色低碳产品供给和消费，完善有利于促进绿色消费的制度政策体系和体制机制，推进消费结构绿色转型升级，加快形成简约适度、绿色低碳、文明健康的生活方式和消费模式，为推动高质量发展和创造高品质生活提供重要支撑。

（二）工作原则。 坚持系统推进。全面推动吃、穿、住、行、用、游等各领域消费绿色转型，统筹兼顾消费与生产、流通、回收、再利用各环节顺畅衔接，强化科技、服务、制度、政策等全方位支撑，实现系统化节约减损和节能降碳。

坚持重点突破。牢牢把握目标导向和问题导向，聚焦消费重点领域、重点产品和主要矛盾、突出问题，加强改革创新、攻坚克难和试点示范，鼓励有条件的地区和行业先行先试、探索经验。

坚持社会共治。充分发挥市场机制作用，更好发挥政府作用，着力调动社会各方面积极性主动性创造性，努力形成政府大力促进、企业积极自律、社会全面协同、公众广泛参与的共治格局，凝聚工作合力，形成全社会共同参与的良好风尚。

坚持激励约束并举。紧扣绿色低碳目标，深化完善消费领域相关法律、标准、统计等制度体系，优化创新财政、金融、价格、信用、监管等政策措施，形成有效激励约束机制。

（三）主要目标。 到 2025 年，绿色消费理念深入人心，奢侈浪费得到有效遏制，绿色低碳产品市场占有率大幅提升，重点领域消费绿色转型取得明显成效，绿色消费方式得到普遍推行，绿色低碳循环发展的消费体系初步形成。

到 2030 年，绿色消费方式成为公众自觉选择，绿色低碳产品成为市场主流，重点领域消费绿色低碳发展模式基本形成，绿色消费制度政策体系和体制机制基本健全。

二、全面促进重点领域消费绿色转型

（四）加快提升食品消费绿色化水平。 完善粮食、蔬菜、水果等农产品生产、储存、运输、加工标准，加强节约减损管理，提升加工转化率。大力推广绿色有机食品、农产品。引导消费者树立文明健康的食品消费观念，合理、适度采购、储存、制作食品和点餐、用餐。建立健全餐饮行业相关标准和服务规范，鼓励"种植基地＋中央厨房"等新模式发展，督促餐饮企业、餐饮外卖平台落实好反食品浪费的法律法规和要求，推动餐饮持续向绿色、健康、安全和规模化、标准化、规范化发展。加强对食品生产经营者反食品浪费情况的监督。推动各类机关、企事业单位、学校等建立健全食堂用餐管理制度，制定实施防止食品浪费措施。加强接待、会议、培训等活动的用餐管理，杜绝用餐浪费，机关事业单位要带头落实。深入开展"光盘"等粮食节约行动。推进厨余垃圾回收处置和资源化利用。加强食品绿色消费领域科学研究和平台支撑。把节粮减损、文明餐桌等要求融入市民公约、村规民约、行业规范等。（国家发展改革委、教育部、工业和信息化部、民政部、农业农村部、商务部、国务院国资委、市场监管总局、国家粮食和储备局等部门按职责分工负责）

（五）鼓励推行绿色衣着消费。 推广应用绿色纤维制备、高效节能印染、废旧纤维循环利用等装备和技术，提高循环再利用化学纤维等绿色纤维使用比例，提供更多符合绿色低碳要求的服装。推动各类机关、企事业单位、学校等更多采购具有绿色低碳相关认证标识的制服、校服。倡导消费者理性消费，按照实际需要合理、适度购买衣物。规范旧衣公益捐赠，鼓励企业和居民通过慈善组织向有需要的困难群众依法捐赠合适的旧衣物。鼓励单位、小区、服装店等合理布局旧衣回收点，强化再利用。支持开展废旧纺织品服装综合利用示范基地建设。（国家发展改革委、教育部、工业和信息化部、民政部、住房和城乡建设部、商务部、国务院国资委等部门按职责分工负责）

（六）积极推广绿色居住消费。加快发展绿色建造。推动绿色建筑、低碳建筑规模化发展，将节能环保要求纳入老旧小区改造。推进农房节能改造和绿色农房建设。因地制宜推进清洁取暖设施建设改造。全面推广绿色低碳建材，推动建筑材料循环利用，鼓励有条件的地区开展绿色低碳建材下乡活动。大力发展绿色家装。鼓励使用节能灯具、节能环保灶具、节水马桶等节能节水产品。倡导合理控制室内温度、亮度和电器设备使用。持续推进农村地区清洁取暖，提升农村用能电气化水平，加快生物质能、太阳能等可再生能源在农村生活中的应用。（国家发展改革委、工业和信息化部、自然资源部、住房和城乡建设部、农业农村部、市场监管总局、国家能源局等部门按职责分工负责）

（七）大力发展绿色交通消费。大力推广新能源汽车，逐步取消各地新能源车辆购买限制，推动落实免限行、路权等支持政策，加强充换电、新型储能、加氢等配套基础设施建设，积极推进车船用LNG发展。推动开展新能源汽车换电模式应用试点工作，有序开展燃料电池汽车示范应用。深入开展新能源汽车下乡活动，鼓励汽车企业研发推广适合农村居民出行需要、质优价廉、先进适用的新能源汽车，推动健全农村运维服务体系。合理引导消费者购买轻量化、小型化、低排放乘用车。大力推动公共领域车辆电动化，提高城市公交、出租（含网约车）、环卫、城市物流配送、邮政快递、民航机场以及党政机关公务领域等新能源汽车应用占比。深入开展公交都市建设，打造高效衔接、快捷舒适的公共交通服务体系，进一步提高城市公共汽电车、轨道交通出行占比。鼓励建设行人友好型城市，加强行人步道和自行车专用道等城市慢行系统建设。鼓励共享单车规范发展。（国家发展改革委、工业和信息化部、住房和城乡建设部、交通运输部、商务部、市场监管总局、国家能源局、国家邮政局等部门按职责分工负责）

（八）全面促进绿色用品消费。加强绿色低碳产品质量和品牌建设。鼓励引导消费者更换或新购绿色节能家电、环保家具等家居产品。大力推广智能家电，通过优化开关时间、错峰启停，减少非必要耗能、参与电网调峰。推动电商平台和商场、超市等流通企业设立绿色低碳产品销售专区，在大型促销活动中设置绿色低碳产品专场，积极推广绿色低碳产品。鼓励有条件的地区开展节能家电、智能家电下乡行动。大力发展高质量、高技术、高附加值的绿色低碳产品贸易，积极扩大绿色低碳产品进口。推进过度包装治理，推动生产经营者遵守限制商品过度包装的强制性标准，实施减色印刷，逐步实现商品包装绿色化、减量化和循环化。建立健全一次性塑料制品使用、回收情况报告制度，督促指导商品零售场所开办单位、电子商务平台企业、快递企业和外卖企业等落实主体责任。（国家发展改革委、工业和信息化部、商务部、市场监管总局、国家邮政局等部门按职责分工负责）

（九）有序引导文化和旅游领域绿色消费。制定大型活动绿色低碳展演指南，引导优先使用绿色环保型展台、展具和展装，加强绿色照明等节能技术在灯光舞美领域应用，大幅降低活动现场声光电和物品的污染、消耗。完善机场、车站、码头等游客集聚区域与重点景区景点交通转换条件，推进骑行专线、登山步道等建设，鼓励引导游客采取步行、自行车和公共交通等低碳出行方式。将绿色设计、节能管理、绿色服务等理念融入景区运营，降低对资源和环境消耗，实现景区资源高效、循环利用。促进乡村旅游消费健康发展，严格限制林区耕地湿地等占用和过度开发，保护自然碳汇。制定发布绿色旅游消费公约或指南，加强公益宣传，规范引导景区、旅行社、游客等践行绿色旅游消费。（国家发展改革委、自然资源部、生态环境部、交通运输部、商务部、文化和旅游部等部门按职责分

工负责）

（十）**进一步激发全社会绿色电力消费潜力。**落实新增可再生能源和原料用能不纳入能源消费总量控制要求，统筹推动绿色电力交易、绿证交易。引导用户签订绿色电力交易合同，并在中长期交易合同中单列。鼓励行业龙头企业、大型国有企业、跨国公司等消费绿色电力，发挥示范带动作用，推动外向型企业较多、经济承受能力较强的地区逐步提升绿色电力消费比例。加强高耗能企业使用绿色电力的刚性约束，各地可根据实际情况制定高耗能企业电力消费中绿色电力最低占比。各地应组织电网企业定期梳理、公布本地绿色电力时段分布，有序引导用户更多消费绿色电力。在电网保供能力许可的范围内，对消费绿色电力比例较高的用户在实施需求侧管理时优先保障。建立绿色电力交易与可再生能源消纳责任权重挂钩机制，市场化用户通过购买绿色电力或绿证完成可再生能源消纳责任权重。加强与碳排放权交易的衔接，结合全国碳市场相关行业核算报告技术规范的修订完善，研究在排放量核算中将绿色电力相关碳排放量予以扣减的可行性。持续推动智能光伏创新发展，大力推广建筑光伏应用，加快提升居民绿色电力消费占比。（国家发展改革委、工业和信息化部、生态环境部、住房和城乡建设部、国务院国资委、国家能源局等部门按职责分工负责）

（十一）**大力推进公共机构消费绿色转型。**推动国家机关、事业单位、团体组织类公共机构率先采购使用新能源汽车，新建和既有停车场配备电动汽车充电设施或预留充电设施安装条件。积极推行绿色办公，提高办公设备和资产使用效率，鼓励无纸化办公和双面打印，鼓励使用再生制品。严格执行党政机关厉行节约反对浪费条例，确保各类公务活动规范开支，提高视频会议占比，严格公务用车管理。鼓励和推动文明、节俭举办活动。（国家发展改革委、财政部、住房和城乡建设部、国管局等部门按职责分工负责）

三、强化绿色消费科技和服务支撑

（十二）**推广应用先进绿色低碳技术。**引导企业提升绿色创新水平，积极研发和引进先进适用的绿色低碳技术，大力推行绿色设计和绿色制造，生产更多符合绿色低碳要求、生态环境友好、应用前景广阔的新产品新设备，扩大绿色低碳产品供给。推广低挥发性有机物含量产品生产、使用。加强低碳零碳负碳技术、智能技术、数字技术等研发推广和转化应用，提升餐饮、居住、交通、物流和商品生产等领域智慧化水平和运行效率。（国家发展改革委、科技部、工业和信息化部、生态环境部、住房和城乡建设部、交通运输部、商务部、国家邮政局等部门按职责分工负责）

（十三）**推动产供销全链条衔接畅通。**推行涵盖上下游各主体、产供销各环节的全生命周期绿色供应链制度体系，推动电子商务、商贸流通等绿色创新和转型，带动上游供应商和服务商生产领域绿色化改造，鼓励下游企业、商户和居民自觉开展绿色采购，激发全社会生产和消费绿色低碳产品和服务的内生动力。鼓励国有企业率先推进绿色供应链转型。（国家发展改革委、工业和信息化部、商务部、国务院国资委等部门按职责分工负责）

（十四）**加快发展绿色物流配送。**积极推广绿色快递包装，引导电商企业、快递企业优先选购使用获得绿色认证的快递包装产品，促进快递包装绿色转型。鼓励企业使用商品和物流一体化包装，更多采用原箱发货，大幅减少物流环节二次包装。推广应用低克重高强度快递包装纸箱、免胶纸箱、可循环配送箱等快递包装新产品，鼓励通过包装结构优化减少填充物使用。加快城乡物流配送体系和快递公共末端设施建设，完善农村配送网络，创新绿色低碳、集约高效的配送模式，大力发展集中配送、共同配送、夜间配送。（国家发展改革委、交通运输部、商务部、市场监管总局、国家邮政局等部门按职责分工负责）

（十五）**拓宽闲置资源共享利用和二手交易渠道。**有序发展出行、住宿、货运等领域共享经济，鼓励闲置物品共享交换。积极发展二手车经销业务，推动落实全面取消二手车限迁政策，进一步扩大二手车流通。积极发展家电、消费电子产品和服装等二手交易，优化交易环境。允许有条件的地区在社区周边空闲土地或划定的特定空间有序发展旧货市场，鼓励社区定期组织二手商品交易活动，促进辖区内居民家庭闲置物品交易和流通。规范开展二手商品在线交易，加强信用和监管体系建设，完善交易纠纷解决规则。鼓励二手检测中心、第三方评测实验室等配套发展。（国家发展改革委、公安部、自然资源部、交通运输部、商务部、市场监管总局等部门按职责分工负责）

（十六）**构建废旧物资循环利用体系**。将废旧物资回收设施、报废机动车回收拆解经营场地等纳入相关规划，保障合理用地需求，统筹推进废旧物资回收网点与生活垃圾分类网点"两网融合"，合理布局、规范建设回收网络体系。放宽废旧物资回收车辆进城、进小区限制并规范管理，保障合理路权。积极推行"互联网+回收"模式。加强废旧家电、消费电子等耐用消费品回收处理，鼓励家电生产企业开展回收目标责任制行动。因地制宜完善乡村回收网络，推动城乡废旧物资循环利用体系一体化发展。推动再生资源规模化、规范化、清洁化利用，促进再生资源产业集聚发展。加强废弃电器电子产品、报废机动车、报废船舶、废铅蓄电池等拆解利用企业规范管理和环境监管，依法查处违法违规行为。稳步推进"无废城市"建设。（国家发展改革委、工业和信息化部、公安部、自然资源部、生态环境部、住房和城乡建设部、农业农村部、商务部等部门按职责分工负责）

四、建立健全绿色消费制度保障体系

（十七）**加快健全法律制度**。研究论证绿色消费相关法律法规，倡导遵循减量化、再利用、资源化三原则，清晰界定围绕绿色消费所进行的采购、制造、流通、使用、回收、处理等各环节要求，明确政府、企业、社会组织、消费者等各主体责任义务。推进修订《招标投标法》和《政府采购法》，完善绿色采购政策。（国家发展改革委、工业和信息化部、司法部、财政部、商务部等部门按职责分工负责）

（十八）**优化完善标准认证体系**。进一步完善并强化绿色低碳产品和服务标准、认证、标识体系，加强与国际标准衔接，大力提升绿色标识产品和绿色服务市场认可度和质量效益。健全绿色能源消费认证标识制度，引导提高绿色能源在居住、交通、公共机构等终端能源消费中的比重。完善绿色设计和绿色制造标准体系，加快节能标准更新升级，提升重点产品能耗限额要求，大力淘汰低能效产品。制定重点行业和产品温室气体排放标准，探索建立重点产品全生命周期碳足迹标准。制修订工业原辅材料和居民消费品挥发性有机物限量标准。完善并落实好水效等"领跑者"制度和标准，引领带动产品和服务持续提升绿色化水平。（国家发展改革委、工业和信息化部、生态环境部、农业农村部、商务部、市场监管总局、国家能源局等部门按职责分工负责）

（十九）**探索建立统计监测评价体系**。探索建立绿色消费统计制度，加强对绿色消费的数据收集、统计监测和分析预测。研究建立综合与分类相结合的绿色消费指数和评价指标体系，科学评价不同地区、不同领域绿色消费水平和发展变化情况。（国家发展改革委、国家统计局等部门按职责分工负责）

（二十）**推动建立绿色消费信息平台**。探索搭建专门性的绿色消费指导机构和全国统一的绿色消费信息平台，统筹指导并定期发布绿色低碳产品清单和购买指南，提高绿色低碳产品生产和消费透明度，引导并便利机构、消费者等选择和采购。（国家发展改革委、商务部、市场监管总局等部门按职责分工负责）

五、完善绿色消费激励约束政策

（二十一）**增强财政支持精准性**。完善政府绿色采购标准，加大绿色低碳产品采购力度，扩大绿色低碳产品采购范围，提升绿色低碳产品在政府采购中的比例。落实和完善资源综合利用税收优惠政策，更好发挥税收对市场主体绿色低碳发展的促进作用。鼓励有条件的地区对智能家电、绿色建材、节能低碳产品等消费品予以适当补贴或贷款贴息。（国家发展改革委、工业和信息化部、财政部、商务部、税务总局等部门按职责分工负责）

（二十二）**加大金融支持力度。**引导银行保险机构规范发展绿色消费金融服务，推动消费金融公司绿色业务发展，为生产、销售、购买绿色低碳产品的企业和个人提供金融服务，提升金融服务的覆盖面和便利性。稳步扩大绿色债券发行规模，鼓励金融机构和非金融企业发行绿色债券，更好地为绿色低碳技术产品认证和推广等提供服务支持。鼓励社会资本以市场化方式设立绿色消费相关基金。鼓励开发新能源汽车保险产品，鼓励保险公司为绿色建筑提供保险保障。（国家发展改革委、财政部、人民银行、银保监会、证监会等部门按职责分工负责）

（二十三）**充分发挥价格机制作用。**进一步完善居民用水、用电、用气阶梯价格制度。完善分时电价政策，有效拉大峰谷价差和浮动幅度，引导用户错峰储能和用电。逐步扩大新能源车和传统燃料车辆使用成本梯度。完善城市公共交通运输价格形成机制，综合考虑城市承载能力、企业运营成本和交通供求状况，建立多层次、差别化的价格体系，增强公共交通吸引力。探索实行有利于缓解城市交通拥堵、有效促进公共交通优先发展的停车收费政策。建立健全餐饮企业厨余垃圾计量收费机制，逐步实行超定额累进加价。建立健全城镇生活垃圾处理收费制度，逐步实行分类计价和计量收费。鼓励有条件的地方建立农村生活污水和生活垃圾处理收费制度。（国家发展改革委牵头，工业和信息化部、生态环境部、住房和城乡建设部、交通运输部、农业农村部、国家能源局等部门按职责分工负责）

（二十四）**推广更多市场化激励措施。**探索实施全国绿色消费积分制度，鼓励地方结合实际建立本地绿色消费积分制度，以兑换商品、折扣优惠等方式鼓励绿色消费。鼓励各类销售平台制定绿色低碳产品消费激励办法，通过发放绿色消费券、绿色积分、直接补贴、降价降息等方式激励绿色消费。鼓励行业协会、平台企业、制造企业、流通企业等共同发起绿色消费行动计划，推出更丰富的绿色低碳产品和绿色消费场景。鼓励市场主体通过以旧换新、抵押金等方式回收废旧物品。（国家发展改革委、工业和信息化部、商务部、市场监管总局等部门按职责分工负责）

（二十五）**强化对违法违规等行为处罚约束。**发展针对绿色低碳产品的质量安全责任保障，严厉打击虚标绿色低碳产品行为，有关行政处罚等信息纳入全国信用信息共享平台和国家企业信用信息公示系统。严格依法处罚生产、销售列入淘汰名录的产品、设备行为。完善短视频直播、直播带货等网络直播标准，进一步规范直播行为，严厉打击虚假广告、虚假宣传、数据流量造假等违法违规和不良行为，禁止欺骗、误导消费者消费，遏制诱导消费者过度消费，倡导理性、健康的直播文化。（中央网信办、国家发展改革委、工业和信息化部、商务部、市场监管总局、广电总局等部门按职责分工负责）

六、组织实施

（二十六）**加强组织领导。**把加强党的全面领导贯穿促进绿色消费各方面和全过程。各地区要切实承担主体责任，结合实际抓紧抓好贯彻落实，不断完善体制机制和政策支持体系。各有关部门要积极按照职能分工加强协同配合，努力形成政策和工作合力，扎实推进各项任务。国家发展改革委要加强统筹协调和督促指导，充分发挥完善促进消费体制机制部际联席会议制度作用，会同相关部门统筹推进本方案组织实施。（国家发展改革委等有关部门按职责分工负责）

（二十七）**开展试点示范。**组织开展促进绿色消费试点示范工作，鼓励具备条件的重点地区、重点行业、重点企业先行先试、走在前列，积极探索有效模式和有益经验。广泛开展创建节约型机关、绿色家庭、绿色社区、绿色出行等行动。（国家发展改革委、民政部、住房和城乡建设部、交通运输部、国管局、中直管理局、全国妇联等部门按职责分工负责）

（二十八）**强化宣传教育。**弘扬勤俭节约等中华优秀传统文化，培育全民绿色消费意识和习惯，厚植绿色消费社会文化基础。推进绿色消费宣传教育进机关、进学校、进企业、进社区、进农村、进家庭，引导职工、学生和居民开展节粮、节水、节电、绿色出行、绿色购物等绿色消费实践。综合运用报纸、电视、广播、网络、微博、微信等各类媒介，探索采取群众喜闻乐见的形式，加大绿色消费公益宣传，及时、准确、生动地向社会公众和企业做好政策宣传解读，切实提高政策知晓度。（中央宣传部、国家发展改革委、教育部、民政部、农业农村部、商务部、国务院国资委、市场监管总局、广电总局、国管局、中直管理局、全国总工会、全国妇联等部门按职责分工负责）

（二十九）**注重经验推广。**及时总结推广各地区各有关部门和市场主体促进绿色消费的好经验好做法，探索编制绿色消费发展年度报告。持续开展全国节能宣传周、全国低碳日、六五环境日等活动，鼓励地方政府和社会机构组织举办以绿色消费为主题的论坛、展览等活动，助力绿色消费理念、经验、政策等的研讨、交流与传播，促进绿色低碳产品和服务推广使用。（国家发展改革委、生态环境部等部门按职责分工负责）

来源：国家发改委

（九）2021年我国新能源汽车销量达352.1万辆，同比增长1.6倍——绿色消费需求仍待激发和释放，多部门联合印发实施方案全面促进消费绿色低碳转型

发布时间：2022年2月10日

1. 绿色消费

"双碳"目标的实现对中国经济结构提出新的要求，也对社会公众的消费方式转变提出新的需求。培育绿色理念，促进绿色消费，是推动经济高质量发展的内在要求，对实现碳达峰碳中和目标具有重要意义，也关系到整个生产生活方式的绿色低碳转型。尤其伴随着碳达峰、碳中和目标任务的推进，如何在最日常的生活场景——消费中实现绿色低碳转型，更成为全社会及每一位公民的必答题。

近日，国家发改委、商务部等七部门印发的《促进绿色消费实施方案》（以下简称《实施方案》），对未来5～10年如何推进绿色消费做出部署，提出到2025年，绿色消费理念深入人心，奢侈浪费得到有效遏制，绿色低碳产品市场占有率大幅提升，重点领域消费绿色转型取得明显成效，绿色消费方式得到普遍推行，绿色低碳循环发展的消费体系初步形成。到2030年，绿色消费方式成为公众自觉选择，绿色低碳产品成为市场主流，重点领域消费绿色低碳发展模式基本形成，绿色消费制度政策体系和体制机制基本健全。

2. 新能源汽车保有量占全球一半左右，绿色消费成效显赫

近年来，绿色消费理念在全社会逐步普及，绿色成为社会广泛接受的普遍形态，这得益于我国对发展绿色消费的高度重视，作出了一系列明确部署，取得了一系列成效。

商务部消费促进司副司长王斌说，截至目前，全国已累计创建绿色商场500多家，其中2021年新增将近200家；2021年前三季度，餐饮外卖平台提供小份菜商家同比增长25.4%，购买外卖选择不带餐具人数已超1亿人次。低碳经济形势下，新能源车推广力度不断加大。2021年，我国新能源汽车销量达352.1万辆，同比增长1.6倍。新能源汽车保有量增至784万辆，占我国汽车总量的2.6%，占全球新能源汽车保有量的一半左右。据有关机构测算，相比传统燃油乘用车，现有新能源乘用车每年在

使用环节减少碳排放 1500 万吨左右。同时，二手车交易创历史新高，2021 年交易量为 1758.5 万辆，同比增长 22.6%。截至 2021 年底，全国报废机动车回收企业超过 1000 家，比 2020 年底增长 30%。

市场监管总局认证监管司副司长薄昱民介绍，为科学有效推进绿色产品标准、认证、标识体系建设，市场监管总局出台了 18 项产品评价国家标准，印发了 3 批绿色产品评价标准清单及认证产品目录，将 19 类近 90 种产品纳入认证范围，覆盖有机绿色食品、纺织品、汽车摩托车轮胎、塑料制品、洗涤用品、建材、快递包装、电器电子等产品，颁发统一的绿色产品认证证书 3.4 万余张，获证企业 1.6 万余家。同时，还有涉及单一绿色属性的认证服务，如节能、节水、光伏、风电、环保、循环等认证项目，共颁发证书 18 万余张，获证企业 2 万余家。

国管局公共机构节能管理司司长朱呈义介绍说，截至 2021 年 6 月底，全国约 6.4 万家县级及以上党政机关建成节约型机关，其中，80 家中央国家机关部门本级全部建成节约型机关。

3. 明确四大方面 22 项重点任务，构建完整制度政策体系

"一些领域依然存在浪费和不合理消费的现象，绿色消费需求仍待激发和释放，促进绿色消费的长效机制也需加快构建。"针对当前绿色消费存在的问题，国家发展改革委就业收入分配和消费司副司长常铁威指出。《实施方案》分别从加快提升食品消费绿色化水平、鼓励推行绿色衣着消费、积极推广绿色居住消费、大力发展绿色交通消费等八大重点领域提出了具体措施。同时，系统设计了促进绿色消费的制度政策体系，包括四大方面 22 项重点任务和政策措施。

在全面促进重点领域消费绿色转型方面，提升食品消费绿色化水平，推行绿色衣着消费，推广绿色居住消费，发展绿色交通消费，促进绿色用品消费，引导文化和旅游领域绿色消费，激发全社会绿色电力消费潜力，推进公共机构消费绿色转型等。

在强化绿色消费科技和服务支撑方面，推广应用先进绿色低碳技术，推动产供销全链条衔接畅通，加快发展绿色物流配送，拓宽闲置资源共享利用和二手交易渠道，构建废旧物资循环利用体系等。

在建立健全绿色消费制度保障体系方面，加快健全法律制度，优化完善标准认证体系，探索建立统计监测评价体系，推动建立绿色消费信息平台等。在完善绿色消费激励约束政策方面，增强财政支持精准性，加大金融支持力度，充分发挥价格机制作用，推广更多市场化激励措施，强化对违法违规等行为处罚约束等。

针对《实施方案》的具体落实，国家发展改革委就业收入分配和消费司司长哈增友强调："将聚焦绿色消费重点领域和突出问题，进一步完善相关法律、标准、统计等制度体系，优化创新财税、金融、价格、信用、监管等政策措施，及时形成公平有效的激励约束机制。"

来源：美好产业研究院

（十）能源绿色低碳转型顶层设计出炉，推进交通运输绿色低碳转型

发布时间：2022 年 2 月 10 日

2 月 10 日，国家发展改革委网站消息，国家发展改革委、国家能源局联合印发《关于完善能源绿色低碳转型体制机制和政策措施的意见》（以下简称《意见》），提出"十四五"时期，基本建立推进能源绿色低碳发展的制度框架，形成比较完善的政策、标准、市场和监管体系，构建以能耗"双控"

和非化石能源目标制度为引领的能源绿色低碳转型推进机制。到2030年，基本建立完整的能源绿色低碳发展基本制度和政策体系，形成非化石能源既基本满足能源需求增量又规模化替代化石能源存量、能源安全保障能力得到全面增强的能源生产消费格局。《意见》提出推进交通运输绿色低碳转型，要完善交通运输领域能源清洁替代政策。推进交通运输绿色低碳转型，优化交通运输结构，推行绿色低碳交通设施装备。推行大容量电气化公共交通和电动、氢能、先进生物液体燃料、天然气等清洁能源交通工具，完善充换电、加氢、加气（LNG）站点布局及服务设施，降低交通运输领域清洁能源用能成本。对交通供能场站布局和建设在土地空间等方面予以支持，开展多能融合交通供能场站建设，推进新能源汽车与电网能量互动试点示范，推动车桩、船岸协同发展。对利用铁路沿线、高速公路服务区等建设新能源设施的，鼓励对同一省级区域内的项目统一规划、统一实施、统一核准（备案）。

国家发展改革委 国家能源局关于完善能源绿色低碳转型体制机制和政策措施的意见

发改能源〔2022〕206号各省、自治区、直辖市人民政府，新疆生产建设兵团，国务院有关部门，有关中央企业，有关行业协会：

能源生产和消费相关活动是最主要的二氧化碳排放源，大力推动能源领域碳减排是做好碳达峰碳中和工作，以及加快构建现代能源体系的重要举措。党的十八大以来，各地区、各有关部门围绕能源绿色低碳发展制定了一系列政策措施，推动太阳能、风能、水能、生物质能、地热能等清洁能源开发利用取得了明显成效，但现有的体制机制、政策体系、治理方式等仍然面临一些困难和挑战，难以适应新形势下推进能源绿色低碳转型的需要。为深入贯彻落实《中共中央、国务院关于完整准确全面贯彻新发展理念做好碳达峰碳中和工作的意见》和《2030年前碳达峰行动方案》有关要求，经国务院同意，现就完善能源绿色低碳转型的体制机制和政策措施提出以下意见。

一、总体要求

（一）**指导思想**。以习近平新时代中国特色社会主义思想为指导，全面贯彻党的十九大和十九届历次全会精神，深入贯彻习近平生态文明思想，坚持稳中求进工作总基调，立足新发展阶段，完整、准确、全面贯彻新发展理念，构建新发展格局，深入推动能源消费革命、供给革命、技术革命、体制革命，全方位加强国际合作，从国情实际出发，统筹发展与安全、稳增长和调结构，深化能源领域体制机制改革创新，加快构建清洁低碳、安全高效的能源体系，促进能源高质量发展和经济社会发展全面绿色转型，为科学有序推动如期实现碳达峰、碳中和目标和建设现代化经济体系提供保障。

（二）**基本原则**。——坚持系统观念、统筹推进。加强顶层设计，发挥制度优势，处理好发展和减排、整体和局部、短期和中长期的关系，处理好转型各阶段不同能源品种之间的互补、协调、替代关系，推动煤炭和新能源优化组合，统筹推进全国及各地区能源绿色低碳转型。

——坚持保障安全、有序转型。在保障能源安全的前提下有序推进能源绿色低碳转型，先立后破，坚持全国"一盘棋"，加强转型中的风险识别和管控。在加快形成清洁低碳能源可靠供应能力基础上，逐步对化石能源进行安全可靠替代。

——坚持创新驱动、集约高效。完善能源领域创新体系和激励机制，提升关键核心技术创新能力。贯彻节约优先方针，着力降低单位产出资源消耗和碳排放，增强能源系统运行和资源配置效率，提高经济社会综合效益。加快形成减污降碳的激励约束机制。

——坚持市场主导、政府引导。深化能源领域体制改革，充分发挥市场在资源配置中的决定性作用，构建公平开放、有效竞争的能源市场体系。更好发挥政府作用，在规划引领、政策扶持、市场监管等方面加强引导，营造良好的发展环境。

（三）主要目标。"十四五"时期，基本建立推进能源绿色低碳发展的制度框架，形成比较完善的政策、标准、市场和监管体系，构建以能耗"双控"和非化石能源目标制度为引领的能源绿色低碳转型推进机制。到2030年，基本建立完整的能源绿色低碳发展基本制度和政策体系，形成非化石能源既基本满足能源需求增量又规模化替代化石能源存量、能源安全保障能力得到全面增强的能源生产消费格局。

二、完善国家能源战略和规划实施的协同推进机制

（四）强化能源战略和规划的引导约束作用。以国家能源战略为导向，强化国家能源规划的统领作用，各省（自治区、直辖市）结合国家能源规划部署和当地实际制定本地区能源规划，明确能源绿色低碳转型的目标和任务，在规划编制及实施中加强各能源品种之间、产业链上下游之间、区域之间的协同互济，整体提高能源绿色低碳转型和供应安全保障水平。加强能源规划实施监测评估，健全规划动态调整机制。

（五）建立能源绿色低碳转型监测评价机制。重点监测评价各地区能耗强度、能源消费总量、非化石能源及可再生能源消费比重、能源消费碳排放系数等指标，评估能源绿色低碳转型相关机制、政策的执行情况和实际效果。完善能源绿色低碳发展考核机制，按照国民经济和社会发展规划纲要、年度计划及能源规划等确定的能源相关约束性指标，强化相关考核。鼓励各地区通过区域协作或开展可再生能源电力消纳量交易等方式，满足国家规定的可再生能源消费最低比重等指标要求。

（六）健全能源绿色低碳转型组织协调机制。国家能源委员会统筹协调能源绿色低碳转型相关战略、发展规划、行动方案和政策体系等。建立跨部门、跨区域的能源安全与发展协调机制，协调开展跨省跨区电力、油气等能源输送通道及储备等基础设施和安全体系建设，加强能源领域规划、重大工程与国土空间规划以及生态环境保护等专项规划衔接，及时研究解决实施中的问题。按年度建立能源绿色低碳转型和安全保障重大政策实施、重大工程建设台账，完善督导协调机制。

三、完善引导绿色能源消费的制度和政策体系

（七）完善能耗"双控"和非化石能源目标制度。坚持把节约能源资源放在首位，强化能耗强度降低约束性指标管理，有效增强能源消费总量管理弹性，新增可再生能源和原料用能不纳入能源消费总量控制，合理确定各地区能耗强度降低目标，加强能耗"双控"政策与碳达峰、碳中和目标任务的衔接。逐步建立能源领域碳排放控制机制。制修订重点用能行业单位产品能耗限额强制性国家标准，组织对重点用能企业落实情况进行监督检查。研究制定重点行业、重点产品碳排放核算方法。统筹考虑各地区可再生能源资源状况、开发利用条件和经济发展水平等，将全国可再生能源开发利用中长期总量及最低比重目标科学分解到各省（自治区、直辖市）实施，完善可再生能源电力消纳保障机制。推动地方建立健全用能预算管理制度，探索开展能耗产出效益评价。加强顶层设计和统筹协调，加快建设全国碳排放权交易市场、用能权交易市场、绿色电力交易市场。

（八）建立健全绿色能源消费促进机制。推进统一的绿色产品认证与标识体系建设，建立绿色能源消费认证机制，推动各类社会组织采信认证结果。建立电能替代推广机制，通过完善相关标准等加强对电能替代的技术指导。完善和推广绿色电力证书交易，促进绿色电力消费。鼓励全社会优先使用绿色能源和采购绿色产品及服务，公共机构应当作出表率。各地区应结合本地实际，采用先进能效和绿色能源消费标准，大力宣传节能及绿色消费理念，深入开展绿色生活创建行动。鼓励有条件的地方开展高水平绿色能源消费示范建设，在全社会倡导节约用能。

（九）完善工业领域绿色能源消费支持政策。引导工业企业开展清洁能源替代，降低单位产品碳排放，鼓励具备条件的企业率先形成低碳、零碳能源消费模式。鼓励建设绿色用能产业园区和企业，发展工业绿色微电网，支持在自有场所开发利用清洁低碳能源，建设分布式清洁能源和智慧能源系

统,对余热余压余气等综合利用发电减免交叉补贴和系统备用费,完善支持自发自用分布式清洁能源发电的价格政策。在符合电力规划布局和电网安全运行条件的前提下,鼓励通过创新电力输送及运行方式实现可再生能源电力项目就近向产业园区或企业供电,鼓励产业园区或企业通过电力市场购买绿色电力。鼓励新兴重点用能领域以绿色能源为主满足用能需求并对余热余压余气等进行充分利用。

（十）**完善建筑绿色用能和清洁取暖政策。**提升建筑节能标准,推动超低能耗建筑、低碳建筑规模化发展,推进和支持既有建筑节能改造,积极推广使用绿色建材,健全建筑能耗限额管理制度。完善建筑可再生能源应用标准,鼓励光伏建筑一体化应用,支持利用太阳能、地热能和生物质能等建设可再生能源建筑供能系统。在具备条件的地区推进供热计量改革和供热设施智能化建设,鼓励按热量收费,鼓励电供暖企业和用户通过电力市场获得低谷时段低价电力,综合运用峰谷电价、居民阶梯电价和输配电价机制等予以支持。落实好支持北方地区农村冬季清洁取暖的供气价格政策。

（十一）**完善交通运输领域能源清洁替代政策。**推进交通运输绿色低碳转型,优化交通运输结构,推行绿色低碳交通设施装备。推行大容量电气化公共交通和电动、氢能、先进生物液体燃料、天然气等清洁能源交通工具,完善充换电、加氢、加气（LNG）站点布局及服务设施,降低交通运输领域清洁能源用能成本。对交通供能场站布局和建设在土地空间等方面予以支持,开展多能融合交通供能场站建设,推进新能源汽车与电网能量互动试点示范,推动车桩、船岸协同发展。对利用铁路沿线、高速公路服务区等建设新能源设施的,鼓励对同一省级区域内的项目统一规划、统一实施、统一核准（备案）。

四、建立绿色低碳为导向的能源开发利用新机制

（十二）**建立清洁低碳能源资源普查和信息共享机制。**结合资源禀赋、土地用途、生态保护、国土空间规划等情况,以市（县）级行政区域为基本单元,全面开展全国清洁低碳能源资源详细勘查和综合评价,精准识别可开发清洁低碳能源资源并进行数据整合,完善并动态更新全国清洁低碳能源资源数据库。加强与国土空间基础信息平台的衔接,及时将各类清洁低碳能源资源分布等空间信息纳入同级国土空间基础信息平台和国土空间规划"一张图",并以适当方式与地方各级政府、企业、行业协会和研究机构等共享。提高可再生能源相关气象观测、资源评价以及预测预报技术能力,为可再生能源资源普查、项目开发和电力系统运行提供支撑。构建国家能源基础信息及共享平台,整合能源全产业链信息,推动能源领域数字经济发展。

（十三）**推动构建以清洁低碳能源为主体的能源供应体系。**以沙漠、戈壁、荒漠地区为重点,加快推进大型风电、光伏发电基地建设,对区域内现有煤电机组进行升级改造,探索建立送受两端协同为新能源电力输送提供调节的机制,支持新能源电力能建尽建、能并尽并、能发尽发。各地区按照国家能源战略和规划及分领域规划,统筹考虑本地区能源需求和清洁低碳能源资源等情况,在省级能源规划总体框架下,指导并组织制定市（县）级清洁低碳能源开发利用、区域能源供应相关实施方案。各地区应当统筹考虑本地区能源需求及可开发资源量等,按就近原则优先开发利用本地清洁低碳能源资源,根据需要积极引入区域外的清洁低碳能源,形成优先通过清洁低碳能源满足新增用能需求并逐渐替代存量化石能源的能源生产消费格局。鼓励各地区建设多能互补、就近平衡、以清洁低碳能源为主体的新型能源系统。

（十四）**创新农村可再生能源开发利用机制。**在农村地区优先支持屋顶分布式光伏发电以及沼气发电等生物质能发电接入电网,电网企业等应当优先收购其发电量。鼓励利用农村地区适宜分散开发风电、光伏发电的土地,探索统一规划、分散布局、农企合作、利益共享的可再生能源项目投资经营模式。鼓励农村集体经济组织依法以土地使用权入股、联营等方式与专业化企业共同投资经营可再生能源发电项目,鼓励金融机构按照市场化、法治化原则为可再生能源发电项目提供融资支持。加大

对农村电网建设的支持力度,组织电网企业完善农村电网。加强农村电网技术、运行和电力交易方式创新,支持新能源电力就近交易,为农村公益性和生活用能以及乡村振兴相关产业提供低成本绿色能源。完善规模化沼气、生物天然气、成型燃料等生物质能和地热能开发利用扶持政策和保障机制。

（十五）建立清洁低碳能源开发利用的国土空间管理机制。围绕做好碳达峰碳中和工作,统筹考虑清洁低碳能源开发以及能源输送、储存等基础设施用地用海需求。完善能源项目建设用地分类指导政策,调整优化可再生能源开发用地用海要求,制定利用沙漠、戈壁、荒漠土地建设可再生能源发电工程的土地支持政策,完善核电、抽水蓄能厂（场）址保护制度并在国土空间规划中予以保障,在国土空间规划中统筹考虑输电通道、油气管道走廊用地需求,建立健全土地相关信息共享与协同管理机制。严格依法规范能源开发涉地（涉海）税费征收。符合条件的海上风电等可再生能源项目可按规定申请减免海域使用金。鼓励在风电等新能源开发建设中推广应用节地技术和节地模式。

五、完善新型电力系统建设和运行机制

（十六）加强新型电力系统顶层设计。推动电力来源清洁化和终端能源消费电气化,适应新能源电力发展需要制定新型电力系统发展战略和总体规划,鼓励各类企业等主体积极参与新型电力系统建设。对现有电力系统进行绿色低碳发展适应性评估,在电网架构、电源结构、源网荷储协调、数字化智能化运行控制等方面提升技术和优化系统。加强新型电力系统基础理论研究,推动关键核心技术突破,研究制定新型电力系统相关标准。推动互联网、数字化、智能化技术与电力系统融合发展,推动新技术、新业态、新模式发展,构建智慧能源体系。加强新型电力系统技术体系建设,开展相关技术试点和区域示范。

（十七）完善适应可再生能源局域深度利用和广域输送的电网体系。整体优化输电网络和电力系统运行,提升对可再生能源电力的输送和消纳能力。通过电源配置和运行优化调整尽可能增加存量输电通道输送可再生能源电量,明确最低比重指标并进行考核。统筹布局以送出可再生能源电力为主的大型电力基地,在省级电网及以上范围优化配置调节性资源。完善相关省（自治区、直辖市）政府间协议与电力市场相结合的可再生能源电力输送和消纳协同机制,加强省际、区域间电网互联互通,进一步完善跨省跨区电价形成机制,促进可再生能源在更大范围消纳。大力推进高比例容纳分布式新能源电力的智能配电网建设,鼓励建设源网荷储一体化、多能互补的智慧能源系统和微电网。电网企业应提升新能源电力接纳能力,动态公布经营区域内可接纳新能源电力的容量信息并提供查询服务,依法依规将符合规划和安全生产条件的新能源发电项目和分布式发电项目接入电网,做到应并尽并。

（十八）健全适应新型电力系统的市场机制。建立全国统一电力市场体系,加快电力辅助服务市场建设,推动重点区域电力现货市场试点运行,完善电力中长期、现货和辅助服务交易有机衔接机制,探索容量市场交易机制,深化输配电等重点领域改革,通过市场化方式促进电力绿色低碳发展。完善有利于可再生能源优先利用的电力交易机制,开展绿色电力交易试点,鼓励新能源发电主体与电力用户或售电公司等签订长期购售电协议。支持微电网、分布式电源、储能和负荷聚合商等新兴市场主体独立参与电力交易。积极推进分布式发电市场化交易,支持分布式发电（含电储能、电动车船等）与同一配电网内的电力用户通过电力交易平台就近进行交易,电网企业（含增量配电网企业）提供输电、计量和交易结算等技术支持,完善支持分布式发电市场化交易的价格政策及市场规则。完善支持储能应用的电价政策。

（十九）完善灵活性电源建设和运行机制。全面实施煤电机组灵活性改造,完善煤电机组最小出力技术标准,科学核定煤电机组深度调峰能力;因地制宜建设既满足电力运行调峰需要、又对天然气消费季节差具有调节作用的天然气"双调峰"电站;积极推动流域控制性调节水库建设和常规水电站扩机增容,加快建设抽水蓄能电站,探索中小型抽水蓄能技术应用,推行梯级水电储能;发挥太阳能热发电的调节作用，开展废弃矿井改造储能等新型储能项目研究示范，逐步扩大新型储能应用。全面推进企业自备电厂参与电力系统调节，鼓励工业企业发挥自备电厂调节能力就近利用新能源。完善支持灵活性煤电机组、天然气调峰机组、水电、太阳能热发电和储能等调节性电源运行的价格补偿机制。鼓励新能源发电基地提升自主调节能力，探索一体化参与电力系统运行。完善抽水蓄能、新型储能参与电力市场的机制，更好发挥相关设施调节作用。

（二十）**完善电力需求响应机制。**推动电力需求响应市场化建设，推动将需求侧可调节资源纳入电力电量平衡，发挥需求侧资源削峰填谷、促进电力供需平衡和适应新能源电力运行的作用。拓宽电力需求响应实施范围，通过多种方式挖掘各类需求侧资源并组织其参与需求响应，支持用户侧储能、电动汽车充电设施、分布式发电等用户侧可调节资源，以及负荷聚合商、虚拟电厂运营商、综合能源服务商等参与电力市场交易和系统运行调节。明确用户侧储能安全发展的标准要求，加强安全监管。加快推进需求响应市场化建设，探索建立以市场为主的需求响应补偿机制。全面调查评价需求响应资源并建立分级分类清单，形成动态的需求响应资源库。

（二十一）**探索建立区域综合能源服务机制。**探索同一市场主体运营集供电、供热（供冷）、供气为一体的多能互补、多能联供区域综合能源系统，鼓励地方采取招标等竞争性方式选择区域综合能源服务投资经营主体。鼓励增量配电网通过拓展区域内分布式清洁能源、接纳区域外可再生能源等提高清洁能源比重。公共电网企业、燃气供应企业应为综合能源服务运营企业提供可靠能源供应，并做好配套设施运行衔接。鼓励提升智慧能源协同服务水平，强化共性技术的平台化服务及商业模式创新，充分依托已有设施，在确保能源数据信息安全的前提下，加强数据资源开放共享。

六、完善化石能源清洁高效开发利用机制

（二十二）**完善煤炭清洁开发利用政策。**立足以煤为主的基本国情，按照能源不同发展阶段，发挥好煤炭在能源供应保障中的基础作用。建立煤矿绿色发展长效机制，优化煤炭产能布局，加大煤矿"上大压小、增优汰劣"力度，大力推动煤炭清洁高效利用。制定矿井优化系统支持政策，完善绿色智能煤矿建设标准体系，健全煤矿智能化技术、装备、人才发展支持政策体系。完善煤矸石、矿井水、煤矿井下抽采瓦斯等资源综合利用及矿区生态治理与修复支持政策，加大力度支持煤矿充填开采技术推广应用，鼓励利用废弃矿区开展新能源及储能项目开发建设。依法依规加快办理绿色智能煤矿等优质产能和保供煤矿的环保、用地、核准、采矿等相关手续。科学评估煤炭企业产量减少和关闭退出的影响，研究完善煤炭企业退出和转型发展以及从业人员安置等扶持政策。

（二十三）**完善煤电清洁高效转型政策。**在电力安全保供的前提下，统筹协调有序控煤减煤，推动煤电向基础保障性和系统调节性电源并重转型。按照电力系统安全稳定运行和保供需要，加强煤电机组与非化石能源发电、天然气发电及储能的整体协同。推进煤电机组节能提效、超低排放升级改造，根据能源发展和安全保供需要合理建设先进煤电机组。充分挖掘现有大型热电联产企业供热潜力，鼓励在合理供热半径内的存量凝汽式煤电机组实施热电联产改造，在允许燃煤供热的区域鼓励建设燃煤背压供热机组，探索开展煤电机组抽汽蓄能改造。有序推动落后煤电机组关停整合，加大燃煤锅炉淘汰力度。原则上不新增企业燃煤自备电厂，推动燃煤自备机组公平承担社会责任，加大燃煤自备机组节能减排力度。支持利用退役火电机组的既有厂址和相关设施建设新型储能设施或改造为同步调相机。完善火电领域二氧化碳捕集利用与封存技术研发和试验示范项目支持政策。

（二十四）**完善油气清洁高效利用机制。**提升油气田清洁高效开采能力，推动炼化行业转型升级，加大减污降碳协同力度。完善油气与地热能以及风能、太阳能等能源资源协同开发机制，鼓励油气企业利用自有建设用地发展可再生能源和建设分布式能源设施，在油气田区域内建设多能融合的区域供能系统。持续推动油气管网公平开放并完善接入标准，梳理天然气供气环节并减少供气层级，在满足安全和质量标准等前提下，支持生物燃料乙醇、生物柴油、生物天然气等清洁燃料接入油气管网，探索输气管道掺氢输送、纯氢管道输送、液氢运输等高效输氢方式。鼓励传统加油站、加气站建设油气电氢一体化综合交通能源服务站。加强二氧化碳捕集利用与封存技术推广示范，扩大二氧化碳驱油技术应用，探索利用油气开采形成地下空间封存二氧化碳。

七、健全能源绿色低碳转型安全保供体系

（二十五）**健全能源预测预警机制。**加强全国以及分级分类的能源生产、供应和消费信息系统建设，建立跨部门跨区域能源安全监测预警机制，各省（自治区、直辖市）要建立区域能源综合监测体系，电网、油气管网及重点能源供应企业要完善经营区域能源供应监测平台并及时向主管部门报送相关信息。加强能源预测预警的监测评估能力建设，建立涵盖能源、应急、气象、水利、地质等部门的极端天气联合应对机制，提高预测预判和灾害防御能力。健全能源供应风险应对机制，完善极端情况下能源供应应急预案和应急状态下的协同调控机制。

（二十六）**构建电力系统安全运行和综合防御体系。**各类发电机组运行要严格遵守《电网调度管理条例》等法律法规和技术规范，建立煤电机组退出审核机制，承担支持电力系统运行和保供任务的煤电机组未经许可不得退出运行，可根据机组性能和电力系统运行需要经评估后转为应急备用机组。建立各级电力规划安全评估制度，健全各类电源并网技术标准，从源头管控安全风险。完善电力电量平衡管理，制定年度电力系统安全保供方案。建立电力企业与燃料供应企业、管输企业的信息共享与应急联动机制，确保极端情况下能源供应。建立重要输电通道跨部门联防联控机制，提升重要输电通道运行安全保障能力。建立完善负荷中心和特大型城市应急安全保障电源体系。完善电力监控系统安全防控体系，加强电力行业关键信息基础设施安全保护。严格落实地方政府、有关电力企业的电力安全生产和供应保障主体责任，统筹协调推进电力应急体系建设，强化新型储能设施等安全事故防范和处置能力，提升本质安全水平。健全电力应急保障体系，完善电力应急制度、标准和预案。

（二十七）**健全能源供应保障和储备应急体系。**统筹能源绿色低碳转型和能源供应安全保障，提高适应经济社会发展以及各种极端情况的能源供应保障能力，优化能源储备设施布局，完善煤电油气供应保障协调机制。加快形成政府储备、企业社会责任储备和生产经营库存有机结合、互为补充，实物储备、产能储备和其他储备方式相结合的石油储备体系。健全煤炭产品、产能储备和应急储备制度，完善应急调峰产能、可调节库存和重点电厂煤炭储备机制，建立以企业为主体、市场化运作的煤炭应急储备体系。建立健全地方政府、供气企业、管输企业、城镇燃气企业各负其责的多层次天然气储气调峰和应急体系。制定煤制油气技术储备支持政策。完善煤炭、石油、天然气产供储销体系，探索建立氢能产供储销体系。按规划积极推动流域龙头水库电站建设，提升水库储能、运行调节和应急调用能力。

八、建立支撑能源绿色低碳转型的科技创新体系

（二十八）**建立清洁低碳能源重大科技协同创新体系。**建设并发挥好能源领域国家实验室作用，形成以国家战略科技力量为引领、企业为主体、市场为导向、产学研用深度融合的能源技术创新体系，加快突破一批清洁低碳能源关键技术。支持行业龙头企业联合高等院校、科研院所和行业上下游企业共建国家能源领域研发创新平台，推进各类科技力量资源共享和优化配置。围绕能源领域相关基础零部件及元器件、基础软件、基础材料、基础工艺等关键技术开展联合攻关，实施能源重大科技协同创新研究。加强新型储能相关安全技术研发，完善设备设施、规划布局、设计施工、安全运行等方面技术标准规范。

（二十九）**建立清洁低碳能源产业链供应链协同创新机制。**推动构建以需求端技术进步为导向，产学研用深度融合、上下游协同、供应链协作的清洁低碳能源技术创新促进机制。依托大型新能源基

地等重大能源工程，推进上下游企业协同开展先进技术装备研发、制造和应用，通过工程化集成应用形成先进技术及产业化能力。加快纤维素等非粮生物燃料乙醇、生物航空煤油等先进可再生能源燃料关键技术协同攻关及产业化示范。推动能源电子产业高质量发展，促进信息技术及产品与清洁低碳能源融合创新，加快智能光伏创新升级。依托现有基础完善清洁低碳能源技术创新服务平台，推动研发设计、计量测试、检测认证、知识产权服务等科技服务业与清洁低碳能源产业链深度融合。建立清洁低碳能源技术成果评价、转化和推广机制。

（三十）**完善能源绿色低碳转型科技创新激励政策。**探索以市场化方式吸引社会资本支持资金投入大、研究难度高的战略性清洁低碳能源技术研发和示范项目。采取"揭榜挂帅"等方式组织重大关键技术攻关，完善支持首台（套）先进重大能源技术装备示范应用的政策，推动能源领域重大技术装备推广应用。强化国有能源企业节能低碳相关考核，推动企业加大能源技术创新投入，推广应用新技术，提升技术水平。

九、建立支撑能源绿色低碳转型的财政金融政策保障机制

（三十一）**完善支持能源绿色低碳转型的多元化投融资机制。**加大对清洁低碳能源项目、能源供应安全保障项目投融资支持力度。通过中央预算内投资统筹支持能源领域对碳减排贡献度高的项目，将符合条件的重大清洁低碳能源项目纳入地方政府专项债券支持范围。国家绿色发展基金和现有低碳转型相关基金要将清洁低碳能源开发利用、新型电力系统建设、化石能源企业绿色低碳转型等作为重点支持领域。推动清洁低碳能源相关基础设施项目开展市场化投融资，研究将清洁低碳能源项目纳入基础设施领域不动产投资信托基金（REITs）试点范围。中央财政资金进一步向农村能源建设倾斜，利用现有资金渠道支持农村能源供应基础设施建设、北方地区冬季清洁取暖、建筑节能等。

（三十二）**完善能源绿色低碳转型的金融支持政策。**探索发展清洁低碳能源行业供应链金融。完善清洁低碳能源行业企业贷款审批流程和评级方法，充分考虑相关产业链长期成长性及对碳达峰、碳中和的贡献。创新适应清洁低碳能源特点的绿色金融产品，鼓励符合条件的企业发行碳中和债等绿色债券，引导金融机构加大对具有显著碳减排效益项目的支持；鼓励发行可持续发展挂钩债券等，支持化石能源企业绿色低碳转型。探索推进能源基础信息应用，为金融支持能源绿色低碳转型提供信息服务支撑。鼓励能源企业践行绿色发展理念，充分披露碳排放相关信息。

十、促进能源绿色低碳转型国际合作

（三十三）**促进"一带一路"绿色能源合作。**鼓励金融产品和服务创新，支持"一带一路"清洁低碳能源开发利用。推进"一带一路"绿色能源务实合作，探索建立清洁低碳能源产业链上下游企业协同发展合作机制。引导企业开展清洁低碳能源领域对外投资，在相关项目开展中注重资源节约、环境保护和安全生产。推动建设能源合作最佳实践项目。依法依规管理碳排放强度高的产品生产、流通和出口。

（三十四）**积极推动全球能源治理中绿色低碳转型发展合作。**建设和运营好"一带一路"能源合作伙伴关系和国际能源变革论坛等，力争在全球绿色低碳转型进程中发挥更好作用。依托中国—阿盟、中国—非盟、中国—东盟、中国—中东欧、亚太经合组织（APEC）可持续能源中心等合作平台，持续支持可再生能源、电力、核电、氢能等清洁低碳能源相关技术人才合作培养，开展能力建设、政策、规划、标准对接和人才交流。提升与国际能源署（IEA）、国际可再生能源署（IRENA）等国际组织的合作水平，积极参与并引导在联合国、二十国集团（G20）、APEC、金砖国家、上合组织等多边框架下的能源绿色低碳转型合作。

（三十五）**充分利用国际要素助力国内能源绿色低碳发展。**落实鼓励外商投资产业目录，完善相关支持政策，吸引和引导外资投入清洁低碳能源产业领域。完善鼓励外资融入我国清洁低碳能源产业

创新体系的激励机制，严格知识产权保护。加强绿色电力认证国际合作，倡议建立国际绿色电力证书体系，积极引导和参与绿色电力证书核发、计量、交易等国际标准研究制定。推动建立中欧能源技术创新合作平台等清洁低碳能源技术创新国际合作平台，支持跨国企业在华设立清洁低碳能源技术联合研发中心，促进清洁低碳、脱碳无碳领域联合攻关创新与示范应用。

十一、完善能源绿色低碳发展相关治理机制

（三十六）健全能源法律和标准体系。 加强能源绿色低碳发展法制建设，修订和完善能源领域法律制度，健全适应碳达峰碳中和工作需要的能源法律制度体系。增强相关法律法规的针对性和有效性，全面清理现行能源领域法律法规中与碳达峰碳中和工作要求不相适应的内容。健全清洁低碳能源相关标准体系，加快研究和制修订清洁高效火电、可再生能源发电、核电、储能、氢能、清洁能源供热以及新型电力系统等领域技术标准和安全标准。推动太阳能发电、风电等领域标准国际化。鼓励各地区和行业协会、企业等依法制定更加严格的地方标准、行业标准和企业标准。制定能源领域绿色低碳产业指导目录，建立和完善能源绿色低碳转型相关技术标准及相应的碳排放量、碳减排量等核算标准。

（三十七）深化能源领域"放管服"改革。 持续推动简政放权，继续下放或取消非必要行政许可事项，进一步优化能源领域营商环境，增强市场主体创新活力。破除制约市场竞争的各类障碍和隐性壁垒，落实市场准入负面清单制度，支持各类市场主体依法平等进入负面清单以外的能源领域。优化清洁低碳能源项目核准和备案流程，简化分布式能源投资项目管理程序。创新综合能源服务项目建设管理机制，鼓励各地区依托全国投资项目在线审批监管平台建立综合能源服务项目多部门联审机制，实行一窗受理、并联审批。

（三十八）加强能源领域监管。 加强对能源绿色低碳发展相关能源市场交易、清洁低碳能源利用等监管，维护公平公正的能源市场秩序。稳步推进能源领域自然垄断行业改革，加强对有关企业在规划落实、公平开放、运行调度、服务价格、社会责任等方面的监管。健全对电网、油气管网等自然垄断环节企业的考核机制，重点考核有关企业履行能源供应保障、科技创新、生态环保等职责情况。创新对综合能源服务、新型储能、智慧能源等新产业新业态监管方式。

来源：国家发展改革委国家能源局

摘录整理：张瑞坤

第七篇 逆向物流

一、逆向物流标准

（一）《电子商务逆向物流通用服务规范》国家标准获批立项

2022年初，国家标准化管理委员会发布公告，下达2021年第四批推荐性国家标准计划，依托上海市协同创新中心（培育）和上海市标准化创新中心（物流）等省部级平台建设，逆向物流分会常务副会长郝皓教授及团队主持申报的国家标准《电子商务逆向物流通用服务规范》（20215034-T-469）获批立项，项目周期18个月。该项国家标准经初审、专家组评审、会评答辩等层层严格审核，最终由国家标准化管理委员会批准立项，是继郝皓教授和团队主持制定我国首个逆向物流国家标准GB/T 34404-2017《非危液态化工产品逆向物流通用服务规范》之后，获批立项的第四项国家标准，在国内该领域处于领先地位。

随着我国电子商务的迅猛发展，电子商务市场中退换货的比例越来越大，这迫使企业越发关注规范性的逆向物流运营。制定和实施电子商务逆向物流通用服务规范，对于促进电子商务逆向物流相关产业健康有序发展、为行业和企业提供相关考核依据具有重要意义。近年来，郝皓教授和团队抓住热点，不断深耕，在逆向物流领域及相关领域，获批国家级和省部级课题立项、建设多个省部级学科平台、发表多篇高水平期刊论文、组织绿色供应链与逆向物流设计大赛、应用服务等领域均取得了不俗成绩，有力的支撑了相关学科专业的建设和发展。

（二）《逆向物流服务评价指标》国家标准启动会顺利召开

2021年5月28日上午，全国物流标准化技术委员会逆向物流标准化工作组、中国物资再生协会、中国物流与采购联合会、中国物流与采购联合会绿色物流分会以网络会议形式组织召开了《逆向物流服务评价指标》国家标准启动会。来自物流企业、回收企业、再生处理等几十家企业代表参加了本次会议。会议由中国物资再生协会副秘书长崔燕主持。

中国物流与采购联合会副秘书长郭肇明指出，《逆向物流服务评价指标》标准的制定践行了物流业绿色循环可持续发展的理念，希望标准能为"双碳"目标的实现和生态文明建设作出积极贡献。

中国物流与采购联合会绿色物流分会行业研究部主任赵洁玉博士在会议中强调逆向物流是现代物流的重要组成部分，她期待标准的制定能促进正向物流与逆向物流绿色协同发展，为完善我国闭环供应链管理体系、创新物流技术和引导物流低碳化发展发挥积极作用。

逆向物流分会常务副会长郝皓教授从政策背景、行业背景、行业问题、标准现状等多角度介绍了制定《逆向物流服务评价指标》标准的必要性；接着从必要性引出了制定本标准对企业实现可持续发展、为政府部门提供监管依据、营造绿色营商环境和践行国家绿色发展要求具有积极意义。同时对《逆向物流服务评价指标》标准后续的工作计划及标准草案稿进行了详细的介绍，也希望与会专家、企业领导能够在标准草案稿讨论过程中积极建言献策，共同进行更好的完善。

与会企业代表分别就标准制定的范围与可实施性、标准对企业的引导力、标准的落地实施在逆向物流节点上的体现等多方面展开讨论，积极发表观点和建议。大家一致认为制定该标准的必要性和可行性，并表示会积极参与到该项标准的制定过程中去，推进标准尽快落地实施。

讨论结束后，中国物资再生协会副秘书长崔燕对本次标准启动会议进行小结，对百忙之中参会的专家、企业领导以及在过程中积极参与《逆向物流服务评价指标》标准研讨的企业表示衷心地感谢，同时希望各个参与企业在后续标准完善过程中能够继续支持与配合，确保《逆向物流服务评价指标》能够早日落地实施，成为企业开展工作的好帮手。

(3)《新能源汽车废旧动力电池 物流信息追溯管理要求》行业标准启动会顺利召开

2021年3月4日下午，全国物流标准化技术委员会逆向物流标准化工作组（以下简称"工作组"）、上海第二工业大学以及资源强制回收产业技术创新战略联盟（以下简称"联盟"）以网络会议形式组织召开了《新能源汽车废旧动力电池 物流信息追溯管理要求》行业标准启动会。来自新能源汽车、梯次利用、拆解回收、集中转运、信息化平台建设等30家单位的近50名代表参加了本次会议。会议由联盟秘书长何叶、副秘书长曹国庆共同主持。

上海市发改委、上海市粮食和物资储备局副局长殷飞博士从《新能源汽车动力蓄电池回收利用溯源管理暂行规定》等政策的文件及行业绿色发展的要求方面介绍了本次标准立项的重要意义，提出该标准的制定对我们整个国家的生态文明建设具有非常重要的意义。

逆向物流分会常务副会长郝皓教授从政策背景、行业背景、行业问题上引出了制定《新能源汽车废旧动力电池 物流信息追溯管理要求》标准的必要性；从必要性引出了制定《新能源汽车废旧动力电池 物流信息追溯管理要求》标准，对所属行业、主管部门、生态文明建设的重大意义。同时对《新能源汽车废旧动力电池 物流信息追溯管理要求》标准后续的发展前景提出深切期望。

天津赛德美新能源科技有限公司董事长赵小勇提出《新能源汽车废旧动力电池 物流信息追溯管理要求》标准能够与工信部发布的溯源管理办法相契合，确保良好的对接。

浙江华友循环科技有限公司战略部部长陈雄辉从2021年国家对动力电池回收的重视程度提到了制定标准的重要性和必要性，并表示后续对该标准制定与推进工作的全力支持。

格林美（武汉）动力电池回收有限公司生产运营中心周彬先生建议回收动力电池的追溯标签要求具有通用性，满足与信息追溯管理平台的契合。

会议尾声，郝皓教授对本次会议进行了总结，对百忙之中抽出时间参会的领导、专家表示感谢，对各与会代表对标准的制定工作支持以及会中提出的中肯建议表示感谢。同时明确了后续标准会议的聚焦性，希望能够更加聚焦标准本身的内容，确保标准尽快落地实施。最后郝教授对标准的落地提出深切期望，希望能够早日落地实施，成为企业开展工作的帮手，成为政府监管的有力抓手。

(四)《罐式集装箱容器清洁服务要求》团体标准启动会成功举办

2021年12月30日下午，全国物流标准化技术委员会逆向物流标准化工作组、中国物流与采购联合会危化品物流分会、中远海运化工物流有限公司、葛罗宁根（上海）清洁技术有限公司及10余家企业以线上线下相结合方式召开了《罐式集装箱容器清洁服务要求》团体标准启动会，企业代表分别来自物流公司、罐装清洁公司和供应链服务公司等，会议由逆向物流标准化工作组副组长郝皓教授主持。

逆向物流标准化工作组副组长郝皓教授代表会议承办方对莅临参加评审、指导工作的各位专家和领导表示热烈的欢迎，郝皓教授介绍标准的创建背景，《罐式集装箱容器清洁服务要求》团体标准有利于推动行业规范发展，加快构建上海高质量发展的标准体系。

中物联危化品物流分会秘书长刘宇航肯定了《罐式集装箱容器清洁服务要求》团标立项的重大意义，认为标准的立项要着眼于行业现状，明确具体的操作流程和依据，并表示希望参会的各位委员和企业代表能够群策群力、凝聚共识，共同促进标准的确立。

中远海运化工物流史毅平指出，《罐式集装箱容器清洁服务要求》标准的创建对于国家安全、环境保护和行业发展方面有着重大利好。希望与会专家、企业领导能够在标准草案稿讨论过程中积极建言献策，共同进行更好的完善。

与会企业代表分别就标准解决的实际问题，企业对标准的可实施性和标准未来的落地情况等多方面展开讨论，踊跃发表观点和提出建议。大家一致认可制定该标准的必要性和可行性，并表示会积极参与到该项标准的制定过程中去，推进标准尽快落地实施。

郝皓教授对本次会议进行了总结，感谢史总对《罐式集装箱容器清洁服务要求》团体标准内容的细致讲解，衷心地感谢百忙之中参会的各位专家、企业领导的宝贵建议，希望各个参与企业在后续标准完善过程中能够继续支持与配合，确保《罐式集装箱容器清洁服务要求》团体标准能够早日落地实施，成为企业开展工作的帮手，同时为"双碳"目标实现和节能减排做出贡献！

二、逆向物流大赛

1. "云丰杯"第五届全国绿色供应链与逆向物流设计大赛成功举办

2021年10月23日,"云丰杯"第五届全国绿色供应链与逆向物流设计大赛决赛在上海第二工业大学进行。本次大赛在上海市学位委员会、中国物流与采购联合会绿色物流分会、中国运筹学会、全国物流标准化技术委员会逆向物流标准化工作组、中国物资再生协会的指导下,由上海市学生事务中心、上海市就业促进协会、上海市物流协会、上海市物流学会、上海市运筹学会、上海第二工业大学主办,上海第二工业大学研究生部、上海第二工业大学经济与管理学院、上海大学管理学院承办,云丰国际物流(上海)有限公司冠名赞助。本次大赛吸引了浙江大学、同济大学、华东理工大学、中国海洋大学、福州大学、澳门科技大学、上海大学、重庆邮电大学、上海海事大学、上海海洋大学等高校、共计319支团队的积极参与。最终进入本次决赛角逐的共有40组代表队,其中12支研究生组、27支本科组、1支高职队伍。

40支参赛队伍进行了6个小时的精彩角逐,各支队伍在决赛过程中充分展现了各参赛队的团队协作精神。决赛中能明显感受到选手们紧张的气氛,争分夺秒的在有限的时间内把方案中最精彩的部分展示给评委,得到了评委们的赞许。在专家评委老师严格的评选商议下,最终,来自全国各地的40支队伍分获优秀组织奖、特等奖、一、二、三等奖、优胜奖。其中,浙江大学参赛团队荣获特等奖。

"云丰杯"第五届全国绿色供应链与逆向物流设计大赛是目前逆向物流领域最具影响力的比赛,旨在为积极构建政产学研协同推进机制与合力支持建设格局,为全国各地高校学生提供展示自我的平台,展示当代大学生学以致用的能力,推动绿色物流领域应用型、复合型、创新型和技能型人才的培养,促进绿色供应链和逆向物流更快更高质量的发展。同时也能促进相关学者、专家和参赛团队在绿色供应链与逆向物流研究方面的深度交流,为我国的绿色发展集聚智慧、凝聚力量。

三、逆向物流行业活动

（一）上海第二工业大学被授予上海市首批标准化创新中心

2021年10月22日下午，上海市2021年"世界标准日"主题活动在上海世贸商城金色大厅举办，活动发布了上海市首批新型标准化技术组织、2021年"上海标准"名单和《2021年上海市标准化工作白皮书》。上海市副市长陈通、上海市政府副秘书长尚玉英、国家市场监管总局标准创新管理司副司长李玉冰等出席活动。上海市市场监督管理局副局长朱明主持会议。

会上，上海市政府副秘书长尚玉英为首批6家新型标准化技术组织授牌，上海第二工业大学被授予上海市首批标准化创新中心，徐玉芳副校长代表上海第二工业大学上台接受授牌，其他5家包括由中国科学院院士、复旦大学常务副校长金力教授领衔的上海国际人类表型组研究院、上海电气集团、临港集团等。上海市副市长陈通、国家市场监管总局标准创新管理司副司长李玉冰、上海市市场监督管理局局长陈学军等共同见证。

此次发布的首批新型标准化技术组织分为标准化创新中心和技术标准创新基地两类，全市各命名3个。其中，上海第二工业大学承担"上海市标准化创新中心（物流）"（简称"创新中心"）的建设，中心紧密对接国家重大物流需求，聚焦上海及长三角地区绿色物流、逆向物流、数字化物流等标准的现实问题，构建具有上海特色的物流创新成果转化为技术标准的服务平台和物流标准化"智库"，以标准化助推物流创新技术和物流与供应链产品市场化、物流产业化和物流国际化。

创新中心的建设对于加强物流标准有效供给，强化物流科技成果转化，推进物流标准国际化，以更加灵活高效和便捷的方式助力上海市物流行业的转型与高质量发展具有重要意义。

（二）上海第二工业大学经济与管理学院领导应邀赴上海市市场监管局参加标准化人才建设校企座谈会

2021年1月25日下午，应上海市市场监督局标准创新处邀请，上海第二工业大学经济与管理学院党委书记姚莉、院长卓武扬、副院长郝皓和学院相关专业教师一行6人，作为上海高校方代表参加了上海市企业标准化人才建设座谈会。出席企业覆盖了上海市代表性行业中开展标准化建设走在前列的企业，包括交通运输行业的申通地铁、人工智能行业的商汤智能科技、重工制造行业的振华重工和航发商发，涉及民生行业的万禾农业、识装信息科技等多家企业。

会上，市场监管局标准创新处副处长周勤表示，自2021年10月中共中央、国务院印发《国家标准化发展纲要》以来，上海市致力于为标准化工作提供生态支持，特别是在人才培养方面，希望通过为企业和高校搭建桥梁，助力本市标准化人才队伍建设。

与会企业代表分别介绍了各自标准化工作的进展情况、取得的成果和存在的问题。所有企业都十分重视这项工作，均成立专属部门、引进专业人才推进，积极参与国家标准、行业标准和团体标准的制定，有些企业走在前列，已经参与国际标准的相关制定工作。而大部分企业在推进工作过程中都出现了相关专业人才紧缺的情况，企业希望可以从强化基础性知识教育、加强与行业技术融合等方面进行标准化人才培养。

卓武扬在发言中表示，此次座谈为高校标准化人才培养提供了思路和启示，上海第二工业大学将继续加强校企共建模式来加快标准化工作中"技术+创新+研发设计"的应用落地和数据标准的研发，并将进一步深入相关龙头企业的走访调研，提炼人才培养方案、提升人才培养质量，为企业输送优秀的、既具备行业知识又具有标准化建设能力的复合型人才。

市场监管局标准创新处处长李菁高度赞扬了上海第二工业大学在标准化建设中取得的成果，并对校企合作培养标准化人才的途径表示认可，表示将从政府层面予以大力支持。经管学院也将以此为契机，持续推进标准化人才建设工作。

（三）全国物流标准化技术委员会逆向物流标准化工作组 2021 年度工作年会成功召开

2021 年 10 月 28 日，第四届全国物流标准化技术委员会逆向物流标准化工作组 2021 年工作年会在线上成功召开。中国物流与采购联合会专家委员会主任戴定一、中国物流与采购联合会副秘书长，教育培训部主任郭肇明、上海市发改委，上海市粮食和物资储备局副局长殷飞及全体委员代表参加本次会议。会议由逆向物流标准化工作组常务副组长郝皓教授主持。

郝皓教授就逆向物流标准化工作组 2021 年度工作情况、工作组的整体工作进展和 2022 年度的工作计划作了总结报告。他提出，逆向物流要坚持绿色循环可持续发展，推进标准化研究，积极学习新的发展纲要，全力探索物流数字化这一领域，并且积极提出逆向物流新标准，落实到企业中去，为企业带来效益。

上海市质量与标准化研究院路欢欢老师强调将《国家标准化发展纲要》作为重要纲领文件，统筹推进标准化发展，助力高技术创新、产业升级、高品质生活各方面全面发展。

接着，秘书处林慧丹副教授、上海第二工业大学段雪妍博士、上海市质协用户评价中心高峰主任分别对《逆向物流服务评价标准》《新能源汽车废旧动力电池 物流信息追溯管理要求》《逆向物流服务良好行为规范》共 3 项标准就背景、意义、技术内容、工作开展情况这四个方面，对标准进行介绍。

在接下来的发言中，郭肇明主任、王一明总、侯海云总、郑郿总、颜家平老师、孔国卫总经理、崔燕秘书长和赵洁玉博士等委员积极建言献策，就标准进一步完善提出改进意见。

最后，中国物流与采购联合会专家委员会主任、逆向物流标准化工作组组长戴定一会长作总结发言，强调把握当下机遇，从实际问题这一角度出发，坚持标准制定与实践相融合，明确的问题导向。只有这样才可以不断完善标准体系的构架，为绿色、环保和可持续发展的循环经济做出贡献。

（四）"ISO/TC 297 工作组专家年度工作会议"顺利召开

2021 年 7 月 8 日，由中国物资再生协会和上海第二工业大学主办、浙江虎哥环境有限公司承办的 "ISO/TC 297 工作组专家年度工作会议" 顺利召开。

中国物资再生协会会长许军祥、副秘书长崔燕，逆向物流分会常务副会长教授郝皓，清华大学环境学院教授刘建国，北京工业大学循环经济研究院院长吴玉锋、副研究员顾一帆，中国物资再生协会再生塑料分会秘书长王永刚、项目经理陈岩，浙江虎哥环境有限公司董事长唐伟忠、副总裁胡少平，无锡苏广汽车部件科技有限公司总工纪国军，湖北力帝机床股份有限公司总工程师林高，苏州嘉诺环境工程有限公司副部长沈冬青等专家出席了本次会议。

会上，许军祥会长致辞。他表示，标准是行业管理的抓手、行业准入的门槛，再生资源领域正规化、规范化发展，离不开标准的支撑。

郝皓教授作了关于"国际标准引领再生资源行业走出国门"的主题演讲，他提到，ISO/TC 297 的主要目标是对固废／液体废物、固体／液体可回收物（有价值）的收集、暂时储存和运输设备及管理系统进行标准化。ISO/TC 297 国际标准委员会正式成员德国、日本、新加坡等国家正在牵头制定 4 项国际标准，当前我们的工作重点应放在征集和启动由中国牵头的国际标准（ISO）提案；进一步征求国内意见，持续发出中国强音；组建 ISO/TC297 国内技术对口工作组，做好标准化专家"智库"建设；培养领域人才等方面。

浙江虎哥环境有限公司副总裁胡少平作了"生活源固体废物的数字化管理思路和实践"的主题演讲。

随后，中国物资再生协会再生塑料分会秘书长王永刚、中国物资再生协会行业发展部副主任罗岩，分别介绍了再生资源回收相关的两项国际标准预备工作项目提案。

在场的各位专家针对两项国际标准预备工作项目提案的立项必要性及合理性进行了充分的讨论，明确了下一步的工作重点。

与会专家还参观了浙江虎哥环境有限公司分拣中心现场以及浙江盛唐环保科技有限公司大数据中心。

（五）"上海市逆向物流与供应链协同创新中心（培育）"立项建设

2021年上海市教委启动新一轮上海市协同创新中心申报遴选及认定工作，根据《上海市教育委员会关于公布新一轮上海市协同创新中心认定名单和下拨2021年建设经费的通知》，由上海第二工业大学经济与管理学院牵头申报的"上海市逆向物流与供应链协同创新中心（培育）"获批立项，建设周期为5年。

上海第二工业大学"上海市逆向物流与供应链协同创新中心（培育）"以支撑国家、上海市重大发展战略为目标，通过整合校内外、国内外资源，积极响应国家绿色低碳循环发展的理念，对接碳中和领域，围绕新能源汽车动力电池逆向物流信息平台体系、电商平台逆向物流循环利用协同体系设计、基于区块链技术的逆向供应链金融数字化服务平台等国家和区域重大需求开展协同创新，开展行业应用集成、人才培养培训、管理决策支持层面的政产学研协同创新和产业应用研究，与中远海运集团、京东物流、赣州豪鹏科技有限公司、上海交通大学、上海大学、上海市物流协会、中国物资再生协会、中国物流采购联合会等高校、科研院所和行业企业开展深度合作，推动逆向物流与供应链相关领域的协同创新与产业创新发展，服务国家重大战略需求和上海"3+6"重点产业发展。

"上海市逆向物流与供应链协同创新中心（培育）"的获批立项，将为上海第二工业大学在新能源汽车动力电池和电子商务逆向物流领域进一步聚焦国家区域战略需求以及行业产业技术需求，提升知识创新和知识服务能力，协同各方承担国家、区域、行业重大任务，解决重大关键共性技术问题提供机遇。

（六）前往安吉智行物流有限公司调研

2021年9月28日下午，全国物标委逆向物流标准化工作组（SAC/TC269/WG4）和上海市商务委专项调研"建设现代流通体系，服务构建新发展格局"课题组走访了安吉智行物流有限公司（以下简称"安吉智行"）。工作组常务副组长、课题组负责人郝皓教授，带领工作组和课题组成员颜家平、林慧丹、许肇然、段雪妍、王信洋一行，与安吉智行网络运输事业部运输控制总监段楠、安吉智行包装事业部高级经理沈荣、网络运输事业部质量管理经理徐杰、安吉智行运行质量部经理倪俊、网络运输事业部系统高级经理徐一帆等企业管理人员就现代物流、汽车物流企业的数字化、标准化、绿色化、双碳目标的实施路径等方面的问题进行了深入交流和探讨。

安吉智行创建于2002年6月，是一家集制造物流、社会物流、网络运输、国际货代于一体的综合型服务企业，业务构成包括零售、汽车、工业航空、能源、化工、高科技等，公司拥有21家分、子公司，为全球100多个客户提供可靠高效的物流服务，提供一体化供应链解决方案，致力于成为客户信赖的，领先技术和解决方案的供应链合作伙伴。交流会谈中段楠总监表示，安吉智行非常重视物流数字化技术创新和服务变革，重视产学研合作，未来与逆向物流标准化工作组就标准制定、数字化技术研发、"双碳"实施路径有很大的合作空间。

会上，郝皓教授首先感谢安吉智行给予逆向物流标准化工作组和市商委课题调研工作的大力支持和帮助，充分肯定了安吉智行在数字化、标准化、绿色化等方面取得的建设成果，以及在新形势下开展物流数字化、标准化、绿色化转型所做的举措，表示双方可以在科教融合、产教协同方面继续深化合作，共同推动上海现代流通体系建设。

安吉智行包装事业部、网络运输事业部、运行质量部等部门的高级经理也分别就各自工作领域的业务发展情况、发展过程中取得的成就以及遇到困难做详细介绍。

逆向物流标准化工作组和课题组还实地考察了安吉智行Control Tower大数据监控中心，该中心可对仓储中心的日进出货物量、服务质量、在途车辆实现即时可视化监控，并对各作业过程的不规范操作进行记录和反馈，提升各作业过程安全性以及公司服务质量。

最后，安吉智行表示将继续支持逆向物流标准化工作组和商委课题调研工作。同时，双方就"绿色物流与可持续发展"研究生学术论坛的合作框架达成了基本的共识。

（七）全国绿色物流与碳中和上海市研究生学术论坛在上海第二工业大学举办

2021年10月24日，由上海市学位委员会主办、上海第二工业大学研究生部、经济与管理学院共同承办的2021年全国绿色物流与碳中和上海市研究生学术论坛在上海第二工业大学成功举办。

本次学术论坛共收到来自上海交通大学、澳门科技大学、重庆邮电大学、上海大学等高校研究生的众多学术论文。经过专家严格评审，最终评出一等奖4项、二等奖8项、三等奖13项。

上海交通大学新加坡研究院副院长董明教授，上海市交通工程学会绿色交通专委会主任、上海市分布式能源产业技术创新战略联盟专委会主任刘惠萍教授，上海交通大学中美研究院张钦红副研究员，嗨回收上海区域负责人贝文骅分别就《供应链新趋势及数字化转型》《中国新能源汽车与可再生能源结合上海化示范应用实践》《退役动力电池梯次利用决策研究》等课题分享了最新的研究成果。通过本次论坛，提高了参赛研究生的论文写作能力，开拓了学术视野，为绿色物流与碳中和的研究注入了能量与活力。

四、逆向物流学术研究文摘

1. Optimization of medical waste recycling network considering disposal capacity bottlenecks under a novel coronavirus pneumonia outbreak

Abstract: The sudden outbreak and prolonged impact of the global novel coronavirus disease (COVID-19) epidemic has caused an increase in demand for medical products, such as masks and protective clothing, leading to an exponential increase in the generation of medical waste. As medical waste under the epidemic is highly infectious, it poses a great danger to human health. Therefore, with the proliferation of medical waste, it has become crucial to construct a reverse logistics recycling network that can handle medical waste quickly and efficiently. In this study, we construct a multi-period medical waste emergency reverse logistics network siting model with the objectives of minimum cost, minimum safety risk, and minimum time for the safe and quick disposal of medical waste. The model considers disposal capacity bottlenecks of existing facilities. Based on an empirical analysis using the COVID-19 epidemic in New York City, USA, as a case study, we find that the use of a suitable number of synergistic facilities and the establishment of temporary medical waste disposal centers are viable options for handling the dramatic increase in medical waste during the peak of the COVID-19 epidemic.

Keywords: Disposal capacity bottlenecks; COVID-19; Mixed-integer nonlinear programming model; Emergency reverse logistics network; Third-order polynomial function; Safety risk

（作者：Xueyun Mei, Hao Hao, Yichen Sun, Xinyang Wang, Yanjun Zhou；
来源：Environmental Science and Pollution Research）

2. Traceability Management Strategy of the EV Power Battery Based on the Blockchain

Abstract: Regulating and supervising the energy vehicle (EV) power battery recycling market, improving the utilization rate of EV power battery recycling, and guaranteeing the safety and control of all aspects of recycling treatment require the establishment of an effective traceability system. Decentralization and tamper-proof characteristics of the blockchain can ensure the safety and reliability of relevant data while realizing traceability management. 'is study establishes the Stackelberg game model to compare and analyze the effects of different government mechanisms on the profits of each subject before and after participating in power battery traceability management. Study further uses the model to explore strategies to improve the enthusiasm of EV power Battery recycling subjects to participate in traceability management. results show that (1) the participation of each recycling subject in EV power battery blockchain traceability can help move more spent power batteries into formal recycling channels; (2) the government should adopt appropriate mechanisms to promote its participation in EV power battery blockchain traceability, the best result being when the government adopts a subsidy mechanism for consumers; and (3) the profit of the EV power battery manufacturer is inversely proportional to the target recycling rate set by the government. Furthermore, the pursuit of a very high target recycling rate is not conducive to the normal implementation of initial EV power battery blockchain traceability management. It is crucial for the government to set a reasonable target recycling rate.

（作者：Yanjin Cheng , Hao Hao , Shipeng Tao , Yanjun Zhou;
来源：Scientifific Programming）

3. Reverse logistics network design of electric vehicle batteries considering recall risk

Abstract：In 2018-2019, the recall scale of electric vehicles (EVs) in China reached 168,700 units; recalls account for approximately 6.9% of sales volume. ,ere are imperative reasons for electric vehicle batteries (EVBs) recalls, such as mandatory laws or policies, safety and environmental pollution risks, and the high value of EVB echelon use, and thus, it has become increasingly important to reasonably design a reverse logistics (RL) network for an EVB recall. In this study, a multiobjective and multiperiod recall RL network model is developed to minimize safety and environmental risks, maximize the social responsibility and economic benefits, and consider the characteristics of EVBs, including the configuration of key recall facilities and the control of recall flows, e results of this study will help EVB practitioners, relevant departmental policymakers, and others to comprehensively understand the recall of EVBs, strengthen the safety and environmental protection issues in the EVB recall process, and promote the establishment of a safe, green, and sustainable EVB recall RL network.

（作者：Hao Hao , Yichen Sun , Xueyun Mei , and Yanjun Zhou;
来源：Mathematical Problems in Engineering）

4. 新能源汽车动力电池召回的逆向物流网络设计研究

摘要：基于我国"构建资源循环利用体系"、上海"全市生活垃圾回收利用率达到45%以上"的十四五目标，一些正规回收企业已尝试通过数字化转型来提高回收率，但再生资源回收行业仍存在发展痛点：回收群体以非正规为主而导致再生资源流向不透明，抵制非正规收集者又会降低回收利用率。因此，整合非正规收集者很有必要，但是如何有效整合仍有待研究。本项目在数字化转型背景下，研究整合非正规收集者的再生资源回收机制。首先，梳理出物联网、互联网、区块链等新兴技术在再生资源回收中的应用，分析整合非正规收集者的可行性。其次，通过实地调研和案例分析，构建整合非正规收集者的再生资源回收模式，并分析实施路径。再次，利用非合作博弈论研究上述整合对正规回收企业的影响，并利用委托代理理论设计政府激励机制以鼓励非正规收集者同意整合。最后，通过实证分析，从扶持、监管和建立再生资源回收体系3个方面，向上海市发展"无废城市"提供政策支持。

2020年新能源汽车召回规模达到35.7万辆，动力电池产生的各种问题常常导致新能源汽车的召回。据新能源汽车国家监管平台公布的数据显示因动力电池问题而导致的火灾占到58%。虽然国家越来越重视动力电池的全生命周期，但是现有新能源汽车动力电池召回研究不足，特别是动力电池召回的逆向物流网络存在网络结构不完善、网络内基础功能落后、网络时效性差等现状，并且还存在网络的安全性和环保性不足、网络仅能做到局部优化而不是整体最优等问题，这些问题使得相关部门和召回企业无法实现协同、准确、快速、科学响应。动力电池一旦发生重大问题，如果不能及时有效召回，将造成不可估量的损失。因此，本研究通过实地调研法、文献分析法和数学建模法，把动力电池召回过程中存在着一些特殊情况（如可能存在漏液、漏电、自燃等情况）以及企业需要承担的社会责任和生态责任纳入考量因素之中，指出现有召回的逆向物流网络存在的问题并提出策略建议。本研究创新性对动力电池召回的逆向物流网络进行探讨，将安全环保风险、召回响应时间、社会责任、经济效益融入多目标多周期的混合整数非线性规划模型之中，促进整个网络安全、环保、高效的运行，从而达到社会整体利益的最大化。本研究为动力电池召回的相关研究提供了一定的理论指导，并为与动力电池召回的相关企业管理者或政策制定者提供一定的参考依据。

首先，本研究对研究背景作了相关阐述，说明新能源汽车保有量、召回量以及动力电池相关事故频发的现实情况，并且世界各国都对动力电池回收予以极大的重视。通过对现有问题和国内外研究现状的分析，说明了构建新能源汽车动力电池召回的逆向物流网络的迫切性，明确了构建该模型的现实意义与理论意义，阐述了本文的基本框架内容与研究的创新点。接着对逆向物流、闭环供应链等相关理论进行了分析、总结与综述，探讨其内涵、特征与分类等内容，讨论了这些理论在构建动力电池逆向物流网络时的应用。

然后，本研究基于新能源汽车动力电池的回收现状，与动力电池的定义、分类与特征紧密结合，分析了新能源汽车动力电池的回收市场发展情况和回收制度的现状，同时从回收体系不健全、回收网络不完善、回收网络利益难平衡等3个角度出发分析了动力电池回收现存的问题，根据相关问题出发得出了构建动力电池召回的逆向物流网络的必要性。构建合理的动力电池召回网络模型既可以维护消费者权益，又可以提升企业形象，还能保护生态环境，使得社会总体效益最大化。

其次，在相关理论和现状研究的基础上，对考虑召回风险的新能源汽车动力电池进行了逆向物流网络设计，包括对相关问题的界定、模型的合理性假设、模型的建立、目标函数的设定以及约束变量确立等内容。最终建立了考虑逆向物流召回时间、检测成本包装成本、设置规模、运输成本、运营成本、创造就业岗位数量、仓储成本等各个因素，以社会效益（包括社会责任、响应时间、城市安全）和经济效益（包括经济成本、经济收入）最大化为目标的多周期混合整数非线性模型，并给出了策略建议。

最后，本研究搜集了上海364家动力电池服务网点及其他相关数据，利用傅里叶预测模型对未来的销售量和召回量进行预测与计算，利用Lingo 18.0对上海市新能源汽车动力电池召回的逆向物流网络模型进行实证分析和求解，从而确定各个召回逆向物流设施的位置和数量，以及各个召回网点的分配和动力电池逆向物流走向，并进行了灵敏度分析，并给企业管理者和政策制定者提供了一定的参考依据，保证了上海市建立安全、绿色、高效的动力电池召回的逆向物流网络。

综合来看，本研究采用了傅里叶预测模型和混合整数规划模型相结合的方法，针对了动力电池的特殊性，结合了其它逆向物流、闭环供应链等相关理论，实现了对新能源汽车动力电池召回的逆向物流网络设计的分析，给出了策略建议，并对上海市动力电池召回的逆向物流网络进行定量化的实证分析。研究结果对于预测未来动力电池可能的召回量、召回的逆向物流设施的选址、网络设施间流量的走向提供了一定的数据支撑，具有一定的科学研究意义和现实意义。

关键词： 新能源汽车动力电池；逆向物流；混合整数非线性规划；傅里叶预测

（作者：孙亦辰；来源：上海第二工业大学硕士论文，2021年）

5. 新能源汽车的闭环供应链问题研究及建议

摘要： 随着我国政策向新能源汽车产业倾斜，其产销量逐渐增加。在未来数年内，因动力电池性能衰弱、系统升级等原因，新能源汽车的报废量也将达到高峰。但面对产销量和回收量增加的趋势，新能源汽车市场尚未建立起完整的闭环供应链。为应对这种趋势，本文剖析新能源汽车闭环供应链发展过程中存在问题的原因，并提出针对性建议，以解决新能源汽车闭环供应链建立过程中出现的问题。

关键词： 新能源汽车；产销量；回收量；发展问题；闭环供应链

（作者：郝皓 王信洋；来源：《中国商论》）

6. 政府补贴下考虑规模效应的动力电池梯次利用闭环供应链决策与协调

摘要： 针对零售商主导的考虑政府补贴和规模效应的动力电池闭环供应链，研究成员最优决策及协调问题。分别在无补贴、补贴零售商、补贴制造商、补贴第三方回收商四种情形下，分析了补贴对象、规模效应、再制造动力电池比例对成员最优决策及利润的影响，并实现了闭环供应链的协调。研究表明：政府补贴能够降低零售价，提高回收率以及各成员利润；补贴第三方回收商相比补贴零售商和补贴制造商而言，回收率以及第三方回收商利润提高更为明显；补贴零售商和补贴制造商相比补贴第三方回收商而言，零售价降低、制造商和零售商利润提高更为明显；可用于再制造的废旧动力电池比例增大能够降低动力电池销售价格，提高动力电池回收率；第三方回收商规模效应的增大有利于降低零售价格，提高动力电池产品回收率及闭环供应链各成员收益。

关键词： 闭环供应链；政府补贴；规模效应；动力电池；供应链协调

（作者：张川 陈宇潇；来源：《运筹与管理》2021年12月30日）

7. 闭环供应链研究热点、前沿与趋势可视化分析

摘要： 文章采用可视化分析和文献计量方法对2000—2020年Web of Science核心合集数据库中收录的1364篇闭环供应链相关重要文献进行计量分析。运用CiteSpace软件进行可视化分析，通过国家共现分析、关键词共现分析展示该领域研究地域和热点术语分布。通过文献共被引聚类、时间线图谱分析闭环供应链领域前沿与趋势。随后，对关键节点文献进行了细致的回顾、梳理与总结。有助于闭环供应链领域研究者把握研究动向，快速、精准聚焦热点前沿问题，为后续深入研究提供知识基础与研究指引。

关键词： 闭环供应链；研究前沿；知识图谱；可视化分析

（作者：魏超 石丹 彭瑾怡；来源：《供应链管理》2021年2月5日）

8. 不确定环境下报废汽车逆向物流网络鲁棒优化

摘要： 针对不确定环境下报废汽车逆向物流网络规划成本高的现实问题，以汽车生产商为主体构建了一个6层的报废汽车逆向物流网络，从经济、环境和社会等3个角度出发，建立了多目标混合整数线性规划模型，研究了如何确定回收点、处理点和再制造点的位置、数量、等级和容量，以及网络各节点间运输量的分配。同时考虑回收率、运输成本、处理成本和再制造成本不确定因素，建立了鲁

棒优化模型，基于鲁棒优化理论将半定规划模型转化为线性的鲁棒对应模型。并通过 6 个不同规模的算例验证了模型的准确性，研究结果表明：鲁棒模型在不确定环境下优于确定模型，处理和再制造成本对网络成本影响最大，为汽车生产商构建网络提供决策参考。

关键词： 报废汽车；逆向物流网络；不确定；鲁棒优化

（作者：抄敏敏 王宁；来源：工业工程）

9. 推荐书籍：《溯游而上 逆向物流的内涵、价值与实践》

本书入选"十三五"国家重点出版物出版规划项目，同时入选物流与供应链前沿译丛（第二辑）。

本书选择逆向物流作为研究对象，以逆向物流的内涵、价值与实践为主线展开描述讨论。《溯游而上 逆向物流的内涵、价值与实践》共分七章，分别从逆向物流概述、理论基础；退货管理；逆向物流运作模式决策及技术；各国逆向物流发展概览及展望对逆向物流涉及的理论、技术、方法及应用进行阐述分析。

《溯游而上逆向物流的内涵、价值与实践》系统性强、实用性高，体系编排新颖、严谨，语言精练。此外，在编写过程中，尽量归纳国内外逆向物流管理的最新研究与实践成果，注重理论联系实际。对涉及供应链、逆向物流、采购及制造外包等业务环节的实际管理人员、大学相关专业师生以及理论研究人员均有参考价值。

（译者：郝皓 刘娟）

第八篇 冷链物流

一、2021年中国冷链物流市场发展现状分析

（一）概述

冷链物流一般指冷藏冷冻类食品在生产、贮藏运输、销售，到消费前的各个环节中始终处于规定的低温环境下，以保证食品质量，减少食品损耗的一项系统工程。它是随着科学技术的进步、制冷技术的发展而建立起来的，是以冷冻工艺学为基础、以制冷技术为手段的低温物流过程。

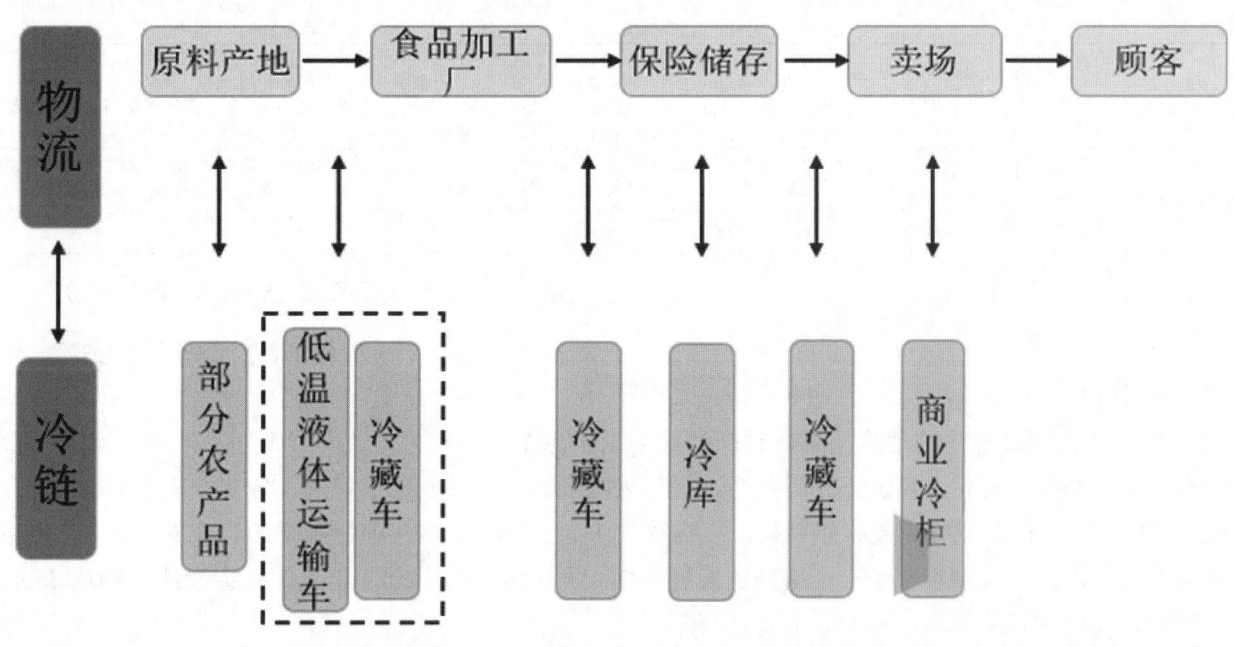

图1：冷链物流运输体系

资料来源：公开资料整理

（二）行业发展背景

1. 政策

冷链物流是保障食品、药品流通安全的关键环节，不仅能够大幅降低我国农产品的流通损耗，促进农民增收，同时也可以有效提高我国农产品的国际竞争力，全面支撑和带动农业现代化的发展，其重要性不言而喻。近年来，政府高度重视冷链物流行业的发展，先后制定出台了一系列相关政策文件，并推出了农产品冷链流通标准化示范城市及企业试点、评估等活动，从政策、法规、行业标准等角度推动了整个物流行业转型升级，为冷链物流行业发展提供了积极的政策环境。

表1：2021年来中国冷链物流行业部分相关政策一览

日期	政策名称	重点解读
2022年1月	《"十四五"现代综合交通运输体系发展规划》	优先利用现有物流园区以及货运场站等设施，规划建设多种运输方式高效融合的综合货运枢纽，引导冷链物流、邮政快递、分拨配送等功能设施集中布局。完善货运枢纽的集疏运铁路、公路网络，加快建设多式联运设施，推进口岸换装转运设施扩能改造。
2021年12月	《推进多式联运发展优化调整运输结构工作方案（2021-2025年）》	有序推进专业性货运枢纽机场建设，强化枢纽机场货物转运、保税监管、邮政快递、冷链物流等综合服务功能，鼓励发展与重点枢纽机场联通配套的轨道交通。
2021年12月	《"十四五"冷链物流发展规划》	到2025年，初步形成衔接产地销地、覆盖城市乡村、联通国内国际的冷链物流网络，基本建成符合我国国情和产业结构特点、适应经济社会发展需要的冷链物流体系，调节农产品跨季节供需、支撑冷链产品跨区域流通的能力和效率显著提高。
2021年10月	《国家标准化发展纲要》	推进服务业标准化、品牌化建设，健全服务业标准，重点加强食品冷链、现代物流、电子商务、物品编码、批发零售、房地产服务等领域标准化。
2021年8月	《国务院办公厅关于加快农村寄递物流体系建设的意见》	引导支持邮政快递企业依托快递物流园区建设冷链仓储设施，增加冷链运输车辆，提升末端冷链配送能力，逐步建立覆盖生产流通各环节的冷链寄递物流体系。支持行业协会制定推广电商快递冷链服务标准规范，提升冷链寄递安全监管水平。邮政快递企业参与冷链物流基地建设，可按规定享受相关支持政策。
2021年8月	《商贸物流高质量发展专项行动计划（2021-2025）年》	加强冷链物流规划，布局建设一批国家骨干冷链物流基地，支持大型农产品批发市场、进出口口岸等建设改造冷冻冷藏仓储设施，推广应用移动冷库、恒温准藏车、冷藏箱等新型冷链设施设备。改善末端冷链设施装备，提高城乡冷链设施网络覆盖水平。鼓励有条件的企业发展冷链物流智能监控与追溯平台，建立全程冷链配送系统。
2021年4月	《非洲猪瘟等重大动物疫病分区防控工作方案（试行）》	加强生猪运输和冷链物流基础设施建设。鼓励引导使用专业化、标准化、集装化的生猪运输工具，强化生猪运输车辆及其生物安全管理。逐步构建产销高效对接的冷链物流基础设施网络，加快建立冷鲜肉品流通和配送体系，为推进"运猪"向"运肉"转变提供保障。
2021年4月	《关于推动脱贫地区特色产业可持续发展的指导意见》	支持脱贫地区建设田头市场、仓储保鲜冷链物流设施，布局一批区域性冷链物流骨干节点。农产品仓储保鲜冷链物流设施建设工程加大对脱贫地区支持力度。深入发展农村电子商务，加强电商主体培育和电商人才培训，提升特色产业电子商务支撑服务水平，实施"数商兴农"，统筹市场力量参与农村电商基础设施建设，培育发展农产品网络品牌。
2021年4月	《中共中央国务院关于全面推进乡村振兴加快农业农村现代化的意见》	加快实施农产品仓储保鲜冷链物流设施建设工程，推进田头小型仓储保鲜冷链设施、产地低温直销配送中心、国家骨干冷链物流基地建设。完善农村生活性服务业支持政策、发展线上线下相结合的服务网点，推动便利化、精细化、品质化发展，满足农村居民消费升级需要，吸引城市居民下乡消费。

制表：华经产业研究院（www.huaon.con）

资料来源：公开资料整理

2. 经济

物流作为国民经济的动脉系统，它联结社会生产各个部分使之成为一个整体，在国民经济体系中有着不可替代的地位。我国物流产业经过近年来的发展，已进入到了理性、务实、快速发展的新阶段，对国民经济的拉动作用越来越明显。冷链物流作为我国物流体系中最重要的组成部分之一，随着我国现代物流业的发展迎来了一个崭新的发展时期。据资料显示，2021年我国社会物流总额达335.2万亿元，同比增长

图2：2016-2021年中国社会物流总额情况

资料来源：中物联，华经产业研究院整理

3. 技术

从技术方面来看，目前我国冷链物流行业专业人才供需缺口巨大，创新研发乏力，冷链相关领域的创新活力呈现回落趋势。据资料显示，2020年我国冷链专利／物流专利占比为18.92%较去年下降1.63个百分点；冷链发明专利／冷链专利为54.12%，较去年下降7.76个百分点。

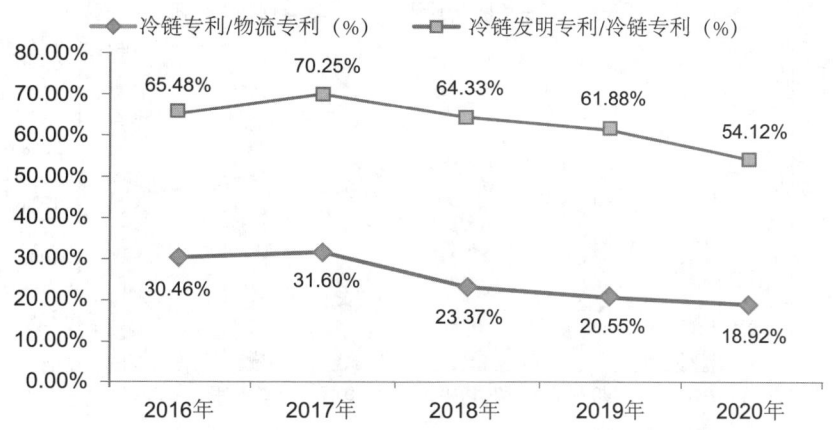

图3：2016-2021年中国冷链物流专利占比情况

资料来源：中物联冷链委，华经产业研究院整理

（三）产业链分析

1. 产业链

冷链物流行业产业链上游主要为制冷剂、冷藏车、冷库等制冷材料及相关设备；中游为冷链物流环节，主要包括冷链仓储、冷链运输及其他环节（包装、分拣、贴标等增值服务）；下游应用于食品、医药、化工等领域。

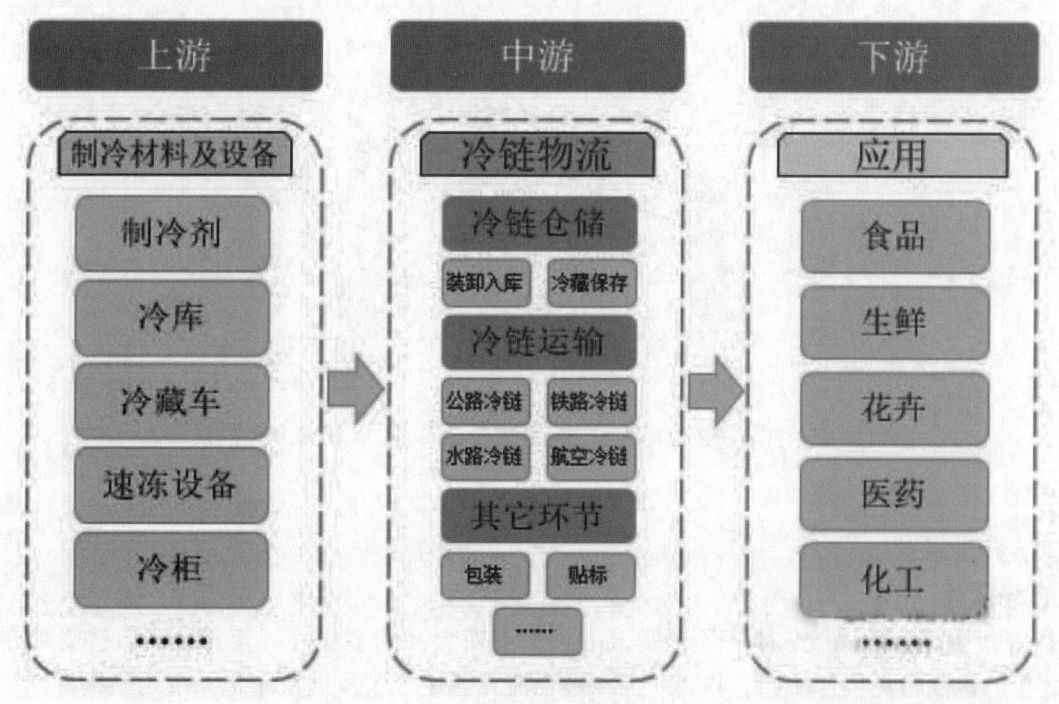

图4：冷链物流行业产业链示意图

资料来源：公开资料整理

2. 上游端分析

冷库堪称冷链物流的"根据地"，冷库的建设和发展，已成为国家骨干冷链物流基地的重中之重，并取得明显成绩。据资料显示，2021年我国冷库容量达8205万吨，同比增长15.9%。

图5：2016-2021年中国冷库容量及增速情况

资料来源：中物联冷链委，华经产业研究院整理

3、下游端分析

食品是我国冷链物流最大的需求领域，占比高达9成。随着近年来我国生鲜零售市场的不断发展，其对冷链物流的需求迅速增长，促进我国冷链物流的快速发展。据资料显示，2021年我国生鲜食品零售行业市场规模达56350亿元，同比下降3.9%。

图6：2016-2021年中国生鲜食品零售市场规模情况

资料来源：公开资料整理

（四）行业现状

1. 市场规模

伴随着我国城乡居民收入水平不断提高，消费者对食品的多样性、营养性、口感需求亦大幅提升，加之生鲜电商市场快速崛起，共同助推冷链物流行业进入了发展快车道，市场规模持续扩张。据资料显示，2021年我国冷链物流市场规模约为4184亿元，同比增长9.2%。

图7：2016-2021年中国冷链物流市场规模及增速情况

资料来源：中物联冷链委，华经产业研究院整理

2. 需求情况

随着城乡居民消费水平和消费能力不断提高以及生鲜电商市场的迅速发展，冷链物流的需求持续旺盛，同时疫情的爆发催化了市场需求的增长，在疫情防控常态化形势下，冷链物流发展势头强劲。据资料显示，2021年我国冷链物流市场需求总量2.75亿吨，同比增长3.8%。

图8：2016-2021年中国冷链物流需求总量情况

资料来源：中物联冷链委，华经产业研究院整理

从食品冷链物流需求细分结构情况来看，需求占比前三的分别为蔬菜、水果和肉类，占比分别为27.8%、23.5%和19.6%。

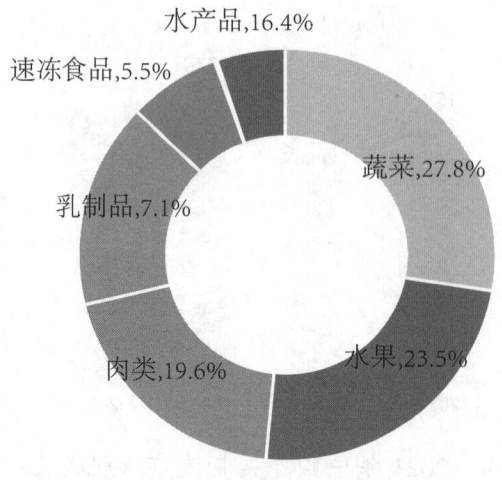

图9：中国冷链物流需求分布情况

资料来源：中物联冷链委，华经产业研究院整理

3. 市场结构

我国冷链物流主要可分为运输、仓储和包装、分拣、贴标等其它环节。其中运输环节产生的价值最高，占冷链物流市场的40%，而仓储环节和其他环节平分秋色，各占30%。

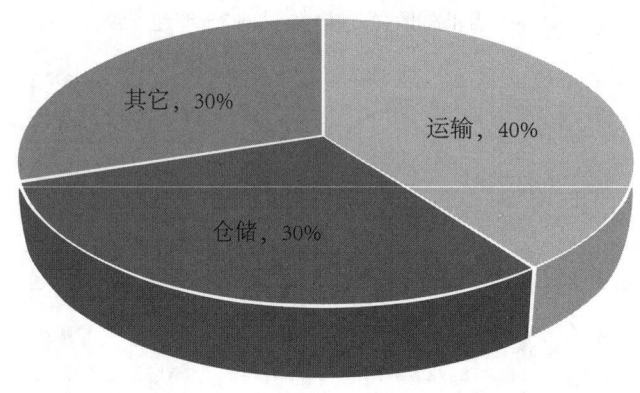

图10：中国冷链物流行业市场结构分布情况

资料来源：公开资料整理

4. 运输结构

在冷链物流运输环节中，主要有公路冷链、海运冷链、航空冷链和铁路冷链四种方式，其中公路冷链为主导，占比约为89.7%，其次为海运冷链，占比为8.1%，航空冷链和铁路冷链占比分别为1.2%和1%。

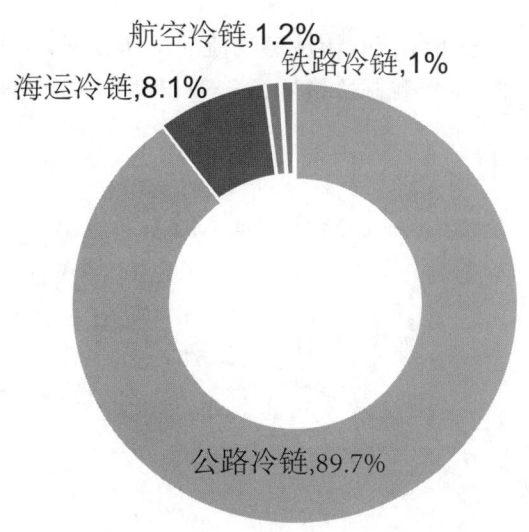

图 11：中国冷链运输细分结构分布情况

资料来源：中物联冷链委，华经产业研究院整理

5. 运输率情况

我国冷链物流前端后端设施相对而言不够完善，使得大多数生鲜商品在运输过程中得不到规范的保温、保湿、冷藏，加大了流通损耗，也加大了从农户到消费者的价格、品质不稳定因素。目前，我国初级农产品冷链运输率相对发达国家而言一直偏低，发达国家已经达到80%-90%之间的水平，而我国果蔬、肉类、水产品冷藏运输率分别仅有15%、57%、69%，由此看来，我国冷链物流发展未来还有很大的提升空间。

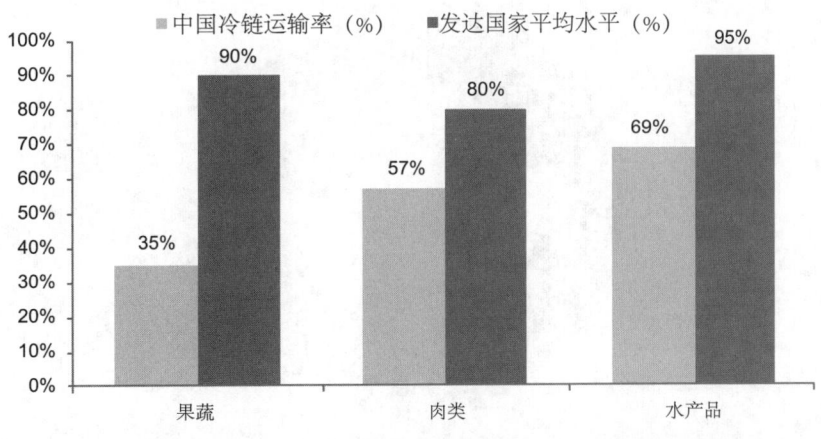

图 12：中国与发达国家冷链运输率对比情况

资料来源：中物联冷链委，华经产业研究院整理

相关报告：华经产业研究院发布的《2022-2027年中国冷链物流行业市场深度分析及投资前景展

望报告》。

6. 企业情况

从企业注册量情况来看，随着近年来我国冷链物流的迅速发展，我国冷链物流相关企业注册量也随之不断增加。据资料显示，2021 年我国冷链物流行业相关企业注册量为 5527 家，较 2020 年下降 1065 家。

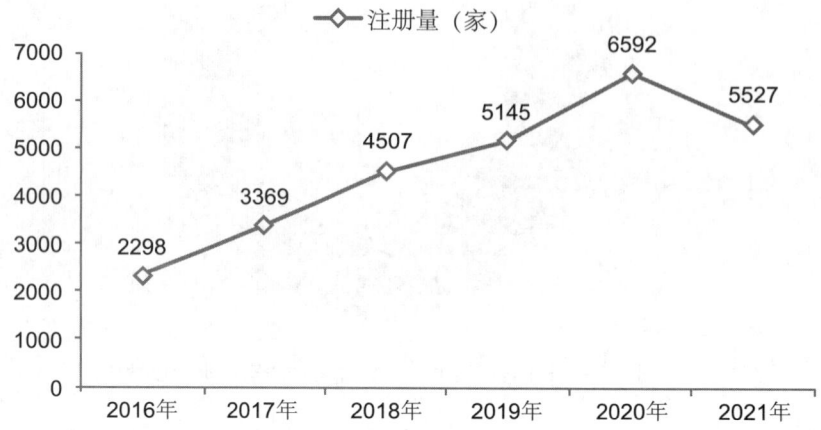

图 13：2016-2021 年中国冷链物流行业相关企业注册量

资料来源：企查查，华经产业研究院整理

具体来看，相较于美国、日本等发达国家而言，中国冷链物流产业起步晚，冷链企业中大型企业较少，多为中小型企业，市场竞争力较弱。据资料显示，我国现存续的冷链企业中中小型企业数量占比高达 99.28%，冷链物流行业仍面临散、小、杂的特点。

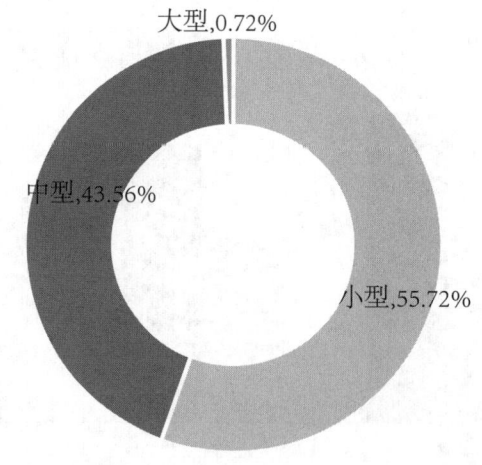

图 14：中国现存续冷链企业的规模分布情况

资料来源：中物联冷链委，华经产业研究院整理

7. 投融资情况

从行业投融资情况来看，随着近年来冷链物流行业的快速发展，行业投资领域也十分活跃，虽然

近年来投资数量有所下降,但整体依然火热。据资料显示,2021 年我国冷链物流行业投资数量为 14 起,投资金额达 140.29 亿元。

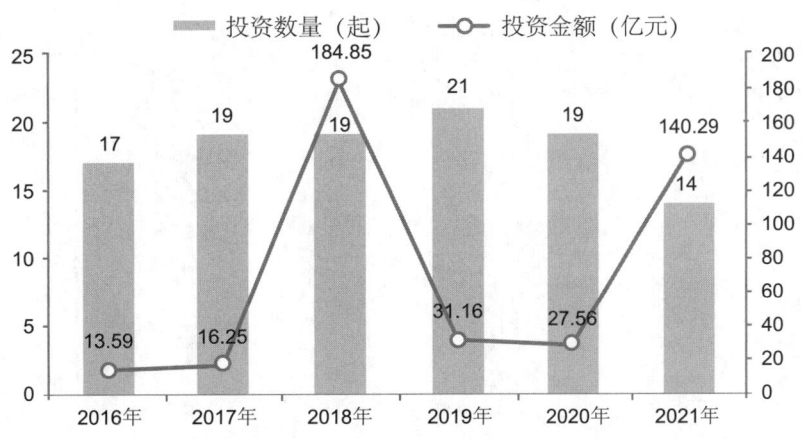

图 15:2016-2021 年中国冷链物流行业投融资情况

资料来源:IT 桔子,华经产业研究院整理

(五)竞争格局

1. 企业情况

中国物流与采购联合会冷链物流专业委员会发布了"2020 年中国冷链物流百强企业"榜单。据榜单显示,2020 年中国冷链物流排名前十的企业分别为顺丰速运有限公司、京东物流、荣庆物流供应链有限公司、新夏晖、上海郑明现代物流有限公司、上海光明领鲜物流有限公司、漯河双汇物流投资有限公司、江苏卫岗集团有限公司、新希望运荡枝科技有限公司、传胜供应链管理(上海)有限公司。

表 2:2020 年中国冷链物流前 10 企业排名情况

排名	企业	排名	企业
1	顺丰速运有限公司	6	上海光明领鲜物流有限公司
2	京东物流	7	漯河双汇物流投资有限公司
3	荣庆物流供应链有限公司	8	江苏卫岗集团有限公司
4	新夏晖	9	新希望运荡枝科技有限公司
5	上海郑明现代物流有限公司	10	传胜供应链管理(上海)有限公司

制表:华经产业研究院(www.huaon.com)

资料来源:中物联冷链委,华经产业研究院整理

2. 营收情况

虽然随着近年来国内冷链业务迅速发展,百强企业营收规模不断扩大,但我国冷链物流行业整体市场集中度仍然较低。据资料显示,2020 年我国冷链物流百强企业总营业收入达 695 亿元,占全年冷链物流市场总规模的比重仅为 18.1%。

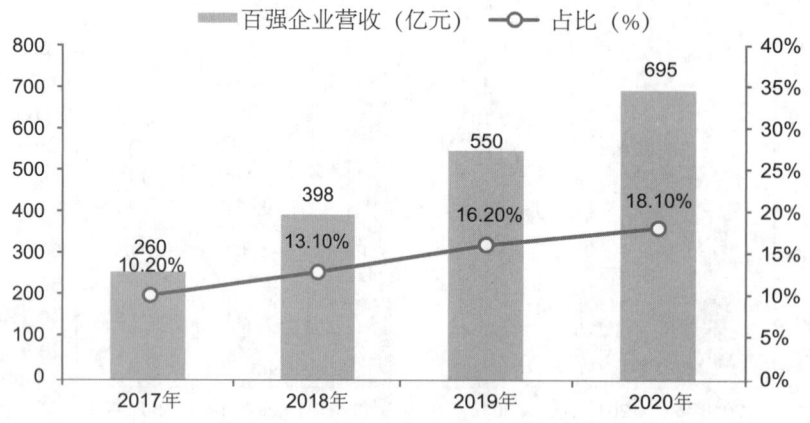

图16：2017-2020年中国冷链物流百强企业营收情况

资料来源：中物联冷链委，华经产业研究院整理

（六）行业发展趋势

1. 需求增长促进行业快速发展

随着我国居民收入水平的稳步增长，消费水平也提高，食品的多样性、营养性、口感需求亦大幅提升，同时在互联网的普及下，人们的生活方式发生了变化，网购、生鲜电商、蔬果宅配等方式逐渐成为农产品、食品、医药等消费品的首要选购方式，这将使得我国冷链物流的需求量不断增加，促进我国冷链物流行业的迅速发展。

2. 政策利好行业发展

2021年12月12日，国务院办公厅印发《"十四五"冷链物流发展规划》，为当前和今后一个时期我国冷链物流高质量发展明确了顶层设计和系统指引。近年来，政府高度重视冷链物流的发展，先后制定出台了《关于加快发展冷链物流保障食品安全促进消费升级的意见》《关于积极推进供应链创新与应用的指导意见》等文件，并推出了农产品冷链流通标准化示范城市及企业试点、评估等活动，从政策、法规、行业标准等角度推动了整个物流行业转型升级，为冷链物流行业发展提供了积极的政策环境。

3. 行业迎来黄金发展期

冷链物流可以使生鲜食品、药品等商品在生产、运输、储藏等过程中保持低温，以保证食品、药品质量，减少损耗。冷链物流是进入新世纪以来国家重点扶持的领域。和传统物流相比，冷链物流在每一个环节上对于技术的要求更高，资金投入也更大。冷链物流行业规模效应和学习效应的积累或许比其他物流方式更加明显，随着农产品深加工的发展、生活水平提升引导的消费结构升级，冷链物流将迎来黄金期发展期。

华经产业研究院通过对中国冷链物流行业海量数据的搜集、整理、加工，全面剖析行业总体市场容量、竞争格局、市场供需现状及行业重点企业的产销运营分析，并根据行业发展轨迹及影响因素，对行业未来的发展趋势进行预测。帮助企业了解行业当前发展动向，把握市场机会，做出正确投资决策。更多详细内容，请关注华经产业研究院出版的《2022-2027年中国冷链物流行业市场发展现状及投资前景展望报告》。

第九篇 城市配送与快递物流

一、城市配送

(一) 国内超市、卖场物流概述

现阶段,根据零售商超的规模大小,我们可以将国内超市、卖场大致分为以下四大类:

1. 大型连锁超市、卖场等,一般单个门店面积在3000平方米以上。采取自选销售方式,以销售大众化实用品为主,并将超市和折扣店的经营优势结合为一体的,售卖商品品种齐全,多样化,大众化和综合化较强,满足顾客一次性购齐的零售业态。例如大润发、开市客、麦德龙、山姆、永辉、沃尔玛等。

2. 中等规模的超市,商超经营面积在1000～3000平方米。操作简单,费用灵活,有一定的人流量,品类基本能满足周边的消费。例如华联超市、联华超市、物美超市等等。

3. 社区型小超市,经营面积在200～1000平方米;一般都是分布在郊区或小型社区,以综合性社区服务为定位,经营品类不多,价格相对较高。例如苏宁小店、伍缘超市、家乐福easy便利店等。

4. 小区旁便利店、烟酒店,经营面积在200平方米以下,这种便民店一般员工较少,仅有两三个人左右,品类可以满足周边小区的日常所需,主要利润来源为烟酒类。例如全家、罗森、快客等以及其他路边的小型便利店。

而以上这些超市、卖场物流的物流模式一般可以分为自营配送模式,第三方物流模式,供应商直送配送模式及共同化配送模式。目前,我国零售、连锁超市物流现状存在问题一般是自建配送中心偏多,自营配送模式占主导,但配送效率低。商超物流配送存在的问题包括末端交付标准不一,统一配送率不高,运作难度大,传统的第一运输和仓储为主的物流企业难以适应,浪费了物流资源。商品种类多,配送要求高,但末端交付标准不一,配送效果不尽如人意。物流配送标准化程度低,第三方物流发展缓慢,物流信息技术不完善,缺乏有效的物流配送网络。集约化和规模效应不明显等等。

未来进一步改善商超物流的趋势可以趋向于:发展配送中心多种形式,建立一整套的先进高效的物流和供应链管理系统,提升配送中心机械化,自动化水平。合理布局配送中心,完善配送中心服务范围,提高配送效率,提升配送能力。通过信息化和数据化分析,提升供应链上的采购管理,合理采购商品,提升利润率。通过销售数据分析和对比,优化库存。加强供应商的战略合作。形成统一的有竞争力的超市物流供应链系统。

(二) 2021城市物流配送行业现状及发展前景分析

随着城市产业布局的调整、现代消费方式的不断升级、电子商务技术的广泛应用,以及城市工商业发展模式的日趋多元,使得小批量、多频次、时效性强的直接配送、住宅配送以及"门到门"配送需求日益增长。

城市配送是物流链条中最后一公里的配送,在整个供应链环节内起着极为重要的起承作用,但是大部分城市对货车进城区域和时间都有严格的限制,不过从城市配送的本身而言,发展趋势非常强劲,国家在政策层面上也给予了极大的关注和鼎立的支持。

新零售时代的新配送,已经把物流和社区商业有机的整合,最后一公里会有两个变革,一个整合,一个升级。整合是末端物流配送的整合;升级是物流服务衍生出来的社区商业服务,伴随着互联网的浪潮,传统的物流企业转型要么累死,要么等死。最终行业的发展即将进入优胜劣汰,剩者为王的时代。

伴随着新零售、共享经济、新能源汽车、融资租赁的发展。云仓+共配+新能源+融资租赁+共享经济+人人创业。有仓储、懂商流、能配送、做金融,这将是城市物流配送的发展方向。

近年来,城市物流配送行业随着物流行业的发展呈现出良好的发展的态势,预计2021年,城市物流配送行业市场规模将突破2万亿元。

来源:顺亨运力

(三)超市生鲜配送的优势主要有哪些?

随着经济水平的提高,各方面发展趋势较好,很多消费者对传统的菜市场抵触越来越大,面对菜市场吵杂的糟糕环境,加上传统的购菜方式有着费时、费力等诸多不便,因此为了满足当代消费者的需求,生鲜食品配送行业应运而生。

1.生鲜配送企业分类有几种?

(1)B2C,即生鲜配送企业或者社区的生鲜超市把生鲜产品直接配送到家里。

(2)B2B,即生鲜配送企业把生鲜产品送到餐厅、食堂、超市等企业客户那里。

现在许多企业食堂、高校食堂都选择生鲜配送公司为自己提供生鲜食材的供给配送服务,一些需要亲自去生鲜食材批发市场订购食材的食堂、企业已寥寥无几,尤其在疫情的影响下,生鲜配送服务尤为关键,将促使更多的商家选择使用生鲜配送。

2.生鲜配送优势主要有哪些?

(1)配送时间短,质量有保障

生鲜配送行业的客户订单量大,因此在菜品的质量上必将层层把关,既要保证产品的新鲜度,也要把控配送时间,在分配、运输上缩短时间,保证菜品质量。

(2)追求零库存,服务有保障

众所周知,生鲜产品容易损坏,因此配送行业的各企业们基本都是每天进行不断的输入和输出,追求当天的零库存,在把控订单和菜品的同时,也要力争零库存,在生鲜配送时候符合新鲜与卫生的要求,让客户买的舒心,吃得放心,用得安心。

(3)资源充足,种类丰富,更符合年轻人的需求

人们购买生鲜的方式有很多种,但是不能保证菜品新鲜的问题,众所周知,常见的零售店、批发商等,他们的菜品采购中间环节很多,不能保证生鲜原产地的资源,而生鲜配送可解决这痛点问题。

(4)重视菜品质量,最大限度保证食品安全

生鲜配送的企业的基本有固定的合作商,因此也非常注重合作商的挑选,都需经过不断的筛选和

检测，对于配送产品都经过严格的检查，保障食品安全。

（5）企业规范化和制度化

对于目前的生鲜配送行业来说，在管理上面都是非常规范化和制度化的，从菜品的的采购到后期的包装以及分拣，销售和配送上面，都有严格的检查和控制。

来源：超市 168

（四）中国零售供应链现状

描绘中国零售供应链的现状不是一件容易的事。中国地域辽阔，各地的经济发展水平和物流基础相差甚远。作为流通领域风向标的零售行业，前进的脚步也并非一致，因此很难将其以一言以蔽之。依照前文的启示，探讨中国零售供应链的现状，可以从零售物流发展水平及零售供应链模式等两个维度入手。

零售供应链是零售物流发展的延伸，了解其在中国的现状，可以从零售物流的发展史开始。从西方国家零售物流发展历程和中国零售物流发展历程的对比中可以看出，中国现代零售物流起步于 21 世纪初，比西方国家晚了近 30 年，因此在基础上存在明显差距。20 世纪 90 年代，西方国家的零售物流，已经基本完成托盘单元化，并进入企业内部数字化的阶段。20 世纪 90 年代初，物流的发展催生出供应链管理理论。在互联网技术的推动下，西方零售行业开始进入物流一体化阶段及全数字化物流阶段。因此可以说，西方零售企业在发展供应链时的物流基础是广泛且坚实的。

中国现代零售物流起步于 21 世纪初，虽然很快汲取了西方供应链管理的理念，但是，零售行业的物流基础十分薄弱，在此背景下发展零售供应链，自然如履薄冰。随着规模的扩大和管理水平的提升，中国零售企业开始意识到现代物流作为基础设施的重要性，陆续投入物流网络的建设之中，这一趋势至今仍在延续。

我们知道，托盘单元化和信息数字化是现代零售物流的两大标志。两者的发展水平，反映出零售物流的整体效率和管理能力。中国大部分零售企业的托盘单元化处于内部应用阶段，部分领先者开始尝试跨企业的单元化合作。信息数字化的发展相对更为快速，但距离跨企业的全数字化物流阶段仍然较远。综合来看，中国零售物流处于企业内部物流阶段，由此可以推断，以现代物流作为基础的零售供应链，仍然具有广阔的发展空间。

评价零售供应链的另一个维度是零售供应链模式。零售供应链模式在很大程度上决定了整体库存是否具有大幅优化的环境。从中国零售发展大事件中不难发现，中国现代零售始于 20 世纪 80 年代。经过 20 多年的快速发展，涌现出城市级、省级、跨省级和全国级等不同规模与经营范围的连锁零售企业。但就企业规模而言，中国零售行业仍然处于相对分散、整合度不高的状态。根据中国连锁经营协会官方网站公布的报告，2019 年中国百强连锁零售企业的销售规模，仅占社会消费品零售总额的 6.3%。结合分销网络或配送网络、库存积压等情况可以推断，中国大部分零售企业的供应链以推动型供应链模式为主。

与此形成对比的是，中国超市零售行业正在逐渐走向整合。根据中国连锁经营协会官方网站公布的报告，2019 年中国超市百强销售总额，约占全年社会食品零售总额的 18.1%，其中排名前 10 的百强企业销售额占全部百强企业总销售额的 59.3%。由此可见，中国超市零售行业的整合度，明显高于整体零售行业。（www.gzsd56.com 广州物流）近年来，国内超市之间的并购变得越来越活跃，而线上零售企业经过多年发展，也开始加入线下实体零售的竞争之中。这些迹象都表明，中国的零售市场，尤其是快速消费品（FMCG）零售市场，正在从发展初期的分散型，逐渐向整合型迈进。

虽然与西方国家相比，中国零售行业的整合度依然很低，但是，可以预见的是，随着规模化的逐渐形成，零售企业主导的拉动型供应链模式，将扮演越来越重要的角色。与之相呼应的是，发展物流网络，已经成为中国零售行业的共识。通过加强物流网络的建设，零售企业将在供应链模式的转型和重构中把握主动权，进而创造更大的价值。

来源：闽顺物流

（五）从达达集团2021年Q2财报看即时零售新阶段的拓展逻辑

从远距、近距再到微距，中国零售电商在零售履约、商品周转、资金周转三位一体的效率提升下，也迎来线上化率的进一步抬升。

根据国家统计局数据显示，2020年中国网上零售额达11.8万亿元，较2019年增长10.6%。其中，线上消费占比持续扩大，但线下零售市场仍占据大部分市场份额，线上化率仍具较大提升空间。受疫情影响消费场景加速向线上转移，门店到家业务、数字化零售迎来发展新机遇。在艾瑞咨询看来，随着消费者消费习惯的变化以及行业的发展，即时零售电商平台可购买的品类也在不断扩展，万物到家新时代将加速到来。9月8日，作为"即时零售第一股"，达达集团（DADA. US）以一份十分亮眼的2021年Q2财报向外界展示其最新的发展近况。在零售业加速迎来万物到家新时代之际，什么是即时零售的下一个竞争焦点？

深度、广度多维拓展，达达Q2核心指标超预期在以本地3公里之内的线下门店为基础的微距电商时代，随着行业全链路数字化进程持续深化，即时零售也正从深度和广度两个维度实现进一步拓宽。

其中，作为以平台到家模式切入的即时零售主要商家之一，达达集团于2021年Q2及上半年所实现的业绩成果也呈现出这一趋势：2021年二季度，达达集团实现总营收14.7亿元人民币，超过14.5亿元指引上限及市场预期的14.1亿元，可比口径下同比增长超过81%。其中，作为公司旗下两大核心业务，达达快送平台实现营收6亿元，在将落地配业务统一调整为净额收入口径后，同比增长81%；京东到家平台则实现营收同比增长81%至9亿元。对此，达达集团高管表示，公司二季度再次实现亮眼的业绩表现，依托不断增强的赋能能力，和与零售商和品牌商的合作关系不断深化，预计高增长的势头将延续。展望三季度，公司预计总营收介于16.3亿～16.8亿元，在将对比期间内达达快送的落地配业务统一调整为净额收入口径后，预估同比增幅为80%至86%，较上季度增速预期再一步提升，也反映了公司对于业绩高增长的充足信心。这当中，一个值得注意的转变是，达达快送期间内向京东物流公司收取配送管理和技术服务费，并确认为收入。此次收入确认变更于二季度生效，随着应收账款资金占用的减少，公司将得以更好的改善运营资金使用效率，提升营运资金和总营收整体质量。在深度层面，达达集团通过与京东深化合作，将持续服务京东5.3亿年活跃用户；此外，随着京东到家与大型商超深化合作，截至目前，平台已合作连锁商超百强中的80家，前10强已合作9家，较去年同期的60家实现渗透率不断提升。智通财经APP了解到，作为本地即时零售合作的首选对象，在截至2021年6月30日的12个月中，京东到家平台实现总交易额77%的同比增长，达323亿元；平台活跃消费者为5130万人，同比增长约60%。而在广度层面，公司在夯实商超合作基础上，开拓与消费电子品牌的直接合作，二季度京东到家与Apple、vivo、微软、华硕、戴尔、外星人等品牌达成合作，并推进门店上线；此外，京东到家还新签约双汇、洁柔、蓝月亮等国产快消品牌，并与OATLY等新兴品牌达成合作，助推国潮消费和新消费。在高端美妆领域，京东到家与丝芙兰达成战略合作，已有超70家门店上线；在宠物领域，公司与京东共同孵化"京东宠物联盟计划"，联合打造覆盖全国的O2O超级品牌网络，此前披露的圣宠宠物全国1500余家门店便正于京东到家陆续上线。二季度，京东到家品牌广告收入保持强劲增长态势，在去年同期高基数基础上，进一步实现了超过110%的同比增幅。

履约体系、品类丰富度成为制胜关键变量，艾瑞调研数据显示，由于一般具有较高的知名度及高流量入口，平台模式的即时零售电商为用户最常使用的购买渠道。而京东到家作为平台模式即时零售的主要商家之一，从其上述2021上半年表现，也在一定程度上得以窥见即时零售发展趋势。

相比于过去早期以"流量"为核心，依靠补贴、导流等方式快速扩张抢占市场，据天风证券认为，行业头部竞争者的核心竞争焦点正实现由流量，到履约，再到供应链的动态变化。中长期视角而言，以生鲜为主，打造多品类、多层次的供应链将成为竞争优势。在这一过程中，高效的仓配履约体系及丰富的零售品类，都将成为即时零售持久战下一阶段制胜的关键变量。从这一发展趋势来看，即时零售无论在商品来源、SKU丰富度、尤其是末端消费者履约速度上，均较其他新兴互联网零售模式占优。而其中，平台到家模式相比于前置仓模式更轻，更有利于进行快速市场扩张，商品供给丰富度也较大，则有望成为率先打开长期盈利的模式之一。

目前，平台模式为用户最常使用购买渠道的实际表现，也从市场角度反映了这一点。以达达集团为例，公司从"履约配送、营销交易、商品管理、用户运营和数字化赋能"五大核心环节，为合作门店提供技术、流量、营销和运营支持，并向行业开放技术能力，提供一体化数字解决方案。

其中，在提升履约能力方面，达达优拣落地沃尔玛、华润万家、永辉超市、7Fresh等商家门店，通过达达苍穹大数据平台及对众拣货员进行系统化招募、培训，对于门店工作效率起到显著提升作用。智通财经APP了解到，88大促期间，应用了达达优拣的沃尔玛门店单均拣货时长仅为3分钟。据达达集团表示，2021年二季度，达达优拣服务的门店数、拣货单量以及为拣货员带来的收入均实现了环比约60%的增长。为帮助商家实现降本增效，公司针对商家提高O2O营销效率的诉求，于海博系统新上线促销智能定价模块，替换人工调价，帮助商家精准调价，在最小程度影响销售的情况下，提升商家O2O业务利润率。截至8月底，达达海博系统已上线逾4300家门店，其中包含超过40家百强商超的数千家门店。

此外，达达快送还正式发布了达达无人配送开放平台，对无人车公司开放，目前已接入京东物流，服务山姆会员商店、七鲜和永辉超市，在业内率先迈出了前沿科技对履约能力升维赋能的深度探索一步。而在品类扩张方面，京东到家平台基于地理位置连接本地商超、生鲜店、药店等零售企业与当地消费者，已与连锁商超百强中的80家达成合作。除大型商超外，平台还开拓了与手机数码、美妆、宠物等品牌合作，多品类策略效果初显。据艾瑞咨询即时零售行业研究报告显示，2020年，水果蔬菜、休闲零食、牛奶乳品、肉禽蛋等生鲜食品是用户在即时零售电商平台最常购买的品类。消费者期待在即时零售电商平台上购买的品类占比相对均衡，对各类商品都有即时消费需求，随着消费者消费习惯的变化以及行业发展，万物到家新时代将加速到来。而就当前各新兴互联网零售模式发展现状来看，以达达集团为代表的平台到家模式，通过轻资产运营模式完成全品类扩张，以及科技创新实现降本增效，则使其成为当前最能够满足上述市场需求的零售模式，在即时零售领域中起到引领和推动作用。

助力实体经济赋能实体零售 行业逐渐释放长期价值从行业政策面来看，去年底以来，监管条例对于用户补贴投放和促销活动空间等呈现收紧趋势，其背后则指向对于市场良性竞争的引导，也意味着行业核心竞争点将从流量时代，向履约、供应链等服务能力提升转变的根本性变化。

对此，天风证券表示，伴随政策监管，行业发展进程或受外部因素扰动，但不改行业长期价值，良性有序竞争将利于行业长期发展。与此同时，即时零售作为一种更优的社会资源分配方式，其最终目的是实现行业与社会的高质量发展。近年来，行业参与者也积极响应政策，助力社会充分就业，并促进实体经济赋能实体零售。其中，为响应"促进创业带动就业、推动多渠道灵活就业"相关政策，达达集团充分调动社会灵活劳动力，创造更多灵活就业和劳动增收机会。同时，为维护每一位灵活就业人员的权益，公司自4月以来已举办近50场座谈会听取骑士意见，及时了解骑士在配送中的痛点及诉求，以便对业务、产品和技术持续优化迭代。而在前沿科技布局方面，今年8月，交通运输部与科技部联合印发《关于科技创新驱动加快建设交通强国的意见》指出："推动无人机、无人车物流递送发展，探索开展城市地下物流配送。"作为无人配送生态的搭建者，达达集团目前也正积极推动无人配送实现常态化应用，于业内起到带动作用和示范效应。其一是零售+配送依然远未到达需求终点：2020年线下零售额与网上零售额比例为7:3，即时物流行业规模约为1700亿，而中小商家为主体的市场结构导致传统交易分散。借助于达达集团的技术和数据，线下零售市场将走向二次连接，打开新的价值开拓空间，达达集团的赛道依然是"长长的坡"。其二是达达集团积累了行业经验与布局，在帮助打开产业成长空间的同时，也能享受产业红利。西南证券测算，即时配送行业的订单量将以27.4%的CAGR从2020年的277.6亿单增长至2025年的930.7亿单。在此过程中，达达集团着眼最后一公里，拥有稳定的商流，发展之路上布满了"厚厚的雪"。从行业整体趋势来看，《2021 Kantar O2O白皮书》数据显示，随着到家业务正驱动整体O2O市场快速增长，2020年已达到2.6万亿元规模，预计今年仍将以25%增速发展至3万亿元规模，赛道仍具备强劲的发展活力。此外，在资本市场层面，目前即时零售上市标的主要多集中于中概股，今年以来，美港股上市科技股今年显著跑输美股和A股上市的本地科创企业。对此，不少圈内人士认为，当前中概股下跌主要受到市场交易情绪低迷影响，市场情绪得到恢复将很快迎来反弹。对此，摩根大通全球市场分析师Gabriela Santos也表示."市场重拾需要信心，在中概股经历波动的3个月后，往往会走出上行趋势。"纵观而言，在我国当前消费创新的大背景下，即时零售仍为一条具备强劲发展活力的优质赛道。在政策对于市场良性竞争的引导下，行业也将迎来更加健康稳健的持续发展。而其中，拥有极致的履约体系和不断延伸的多品类合作，有望在这场零售持久战中，率先释放长期价值。

来源：智通美股观察 林宥辰

（六）商贸物流发展的现状

商贸物流属产业物流，是商品流通的重要组成部分。构建高效、安全、通畅的商贸物流服务体系，有利于降低物流成本，提高流通效率和效益；有利于促进贸服务业转型升级，提升流通产业竞争力；有利于扩大就业，改善民生，维护社会稳定与繁荣；有利于减轻资源和环境压力，促进经济发展方式转变，更好地为建设小康社会、构建和谐社会服务。

为进一步促进我国商贸物流发展，根据国务院《物流业调整和振兴规划》（国发〔2009〕8号）和《商务部关于加快流通领域现代物流发展的指导意见》（商改发〔2008〕53号）的有关要求，制定本规划。规划期为2011—2015年。

1. 商贸物流发展成效

改革开放以来，特别是进入21世纪以来，我国商贸物流发展成效显著，主要体现在以下方面：

（1）城乡商贸物流服务体系初步建立，服务水平不断提高

近年来，在国家政策引导和市场机制的作用下，城乡商贸物流服务体系逐步完善，服务功能不断增强。随着流通领域现代物流示范城市工作的推进，城市商贸物流专业化、组织化程度有所提高，为城市商贸服务业发展提供了有力支撑。"万村千乡市场工程""双百市场工程""农超对接""新农村现代流通网络建设工程"和农资流通体系试点等工作，有效促进了农村日用工业品、农资和农产品物流配送体系建设。批发市场通过功能再造和制度创新，延伸了加工、配送功能，缩短了供应链流程、提高了流通效率。餐饮企业通过建立现代化主食配送中心，实现网点的统一配送、及时补货，保证了食品的新鲜度，为方便居民消费发挥了积极作用。

（2）商贸物流基础设施不断完善，配套能力不断增强

近年来，我国商贸物流基础设施投资稳步增长，配套设施不断完善。仓储业固定资产投资近10年来年增幅保持在40%左右。立体仓库面积已接近仓库总面积的20%，形成了通用仓储与专业仓储、常温仓储与低温仓储、普通仓储与立体仓储共同发展的格局。截至2009年末，全国连锁零售企业拥有各类商品配送中心3426个，通过配送中心向连锁企业配送商品金额达到1.2万亿元。一批商品集散地、产地和销地批发市场经过建设改造，货物集散、配送能力不断增强，冷链物流设施成为新的投资热点。物流信息管理系统在商贸物流活动中得到广泛运用。现代化的商贸物流基础设施对促进传统物流模式转变、提高城市和城际配送效率发挥了积极作用。

（3）商贸物流服务主体迅速成长，先进物流服务方式推广速度加快

随着商贸物流社会需求的不断扩大，多种所有制、多种服务模般式、多层次的现代商贸物流企业群体迅速发展。商贸企业、物流企业积极推广应用越库配送、共同配送、供应商管理库存等服务模式，满足现代零售企业小批量、多频次、快周转的物流服务需求，限额以上连锁超市商品统一配送率达到63.4%。汽车、家电、医药、烟草等专业物流形成一定规模。信息科技的广泛应用，大大提高了商贸企业和物流、配送企业的服务能力和供应链管理水平。各地建设的公共物流信息服务平台，有效地改善了物流信息的共享服务，促进了物流资源的供需衔接。

（4）商贸物流发展环境明显改善，各种支持和配套政策日臻完善

近年来，各级政府部门通过制订规划、出台政策、设立专项资金，从多方面支持商贸物流发展。中央财政通过设立促进服务业发展专项资金、农村物流体系建设专项资金，引导商贸物流健康发展。金融机构通过建立支持流通业发展专项贷款，支持商贸物流业进行基础设施改造。供应链金融创新和贸易融资快速发展，有效缓解了中小企业融资难问题。行业组织开展物流企业信用评级和综合评估工作，推动了物流市场信用体系建设。

商贸物流业快速发展对促进商贸繁荣、服务民生、改善消费环境、推进流通方式升级和转变经济发展方式发挥了积极作用。然而，我国商贸物流整体水平不高，物流效率偏低，难以满足商贸服务业快速发展和居民消费升级的需求，主要表现在：商贸物流企业普遍规模较小，组织化程度不高；专业化的第三方物流发展滞后，运作方式、运行模式不能适应工业和商贸企业精细化服务的要求；商贸物流基础设施落后，配送能力不强；商贸物流缺乏统一规划和布局，融资难、税负重、基础设施投入不足等，在一定程度上制约了商贸物流业发展。

2. 面临的形势

未来5年将是我国经济发展方式转变的关键期，新型工业化和新一轮技术革命快速发展，居民消费结构加快升级，城镇化进程稳步推进，经济全球化程度日益深化，给商贸物流发展带来了重大发展机遇，同时也提出一系列新的要求。

（1）经济发展方式转变对商贸物流发展提出了新的要求

转变经济发展方式是未来五年我国经济社会发展的主线,商贸物流是转变经济发展方式的重要领域。后金融危机时代,国际市场需求的不确定性增强,资源环境约束更加突出,外资物流企业加速在国内警物流市场布局,流通业面临的市场竞争将更加激烈,要求商贸物流企业完善发展机制、创新服务模式、加快技术和装备更新、发展低碳物流,为扩大内需、服务民生、节能减排、促进经济发展方式转变做出积极贡献。

(2)内需规模不断扩大为商贸物流发展带来巨大潜力

2010年,我国社会消费品零售总额达到15.5万亿元,生产资料销售总额达36万亿元,进出口贸易额接近3万亿美元。随着我国扩大内需长效机制的确立以及经济增长向消费、投资、出口协调拉动转变,将进一步释放城乡居民消费潜力,国内市场总体规模将进一步扩大。预计到2015年,我国社会消费品零售总额和生产资料销售总额分别达到30万亿元、76万亿元。商贸物流将迎来一个快速发展的新局面。

(3)流通组织体系变革催生商贸物流服务方式创新

我国商贸服务业正面临一场深刻变革,连锁经营由传统业态向社区便利店、大型折扣店等多业态、多业种延伸,对商贸物流提出更高要求。2009年,我国限额以上连锁零售企业年销售额2.2万亿元,占社会消费品零售总额的16.8%。与此同时,我国电子商务交易额快速增长,预计未来五年将保持年均20%以上的增长速度,2015年将达到12悋万亿元。交易规模不断扩大和流通方式变革催生物流服务方式创新,建设高效物流配送体系成为现代流通业发展的关键环节。

(4)科技进步为商贸物流惦提供了新的服务手段

当前,以运输技术、配送技术、装卸搬运技术、自动化技术、库存控制技术、包装技术等专业技术为支撑的现代化物流装备技术格局正在形成,技术与应用创新已经成为我国商贸物流业发展的重要保障。同时,经过市场的培育和适应性开发,物联网技术正在引领新一轮的物流技术革命。物联网技术的推广应用,对商贸服务业和物流业变革将产生深远影响,并推动商贸物流业效率和服务水平的进一步提高。

3. 指导思想和发展目标

(1)指导思想

坚持以科学发展观为指导,以转变发展方式为主线,以结构调整为突破口,以改革创新为动力,以科技应用为支撑,通过健全法规,加强监管,规范秩序,完善标准,优化布局,引导和鼓励企业物流服务模式创新,推进商贸物流服务的专业化、信息化、网络化、规模化发展,不断完善商贸物流服务体系,增强商贸服务企业竞争力,提高流通现代化水平和全社会物流效率,促进国民经济又好又快发展。

(2)基本原则

①市场导向,政府推动。坚持以市场为导向,充分发挥我国市场需求巨大的优势,运用市场机制促进商贸物流业健康发展。同时,要发挥政府在商贸物流基础设施建设、技术应用、标准推广、服务创新、主体培育等方面的保障作用,通过完善法律、法规、标准和政策措施,营造良好的商贸物流发展环境。

②统筹规划,联动发展。加强对全国与区域、城市与农村的商贸物流发展的统筹规划,合理布局区域和地区重大物流基础设施建设,强化跨部门、跨行业、跨地区的商贸物流协同工作机制,以及商贸业与物流业协调发展机制,不断提高商贸物流水平。

③典型引导,有序推进。加强流通领域现代物流示范工程建设,充分发挥试点、示范工程项目的典型带动作用。不断总结经验、扩大示范影响,在试点、示范的基础上,有序推进商贸物流体系建设。

（3）发展目标

到 2015 年，初步建立一套与商贸服务业发展相适应的高效通畅、协调配套、绿色环保的现代商贸物流服务体系，形成城市配送、城际配送、农村配送有效衔接，国内外市场相互贯通的商贸物流网络，引导和培育一批能够适应商贸服务业发展需要、具有较强国际竞争力的商贸物流服务主体，较好地满足城市供应、工业品下乡、农产品进城、进出口贸易等物流需求。规模以上连锁超市商品统一配送率达到 70%；农村"万村千乡"农家店商品统一配送率达到 60%，农资连锁经营企业商品配送率达到 80% 以上；果蔬、肉类、水产品冷链运输率分别提高到 20%、30%、36%；立体仓库的总面积占仓库总面积的 40%；物流企业机械化、自动化、标准化、信息化水平显著提高；商品库存周转速度明显加快，流通环节物流费用占商品流通费用的比例显著下降。

4. 重点工作

（1）完善商贸物流网络布局

完善以现代物流配送中心为节点、以服务于商贸服务业和居民消费为目标的城市配送体系，实现城市配送与商贸服务网点、居民居住区的有效衔接。在继续推进"万村千乡市场工程""新农村现代流通网络建设工程""双百市场工程"和农产品"农超对接"的基础上，推进农村日用消费品和农资配送中心建设，大力发展城乡一体化物流服务体系。充分运用社会物流资源，建立工业制成品、农产品、生产资料等大宗商品跨区域运输的城际配送网络，实现干线运输与城市配送有效衔接。以国际商品交易中心、重点进出口口岸为依托，通过完善货物储存、配送功能，提高进出口货物集散能力，形成连接内陆、贯通全球的国际物流通道。

（2）加强商贸物流基础设施建设

在全国大中城市、商贸业聚集地、大型批发市场、进出口口岸，统筹规划建设和改造一批现代物流中心、配送中心。加强农副产品冷链物流建设，完善产地预冷、销地冷藏和保鲜运输、保鲜加工等设施。建设、改造一批仓储、分拣、流通加工、配送、信息服务等功能齐备的商贸物流园区，促进商贸物流产业适度集聚。加强仓储设施建设，推进传统仓储向现代物流配送中心转变，促进全社会物流设施资源利用效率的提高。适应互联网和物联网发展趋势，大力推进商贸物流公共信息化基础设施建设。

（3）提高商贸物流专业化、一体化服务水平

支持大型连锁企业建设、改造现代物流配送中心，完善物流配送功能，发展统一配送，提高连锁企业物流配送精细化水平。大力发展第三方物流，支持商贸服务业与物流业对接，发展专业化、网络化、全流程的物流服务，促进供应链各环节有机结合。鼓励中小企业加强合作，创新物流合作方式和服务模式，发展共同配送。支持品牌生产企业与物流企业密切合作，建立专业化的城际和国际物流配送网络。支持家电、服装、医药、烟草、图书、汽车、钢材、散装水泥、再生资源回收、粮食以及餐饮主食等专业化物流发展，满足流通专业化发展的需要。

（4）引导和鼓励商贸物流模式创新

支持各类批发市场完善物流服务功能，逐步形成集展示、交易、仓储、加工、配送等功能于一体的批发交易型配送模式。建立以现代物流配送中心和高效信息管理系统为支撑的电子商务物流基地，形成覆盖主要城市、辐射农村的快捷、便利、畅通的网络购物配送体系，满足网络购物快速发展的需要。加快物流电子交易平台建设，在中心城市引导建立一批以网络平台为依托、以第三方物流服务为主体，集信息发布、交易结算、跟踪、信用评价等功能于一体的网络物流资源交易中心，促进传统、分散的中小企业物流服务模式变革。

（5）提高商贸物流科技应用水平

鼓励企业加强物流装备更新和设施改造，采用先进物流技术，实现物流作业机械化、自动化，提高作业效率。加大信息技术在商贸物流领域的推广应用力度,鼓励商贸物流企业广泛采用条码、智能标签、无线射频识别等自动识别和标识技术、电子数据交换技术、可视化技术、货物跟踪技术等,实现商品来源可追溯、去向可查证、物流流程可视化。支持商贸服务企业与物流企业、生产企业通过共用信息系统,实现数据共用、资源共享、信息互通,提高企业对市场变化的反应能力和供应链管理水平。加大物联网技术在商贸物流中的推广应用,提高我国商贸物流现代化、智能化水平,推动智慧物流发展。

(6) 深入开展商贸物流发展示范工作

继续深入开展流通领域现代物流示范工作,以建设流通领域现代物流示范城市为突破口,优化城市物流资源,完善城市配送功能,提高城市配送的组织化程度。适时启动商贸物流园区、物流技术、物流配送中心示范工作。开展诚信经营示范活动,加强物流企业、物流园区信用体系建设。通过开展示范、试点和先进模式推广等工作,以点带面,合理布局物流基础设施,增强物流服务主体功能、拓展服务网络,提高商贸物流整体水平。

(7) 大力推广绿色物流方式

按照循环经济发展和构建低环境负荷商贸物流体系的要求,加大绿色物流装备、设施和节能仓库的推广使用力度。进一步完善综合运输体系,优化各种运输方式的比例。合理组织、配置物流资源,优化物流配送路径,降低运载车辆空驶率。大力采用和推广多式联运,实现各种运输方式之间的有效衔接。引导建立服务于商贸服务业的逆向物流体系,促进资源的循环利用。从流通末端应用入手,推广托盘共用系统,鼓励中心城市、重点区域运用物联网技术,率先推动托盘共用体系建设计。

(8) 完善应急物流运行机制

针对自然灾害、公共卫生事件、重大事故等突发事件具有偶然性、不确定性、非常规性、时间紧迫性等特点,突出政府层面的应急物流指挥调度和组织协调,以及商贸流通领域社会层面应急物流资源的优计化整合、科学配置和统筹利用。加强应急食品、物资储备库的规划建设,建立应急物资储备管理信息系统,完善应急商品储备、调运制度和应急处理流程,形成属地为主、条块结合、分级负责、与常态物流紧密结合的应急物流运行机制。鼓励大型商贸企业、物流企业制度性参与应急物流保障体系。

(9) 大力推进商贸物流国际合作

继续推进物流业对外开放,鼓励外商投资现代物流业,引进国该外先进物流管理方法、运作模式和技术装备。鼓励物流企业开展国际化经营,提高我国商贸物流企业的国际竞争力。以中日韩、中国-东盟、中国大陆及中国香港、澳门、台湾地区和新亚欧大陆桥沿线区域物流合作为重点,开展务实、高效的区域物流合作。引导企业在非投资建设物流中心,增强对非市场进出口货物的集散能力。发挥我国大型物流企业的国内外网络优势,拓展国际货运代理业务的服务范围和增值服务空间,努力打造内外贸结合的商贸物流网络,实现国际与国内商贸物流渠道的有效衔接。

5. 保障措施

(1) 加强商贸物流发展的组织协调和引导

各级商务主管部门、发展改革委、供销合作社要按照本规划确定的目标和任务,根据商贸物流发展特点,加强对商贸物流工作的规划指导和组织协调,建立相关工作机制,落实工作责任。在国家现代物流工作综合协调机制下,调动各方面的积极性,形成推动商贸物流发展的合力。行业社团组织要充分发挥政府与企业间的桥梁与纽带作用,做好行业自律,完善从业规范,推进行业制度建设,加强国际交流与合作,为行业健康发展提供全方位的服务。

(2) 改善商贸物流发展的市场环境

加强对商贸物流领域的立法研究，制定适合商贸物流发展需要的法律法规。推进市场化改革和体制创新，增强商贸物流业发展活力。打破地区封锁，构建公平、规范、有序的商贸物流市场体系，促进物流资源的自由流动。加强城乡物流服务体系的整体规划，通过地方立法和制定相关政策，解决干线运输、城市物流配送车辆通行难问题。加强对商贸物流业的宏观调控和运行监测，加强物流业安全评估及竞争力评价，完善物流行业损害预警机制。加强商贸物流信用体系建设，增强企业信用意识和风险防范意识。

（3）加大商贸物流发展的政策支持

各级商务主管部门、发展改革委、供销合作社要积极研究出台相关政策，协调相关部门运用财政、金融、税收、土地等手段支持商贸物流业发展。认真做好商贸物流发展规划，现代物流配送中心、仓储设施、快速转运中心、商贸物流园区等物流基础设施项目需符合土地利用总体规划，并纳入当地城乡建设规划。加大对重点商贸物流项目的财政资金支持力度，推动、引导商贸物流企业'走出去'，符合条件的企业可以申请对外经济技术合作专项资金支持。拓宽融资渠道，鼓励金融机构加大对商贸和物流企业的融资支持力度，按照企业需求，加强金融产品和服务方式创新，积极探索多种形式的抵押或质押贷款担保方式。

（4）加强商贸物流基础工作

健全商贸物流统计分析制度，建立行业数据库，监测、分析商贸物流运行状态，提供行业服务、指导行业发展。加强仓储、配送各环节及物联网应用等相关技术和管理标准的制定工作，规范商贸物流服务行为、促进供应链各环节有效衔接，重点做好蔬菜、禽肉、水产品、速冻食品低温运输、装卸、仓储、加工配送等冷链物流相关标准的推广应用和衔接工作。加强商贸物流职业技能教育，开展商贸物流领域职业资格培训工作，协调相关部门与行业组织推动建立和完善多层次复合型商贸物流人才培养体系，及时输送市场急需的商贸物流专业人才。

来源：北大纵横合伙人　姚美

（七）中物联《2021年城市配送货车便利通行报告》首发

当前，构建新发展格局对国内大循环提出更高要求。随着城市化进程加快，扩大内需战略实施，城市配送业务快速增长，对城市配送"保畅通"提出新要求。"十三五"以来，我国城市化水平稳步提升，2021年，我国城市化水平已经达到63.89%，扩大内需战略带动城市消费需求日益旺盛，带动城市配送需求快速增长。2020年，我国单位与居民物品总额超过300万亿元，城市物流需求成为增长亮点。"十四五"规划提出，畅通国内大循环，重点是要依托强大国内市场，形成需求牵引供给、供给创造需求的更高水平动态平衡。城市配送作为连接城市消费与生产，实现分配与流通的重要功能日益重要。但是，与旺盛的物流配送需求不相适应，城市配送仍然存在通行难、办证难、停车难等现实问题，成为影响满足城市居民对美好生活向往的重要堵点和短板。

2021年初，公安部交管局印发了《关于优化和改进城市配送货车通行管理工作的指导意见》，提出优化通行管理政策、改进服务保障、推进改善停车条件等政策措施，并要求各地在2021年9月底前完成评估并落实调整相关政策。为了解政策落实情况，反映存在问题，中物联公路货运分会联合深圳市货车宝科技有限公司通过大数据分析方式，联合开展了城市配送货车便利通行调查，现将有关情况报告如下。

考虑到城市配送货车便利通行问题主要反映在大中型城市，报告样本城市选择了"2021年中国百强城市排行榜"排名前30名城市，即北京、上海、深圳、广州、杭州、南京、苏州、成都、武汉、无锡、重庆、长沙、天津、郑州、济南、宁波、西安、青岛、合肥、福州、佛山、大连、沈阳、厦门、昆明、常州、南通、东莞、绍兴、长春。报告数据源为深圳市货车宝科技有限公司大数据研究院，在此一并表示感谢。

1. 城市配送货车便利通行情况

（1）73%的城市实现"允许配送货车通行时间不少于6小时"

在城配车辆的通行时间便利度方面，据货车宝导航汇总的样本城市中大范围不合理限行区域统计表（详见文末附），有73%的城市在主要区域实现了"每天允许配送货车通行时间不少于6小时"。2021年济南、成都、深圳等城市调整通行管控措施，放宽了城市配送货车道路禁限行政策。但目前仍有北京、杭州、苏州、武汉、无锡、郑州、宁波、绍兴等8个城市，在城区较大区域范围内配送货车允许通行时间少于6小时，其中部分城市禁行区域达到了主城区的80%以上，限行区域较大，对城市配送货车通行造成较大不便。此外，上述8个城市在"严禁采取全城24小时禁止货车通行"政策落实方面也未能达成目标。

（2）城配货车通行效率城市间差异大

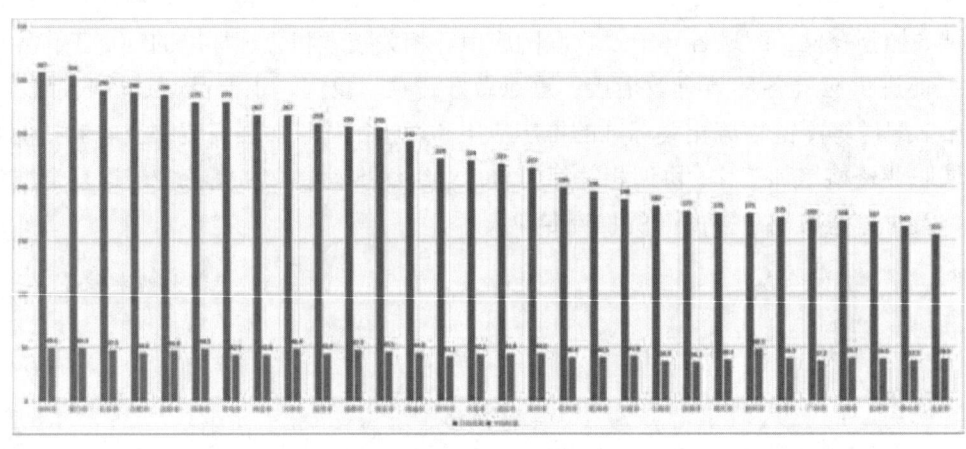

图1：样本城市城配车辆日均里程/平均时速

在时效便利度方面，各城市日均里程和平均时速是较能体现城配车辆运行效率的指标。根据货车宝导航数据以30个城市范围内城市配送车辆（系统注册并使用导航的4.5吨以下的蓝牌轻型货车、微型面包车）为样本，2021年7—12月数据显示，单车日均在途里程为225.03公里，平均时速为45.94公里，日均在途时长约4.89小时。从城市差异看，日均在途里程排名最高的郑州较排名最后的北京高出近一倍。相对于北上广深等超一线城市，郑州、合肥、长春等城市在此方面表现突出，城配运行效率更高。这一方面与城市对配送货车禁限行政策有关；另一方面也与城市建设水平、道路通行条件、交通拥堵状况等其他因素相关。从工作时间看，虽然日均在途时长少于5小时，但是司机反映由于禁限行政策和客户收货政策，大量时间用在等待上。一些城市进城后由于禁限行司机无法及时返回，需要等待4～5个小时才能运行，车辆整体利用率低，司机工作时间长。

（3）城配货车通行时间以日间为主，夜间为辅

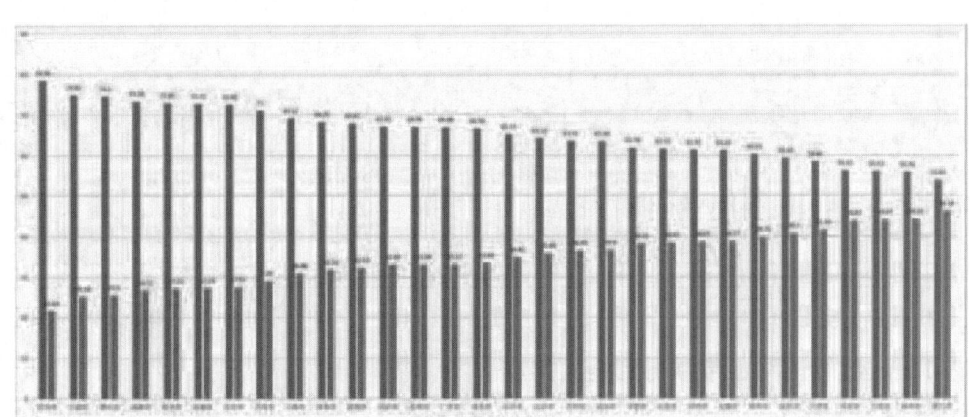

图 2：样本城市城配车辆日间与夜间通行占比

日间通行便利度方面，对于货车宝导航数据显示，样本城市城市配送车辆平均日间通行里程占 65.47%，夜间通行量占比 34.53%，没有夜间通行量超过日间通行量的城市，反映城市配送货车仍然以白天通行为主，夜间通行为辅。其中，日间通行量超过 70% 的城市有常州、宁波、佛山等城市，夜间通行量超过 40% 的城市则有福州、西安、武汉、无锡等城市。日间通行时间占比与各地禁限行政策宽松度呈正相关关系。司机普遍反映，白天通行安全性较高，且大部分客户收货也仅仅在白天，一些司机不得不采取白天"闯禁行"方式保障客户要求。一些司机反映，夜间配送往往时间较晚，有些在凌晨时间，容易发生疲劳驾驶事故，这也导致城配司机特别是年轻司机紧缺现象。

（4）放宽禁限行政策有利于引导城配货车合理通行，提升车辆通行效率

根据货车宝导航数据，以 2021 年对禁行限行政策调整的北京、成都、苏州、武汉等 4 个城市为样本，以调整禁限行政策之前 3 个月和之后 3 个月平均数据对比，相同时段内城配货车通行占比、城配车辆日均通行里程、时长等数据基本呈增长趋势。反映通过放宽禁限行政策有利于引导城配货车便利通行，提升城市配送通行效率。通过放宽禁限行政策也有利于挤出微型面包车等轻型客车"以客代货"现象，提高车辆装载效率，减少车辆碳排放。据测算，一辆 4.2 米轻型货车能够替代 6 辆金杯微面。

表 1：放宽禁行限行政策的影响情况

城市及政策调整		通行占比	日均通行里程（公里）	日均通行时间（小时）
北京市：2021 年 6 月 1 日，顺义区、平谷区、怀柔区部分区域由全天禁行调整为 23 点—次日 6 点可通行。	调整前	23.86%	153.3	3.9
	调整后	28.41%	160.3	3.95
	增减变化	19.06%	4.58%	1.41%
苏州市：2021 年 8 月 9 日起，吴江区区域由全天限行调整为 6—22 点限行。	调整前	47.96%	207.4	4.8
	调整后	51.21%	218.5	4.89
	增减变化	6.77%	16.85%	16.85%
成都市：2021 年 6 月 10 日起，原工作日 7—21 点限行，新政策本地增加晚高峰，外地货车 7—21 点限行。	调整前	51.79%	279.6	5.93
	调整后	57.06%	326.8	6.5
	增减变化	10.17%	14.42%	9.07%

续表

城市及政策调整		通行占比	日均通行里程（公里）	日均通行时间（小时）
武汉市：2021年6月1日起，部分区域22点—次日6点放开本地蓝牌限制。	调整前	48.77%	212.9	4.6
	调整后	53.35%	243.6	5.3
	增减变化	9.39%	5.37%	16.83%

来源：中物联公路货运分会

（5）城市配送通行证网上申领得到全面推广

通行证办理便利与否对于城配车辆开展配送工作有着较大的影响。货车宝导航数据显示，截至2021年12月底，样本城市中90%的城市开通了网上申领货车通行证（码），具体情况见表2（未上榜城市则为未开通）。值得一提的是，全国第一批70个城市自2021年9月1日起、第二批175个城市自10月20日起，可以通过"交管12123"APP直申领发放货车电子码通行证，统一申领入口，简化申请手续，便利司机使用。

表2：通过"交管12123"APP直申领发放货车电子码通行证城市

开通城市	办理方式	通行证类型	通行证便利情况
深圳	政府网站、12123	临时通行证	较为方便
广州	12123	临时通行证	较为方便
杭州	微信页面、12123	临时通行证	较为方便
南京	微信页面、12123	临时通行证	较为方便
苏州	微信页面、12123	长期临时均有	较为方便
武汉	微信页面	临时通行证	较为方便
无锡	微信页面	临时通行证	一般：需注册
重庆	微信页面、12123	长期临时均有	较为方便
长沙	微信页面	临时通行证	较不便：申办网页异常
天津	政府网站、微信页面、12123	临时通行证	较为方便
郑州	微信页面、12123	临时通行证	较为方便
济南	微信页面、12123	临时通行证	较为方便
宁波	微信页面、12123	临时通行证	较为方便
西安	政府网站、12123	临时通行证	较为方便
青岛	微信页面、12123	临时通行证	较为方便
合肥	微信页面、12123	长期临时均有	较为方便
福州	政务APP、12123	临时通行证	较为方便
佛山	政府网站、12123	临时通行证	较为方便
沈阳	12123	临时通行证	较为方便
厦门	微信网页、12123	临时通行证	较为方便
常州	微信网页、12123	临时通行证	较为方便
昆明	12123	临时通行证	较为方便
南通	微信网页、12123	临时通行证	较为方便

续表

开通城市	办理方式	通行证类型	通行证便利情况
东莞	12123	临时通行证	较为方便
绍兴	微信网页、12123	临时通行证	较为方便
长春	12123	临时通行证	较为方便

货车宝导航数据显示，从通行证类型看，其中86%城市的可以网上申领货车临时通行证，6%的城市可以申领长期通行证。从办理方式看，在30个样本城市中，微信通道、交管12123APP、政府网站和微信小程序办理方式分别达到60%、76%、13%和10%，通过交管12123APP申领日益成为趋势。从办理便利度看，通过对配送司机对于不同办理方式接受程度的调查，其中81%的司机认为较为便利，9%的认为一般，仍有10%认为较为不便，主要原因是各个城市需要下载不同的APP软件、各类网上注册较为麻烦、需要填写的信息不统一、申报网页经常异常等。总体来看，司机反映交管12123APP和微信小程序等办理方式使用较为便利。此外，还有部分城市仍然采取线下申领通行证方式，存在流程不透明、材料不统一、政策不规范等问题，亟待加快申领方式便利化变革。

（6）城市配送货车便利通行政策得到落实

货车宝导航数据显示，截至2021年12月底，30个样本城市中有15个出台并落实了城市配送货车便利通行相关政策，主要包括：分类施策便利货车通行、完善通行证（码）管理制度、加快构建分级配送体系等。此外2021年8月6日，交通运输部发布《关于命名天津市等16个城市"绿色货运配送示范城市"的通报》，天津市、苏州市、厦门市、长沙市、广州市、深圳市、成都市等7市入围首批"绿色货运配送示范城市"。

（7）货车路线导航得到一定推广 目前，济南等部分城市大力推广货车路线导航，但是在样本城市中占比不多。

通过与配送司机高频使用的货车导航合作，可以更加快速和精准地将禁限行政策推送给司机，加强提示引导，方便司机查询，避免误入禁限行道路，精准引导货车城市通行。同时，也可打通城市货车通行证（码）和货车导航的连接，便利配送司机直接跳转登陆申领服务。截止到2021年12月底，货车宝导航注册车辆达到300万，覆盖全国超过300个城市，月活跃用户达到55万。货车宝持续帮助货车司机精准导航、便利通行、信息联通，是城市配送货车司机使用较为普遍的专用导航系统。

表3：城市配送货车便利通行相关政策

城市	城市配送车辆相关政策	政策内容
南京市	2021.12.02 优化南京市主城区货车通行管理政策	一类区，从事城市配送的厢式货车、封闭货车和小型新能源货车每日7:00-22:00须办理通行证后通行；二类区，从事城市配送的厢式货车、封闭货车和小型新能源货车早晚高峰7:00-9:00，17:00-19:00禁行，其他时段不需办理通行证通行
武汉市	2021.6.1 部分路段货车限行条件放宽	允许本埠微型、轻型载货汽车（蓝牌货车），通行部分道路
成都市	2021.5.10 关于调整疫情防控期间货车临时通行政策的通告	新能源货车允许全天24小时在上述区域内行驶

续表

城市	城市配送车辆相关政策	政策内容
无锡市	2021.11.22 无锡市货车通行政策	1. 通行单类目中增设了城市高效配送车辆通行单和城市绿色配送车辆通行单，符合条件的新能源货车均可申请办理 2. 另一方面，通行权限也空前提高。持城市高效配送车辆通行单的本市号牌新能源微型、轻型封闭式载货汽车除了每天7:00-9:00、16:00-19:00时禁止驶入内环、机场等城市快速路之外，允许在无锡市区道路通行（含内环、机场等城市快速路）。此外，持城市绿色配送车辆通行单的本市号牌新能源微型、轻型厢式货车，除了7:00-9:00时、16:00-19:00时禁止通行太湖大道、环湖路、渔港路以及需要持甲级通行单通行的区域，其他道路全天可通行
长沙市	政策组合	分级设立绿色物流区，出台新能源货配送车辆停车优惠收费政策，设计城市配送车辆LOGO，设立城市绿色货运配送发展专项资金等
天津市	政策组合	优化完善城市配送车辆便利通行政策。加强城市配送运输与车辆通行管理工作，推动城市配送车辆实行统一标识、统一车型、统一管理、统一技术标准。给予在天津市供应链城市共同配送服务平台注册的"天津城市共配"车辆通行、停靠便利，针对"四统一"城市配送车辆，给予早晚高峰、全市境域内通行便利，提供绿色通道，在中心城区商业区、菜市场、大型公共活动场地等区域专用卸货场地和道路范围内增加1667个免费蓝色临时停车泊位，允许在全市境域内黄线禁停路段停靠装卸，每月通过平台为相关车辆发放通行证
郑州市	政策组合	建立以标准化新能源城市配送车辆为主体的城市绿色货运配送体系，加快存量轻型、微型燃油货车更新替换为新能源货车 制定科学的城市绿色货运配送运力投放机制，优化城市配送新能源货车路权政策，加强中心城区轻型、微型燃油货车能行管控
济南市	2021.6.15 二十项优化营商环境新举措	对从事物流运输服务、有通行备案历史记录且近3个月无违法事故记录的货车，除早晚高峰、城市快速路及高风险等级道路、达不到国Ⅳ排放标准的货车外，取消城市道路禁行限制，无需办理通行备案
宁波市	2021.3.26 宁波城区"限货"措施将调整范围拟进一步扩大	简化便利原则：对城市物流配送货车放宽限制，便利通行，同时给予通行证优先办理 分类管理原则：统筹考虑城市配送物流、普通货物运输与工程运输的不同需求，对于以厢式或封闭为主体的城市配送货车便利通行
福州市	2021.5.13 福州市公安局关于调整城区道路载货汽车交通管制规定的通告	放宽城区道路载货汽车通行限制，进一步优化和改进城市配送货车通行管理工作
佛山市	2021.1.6《佛山市城市绿色货运配送办法（征求意见稿）》	鼓励城市货运配送企业购买或租赁新能源配送车辆，并将加强推广应用新能源配送车辆政策支持。实施差别化通行管控，研究并划定城市绿色货运配送示范区、低碳区和覆盖区
沈阳市	2021.11.1 沈阳市货车限行管理规定调整	放宽了新能源城市配送货车的通行限制，除青年大街一线、中山广场环路、城市隧道等特殊道路外，全天允许通行
厦门市	政策组合	完善城市配送物流基础设施、推广新能源物流配送车辆普及应用、优化配送车辆便利通行政策、推广先进运输组织模式、推进信息互联共享、落实支持政策和保障措施等重点任务
昆明市	2020.11.30 昆明市人民政府关于加快物流业发展的实施意见	推广新能源汽车和天然气汽车在城市物流配送中的应用，给予新能源物流配送车辆全天24小时入城通行许可支持；推行城市集中配送，优化货车车型结构，提高车辆装载率
南通市	2021.5.27 南通市城市绿色货运配送企业考核管理和车辆运营奖补方案	对符合要求的绿色货运配送企业，最高每年度每车奖补2万元

来源：中物联公路货运分会

二、城市配送货车通行便利度指数

根据以上各项数据，我们初步设计了城市配送货车通行便利度指数，结合各城市通行时间，日均时效，通行时速，日间通行，证照办理便利度等多项指标，综合反映 30 个城市的城市配送货车通行便利水平。从指数初步测算看，济南市位列榜单第一名，厦门市、南通市、青岛市、长春市并列第二名，而四大一线城市除深圳外则普遍排名靠后。

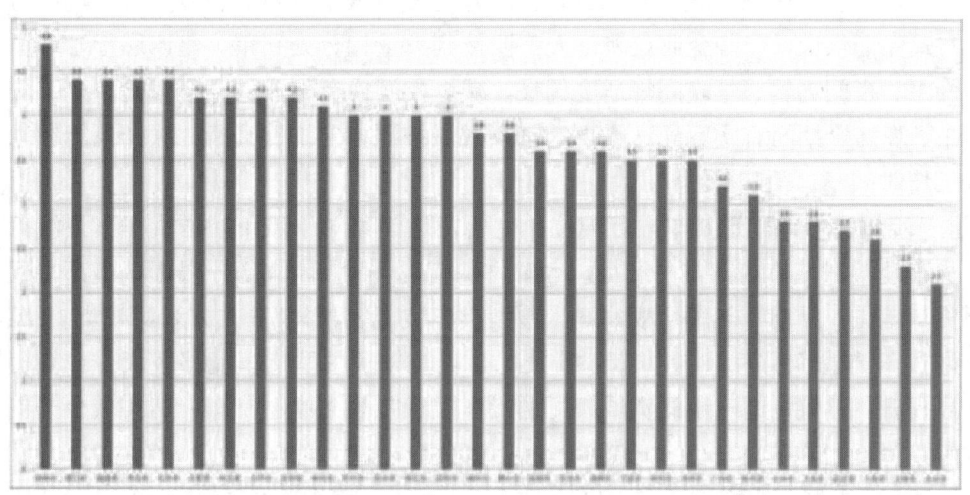

图 3：城市配送货车通行便利度指数

表 4：城市配送货车通行便利度指数指数因子

30 城城配通行便利指数	
指数因子	计算规则
通行时间便利度	限行区域越小通行时间越高，分数越高：不限行得 1 分，通行时间大于 6 小时得 0.8 分，通行 6 小时内且限行区域不大得 0.5 分，通行 6 小时内且限行区域大得 0.3 分。
日均时效便利度	里程越高，分数越高：280 以上得 1 分，240-280 得 0.8 分，200-240 得 0.6 分，160-200 得 0.4 分，160 以下 0.2 分
通行时速便利度	时速越快，分数越高：45-50 得 1 分；40-45 得 0.8 分；35-40 得 0.6 分，35 以下得 0.4 分。
日间通行便利度	日间占比越高，分数越高：70% 以上得 1 分，60-70 得 0.8 分，50-60 得 0.6 分，50 以下得 0.4 分。
证照办理便利度	申请便利度，分数越高：按照 12123 开通电子通行码加开通其他方式得 1 分，按照 12123 开通电子通行码得 0.8 分，自行开通申请页面且便利申请到得 0.6 分，自行开通申请方式但限制申请得 0.4 分，无得 0 分。

3。进一步推进城市配送货车便利通行的政策建议

城市配送对于支撑形成强大国内市场，畅通国内大循环具有积极意义。城市配送货车通行条件和我们的用水、用电、用汽条件一样，是保障城市正常运行和居民生产生活的基本要求。为进一步推进城市配送货车通行便利化，提出以下政策建议：

（1）进一步放宽城市配送货车通行时间为保障城市生产生活。主要发达国家对城市配送货车不限行，甚至给予城市配送货车优先通行权。例如，日本东京对城市配送货车没有任何限制，还提供财

政补贴。香港为避免私家车挤占城市配送通道，对重点地区限制私家车行驶，如在尖沙咀的干线路段，从早上 7 点至晚上 19 点，除装卸货物的货车外不允许车辆通行。建议将城市配送货车作为城市公共交通的组成部分看待，进一步放宽城市配送货车通行时间，每天不允许配送货车通行时间少于 4 小时，鼓励实行 24 小时全面放开货车通行时间的便利化措施。

（2）鼓励白天运输为主、夜间为辅、早晚高峰适度调控。目前，城市内的工厂、超市、市场、社区等主要配送客户基本采取白天收货模式，夜间普遍没有人员收货。许多配送车辆不得不采取白天"闯禁行"方式保证供应，一些企业反映每天都要接到大量扣分处罚单。建议通行管理原则调整为鼓励白天运输为主、夜间为辅、早晚高峰适度调控，减少夜间疲劳驾驶的安全风险。开辟城市货车通行主通道，允许早晚高峰期间有实际配送需求的车辆进城按照指定道路通行，这样也能在一定程度上减少货车司机工作时间。

（3）进一步放宽城市配送货车限行吨位。主要发达国家对于城市配送货车车型没有限制，大量中型和重型货车能够在城市内部自由通行，运输效率较高。而我国大部分限行城市都将配送货车车型限制在轻型货车范围。目前，一辆合规 9.6 米中型货车装载容积为 75 立方米，载货 10 吨，而一辆合规 4.2 米轻型货车装载容积为 18 立方米，载货 1.5 吨。一辆中型货车能够替代 4～6 辆轻型货车，运输效率明显提升。建议，进一步放宽城市配送货车限行吨位到中型货车，切实减少干支中转衔接、提高运输效率、降低配送成本。

（4）进一步缩小城市配送货车限行区域。目前，许多城市限行区域不断扩大，从二环扩大到三环、四环，仅仅限制城市配送货车通行不符合公平竞争政策。一些城市不同城区有不同的限行区域，且限行政策也不相同，增加了通行障碍。建议，缩小和取消城市配送货车限行区域范围，参照公路限高限宽设施和检查卡点整治，对于城市采取区域禁限行政策的进行清理，继续保留的要说明原因，在省内汇总后进行社会公示。

（5）全面推广通行证（码）网上申领通行证（码）网上申领核发政策推行以来，得到了广大企业和货车司机的普遍欢迎。针对实行过程中存在的问题，建议进一步制定完善公开公平、高效便利的城市配送货车通行证（码）管理制度，统一申领条件、申领方式、核发时限、使用规则等要求。建议明确统一为 12123APP 和微信小程序两大入口，方便司机群体形成习惯，推动证照申领便利化。

（6）延长长期通行证有效期限，开展取消货车通行证试点除了大量临时配送需求外，为保障城市生产生活正常运行，也有大量承接城市工厂、超市、市场、社区日常配送需求的车辆。建议，由托运方申请，发放有效期不超过一年的长期通行证，减少办证换证手续。建议充分利用大数据、平台化技术手段，摸清配送货车底数，进行通行证动态调控，在条件适合的城市开展取消货运配送车辆通行证试点，探索城市配送通行管理新模式。

（7）进一步提高新能源货车通行，便利国外城市对新能源配送货车提供较大的通行便利和政策支持。例如，挪威政府规定电动车辆的路桥费不得高于燃油车的 50%，电动车辆可以使用公交车道，并可以在部分公共停车场免费停放。德国部分城市为电动车辆等低排放车辆提供免费停车、公交车道及交通限制区使用特权。美国实施差异化的电动车辆交通优先政策，以加利福尼亚州为代表的州政府规定电动车辆可以使用大容量车辆车道（HOV 车道，通行效率高），纯电动汽车和插电式混合动力汽车可在州立停车场充电免收电费。建议进一步深化落实新能源货车差别化通行管理政策，对于新能源配送货车全面取消通行限制。对于新能源配送货车淘汰更新和运营使用提供补贴，加大新能源配送货车充电设施配套保障力度并给予电费优惠。同时，也要避免对于燃油货车"一刀切"的治理方式。

（8）推广货车线路导航，精准引导货车出行建议加强与司机高频使用的货车导航合作，在推送城市禁限行信息、链接通行证（码）申领、引导货车专用临时停车位、查询司机之家所在位置等

方面开展合作。 货车宝等货车导航作为城配司机高频使用的货车导航，愿意积极参与有关部门的相关工作。

来源：中国物流与采购联合会

二、邮政、快递物流

（一）国家邮政局公布2021年邮政行业运行情况

2021年，邮政行业业务收入（不包括邮政储蓄银行直接营业收入）累计完成12642.3亿元，同比增长14.5%；业务总量累计完成13698.3亿元，同比增长25.1%。

12月，全行业业务收入完成1013.8亿元，同比下降8.6%；业务总量完成1289.0亿元，同比增长11.9%。12月全行业收入数据较低，系个别品牌企业规范收入口径，调整全年数据所致。

2021年，邮政服务业务总量累计完成2031.1亿元，同比增长8.9%；邮政寄递服务业务量累计完成271.6亿件，同比增长6.2%；邮政寄递服务业务收入累计完成394.4亿元，同比下降2.9%。

12月，邮政服务业务总量完成170.8亿元，同比增长18.0%；邮政寄递服务业务量完成26.5亿件，同比增长15.2%；邮政寄递服务业务收入完成37.2亿元，同比增长8.8%。

2021年，邮政函件业务累计完成10.9亿件，同比下降23.3%；包裹业务累计完成1823.2万件，同比下降10.2%；报纸业务累计完成163.9亿份，同比下降1.0%；杂志业务累计完成6.9亿份，同比下降4.2%；汇兑业务累计完成646.0万笔，同比下降32.8%。

2021年，全国快递服务企业业务量累计完成1083.0亿件，同比增长29.9%；业务收入累计完成10332.3亿元，同比增长17.5%。其中，同城业务量累计完成141.1亿件，同比增长16.0%；异地业务量累计完成920.8亿件，同比增长32.8%；国际/港澳台业务量累计完成21.0亿件，同比增长14.6%。

12月，全国快递服务企业业务量完成102.5亿件，同比增长10.7%；业务收入完成917.6亿元，同比下降0.9%。12月份快递收入数据较低，系个别品牌企业规范收入口径，调整全年数据所致。扣除个别品牌企业调整因素，12月份快递业务整体单价为9.70元/件。

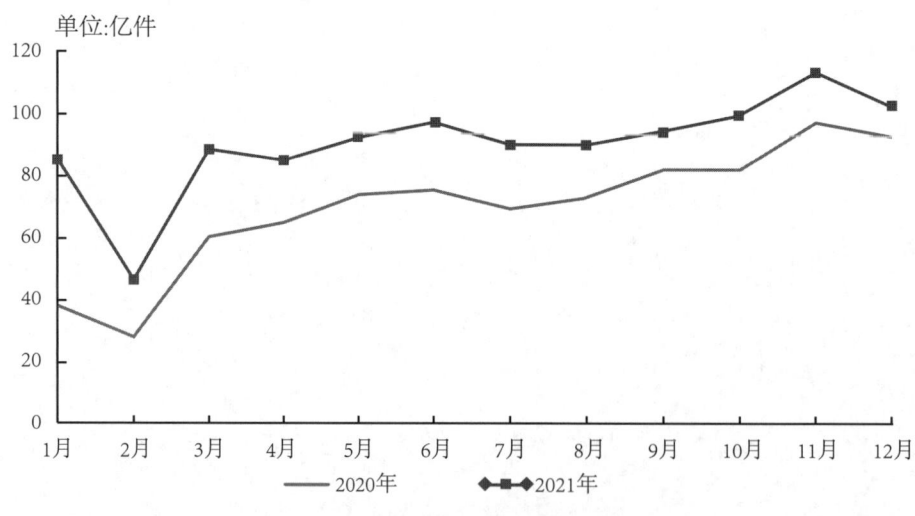

图4： 快递业务量情况

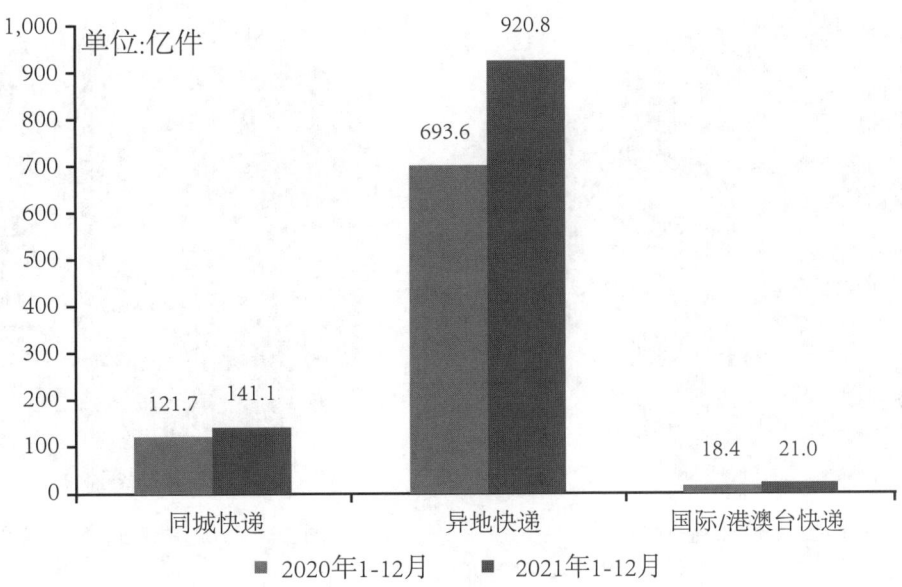

图 5: 分专业快递业务量比较

2021年，同城、异地、国际／港澳台快递业务量分别占全部快递业务量的13.0%、85.0%和2.0%；业务收入分别占全部快递业务收入的7.9%、50.6%和11.3%。与去年同期相比，同城快递业务量的比重下降1.6个百分点，异地快递业务量的比重上升1.8个百分点，国际／港澳台业务量的比重下降0.2个百分点。

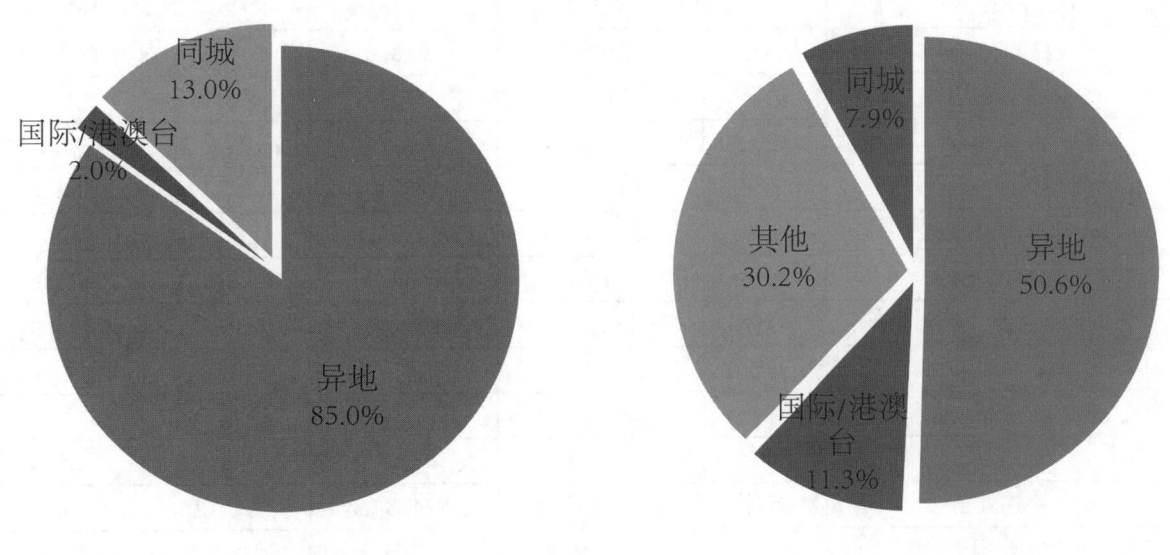

图 6: 快递业务量结构　　　　　　　　图 7: 快递业务收入结构

2021年，东、中、西部地区快递业务量比重分别为78.1%、14.6%和7.3%，业务收入比重分别为78.2%、12.9%和8.9%。与去年同期相比，东部地区快递业务量比重下降1.3个百分点，快递业务收入比重下降1.4个百分点；中部地区快递业务量比重上升1.3个百分点，快递业务收入比重上升1个百分点；西部地区快递业务量比重基本持平，快递业务收入比重上升0.4个百分点。

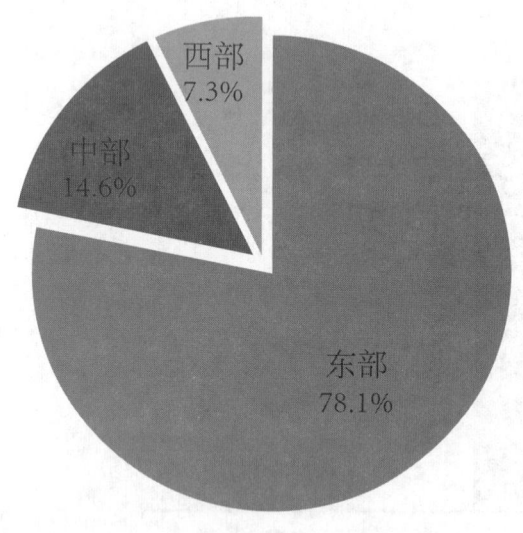
图 8：地区快递业务量结构

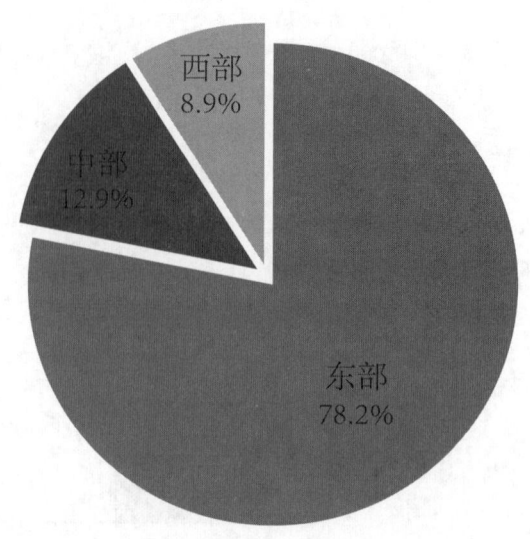
图 9：地区快递业务收入结构

2021年，快递与包裹服务品牌集中度指数CR8为80.5，较1-11月下降了0.2。

注：邮政行业业务总量、邮政服务业务总量按2020年不变单价计算，同比增长按照可比口径计算。

表5： 全国邮政行业发展情况表

指标名称	单位	12月 累计	12月 当月	比去年同期增长（%）累计	比去年同期增长（%）当月
一、邮政行业业务收入	亿元	12642.3	1013.8	14.5	-8.6
1、邮政寄递服务	亿元	394.4	37.2	-2.9	8.8
2、快递业务	亿元	10332.3	917.6	17.5	-0.9
二、邮政行业业务总量	亿元	13698.3	1289.0	25.1	11.9
1、邮政寄递服务	万件	2715646.5	265297.3	6.2	15.2
其中：函件	万件	108787.7	7484.0	-23.3	-31.6
包裹	万件	1823.2	165.3	-10.2	-18.3
订销报纸累计数	万份	1638844.9	141910.6	-1.0	-1.9
订销杂志累计数	万份	68550.0	5594.9	-4.2	-4.1
汇兑	万笔	646.0	53.0	-32.8	-38.0
2、快递业务	万件	10829641.3	1024834.3	29.9	10.7
其中：同城	万件	1411121.4	134757.6	16.0	19.1
异地	万件	9208130.1	872508.2	32.8	10.0
国际／港澳台	万件	210387.8	17566.5	14.6	-8.8

注：1. 邮政行业业务收入中未包括邮政储蓄银行直接营业收入
2. 邮政行业业务总量按2020年不变单价计算，同比增长按照可比口径计算

表6：分省快递服务企业业务量和业务收入情况表

单位	快递业务量累计（万件）	同比增长（%）	快递业务收入累计（万元）	同比增长（%）
全国	10829641.3	29.9	103323162.0	17.5
北京	221030.0	-7.2	3134341.1	-5.4
天津	123390.0	33.0	1401165.0	21.2
河北	506015.0	36.7	4036331.4	20.5
山西	78131.4	45.8	901584.2	34.4
内蒙古	26086.0	33.4	519290.1	23.3
辽宁	164328.1	46.8	1677022.7	27.6
吉林	62197.8	39.2	769227.2	26.7
黑龙江	60491.0	32.9	833873.7	18.9
上海	374137.9	11.2	17158198.9	20.1
江苏	860653.7	23.4	7883840.7	11.2
浙江	2278148.1	26.9	12646992.4	18.1
安徽	312664.8	42.0	2168052.1	23.9
福建	415012.3	20.9	3512665.6	16.1
江西	160091.5	42.9	1443098.3	25.9
山东	559785.8	34.8	4496076.7	21.7
河南	435552.7	40.5	3191669.0	28.2
湖北	269341.6	50.9	2413143.4	35.0
湖南	197803.1	34.4	1625079.7	25.3
广东	2945749.4	33.4	24543385.4	12.5
广西	102758.5	31.9	1127596.8	25.0
海南	14503.9	31.7	290023.2	21.3
重庆	97936.0	34.0	1034335.2	24.6
四川	278269.8	29.3	2680665.3	20.1
贵州	39787.1	41.3	666807.3	27.7
云南	84190.5	33.7	908387.2	23.2
西藏	1485.2	30.4	49492.7	40.2
陕西	111806.6	21.9	1209914.7	17.1
甘肃	18457.8	33.5	369628.5	24.1
青海	3686.8	56.3	100922.4	31.4
宁夏	9963.0	36.1	154100.6	30.3
新疆	16185.8	40.9	376250.7	24.4

表7：快递业务量前50位城市情况表

排名	城市	快递业务量累计（万件）	排名	城市	快递业务量累计（万件）
1	金华（义乌）市	1163887.9	26	南通市	101304.8
2	广州市	1067831.2	27	重庆市	97936.0
3	深圳市	597984.4	28	无锡市	97260.6
4	上海市	374137.9	29	南京市	91687.4
5	杭州市	367134.0	30	绍兴市	88702.9
6	揭阳市	353294.5	31	济南市	79535.8
7	东莞市	268421.3	32	西安市	78685.7
8	苏州市	247215.2	33	青岛市	77252.4
9	北京市	221030.0	34	沈阳市	76401.1
10	泉州市	216624.2	35	廊坊市	74025.5
11	汕头市	216245.1	36	中山市	72558.8
12	成都市	182528.9	37	南昌市	63637.5
13	温州市	167965.9	38	潮州市	61471.3
14	武汉市	160412.4	39	厦门市	59050.7
15	郑州市	154844.0	40	湖州市	57096.9
16	宁波市	153194.8	41	昆明市	56671.2
17	石家庄市	148812.6	42	宿迁市	56566.5
18	佛山市	142372.9	43	南宁市	55875.3
19	临沂市	132630.1	44	徐州市	54624.4
20	台州市	132257.2	45	福州市	54353.6
21	天津市	123390.0	46	商丘市	51827.3
22	合肥市	120038.4	47	邢台市	50194.6
23	长沙市	118867.9	48	惠州市	49100.9
24	嘉兴市	116051.0	49	沧州市	46043.1
25	保定市	115302.3	50	潍坊市	45441.1

表8：快递业务收入前50位城市情况表

排名	城市	快递业务收入累计（万元）	排名	城市	快递业务收入累计（万元）
1	上海市	17158198.9	26	合肥市	877332.2
2	广州市	8171900.1	27	西安市	841790.3
3	深圳市	6489185.1	28	厦门市	819814.9
4	杭州市	4162523.5	29	济南市	775202.2
5	金华（义乌）市	3351505.4	30	保定市	758495.2
6	北京市	3134341.1	31	南通市	742077.1
7	东莞市	2810693.4	32	廊坊市	732628.6
8	苏州市	2454081.5	33	沈阳市	729837.8
9	成都市	1656935.4	34	台州市	720210.3
10	揭阳市	1611212.4	35	福州市	683790.4
11	佛山市	1597063.0	36	中山市	672571.5
12	武汉市	1442769.3	37	南昌市	637282.8
13	天津市	1401165.0	38	临沂市	613778.4
14	宁波市	1369433.7	39	南宁市	567119.9
15	泉州市	1290800.9	40	常州市	552797.0
16	郑州市	1243960.0	41	哈尔滨市	540716.8
17	汕头市	1094205.7	42	惠州市	515598.5
18	重庆市	1034335.2	43	昆明市	497648.8
19	无锡市	1017029.8	44	长春市	484438.3
20	温州市	999223.7	45	绍兴市	462738.9
21	青岛市	948739.5	46	沧州市	418061.1
22	嘉兴市	948488.6	47	徐州市	415225.7
23	石家庄市	941570.8	48	湖州市	400333.9
24	长沙市	900898.3	49	大连市	368028.6
25	南京市	899241.3	50	太原市	362302.5

来源：中华人民共和国国家邮政局

（二）2020年邮政行业发展统计公报

2020年是极不平凡且极具挑战的一年，面对国内外严峻复杂的形势和新冠病毒肺炎疫情严重冲击，邮政全行业全面贯彻落实习近平总书记重要指示批示精神，认真贯彻落实党中央、国务院决策部署，坚持稳中求进工作总基调，坚持新发展理念，坚持以供给侧结构性改革为主线，坚持以改革创新为动力，统筹疫情防控和行业改革发展，在经济社会发展中作用凸显，为扎实做好"六稳"工作、全面落实"六保"任务做出了积极贡献。行业业务总量和业务收入分别突破2万亿元和1万亿元，快递业务量突破800亿件。

一、业务发展情况

全年邮政行业业务总量完成21053.2亿元，同比增长29.7%。全年邮政行业业务收入（不包括邮政储蓄银行直接营业收入）完成11037.8亿元，同比增长14.5%。

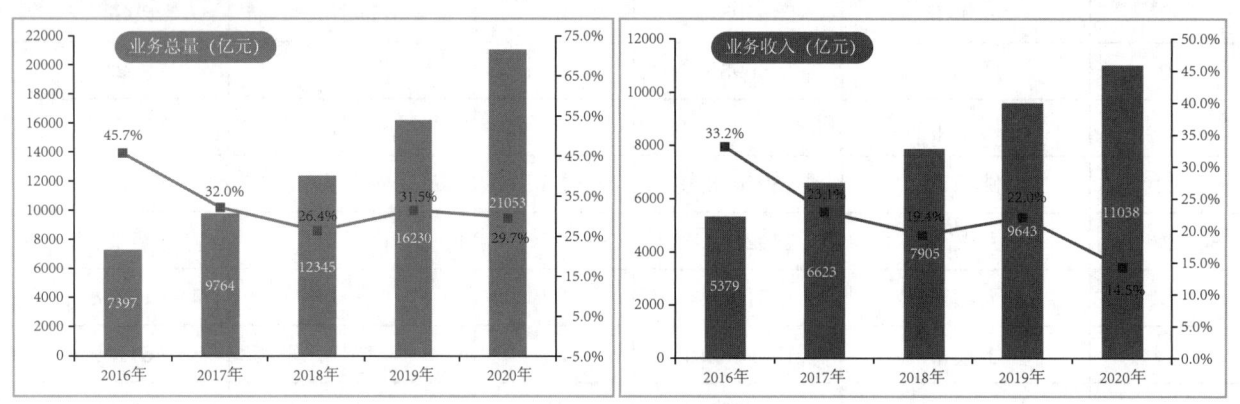

图10: 2016-2020年邮政行业业务发展情况

（一）邮政寄递服务业务

2020年邮政寄递服务业务量完成255.4亿件，同比增长3.3%；邮政寄递服务业务收入完成406.3亿元，同比下降5.2%。

全年函件业务量完成14.2亿件，同比下降34.6%；包裹业务量完成2030.6万件，同比下降5.8%；订销报纸业务完成165.4亿份，同比下降1.6%；订销杂志业务完成7.1亿份，同比下降2.3%；汇兑业务完成960.7万笔，同比下降41.4%。

（二）快递业务

快递业务快速增长。全年快递服务企业业务量完成833.6亿件，同比增长31.2%；快递业务收入完成8795.4亿元，同比增长17.3%。

快递业务收入在行业中占比继续提升。快递业务收入占行业总收入的比重为79.7%，比上年提高1.9个百分点。

同城快递业务小幅增长。全年同城快递业务量完成121.7亿件，同比增长10.2%；实现业务收入766.4亿元，同比增长1.9%。

异地快递业务快速增长。全年异地快递业务量完成693.6亿件，同比增长35.9%；实现业务收入4531.3亿元，同比增长15.0%。

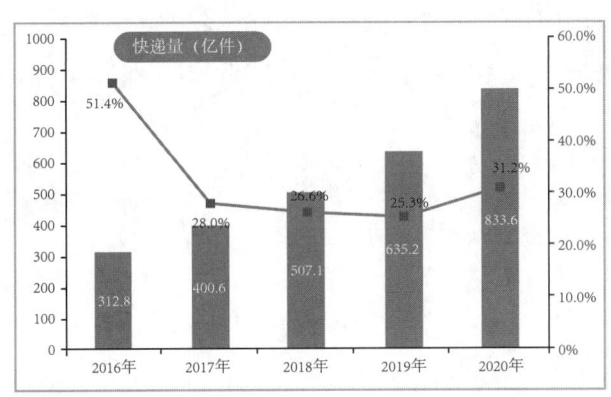 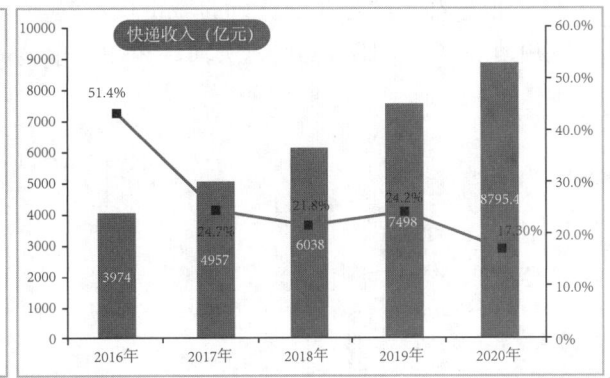

图 11: 2016—2020 年快递业务发展情况

国际／港澳台快递业务持续增长。全年国际／港澳台快递业务量完成 18.4 亿件，同比增长 27.7%；实现业务收入 1073.4 亿元，同比增长 43.6%。

异地业务占比提升。同城、异地、国际／港澳台快递业务量占全部比例分别为 14.6%、83.2% 和 2.2%，业务收入占全部比例分别为 8.7%、51.5% 和 12.2%。

东、中、西部地区各项快递业务均保持了持续稳定的增长势头，中部地区业务增长持续提速，市场份额继续上升。全年东部地区完成快递业务量 661.9 亿件，同比增长 30.8%；实现业务收入 6999.5 亿元，同比增长 16.4%。中部地区完成快递业务量 111.2 亿件，同比增长 36.1%；实现业务收入 1045 亿元，同比增长 23.8%。西部地区完成快递业务量 60.5 亿件，同比增长 27.7%；实现业务收入 750.9 亿元，同比增长 17.7%。东、中、西部地区快递业务量比重分别为 79.4%、13.3% 和 7.3%，快递业务收入比重分别为 79.6%、11.9% 和 8.5%。

快递业务量收排名前五位的省份合计在全国占比较上年有所下降，省份排名发生变化。快递业务量排名前 5 位的省份依次是广东、浙江、江苏、山东和河北，其快递业务量合计占全部快递业务量的比重达到 65.8%，较上年前五位占比下降 0.1 个百分点。快递业务收入排名前 5 位的省份依次是广东、上海、浙江、江苏和山东，其快递业务收入合计占全部快递业务收入的比重达到 65.5%，较上年同期下降 1.3 个百分点。

快递业务量排名前 15 位的城市依次是金华（义乌）、广州、深圳、上海、杭州、北京、揭阳、东莞、苏州、泉州、成都、汕头、温州、宁波和石家庄，其快递业务量合计占全部快递业务量的比重达到 54.6%。

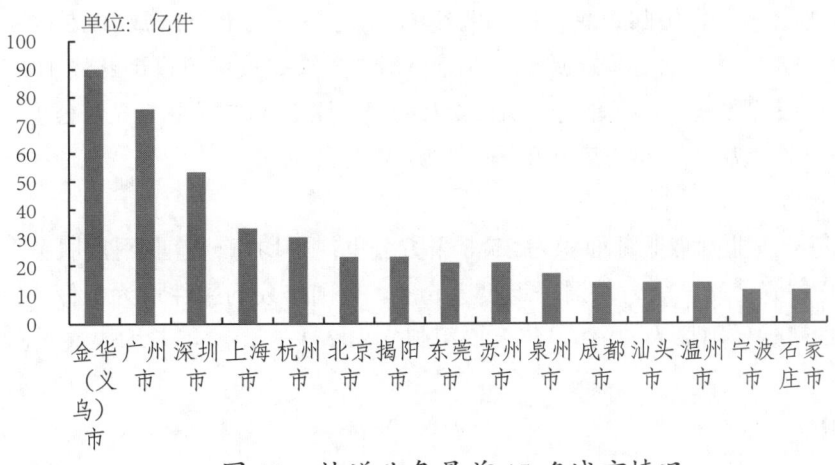

图 12: 快递业务量前 15 名城市情况

快递业务收入排名前十五位的城市依次是上海、广州、深圳、杭州、北京、金华（义乌）、东莞、苏州、成都、揭阳、佛山、天津、泉州、宁波、武汉，其快递业务收入合计占全部快递业务收入的比重达到58%。

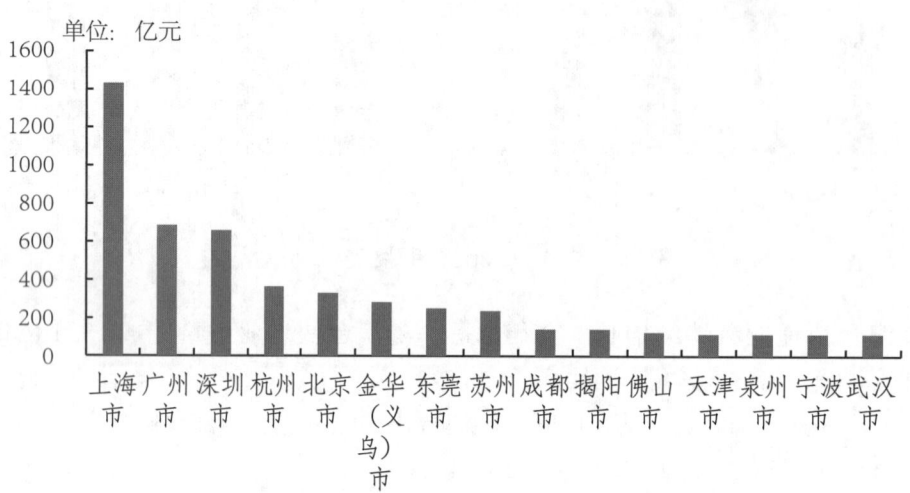

图13：快递业务收入前15名城市情况

国有、民营、外资企业业务量占全部快递与包裹市场比重分别为10%、89.8%、0.2%，国有、民营、外资企业业务收入占全部快递与包裹市场比重分别为8.7%、86%、5.3%。

快递与包裹服务品牌集中度指数CR8为82.2。

二、通信能力和服务水平

（一）机构设备

全行业拥有各类营业网点34.9万处，其中设在农村的11.1万处。快递服务营业网点22.4万处，其中设在农村的7.1万处。全国拥有邮政信筒信箱10万个，比上年末减少2万个。全国拥有邮政报刊亭总数1.1万处，比上年末减少0.2万处。

全行业拥有国内快递专用货机124架，比上年同期增加8架。全行业拥有汽车35万辆，比上年末增长6.7%，其中快递服务汽车25.4万辆，比上年末增长7.1%。

（二）通信网路

全国邮政邮路总条数3.7万条，比上年末增加978条。邮路总长度（单程）1187.4万公里，比上年末减少35.3万公里。全国邮政农村投递路线10.1万条，比上年末减少1265条；农村投递路线长度（单程）410.4万公里，比上年末减少9.5万公里。全国邮政城市投递路线10.7万条，比上年末增加3922条；城市投递路线长度（单程）219.4万公里，比上年末减少1.6万公里。全国快递服务网路条数20.7万条；快递服务网路长度（单程）4091.4万公里。

（三）服务能力

全行业平均每一营业网点服务面积为27.5平方公里；平均每一营业网点服务人口为0.4万人。邮政城区每日平均投递2次，农村每周平均投递5次。全国年人均函件量为1件，每百人订有报刊量为7.9份，年人均快递使用量为59件。年人均用邮支出781.8元，年人均快递支出623元。

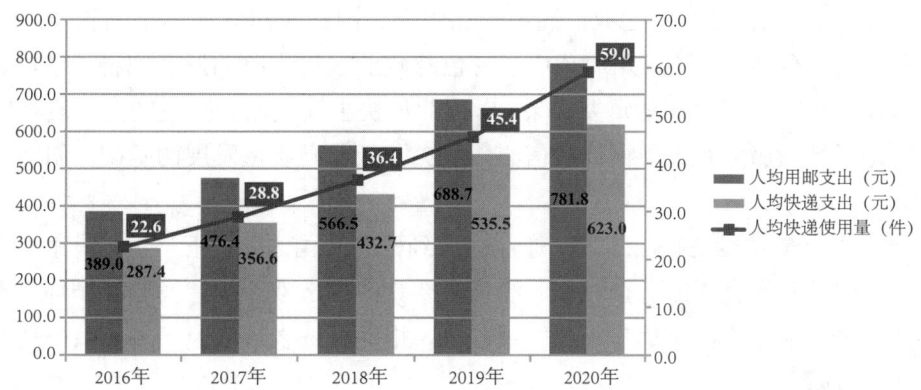

图 14：2016-2020 年人均用邮支出、快递支出和快递使用量情况

注：

1. 本公报中邮政寄递服务业务、通信能力和服务水平有关数据来自年报，其他数据为月报统计数据。
2. 各项统计数据未包括香港和澳门特别行政区及台湾省。
3. 部分数据因四舍五入的原因，存在着与分项合计不等的情况。
4. 邮政行业业务总量按 2010 年不变价格计算。
5. 全国人口数据来自国家统计局《第七次全国人口普查公报（第二号）》。

来源：中华人民共和国国家邮政局

（三）我国快递年业务量首次突破 1000 亿件大关

12 月 8 日，国家邮政局快递大数据平台实时监测数据显示，2021 年我国快递业务量已达 1000 亿件，标志着我国邮政快递业发展又迈上了一个新的台阶。国家邮政局副局长陈凯在新闻发布会上指出，站在新的历史起点上，邮政快递业将不断丰富发展的内涵和核心要义，坚持稳中求进、进中求优，全力践行行业的担当使命，努力实现更高质量发展。

陈凯表示，近年来，邮政快递业深入贯彻落实习近平总书记重要指示批示精神，坚持稳中求进工作总基调，坚持深化供给侧结构性改革，坚持在新发展格局中担当"畅通"使命，持续抓重点、补短板、强弱项，行业发展取得了长足的进步。首先是综合实力持续增强。年快递业务量突破 1000 亿件，连续 8 年稳居世界第一。快递支撑实物商品网上零售额、农产品销售额、制造业产值和跨境电商销售额再创新高。8 家快递企业成功上市，形成 3 家年业务量超 100 亿件、收入规模超 1000 亿元的品牌快递集团。其次是民生属性持续巩固。连接城乡、覆盖全国、通达世界的快递服务体系基本建成，快递网点基本实现乡镇全覆盖，服务网络加速向村一级延伸，日均服务用户近 7 亿人次，年新增就业保持在 20 万人以上。重点地区间快递服务全程时限缩短到 58 小时左右，有效申诉率不断下降。第三是发展质效持续提升。大数据、物联网、人工智能、区块链和北斗导航等先进技术与行业结合更加紧密，"小黄人"、无人机、智能仓广泛应用，基本实现了服务功能多元化、寄递服务快捷化、内部作业自动化和生产组织信息化。行业陆海空综合运输体系更加健全，高铁快递稳定运行，专用货机从 71 架增加至 126 架。快递绿色包装治理不断深入，快递电子运单、循环中转袋基本实现全覆盖。

陈凯指出，1000亿件目标的达成，离不开党中央、国务院对行业的坚强领导，离不开国家改革开放政策红利的持续释放，离不开新时代中国特色邮政业发展道路的发展完善，是坚定不移贯彻新发展理念和以人民为中心发展思想的重要成果，对行业加快由高速增长阶段转向高质量发展阶段意义重大，进一步坚定了行业服务新发展格局的信心，夯实了行业高质量发展的基础，创造了实现更高水平治理的条件。

陈凯强调，高质量发展是我国邮政快递业由大到强的必由之路。下一步，国家邮政局将深刻把握新使命新担当，坚持和深化"服务全领域、激活全要素，打造双高地、畅通双循环"思路，以供给侧结构性改革为主线，完整全面准确贯彻新发展理念，推动行业发展质量变革、效率变革、动力变革。

1. 健全供给体系

鼓励市场主体建立差异化的产品体系和定价机制，完善中高端服务供给。促进新业态新模式健康发展，推广供应链、医药、冷链、快运等专业化服务。

2. 提升供给质量

坚持促进发展和监管规范两手抓、两手硬，在发展中规范，在规范中发展。加强事中和事后监管，不断强化监管执法。

3. 实现产业融合

巩固电商市场基本盘，促进线上线下融合发展，服务扩大内需战略。聚焦重点领域，推动"快递进厂"，稳步推进"快递出海"，助推"一带一路"建设。

4. 突出社会贡献

分类推进"快递进村"工程，加强末端服务能力建设，强化快递员合法权益保障。

国家邮政局邮政业安全中心主任王丰表示，从地区分布来看，今年以来，中部地区快递业务量增长明显，西部地区业务量基本持平，这也和国家邮政局近年大力推进"快递向西向下"服务拓展工程，持续完善中西部和农村地区的网络有关。从结构上来看，现在全网每天有1亿件包裹是到农村的，更多承载着农产品上行、工业品下乡的使命，邮政快递业在促进消费升级、畅通经济循环方面的作用更加凸显。下一步，邮政业安全中心将依托快递大数据平台，以提质增效为关键，坚持创新驱动战略，进一步提升智能化水平，大力发展智慧邮政和智慧快递，深化行业大数据创新应用。

快递年业务量突破1000亿件，离不开快递员的辛勤劳动。国家邮政局市场监管司副司长边作栋表示，今年6月，经国务院同意，国家邮政局、交通运输部等七部门联合印发了《关于做好快递员群体合法权益保障工作的意见》。文件印发以来，各企业总部陆续采取了上调末端派费、削减考核罚款和建立快递员投诉申辩渠道等务实举措，保障一线小哥权益；各省邮政管理局与相关部门加强协作，推动本省政策出台。下一步，国家邮政局将着力完善合理劳动报酬机制，不断提升快递员社保权益，继续压实企业的主体责任，强化政府监管与服务。

据悉，今年第1000亿件快件是一箱从四川省眉山市多悦镇正山口村寄出的爱媛橙，由中通快递承运，12月8日发出，将于12月9日上午送达位于陕西西安的收件人手中。

来源：上海市快递行业协会

（四）2021年中国快递行业发展现状及市场竞争格局分析：快递业务量达1083亿件

1. 发展现状

（1）业务量

快递行业作为邮政业的重要组成部分，具有带动产业领域广、吸纳就业人数多、经济附加值高、技术特征显著等特点。它将信息传递、物品递送、资金流通和文化传播等多种功能融合在一起，关联生产、流通、消费、投资和金融等多个领域，是现代社会不可替代的基础产业，近年来中国快递业务量快速增长，2021年中国快递业务量达1083亿件，较2020年增加了249亿件，同比增长29.92%。

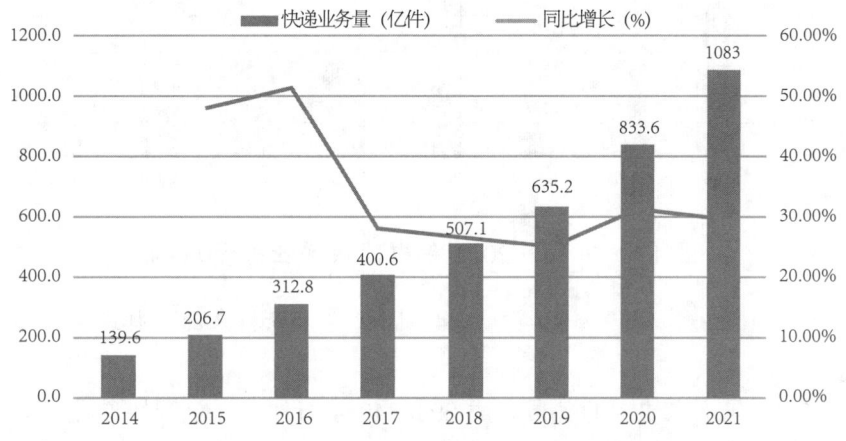

图15：2014—2021年中国快递业务量统计

资料来源：邮政部、智研咨询整理

相关报告：智研咨询发布的《2022-2028年中国快递行业市场竞争态势及发展趋向分析报告》

分专业来看，2021年中国国际/港澳台业务量达21亿件，较2020年增加了2.6亿件；同城业务量达141.1亿件，较2020年增加了19.44亿件；异地业务量达920.8亿件，较2020年增加了227.2亿件。

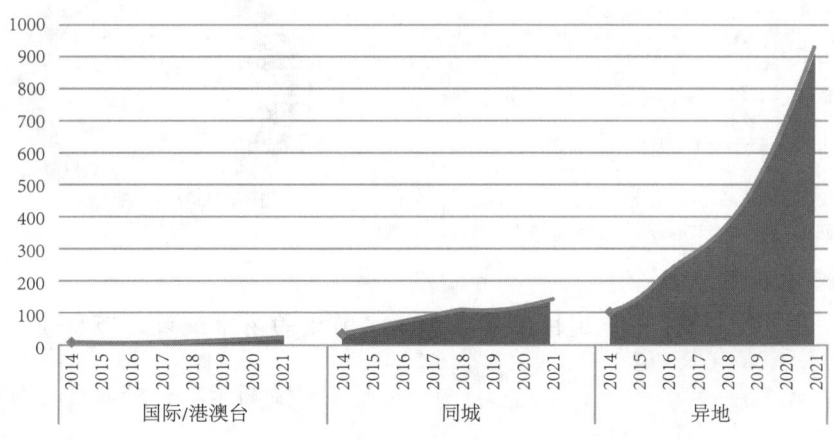

图16：2014—2021年中国各专业快递业务量统计（亿件）

资料来源：邮政部、智研咨询整理

从业务量结构来看，中国异地快递业务量长期占据全国快递业务总量七成以上的比例，尤其自2019年起占比更是达到了八成以上的比例，2021年中国国际／港澳台业务量占全国快递业务总量的1.9%，较2020年减少了0.3%；同城业务量占全国快递业务总量的13.0%，较2020年减少了1.6%；异地业务量占全国快递业务总量的85.0%，较2020年增长了1.8%。

图17： 2014—2021年中国快递业务量结构

资料来源：邮政部、智研咨询整理

分省市来看，2021年广东快递业务量完成2945749.4万件，占全国快递业务总量的27.20%，占比最大；浙江快递业务量完成2278148.1万件，占全国快递业务总量的21.04%；江苏快递业务量完成860653.7万件，占全国快递业务总量的7.95%。

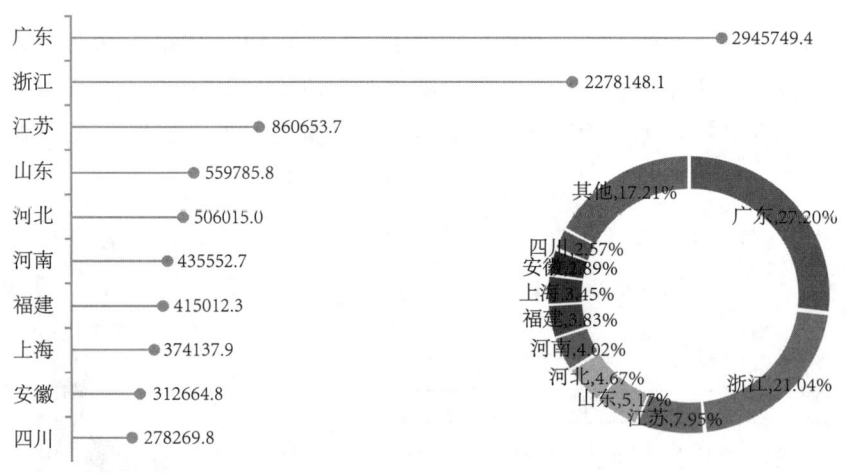

图18：2021年中国快递业务量排名前十的省市统计（万件）

资料来源：邮政部、智研咨询整理

分城市来看，2021年金华（义乌）市快递业务量完成1163887.9万件，占全国快递业务总量的10.75%，占比最大；广州市快递业务量完成1067831.2万件，占全国快递业务总量的9.86%；深圳市快递业务量完成597984.4万件，占全国快递业务总量的5.52%。

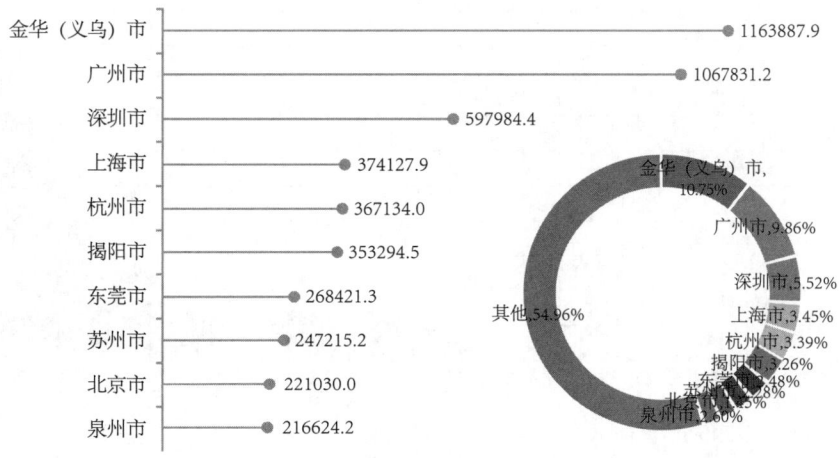

图19: 2021年中国快递业务量排名前十的城市统计（万件）

资料来源：邮政部、智研咨询整理

2、业务收入

随着中国快递业务量的增加，业务收入也随之增长，2021年中国快递业务收入达10332.3亿元，较2020年增加了1537亿元，同比增长17.47%。

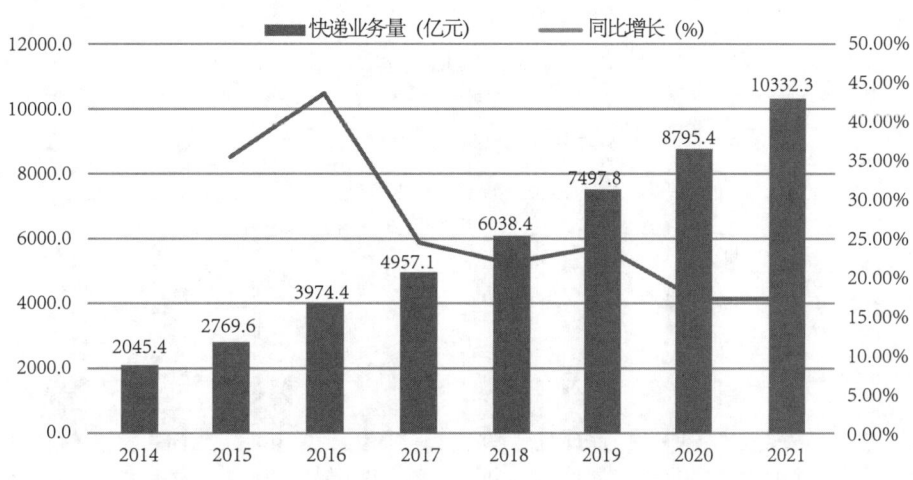

图20: 2014—2021年中国快递业务收入统计

资料来源：邮政部、智研咨询整理

分专业来看，2021年中国国际/港澳台快递业务收入达1167.5亿元，较2020年增加了94.1亿元；同城快递业务收入达816.3亿元，较2020年增加了49.9亿元；异地快递业务收入达5228.1亿元，较2020年增加了696.8亿元。

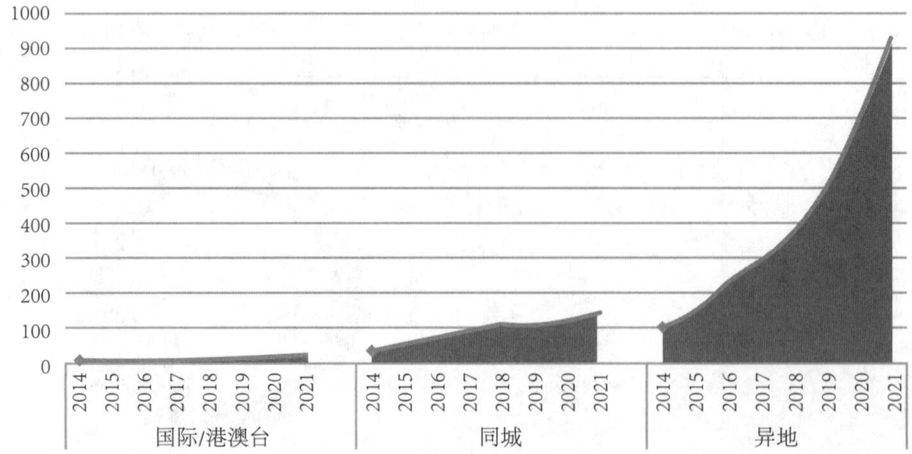

图 21: 2014—2021 年中国各专业快递业务收入统计（亿元）

资料来源：邮政部、智研咨询整理

从快递业务收入结构来看，2021 年中国国际／港澳台快递业务收入占全国快递业务总收入的 11.3%，较 2020 年减少了 0.9%；同城快递业务收入占全国快递业务总收入的 7.9%，较 2020 年减少了 0.8%；异地快递业务收入占全国快递业务总收入的 50.6%，较 2020 年减少了 0.9%。

图 22: 2014—2021 年中国快递业务收入结构

资料来源：邮政部、智研咨询整理

分省市来看，2021 年广东快递业务收入完成 2454.3 亿元，占全国快递总收入的 23.75%，占比最大；上海快递业务收入完成 1715.8 亿元，占全国快递总收入的 16.61%；浙江快递业务收入完成 1264.7 亿元，占全国快递总收入的 12.24%。

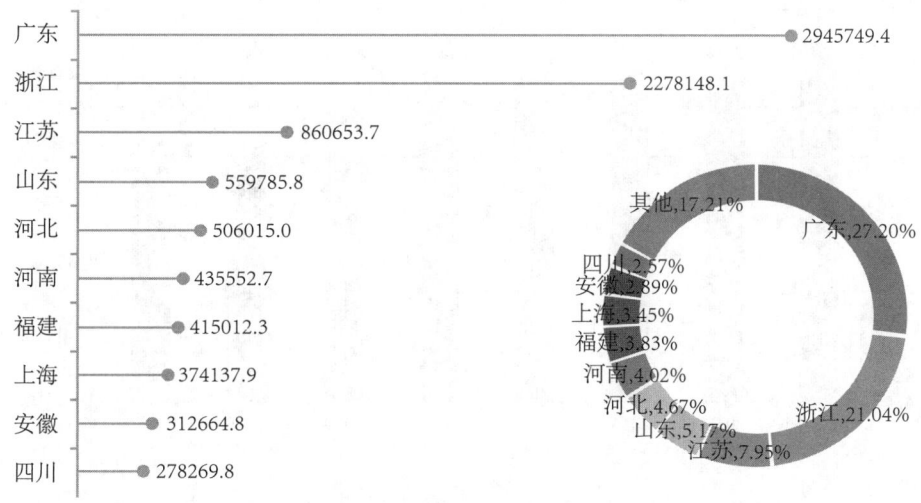

图23：2021年中国快递业务收入排名前十的省市统计（亿元）

资料来源：邮政部、智研咨询整理

分城市来看，2021年上海市快递业务收入完成1715.8亿元，占全国快递总收入的16.61%，占比最大；广州市快递业务收入完成817.2亿元，占全国快递总收入的7.91%；深圳市快递业务收入完成648.9亿元，占全国快递总收入的6.28%。

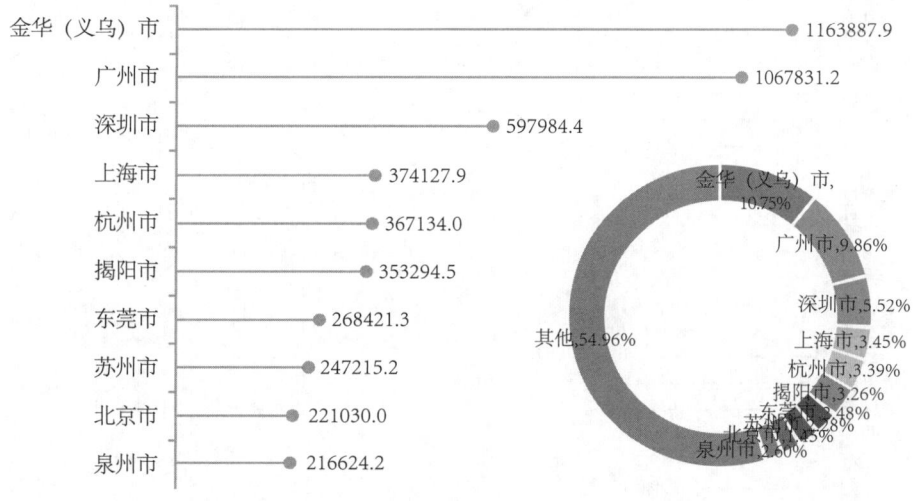

图24：2021年中国快递业务收入排名前十的城市统计（亿元）

资料来源：邮政部、智研咨询整理

3、均价

虽然中国快递业务量和业务收入均保持增长趋势，但快递平均单价却逐年下滑，2021年中国快递平均单价为9.5元／件，较2020年减少了1.1元／件，同比减少9.58%。

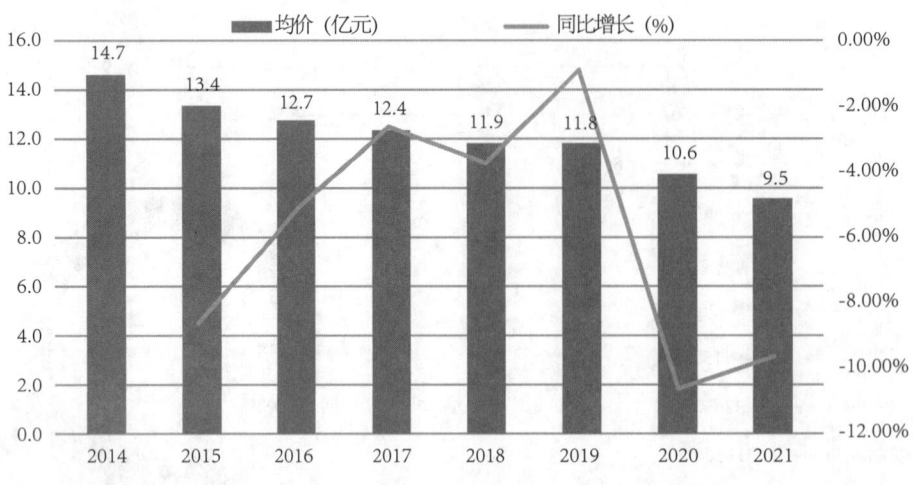

图 25: 2014—2021 年中国快递平均单价统计

资料来源：邮政部、智研咨询整理

分省市来看，上海快递平均单价最贵，浙江快递平均单价最便宜，2021 年上海快递平均单价为 45.86 元／件，全国排名第一；西藏快递平均单价为 33.32 元／件，全国排名第二；青海快递平均单价为 27.37 元／件，全国排名第三。

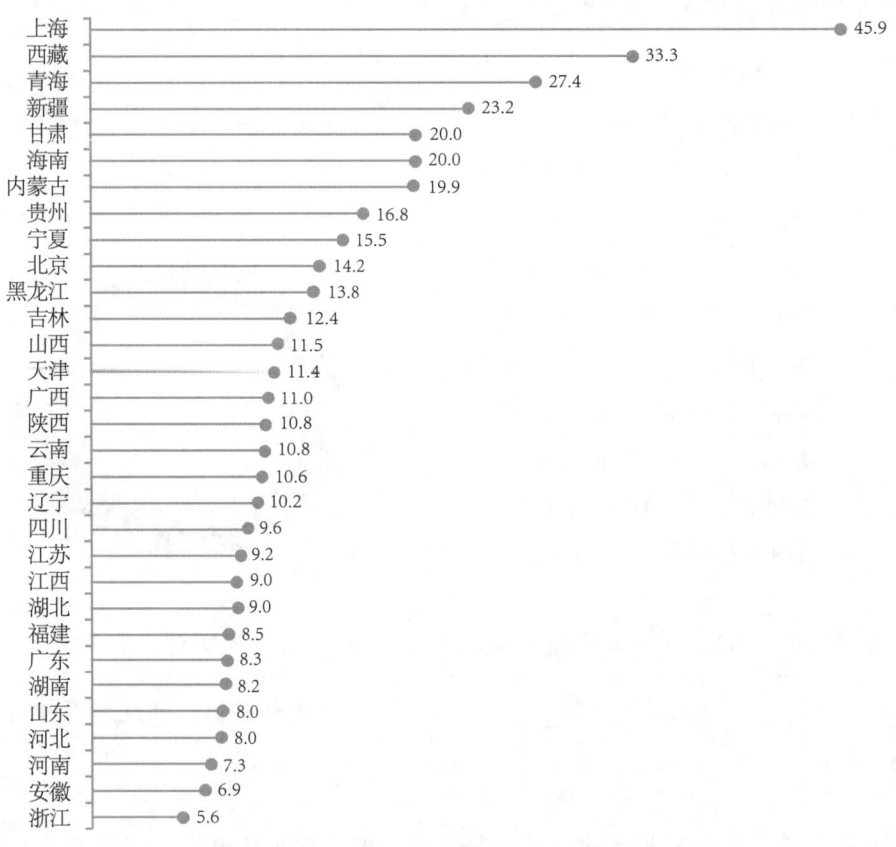

图 26：2021 年中国各省市快递平均单价统计（元／件）

资料来源：邮政部、智研咨询整理

二、市场格局

随着中国快递市场的高速发展,一大批优秀的快递企业迅速崛起,逐渐成为快递行业中的翘楚,如韵达股份、圆通速递、申通快递等,2020年韵达股份、申通快递、圆通速递快递业务量均保持增长趋势,2020年韵达股份快递业务量达141.44亿件,较2019年增加了41.14亿件;圆通速递快递业务量达126.48亿件,较2019年增加了35.33亿件;申通快递快递业务量达88.17亿件,较2019年增加了14.46亿件。

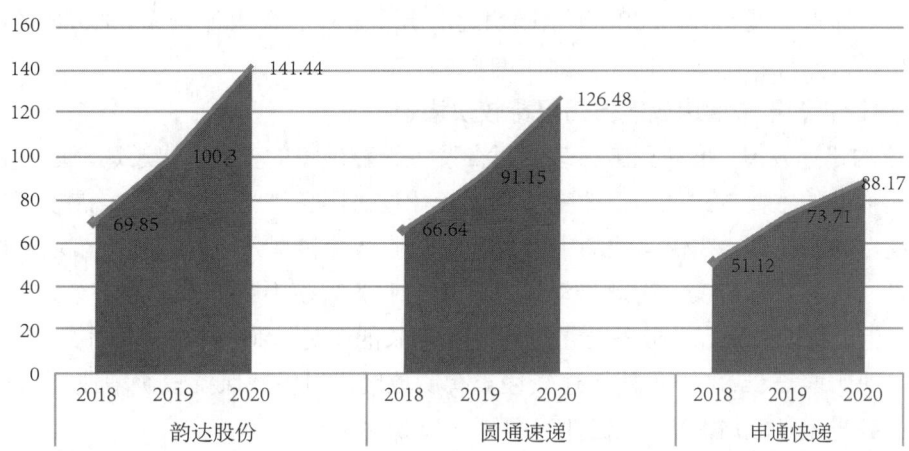

图27:2018—2020年中国快递行业重点企业快递业务量统计(亿件)

资料来源:企业年报、智研咨询整理

2020年韵达股份快递业务量占全国快递业务总量的16.97%,较2019年增长了1.18%;圆通速递快递业务量占全国快递业务总量的15.17%,较2019年增长了0.82%;申通快递快递业务量占全国快递业务总量的10.58%,较2019年减少了1.03%,2020年韵达股份、圆通速递和申通快递快递业务量总和占全国快递业务总量的42.72%,企业市场占有率相对较高,市场较为集中。

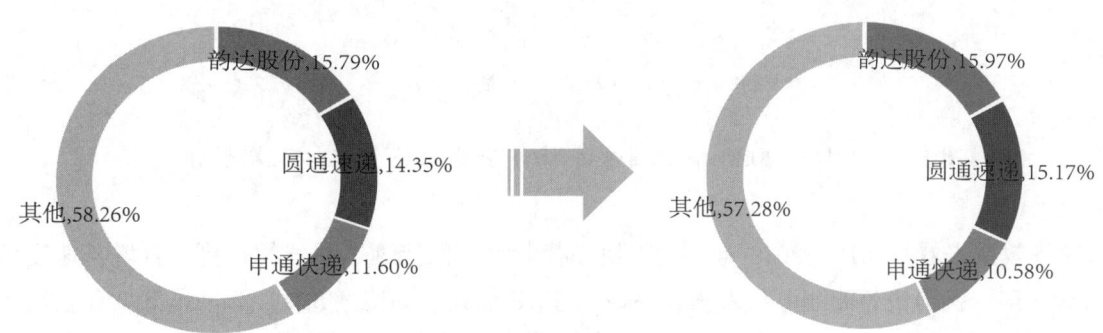

图28:2019与2020年中国快递行业市场占有率对比(按快递业务量)

资料来源:智研咨询整理

来源:产业信息网

（五）2021年中国快递行业市场现状及发展前景分析：未来5年业务收入将达到1.5万亿元左右

2020年中国快递业务量突破800亿件，业务收入将近8800亿元

快递业是邮政业的重要组成部分，是融合信息交流、物品递送、资金流通等多种功能于一体的复合型新兴服务业。由于国家政策的大力扶持，快递行业迎来了发展新纪元。根据国家邮政局的数据显示，近年来我国快递业发展迅猛，2020年全国快递服务企业业务量累计完成833.58亿件，同比增长31.2%；业务收入累计完成8795.4亿元，同比增长17.3%。

1. 中国快递行业近年来增速放缓但仍保持较快增速

我国快递业的迅速发展，推动我国邮政业正在发生天翻地覆的变化。快递逐渐取代传统邮政包裹而成为人们寄递物品的主要方式之一，改变了邮政行业过去服务"马马虎虎"，速度"慢慢腾腾"，价钱"没得商量"的旧模式。在快递业的带动下，邮政业开始转型升级，以适应市场需求，使行业服务质量整体向"又快又好"转变，由此推动了邮政业的业务规模不断扩大，经济效益明显提升。

2010-2019年，我国快递行业业务总量保持逐年增长的趋势。2019年，我国快递业业务量累计完成635.2亿件，同比增长25.3%，虽然增速较往年有所放缓，但仍然保持较快增速。2020年全年全国快递服务企业业务量累计完成833.58亿件，同比增长31.2%。

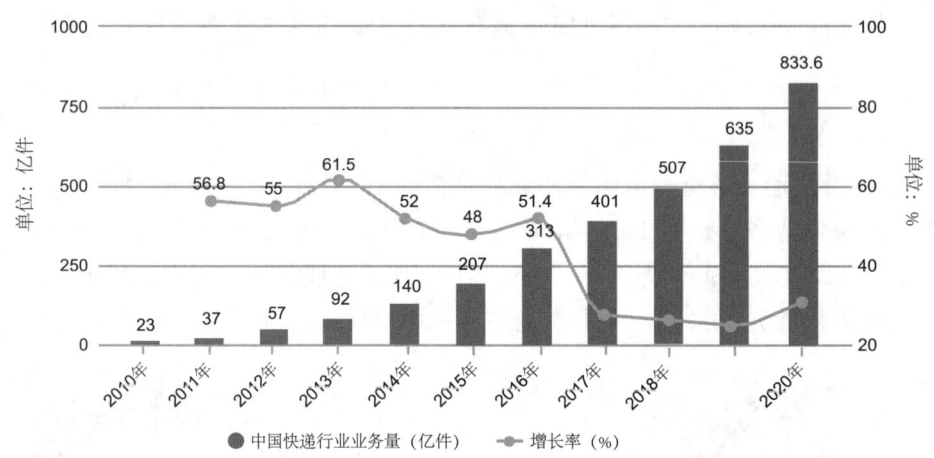

图29：2010—2020年中国快递服务企业业务量统计及增长情况

从经济效益来看，2010—2019年，我国快递行业收入保持逐年增长的趋势，且增长速度呈上升趋势，2019年，我国快递业业务收入累计完成7497.8亿元，同比增长24.2%，虽然增速较往年有所放缓，但仍然保持较快增速。截至2020年，全国快递服务企业业务收入累计完成8795.4亿元，同比增长17.3%。

图 30：2010—2020 年中国快递服务企业业务收入统计及增长情况

（1）产品结构仍以异地为主

2019 年，全国快递业务量累计完成 635.2 亿件，同比增长 25.3%。其中，同城业务量累计完成 110.4 亿件，同比下降 3.3%，占总业务量的 17.4%；异地业务量累计完成 510.5 亿件，同比增长 33.7%，占总业务量的 80.4%；国际/港澳台业务量累计完成 14.4 亿件，同比增长 29.9%，占总业务量的 2.2%。

截至 2020 年，同城、异地、国际/港澳台快递业务量分别占全部快递业务量的 14.6%、83.2% 和 2.2%。

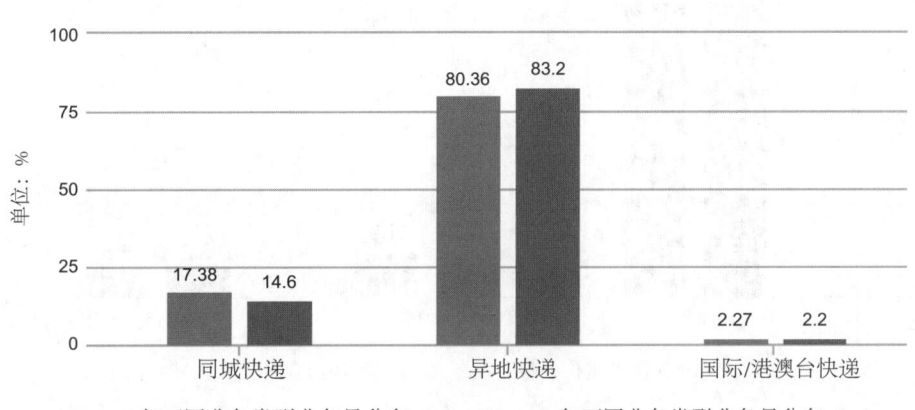

图 31：2019—2020 年中国快递行业不同业务类型业务量变化情况

2019 年，全国快递业完成业务收入累计完成 7497.8 亿元，同比增长 24.2%。其中，同城、异地、国际/港澳台快递业务收入分别占全部快递收入的 10%、52.6% 和 10%。

截至 2020 年，同城、异地、国际/港澳台快递业务收入分别占全部快递收入的 8.7%、51.5% 和 12.2%。与去年同期相比，同城快递业务量的比重下降 2.8 个百分点，异地快递业务量的比重上升 2.8 个百分点，国际/港澳台业务量的比重基本持平。

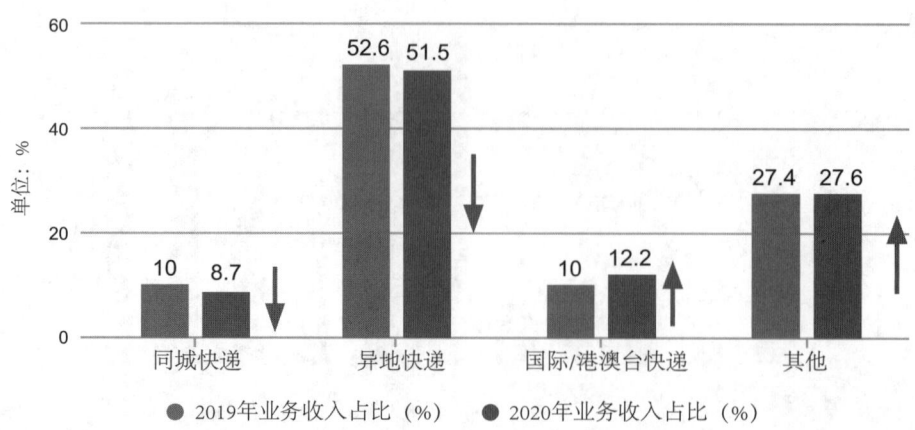

图32：2019—2020年中国分专业快递业务收入占比变化情况

（2）区域结构仍以东部地区为主

从业务量区域结构来看，在2019年全年东部地区完成快递业务量506.2亿件，同比增长25%，占比79.7%。中部地区完成快递业务量81.7亿件，同比增长30.9%，占比12.9%。西部地区完成快递业务量47.4亿件，同比增长19.4%。占比7.4%。

截止至2020年，东、中、西部地区快递业务量比重分别为79.4%、13.3%和7.3%。与2019年相比，东部地区快递业务量比重下降0.3个百分点；中部地区快递业务量比重上升0.4个百分点；西部地区快递业务量比重下降0.1个百分点。整体来看，东部地区业务量遥遥领先于其他地区。

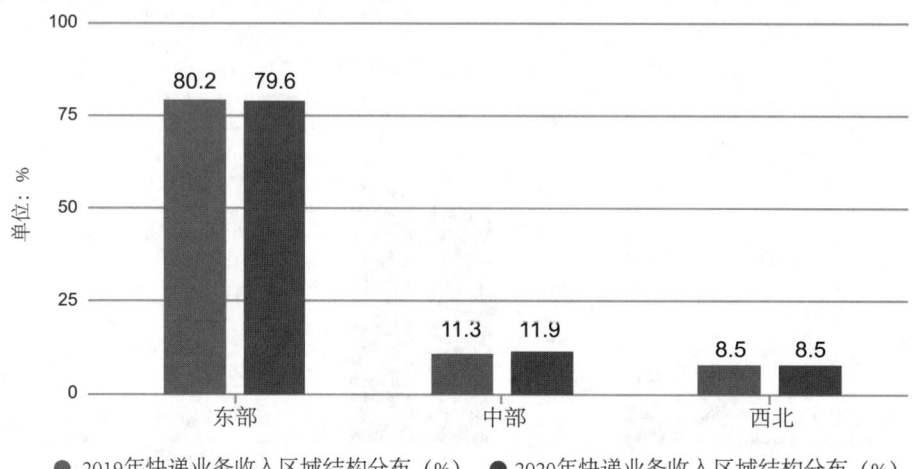

图33：2019—2020年中国快递业务量区域结构变化情况

2019年，东、中、西部地区快递业务收入比重分别为80.2%、11.3%和8.5%。与2018年同期相比，东部地区快递业务收入比重上升个0.2百分点；中部地区快递业务收入比重上升0.1个百分点；西部地区快递业务收入比重下降个0.3百分点。

截止至2020年，快递业务收入比重分别为79.6%、11.9%和8.5%。与2019年相比，东部地区快递业务收入比重下降0.6个百分点；中部地区快递业务收入比重上升0.6个百分点；西部地区快递业务收入比重基本持平。

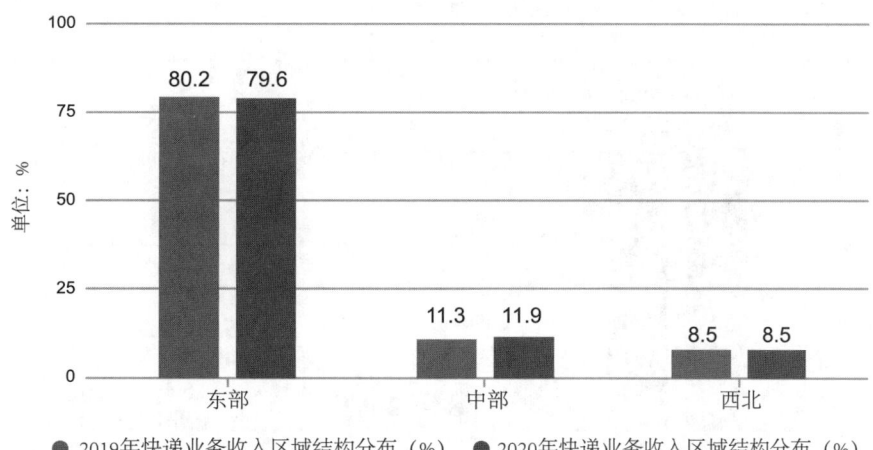

图 34： 2019—2020 年中国快递业务收入区域结构变化情况

（3）企业结构仍以民营地区为主

民营快递企业市场份额进一步提升。2018 年，按业务量计算，民营企业占据快递与包裹市场企业的市场份额为 86.2%，国有企业占比 12.3%，外资企业占比 1.5%。

2019 年，国有、民营、外资企业业务量占全部快递与包裹市场比重分别为 10.8%、88.8%、0.4%。整体来看，民营企业业务量保持匀速增长，外资企业业务量有所萎靡。

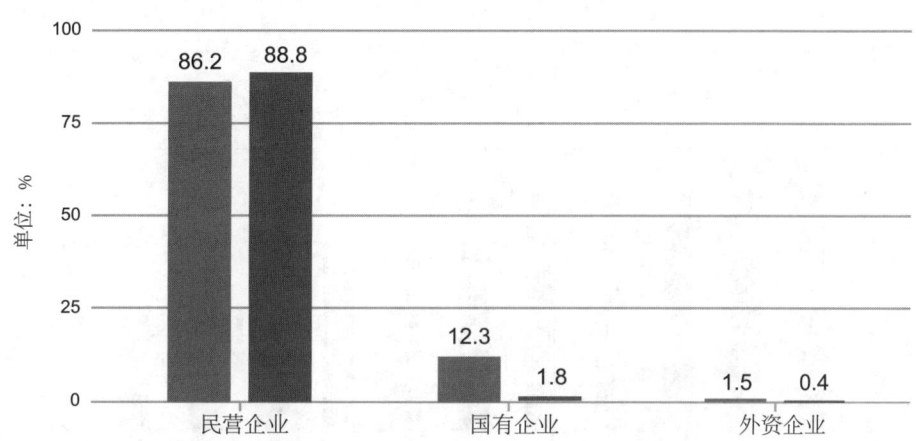

图 35： 2018—2019 年中国快递业务量企业结构变化情况

民营快递企业市场份额进一步提升。2018 年，按业务收入计算，民营企业占据快递与包裹市场企业的市场份额为 83.6%，国有企业占比 11.0%，外资企业占比 5.4%。

2019 年，国有、民营、外资企业业务收入占全部快递与包裹市场比重分别为 9.8%、85.3%、4.9%。

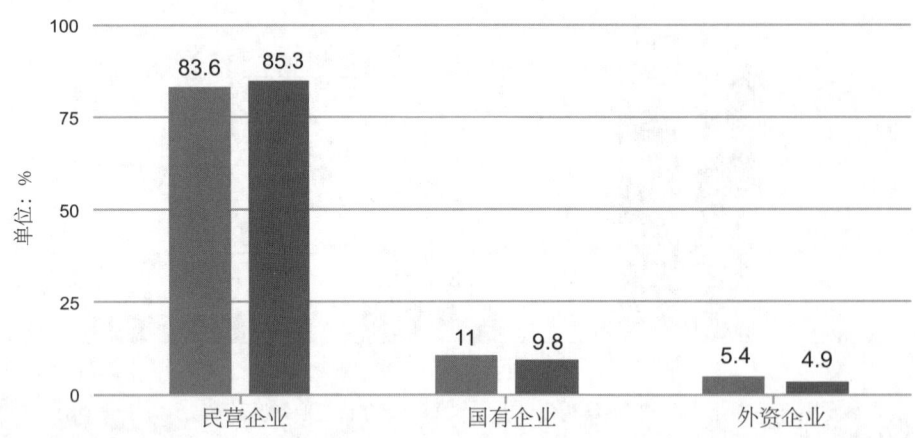

图36: 2018—2019年中国快递业务收入企业结构变化情况

(4) 中国快递服务价格呈下降趋势

2010-2020年1-11月,我国快递服务价格呈下降的趋势,但下降速度同样也逐年放缓。2019年,我国快递服务价格为11.8元/件。截止至2020年我国快递服务价格约为10.5元/件,较2019年下降1.3元/件。

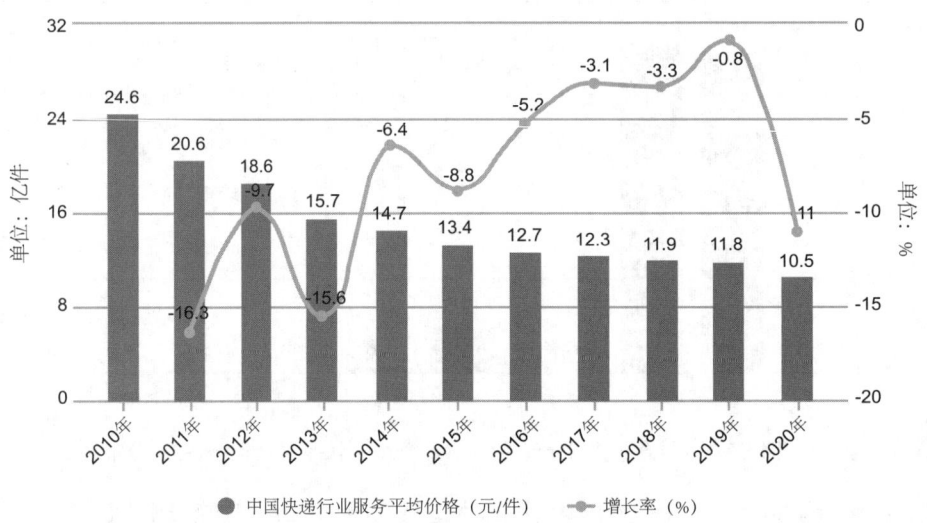

图37: 2010—2020年中国快递行业服务平均价格统计及增长情况

(5) 中国快递行业在邮政业占比逐年攀升

2010-2019年,快递行业占邮政业收入比重总体保持上升趋势。其中,2019年比例为77.8%,表明近年来快递行业在邮政业的市场地位逐步提升。截止至2020年中国快递行业的业务收入占邮政业总收入的79.68%,较2019年提高1.9个百分点。

图 38: 2010—2020 年中国快递行业业务收入占邮政业总收入比重变化情况

（6）市场集中度近年来保持在 80% 左右

根据国家邮政局公布的快递服务品牌集中度指数 CR8 来看，2013-2016 年市场集中度呈现下降趋势，从 2017 年开始市场集中度逐年提高。2013-2017 年快递市场高速发展，市场不断涌现出新进入者，导致市场集中度下降，到 2017 年由于市场增速大幅放缓，行业发展进入整合期，部分中小企业逐渐被淘汰，导致市场集中度逐渐提高，到 2019 年快递行业 CR8 高达 82.5%。

截止至 2020 年中国快递与包裹服务品牌集中度指数 CR8 为 82.2%，较 2019 下降了 0.3 百分点。

图 39: 2013—2020 年中国快递服务品牌集中度指数 CR8 变化情况

2. 中国快递行业发展前景预测：中国快递行业仍将保持较高速增长

《快递行业"十三五"规划》提出，到 2020 年，快递业务量达到 700 亿件以上，年均增长 27.6%；快递业务收入超过 8000 亿元，年均增长 23.6%。而据国家邮政局在 2021 年全国邮政管理工作会上披露的数据来看，2020 年完成的快递业务量（833 亿件）和快递业务收入（8795 亿元）已经远远超过了规划的情景，"十三五"规划超额完成。

2021 年，在疫情期间的居家倡议及无接触经济的催化下，线上购物方式在消费者之间的渗透率仍在不断攀升,对快递产业的发展形成了持续的推动力,与此同时,快递市场也在不断的发展中趋于成熟。

2020年11月,《中共中央关于制定国民经济和社会发展第十四个五年规划和二〇三五年远景目标的建议》发布,建议中提到要构建现代物流体系、健全现代流通体系和完善运输物流网络,可见快递产业仍是我国国民经济和社会发展中重要的一环。前瞻产业研究院初步估计,2021—2026年,我国快递产业业务收入将以10%左右的年均增长率不断增长,到2026年突破1.5亿元。

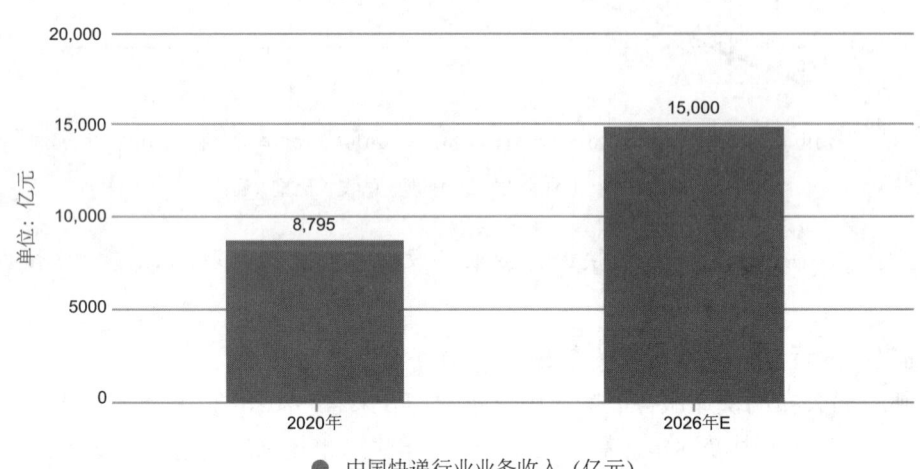

图40：2020—2026年中国快递行业业务收入统计情况及预测

来源：前瞻产业研究院

（六）2021快递业：更畅更智更绿

通过快递能买到的农特产品越来越丰富新鲜了,快递能寄达的国家和地区越来越多了,电商快件不再二次包装的比例越来越高了……对于近年来邮政快递行业的变化,人们有着切身的感受。2021年,邮政快递行业还将发生哪些变化？

1. 进村、进厂、出海

一件从湖北省黄冈市罗田县寄往湖南长沙的快递包裹,成为2020年第800亿件快件。这件由顺丰速运承运的包裹,配送的是罗田县骆驼坳镇燕儿谷景区的土特产品。

罗田县骆驼坳镇燕窝湾村第一书记徐志新告诉记者,自从湖北顺丰速运在燕儿谷景区打造了快递进村示范网点,当地农副产品物流成本下降了30%～40%。

"镇上几个村子的农产品销路一下子就打开了。这是燕儿谷农村电子商务的新里程,打通了快递服务农村群众'最后一公里'。"徐志新说。

数据显示,2020年我国邮政快递行业快递直投到村比例超过50%,全国6.2万个建制村借助于合作实现快递进村。

"2021年,要提高建制村快递服务通达率,东部地区基本实现快递服务直投到村,中、西部地区分别达到80%和60%。"国家邮政局办公室副主任侯延波日前在新闻发布会上表示,下一步,国家邮政局将落实快递进村三年行动方案，编制快递进村指引，明确进村标准，因地制宜推动邮快、交快、快快合作多模式并进，多品牌快递服务有效下沉，提高覆盖率，更好服务乡村振兴战略，"新增政务便民网点 1000 个，巩固提升建制村直接通邮成果，西部地区建制村每周三班以上投递比例超过 95%"。

国家邮政局局长马军胜指出，进入新阶段，我国邮政快递行业发展仍然处于重要战略机遇期，但机遇和挑战都有新的发展变化。"要按照'服务全领域、激活全要素，打造双高地、畅通双循环'的工作思路，围绕提升行业在畅通中的价值，聚焦高质量发展、高效能治理。"

服务全领域、激活全要素，关键在于发挥快递业连接千城百业、联系千家万户、连通线上线下的优势，提升与更多领域的关联性和协同性。马军胜表示，2021 年，国家邮政局将深入推进"快递进村"，加快推动"快递进厂"，积极促进"快递出海"，让快递业更为畅通便捷，进一步提升行业服务农村、服务生产、服务国际的能力水平。

在邮政快递行业"两进一出"的带动下，2020 年全国共培育出 60 个业务量超 1000 万件的快递服务现代农业金牌项目，总件量达到 11.77 亿件，助农销售总计 655.18 亿元。

对此，国家邮政局市场监管司副司长边作栋表示，今年，国家邮政局将通过破解农村末端服务难题，推动农村快递进村入户，大力培育快递服务现代农业金牌项目，助力农特产品走出乡村。

"通过深化上下游合作、共同提高渠道效能等举措，深入推进快递业与现代农业体系融合发展，将邮政、快递网络全面沉下去，将农村产业有效带起来，促进农民生活更加富裕。"边作栋说。

2. 快递也能更"聪明"

对于家门口的智能快件箱您一定不陌生。"尤其是在疫情期间，无接触投递服务普遍化加速了用户对这些投递方式的接受。"边作栋告诉记者，在投递方式上，平台化、集约化的投递方式受到越来越多的用户欢迎。目前，全国累计建设的 11.4 万个快递末端服务站和 40 万组智能快件箱发挥了重要作用。

壮大国内快递市场，必须要打造一流的末端投递服务。侯延波表示，2021 年邮政快递业更贴近民生的七件实事之一，就是要进一步提升末端投递服务水平。智能快递箱投递率达到 10% 以上、快递公共服务站数量达到 11.5 万个。

同时，2021 年国家邮政局将支持末端服务设施多元发展，以老旧小区改造为契机，加快推进智能快件箱（信报箱）、快递公共服务站等末端设施建设。

2021 年全国邮政管理工作会议提出，要深入实施科技强邮战略，将创新作为行业高质量发展和高效能治理的第一动力，提升服务全领域能力。

"以数据驱动为牵引，全面激活劳动、资本、土地等要素资源，推进邮政快递产业数字化、数字产业化，提升邮政快递业质量效益和核心竞争力，建设现代邮政快递体系。"马军胜表示，将紧紧围绕扩大内需这个战略基点，实施一批强基础、增功能、利长远的重大项目，构建日处理超 10 亿件、服务超 10 亿人的寄递网络，助力培育完整内需体系，形成强大国内市场。

为了助推快递业高质量发展，提升服务市场能力，2021 年国家邮政局还将在加快科技创新与应用方面，推动构建邮政快递企业、高科技企业、高等院校、科研院所等科技研发体系，支持行业技术研发中心建设，推进智能安检和智能视频监控系统算法优化，推动智能语音申诉投诉系统试点应用，稳妥推进通用寄递地址编码项目试点；推广应用大数据、云计算、区块链等关键共性技术以及北斗导航系统等先进技术装备，在海南自贸港等地开展数字邮政快递创新试点示范工程。

3. 快递包装"绿"起来

一件快递，包含运单、塑料袋、胶带等多种包装物，有的还要套上纸箱、编织袋、装填缓冲材料……这些包装材料不仅消耗了大量资源，随意丢弃后还会对环境造成污染。如何能让堆积成山的快递包裹"瘦身变绿"？

"推动快递业高质量发展，必须实现高效能治理。"马军胜提出，要从关注量的增长转向更多关注质的提升，推动行业实现全面绿色转型。

"快递包装绿色治理是一项复杂的系统工程，涉及设计、生产、销售、使用和回收等诸多环节，关系到政府、企业、用户等多方主体，需要共建共治、常抓不懈。"侯延波表示，为了加快推进快递包装绿色转型，2021年国家邮政局将围绕贯彻落实国办转发的《关于加快推进快递包装绿色转型的意见》，细化任务台账，强化工作推动。

为了持续推进绿色邮政发展，国家邮政局还将快递包装绿色治理相关内容纳入邮政快递业"十四五"规划并抓好贯彻落实，出台邮件快件包装管理办法和《邮政快递业绿色发展行动计划（2021—2025）》，明确未来5年的目标任务和主要措施。

按照规划，力争2021年年底实现可循环快递箱（盒）使用量达500万个、电商快件不再二次包装率达80%，新增2万个设置标准包装废弃物回收装置的邮政快递网点。推动实施快递包装产品绿色认证。同时，稳步推进节能减排，加大新能源或者清洁能源车辆在行业的推广应用力度，继续做好绿色网点、绿色分拨中心建设试点。

来源：经济日报

（七）绿色邮政"十四五"发展规划发布

日前，中国邮政集团有限公司印发《绿色邮政"十四五"发展规划》（简称《规划》），全面回顾绿色邮政建设行动（2018—2020年）成果，综合分析企业发展环境，阐明了绿色邮政在未来5年的发展方向和目标，提出到2025年成为"绿色包装推动者、绿色运输践行者、绿色金融倡导者"，形成绿色邮政生态化发展的新格局、成为行业绿色发展的"第一方阵"，明确了十大重点任务和26项措施，以更好地服务"六维共生"新邮政发展格局构建，为美丽中国建设贡献邮政力量。

规划指出，在"十三五"期间，中国邮政全面启动"绿色行动"，开展绿色包装、绿色运输和绿色金融三大工程，开展绿色电商、绿色建筑等6项示范行动，持续完善绿色发展体系。其中，在绿色包装方面，降低包装耗材，推广绿色低碳包装材料，绿色包装的资源集约化水平得到显著提升；在绿色运输方面，大力推进运输节能，积极变革运输方式，环境守护型绿色运输模式初步建立；在绿色金融方面，创新金融服务产品，完善绿色金融服务体系，邮政绿色金融得到快速发展；在国土绿化方面，积极开展义务植树，多角度助力国土绿化，绿色邮政建设行动内涵不断丰富。

规划强调，"十四五"时期，邮政企业绿色发展处于机遇与挑战并存的重要时期。从外部环境来看，政策指明了绿色发展方向，邮政企业的绿色高质量发展仍处于重要的战略机遇期。同时，随着监管要求的提升，对邮政企业落实行业生态环保要求，推动绿色发展工作提出了更高标准。与行业领先企业相比，邮政企业绿色发展的部分领域仍有待对标提升。从自身环境来看，邮政企业具备独特的资源禀赋、品牌影响力、网络资源及业务协同等优势。科技创新驱动仍待强化，科技成果转化推广尚需因地制宜，强化引导和支撑。

"十四五"时期，绿色邮政建设将坚持"生态优先，绿色发展；创新驱动，标准引领；全面推进，重点突破；板块协同，共享发展"的发展原则，拓展绿色低碳高质量发展路径，深化绿色包装治理，完善绿色运输体系，创新绿色金融发展，构建绿色发展生态，致力于到2025年成为"绿色包装推动者、绿色运输践行者、绿色金融倡导者"。届时，中国邮政将实现重要绿色发展指标达到或优于国家标准，绿色发展体系基本完善，形成绿色邮政生态化发展的新格局，成为行业绿色发展的"第一方阵"的发展目标。

聚焦绿色低碳循环发展模式转型，规划从"深入推进绿色包装工程，系统完善包装治理体系""加速推动绿色运输工程，全面构建绿色运输体系""积极推进绿色金融工程，塑造邮政企业绿色发展生态""持续推动国土绿化行动，构建爱绿植绿护绿机制"4个方面，提出了十大重点任务和26项措施。

1. 持续推进包装减量化与绿色化，提升包装治理水平。持续推进包装减量化，贯彻科学规范操作；持续推进绿色采购，推广使用绿色认证包装材料；减少电商快件二次包装，防治过度包装；加强塑料污染治理，逐步禁用不可降解塑料。

2. 加速推动包装循环利用，融入循环经济体系。完善循环回收利用体系，融入社会循环体系；扩大应用范围与场景，推广可循环包装产品。

3. 创新绿色包装技术，强化规范化标准化建设。推进包装技术革新，加强绿色包装的研究和试点；加强绿色包装标准化工作，加快包装绿色化；严格快递操作规范，推广与新型包装技术相配套的操作和处理标准。

4. 改善运输方式与运能结构，大力发展绿色运输。推广使用新能源和清洁能源车辆，优化运能结构；优化航空运力配置，强化绿色技术支持。

5. 创新运输组织方式，优化运输作业效率。优化运输组织模式，提升运输集约化运营程度；创新末端投递模式，丰富智能应用场景；推进绿色网点、处理中心建设，提升建筑的绿色化水平；加速智能运输技术应用，提升运输效率和管理水平。

6. 丰富创新金融产品服务，完善绿色金融服务体系。推进绿色产品和业务创新，加大绿色信贷投放力度；构建绿色保险产品体系，突出保险保障；推广数字人民币，打造便捷多元服务场景。

7. 强化绿色低碳投资导向，支撑绿色产业经济发展。加大对绿色低碳循环经济的支持，优化资源配置与管理。

8. 增强科技赋能，推动金融科技与绿色金融融合发展。运用新科技手段，强化风险管理能力；发展电子化金融服务，推广低碳环保服务方式。

9. 履行国企责任，积极服务国家重大需求。紧跟绿色发展区域政策，建设绿色发展先行区；促进服务乡村振兴、长三角一体化等重点国家战略的绿色发展；构建企业主导、政府支持的绿色发展新格局。

10. 开展形式多样的义务植树活动，科学推动国土绿化行动。丰富义务植树尽责形式，继续组织开展义务植树活动；不断丰富活动组织形式，扎实推动国土绿化行动。

在保障措施方面，规划要求突出党建引领，加强组织保障；加强综合管控，完善制度建设；推进科技赋能，加强投资建设；加强经验交流，做好宣传推广。

来源：中国邮政速递物流

（八）一文带你了解2022年中国邮政行业发展现状行业规模稳定增长

1. 行业主要上市企业

新宁物流（300013）、申通快递（002468）、韵达股份（002120）、苏宁易购（002024）、圆通速递（600233）、顺丰控股（002352）等。

本文核心数据：中国邮政业收入、中国邮政业务量、中国邮政寄递业务量及业务收入。

2. 邮政业务收入增速稳定

近年来，我国邮政业务收入（不包括邮政储蓄银行直接营业收入）整体上保持上升的趋势。2021年我国邮政行业业务收入累计完成12642.3亿元，同比增长14.5%。

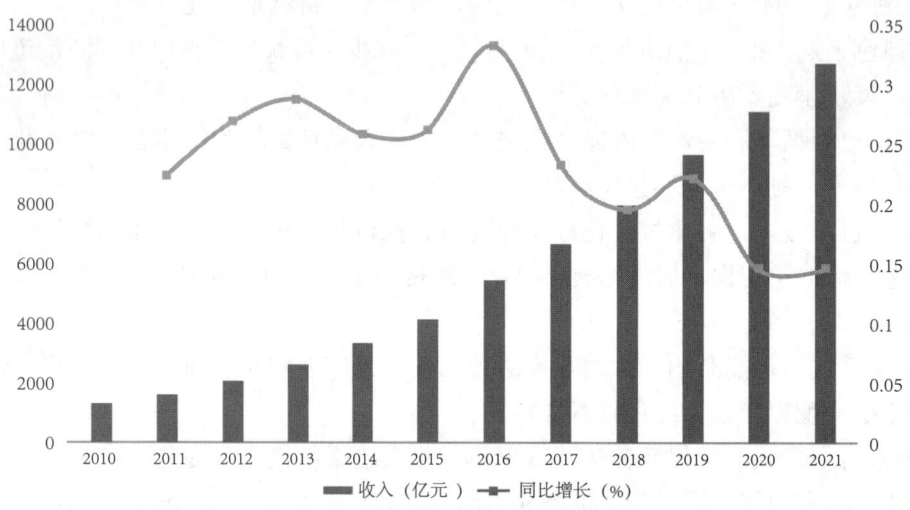

图41：2010—2021年中国邮政业收入及增速情况（单位：亿元，%）

2021年，我国邮政业务总量累计完成26337.6亿元，同比增长25.1%。受2020年疫情期间基数较低因素影响，2021年行业发展呈现"前高后低、逐步回归"走势，增速逐月回调，6月起稳回升。

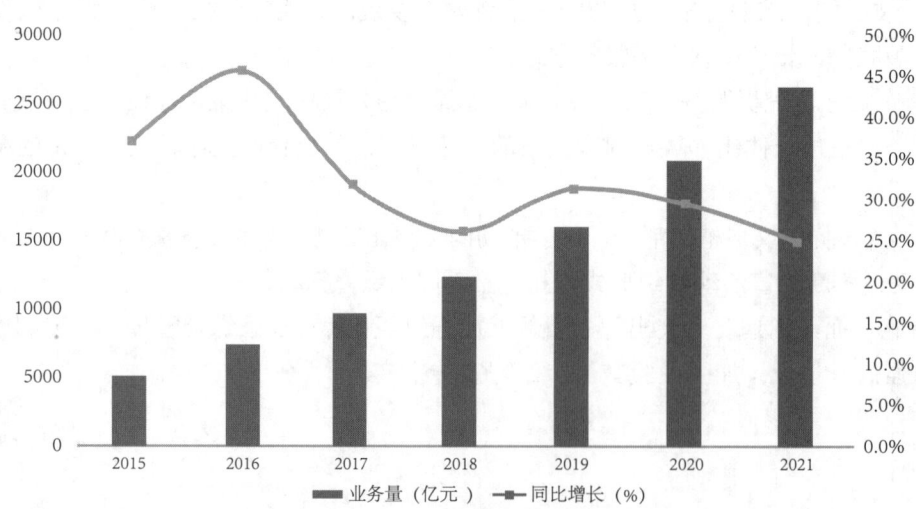

图42：2010—2021年中国邮政业务量及增速情况（单位：亿元，%）

3. 邮政寄递业务收入下降

2021年，邮政寄递业务量和业务收入分别完成1289.0亿件和394.4亿元，业务量同比增长6.2%，业务收入同比下降2.9%。

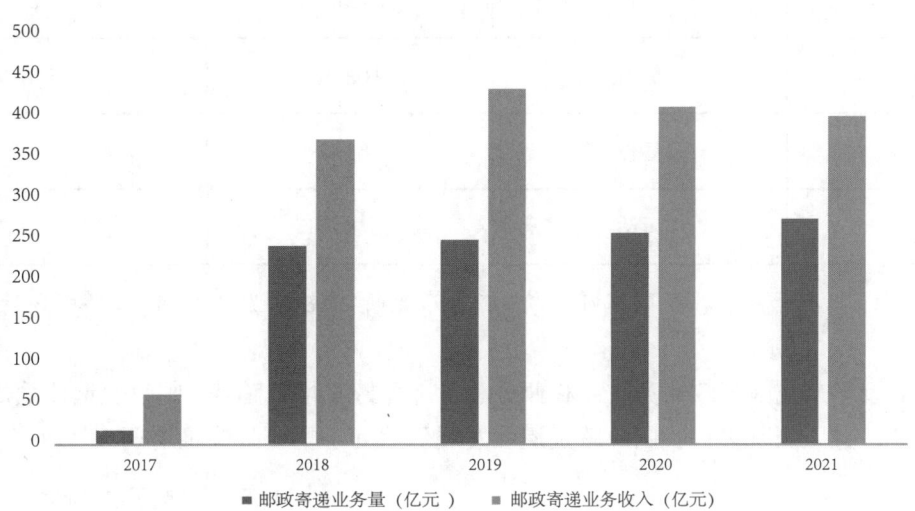

图43：2017—2021年中国邮政寄递业务量及业务收入（单位：亿元，亿件）

4. 邮政函件业务量持续下降

从2011年开始，我国邮政函件业务量逐年下降。2021年，我国邮政函件业务累计完成10.9亿件，同比下降23.3%。

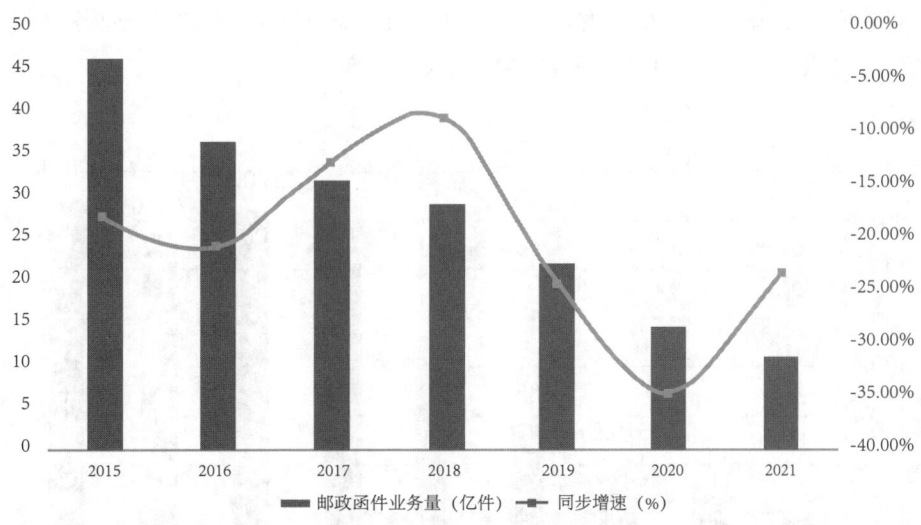

图44：2015—2021年中国邮政函件业务量及增速（单位：亿元，%）

其中，包裹业务累计完成1823.2万件，同比下降10.2%；报纸业务累计完成163.9亿份，同比下降1.0%；杂志业务累计完成6.9亿份，同比下降4.2%；汇兑业务累计完成646.0万笔，同比下降32.8%。

表9：2021年中国邮政函件细分业务量及增速（单位：万件，亿份，万笔，%）

业务名称	单位	业务量	同比增速
包裹	万件	1823.2	-10.2%
报纸	亿份	163.9	-1.0%
杂志	亿份	6.9	-4.2%
汇兑	万笔	646.0	-32.8%

资料来源：国家邮政局 前瞻产业研究院整理 　　@前瞻经济学人APP

总体来看，近年来我国邮政业务收入和业务总量都保持着增长趋势。邮政快递体系是国家竞争力的重要组成部分，进入新阶段，我国邮政快递业发展仍然处于重要战略机遇期。

来源：前瞻产业研究院 张维佳

（九）上海市邮政行业发展统计公报

一、业务发展情况

全年邮政行业业务总量完成848.1亿元，同比增长10.1%。全年邮政行业业务收入（不包括邮政储蓄银行直接营业收入）完成1503.4亿元，同比增长10.1%。

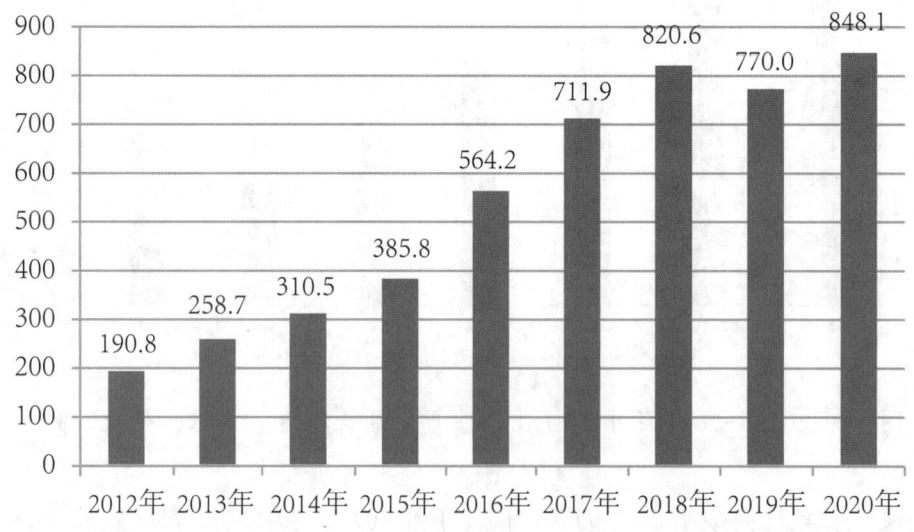

图45：2012—2020年邮政行业业务总量（亿元）

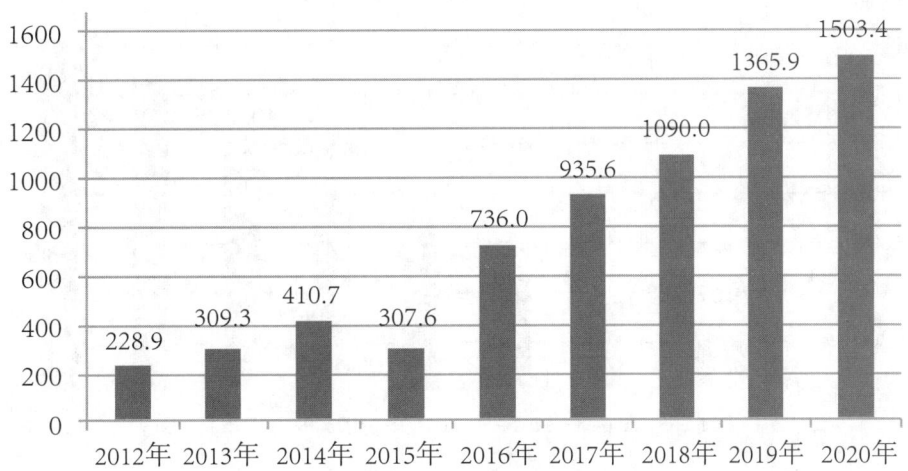

图 46：2012—2020 年邮政行业业务收入（亿元）

（一）邮政普遍服务业务

函件业务下降明显。全年函件业务量完成 3.1 亿件，同比下降 31.2%。

包裹业务略有上升。全年包裹业务量完成 221.0 万件，同比增长 4.3%。

报刊业务持续下降。全年订销报纸业务完成 6.8 亿份，同比下降 5.6%。全年订销杂志业务完成 1851.5 万份，同比下降 4.5%。

汇兑业务下降明显。全年汇兑业务完成 129.4 万笔，同比下降 27.0%。

（二）快递业务

全年快递服务企业业务量完成 33.6 亿件，同比增长 7.3%；快递业务收入完成 1428.2 亿元，同比增长 10.8%。

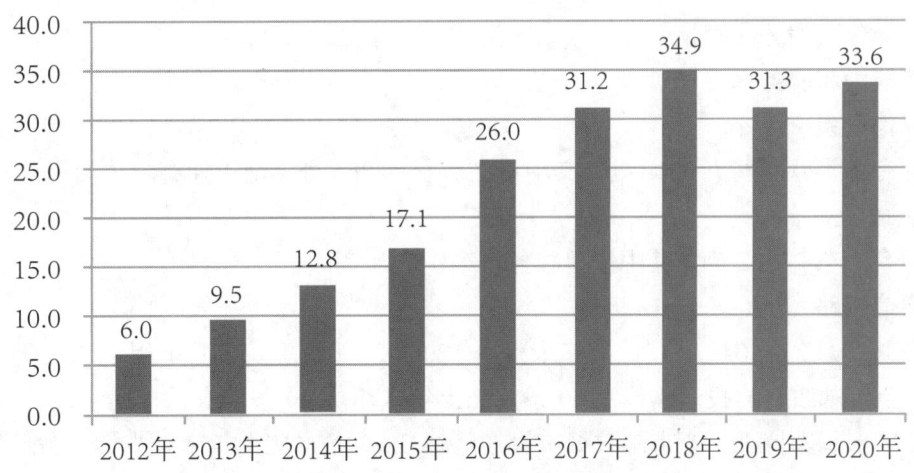

图 47：2012—2020 年快递业务量（亿件）

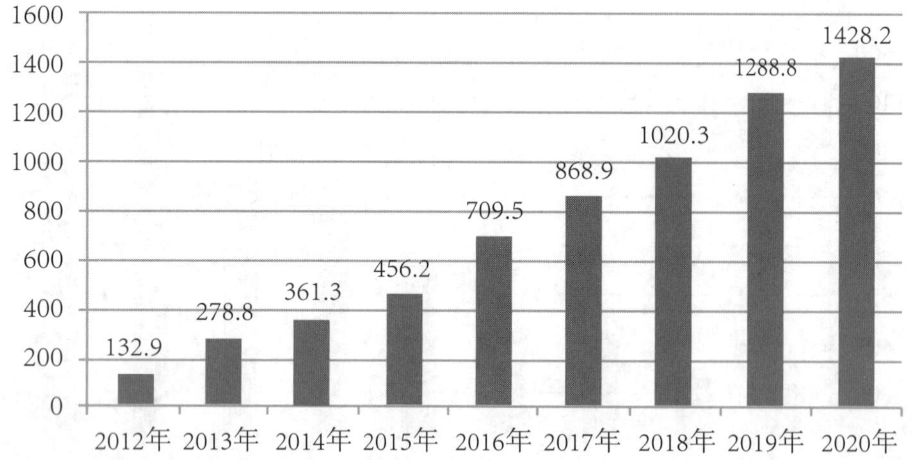

图 48：2012—2020 年快递业务收入（亿元）

快递业务收入在行业中占比略有提升。快递业务收入占行业总收入的比重为 95.0%，比上年增长 0.6 个百分点。

全年同城快递业务量完成 8.7 亿件，同比下降 10.4%；实现业务收入 55.9 亿元，同比下降 22.2%。

全年异地快递业务量完成 23.6 亿件，同比增长 15.6%；实现业务收入 199.6 亿元，同比下降 0.7%。

全年国际／港澳台快递业务量完成 1.4 亿件，同比增长 10.0%；实现业务收入 123.9 亿元，同比增长 51.7%。

同城、异地、国际／港澳台快递业务量占全部比例分别为 25.8%、70.1% 和 4.1%，业务收入占全部比例分别为 3.9%、14.0% 和 8.7%。

民营快递企业市场份额优势明显。国有、民营、外资企业业务量占全市快递与包裹市场比重分别为 10.5%、88.9% 和 0.6%，国有、民营、外资企业业务收入占全市快递与包裹市场比重分别为 3.9%、91.4% 和 4.7%。

全年快递与包裹服务品牌集中度指数 CR8 为 88.2，较上年下降 2.0。

二、通信能力和服务水平

（一）机构设备

全行业拥有各类营业网点 5919 处，其中设在农村的 355 处。全市拥有邮政信筒信箱 2557 个，邮政报刊亭总数 12 处。

全行业拥有汽车 24562 辆，其中快递服务汽车 16344 辆。

（二）通信网路

全市邮政邮路总条数 646 条，比上年末减少 129 条。邮路总长度（单程）13.0 万公里，与上年末基本持平，全市邮政农村投递路线 1140 条，比上年末增加 40 条；农村投递路线长度（单程）3.9 万公里，与上年末基本持平。全市邮政城市投递路线 6263 条，比上年末减少 262 条；城市投递路线长度（单程）8.9 万公里，比上年末减少 0.4 万公里。全市快递服务网路条数 8874 条。

（三）服务能力

全行业平均每一营业网点服务面积为 1.1 平方公里；平均每一营业网点服务人口为 0.4 万人。邮政城区每日平均投递 2 次，农村每周平均投递 10 次。全市年人均函件量为 13 件，每百人订有报刊量为 18 份，年人均快递使用量为 135 件，年人均用邮支出 6044.7 元，年人均快递支出 5742.4 元。

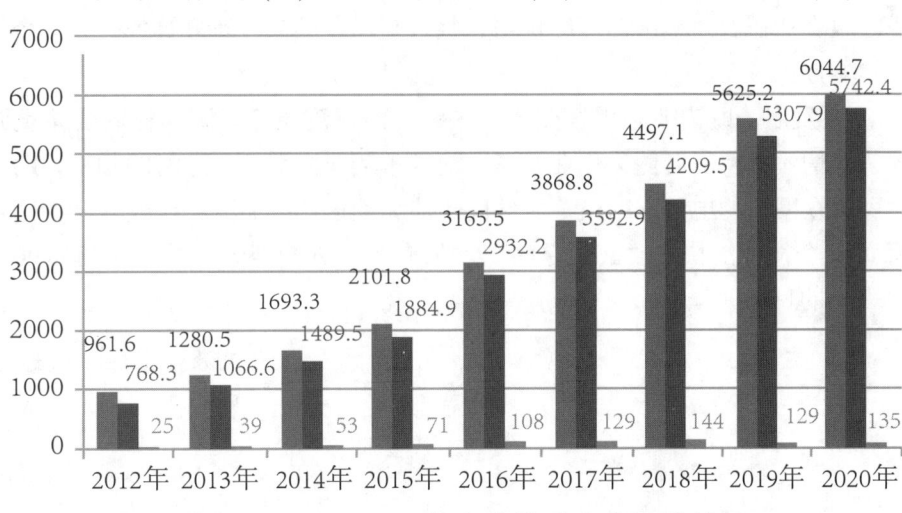

图 49：2012—2020 年人均快递业务发展情况

注：

1. 本公报中邮政普遍服务业务、通信能力和服务水平有关数据来自年报，其他数据为月报统计数据。
2. 部分数据因四舍五入的原因，存在着与分项合计不等的情况。
3. 邮政行业业务总量按 2010 年不变价格计算。
4. 人口数据来自上海市统计局《上海市第七次全国人口普查主要数据公报（第一号）》。

来源：上海市邮政管理局

（十）挖掘快递进村的发展潜力

国家邮政局公布的数据显示，2021 年 1—10 月，全国快递服务企业业务量累计完成 867.2 亿件，同比增长 34.7%。其中，超过 1/3 的快递包裹在农村地区。这背后是不断加速的快递进村步伐、持续延伸的快递网络，展现了农村消费市场的广阔发展潜力。

经多方努力，我国农村寄递物流体系建设取得了长足进步。截至目前，主要快递品牌已在 98% 的乡镇实现了网点覆盖，一半以上的建制村实现了快递服务到村。随着快递服务进村达户，网购对村民的吸引力越来越大，快递直达农村、农产品从田间地头直发城市的比例快速提升。

快递下乡进村，供给能力和服务质量也不能落下。村民的购物车里，小到衣帽鞋袜、水果海鲜，大到冰箱彩电，品类丰富多样。这不仅对包装、收派、中转、仓储、运输等业务能力有了更高要求，对快递企业的进村服务水平更是一种考验。

工欲善其事，必先利其器。完善农村寄递物流体系，不仅有助于农产品出村进城、消费品下乡进村，也有利于进一步满足广大农民对美好生活的需要。但从整体来看，我国农村寄递物流体系建设不平衡不充分的问题仍然存在，特别是"最后一公里"基础薄弱，导致农村寄递服务在及时性、末端派送、快递成本等方面与城市相比还存在不小差距。

农村寄递物流体系建设是一项系统性工程，难以一蹴而就，需要综合施策。相关部门要抓住分类推进"快递进村"工程这个关键,进一步激发市场主体活力和社会参与活力。比如,在西部农村地区,应充分依托邮政企业在农村地区的网络优势,整合交通、供销、商务等各类公共资源,努力解决快递服务双向通达难题。

农村寄递物流要发展,既需要利用好交通、供销、商贸流通等资源和村内公共设施,更离不开快递企业加强投入。增添必要的智能化作业设备、配送车辆,加密下乡进村的频次,助力农特产品及时运出,确保农民群众网购的电视、冰箱等大件商品能如期送达;加大科技投入,特别是无人机的研发、应用,确保每一个快件能快速"翻山越岭"。只有各方共同努力,才能早日实现"农产品运得出、消费品进得去"的目标。

来源:上海市快递行业协会

(十一)上海邮政快递国际枢纽中心建设被纳入《上海国际航运中心 2021 年重点任务安排》

日前,"推进邮政快递国际枢纽中心建设,推进跨境电商邮路协同发展模式创新"被纳入《上海国际航运中心 2021 年重点任务安排》。上海邮政快递国际枢纽中心是建设上海国际航运中心的重要内容,相关工作内容的纳入为本市邮政快递业"出海"增添了动力。

为积极贯彻国家邮政局关于"快递出海"的重要指示精神和上海市委市政府关于加快上海国际航运中心建设的有关要求,上海局持续推进上海邮政快递枢纽中心建设,加快"快递出海"步伐。《上海市国民经济和社会发展第十四个五年规划和二〇三五年远景目标纲要》中明确提出"打造具有全球辐射能级的国家物流枢纽,基本建成上海邮政快递国际枢纽中心"。国家邮政局和上海市人民政府正式签署《关于加快推进上海邮政快递业高质量发展合作协议》,提出到 2025 年,基本建成上海邮政快递国际枢纽中心,助力上海国际航运中心和贸易中心建设。《国家邮政局关于加快长江经济带邮政业发展的指导意见》《上海市政府关于促进上海市快递业发展的实施意见》等重要文件中均涉及上海邮政快递国际枢纽中心建设内容。随着各项扶持政策出台以及相关工作制度日趋完善,上海邮政快递枢纽建设中心得到不断推进,成效明显。顺丰、FedEx 等知名企业纷纷加大在浦东机场布局。近年来,上海国际邮件快件进出口量和中转量均有较大幅度增长,成为推动上海航空货运发展的重要力量。

下一步,上海局将在国家局的指导下,全力推进年度重点工作任务落地,大力推进上海邮政快递国际枢纽中心建设,进一步加快邮政业"向外"步伐,为建设邮政强市打下坚实基础。

来源:上海市邮政管理局

（十二）市场变了、赛道变了，快递下一站在哪？

2021年上半年快递业务量逼近500亿件，几乎相当于2018年全年业务量，每个百亿的达成时间不断缩短。分析快递大数据，可以明显感知到中部地区增长迅猛，农村和下沉市场成为新的增长点。得益于新冠肺炎疫情防控成果显著，我国生产消费快速复苏，国内大循环正在加速形成，城乡之间的生产消费联系更趋紧密。

1. 市场切换，转型的锚抛向哪里

受全球新冠病毒变异加速，国际疫情形势扑朔迷离，蝴蝶效应不断发酵，国际航班减少，跨境贸易及海关通关严重受阻，集装箱运价大涨，物价持续上涨，大宗商品价格短时期内大幅上涨，原料、零部件短缺，运能骤降等问题频现……国际间的商品流通显然受到疫情的影响。

反观我国，疫情常态化防控效果明显，生产消费潜力持续释放。

根据相关数据，1000多个细分行业中90%的销售额呈增长态势。快递作为促进线上线下消费融合的重要渠道，持续高增长的业务量便是我国消费市场活力的缩影。

图50：2015—2020年各年和2021年上半年快递业务量情况

截至2021年6月，中国快递业务量接近500亿件，比2020年上半年增长近五成，与2018年全年快递业务量相当。2021年快递行业发展势头强劲，几乎"一个月100亿"，全国快递行业发展韧性、成长活力和增长潜力可见一斑。

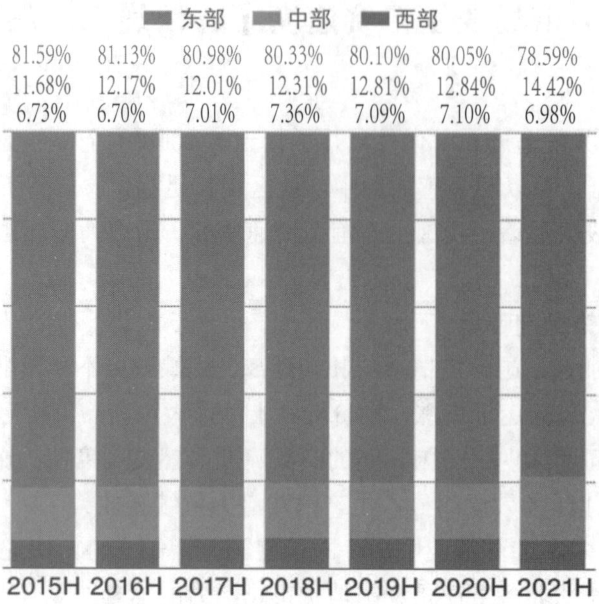

图 51：2015—2021 东中西部地区上半年业务量占比变化

从近年上半年快递业务发展情况看，中部地区快递业务量比重持续增长，由早年的 11.68% 提升至 2021 年的 14.42%。中部地区 2021 年上半年快递业务量比 2020 年同期增长 63.72%，远超东部地区的 43.12% 和西部地区的 43.33%。传统认知中经济较发达的东部地区快递业务量占比降至 80% 以下，国内制造业及零售业分布不断均衡，中部地区持续激活生产活力。

与此同时，中部地区消费潜力不俗，上半年投递量同比增长 57.95%，同样高于东部和西部地区。综合来看，中部地区业务量同比增长高于投递量同比增长近 10%，在保持生产消费双双高增长的背景下，中部地区的区域经济结构正逐步由"消费"向"生产"转型，市场潜力巨大。

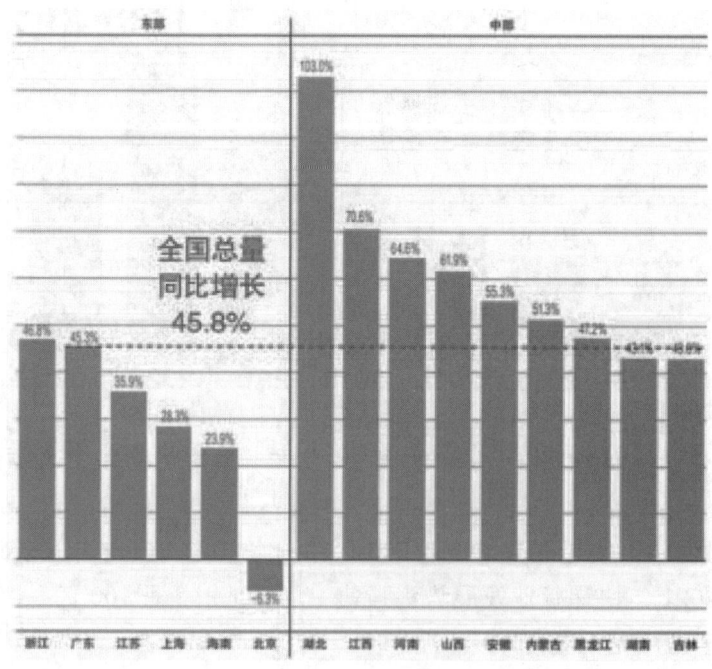

图 52：部分省市业务量同比增长情况

中部地区的业务规模增量不仅来自中部地区自身的产能激活，也来自东部地区的产业转移。这种转移并不是均衡分流东部所有省市导致的，而是在东部地区内部出现发展极化现象，东部各省市快递业务量发展两极分化。广东、浙江快递业务量占全国比重不断上升，聚集效应突出，可谓"强者恒强"。而诸如北京、上海、江苏、海南等省市快递业务量占全国比重走低，同比增长低于全国平均水平。东部地区部分省份相关产业正向中部地区转移，中部地区各省份快递业务量比重趋势走高，同比增长均高于或趋近全国平均水平。湖北因去年疫情因素影响同比增长翻一番，江西、河南、山西快递业务量同比增长超六成。

2. 赛道切换，快递的下半场已然开启

一线、二线城市在第一季度业务量投递量比2020年同期翻番，是我国疫情常态化防控下劳动力返城、产业复苏、经济回暖的表征。第二季度下沉市场的快递业务量同比反超一线、二线城市，彰显我国下沉市场的巨大潜力。

2021年年初正式印发的中央一号文件《关于全面推进乡村振兴加快农业农村现代化的意见》，提出要完善农村电商物流、农产品供应链、金融服务等领域。快递业正在全力推进"快递进村"工程，农货正在进入规模化新消费阶段，2021年全国农产品网络零售额有望升至8000亿元，市场前景巨大。

"三农"电商和"快递进村"的发展不仅有效缩短农产品及农产品供应链，更极大丰富了全国消费者的农产品选择空间。拼团、直播等线上购物新业态对农货消费刺激作用明显。

以拼多多为例，其2020年全部品类中，农产品及农副产品成为平台增长最快的品类，农（副）产品的GMW为2700亿元，规模同比翻番，占全年GMW的16.2%。从2021年一季度财报可以看出，拼多多2021年第一季度的农产品订单同比暴增超过300%，直连的农业生产者已超过1200万人。来势汹汹的拼多多，正不断深耕农村市场。

与此同时，直播电商持续增长。今年"6.18"活动中，薇娅和李佳琦所属直播机构成绩分别位列一、二位，日常单日带货销售过亿元成为常态。除了头部主播选品直播带货外，各大品牌也开始着力培养自有品牌直播频道。以快手直播为例，"6.16"活动期间各大品牌自播GMV环比增长达151%，爆款单场GMV峰值破2亿。除了常见的直播外，李子柒等内容博主也开始尝试IP变现，"李子柒"牌螺蛳粉在各大电商平台的销售成绩亮眼，这些成绩的取得都离不开快递。

另外，邮政快递业新技术快速迭代助力医药电商成长。

随着快递技术的不断升级，投递时效大幅缩短，冷链运输更为成熟，这也有效拓展了快递企业的业务场景，丰富了消费者的寄递需求。互联网医疗在疫前疫后都发挥了重要作用，顺丰医药正与赛生药业战略合作，打造B2C的供应链服务方案。大量医药B2B、B2C、O2O平台发展迅猛，而药品运输对温度、时效、运输条件的高要求使医药电商的发展很大程度上依赖快递的发展，"快递+医药电商"让消费者足不出户就能享受到智能、便捷的医药服务。

7月中旬，全国累计接种超14亿剂疫苗，下半年疫情形势将更加明朗，全国经济向好趋势明显，快递行业在下半年仍然大有可为。

7月14日召开的国务院常务会议确定完善农村寄递物流体系的措施，更好满足农民生产生活需要。在这一政策利好的推动下，快递进村将加速推进，城乡之间的循环将加速，特别是行业已进入日均3亿件常态，行业的发展动能将得到不断助力，全年快递业务量突破1000亿件这一历史性时刻或将在年内得到实现。

来源：上海市快递行业协会 作者单位：国家邮政局邮政业安全中心 快递大数据开发应用工程实验室

（十三）这里的快递最发达？揭秘"四大城市群"

1. 快递大数据里的四大城市群

预计到 2022 年，全国主要城市群基础设施一体化程度将大幅提高，梯次形成若干空间结构清晰、城市功能互补、要素流动有序、产业分工协调、交通往来顺畅、公共服务均衡、环境和谐宜居的现代化都市圈。到 2035 年，全国现代化都市圈格局将更加成熟，形成若干具有全球影响力的都市圈。愿景之下，身处其中的快递业发挥了什么作用？本期《大数据》将通过快递视角揭示长江三角洲城市群、粤港澳大湾区、京津冀城市群和成渝城市群四大城市群的演变和发展情况。

2. 牵出消费动能

长江三角洲城市群、粤港澳大湾区、京津冀城市群和成渝城市群四大城市群占我国国土面积 8% 左右，却容纳着超 4 亿人口。四大城市群内 61 座城市的 GDP 占全国 GDP 比重近五成。

长江三角洲城市群的 26 个城市 2020 年 GDP 破 20 万亿元，占全国 GDP 比重超二成。除京津冀城市群外，另外三大城市群在 2020 年 GDP 同比增长均超全国整体水平，其中成渝城市群同比增长 4.87%，增速超过其他城市群，凸显了我国西部地区蓬勃的发展活力和成长潜力。

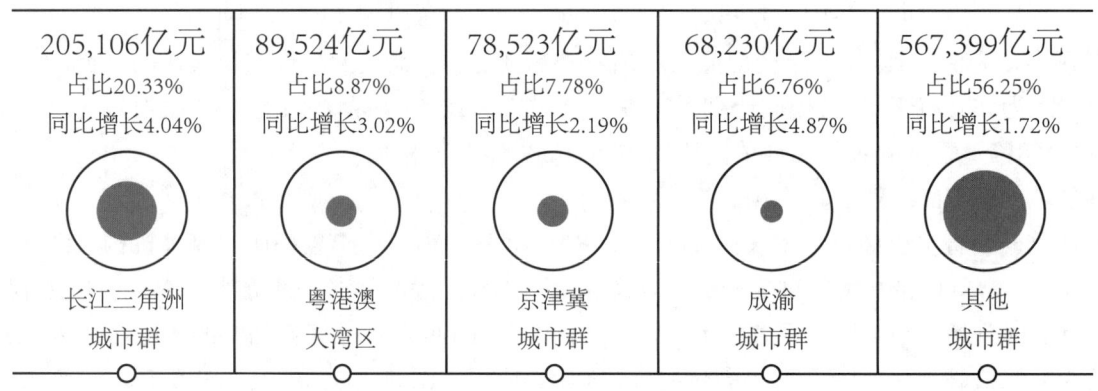

注：数据由国家邮政局官网相关数据计算得出，图中粤港澳地区数据暂不包含香港、澳门。

图 53：各大城市群 GDP 发展情况

3. 可以说，四大城市群是我国经济发展的稳定器、加速器

作为线上线下融合的重要载体，快递主要数据与四大城市群的经济指标同频共振。2020 年，四大城市群的快递业务量占全国的六成，特别是长江三角洲城市群快递业务量占全国超三成，粤港澳大湾区占比接近两成，二者总和已超全国总量的一半。与生产力（快递业务量）在四大城市群集聚不同的是，快递的投递量在我国分布更为均衡，京津冀和成渝城市群的投递量比重与人口比重基本相当。

粤港澳大湾区劳动力回流带动快递揽收和投递提速，2021 年月均业务量同比增长 21.8%，月均投递量同比增长 25.68%，双双位列城市群第一。而成渝城市群则继续释放消费购买力，2021 年月均投递量同比增长 21.16%。这也直观反映了人口流动与快递投递指标的高度相关性。

表10：各大城市群快递业务及投递同比情况

城市群（市基础数据）	月均业务量同比		月均投递量同比	
	2020	2021	2020	2021
全国	31.22%	18.51%	31.22%	18.51%
长江三角洲城市群	31.20%	19.75%	29.43%	22.58%
粤港澳大湾区	27.91%	21.80%	28.30%	25.68%
京津冀城市群	33.22%	13.61%	32.79%	14.78%
成渝城市城	28.30%	14.41%	34.77%	21.16%

不同城市群经济发展结构和地区支撑产业存在不均衡性，在快递行业的发展上也略有差异。长江三角洲城市群所辖的26座城市，不仅有"通达系"快递企业的集团所在地上海，也有全球最大的小商品集散中心所在地金华（义乌），还有电商企业和网红经济齐集的杭州。这使得长江三角洲城市群不仅快递业务量规模大，快递揽投结构更是达到1:0.54。粤港澳大湾区也大致相同，广州、深圳、东莞的支柱产业覆盖电子产品、纺织服装、家具玩具、食品等多个行业，其快递揽投结构也达到1:0.58。长江三角洲城市群和粤港澳大湾区都是鲜明的外向型经济的发展特征。

大同之下略有小异，城市群间核心城市和非核心城市的产业分工也各有不同。粤港澳大湾区的快递产业发展集中在广州、深圳两大核心城市，核心城市揽投比为1:0.44。而长江三角洲城市群则相反，虽然上海、南京、杭州三大核心城市的揽投比为1:0.82，仍然是揽收大于投递，但非核心城市的经济结构更具代表性，1:0.46的揽投比远超核心城市。核心城市吸引资源和劳动力，带动周边地区经济协同发展。这是城市群健康发展的必然路径，也契合都市圈政策的导向——推动中心城市产业高端化，加大经济密度，同时夯实周边城市制造业基础，承接中心城市产业转移，推动超大特大城市非核心功能向周边城镇疏解。

再看京津冀城市群，其揽投结构为1:1.11，快递行业关联产业的生产和地区居民的快递消费整体平衡。成渝城市群作为西部地区最主要的城市群，整个区域揽投比为1:1.87，有着更明显的消费型特征。虽然快递业务量占全国不足3%，但投递量占全国超5%，投递量同比增长34.77%，超过其他城市群和全国平均水平。以成渝城市群为缩影，我国西部地区和下沉市场的消费潜力可见一斑。

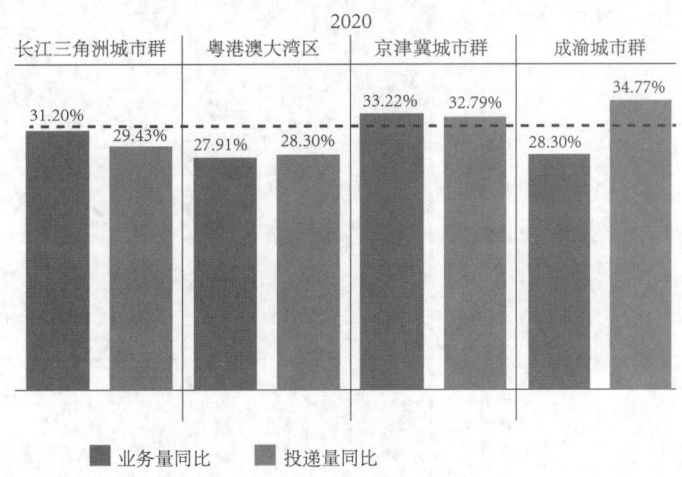

图54：各大城市群快递业务量和投递量同比情况

选取 2020 年各城市群每月业务量和投递量与当年平均值比较可以发现，整体上快递行业揽收的淡旺季波动性强于投递的淡旺季波动。长江三角洲等以快递业务为主要商品输出渠道的区域，快递业务的淡旺季波动更为剧烈。而以居民消费、生活为主的成渝城市群，业务量的淡旺季波动幅度明显小于其他城市群以及全国平均水平。

4. 连接城市区域

大数据与科技缩短了人与人之间的距离，也让人们对家乡之外的世界有了更多的好奇和探索的勇气。随着航空、高铁、高速公路网络日趋成熟，都市区 1 小时通勤、城市群 2 小时通达、全国主要城市 3 小时覆盖的交通圈建设为推动城市群升级创造了有利条件。

城市人口的持续增长能有效带动城市资源升级和规模拓展，为城市输送源源不断的活力，大城市的高速发展对人口特别是年轻人有着巨大的吸引力。与 10 年前相比，我国人口增加近 8000 万，年均增长率 0.59%，而四大城市群的年平均人口增速高于我国其他城市，特别是城市群的核心城市。北京、上海等高校云集的城市更容易吸引、留下高学历的人群，京津冀、长三角地区大学（大专）及以上学历人群占比超三成。

中国民营快递大多起步于浙江桐庐，这也使得长江三角洲有着中国起步最早、发展最成熟、分布最密集的快递网络，"江沪浙包邮"也让居住于此的人最早也最习惯于享受快递所带来的便捷。长江三角洲城市群的居民平均每人一年要发出 150 多个快递，收到快递超 80 件。"最年轻"的粤港澳大湾区人均对快递的使用量最大，平均一人要发出近 200 件，收到快件超 100 件。

长江三角洲城市群的 26 座城市中，3 座核心城市上海、杭州、南京人口占城市群人口的近三成，非核心城市人口占七成。成熟高效的城际交通网络将散落在长江中下游平原的大小城市串联起来，多中心的发展格局促进各城市均衡发展。杭州、金华、合肥、宁波、苏州人口高增长，年均增长率超 2%，其中杭州、金华接近 4%。与其他城市群相比，长江三角洲城市群不论是快递业务还是整体经济均可谓"全面开花"。除了上海、杭州、金华这些快递物流以及电商产业发达的城市，苏州、南京、台州、宁波、嘉兴、安庆、滁州、南通、绍兴、常州、舟山等城市也成为该区域经济和快递行业发展的新增长极。

表 11：2020 年长江三角洲城市群发展情况

城市群	是否核心城市	市	第七次人口普查(万人)	年平均增长率	2020年GDP(亿元)	2020年GDP同比增长	2020年GDP占全国比重
长江三角洲城市群	核心城市	上海市	2,487	0.80%	30,701	1.88%	3.84%
		杭州市	1,194	3.72%	16,106	4.77%	1.60%
		南京市	931	1.64%	14,818	5.62%	1.47%
	非核心城市	金华市	705	3.15%	4,704	3.16%	0.47%
		苏州市	1,275	2.19%	20,171	4.86%	2.00%
		台州市	662	1.09%	5,263	2.51%	0.52%
		宁波市	940	2.37%	12,409	3.53%	1.23%
		嘉兴市	540	2.00%	5,510	2.59%	0.55%
		合肥市	937	2.57%	10,046	6.76%	1.00%
		南通市	773	0.61%	10,036	6.96%	0.99%
		绍兴市	527	0.72%	6,001	3.80%	0.59%
		无锡市	746	1.71%	12,370	4.37%	1.23%
		湖州市	337	1.63%	3,201	2.53%	0.32%
		常州市	528	1.49%	7,805	5.46%	0.77%
		扬州市	456	0.22%	6,048	3.39%	0.60%
		芜湖市	364	0.28%	3,753	3.72%	0.37%
		镇江市	321	0.31%	4,220	2.25%	0.42%
		盐城市	671	-0.76%	5,953	5.25%	0.59%
		安庆市	417	-0.69%	2,468	3.66%	0.24%
		泰州市	451	-0.23%	5,313	3.50%	0.53%
		滁州市	399	0.12%	3,032	4.23%	0.30%
		宣城市	250	-0.14%	1,608	2.96%	0.16%
		马鞍山市	216	0.19%	2,187	3.60%	0.22%
		铜陵市	131	-1.62%	1,004	4.53%	0.10%
		池州市	134	-0.44%	869	4.47%	0.09%
		舟山市	116	0.33%	1,512	10.24%	0.15%

粤港澳大湾区中主要的快递业务量集中在广州、深圳两地，其中广州业务量占区域业务量近一半。广州与深圳两座核心城市的快递业务量占大湾区八成。整体来说，大湾区的核心城市对周边非核心城市的带动作用日益凸显，东莞、中山、惠州、江门等城市不论是快递业务量还是人口的增长、GDP增速均有建树。

粤港澳大湾区整体人口的年均增速高达3.88%，核心城市年均增速更高至5.68%，大量人口特别是年轻人涌入大湾区。这不仅得益于区域内更为宽松的落户政策和人才引进、企业落户补贴，更受益于这些城市更为开放包容的文化氛围。

东莞、佛山、珠海、中山、惠州等城市不断吸收着从广州、深圳溢出的人口、产业等资源，域内快递行业也得到进一步发展。

京津冀城市群中，快递业务量的增长潜力更多在石家庄、保定、沧州、廊坊等地得到体现。石家庄及保定快递业务规模已超过天津。同时，石家庄、保定、沧州等地市快递业务量增长已高于北京、天津，产业的调整与转移有效激活了河北的生产潜力。廊坊的人口年均增长率高达2.53%，远高于其他城市。河北承德、张家口、秦皇岛、唐山、保定等城市GDP增长均在4%以上，经济发展焕发活力。

表12：2020年京津冀城市群发展情况

城市群	是否核心城市	市	第七次人口普查(万人)	年平均增长率	2020年GDP(亿元)	2020年GDP同比增长	2020年GDP占全国比重
京津冀城市群	核心城市	北京市	2,189	1.16%	36,103	1.85%	3.58%
		天津市	1,387	0.72%	14,084	0.20%	1.40%
	非核心城市	石家庄市	1,064	1.14%	5,935	2.15%	0.59%
		保定市	924	0.30%	3,353	4.01%	0.33%
		廊坊市	546	2.53%	3,301	3.29%	0.33%
		沧州市	730	0.23%	3,700	3.12%	0.37%
		唐山市	772	0.18%	7,211	4.66%	0.71%
		秦皇岛市	314	0.49%	1,686	4.58%	0.17%
		张家口市	412	-0.53%	1,600	3.16%	0.16%
		承德市	335	-0.33%	1,550	5.39%	0.15%

与前面三大城市群相比，成渝城市群算是后起之秀，其发展潜力却不容小觑。成渝城市群的发展动力集中于成都、重庆两大核心城市，极核效应明显。两大城市快递业务量占该区域快递业务量超八成。这种快递行业的发展不均衡是该区域内部经济发展不均衡、不充分的缩影。两大核心城市GDP占城市群GDP超六成，也是该区域中"唯二"人口年均增长率超1%的城市。高铁的开通和高速公路的建设给城市带来便捷和资源，也蕴藏着"人口流出"的风险。成渝城市群的非核心城市整体呈现劳动力流出的态势，除了区域核心城市对非核心城市的人口虹吸效应外，也有大量劳动力离开川渝，向其他城市群或西北重要城市流动。

在区域经济一体化的大背景下，各大城市群的后续发展依然值得期待，快递物流也必将在其中发挥更加重要的作用。

来源：上海市快递行业协会 作者单位：国家邮政局邮政业安全中心 快递大数据开发应用工程实验室

(十四)《青浦区快递物流行业质量提升行动方案》的通知发布

青浦区市场监管局、商务委等政府部门十分重视快递物流行业质量提升，2019年、2020年、2021年，连续3年召开专题推进工作会议，多次组织座谈交流和培训，取得了不菲的成绩。青浦区政府为了进一步做好快递物流行业质量提升工作，2021年下半年组织研究编写了《青浦区快递物流行业质量提升行动方案》，并以青浦区质量安全工作领导小组办公室，于2021年11月1日正式发布。

《青浦区快递物流行业质量提升行动方案》为贯彻落实《上海市市场监督管理局关于深入开展重点行业（产品）质量提升工作的通知》（沪市监质发〔2020〕259号）文件精神，推动青浦区快递物流行业加快质量体系建设，深化行业转型升级、提质增效。

1. 总体要求

坚持以习近平新时代中国特色社会主义思想为指导，全面贯彻落实党的十九大和十九届二中、三中、四中、五中全会精神，坚持新发展理念，依托进博会、长三角一体化发展和虹桥国际开放枢纽建设等国家级战略平台，积极打造开放和创新、交通和物流、贸易和金融、信息和文化"八大枢纽"，深入推进质量提升行动，夯实快递物流行业质量管理基础，提升质量技术基础协同服务能力，推进物流服务质量强化工程，打造千亿级产业集群，着力建设全国快递行业转型发展示范区和上海商贸服务型国家物流枢纽。

2. 明确了112项重点任务

①加强快递物流质量提升政策扶持力度
②优化长三角区域快递物流服务质量提升顶层设计
③培育长三角区域统一的快递物流服务标准
④加强质量技术基础协同服务能力
⑤推动快递物流质量品牌发展
⑥创新快递物流服务评价方法
⑦加大快递物流人才培训力度
⑧提升行业科技创新能力
⑨推进绿色物流示范工程
⑩促进快递物流装备行业健康发展

来源：上海市物流协会

三、电商物流

（一）2021年我国电商物流需求保持较快增长

人民网北京1月8日电（记者乔雪峰）近日，中国物流与采购联合会发布了2021年12月中国电商物流运行指数，数据为108.8点，比上月回落0.7个点。2021年全年电商物流指数平均值为110.3点，比2020年提高2.4个点，接近2019年疫情前均值。

中国物流与采购联合会相关负责人表示，从9个分项指数看，物流时效指数、履约率指数、满意率指数有所上升。总业务量指数、农村业务量指数、库存周转指数、人员指数、成本指数和实载率指数有所回落。

电商物流总需求继续回落。2021年12月，总业务量指数为124.7点，相比上月回落1.2个点。分地区来看，仅中部地区环比上月有所上升，且高于全国平均水平。东部、西部、东北部地区分别回落0.3、3.2和0.2个点。

农村电商物流需求环比回落。2021年12月，电商物流农村业务量指数为123.9点，比上月回落2.9个点。分地区来看，各地区均有所回落，西部、东部地区分别回落4.2和2.1个点，中部地区高于全国平均水平。

该负责人表示，2021年全年电商物流需求保持较快增长，总业务量指数和农村业务量指数平均值分别为126.6和125.9分别比2020年提高3.4和7.6个点。

该负责人表示，2021年12月，电商物流运行指数回落0.7，环比上月降幅收窄1.3个点，物流服务能力有所回升，物流时效指数、履约率指数和满意率指数分别回升0.4、1.2和1.1个点。电商物流总需求稳中趋缓，总业务量指数降幅收窄0.2个点。

该负责人表示，西部地区受疫情影响，总业务量指数和农村业务量指数分别回落3.2和4.2个点。受需求端制约，人员指数、实载率指数和成本指数分别回落1.6、3.2和0.5个点。"后期来看，随着春节假期临近，电商物流需求有望止跌回升，但物流企业用工环境趋紧，后续电商物流市场不缺定性将一进步增加。"

来源：人民网

（二）2021年我国跨境电商进出口规模达到1.98万亿元，增长15%

国务院新闻办公室于昨天上午举行新闻发布会，海关总署新闻发言人、统计分析司司长李魁文介绍2021年外贸进出口情况。

李魁文表示，海关统计数据显示，2021年我国综合保税区、自由贸易试验区、海南自由贸易港进出口分别增长了24.3%、26.4%和57.7%，呈现出蓬勃发展的态势。在新兴贸易业态方面，我国跨境电商、市场采购规模迅速扩大，2021年我国跨境电商进出口规模达到1.98万亿元，增长15%；市场采购出口增长 32.1%。

李魁文表示，跨境电商、市场采购等新业态新模式是我国外贸发展的有生力量，也是国际贸易发展的重要趋势。新冠病毒肺炎疫情发生以来，我国跨境电商发挥在线营销、在线交易、无接触交付等特点优势，积极培育参与国际合作和竞争的新优势，进出口规模持续快速增长。一是跨境电商方面，B2B 出口试点全面铺开，"中欧班列""集拼转口"等新模式融合发展。为助力跨境电商出口企业更好开拓国际市场，2021 年下半年，跨境电商 B2B 出口监管试点在全国海关正式复制推广，配套政策不断完善。与此同时，"上合示范区—明斯克""义新欧""苏新欧"、合肥至德国汉堡、威廉港等跨境电商专列先后开通并常态化开行，实现了"中欧班列"与跨境电商模式融合。海关统计数据显示，2021 年我国跨境电商进出口 1.98 万亿元，增长 15%；其中出口 1.44 万亿元，增长 24.5%。二是在市场采购方面，出口规模突破 9000 亿元。随着全国市场采购试点的扩大，2021 年我国市场采购出口 9303.9 亿元，增长 32.1%，占同期出口总值的 4.3%，拉动出口增长 1.3 个百分点。

来源：上海跨境电子商务行业协会

（三）2021 全国网上年货节网络零售额达 9057.6 亿元

据商务部网站消息，2021 年 1 月 20 日—2 月 18 日，商务部会同中央网信办、工业和信息化部、市场监管总局、国家邮政局和中国消费者协会，共同指导地方和企业开展了"2021 全国网上年货节"。年货节期间，全国网络零售额达 9057.6 亿元。

为深入贯彻党的十九届五中全会和中央经济工作会议精神，落实党中央、国务院关于统筹做好疫情防控和人民群众"就地过年"服务保障工作重要部署，自 2021 年 1 月 20 日（农历庚子年腊月初八）至 2 月 18 日（辛丑年正月初七），商务部会同中央网信办、工业和信息化部、市场监管总局、国家邮政局和中国消费者协会，共同指导地方和企业开展了"2021 全国网上年货节"（以下简称年货节）。

各方围绕"防疫情、保供应、促消费"目标，多措并举，综合施策，强化疫情防控，保障物资供应，有效疏解人员聚集压力，有序引导节日消费，有力服务"就地过年"，取得明显成效。

此次年货节社会关注度高，参与面广，影响力大，口碑评价好，带动作用强。各地纷纷借势推动新模式新业态发展，在完成既定目标，掀起全网"居家嗨购"热潮的同时，为农户、商家和企业引流量、拓渠道、树品牌，融合线上线下，烧旺供需两端，实现 2021 年网络消费"开门红"。

据商务部大数据监测，年货节期间，全国网络零售额达 9057.6 亿元，在线餐饮销售额按照农历同比增长 48.5%，外卖销售额增长 56.8%，年夜饭系列商品销售额增长 78.8%。

1. 多方合作统筹指导有力

年货节活动指导部门和单位高度重视，围绕防疫情、保供应、促消费、护权益、重规范，精心安排，周密部署，高位推动，共同指导各地和企业落实防疫保供任务要求，优化完善网络消费相关服务保障。商务部着力抓好统筹协调、动员部署、监测统计、舆论宣传、总结推广等工作，指导地方和企业积极做好商品供应，满足春节前后不同阶段市场消费需求；国家邮政局倡导邮政快递企业合理安排生产运营，开展关爱快递员"暖蜂行动"；中央网信办指导各地网信部门组织做好活动的网上宣传和优化数字营商环境；工业和信息化部指导生产企业全力保障重点产品供应，引导企业适应网上消费新模式；市场监管总局、中国消费者协会加强对电商平台规范经营指导监督和动态监测，主动开展消费投诉等搜集汇总处理。

2. 因地制宜丰富活动内容

各地结合实际情况，统筹资源、动员企业，通过政企联动、跨省联动、城乡联动等形式，围绕年货采购和"就地过年"丰富消费内容和场景开展配套活动，推动活动走深走实。北京、上海、江苏、浙江、广东等地发挥行业优势，调动机构力量，指导各类电商平台积极参与年货节；山东、重庆、四川等地结合在外务工就地过年等特点，加强跨省联动促销；内蒙古、湖南、广西、海南、贵州、云南、西藏、宁夏、甘肃等地通过全国电商平台和地方电商企业优势互补，力推地方风味和特色年货；山西、辽宁、吉林、黑龙江、江西、湖北、陕西等地开展电商直播促消费，带动农产品、非遗产品销售，助力企业拓展销售渠道。北京、江苏、山东、福建、广西等地还配合年货节活动，依托电商平台以发放年货消费券、暖心消费券、数字货币消费券等方式促进消费，释放改革创新红利。

3. 防疫到位夯实保供基础

各地将疫情防控作为年货节重中之重，指导、督促、帮助电商等企业因地制宜落实做细防疫措施，为电商、仓储配送、外卖骑手、餐饮商户等市场保供一线人员发放防疫物资和接种疫苗，定期开展员工核酸检测等，为群众营造安全放心的消费环境。重庆对接触冷链、进口商品的作业人员实现全员疫苗接种。电商平台和物流快递企业坚持内防外防同步、人防物防并重，并通过提供防疫御寒用品、开放骑手驿站、发放补贴等举措，做好一线人员工作和生活保障，鼓励员工留守岗位。

4. 网上服务保障就地过年

各地联合电商等企业，精选商品，优化服务，出台实招实策，利用直播、上云等模式，引导群众网上购物，减少线下聚集，促进人流变物流、到店转到家。商务部大数据监测显示，方便面、鸡蛋、瓶装水、猪肉、面粉、牛奶、蔬菜、食用油和大米日均销售额比2020年1月日均销售额分别增长87.3%、78%、56.1%、48.6%、47.9%、41.3%、38.7%、38.3%和30.5%。大中城市就地过年人数较往年大幅增加，本地消费需求迅速增长。主要电商平台推出春节"不打烊""线上预约，线下消费"等多样化服务，保障满足就地过年消费需求。

5. "宅"需求引领消费升级

"就地过年"倡议激发居家消费旺盛，绿色、智能、健康、个性化等商品或服务消费升级明显。（1）健身、娱乐、益智类商品受到热捧。跳绳、哑铃、拉力器和筋膜枪销售同比分别增长301%、91.5%、67.5%和36.5%，家用游戏机和游戏手柄分别增长81%和55.7%，学习类智能产品增长44.5%。（2）升级类产品备受青睐。5G手机、智能投影仪、除菌类洗衣机和游戏笔记本分别增长10.7、5.1、5和1.6倍，智能无线吸尘器、擦窗机器人、扫地机器人和节能洗衣机销售额分别增长78.6%、70.3%、43%和21.8%。（3）健康年货正在兴起。中西药品增长104.8%，冬虫夏草、灵芝分别增长97.6%和58.4%。某平台上，同仁堂、片仔癀等老字号品牌销售同比增长均超过1倍。

6. 线上流量赋能线下经济

线下商超商圈、服务企业、生产企业等，借助电商引流、推广、预订、无接触配送等线上优势，更显生机与活力。四川依托产业带，推广川茶、川酒等，网络零售额增长45.8%、14.5%；广西2900多家工业企业6500多种产品参与活动，交易额超10亿元；浙江台州举办线上汽车促销活动，与190余家汽车4S店联合营销，销售额超4.7亿元。

7. 跨境电商带动年味"出口"

海外华人借助跨境电商平台网淘年货，中国"质造"加速融入海外消费者节日生活。某电商平台海外数据显示，2000万海外消费者网购活跃，筋膜枪、美妆、除螨仪等国货品牌受欢迎，华人华侨给国内亲人网购礼物同比增长1倍多。

8. 农村电商承载年货"双向流通"

传统电商、直播带货等在乡村地区加速下沉，帮助各地农产品更好地触网上行，助力更多优质消费品进入农村市场。据商务部大数据监测，年货节期间，全国农村网络零售额达1291.8亿元。另有监测显示，四川66个原国家级贫困县农产品网络零售额增长37.3%。

来源：中国新闻网

（四）电商发展顶层设计将出 10 万亿级市场获政策力挺

作为逆势增长的消费新业态，10万亿级的电子商务市场将迎来更多政策支持。记者获悉，近期多个部门积极部署，包括电子商务"十四五"发展规划、行业法律规制、细分领域国家标准等在内的一系列重头文件正在加快编制。其中，跨境电商、直播电商等新业态新模式利好将密集落地，同时加强不正当竞争、涉嫌垄断问题管理也成施策重点。分析认为，随着行业发展顶层设计逐步完善，政策利好相继兑现，我国电商市场有望维持两位数高速增长，成为促消费扩内需的重要引擎。

国家统计局最新公布的数据显示，今年一季度，全国网上零售额28093亿元，同比增长29.9%，两年平均增长13.5%。其中，实物商品网上零售额23067亿元，同比增长25.8%，两年平均增长15.4%；占社会消费品零售总额的比重为21.9%，比1-2月提高1.2个百分点。

这一趋势还有望继续。商务部电子商务和信息化司近日发布的《2020年网络零售市场发展报告》称，预计2021年，网络零售市场有望保持稳中有进发展态势，市场规模有望超13万亿元，保持10%左右增速。

其中，直播电商、跨境电商等新业态成为重要的增长点。毕马威中国首席经济学家康勇在接受《经济参考报》记者采访时指出，2020年直播电商的整体规模在万亿级，在电商行业的渗透率达到8.6%左右。预计2021年直播电商将继续保持较高速增长，规模将接近2万亿元，渗透率达到14.3%。

另外，快速发展的跨境电商也成为我国消费市场重要增长点。数据显示，2020年我国跨境电商零售进口突破1000亿元，同比增长近两成。分析指出，随着跨境电商零售进口试点进一步扩围至全国更多地区，将带动扩大优质商品进口，促进我国消费市场潜力加速释放。

值得注意的是，电商行业的进一步发展还将迎来更多政策支撑和规范。"伴随着我国电子商务的快速发展，不正当竞争、涉嫌垄断等问题也引起了人民群众的广泛关注。"商务部副部长钱克明表示，商务部将会同相关部门加强电商的行业管理，一方面做好正面引导；另一方面要加强刚性约束。

其中，重中之重便是加强顶层设计。记者了解到，商务部正会同相关部门推进电子商务"十四五"发展规划的制定，围绕高质量发展，统筹推进创新、升级、规范、安全等相关工作。

商务部新闻发言人高峰在接受记者采访时表示，电子商务"十四五"发展规划已经面向企业和公众开展相关问卷调查，征求了专家学者和地方商务主管部门的意见建议。"目前正在抓紧推进编制工作，计划今年下半年出台。"

同时，相关领域的标准建立、法律法规完善也将获得新突破。28个部门近期印发的《加快培育新型消费实施方案》明确，加快推进重点服务消费领域标准研制工作，尽快在跨境电商、农产品电商、远程教育、餐饮分餐制等领域出台一批国家标准；推动发布自助售货、网络零售平台管理、零售直播等标准。

目前商务部、工业和信息化部、市场监管总局等部门正在推动电子商务领域法律法规的制修订工作，健全电子商务的法律体系，加快B2C电子商务平台、直播电商等相关行业标准的制定，引导电子商务企业规范经营行为。

不仅如此，分析指出，进一步激发电商市场空间，还需从国内外市场需求出发，以创新发展增强行业竞争力。商务部中国国际电子商务中心研究院院长李鸣涛在接受记者采访时提出，要持续提升在电子商务领域的创新能力。在他看来，电商不能仅仅代表着低价，电商的优势应该是基于大数据的精准化和个性化服务，让需求的确定性不断提升。在这方面电商需要不断增强创新服务能力与水平，电商生态也需要继续多元化。

商务部研究院电子商务研究所所长张莉也对记者表示，培育新业态新模式对电商发展至关重要，要鼓励利用新技术创新符合消费需求的新销售业态、引流业态、推广业态。她还提出，在电子商务支付方面，可以采取更为符合消费者需求的支付方式；在物流方面，需要进一步提升配送效率和准确性，提升三四线城市尤其是农村物流的配送网络，还要降低中西部等边远地区的物流配送成本，提升电子商务的普惠性。

值得注意的是，我国电子商务发展不仅要立足畅通国内大循环，还要立足促进国内国际双循环，顺应构建新发展格局的新趋势。张莉指出，"十四五"期间，我国电商市场依然广阔，要做好国内市场和国际市场的双重布局。她建议，加强与"一带一路"国家电子商务的合作，加强对新兴市场产品出口，拓宽网络零售渠道，并扩大符合国内消费者需求产品的进口。

李鸣涛提出，我国电商的国际化水平亟须提升，对比亚马逊等国际电商企业，我国电商企业大都聚焦在国内市场，如何进一步拓展国际市场、增强海外运营能力将是我国电商企业需要努力的方向。

来源：《经济参考报》

（五）首破4万亿元大关 | 2021年上海市外贸进出口创新高

据上海海关统计，2021年上海市进出口总值创历史新高，达4.06万亿元，比2020年（下同）增长16.5%。其中，出口1.57万亿元，增长14.6%；进口2.49万亿元，增长17.7%；贸易逆差9173亿元，同比扩大23.4%。2021年上海市外贸进出口主要呈现以下特点：

1. 12月出口同比大幅增长

2021年12月，上海市实现进出口3909.2亿元，同比增长17.5%。其中，出口1608亿元，同比增长27.2%，增速在全年各月中排第3位；进口2301.2亿元，同比增长11.6%。

2. 一般贸易方式进出口比重提升

2021年，上海市以一般贸易方式进出口2.33万亿元，增长24.1%，占同期上海市进出口总值的57.4%，比重提升3.7个百分点。其中，出口7904.8亿元，增长23.7%；进口1.54万亿元，增长24.3%。同期，以加工贸易方式进出口7234.8亿元，增长2.9%，占17.8%。其中，出口4818.5亿元，增长2.6%；进口2416.3亿元，增长3.4%。

3. 民营企业进出口增速是全市平均水平近2倍

2021年，上海市外商投资企业进出口2.5万亿元，增长11.2%，占同期上海市进出口总值的

61.6%。其中，出口9111.3亿元，增长10.4%；进口1.59万亿元，增长11.7%。同期，民营企业进出口1.1万亿元，增长32.5%，占27.1%，比重提升3.2个百分点。国有企业进出口4505.2亿元，增长13.1%，占11.1%。

4. 最大贸易伙伴欧盟占近2成

2021年，上海市对最大贸易伙伴欧盟进出口8069.3亿元，增长15.8%，占同期上海市进出口总值的19.9%。其中，出口2605.7亿元，增长25.2%；进口5463.6亿元，增长11.8%。同期，对东盟进出口5380.8亿元，增长11%，占13.2%；对美国进出口5081.2亿元，增长5.5%，占12.5%；对日本进出口4115.6亿元，增长8%，占10.1%。

5. 机电产品出口占近7成

2021年，上海市机电产品出口1.08万亿元，增长14%，占同期上海市出口总值的68.7%。其中，自动数据处理设备及其零部件出口1931.8亿元，增长2.9%；集成电路出口1691.7亿元，增长11.2%；汽车出口570.1亿元，增长206%。同期，劳动密集型产品出口1916亿元，下降3%。医药材及药品出口166.2亿元，增长13.1%。

6. 集成电路为最大类进口商品

2021年，上海市进口高新技术产品7434.1亿元，增长7.3%，占同期上海市进口总值的29.9%。其中，集成电路进口3048.2亿元，增长2.6%，占全市进口总值的12.2%。同期，铁矿砂及其精矿进口1429.8亿元，增长58.1%；医药材及药品进口956.7亿元，增长6.9%；初级形状的塑料进口863.2亿元，增长18.8%；美容化妆及洗护用品进口591.2亿元，增长12.4%；服装及衣着附件进口518.8亿元，增长34.9%。

来源：上海跨境电子商务行业协会

（六）六种外贸新业态，为何跨境电商跑得最快？

1. 跨境电商

跨境电商持续发力，正有力推动我国外贸高质量发展。快速增长的数据凸显出跨境电商良好的增长态势。2020年，我国跨境电商进出口额达到了1.69万亿元，增长31.1%。今年继续保持了两位数的高速增长，前6个月实现了8867亿元，增长速度是28.6%。

商务部副部长任鸿斌不久前表示，日前印发的《国务院办公厅关于加快发展外贸新业态新模式的意见》主要提出6种新业态，"其中跨境电商是当前发展速度最快、潜力最大、带动作用最强的一种外贸新业态"。

2. 跨境电商"领跑"外贸新业态的动力何在？

最大的优势在于我国跨境电子商务政策体系"四梁八柱"基本形成，快速增长的体系初步建立起来。2015年以来，国务院分5批设立了105家跨境电商综试区，基本覆盖全国，形成了陆海内外联动、东西双向互济的发展格局。

不仅如此，还形成了一系列行之有效的"打法"。特别是跨境电子商务综合试验区"六体系两平台"等成熟经验做法在全国范围内复制推广。"六体系两平台"主要是信息共享、金融服务、智能物流、电商诚信、统计监测、风险防控等监管和服务的"六体系"，以及跨境电商线上综合服务和线下产业园区"两平台"。我国为此量身定制了近100项支持政策,初步建立起适应跨境电商发展的政策框架。商务部和海关总署、国家口岸办还依托国际贸易单一窗口,建设了全国版、总对总的跨境电商线上综合服务平台。

在快速发展的同时,跨境电商企业出口渠道也更加多元,有的依托大型电商平台开展业务,有的自建独立站开拓市场,还出现了像直播"带货"、大数据营销等新型商业模式。一批中国企业和中国品牌获得了国际市场的认可,"中国经验""中国方案"已经成为世界跨境电商发展的新样本,也为各个国家发展电商提供了借鉴。

眼下,跨境电商已成为外贸发展的新动能、转型升级的新渠道和高质量发展的新抓手。接下来,应当从政府和企业等不同层面着手,推进我国跨境电子商务高质量发展。

从政府层面看,一方面,应扎实推进跨境电商综试区建设,更好地发挥综试区对跨境电商的示范引领作用,以创新破解深层次矛盾和体制性难题,培育外贸竞争新优势,促进外贸业态融合和贸易产业融合,带动各地开放型经济发展;另一方面则要进一步完善跨境电商发展支持政策。研究制定跨境电商知识产权保护指南,优化跨境电商零售进口商品的清单,便利跨境电商进出口的退换货管理。

从企业层面看,则需进一步增强自身的核心竞争力。要通过新一代信息技术提升和拓展企业在产业链中的优势环节。同时,也要用好跨境电商政策,海外供应商选择合适的合作方式,打通生产、流通与消费的各个环节,逐步实现向提供全流程优质服务的转变。通过不断加强政企协作,共同推动跨境电商发展。

来源:上海跨境电子商务行业协会

(七)上海市人民政府办公厅印发《关于本市加快发展外贸新业态新模式的实施意见》的通知

沪府办发〔2021〕25号

上海市人民政府办公厅印发《关于本市加快发展外贸新业态新模式的实施意见》的通知

各区人民政府,市政府各委、办、局:

《关于本市加快发展外贸新业态新模式的实施意见》已经市政府同意,现印发给你们,请认真贯彻执行。

上海市人民政府办公厅
2021年9月18日

关于本市加快发展外贸新业态新模式的实施意见

为深入贯彻《国务院办公厅关于加快发展外贸新业态新模式的意见》(国办发〔2021〕24号),现就本市加快发展外贸新业态新模式提出以下实施意见:

一、总体要求

（一）指导思想。以习近平新时代中国特色社会主义思想为指导，全面贯彻党的十九大和十九届二中、三中、四中、五中全会精神，立足新发展阶段，贯彻新发展理念，服务构建新发展格局，以改革创新为根本动力，以浦东高水平改革开放、虹桥国际开放枢纽建设等国家重大战略任务为契机，全面落实"十四五"时期上海国际贸易中心建设任务目标，着力打造国内大循环的中心节点和国内国际双循环的战略链接，实现外贸创新发展。

（二）发展目标。坚持创新引领，将创新驱动作为贸易新旧动能接续转换的关键动力，培育贸易竞争新优势，提升贸易发展软实力，外贸对全市经济发展的贡献度进一步增强。

贸易新业态新模式发展的政策支撑更加有力。积极探索制度型开放路径，推动外贸数字化转型，争取一批外贸创新试点任务率先实施，实现一批支持外贸创新的政策制度取得突破，推动一批外贸新业态新模式加速发展。

贸易新业态新模式综合竞争优势更加显现。外贸新业态新模式对贸易高质量发展的驱动引领作用进一步显现，对外贸易渠道更加畅通，跨境贸易营商环境更加优化，为构筑全球贸易枢纽打下坚实基础。

贸易新业态新模式创新辐射能力更加突出。发挥贸易对国内国际两个扇面的辐射作用，畅通国内国际双循环交换通道。对接RCEP等新型国际经贸协定，加大压力测试力度，推进产业链供应链国际合作，提升对外开放水平。

二、加快提升贸易创新发展能级，培育贸易竞争新优势

（三）打造离岸贸易创新发展高地。支持商业银行对具有真实、合法交易基础，且具备商业合理性和逻辑性的人民币离岸经贸业务和外汇离岸贸易业务，自主决定审核交易单证的种类。扩大自由贸易账户离岸经贸业务规模，优化"离岸经贸业务企业名单"产生机制，对符合条件的企业实施动态更新。在浦东具备条件的区域，争取实施适应离岸业务发展的税收政策。支持上海自贸试验区、临港新片区等区域出台离岸贸易专项政策。（责任部门、单位：市商务委、人民银行上海分行、外汇管理局上海市分局、市财政局、浦东新区政府、临港新片区管委会）

（四）推进绿色低碳贸易发展。支持本市企业发展绿色技术和扩大绿色生产，加快融入绿色产业国际价值链。支持上海环境能源交易所建设碳排放权全国性交易市场。鼓励绿色再制造业务发展，允许特定类别境外再制造产品按新品实施进口管理，研究推动开展汽车发动机关键零部件、高端医疗设备等禁止进口的旧机电产品再制造业务。进一步支持综合保税区内企业开展保税维修业务，争取扩大综合保税区维修产品范围。支持自贸试验区内企业按照综合保税区维修产品目录开展"两头在外"的保税维修业务。在确保风险可控的前提下，支持海关特殊监管区域外重点企业开展高技术含量、高附加值、符合环保要求的保税维修业务。（责任部门、单位：市商务委、上海海关、市生态环境局、浦东新区政府、临港新片区管委会）

（五）打造国际贸易分拨枢纽。鼓励跨国企业将上海作为其全球或区域性物流分拨业务节点，认定一批贸易规模大、辐射范围广的分拨企业为上海市国际贸易分拨中心示范企业。扩大国际分拨货物《未再加工证明》试点范围，支持相关货物在优惠贸易项下，其他国家（地区）进口受惠。发挥洋山特殊综合保税区政策优势，建设洋山特殊综合保税区国际中转集拼服务中心，进一步简化进出境监管手续，提高货物流转通畅度和自由度。支持国际贸易分拨企业提升资金结算等特色功能，提升全球供应链资源配置影响力。（责任部门、单位：市商务委、上海海关、浦东新区政府、临港新片区管委会）

（六）支持外贸综合服务企业健康发展。支持外贸综合服务企业取得海关高级认证资质，在进出口通关环节享受差异化便利服务，进一步降低外贸综合服务海关高级认证企业的进出口货物平均查验率。进一步落实完善海关"双罚"机制，在外贸综合服务企业无故意或重大过失情况下，由外贸综

合服务企业和其客户区分情节承担相应责任。支持外贸综合服务企业代生产企业申办出口退（免）税业务，持续提升出口退税办理便利化水平，确保及时足额退税。外贸综合服务企业办理货物贸易外汇收入，可自主决定是否开立出口收入待核查账户。（责任部门、单位：市商务委、上海海关、市税务局、外汇管理局上海市分局）

（七）**支持外贸垂直服务平台发展壮大。**支持在营销、支付、交付、物流、品控等外贸细分领域共享创新。鼓励外贸细分服务平台在各区域、各行业深耕垂直市场，走"专精特新"之路。鼓励外贸企业自建独立站，支持专业建站平台优化提升服务能力。探索区块链技术在贸易细分领域中的应用。（责任部门：市商务委）

三、加快推进贸易创新数字赋能，培育贸易发展新动能

（八）**完善贸易数字化基础设施。**推动口岸信息化平台升级，深化上海国际贸易"单一窗口"建设，汇集"口岸通关、港航物流"全程业务办理功能，推进海港、空港等业务受理系统与上海国际贸易"单一窗口"信息双向交互。建设上海国际贸易"单一窗口"收费公示及服务信息发布系统，实现港口、船代、理货等口岸收费标准线上公开、在线查询。加强大数据理念和方法运用，持续推进上海跨境贸易大数据平台建设。鼓励外贸企业为开展数字化营销使用国际互联网数据专用通道。完善国际邮件互换局（交换站）和国际快件处理中心布局。推动开行中欧班列。（责任部门、单位：市商务委、上海海关、市交通委、中国铁路上海局集团、虹桥国际中央商务区管委会）

（九）**提升贸易数字化营销能力。**加快推动传统经贸展会数字化转型，支持展会线上线下融合发展，支持外贸企业运用"云展示""云对接""云签约"等新模式进行展示推介、洽谈合作和线上签约。进一步打响"出海优品"品牌，举办"云购申城""e路同行"系列活动，支持电商平台赋能贸易商和制造商转型发展。支持企业建设面向海外市场的线上营销网络，拓展外贸企业开拓国际市场新渠道。（责任部门：市商务委）

（十）**推进跨境电商制度创新。**深化跨境电商综合试验区建设，在空海港口岸、海关特殊监管区域和优势产业带增设一批跨境电商示范园区。完善跨境电商公共服务平台软硬件基础设施，确保平台通关便利性保持全国前列。推动跨境电商特殊区域出口和跨境电商B2B出口海运清单模式落地实施。继续推动跨境电商B2B出口业务发展，力争在海运渠道、邮路渠道规模化发展，引导更多企业参与新业务的试点。加快建设跨境电商一般出口业务海关监管作业场所，支持以邮路为通路的跨境电商出口纳入全市跨境贸易电商统计。（责任部门：市商务委、上海海关、市发展改革委）

（十一）**培育本土海外仓企业。**支持物流、平台或贸易企业共建共享海外仓，丰富海外仓功能，扩大服务范围。鼓励海外仓企业对接跨境电商公共服务平台、电商平台，匹配供需信息。优化快递运输等政策措施，支持海外仓企业建立完善物流体系，向供应链上下游延伸服务，探索建设海外物流智慧平台。支持出口商品可按一般贸易方式进入海关特殊监管区域，再以跨境电商方式出境。（责任部门、单位：市商务委、上海海关、市发展改革委、市交通委、市邮政管理局、浦东新区政府、临港新片区管委会、虹桥国际中央商务区管委会）

（十二）**加快数字贸易发展。**聚焦云服务、数字内容、数字服务等重点领域，着力发展互联网视听平台、数字化供应链平台、数字化营销平台等新模式新业态，发布数字贸易企业创新引领案例。支持数字贸易跨国公司在沪设立地区总部、研发中心和科技类机构，增强区域资源配置能力。推进浦东软件园国家数字服务出口基地建设，推动虹桥国际中央商务区全球数字贸易港率先成势，积极创建虹桥临空国家数字服务出口基地，提升临港新片区国际数据港能级。建设数字贸易交易促进平台，深入应用区块链、大数据技术，提升在线跨境结算功能。（责任部门、单位：市商务委、市委网信办、市经济信息化委、浦东新区政府、临港新片区管委会、虹桥国际中央商务区管委会）

（十三）**培育贸易数字化生态链条。** 鼓励外贸龙头企业率先开展数字化转型，对产品研发、生产制造、物流通关、客户管理、供应采购等贸易全场景、全链条数字化改造，带动上下游企业数字化转型。支持传统外贸企业运用云计算、人工智能、虚拟现实等技术，加强研发设计，开展智能化、个性化、定制化生产。在贸易金融、外贸综合服务、国际物流、海外售后服务等领域，培育一批贸易数字化转型专业服务机构，提供线上报关、出口退税代理、收结汇、出口信保、跨境金融等综合服务。（责任部门：市商务委、市经济信息化委）

四、加快推进贸易创新环境建设，提升贸易发展软实力

（十四）**提升贸易创新发展策源能力。** 加强原始创新和集成创新，支持外贸企业创新方式优化国际市场布局。引导企业创新对外合作方式，优化资源、品牌和营销渠道，培育一批具有较强创新能力和国际竞争力的龙头企业。创新要素投入，推动产业转型升级，优化出口产品结构，提升重点产业出口能力，推动产业链国际开放合作，培育贸易创新发展核心动能。（责任部门：市商务委、市经济信息化委）

（十五）**支持企业主动对接高标准国际贸易规则。** 提升企业运用国际协定能力，提高企业自贸协定利用率。推进RCEP关税实施准备工作，引导企业运用关税减让、原产地累积规则、开放市场准入、简化通关程序等互惠措施，逐步扩大与协定国贸易规模。加大对重点市场宣传推介力度，及时发布政策和市场信息，增强外贸企业业务承接能力。（责任部门：市商务委、上海海关）

（十六）**完善贸易创新容错机制。** 对外贸企业在外汇结汇、税收缴交等环节出现的非主观故意又可整改的行为，按照规定不纳入跨境人民币业务重点监管名单。加强海关信用体系建设，推进海关信用修复机制建设。积极深化主动披露应用，完善海关事后监管容错机制。对诚信企业加快推进进口商品第三方采信监管模式，对被采信的检验检测机构实施目录管理，强化事中事后监管。（责任部门：人民银行上海分行、上海海关）

（十七）**鼓励贸易金融服务创新。** 支持上海跨境人民币贸易融资转让服务平台建设，提高跨境人民币贸易融资主体间信息传递和交易效率。发挥出口信用保险作用，聚焦服务贸易和跨境电商、海外仓等外贸新业态新模式，实施更积极的承保政策和更完善的理赔支持措施，强化产品模式创新。探索保单融资新模式，持续扩大出口信用保险覆盖面和保单融资规模。（责任部门、单位：人民银行上海分行、市商务委、市地方金融监管局、上海银保监局、中国信保上海分公司）

（十八）**提升贸易新业态相关外汇收支便利。** 支持跨境电商企业将境外费用与出口货款轧差结算，出口至海外仓销售的货物出口报关金额与汇回的实际销售收入可不一致。境内国际寄递企业、物流企业、跨境电商平台企业可为客户代垫跨境电商相关境外费用。便利从事跨境电商的个人通过个人外汇账户办理跨境电商相关外汇结算，凡境内个人办理跨境电商项下结售汇，提供有交易额的证明材料或交易电子信息的，不占用个人年度便利化额度。允许符合条件的外贸综合服务企业根据客户委托代办出口收汇手续。（责任部门：外汇管理局上海市分局）

（十九）**加强竞争政策执法。** 发挥反垄断和反不正当竞争规制作用，加强对外贸新业态领域竞争政策执法前沿研究，着力预防和制止外贸新业态领域垄断和不正当竞争行为，保护公平竞争，维护良好外贸秩序。（责任部门：市市场监管局、市商务委）

（二十）**提升国际贸易知识产权保护水平。** 完善本市知识产权海外维权援助机制，加强企业知识产权海外维权行政指导，实施涉外知识产权高端人才培育计划。完善知识产权多元纠纷解决机制，持续推动世界知识产权组织仲裁与调解上海中心在沪开展涉外知识产权仲裁与调解业务，推广世界知识产权组织仲裁与调解服务。强化进出口环节知识产权保护，提高边境知识产权执法水平，设立科创企业知识产权海关保护中心，建立知识产权快速便利维权机制以及知识产权保护联合培塑机制。（责任

部门：市商务委、市知识产权局、上海海关、上海科创办）

（二十一）**加强行业组织建设和专业人才培育。**支持外贸新业态领域行业组织出台行业服务规范和自律公约，鼓励设立外贸新业态领域相关行业组织。支持普通高校、职业院校设置相关专业。引导普通高校、职业院校与企业合作，培养符合外贸新业态新模式发展需要的管理人才和高素质技术技能人才。（责任部门：市商务委、市教委、市民政局）

五、加快完善贸易创新保障体系，筑牢贸易发展基础

（二十二）**加强贸易创新组织领导。**充分发挥上海市与商务部、海关总署等部市、署市合作机制作用，统筹推进传统贸易、新型贸易和服务贸易协同发展。各区、各有关部门和单位要按照职责分工，密切配合，及时出台相关措施。市商务委要会同有关部门和单位加强工作指导，确保各项措施落地见效。（责任部门、单位：市商务委等有关部门、各区政府等有关单位）

（二十三）**加大财税政策支持力度。**在符合世界贸易组织规则前提下，进一步完善财政资金对贸易新业态新模式的支持方式，优化市区财政支持结构，鼓励各区出台相关支持政策。优化出口退税单证备案制度，推行单证备案无纸化试点，允许经批准企业自主选择单证留存形式。（责任部门、单位：市商务委、市财政局、市税务局、各区政府）

（二十四）**强化贸易风险防范与应对能力。**出台本市贸易调整援助管理制度，优化产业安全监测工作站功能，建立区域产业损害与安全保障机制。加强贸易摩擦应对，搭建贸易摩擦应对特色行业工作站及实训平台，建立上海国际经贸合规法律服务平台。（责任部门：市商务委）

（二十五）**深化经贸国际交流合作。**发挥行业协会、学术机构等社会组织作用，加强与境外国际机构的合作交流。大力发展丝路电商，加强共建"一带一路"经贸合作。加强理论研究与经验总结，以国内成熟规则体系为基础，参与外贸新业态新模式的国际规则和标准制定。（责任部门：市商务委）

（二十六）**加强外贸新业态宣传引导。**不断总结推广好经验、好做法。加强舆论引导，宣介外贸新业态新模式发展成效。积极营造鼓励创新、充满活力、公平竞争、规范有序的良好氛围，促进外贸新业态新模式健康持续创新发展。（责任部门、单位：市商务委、市政府新闻办、各有关单位）

来源：上海市人民政府

（八）商务部等六部门印发通知进一步扩大跨境电商零售进口试点

经国务院批准，2021年3月18日，商务部、发展改革委、财政部、海关总署、税务总局、市场监管总局等六部门联合印发《关于扩大跨境电商零售进口试点、严格落实监管要求的通知》（商财发〔2021〕39号，以下简称《通知》）。《通知》明确，将跨境电商零售进口试点范围扩大至所有自贸试验区、跨境电商综试区、综合保税区、进口贸易促进创新示范区、保税物流中心（B型）所在城市（及区域），今后相关城市（区域）经所在地海关确认符合监管要求后，即可按照《商务部 发展改革委 财政部 海关总署 税务总局 市场监管总局关于完善跨境电子商务零售进口监管有关工作的通知》（商财发〔2018〕486号）要求，开展网购保税进口（海关监管方式代码1210）业务。《通知》要求，各试点城市要切实承担主体责任，严格落实监管要求，及时查处在海关特殊监管区域外开展"网购保税＋线下自提"、二次销售等违规行为，确保试点顺利推进，促进行业规范健康持续发展。

2018年11月，商务部等六部门出台跨境电商零售进口监管政策，在北京等37个城市试点运行，

2020年进一步扩大至86个城市及海南全岛。政策出台以来，各部门认真履职尽责，完善政策体系，各地方切实担负主体责任，健全工作机制，推动试点落地见效。经过几年的试点探索，跨境电商零售进口政策体系不断完善，在丰富国内市场供给、带动相关行业发展、更好满足人民美好生活需要等方面取得积极成效。

下一步，商务部等六部门将按照党中央、国务院决策部署，继续密切关注跨境电商零售进口发展，积极加强业务交流指导，支持试点城市开展业务，充分发挥跨境电商零售进口积极作用，带动扩大优质商品进口，更好服务构建以国内大循环为主体、国内国际双循环相互促进的新发展格局。

来源：商务部网站

（九）商务部等九部门联合印发《商贸物流高质量发展专项行动计划（2021-2025年）》

发布日期：2021年8月11日

各省、自治区、直辖市、计划单列市及新疆生产建设兵团商务、发展改革、财政、自然资源、住房城乡建设、交通运输、市场监管、邮政主管部门，各直属海关：

为贯彻落实党中央、国务院关于畅通国民经济循环和建设现代流通体系的决策部署，推进商贸物流高质量发展，商务部、发展改革委、财政部、自然资源部、住房城乡建设部、交通运输部、海关总署、市场监管总局、邮政局联合制定了《商贸物流高质量发展专项行动计划（2021-2025年）》，现印发给你们，请结合实际认真组织实施。

商务部 发展改革委 财政部
自然资源部 住房城乡建设部 交通运输部
海关总署 市场监管总局 邮政局

商贸物流高质量发展专项行动计划
（2021-2025年）

商贸物流是指与批发、零售、住宿、餐饮、居民服务等商贸服务业及进出口贸易相关的物流服务活动，是现代流通体系的重要组成部分，是扩大内需和促进消费的重要载体，是连接国内国际市场的重要纽带。推进商贸物流高质量发展，有利于更大范围把生产和消费联系起来，提高国民经济总体运行效率。为贯彻落实党中央、国务院关于畅通国民经济循环和建设现代流通体系的决策部署，加快提升商贸物流现代化水平，促进商贸物流降本增效，服务构建新发展格局，制定本行动计划。

一、总体要求

（一）指导思想。以习近平新时代中国特色社会主义思想为指导，全面贯彻党的十九大和十九届二中、三中、四中、五中全会精神，立足新发展阶段，贯彻新发展理念，深化供给侧结构性改革，注重需求侧管理，加快提升商贸物流网络化、协同化、标准化、数字化、智能化、绿色化和全球化水平，健全现代流通体系，促进商贸物流提质降本增效，便利居民生活消费，推动经济高质量发展，为形成强大国内市场、构建新发展格局提供有力支撑。

（二）**基本原则**。市场主导，政府引导。充分发挥市场在资源配置中的决定性作用，激发商贸物流企业内生动力和发展活力；更好发挥政府作用，加强商贸物流规划引导，完善激励和保障政策，推动有效市场和有为政府更好结合。

创新驱动，转型升级。坚持发挥创新在商贸物流高质量发展中的引领作用，积极推动技术创新、业态创新和模式创新，促进商贸服务业和物流业深度融合，提升商贸物流运行效率和服务质量。

因地制宜，有序推进。综合考量各地商贸物流发展水平和基础条件，对标国内国际先进，补短板、强弱项，着力缩小城市与农村、东中西部、我国与发达国家商贸物流发展差距。

（三）**发展目标**。到2025年，初步建立畅通高效、协同共享、标准规范、智能绿色、融合开放的现代商贸物流体系，培育一批有品牌影响力和国际竞争力的商贸物流企业，商贸物流标准化、数字化、智能化、绿色化水平显著提高，商贸物流网络更加健全，区域物流一体化加快推进，新模式新业态加快发展，商贸物流服务质量和效率进一步提升，商贸服务业和国际贸易物流成本进一步下降。

二、重点任务

（四）**优化商贸物流网络布局**。加强商贸物流网络与国家综合运输大通道及国家物流枢纽衔接，提升全国性、区域性商贸物流节点城市集聚辐射能力。统筹推进城市商业设施、物流设施、交通基础设施规划建设和升级改造，优化综合物流园区、配送（分拨）中心、末端配送网点等空间布局。加强县域商业体系建设，健全农村商贸服务和物流配送网络。（商务部、发展改革委、交通运输部、自然资源部、住房城乡建设部按职责分工负责）

（五）**建设城乡高效配送体系**。强化综合物流园区、配送（分拨）中心服务城乡商贸的干线接卸、前置仓储、分拣配送能力，促进干线运输与城乡配送高效衔接。鼓励有条件的城市搭建城乡配送公共信息服务平台，推动城乡配送车辆"统一车型、统一标识、统一管理、统一标准"。引导连锁零售企业、电商企业等加快向农村地区下沉渠道和服务，完善县乡村三级物流配送体系，实施"快递进村"工程，促进交通、邮政、商贸、供销、快递等资源开放共享，发展共同配送。（商务部、交通运输部、邮政局、供销合作总社按职责分工负责）

（六）**促进区域商贸物流一体化**。围绕国家区域重大战略、区域协调发展战略实施，支持京津冀、长三角、粤港澳大湾区、成渝地区双城经济圈等重点区域探索建立商贸物流一体化工作机制，提升区域内城市群、都市圈商贸物流规划、政策、标准和管理协同水平。优化整合区域商贸物流设施布局，加强功能衔接互补，减少和避免重复建设，提高区域物流资源集中度和商贸物流总体运行效率。（商务部、发展改革委、交通运输部、自然资源部、住房城乡建设部按职责分工负责）

（七）**提升商贸物流标准化水平**。加快标准托盘（1200mm×1000mm）、标准物流周转箱（筐）等物流载具推广应用，支持叉车、货架、月台、运输车辆等上下游物流设备设施标准化改造。应用全球统一编码标识（GS1），拓展标准托盘、周转箱（筐）信息承载功能，推动托盘条码与商品条码、箱码、物流单元代码关联衔接。鼓励发展带板运输，支持货运配送车辆尾板改造。探索构建开放式标准托盘、周转箱（筐）循环共用体系，支持托盘、周转箱（筐）回收网点、清洗中心、维修中心等配套设施建设。积极推荐标准化工作成绩突出的商贸物流企业及个人参与国家标准化工作有关表彰和激励。（商务部、交通运输部、住房城乡建设部、市场监管总局、邮政局按职责分工负责）

（八）**推广应用现代信息技术**。推动5G、大数据、物联网、人工智能等现代信息技术与商贸物流全场景融合应用，提升商贸物流全流程、全要素资源数字化水平。探索应用标准电子货单。支持传统商贸物流设施数字化、智能化升级改造，推广智能标签、自动导引车（AGV）、自动码垛机、智能分拣、感应货架等系统和装备，加快高端标准仓库、智能立体仓库建设。完善末端智能配送设施，推进自助提货柜、智能生鲜柜、智能快件箱（信包箱）等配送设施进社区。（商务部、交通运输部、住房城乡建设部、邮政局按职责分工负责）

（九）**发展商贸物流新业态新模式。**鼓励批发、零售、电商、餐饮、进出口等商贸服务企业与物流企业深化合作，优化业务流程和渠道管理，促进自营物流与第三方物流协调发展。推广共同配送、集中配送、统一配送、分时配送、夜间配送等集约化配送模式，完善前置仓配送、门店配送、即时配送、网订店取、自助提货等末端配送模式。支持家电、医药、汽车、大宗商品、再生资源回收等专业化物流发展。（商务部、交通运输部、邮政局按职责分工负责）

（十）**提升供应链物流管理水平。**鼓励商贸企业、物流企业通过签订中长期合同、股权投资等方式建立长期合作关系，将物流服务深度嵌入供应链体系，提升市场需求响应能力和供应链协同效率。引导传统商贸企业、物流企业拓展供应链一体化服务功能，向供应链服务企业转型。鼓励金融机构与商贸企业、物流企业加强信息共享，规范发展供应链存货、仓单、订单融资。（商务部、发展改革委、人民银行、银保监会按职责分工负责）

（十一）**加快推进冷链物流发展。**加强冷链物流规划，布局建设一批国家骨干冷链物流基地，支持大型农产品批发市场、进出口口岸等建设改造冷冻冷藏仓储设施，推广应用移动冷库、恒温冷藏车、冷藏箱等新型冷链设施设备。改善末端冷链设施装备，提高城乡冷链设施网络覆盖水平。鼓励有条件的企业发展冷链物流智能监控与追溯平台，建立全程冷链配送系统。（发展改革委、商务部、交通运输部、供销合作总社按职责分工负责）

（十二）**健全绿色物流体系。**鼓励使用可循环利用环保包材，减少物流过程中的二次包装，推动货物包装和物流器具绿色化、减量化、可循环。大力推广节能和清洁能源运输工具与物流装备，引导物流配送企业使用新能源车辆或清洁能源车辆。发展绿色仓储，支持节能环保型仓储设施建设。加快构建新型再生资源回收体系，支持建设绿色分拣中心，提高再生资源收集、仓储、分拣、打包、加工能力，提升再生资源回收网络化、专业化、信息化发展水平。（商务部、发展改革委、交通运输部、邮政局按职责分工负责）

（十三）**保障国际物流畅通。**支持优势企业参与国际物流基础设施投资和国际道路运输合作，畅通国际物流通道。推动商贸物流型境外经贸合作区建设，打造国际物流网络支点。引导和支持骨干商贸企业、跨境电商平台、跨境物流企业等高质量推进海外仓、海外物流中心建设，完善全球营销和物流服务网络。积极培育有国际竞争力的航运企业，持续增强航运自主可控能力。（商务部、发展改革委、交通运输部、国资委按职责分工负责）

（十四）**推进跨境通关便利化。**深入推进口岸通关一体化改革，巩固压缩整体通关时间成效。全面推进"两步申报""提前申报"等便利化措施，提高通关效率。推进经认证的经营者（AEO）国际互认合作，鼓励符合条件的企业向注册地海关申请成为AEO企业。（海关总署、商务部、交通运输部按职责分工负责）

（十五）**培育商贸物流骨干企业。**支持和鼓励符合条件的商贸企业、物流企业通过兼并重组、上市融资、联盟合作等方式优化整合资源、扩大业务规模，开展技术创新和商业模式创新。在连锁商超、城乡配送、综合物流、国际货运代理、供应链服务、冷链物流等领域培育一批核心竞争力强、服务水平高、有品牌影响力的商贸物流骨干企业。（商务部、发展改革委、交通运输部、国资委、证监会按职责分工负责）

三、保障措施

（十六）构建良好营商环境。 深化物流领域"放管服"改革，全面推行运输领域资质证照电子化、线上签注。全面推广高速公路差异化收费，坚决整治违规设置妨碍货车通行的道路限高限宽设施和检查卡点，深入整治交通运输执法领域乱收费、滥罚款等问题。改善城市配送货车通行和停靠条件，落实配送货车通行差异化管理措施，综合解决配送货车"通行难、停靠难、装卸难"等问题。（交通运输部、公安部、住房城乡建设部、商务部按职责分工负责）

（十七）加大政策支持力度。 完善物流设施用地规划，促进城市物流规划与国土空间规划相衔接，保障商贸物流基础设施用地需求。鼓励地方政府合理设置物流用地绩效考核指标，多渠道整合盘活存量土地资源用于商贸物流设施建设。鼓励有条件的地方政府加大财政支持力度，引导社会资金投入商贸物流高质量发展项目建设。引导银行业金融机构规范发展供应链金融、普惠金融，加大对中小微商贸物流企业的信贷支持。（自然资源部、财政部、人民银行、银保监会按职责分工负责）

（十八）完善重点企业联系制度。 建立商贸物流重点联系企业名单，加强与重点企业日常工作联系，实施动态管理。支持名单内企业参与供应链创新与应用、物流标准化等商贸物流相关试点示范工作。鼓励银行业金融机构在风险可控的基础上，按照市场化、商业可持续原则，提高对名单内企业的金融服务效率。（商务部、人民银行、银保监会按职责分工负责）

（十九）发挥行业组织作用。 支持批发、零售、仓储、运输、物流、供应链管理、国际货运代理等行业协会加强自身建设，完善政府购买行业协会服务制度，充分发挥有关行业协会在行业统计监测、标准拟定与宣传贯彻、课题研究、咨询服务、资质认证、人才培训等方面积极作用，引导行业健康发展。支持行业协会围绕商贸物流高质量发展组织召开举办全国性、区域性的会议、展会及论坛。（各有关部门按职责分工负责）

（二十）加强商贸物流行业统计。 完善社会物流统计报表制度，研究建立物流重点行业统计分类标准，加强商贸物流领域统计分析。完善地方商贸物流统计监测制度，依托重点行业协会和重点联系企业，加强商贸物流运行监测及信息发布工作。（发展改革委、商务部、统计局、中国物流与采购联合会按职责分工负责）

各地区、各有关部门要坚持以习近平新时代中国特色社会主义思想为指导，坚决贯彻党中央、国务院决策部署，充分认识提升商贸物流现代化水平、加快建设现代流通体系的重大意义，注重加强与国家出台各项物流政策措施衔接配套落实，扎实推进专项行动，加大政策支持力度，持续优化商贸物流发展环境，推动各项政策措施落地见效。

各省级商务主管部门要加强组织协调，结合本地实际情况，会同相关部门研究制定商贸物流高质量发展专项行动工作方案，确定重点任务和落实举措，提出可量化、可考核的工作目标，制定工作台账。同时，要加强和改进对本地商贸物流重点企业的联系沟通与服务，并推荐一批企业作为商务部重点联系的商贸物流企业。工作台账（模板见附件1）和重点联系企业推荐表（附件2）请于8月31日前报商务部（流通业发展司）。工作进展实行半年报制度，上半年和全年结束15天内分别将半年和全年工作进展报商务部（流通业发展司）。对工作推进过程中的阶段性成效和好经验好做法，及时总结并报商务部（流通业发展司）。

来源：商务部

摘录整理：张悦来 刘振宇

第十篇 物流装备、标准、技术和信息化

一、物流设施与设备

（一）综述

2021年中国智慧物流装备分析与2022年展望

1. 2021年中国智慧物流装备发展环境

2021年是"十四五"规划开局之年，也是中国进入高质量发展的重要一年。一年来，国家加快推进国内大循环为主体、国际国内双循环相互促进的新发展格局，全面推动现代流通体系建设，全面加快智能制造发展，为中国智慧物流装备带来了巨大发展机遇。在政策上，2021年以来，国家陆续颁布了十四五发展规划、十四五冷链物流发展专项规划、商贸物流高质量发展专项行动计划、十四五现代流通体系建设规划等系列文件。在这些文件中加快推动中国智慧物流发展都作为文件重点工程和重要内容。

2021年10月14日，国家主席习近平在第二届联合国全球可持续交通大会上发表主旨讲话强调，要大力发展智慧交通和智慧物流，推动大数据、互联网、人工智能、区块链等新技术与交通行业深度融合，使人享其行、物畅其流。在市场上，2021年以来，智能制造、电商快递快速发展是推动智慧物流装备需求增长的主要动力，劳动力成本上升和机器代人是推动智慧物流发展的核心要素。仅以电商快递行业为例，2021年中国快递业务量达到了1085亿件，在上年巨大基数上仍然保持了同比增长30%的高速度。近几年中国快递业务增长量就超过了除中国以外的世界快递业务总量。如此高的增长，没有快速增长的智慧物流装备支撑是不可想象的。在技术上，互联网+、物联网、工业互联网、智能计算、数字孪生、区块链、人工智能、物流自动化、5G通信、工业机器人等先进技术均开始在物流技术装备业集成应用，为智慧物流装备技术创新插上了翅膀，推动了智慧物流装备技术迭代创新、集成应用，软硬件融合，进入了技术驱动的高速增长新时代。

2. 2021年中国智慧物流装备发展分析

智慧物流如今已经成为与智慧供应链相互融合的新基础设施，成为自动化技术与各类智能软件技术集成应用的创新领域。

智慧物流装备是智慧物流基础支撑，重点体现在智慧仓储与智慧运输、智慧配送等方面，主要包括智能存储、分拣、打包、搬运、装卸、配送、运输、系统集成等类别。

（1）市场需求分析

从市场角度分析，由于中国电商物流高速发展，智能制造快速推进和劳动力成本不断提高，带动了智慧物流装备市场需求高速增长。根据调研分析，我认为2021年中国智慧物流技术装备市场需求同比增长在20%左右，其中电商物流领域增速在30%左右，是增长最快的领域，智能制造物流领域增速在15%以上。分行业看，2021年智慧物流装备市场需求热点主要集中在电商快递、新能源、电动汽

车、高端制造、医药物流、服装物流等领域，其中电商快递领域是最大的市场需求热点。分类别看，2021年智能分拣、搬运机器人、无人仓、无人配送车等是市场需求热点。

（2）技术发展趋势

从技术发展趋势观察，2021年中国智慧物流装备越来越呈现软件与硬件融合的发展趋势，硬件中的软件作用越来越大，特殊装备产品中的软件的创新已经占据了主导作用。比如：智能自动化仓库系统集成，仓储执行系统WES、仓储控制系统WCS等越来越重要；物流机器人从过去的AGV向AMR进化，其指挥调度操作系统、自主导航系统、自动执行能力越来越重要；等等。

（3）物流技术装备的软硬件结合发展趋势：

①物流系统智慧大脑调度控制技术越来越得到了设备供应商的重视。

②内部物流的物流技术装备系统越来越与企业供应链管理系统协同管理，无缝对接。

③智能硬件与硬件集成系统越来越柔性化，满足各类物流作业需求。

④基础智能硬件产品越来越与物流系统平台无缝对接，形成业务场景，对接服务场景，提供综合解决方案。

⑤人工智能、大数据、云计算、物联网、5G、区块链等新技术不断与物流技术装备系统对接，提供智能加持。

⑥物流机器人创新如火如荼，精彩纷呈。智能分拣机器人、移动搬运机器人仓储、拆码垛机器人、提升移载式机器人、可爬升存储机器人、各类无人叉车等新产品不断涌现，自主移动AMR机器人成为主流趋势，单体机器人的智能与移动速度大幅提升，机器人自主导航技术不断发展，机器人大规模集群调度技术大幅提升，机器人集群作业云端可视化发展很快。

⑦智慧物流技术装备软硬件融合推动了柔性自动化、制造服务化、开放智能化、场景可视化及物流元宇宙等技术创新与发展。2021年技术创新方面表现较好的物流装备品牌主要有：昆船物流、科捷智能、天和双力、今天国际、北自所、北起院、兰剑智能等企业，以及众多物流机器人独角兽企业。

人工智能应用方面，2021年，人工智能技术在智慧物流装备业创新发展中起到了巨大作用。在智慧无人仓领域，京东物流、阿里菜鸟等企业将人工智能算法与无人仓储系统融合，取得很多成果。如：2021年1月，由京东集团自主研发的无人仓调度算法的应用入围全球工业"诺贝尔"奖：弗兰兹·厄德曼（Franz Edelman）奖最终名单。该算法可以实现复杂的多智能体任务分配和路径规划，在毫秒内求解百亿级复杂度的优化问题并给出最优解，最终形成规模化的机器人调度系统。

在仓储机器人领域，旷视科技、宇锋智能、海康威视等企业积极探索人工智能技术与搬运机器人结合，取得很多研究成果。例如：旷视软硬一体化AIoT产品和方案，通过智慧物流操作系统旷视河图进行整体调度，将传统AS/RS自动化物流系统，与新兴AMR柔性物流系统接口打通、有机集成；同时凭借旷视领先的底层AI技术，将视觉感知和算法赋能仓储物流，切实帮助客户降本增效、简化管理。

在无人车领域，科大讯飞、行深智能等企业把人工智能技术与无人驾驶相结合，取得巨大进展。例如顺丰与科大讯飞深度合作，推出无人配送小车、新型智能配送电动车和顺丰自助寄件盒等高科技物流产品。其无人配送车具备强大的感知融合、高精度定位、深度学习和边缘计算能力，通过人脸识别技术与语音交互技术实现与用户全程交互。

3. 2022年智慧物流技术装备发展趋势

（1）政策预期分析

随着2021年系列政策与发展规划落地，预期2022年一些地区将会推出一系列支持智慧物流产业发展，吸引相关企业前来投资发展的具体政策措施；如，预计2021年将抢抓机遇，立足于打造内地著名的快递智能装备产业园，陆续推出系列优惠政策，加大招商引资力度，吸引智慧物流技术装备企业前来投资；围绕支撑现代流通体系，预期2022年国家将出台支持智能仓储与配送基础设施建设的相关文件，智慧物流装备将成为重点支持技术；围绕国家物流网络枢纽体系建设，预期2022年将出台支持智慧物流园建设相关文件；围绕支持跨境电商和提升国际供应链韧性，预期2022年将出台支持智慧物流装备的企业走出去，推动海外智能仓网络体系建设，带动智慧物流技术装备企业走向国际；

围绕乡村振兴与冷链物流发展，预期2022年国家将推出支持智能冷库、重要产品追溯等发展的政策文件等等。

（2）市场需求展望

从市场需求角度，电商快递物流领域继续是智能物流装备的最大需求热点，2022年中国快递包裹预计将突破1200亿件，继续保持高速增长，将带动新建和升级改造的的智能分拣系统市场需求继续保持30%左右增长速度；新能源领域、电动汽车领域、高端制造领域等也将继续成为智慧物流装备市场需求热点。值得注意的是：一些过去智能化水平低、线上渗透率低的行业，如家居、家装、智能家电、酒水饮料等领域，随着电商化、标准化、智能化发展，极有可能成为未来智慧物流装备的市场热点，其市场潜力极其巨大。其中家居物流市场规模极其庞大，近年来宜家家居、红星美凯龙、居然之家、日日顺等企业纷纷加大对智慧物流中心建设的投入与技术探索。酒水饮料行业是促进消费的重要行业，随着物流标准化发展，酒水饮料行业众多企业也纷纷加快推进智慧物流仓储与配送的设施设备投资建设。

在资本市场方面，2021年年智慧物流装备领域备受资本瞩目，是中国资本市场投资的热点，海柔创新、普罗劳格、慧仓科技、智子跃迁、意欧斯、鲸仓科技等均成功融资。预测2022年中国智慧物流装备领域将继续成为吸引国内外资本投资热点，不仅会有很多企业继续获得资本青睐，也会有部分独角兽企业将加快上市步伐，成功上市或进入上市程序。

（3）技术创新趋势

2022年智慧物流技术装备将出现如下发展趋势：

①各类智慧物流技术装备互联互通将成为大趋势。过去智慧物流装备的软硬件标准不统一，难以互联互通已成为最大痛点，2022年开放自动化与开放智能化将成为业界关注焦点，智慧物流装备的开放性、模块化、可柔性调度管理必将成为技术发展大趋势；

②无人驾驶技术在末端配送和智能卡车上将取得重要进展。快递末端低速无人驾驶孕育着下一个物流万亿级市场，随着很多企业技术研发的投入，预计2022年在低速与特定场景将投入运行，市场应用将取得突破。物流卡车无人驾驶技术也是一个巨大市场，近年来很多企业开展了技术攻关与研发投入，预计2022年将有无人驾驶卡车投入运营或试运营，无人驾驶技术将得到提升；

③物流机器人感知与导航技术将得到快速发展。2022年预计物流机器人感知与导航将呈现多模态感知与导航，实现物流机器人更智能更快速的自主移动，实现高效运作，更好完成自主搬运、智能分拣等物流作业。无人叉车是机器人设备相对标准化的应用领域，2021年中国叉车销售量已经接近110万台，这是一个巨大的市场空间，如果无人叉车技术取得突破，出现取代传统叉车的技术拐点，必将迎来物流机器人市场需求的爆发增长。

④中国智能分拣系统的综合技术性能达到世界领先地位。由于中国快递物流场景复杂、业务需求高速成长、快递包裹复杂多变，推动了中国智能分拣系统在空间利用性、高效分拣、适应复杂场景、适应复杂包裹、以及综合性价比等方面的综合性能达到世界领先水平。

⑤中国智慧物流装备技术将在海外市场获得快速发展。经过中国市场的打磨，物流机器人、自动化仓储、智能分拣系统等智慧物流技术装备在国际上已经具有很好竞争力，部分企业已经开始了海外

布局，尤其是在东南亚的市场布局。2022年在国家大力推动海外仓网络建设支持下，随着疫情缓解，中国智慧物流技术必将加快走向海外市场。

⑥物流元宇宙概念炒作将推动智慧物流装备的作业场景远程可视化、数字孪生可视化的发展，推动VR\AR技术、数字孪生技术、区块链技术、5G技术、数字仿真技术等在智慧物流技术装备系统中的应用与创新。

⑦中国智慧物流技术装备核心零部件技术发展进入快车道。长期以来，中国智慧物流技术设备取得巨大进展，但在高端的核心零部件方面，如智能控制元器件、电机及控制系统、各类感知元器件等都需要进口。近年来中国企业加快了相关核心零部件的研发投入，在2021年上海CEMAT物流展会上已经涌现出了一些国内核心元器件供应厂商，预计2022年中国智慧物流设备核心零部件国产化将取得突破，国产化率将快速提升。

信息来源：王继祥

（二）多个单位联合涉及新版快递塑封袋 预计可较大减少污染量

8月13日消息，近日，圆通牵头的物流信息国家工程实验室联合浙江省国邮快递物流科学研究院、北京印刷学院以及桐庐金岳包装有限公司，通过简化设计及减少油墨使用等方式，对现有快递塑封袋及快递信封在印刷面积、色种等方面进行了减化，推进快递包装绿色转型。

据核算，相较旧版，新设计出的快递包装油印面积减少了1/3，次品率下降10%，成本节约1.2厘/个。推广普及后，预计可较大减少印刷产生的污染量，降低残次品产生的废弃物量。

物流信息国家工程实验室主任相峰表示，塑料袋与纸箱在快递包装使用占比超过77%，是快递包装中应用范围最广、使用量最大的品类之一。从企业自身出发，除了改用可循环、可降解包装，快递包装减量化也是治理包装污染的必由之路。

也因此，物流信息国家工程实验室与浙江省国邮快递物流科学研究院、北京印刷学院以及桐庐金岳包装有限公司达成四方合作，共同成立快递绿色化联合实验室，投入建设相关试验能力，加快提升快递绿色包装研发和应用水平。

值得关注的是，去年11月，市场监管总局、国家邮政局以联合公告形式发布《快递包装绿色产品认证目录（第一批）》《快递包装绿色产品认证规则》。包装箱、胶带等10种在快递行业中使用量大面广的产品，被列入首批快递包装绿色认证目录。

今年3月5日，政府工作报告强调了"推动快递包装绿色转型"。此外，3月12日起，由交通运输部公布、国家邮政局牵头启动制定的《邮件快件包装管理办法》正式施行，也对快递的包装做出了明确的规定。

6月11日，市场监管总局联合国家邮政局在北京举办快递包装绿色产品认证推进活动，顺丰、京东、中通、德邦4家寄递企业向全行业发起了采购使用绿色快递包装产品、履行生态环保社会责任的倡议。

7月7日，国家发展改革委曾发布《"十四五"循环经济发展规划》，实施快递包装绿色转型推进行动。大幅提升循环中转袋（箱）应用比例。鼓励电商、快递企业与商业机构、便利店、物业服务企业等合作设立可循环快递包装协议回收点，投放可循环快递包装的专业化回收设施。到2025年，电商快件基本实现不再二次包装，可循环快递包装应用规模达 1000 万个。

信息来源：《电商报》王小孟

（三）中国特色托盘循环共用黄金时代开启

市场经济的调整之年、科创的深化之年，双碳文明的启动之年……当 2021 年被加上越来越多的定语时，中国经济发展的逻辑正在发生深刻的变化。2021 年 12 月 19 日，在第 16 届中国托盘国际会议上发布了《2021 中国托盘行业可持续发展报告》（以下简称《报告》）。值得注意的是，本《报告》特别指出：全国性的循环共用正在由启蒙阶段向高速发展阶段迈进。未来 10 年将是中国托盘循环共用发展的黄金 10 年，预计到 2035 年，全中国有将近 2 亿片的托盘是通过共享方式在循环使用。在"十四五"前期，国内外托盘领军企业都将会加大托盘循环共用业务的开发和投入力度，必将掀起新一轮具有中国特色的托盘循环共用。行业竞争加剧"资本＋技术"构建硬核壁垒"双碳"目标的提出，推动了托盘行业绿色创新。发展轻量化绿色新材料，促进绿色环保新材料托盘规模化生产和使用，扩大托盘可循环使用场景和应用范围，是未来托盘行业的主要发展方向之一。数据显示，截至 2020 年年底，我国循环共用托盘池规模超过 2800 万片，同比增长 12.0%，虽然仅占盘保有量的 2% 左右，但是每年保持着较高的增长速度。

而受疫情影响，部分中小微物流企业抗风险能力不足，生存困难并退出市场，托盘行业亦是如此。"托盘行业供应链涉及品类繁多，一些中小企业难以为继，初期研发投入较大，生产研发周期长，导致供应链整合程度低、平台化管理能力落后，服务标准欠缺。"政策引导。国务院办公厅印发的《"十四五"冷链物流发展规划》明确指出，加强标准化冷链载器具循环共用体系建设，完善载器具租赁、维修、保养、调度等公共运营服务。其实，早在 2021 年 2 月 22 日，国务院印发的《关于加快建立健全绿色低碳循环发展经济体系的指导意见》就曾提到，在打造绿色物流方面，将鼓励发展智慧仓储、智慧运输，推动建立标准化托盘循环共用制度。

信息来源：中国物流与采购联合会

（四）芯片短缺国内车市罕遇"以产定销"新能源车逆势增长年销或超 300 万辆

受到芯片供应持续短缺的影响，国内汽车行业运行压力维持高位。自 5 月以来，国内车市已经连续 5 个月销量下滑。10 月 12 日，中国汽车工业协会（下称'中汽协'）发布的数据显示，今年 9 月，汽车产销分别达到 207.7 万辆和 206.7 万辆，同比分别下降 17.9% 和 19.6%；前 9 月，汽车产销分别达到 1824.3 万辆和 1862.3 万辆，同比分别增长 7.5% 和 8.7%，增速继续回落。

"这种情况在历史上很少出现。"中汽协常务副会长兼秘书长付炳锋表示，汽车行业连续很多年产能过剩，竞争比较激烈，今年由于芯片短缺的影响，出现了"以产定销"的局面。

中汽协副秘书长陈士华在接受《证券日报》记者采访时表示，9月，芯片供应略有缓解，但仍然不能满足生产需要，再加之去年同期基数较高，因此当月汽车产销环比上升，但同比下降。此外，全国多个省份实行的有序用电政策也对汽车生产带来了一定影响。综合各方面因素，全年汽车销量数据或达不到此前预期。

1. 国内车市多年未遇"以产定销"

高基数压力和供应不足的影响直接导致国内乘用车市场产销量呈现出明显的下降趋势，往年传统销售旺季的"金九银十"今年罕遇"以产定销"。数据显示，9月，乘用车产销分别完成176.7万辆和175.1万辆，同比分别下降13.9%和16.5%。前9月，乘用车产销分别完成1465.8万辆和1486.2万辆，同比分别增长10.7%和11.0%。值得注意的是，与2019年同期相比，乘用车产销已经分别下降2.9%和2.7%。"今年的情况极为特殊，汽车行业多年来是买方市场，供大于求，竞争比较激烈。但现在是以产定销，产量略微受到影响，购买力还是很旺盛的。今年后3个月虽然形势仍然严峻，但预期芯片短缺会有所缓解。"付炳锋表示。陈士华告诉记者，芯片短缺主要是受到7月—9月份马来西亚疫情冲击。目前，当地工厂已经恢复生产，ESP芯片短缺的情况，在四季度应该会大幅缓解。不过，汽车芯片供应紧张的问题仍然难以解决，估计要到明年下半年才能达到供需平衡，基本满足市场需要。事实上，如今无论是汽车生产企业还是汽车销售企业，都面临较大的压力。对车企而言，各类原材料价格上涨直接推升成本压力。而关键芯片和其他零部件的海外供给受阻，供应链问题目前只能以周度为单位进行供货，也带来了巨大的生产损失。

经销商层面，一方面，由于在售车型库存水平偏低，通过订金方式锁单留客，新车交付压力不减；另一方面，车源短缺也造成了经销商无车可卖，虽然目前汽车销售的成交价格有所回升，但仍难以抵冲收益损失。

记者注意到，今年年初，中汽协曾预测，全年汽车产销将较2020年增长4%。但是，由于芯片短缺影响造成的产量损失超出预期，今年全年销量不排除出现负增长。展望四季度，陈士华表示，汽车消费需求稳定，供给端不确定性仍然很大。"四季度芯片整体供应预期好于三季度，但芯片供应仍然短缺。各地有序用电，将加大汽车产业供应风险。此外，电费上涨、原材料价格持续在高位，都将进一步加大企业成本压力。综合各方面因素，全年市场将达不到此前预期。"陈士华表示。

2. 新能源汽车全年销量有望突破300万辆

与传统燃油车走势形成鲜明对比的是，今年以来，新能源汽车产销快速增长，实现对燃油车市场的替代和赶超，并拉动车市向新能源化转型的步伐。《证券日报》记者观察到，9月，我国新能源汽车销量首次突破35万辆，创下历史新高。前9月，新能源汽车产销分别完成216.6万辆和215.7万辆，这是我国新能源汽车年产销量首次突破200万辆。

按照目前的趋势，中汽协副总工程师许海东预测：在不出现重大变化的前提下，今年新能源汽车的产销量很有可能会突破300万辆。此外，9月，新能源汽车市场渗透率达到了17.3%，我国有望提前实现2025年新能源汽车20%市场份额的中长期规划目标。

从细分车型来看，纯电动汽车仍是新能源汽车市场的主角。此前饱受舆论负面之苦的特斯拉"负重"摘得销冠，9月销售56006辆电动汽车，其中，有52153辆交付给了中国本土车主。Model Y国内售出33033辆，是9月国内销量最高的电动车型。单月3万辆的"战绩"，已远超同级别的燃油车竞品。

国内造车新势力方面，蔚来汽车和小鹏汽车在9月首次实现了销量破万辆，创造了最新的销量纪录；小鹏汽车同样收获了月销量破万的优秀成绩，9月交付10412辆，环比增长44%，同比增长199.4%；在8月交付量首次突破9000辆，并扬言要在9月份冲击万辆的理想汽车，因芯片短缺问题

9月交付量环比有所下降；第二梯队的哪吒、威马、零跑等企业，交付量均呈现大幅增长态势。

乘联会秘书长崔东树表示，两个造车新势力企业销量过万辆，说明自主品牌新势力成长得非常好，尤其是在高端领域获得了市场的充分认可。也正凭此，此次中汽协发布的数据中加入了一个新"成员"，即主要新势力企业集中度。陈士华表示："新增这个数据，是因为在新能源汽车产业的发展中，造车新势力扮演了非常重要的角色，尤其是头部企业在产品开发、智能化方面表现突出。"他认为，造车新势力值得传统车企去敬畏和尊重。在目前环境下，如果不向新能源、智能化转型，传统车企就可能面临淘汰。

谈及国庆期间新能源汽车出行充电难这一话题时，中国电动汽车充电基础设施促进联盟信息部主任仝宗旗表示，高速公路的充电设施相对于城市内部确实偏少，在节假日集中出行的情况下，会出现不够用的问题，后期会进行改善，但短期内这个现象还会持续。他建议，新能源车主在远程出行时一定要提前做好规划。"长远来看，新能源汽车消费者可以放心。"付炳锋表示，对于充电设施，我国一直坚持适度超前的规划方式。目前，节假日出现峰值需求是未来布局中要考虑的问题。

信息来源：证券日报

（五）全国人大代表许燕妮：建议国Ⅶ排放标准实施不早于2033年

"为防治机动车排放污染，改善空气质量，我国从2000年开始实施重型柴油车国Ⅰ排放标准，今年7月1日将实施国Ⅵ排放标准。"全国人大代表、玉柴股份新品试制装配工段工段长许燕妮告诉记者，我国仅用21年左右的时间就实现重型柴油车6次排放标准升级，是世界上重型柴油车排放标准升级速度最快的国家，国内商用车企业以及发动机企业在内的零部件企业投入了巨大的资源进行技术升级和产品研发。

然而，由于我国汽车及零部件工业基础远落后于欧美国家，排放升级的速度又快，相关的核心零部件企业难以在3～4年的排放升级间隔期实现技术和产品升级，核心零部件更多依赖进口。许燕妮告诉记者，以国Ⅵ排放标准为例，整车和发动机的控制器、催化剂、增压器等核心零部件都必须从国际品牌供应商采购，我国本土品牌零部件生产厂家几乎不能提供满足要求的零部件。

"在国Ⅵ排放标准要求下，我国的核心零部件生产厂家也在加大研发力度、努力追赶，争取突破技术封锁，改善一直受制于人的局面。"许燕妮表示，一款产品从研发试制到成熟上市，需要一定的时间。产品刚成熟、要最大化应用，又马上研制新产品去替代。如此，原有产品没有被充分应用，而受制于"卡脖子"技术，成熟的新产品又没办法及时推出。这非常不利于行业的健康可持续发展。因此，她建议国家在制定重型柴油车国Ⅶ排放标准的实施时间时，给予行业足够的准备时间。参考欧盟从欧Ⅵ升级欧Ⅶ的12年间隔，国内实施国Ⅶ排放标准的时间不应早于2033年。

长期从事内燃机相关工作，许燕妮一直很关注该领域发展，希望研发出既对环境没有污染，又能满足各领域发展的高端内燃机。她说："目前，我国大力发展新能源，但新能源在一些恶劣环境下的应用还是受限制。这就要扬长避短，充分用好内燃机。"许燕妮认为，国家在加强新能源产业推广与扶持的同时，仍须关注和重视高效内燃机的创新发展，建议国务院组织编制内燃机产业高质量发展规划。

信息来源：中国交通新闻网

二、物流标准

（一）综述

2021年4月9日，国家标准委印发《2021年全国标准化工作要点》（以下简称《要点》），从扎实推进标准化战略实施，加快建设推动高质量发展的标准体系，持续深化标准化管理创新，推进标准制度型开放，提升标准化基础能力5个方面提出了90条工作要点。

信息来源：国家标准委

为全面落实党的十九大、十九届二中、三中、四中、五中全会和中央经济工作会议精神，立足新发展阶段，贯彻新发展理念，助力构建新发展格局，依照《标准化法》，深化标准化工作改革任务，推动高质量发展的标准体系建设，做好2021年国家标准立项工作，国家标准委制定并印发了《2021年国家标准立项指南》（下称《指南》）。

该《指南》提出了2021年国家标准立项工作的总体要求是优化标准体系、提升立项质量、畅通参与渠道。立项重点是：强制性国家标准；农业农村领域、食品消费品和医疗卫生领域、装备材料与新兴领域、信息技术与电气领域、交通能源与资源环境领域、服务业领域、社会治理领域等重点领域国家标准；军民通用国家标准；标准样品。

指南明确了2021年国家标准的申报要求和申报材料，提出了对国家标准项目管理的要求。

信息来源：国家市场监督总局

（二）2021年物流国家标准发布一览

据市场监管总局网站2021年5月6日报道：近日，市场监管总部（国家标准委）批准发布215项重要国家标准，涉及农业农村、绿色节能、快递服务、公共安全、体育运动等诸多领域。

在快递服务领域，《快递服务与电子商务信息交换规范》《快递服务制造业仓配信息交换规范》国家标准对于引导企业提升信息化水平，提高生产能力和服务质量，推动快递服务与电子商务、制造业深度融合、协同发展具有重要的意义。

在公共安全领域，《危险货物运输应急救援指南》系列国家标准为危险货物运输事故初始救援阶段如何及时采取适当的救援措施提供重要的指导和参考，促进和完善我国危险货物运输应急救援标准体系建设，切实保障人民生命财产安全。

信息来源：国家市场监督总局

（三）2021年实施的物流标准

一、公共类标准
（一）综合类标准

序号	标准编号	标准名称	发布日期（年-月-日）	实施日期（年-月-日）	制定范围
1	GB/T 39660-2020	物流设施设备的选用参数要求	2020-12-14	2021-07-01	本标准规定了通用物流设施设备选用参数的总体要求，以及道路，铁路装卸线、堆场、库房、货架、起重机、叉车、运输车辆与装卸站台等参数要求 本标准适用于物流活动中相互衔接的通用物流设施设备的规划、涉及及选用

（二）物流设施设备标准

序号	标准编号	标准名称	发布日期（年-月-日）	实施日期（年-月-日）	制定范围
1	GB/T 39681-2020	立体仓库货架系统设计规范	2020-12-14	2021-07-01	本标准规定了立体仓库货架系统术语，材料、荷载及荷载组合，货架设计及测试方法 本标准适用于以冷弯型钢或热轧型钢构件制成，主要承受静载的立体仓库货架系统
2	GB/T 39830-2021	立体仓库钢结构货架抗震设计规范	2021-03-09	2021-10-01	本标准规定了地震作用下立体仓库钢结构货架的设计规范，其内容包括一般规定、抗震设计流程、地震作用及结构抗震计算、分析方法及构造要求 本标准适用于钢结构货架，不适用于以其他材料制作的货架
3	JB/T 14032-2021	钢制货架载荷试验方法	2021-05-17	2021-10-01	本标准规定了物流仓储设备中钢制货架的垂直及水平静载荷试验的术语和定义、试验条件、测量用仪器和量具、样品、试验载荷要求、试验步骤、数据处理及试验报告 本标准适用于以冷弯薄壁型钢为承载构件和梁柱节点、刚度（静态）不大于400kN·m/rad的钢制货架，其他类似产品参照执行
4	JB/T 14033-2021	流利式货架	2021-05-17	2021-10-01	本标准规定了流利式货架的术语和定义、材料、技术要求、试验方法、检验规则、标志、包装、运输和贮存。 本标准适用于人工存取货物，用薄钢板材制成的，由立柱片、滑道架、流利条等构件组成的流利式货架

续表

序号	标准编号	标准名称	发布日期 （年-月-日）	实施日期 （年-月-日）	制定范围
5	JB/T 14173-2021	单元托盘储存类穿梭车货架	2021-05-17	2021-10-01	本标准规定了单元托盘储存类穿梭车货架的术语、分类与组成、材料、技术要求、试验方法、检验规则、标志、包装、运输和贮存 本标准适用于以托盘为承载器具的单元货物，由穿梭车进行搬运、存取，实现密集型储存的穿梭车货架
6	JT/T 1347-2020	公铁联运货运枢纽功能区布设规范	2020-12-30	2021-04-01	本标准规定了公铁联运货运枢纽功能区的布设基本要求及其公铁联运作业区、仓储区、停车区和配套设施的布设要求 本标准适用于公铁联运货运枢纽的规划、设计、建设与运营管理
7	JT/T 1349-2020	多功能钢质托盘技术要求	2020-12-30	2021-04-01	本文件规定了多功能钢质托盘的分类与规格型号、结构、材质及表面处理、信息标签、作业规范 本文件适用于多功能钢质托盘的设计、生产和使用
8	JB/T 7012-2020	辊子输送机	2020-08-31	2021-04-01	本标准规定了辊子输送机的型式、基本参数、技术要求、试验方法、检验规则、标志、包装、运输和贮存。 本标准适用于输送成件物品的辊子输送机
9	JB/T 14034-2021	交叉带式分拣机	2021-05-17	2021-10-01	本标准规定了交叉带式分拣机的术语、分类、基本组成及主要参数、技术要求、试验方法、检验规则、标志、包装、运输和贮存等 本标准适用于交叉带式分拣机的设计、制造、检验
10	JB/T 14035-2021	推块式分拣机	2021-05-17	2021-10-01	本标准规定了推块式分拣机的范围、规范性引用文件、术语和定义、组成和基本参数、工作条件、技术要求、试验方法、检验规则、标志、包装、运输和贮存 本标准适用于推块式分拣机的设计、制造、检验
11	JB/T 14112-2020	顶升式仓储运载机器人	2020-12-09	2021-07-01	本标准规定了仅在室内使用的顶升式仓储运载机器人的产品标识与分类、技术要求、试验方法、检验规则及标识、包装、运输、贮存 本标准适用于仓储、物流、运输、邮政、电商、制造业等领域的机器人的设计、制造、检验等

续表

序号	标准编号	标准名称	发布日期（年-月-日）	实施日期（年-月-日）	制定范围
12	JB/T 14036-2021	仓储塑料周转箱	2021-05-17	2021-10-01	本标准规定了仓储塑料周转箱的术语和定义、产品分类及尺寸、技术要求、试验方法、检验规则、标志、包装、运输和贮存 本标准适用于温度在 -20℃～60℃之间，除直接接触食品外，配合物流仓储设施使用的采用聚烯经塑料为原料，以注射成型法生产的塑料周转箱
13	GB/T 39037.2-2020	用于海上滚装船运输的道路车辆的系固点与系固设施布置 通用要求 第 2 部分：半挂车	2021-02-01	2020-07-21	本标准规定了半挂车的车辆系固点要求，支撑架要求，标记、标识与标牌要求，以及其他要求。 本标准适用于海上滚装船运输的半挂车，内河滚装船运输的半挂车可参照执行
14	GB/T 39661-2020	道路运输用交换箱 技术要求与试验方法	2020-12-14	2021-07-01	本标准规定了道路运输用 A 级和 C 级交换箱的尺寸和质量，主要总成结构、性能要求和试验方法。 本标准适用于道路运输用的不可堆码的交换箱。本标准不适用于道路运输用的专用交换箱（如罐式交换箱）
15	JT/T 1371-2021	电动营运货车选型技术要求	2021-02-18	2021-05-01	本标准规定了电动营运货运车辆选型技术要求和试验方法。 本标准适用于由电机驱动，且驱动电能来源于车载可充电能量储存系统（REESS）的纯电动 N1、N2、N3 类营运货车，不适用于燃料电池车辆
16	TB/T 3562-2020	铁路保温车 21	2020-09-24	2021-04-01	本标准规定了铁路保温车的术语和定义、一般要求，热工性能要求，材料要求，结构要求，制造要求，涂装与标志，检查与试验方法及检验规则。 本标准适用于铁路保温车的设计、制造和检验

（三）物流技术、作业与管理标准

序号	标准编号	标准名称	发布日期（年-月-日）	实施日期（年-月-日）	制定范围
1	GB/T 4892-2021	硬质直方体运输包装尺寸系列	2021-03-09	2021-10-01	本标准规定了用纸、木、塑、金属等各种材质包装的硬质直方体运输包装最大的平面尺寸 本标准适用于公路、铁路和水路运输单元货物的运输包装件。非单元货物的运输包装件可参照执行

续表

（四）物流信息标准

序号	标准编号	标准名称	发布日期（年-月-日）	实施日期（年-月-日）	制定范围
1	GB/T 40292-2021	跨境电子商务 电子运单规范	2021-05-21	2020-12-01	本文件规定了跨境电子商务中电子运单的传输流程、数据元描述方法、数据结构和数据元使用要求和证实方法 本文件适用于跨境电子商务物流运输中相关参与方之间的数据交换、信息共享和相关系统设计、开发与应用
2	GB/T 40208-2021	物流信息资源核心元数据	2021-05-21	2020-12-01	本文件给出了物流信息的资源分类，规定了核心元数据模式、元数据描述方法，核心元数据描述以及核心元数据扩展的一般要求，并给出了核心元数据代码表 本文件适用于物流信息资源进行编目、建库、发布，以及与共享有关的数据交换和网络查询服务等
3	JT/T 747.1-2020	交通运输信息资源目录体系 第1部分：总体架构	2020-12-30	2021-03-01	JT/T 747的本部分规定了交通运输信息资源目录体系的技术架构、构建模式及互操作 本部分适用于交通运输信息资源目录体系的规划、设计、建设和管理
4	JT/T 747.2-2020	交通运输信息资源目录体系 第2部分：技术要求	2020-12-30	2021-03-01	本部分规定了交通运输信息资源目录体系的目录内容服务和功能及实现要求 本部分适用于交通运输信息资源目录内容服务系统的规划、设计、建设和运维
5	JT/T 747.3-2020	交通运输信息资源目录体系 第3部分：核心元数据	2020-12-30	2021-03-01	JT/T 747的本部分规定了交通运输信息资源目录体系中核心元数据的描述方法，数据内容、扩展要求及值域代码 本部分适用于交通运输信息资源目录的编目、建库、发布和查询
6	JT/T 747.4-2020	交通运输信息资源目录体系 第4部分：公路水路信息资源分类	2020-12-30	2021-03-01	JT/T 747的本部分规定了交通运输信息资源目录体系中公路水路信息资源的分类原则、信息资源分类与代码，以及分类编码结构 本部分适用于交通运输信息资源目录体系中公路水路信息资源的分类与编码
7	JT/T 747.5-2020	交通运输信息资源目录体系 第5部分：标识符编码规则	2020-12-30	2021-03-01	JT/T 747的本部分规定了交通运输信息资源目录体系的标识符编码结构及编码构成 本部分适用于交通运输信息资源目录体系中信息资源标识符的编码

续表

序号	标准编号	标准名称	发布日期（年-月-日）	实施日期（年-月-日）	制定范围
8	JT/T 747.6-2020	交通运输信息资源目录体系 第6部分：技术管理要求	2020-12-30	2021-03-01	JT/T 747的本部分规定了交通运输信息资源目录体系的总体管理架构，管理内容、管理环节和组织管理制度建设的要求 本部分适用于交通运输信息资源目录体系的建设、使用和管理
9	JT/T 1352-2020	海铁联运列车运行与货物追踪接口	2020-12-30	2021-03-01	本标准规定了海铁联运参与方之间进行列车与货物追踪所使用的电子数据交换接口的基本要求和接口描述 本标准适用于海铁联运领域中列车运行与货物的追踪系统。内河水铁联运等相关类型的信息系统建设及电子数据交换可参照使用
10	JT/T 1350-2020	海铁联运列车磅单报文	2020-12-30	2021-03-01	本标准规定了海铁联运列车磅单报文的基本要求、XML报文格式和平台文件报文格式 本标准适用于海铁联运领域内相关参与方的列车磅单报文交换。内河水铁联运等相关类型的信息系统建设及电子数据交换可参考使用
11	JT/T 1351-2020	海铁联运需求车提报报文	2020-12-30	2021-03-01	本标准规定了海铁联运需求车提报报文的原则和报文描述 本标准适用于海铁联运港口作业时港口向铁路进行需求车提报报文的电子数据交换。相关类型的信息系统建设及电子数据交换可参考使用

二、专业类标准

（一）农副产品、食品冷链物流技术、作业与管理标准

序号	标准编号	标准名称	发布日期（年-月-日）	实施日期（年-月-日）	制定范围
1	GB/T 39664-2020	电子商务冷链物流配送服务管理规范	2020-12-14	2021-07-01	本标准规定了电子商务冷链物流配送的基本要求、管理要求、作业流程及要求和内审及改进 本标准适用于电子商务冷链物流配送服务提供方对配送作业服务的管理，本标准不适用于医药冷链物流配送
2	JT/T 1348-2020	冷链货物空陆联运通用要求	2020-12-30	2021-04-01	本标准规定了冷链货物空陆联运的基本要求及温度监测、设施设备、交接转运、信息采集与追溯、异常情况处理等要求 本标准适用于国内冷链货物航空和道路的联运

续表

序号	标准编号	标准名称	发布日期（年-月-日）	实施日期（年-月-日）	制定范围
3	GH/T 1191-2020	叶用莴苣（生菜）预冷与冷藏运输技术	2020-12-07	2021-03-01	本标准规定了叶用莴苣（生菜）采后预冷与冷藏运输过程的采收与质量要求、包装与标志、预冷和冷藏运输条件等技术要求。本标准适用于鲜食叶用莴苣（生菜）的预冷与冷藏运输
4	GH/T 1311-2020	鲜（冻）食用农产品社区配送服务规范	2020-12-07	2021-03-01	本文件规定了鲜（冻）食用农产品服务的术语和定义、基本要求、配送流程、投诉处理评价与改进等。本文件适用于从配送机构到社区终端的鲜（冻）食用农产品配送服务

（二）其他农副产品、食品物流标准

序号	标准编号	标准名称	发布日期（年-月-日）	实施日期（年-月-日）	制定范围
1	GH/T 1336-2021	宽皮柑橘采后贮藏物流操作流程	2021-03-11	2021-05-01	本标准规定了宽皮柑橘库房与容器消毒、果实采收与质量要求、贮前处理、贮藏、出库与商品化处理、物流和销售等技术要求。本文件适用于鲜食宽皮柑橘的贮藏流通，其他柑橘种类可参照使用
2	NY/T 3383-2020	畜禽产品包装与标识	2020-08-26	2021-01-01	本标准规定了畜禽产品包装与标识的术语和定义、包装和标识要求。本标准适用于屠宰加工厂的鲜、冻畜禽产品包装与标识
3	YZ/T 0175-2020	鲜活水产品快递服务要求	2020-12-18	2021-03-01	本文件适用于提供鲜活水产品快递服务的组织和人员。鲜活水产品邮政服务可参照执行

（三）汽车物流标准

序号	标准编号	标准名称	发布日期（年-月-日）	实施日期（年-月-日）	制定范围
1	GB/T 39448-2020	汽车整车物流多式联运设施设备配置要求	2020-11-19	2021-06-01	本标准规定了汽车整车物流多式联运设施设备配置的总体要求、设施配置要求、设备配置要求、信息系统配置要求。本标准适用于作为商品乘用车多式联运过程中所使用的设施设备的规划、选用、配置。不适用于汽车整车集装箱多式联运方式

（四） 家电物流标准

序号	标准编号	标准名称	发布日期（年-月-日）	实施日期（年-月-日）	制定范围
1	QB/T 5501.3-2020	家用电器绿色供应链管理 第3部分：物流与仓储	2020-12-09	2021-04-01	本标准规定了家用和类似用途电器绿色供应链管理中物流与仓储的术语和定义、要求、管理评审和持续改进 本部分适用于家用电器生产企业绿色供应链管理中的物流与仓储管理，包括运输、仓储和逆向物流，其他产品亦可参照使用

（五） 电子商务物流与快递标准

序号	标准编号	标准名称	发布日期（年-月-日）	实施日期（年-月-日）	制定范围
1	GB/T 39058-2020	农产品电子商务供应链质量管理规范	2020-09-29	2021-04-01	本标准规定了电子商务交易环境下食用农产品的采购和供应、初加工，处理与包装、贮存与运输、销售、配送等各环节的质量管理要求 本标准适用于电子商务交易环境下食用农产品供应链各环节的相关方在主体资质，设施设备、作业环境、过程控制、检验检测、信息记录等方面的质量管理
2	GB/T 39439-2020	电子商务第三方仓储服务管理规范	2020-11-19	2021-06-01	本标准规定了电子商务第三方仓储服务提供商的基本条件、服务管理要求及其评价指标 本标准适用于电子商务活动中第三方仓储服务管理
3	GB/T 39676-2020	跨境电子商务 物流信息申报和支付信息申报电子单证	2020-12-14	2021-07-01	本标准规定了跨境电子商务中物流信息申报和支付信息申报的业务流程和要求，数据元描述方法、数据结构以及数据元使用要求 本标准适用于跨境电子商务企业物流信息和支付信息的申报
4	GB/T 40043-2021	快递服务与电子商务信息交换规范	2021-04-30	2021-08-01	本文件规定了快递服务组织与电子商务经营者之间的信息交换内容、信息交换流程、报文规范、数据通信与安全和信息交换时限的要求 本文件适用于快递服务组织和电子商务经营者之间为完成电子商务交易和快递服务而开展的信息交换

续表

序号	标准编号	标准名称	发布日期（年-月-日）	实施日期（年-月-日）	制定范围
5	GB/T 40044-2021	快递服务制造业仓配信息交换规范	2021-04-30	2021-08-01	本文件规定了快递服务组织与制造企业在仓配模式下的信息交换需求、信息交换业务流程、报文规范、通信与安全的要求。本文件适用于仓配模式下，快递服务组织和制造企业之间的信息交换
6	YZ/T 0172-2020	无人机快递投递服务规范	2020-10-16	2021-01-01	本文件适用于使用空机重量116kg（含）以下且最大起飞重量150kg（含）以下的空速不超过100km/h的无人驾驶航空器开展的快递投递服务。无人机邮政投递服务参照执行

（六）出版物物流

序号	标准编号	标准名称	发布日期（年-月-日）	实施日期（年-月-日）	制定范围
1	CY/T 234-2020	出版物物联网物流包件编码	2020-11-16	2021-02-01	本标准规定了标识出版物物流包件的编码规则，包括编码结构和数值取值，以及编码的使用方法。本标准适用于新闻出版行业相关企业或物流企业对物流包件赋予唯一编码，用于新闻出版行业相关企业在出版物发行过程中应用物联网技术采集和处理物流包件信息

（七）进出口物流标准

序号	标准编号	标准名称	发布日期（年-月-日）	实施日期（年-月-日）	制定范围
1	GB/T 39461-2020	国际物流信息系统数据接口	2020-11-19	2021-06-01	本标准规定了国际物流信息系统的数据接口基本要求，接口通信方式，数据传输、数据转换，通信报文要求、安全要求、接口功能以及接口管理。本标准适用于国际物流相关方开发、使用国际物流信息系统数据接口，也可作为管理部门对国际物流信息系统及相关接口的管理

（八）化工和危险货物物流标准

序号	标准编号	标准名称	发布日期（年-月-日）	实施日期（年-月-日）	制定范围
1	GB/T 39217-2020	化工园区综合评价导则	2020-07-21	2021-02-01	本标准规定了化工园区综合评价的基本原则、评价指标和评价流程。 本标准适用于化工园区的综合评价。
2	GB/T 39652.1-2021	危险货物运输应急救援指南 第1部分：一般规定	2021-04-30	2021-11-01	GB/T 39652的本部分规定了危险货物运输事故应急救援处置行动一般性要求，安全预防措施和现场处置要求。 本部分适用于危险货物运输应急救援。
3	GB/T 39652.2-2021	危险货物运输应急救援指南 第2部分：应急指南	2021-04-30	2021-11-01	GB/T 39652的本部分规定了地震作用下立体仓库钢结构货架的设计规范，其内容包括一般规定、抗震设计流程、地震作用及结构抗震计算、分析方法及构造要求。 本部分适用于钢结构货架，不适用于以其他材料制作的货架。
4	GB/T 39652.3-2021	危险货物运输应急救援指南 第3部分：救援距离	2021-04-30	2021-11-01	GB/T 39652的本部分规定了危险货物运输事故应急救援处置行动一般性要求，安全预防措施和现场处置要求。 本部分适用于危险货物运输应急救援。
5	GB/T 39652.4-2021	危险货物运输应急救援指南 第4部分：遇水反应产生毒性气体的物质目录	2021-04-30	2021-11-01	GB/T 39652的本部分规定了危险货物运输事故应急救援一般规定、应急指南卡结构和应急指南卡内容。 本部分适用于危险货物运输应急救援。
6	GB 40163-2021	海运危险货物集装箱装箱安全技术要求	2021-04-30	2021-11-01	本标准规定了海运危险货物集装箱装箱作业的基本要求、装箱前准备工作、装箱和封箱操作要求、装箱后要求以及记录与单证要求。 本标准适用于船舶载运危险货物集装箱的装箱作业。

（九） 钢铁类物流标准

序号	标准编号	标准名称	发布日期（年-月-日）	实施日期（年-月-日）	制定范围
1	YB/T 4864-2020	钢材仓储管理规范	2020-12-09	2021-04-01	本标准规定了钢材成品仓储管理的术语和定义、基本要求、从业人员要求、作业流程、作业规范、信息系统及设备设施配备、服务评价要素等 本标准适用于钢铁行业钢材成品仓储管理。本标准不适用于军工等特种合金钢产品
2	YB/T 4878-2020	钢铁物流数字化仓储建设基本要求	2020-12-09	2021-04-01	本标准规定了钢铁物流（钢材成品）数字化仓储的总则、设施设备要求、设施设备数字化要求、应用层功能要求、运维要求、接口及编码要求等 本标准适用于钢材成品数字化仓储的规划、设计、建设

（十） 棉花物流标准

序号	标准编号	标准名称	发布日期（年-月-日）	实施日期（年-月-日）	制定范围
1	GH/T 1317-2020	棉花仓储管理规程	2020-12-07	2021-03-01	本标准规定了棉花仓储库的基本要求、人员要求、基础管理要求、设施设备要求、消防要求、储存要求、入库管理、保管养护、出库管理、安全巡查管理、应急管理和信息系统 本标准适用于棉花商业仓储、流转、国家储备等仓储库
2	GH/T 1320-2020	棉花仓库分布式光纤温度监测技术规范	2020-12-07	2021-03-01	本标准规定了棉花仓库分布式光纤温度监测的术语和定义、总则、监测设备技术要求、安装与布设要求、设备运行与维护要求、监测方法、监测报告、信息反馈及处理 本标准适用于棉花仓库（包括各类棉花储备库、经营库）的分布式光纤温度监测的实施

（四）2021年3月—2022年2月《物流标准化动态》目录

2021年3月《物流标准化动态》
【标准化工作动态】
01 国家标准委印发《2021年国家标准立项指南》
01 国家标准委秘书处关于国家标准外文版项目信息化管理有关事项的通知
02 国家标准委批准成立一批国家技术标准创新基地

02 国家标准委下达 2021 年第一批国家标准样品研复制计划项目
【物流标准动态】
02 崔忠付出席并主持 2021 年物流标准立项专家评估会
03 全国物标委发布一批物流国家标准解读视频
03 《食品安全国家标准 食品冷链物流卫生规范》国家标准正式实施
04 行业标准《即时配送专用电动自行车应用选型规范》（征求意见稿）公开征求意见
05 行业标准《煤炭内河水运物流服务通用规范》（征求意见稿）公开征求意见
05 全国物标委召开两项冷链物流国家标准预审会议
06 《新能源汽车废旧动力电池 物流信息追溯管理要求》行业标准启动会召开
【相关标准动态】
06 国家发改委：今年将继续实施惠企纾困政策 实施建设高标准市场体系行动方案
07 工信部发布《2021 年工业和信息化标准工作要点》
08 商务部发布《关于做好 2021 年商务领域标准化工作的通知》
09 商务部办公厅 国家邮政局办公室联合印发《电子商务与快递物流协同发展典型经验做法》的通知
09 三部门联合印发《国家车联网产业标准体系建设指南（智能交通相关）》
10 中国标准化研究院快递包装国际标准提案获 ISO 批准立项
11 我国参与编制两项汽车行业标准法规解读文件获联合国审议通过
【相关新闻】
12 2021 年物流业就这么干！总理政府工作报告划出重点了
13 国家发改委发布《关于加快推动制造服务业高质量发展的意见》
14 商务部王文涛：奋力推动"十四五"时期商务高质量发展
14 全国政协委员赵继：聚焦协同创新主题 走标准化强国发展之路
15 第 20 届世界标准合作组织（WSC）会议召开
16 商务部等六部门印发通知 进一步扩大跨境电商零售进口试点
17 两部门联合召开《"十四五"现代综合交通运输体系规划》编制工作领导小组会议
18 民航局：加快无人机规章标准制定 进一步扩大无人机物流配送试点范围
19 河南省物流标委会成立，要为全国物流标准提供"河南方案"

2021 年 4 月《物流标准化动态》
【标准化工作动态】
01 国标委印发《2021 年全国标准化工作要点》
02 国标委开展 2021 年强制性国家标准实施情况统计分析试点工作
03 八部门联合发文 在全国推广应用标准化物流周转箱
05 国标委公示申请承担冷链物流技术委员会等 6 家 ISO 技术机构国内对口单位信息
06 2021 年标准化工作省部联席会议召开
【物流标准动态】
01 国标委印发《2021 年全国标准化工作要点》
02 国标委开展 2021 年强制性国家标准实施情况统计分析试点工作
03 八部门联合发文 在全国推广应用标准化物流周转箱

05 国标委公示申请承担冷链物流技术委员会等 6 家 ISO 技术机构国内对口单位信息

06 2021 年标准化工作省部联席会议召开

【相关标准动态】

01 国标委印发《2021 年全国标准化工作要点》

02 国标委开展 2021 年强制性国家标准实施情况统计分析试点工作

03 八部门联合发文 在全国推广应用标准化物流周转箱

05 国标委公示申请承担冷链物流技术委员会等 6 家 ISO 技术机构国内对口单位信息

06 2021 年标准化工作省部联席会议召开

【相关新闻】

01 国标委印发《2021 年全国标准化工作要点》

02 国标委开展 2021 年强制性国家标准实施情况统计分析试点工作

03 八部门联合发文 在全国推广应用标准化物流周转箱

05 国标委公示申请承担冷链物流技术委员会等 6 家 ISO 技术机构国内对口单位信息

06 2021 年标准化工作省部联席会议召开

2021 年 5 月《物流标准化动态》

【标准化工作动态】

01 国标委下达 2021 年度国家级服务业标准化试点项目

01 国标委推动全国专业标准化技术委员会参与技术性贸易措施通报评议工作

02 南亚标准化（拉萨）研究中心成立

02 国标委批准发布一批重要国家标准

【物流标准动态】

03 标准引领下的物流企业成长之路——记《物流企业分类与评估指标》（GB/T 19680）宣贯与实施

06 全国物标委召开《通用仓库等级》国家标准预审会议

06 全国物标委召开《煤炭内河水运物流服务通用规范》行业标准审查会

07 全国物标委冷链物流分技术委员会换届征集委员

【相关标准动态】

07 交通运输部就《船舶引航管理规定（修订）（征求意见稿）》公开征求意见

08 交通运输部就《中华人民共和国水上水下活动通航安全管理规定》（征求意见稿）公开征求意见

【相关新闻】

08 国务院常务会议部署加强县域商业体系建设

10 国务院办公厅印发《强化危险废物监管和利用处置能力改革实施方案》

11 国务院办公厅印发《全面加强药品监管能力建设的实施意见》

12 七部门联合印发《商品市场优化升级专项行动计划（2021-2025）》

13 三部门联合开展 2021 年电子商务进农村综合示范工作

13 财政部、商务部联合印发《关于进一步加强农产品供应链体系建设的通知》

14 交通运输部：高质量编制实施交通运输"十四五"各项规划

15 商务部公布 2021 年规章立法计划

15 国家发改委运行局召开应急物流体系建设现场交流会

16 商务部有关负责人解读国家级服务业商贸流通标准化专项试点工作
17 "同一个湾区,同一个标准"粤港澳大湾区标准创新研讨会在深圳召开

2021年6月《物流标准化动态》
【标准化工作动态】
01 国标委与非洲标准化组织签署合作谅解备忘录
01 市场监管总局印发《2021年度实施企业标准"领跑者"重点领域》
02 国标委批准17个ISO技术机构国内技术对口单位
02 团体标准将成为促进数据安全与发展的重要抓手
02 国标委秘书处征集《中国标准化年鉴》相关材料

【物流标准动态】
03 中物联获批承担ISO/TC 51国内技术对口单位
04 ISO/TC 315"冷链物流"第一次工作会议召开
04 《木质平托盘 通用技术要求》国家标准审查会召开
05 《大宗货物电子仓单》等14项推荐性物流行业标准发布
05 《数字化仓库基本要求》等2项行业标准审查会在京召开
06 两岸食品冷链物流标准化工作组2021年度工作会议召开
07 IVD及医疗设备标准持续助力行业发展
07 "2021冷链物流标准宣贯会"在上海举办

【相关标准动态】
08 首个数字化供应链国际标准在国际电信联盟正式立项
09 工信部发布2021年汽车标准化工作要点
09 工信部将建车联网安全标准体系
10 交通运输部发布24项交通运输行业标准
10 交通运输部发布《自动化集装箱码头建设指南》
11 《交通运输部门计量检定规程管理办法》公开征求意见
11 《中国邮政集团有限公司标准体系》正式发布

【相关新闻】
11 国常会:支持发展跨境电商和海外仓
12 全国政协围绕"推进多式联运高质量发展"协商议政
13 17部委联合发文:完善农产品市场网络 加快补齐冷链设施短板
14 四部委印发汽车产品生产者责任延伸试点实施方案
15 两部门发文:加快推动区块链技术应用和产业发展
16 国家发改委印发《城乡冷链和国家物流枢纽建设中央预算内投资专项管理办法》
16 我为"十四五"冷链物流发展规划建言献策活动情况通告
17 2021年上半年综合交通运输与物流业形势分析座谈会召开
17 交通运输部:以行业标准保障疫苗运输安全高效
18 农业农村部发文:加快农业全产业链培育发展
18 商务部王炳南:向物流标准化要效率
19 国家邮政局:今年中国快递业务量已突破400亿件

2021年7月《物流标准化动态》

【标准化工作动态】
01 2021青岛国际标准化大会召开
02 田世宏出席国家基本公共服务标准化试点经验交流现场会
02 国标委发文征集第一批国家标准样品试点项目
03 2021年全国地方标准化工作座谈会在成都召开

【物流标准动态】
04 全国物标委发布近期正式实施的物流国家标准解读
05 全国物标委组织召开2项仓储国家标准预审会议
05 全国物标委组织召开多项行业标准审查会
06 行业标准《轻型穿梭车货架》向社会公开征求意见
06 中物联2021年第三季度团体标准化工作会议召开
07 《食品追溯区块链平台基本能力要求》团体标准第四次研讨会召开
07 《肉挂冷藏车功能技术要求》团体标准启动会在京召开

【相关标准动态】
08 市场监管总局就《农业农村标准化管理办法》公开征求意见
08 我国主导"物联网概述"标准成全球标准
08 《交通运输标准化发展报告（2021年）》发布
09 《中国及世界主要铁路口岸名称及代码》等拟立项推荐性国家标准项目公开征求意见
10 《海上交通事故等级划分的直接经济损失标准规定》公开征求意见

【相关新闻】
10 《中共中央 国务院关于新时代推动中部地区高质量发展的意见》发布
11 国常会：促进农村电商与农村寄递物流融合
12 国常会部署多项措施进一步深化跨境贸易便利化改革
13 国务院办公厅发布关于加快发展外贸新业态新模式的意见
14 我国加快健全农村物流体系
14 七部门联合发文 切实维护外卖送餐员权益
15 国家发改委规划循环经济发展
16 工信部组织开展2021年度百项团体标准应用示范项目申报工作
17 第十一次中德智能制造／工业4.0标准化工作组全会召开
17 商务部推广物流标准化建设好经验好做法和典型模式
18 商务部：中国海外仓数量已超1900个 业务范围辐射全球
19 海关总署正式发布《"十四五"海关发展规划》
20 2021年全国民航年中工作电视电话会议召开

2021年8月《物流标准化动态》

【标准化工作动态】
01 国家标准版权保护研讨会在京召开
01 首期标准编审职业技能等级证书 初级考试成功举行
02 市场监管总局标准创新司组织召开节粮减损团体标准化工作交流会

【物流标准动态】

03 2021 版《物流标准目录手册》发布

03 《物流术语》等 6 项物流领域国家标准获批发布

06 国家标准《智慧物流服务指南》征求意见

06 中物联下达 2021 年第三季度团体标准项目计划

07 中物联发布《国有企业网上商场采购交易操作规范》等两项团体标准

08 团体标准《生鲜品无接触配送服务规范》征求意见

【相关标准动态】

08 商务部：加强"十四五"时期商务领域标准化建设

09 交通运输部下达 2021 年交通运输标准化计划（第二批）

10 交通运输部升级多份疫情防控指南 细化防疫工作标准

11 《交通运输标准外文版管理办法（征求意见稿）》征求意见

11 《商务领域标准化管理办法（征求意见稿）》公开征求意见

【相关新闻】

12 国务院办公厅印发《关于加快农村寄递物流体系建设的意见》

13 九部门联合印发《商贸物流高质量发展专项行动计划（2021-2025 年）》

14 两部门发布《关于科技创新驱动加快建设交通强国的意见》

15 智慧城市基础设施与智能网联汽车协同发展试点工作交流会在京召开

15 交通运输部：深化交通运输绿色发展

17 商务部：我国已成为全球第二大消费市场、第一贸易大国

2021 年 9 月《物流标准化动态》

【标准化工作动态】

01 中国质量（杭州）大会在浙江开幕 王勇宣读习近平主席贺信并致辞

02 第二届中国—东盟国际标准化论坛召开

03 两部门联合公布国家级服务业标准化试点（商贸流通专项）名单

03 国标委开展 2021 年强制性国家标准复审工作

04 首届 ISO "国际标准化青年专家奖"公布

【物流标准动态】

05 2021 年度推荐性物流标准复审专家论证会议在京召开

06 央视报道《网上商城采购交易操作规范》发布

07 中物联召开 2021 年第三季度第二次团体标准化工作会议

07 中物联印发 2021 年第三季度第二批团标项目计划

【相关标准动态】

08 我国主持的首项 ISO 铁路国际标准正式发布实施

09 《道路运输从业人员管理规定（修订征求意见稿）》公开征求意见

09 国家铁路局组织宣贯 2 项铁路工程建设标准

【相关新闻】

10 《"十四五"推进西部陆海新通道高质量建设实施方案》发布

11 高标准市场体系建设和要素市场化配置改革现场经验交流会召开

12 交通运输部印发《交通运输领域新型基础设施建设行动方案（2021—2025年）》
12 交通运输部：推动交通运输绿色发展 优化调整运输结构
14 商务部："一带一路"经贸合作不断取得新进展新成效
14 商务部：进一步做好当前商务领域促消费重点工作
15 完善农村逆向物流体系 促进农村废旧家电回收
16 中国服务贸易标准化论坛举行
17 全国乡镇快递网点覆盖率达98% 农村物流更高效通畅
18 2021年快递"最后一公里"峰会在京举行

2021年10月《物流标准化动态》

【标准化工作动态】
01 中共中央 国务院印发《国家标准化发展纲要》
02 国新办举行实施标准化纲要 促进高质量发展新闻发布会
03 2021年世界标准日主题活动在京举行
04 第三届中国标准化改革与发展圆桌会议在京召开
05 以标准化促民营经济高质量发展
06 田世宏出席中法标准化合作视频会议
07 市场监管总局召开"标准提升高品质生活"专题新闻发布会

【物流标准动态】
07 3项物流国家标准获批立项
08 中物联2021年第四季度团体标准化工作会议在京召开
09 中物联部署2022年团体标准项目申报工作

【相关标准动态】
09 六部门印发《无人驾驶航空器系统标准体系 建设指南（2021年版）》
10 工信部发布《物联网基础安全标准体系建设指南（2021版）》
12 《无人机物流配送运行规范》等标准公开征求意见
12 强制性国家标准《内河交通安全标志》公开征求意见
12 《水上交通事故调查处理简易程序规定》公开征求意见

【相关新闻】
13 习近平：要大力发展智慧交通和智慧物流
14 中共中央 国务院部署碳达峰碳中和工作
15 国务院印发《2030年前碳达峰行动方案》
17 国务院同意建立推动道路货运行业高质量发展部际联席会议制度
18 24个部门印发《"十四五"服务贸易发展规划》
20 三部门印发《"十四五"电子商务发展规划》
22 国家发改委经贸司开展物流业提质增效降本和冷链物流发展调研
22 交通运输部：全力做好应急物资运输保障工作
23 交通运输部：进一步加强公路服务区货车停放服务工作
23 中俄签署危货国际道路运输协议
24 商务部：稳步拓展标准等制度型开放

25 央企重组加速，"中国物流集团"呼之欲出

2021年11月《物流标准化动态》

【标准化工作动态】

01 李克强考察市场监管总局并主持召开发展壮大市场主体工作座谈会

02 市场监管总局（标准委）发布《中国标准化发展年度报告（2020年）》

03 田世宏出席中德标准化战略工作组视频会议

04 田世宏：创新监管方式，推动中国食品安全治理现代化

05 全国区块链和分布式记账技术标准化技术委员会成立

06 中欧标准化工作组会议召开

06 中德智能制造／工业4.0标准化工作组第十二次全会顺利召开

07 中德电动汽车标准化工作组第八次会议顺利召开

【物流标准动态】

07 全国物标委各分标委、工作组召开2021年年会

08 全国物标委成立医疗器械物流标准化工作组

08 《医学检验生物样本冷链物流运作规范》国家标准预审会在京召开

09 国家标准委发布《电子商务冷链物流配送服务管理规范》国家标准解读

10 《道路运输液体危险货物罐式车辆金属常压罐体检验规则》团体标准征求意见

【相关标准动态】

10 交通运输部等部门印发《交通运输标准化"十四五"发展规划》

11 交通运输部修订《公路、水路进口冷链食品物流新冠病毒防控和消毒技术指南（第三版）》

12 《民用运输机场货物运输服务质量》团体标准实施

【相关新闻】

12 习近平：加快建设现代军事物流体系和军队现代资产管理体系

13 中共中央办公厅 国务院办公厅印发《粮食节约行动方案》

14 交通运输部印发《综合运输服务"十四五"发展规划》

16 加快快递包装绿色转型，大力发展公铁、铁水等多式联运

16 团体标准化发展联盟发布"实施标准化纲要推动高质量发展"倡议书

2021年12月《物流标准化动态》

【标准化工作动态】

01 十部门联合印发《"十四五"推动高质量发展的国家标准体系建设规划》

01 市场监管总局印发《关于加强标准物质建设和管理的指导意见》

03 国标委征集国家级服务业标准化试点项目

04 国标委批准成立2个国家技术标准创新基地

04 IEC智能制造系统委员会中国专家委员会正式成立

05 田世宏出席《国家智能制造标准体系建设指南（2021版）》发布会

06 田世宏做客"清华论坛"解读《国家标准化发展纲要》

【物流标准动态】

07 《食品冷链物流交接规范》等6项物流领域国家标准获批发布

09 全国物标委组织召开《跨境电子商务海外仓运营管理要求》国家标准启动会

10 全国物标委举办"物流标准编制质量提升"培训
10 《智慧物流服务指南》国家标准预审会在京召开
11 《医药物流质量管理审核规范》国家标准研讨会在上海召开
11 《农产品产地冷链物流服务规范》国家标准研讨会在合肥召开
11 《新能源汽车废旧动力电池物流信息 追溯管理要求（征求意见稿）》征求意见
12 《汽车零部件入厂物流质损判定及处理规范（征求意见稿）》等两项行标征求意见
12 《网络货运平台实际承运人信用评价体系》等两项团体标准发布
13 2021年第四季度第二次物流团体标准化工作会议在京召开

【相关标准动态】
13 两部门印发《国家智能制造标准体系建设指南（2021版）》
14 两部门印发《工业互联网综合标准化体系建设指南（2021版）》
15 两部门印发 《国家级服务业标准化试点（商贸流通专项）工作指南》
16 国家铁路局发布《"十四五"铁路标准化发展规划》
18 物流业制造业融合发展标准化工作座谈会在京召开
18 行业标准助推铁邮合作高效顺畅

【相关新闻】
19 国务院办公厅印发《"十四五"冷链物流发展规划》
21 三部门组织开展可循环快递包装规模化应用试点
22 交通运输部印发《数字交通"十四五"发展规划》
23 八部门联合加强交通运输新业态从业人员权益保障
24 民航局印发《关于促进公共航空危险品运输高质量发展的指导意见》
25 经国务院批准，中国物流集团成立
26 德专家认为：中国朝世界标准化强国大步迈进

2022年1月《物流标准化动态》

【标准化工作动态】
01 国标委印发《2022年国家标准立项指南》
02 全国标准化工作会议在京召开
03 国标委发布《标准化专业人员能力》两项国家标准指导性技术文件解读

【物流标准动态】
04 全国物标委2021年度工作会议顺利召开
06 全国物标委发布《物流追溯信息管理要求》国家标准解读
06 《电子商务逆向物流通用服务规范》国家标准获批立项
06 《医药物流质量管理审核规范（征求意见稿）》征求意见
07 《逆向物流服务评价指标（征求意见稿）》征求意见
07 《农产品产地冷链物流服务规范（征求意见稿）》征求意见

【相关标准动态】
07 ISO/TC 154主席解读两项物流ISO标准
09 《中国标准化》英文版新刊出炉
09 中国交通运输协会发布互联网货运安全运营标准

【相关新闻】

10　国务院印发《"十四五"现代综合交通运输体系发展规划》

11　国务院印发《"十四五"节能减排综合工作方案》

13　国务院办公厅印发《关于促进内外贸一体化发展的意见》

14　国家发展改革委印发《"十四五"现代流通体系建设规划》

16　六部门联合印发《关于高质量实施〈区域全面经济伙伴关系协定〉（RCEP）的指导意见》

2022年2月《物流标准化动态》

【标准化工作动态】

01　田世宏参加第117届ISO理事会会议

01　国标委印发《2022年全国标准化工作要点》

03　国标委发布《关于加强国家标准验证点建设的指导意见》

04　国标委等十七部门联合印发《关于促进团体标准规范优质发展的意见》

04　中巴标准化合作谅解备忘录纳入高访成果

【物流标准动态】

05　《即时配送服务规范（征求意见稿）》征求意见

05　《物流大数据共享模型（征求意见稿）》征求意见

05　ISO/TC 315"冷链物流"工作会议成功召开

06　《道路运输易挥发化工液体罐体技术要求（征求意见稿）》征求意见

【相关标准动态】

06　《电动自行车用锂离子蓄电池安全要求》公开征集意见

【相关新闻】

07　《中共中央 国务院关于做好2022年全面推进乡村振兴重点工作的意见》发布

08　国务院印发《"十四五"市场监管现代化规划的通知》

09　国务院发布《"十四五"国家应急体系规划》

10　李小鹏：进一步强化生态环境保护修复交通运输工作加快建设综合立体交通网推动高质量发展

11　供销总社发布《全国供销合作社"十四五"公共型农产品冷链物流发展专项规划》

12　民航局印发《"十四五"航空物流发展专项规划》

信息来源：中国物流与采购联合会

（五）综合信息

《大宗货物电子仓单》等14项推荐性物流行业标准发布

根据推荐性物流行业标准制修订项目计划，《大宗货物电子仓单》等14项推荐性物流行业标准已完成研究起草等工作，并经中华人民共和国国家发展和改革委员会审核通过。现予以公布：

表1：14项推荐性物流行业标准编号、名称及起始实施日期

序号	标准编号	标准名称	被代替标准号	采标情况	实施日期（年-月-日）	备注
1	WB/T 1106-2021	大宗货物电子仓单			2021-7-1	
2	WB/T 1107-2021	大宗货物电子运单			2021-7-1	
3	WB/T 1108-2021	出版物物流 退货作业规范			2021-7-1	国家标准转化为行业标准
4	WB/T 1109-2021	出版物物流 接口作业规范			2021-7-1	国家标准转化为行业标准
5	WB/T 1110-2021	汽车成套零部件出口包装质量检测规范			2021-7-1	
6	WB/T 1111-2021	汽车零部件托盘包装的打包要求			2021-7-1	
7	WB/T 1112-2021	汽车制造零部件物流标签规范			2021-7-1	
8	WB/T 1113-2021	应急物流数据交换格式			2021-7-1	
9	WB/T 1114-2021	应急物流数据交换通用要求			2021-7-1	
10	WB/T 1115-2021	体外诊断试剂温控物流服务规范			2021-7-1	
11	WB/T 1116-2021	阁楼式货架			2021-7-1	国家标准转化为行业标准
12	WB/T 1117-2021	预应力混凝土管桩物流管理服务规范			2021-7-1	
13	WB/T 1042-2021	货架术语	WB/T 1042-2012		2021-7-1	修订
14	WB/T 1043-2021	货架分类及代号	WB/T 1042-2012		2021-7-1	修订

中国物流与采购联合会发布五项团体标准

2021年，中国物流与采购联合会陆续批准发布五项团体标准，并予以公告。

表2：五项团体标准编号、名称及起始实施日期

序号	标准编号	标准名称	发布日期（年-月-日）	实施日期（年-月-日）
1	T/CFLP 0029-2021	电力电缆物流与施工现场放线自动化作业规范	2021-03-30	2021-05-01
2	T/CFLP 0030-2021	国有企业网上商城采购交易操作规范	2021-08-25	2021-09-15
3	T/CFLP 0031-2021	合成树脂用塑料平托盘共用管理规范	2021-08-25	2021-09-15
4	T/CFLP 0032-2021	网络货运平台实际承运人信用评价体系	2021-12-10	2022-01-01
5	T/CFLP 0033-2021	网络货运平台业务数据验证	2021-12-10	2022-01-01

中国标准化研究院快递包装国际标准提案获 ISO 批准立项

2021年3月,由中国标准化研究院提出的《快递包装生态设计原则要求及指南》被 ISO 批准立项(ISO/NP 4924)。近期将成立标准工作组,并由该院资环分院专家担任召集人。

截至目前,国际上有 ISO 18601-18606 Packaging and the environment(《包装与环境》)系列标准,但还没有针对快递包装的国际标准。本次提案基于我国在快递包装绿色化方面的实践和技术经验,针对快递包装减量化、无害化和可回收设计,回收体系建设,产品评价,以及上下游相关方面协同等方面提出要求。既是对 ISO18600《包装与环境》系列标准的补充,也将为快递包装设计提供指导。

信息来源:中国标准化研究院

《物流术语》等 6 项物流领域国家标准获批发布

2021年8月20日,国家市场监督管理总局、国家标准化管理委员会发布公告(2021年第11号),批准发布由全国物流标准化技术委员会提出并归口的《物流术语》(GB/T 18354-2021)、《果蔬类周转箱尺寸系列及技术要求》(GB/T 39907-2021)、《果蔬类周转箱循环共用管理规范》(GB/T 40065-2021)、《通用半托盘尺寸及性能要求》(GB/T 40479-2021)、《联运通用滑板托盘尺寸及性能要求》(GB/T 40481-2021)、《物流追溯信息管理要求》(GB/T 40480-2021)等6项物流领域国家标准。

信息来源:中国物流与采购联合会

《食品冷链物流交接规范》等 6 项物流领域国家标准获批发布

2021年11月26日,国家市场监督管理总局、国家标准化管理委员会发布公告(2021年第14号),批准发布由全国物流标准化技术委员会提出并归口的《食品冷链物流交接规范》(GB/T 40956-2021)、《通用仓库等级》(GB/T 21072-2021)、《第三方物流服务质量及测评》(GB/T 24359-2021)、《冷链物流分类与基本要求》(GB/T 28577-2021)、《通用仓库及库区规划设计参数》(GB/T 28581-2021)、《药品冷链物流运作规范》(GB/T 28842-2021)等6项物流领域国家标准。

1. 食品冷链物流交接规范(GB/T 40956-2021)

该标准规定了食品冷链物流交接作业的总体要求和入库、出库、配送交接要求。适用于食品冷链物流过程中的交接管理。

2. 通用仓库等级(GB/T 21072-2021)

被修订的标准号:GB/T 21072-2007。该标准规定了通用仓库等级的划分条件及设施要求。适用于具有仓储服务营业资质的通用仓库。

3. 第三方物流服务质量及测评(GB/T 24359-2021)

被修订的标准号:GB/T 24359-2009。该标准规定了第三方物流服务的基本要求、服务要求、风险与应急管理、投诉处理、主要服务质量指标、服务质量测评及持续改进。适用于第三方物流服务的管理与评价。

4. 冷链物流分类与基本要求(GB/T 28577-2021)

被修订的标准号:GB/T 28577-2012。该标准规定了冷链物流的相关术语和定义、冷链物流分类和冷链物流的基本要求。适用于冷链物流管理。

5. 通用仓库及库区规划设计参数(GB/T 28581-2021)

被修订的标准号:GB/T 28581-2012。该标准规定了通用仓库及库区规划设计中对库区布局规划、仓库设计、相关设施设备、库区标志及标线、信息化规划设计、绿色仓库建设方面的要求。适用于通用仓库及库区新建、改建或扩建的布局规划和仓库设计。不适用于危险化学品仓库及库区。

6. 药品冷链物流运作规范（GB/T 28842-2021）

被修订的标准号：GB/T 28842-2012。该标准规定了冷藏药品物流过程中的收货、验收、贮存、养护、发货、运输、温度监测和控制、设施设备、人员配备等方面的要求。适用于冷藏药品在生产与流通过程中的物流运作管理。

六项标准将于2022年6月1日正式实施。

信息来源：中国物流与采购联合会

3项物流国家标准获批立项

2021年10月13日，国家标准化委员会发布《关于下达2021年第三批推荐性国家标准计划及相关标准外文版计划的通知》（国标委发〔2021〕28号），由全国物流标准化技术委员会提出并归口的3项物流国家标准获批立项。

这三项标准分别是：

《口岸物流服务质量规范》（项目计划号：20214070-T-469，为GB/T 28580-2012的修订标准，由上海市质量和标准化研究院等单位起草）。

《药品物流服务规范》（项目计划号：20214070-T-469，为GB/T 30335-2013的修订标准项目，由中国物流与采购联合会、国药集团医药物流有限公司等单位起草）。

《跨境电子商务海外仓运营管理要求》（项目计划号：20214345-T-469，为制订标准项目，由浙江省标准化研究院、杭州跨境电子商务协会等单位起草）。

此次立项标准中，与物流相关的标准还有：由全国自动化系统与集成标准化技术委员会归口的《制造物流系统互联互通运维 服务规范》，由全国绿色制造技术标准化技术委员会归口的《绿色制造 制造企业绿色供应链管理 逆向物流》，由全国物流仓储设备标准化技术委员会归口的《物流仓储设备术语》。

信息来源：国标委

2项物流上海市地方标准获批立项

2021年11月22日，上海市市场监督管理局发布《关于下达2021年度第四批上海市地方标准制修订项目计划的通知》（沪市监标技〔2021〕588号），由上海市物流协会与上海第二工业大学联合申请的《物流企业数字化应用规范》和《物流企业数字化能力等级评价》两项上海市地方标准获批立项。

《物流企业数字化应用规范》围绕基本要求、规范要求、持续与改进等3个方面展开。包括物流企业的基本要求、人员组织要求、管理与制度要求等内容，物流企业在硬件要求、物联网设备、软件要求、作业系统要求、风险管理等各方面的总体方案要求，以及物流企业数字化转型升级展开，包括持续发展、服务改进等内容。

《物流企业数字化能力等级评价》适用于为物流企业的数字化能力评估提供指导和参考依据，规定物流企业数字化能力水平的评价标准，本标准分别从基本原则、评价方法、评价指标、评价内容、评价指标体系构建与改进流程等多方面进行。评价内容分别是基本要求、数字化作业要求、数字化服务要求、数字化集成与开发

全国物流标准化技术委员会2021年年度工作会议顺利召开

2022年1月13日，全国物流标准化技术委员会（以下简称"全国物标委"）在线召开2021年度工作会议。全国物标委主任委员、国家发改委经济运行局局长李云卿，国家市场监督管理总局标准技术司服务业标准处处长柳成洋，全国物标委常务副主任、中国物流与采购联合会副会长兼秘书长崔忠付，全国物标委副主任、中国物品编码中心主任张成海等出席会议，来自国家发改委、商务部、交通运输部、国家邮政局、相关协会、科研院所、大专院校、企业的委员，以及全国物标委6个分标委、4个标准化工作组的负责人参加了会议。

柳成洋在讲话中指出，《国家标准化发展纲要》的发布对全国物标委的工作具有重要指导意义。全国物标委应把握3个重点：一是要把握《国家标准化纲要》中提出的4个转变的主要目标，即：到2025年，实现标准供给由政府主导向政府与市场并重转变，标准运用由产业与贸易为主向经济社会全域转变，标准化工作由国内驱动向国内国际相互促进转变，标准化发展由数量规模型向质量效益型转变。二是要对标《国家标准化纲要》中提出的改革目标，对标具体改革的一些定性和定量的要求。三是要注重标准全生命周期的制度建设。同时提出，希望全国物标委在国家标准研制上持续发力，系统梳理物流行业高质量发展对标准的要求，不断优化物流标准体系，及时调整和丰富标准清单，严把标准质量关，提升标准制定的科学性、代表性、公正性，持续推出一批有影响力的国家标准。拓展标准实施应用的广度和深度，继续做好标准的宣贯、实施和效果评估，切实推动标准化工作走上质量效益型的发展道路。积极拓展国际标准化工作，做好国内外标准的比对分析，及时转化采用国际标准，提高国家标准与国际标准关键技术指标的一致性程度。同时也希望全国物标委委员们严格履职尽责，希望全国物标委秘书处持续提升工作水平。

信息来源：中国物流与采购联合会

商务部有关负责人解读国家级商贸流通标准化专项试点工作

近日，商务部、市场监管总局联合印发《关于开展国家级服务业标准化试点（商贸流通专项）的通知》，决定在全国范围内开展商贸流通标准化专项试点。商务部市场建设司负责人就试点工作进行解读。

据介绍，试点主要围绕商贸流通提质增效和内外贸一体化两个方向开展。其中，商贸流通提质增效方向重点围绕流通设施改造升级、流通方式创新、流通主体培育等方面，以标准化推动流通新技术新业态新模式发展，推进绿色化、数字化、智能化改造和跨界融合。内外贸一体化方向重点围绕农产品流通、消费品流通、跨境电商、服务贸易等领域，推动国内外标准互联互通，以标准化建设带动内外贸领域认证、检验检疫等衔接。

试点单位可根据实际，选择1个或多个商贸流通领域或行业，围绕上述两个试点方向开展试点。具体任务：一是建立工作机制，提升治理水平。试点单位要建立健全与试点方向、试点任务适配的标准化工作机制。二是完善标准体系，优化标准供给。试点单位要构建、完善与试点内容相适应的标准体系，结合本地实际，紧密围绕试点任务，在现有标准中选择适用标准，并及时制定地方标准、企业标准填补标准空白。三是深化标准应用，增强实施效能。试点单位应积极探索适合本地区、本企业实际的标准实施手段，创新标准实施试点。四是评估试点结果，及时总结经验。试点单位应科学评估试点对本地区、本企业试点工作成效，切实总结试点产生的经济效益、社会效益、质量效益，形成可复制可推广的经验。

信息来源：商务部

三、物流常规技术

（一）综 述

蔡进出席 2021 全球物流技术大会

4月14日—15日，2021全球物流技术大会在海口召开。本次大会由中国物流与采购联合会主办，中国物流与采购联合会物流装备专业委员会、中国物流与采购联合会国际合作部承办。中国物流与采购联合会副会长蔡进出席大会并致辞。

蔡进表示，当前物流装备企业一要把握宏观经济发展的基本趋势。宏观经济持续向好的趋势在进一步增强，宏观经济仍然处在恢复增长期。未来中国经济和物流行业的增长仍然还有很大的恢复空间，这是值得期待的宏观环境。二要把握物流行业转型升级的基本方向。物流行业的转型升级从技术层面来讲，正在由消费互联网向产业互联网转型升级。企业在发展过程中，要站在产业链的角度去思考，充分考虑到整个产业链的构建、高效运行和平稳发展，这样的企业格局就不一样了，就会获得更大的发展空间。三要把握物流装备技术深化发展的基本趋势。物流装备技术的发展已经不是停留在数字化、智能化、服务化、标准化、柔性化等这些理论上面，更重要的是要实践，要实现技术落地，产业转型升级。

67位来自物流相关技术领域的知名企业和机构的演讲嘉宾分享了前沿物流技术研发与创新应用成果，43个参展企业集中展示了最新物流技术的应用与实践，为物流行业带来一场技术的盛宴，1300余名物流相关企业代表参加了大会，规模空前。

本次大会聚焦当前物流技术装备热点领域，设立物流黑科技秀场、智能仓储技术论坛、物流包装与单元化技术论坛、吉司GISE货运技术论坛、数字供应链新生态论坛、无人驾驶技术论坛、区块链技术创新发展论坛、物流技术与人才发展论坛、运筹学物流应用论坛、特色物流技术论坛、供应链金融创新论坛。大会同期召开了物流装备领军企业供应链发展座谈会。

华为、腾讯、百度、顺丰科技、一汽物流、京东物流、双汇物流、菜鸟、SAP、阿里巴巴、华润三九医药、方太集团、公牛电器、珠海格力电器、绝味食品、中国科学院、清华大学等知名企业和机构参加会议，展现了各自领域的领先物流技术装备成果。

全球物流技术大会为全面展示物流技术创新成果，推动物流装备产业转型升级和供应链一体化发展发挥了重要作用，得到参会企业和业界的高度认同，已发展成为全球前沿物流技术的汇聚地、风向标和业内盛会。

信息来源：中国物流与采购网

（二）掘金7000亿市场，自动驾驶如何赋能"汗水物流"？

自动驾驶干线物流赛道从未像今天一样火热。

仅在刚刚过去的3月，头部企业新品发布、签署合作、IPO申请、完成新一轮融资等消息接连不断。其中，3月24日，图森未来在美提交IPO申请书，正式冲击自动驾驶第一股；智加科技则在3月最后一天宣布完成总计4.2亿美元的新一轮融资；Robotaxi头部玩家小马智行也在同一天公布自动驾驶卡车品牌"小马智卡"，全速推进乘用、商用两大核心业务。

"量产""融资""上市"，在自动驾驶干线物流赛道中，以上词语被越来越频繁地提及，无不反映着自动驾驶干线物流商业化应用的加速进行。

根据国家统计局数据，2020年中国社会物流总费用为14.9万亿元，其中运输费用占比52%。作为公路货运大国，中国公路货运量占全社会货运量比例长期在75%以上。亿欧智库测算，2021年中国公路货运市场规模将达5.85万亿元。

万亿级市场为自动驾驶干线物流应用撑起足够大的价值空间，也因此引来资本的连续加注。而长期以来饱受安全、成本、管理等痛点困扰的"汗水物流"，同样渴望着自动驾驶技术的赋能应用。

表：2021年3月自动驾驶干线物流赛道大事件总汇

时间	企业	事件
2021.03.10	赢彻科技	赢彻科技于上海发布自动驾驶系统"轩辕"，计划于2021年年底量产L3自动驾驶重卡
2021.03.15	图森未来	图森未来获得上海市智能网联汽车示范应用资格，计划在自贸区临港新片区指定测试路段进行载货测试
2021.03.22	主线科技	主线科技与中央中机公司签署合作，将面向海内外提供400台自动驾驶卡车及相关服务
2021.03.24	图森未来	图森未来在美提交IPO申请，冲击自动驾驶第一股
2021.03.25	宏景智驾	宏景智驾与江淮汽车合资公司域驰智能完成首轮融资，布局自动驾驶域控制领域
2021.03.30	Aurora	Aurora与沃尔沃达成合作，共同开发用于北美市场的自动驾驶重卡
2021.03.31	智加科技	智加科技宣布完成总计4.2亿美元的新一轮融资
2021.03.31	小马智行	小马智行在PonyTalk技术沙龙上首次公布自动驾驶卡车品牌"小马智卡"，全速推进乘用、商用两大核心业务

来源：亿欧数据

1800万货车司机撑起的"汗水物流"。

根据中国物流与采购协会的《2018年货车司机从业状况调查报告》，截至2017年年底，中国道路货运从业人员达2089万人，其中货车司机占比87.7%。正是这1800万的货车司机群体撑起中国万亿级的公路货运市场。

然而，长期以来，货车司机这一职业却与"高危"一词紧密联系在一起。2016年公安部数据显示，我国货运车辆在机动车中占比只有12%，却制造了48%的交通事故死亡人数。而在事故归因中，37%来自激进驾驶、疲劳驾驶等司机因素，造成巨大的社会与经济损失，平均每年单车单次事故造成的经济损失为 7 万元。

根据中国物流与采购联合会 2018 年报告数据，仅 6% 的货车司机每驾驶 2 小时休息一次，而 68% 的司机日均工作时间在 10 小时以上，疲劳驾驶现象突出。疲劳驾驶现象的根源，在于高度分散的公路货运市场带来的无序竞争。

2018 年，中国零担物流与整车物流的 CR5 分别不足 5% 与 1%，车辆规模小于 5 辆以下的个体车队占比高达 65% 以上。市场的高度分散带来的是物流车队间的无序竞争，以超载、疲劳驾驶等方式压低运价，赢得更多货源。

与持续走低的运价相对应的，是逐年攀升的人力成本与油价。由于危险性高、工作强度大，货车司机群体对公路货运从业环境满意度差，在中国物流与采购协会的调查报告中，68% 以上司机对从业环境非常不满意。货车司机这一职业对年轻人吸引力差，行业新生力量不足，司机人力成本逐年攀升。司机难招难管也为物流车队带来较大的人员培训与管理压力。

根据麦肯锡数据，2009-2018 年，中国公路货运市场人力成本上涨 10%，柴油价格上涨 2.7%，而司机薪酬与油耗各自占公路货运成本 21.05% 与 22.36%。

随着运价的持续走低与人力、油耗、管理成本的攀升，物流车队的利润空间被进一步挤占，降本增效需求日渐强烈。

自动驾驶赋能，多方共同掘金 7000 亿市场。

自动驾驶技术的应用，或将成为改变"汗水物流"的关键。

为防止司机疲劳驾驶带来事故隐患，当前长途干线物流通常为"双驾"甚至"三驾"模式。L3 级自动驾驶的应用，可有效降低货车司机的驾驶强度，让司机从"驾驶员"转变为"监督员"，变"双驾""三驾"为"单驾"模式，而 L4 级自动驾驶可实现完全无人化，实现人力成本的大幅下降。此外，自动驾驶技术通过优化驾驶策略与驾驶行为，可实现媲美甚至强于优秀司机的节油效果，实现近 15% 的油耗节省。

根据亿欧智库测算，L3 级自动驾驶柴油重卡可比普通柴油重卡降低 9.3% 的单位周转量 TCO，而 L4 级自动驾驶柴油重卡可降低 15.35% 的单位周转量 TCO。由此可见，自动驾驶技术的应用，可为物流车队带来 9.3%～15.35% 的可观利润空间，这也让干线物流市场对自动驾驶技术的需求变得更加强烈。

对于科技公司而言，自动驾驶的本质是利用自动驾驶系统实现对"有人驾驶"的替代，因此商业逻辑的本质也是对于司机成本的节省。根据中汽协每年发布的重卡销量数据，结合重卡平均使用年限，亿欧智库测算出 2018—2020 年中国物流重卡保有量，并进一步测算出干线物流重卡的保有量。2020 年，中国干线物流重卡保有量为 285 万辆，以货车司机年薪为 12 万元到 15 万元的区间计算，2020 年中国自动驾驶干线物流潜在替代市场规模为 6844 亿元—8555 亿元。

综合考虑当前宏观经济增长情况以及重卡超载治理、排放标准等政策影响，亿欧智库预测 2021 年中国干线物流重卡保有量为 314 万辆，自动驾驶潜在替代市场规模为 7679 亿元。

7000 亿的潜在市场规模吸引着科技公司、主机厂、物流平台方等多方共同掘金自动驾驶干线物流赛道。科技公司、主机厂与物流场景方形成深度捆绑的战略同盟，代表性的联盟有"智加科技+一汽解放+满帮集团"、"赢彻科技+中国重汽、东风商用车+G7、普洛斯"。

随着联盟的进一步巩固与商业化进程加速，自动驾驶干线物流头部玩家的生态优势将逐步扩大，逐步形成马太效应。对于赛道新入局者而言，急需构建自身的生态优势，才能在近万亿级的干线物流赛道持续奔跑。

图1：2018-2025年自动驾驶干线物流潜在替代市场规模（亿元）

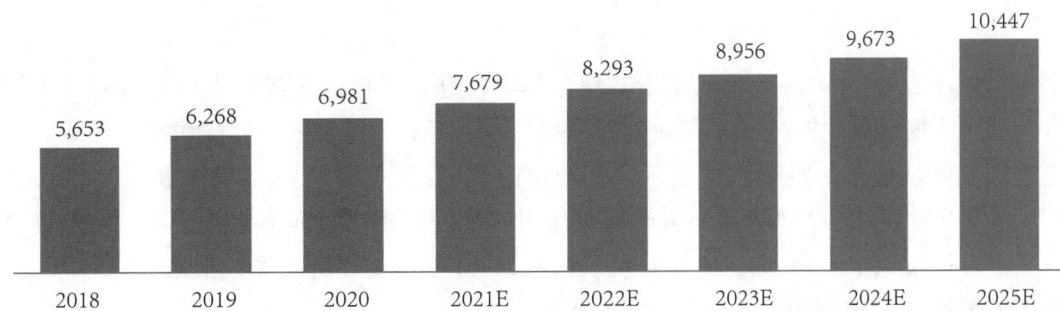

自动驾驶干线物流商业化应用的难点与挑战。

当与Robotaxi进行对比时，自动驾驶在干线物流场景的应用通常被认为更易实现。诚然，相比于复杂的城市道路，高速干线的道路复杂情况相对更低，载物应用的风险也低于载人应用。

但事实上，当考虑高速特性以及物流重卡最高可达49吨的总重，干线物流场景的风险忍耐系数又降到极低。因为对于一辆高速行驶的满载重卡而言，一旦出事便是重大交通事故，后果不堪设想。对于自动驾驶干线物流应用而言，安全始终是第一要义，这也对自动驾驶系统的可靠性、稳定性等提出更高要求。

尽管自动驾驶干线物流赛道数家头部商家计划在2021年实现L3级自动驾驶重卡的量产，但距离自动驾驶干线物流实现商业化应用，仍有来自技术、供应链、政策等技术与非技术层面的重重挑战。

对处于生产验证期的L3级自动驾驶重卡而言，工程化是实现量产的临门一脚，从而确保自动驾驶系统的鲁棒性、稳定性与一致性，以适应干线物流运输的全工况作业要求，实现365天、7×24小时的安全、可靠、高效运行。而要实现干线物流场景真正的"无人驾驶"，要解决诸多长尾场景，还需基于量产车落地后收集的海量真实数据，驱动自动驾驶算法持续的强化学习不断演进。

在供应链层面上，激光雷达、计算平台、线控底盘等关键部件的车规级产品量产供应，是制约L3自动驾驶重卡量产的关键环节之一。其中，线控底盘是自动驾驶执行层的关键，也是商用车主机厂布局自动驾驶的关键。然而，当前国内商用车主机厂及供应商在线控底盘技术与产品上积累较为薄弱，主要供应商以博世、采埃孚、大陆等国际零部件巨头为主。

从法律法规层面看，自动驾驶系统的应用让司机从"驾驶员"转变为"监督员"，针对性的驾驶行为、时长限制等相关道路交通法规也亟待制定出台。截至目前，尚未有地方政府明确允许自动驾驶车辆在开放高速干线上的常态化载物应用。此外，干线物流的商业路线通常为跨省市的高速公路，跨省市的自动驾驶干线物流应用许可对推进自动驾驶干线物流商业化进程尤为关键。

站在自动驾驶技术落地关键时间节点，为深入洞察产业发展商业路径，亿欧智库对自动驾驶商业化落地场景进行细致拆解，包括港口、矿山、干线物流、末端配送、环卫及Robotaxi等多领域。针对港口场景，亿欧智库已经输出《中国高等级自动驾驶港口应用研究报告》。

目前，亿欧智库正在撰写《2021自动驾驶商业化应用研究报告-干线物流篇》，计划于4月发布。报告将进一步分析自动驾驶干线物流商业化应用的背景、现状、难点、关键因素以及未来趋势。

信息来源：亿欧网

(三)赋能物流行业发展,中储智运等网络货运平台"试水"区块链技术

2019年10月24日,中央政治局第十八次集体学习强调"把区块链作为核心技术自主创新的重要突破口""加快推动区块链技术和产业创新发展"。此后,飞速发展的"区块链"已成为构建数字中国、推进数字经济发展的重要底层技术。在今年的政府工作报告中,也多次提及"区块链"。同时,"区块链"更成为2021年省级地方政府工作报告中的高频词。据不完全统计,截至目前,31个省(自治区、直辖市)中,至少有20个将区块链写入2021年《政府工作》报告中。

从中不难发现,牛年有望迎来区块链"牛市"。

由于在降本增效方面具有重要的支持意义,区块链被视为赋能传统产业的有力手段。其中,物流产业作为区块链技术最重要的应用场景之一,区块链技术已在电子运单、电子仓单、物流发票、物流追踪、物流金融等场景落地。尤其是在以各种新兴技术为重要支撑的网络货运领域,更成为区块链技术的用武之地。

区块链上升到国家战略高度

去年4月20日,在国家发改委明确将"区块链"纳入"新基建"之后,各省积极响应号召,出台了区块链相关发展规划,促进产业转型和经济升级。作为一种可能改变经济运行方式的新兴技术,区块链技术更适合落地于价值链长、沟通环节复杂、节点间存在博弈行为的场景,利用区块链技术将提升跨主体协作的效率、降低相应成本,也将对传统信息技术的升级、对现有商业环境进行优化。

由于区块链技术所具有的去中心化、开放性、安全性等特性,使这一技术非常适用于物流、供应链等相关行业。传统物流存在业务链较长、效率低下等问题,而利用区块链技术,能够让供应链各节点参与方及时同步资金流、物流、交易的真实数据,减少重复核验环节,优化资源利用率,提升行业整体效率。

中国物流与采购联合会区块链应用分会执行秘书长潘海洪曾经表示,"供应链行业正在拥抱新兴科技实现产业升级与变革,区块链技术则成为不可或缺的技术之一。区块链技术与供应链模式的不断融合,将助力物流行业更加高效协同。"

正是基于区块链技术在物流行业的应用前景,去年9月9日,国家发改委等13个部门发文指出要积极探索和推进区块链、5G等新兴技术在物流信息共享和物流信用体系建设中的应用。

针对区块链技术在物流行业的应用,中储智运创始人、总工程师李敬泉教授强调,从技术角度看,区块链并不是一种单一技术,而是多种技术整合的结果,包括区块链的共识算法、加密算法、分布式账本等核心技术,在物流行业某些细分领域及环节具有很大的创新应用价值。

先行先试积累丰富成功经验

通过对上述区块链技术在物流行业的分析,可以看出,在未来一段时间内,区块链技术都将是物流行业的竞争重点。在现阶段,越来越多的物流企业试水区块链技术,其中网络货运平台企业更是成为这一技术应用的"排头兵"。

不过,从实践来看,区块链技术在物流行业实现广泛、深度应用还存在一些制约因素,一方面,物流、供应链各环节业务已经基于现有平台和流程形成了固化的上下游协同模式,要想形成多方协同公约,需要打破固有习惯;另一方面,产业区块链不仅需要企业的努力,也需要相关部门从标准化、政策、立法层面进一步推动。同时,区块链技术的应用,也对相关企业的技术能力带来了很大的考验。

目前,在积极探索区块链技术应用的网络货运平台企业中,中储智运落地的成功实践具有很大的代表性,在很大程度上发挥了引领作用。据了解,中储智运依托物流运力交易共享平台、网络货运平

台双核心平台,通过利用区块链技术,已经构建聚合供应链上下游的物流、商品交易、支付结算、融资等各类数据元的第三方数字化供应链公共服务平台,通过真实、可追溯的物流信息,全面掌握供应链运行真实状态。

在此基础上,中储智运利用区块链技术,打造整合供应链上下游企业、政务平台、金融机构的中储智运联盟链,解决供应链涉及交易支付、货物交割、融资、风控、以及结算的数据确权、数据信用和数据隐私问题,为生态协同方提供及时可信的数字供应链信用凭证,高效整合各类资源和要素。

值得一提的是,用新技术推动物流行业创新、开放、共生的趋势在业内已经成为共识。然而,区块链技术在物流行业的应用仅处于起步阶段,距离大规模应用还需要一段时间,需要产学研用各方共同努力,在场景探索、标杆树立、标准制定、人才培养、政策支持等方面携手前行,促进区块链与实体经济、物流供应链行业的深度融合。

信息来源:中国物流与采购网

(四)设备和技术在物流场景中的应用(技术篇)

1. 物联网

物联网通过将软件系统,如企业资源计划(Enterprise Resource Planning System,简称ERP)、仓库管理系统、物料流计算机、数据库,和设备(传送技术,如高架仓库、袋式分拣机、自动化小零件仓库)相互联网,可以显著提高厂内物流效率。

物联网在厂内物流中的应用实例

(1)增强现实(AR)在订单拣选、仓库运营中的应用

用户不仅可以在数据眼镜的显示屏上接收到最佳路线的描述信息,还可以在视线区域或者显示屏上根据需要获得额外的信息。例如,通过语音输入或者通过智能手机、MDE、手持电子设备,向上级系统,如仓库管理系统(WMS)或集成化管理信息系统(ERP)确认已将货物取出。也可以通过嵌在数据眼镜中的扫描仪或通过外部扫描仪(环形扫描仪、智能设备中的扫描仪)对货物或货箱进行扫描。

(2)无人驾驶运输控制系统和运输机器人

无人驾驶运输系统既可以减少运输损失,也可以节省人力成本。通过无人驾驶运输控制系统中的数据交换和路线优化缩短了运输和等待时间,极大地保障了全天候快速、恒定的物料供应。运输机器人则包括小箱子和集装箱的搬运、托盘或者重达几吨的货物运输等。

2. 人工智能

仓储物流被认为是最先广泛应用人工智能的领域。也就是所谓的"学习仓库"(Learning Warehouse)。现今,在"学习仓库"中已经能够做到用算法处理大量的数据。通过更深入的分析订单行为,可以对未来的订单作出可靠的判断,并据此采取措施,以此加快发货流程。

在航空货运行业,人们正在开发能够学习和优化货运托盘堆叠的算法,从而大大减少空间浪费和提高资源利用率。运输管理系统领域中也有类似的例子。initions AG的"Opheo"(多功能运输管理软件,衡量多种要素,确保开展最优物流方案)具有人工规划智能,可以预测未来可能出现的交通延误。人工智能应用的另一个领域是自动驾驶。目前,制造商正在努力开发辅助和操作系统,为未来几年自动驾驶汽车的批量生产做好准备。从中期来看,辅助系统可以调节高速公路上的车辆;从长远来看，也可以简化载重汽车司机的工作。例如，在驾驶员到达后立即接管另一辆已经在仓库内装载好的车辆，就可以直接回程，不用在工厂仓库内完成装载再上车返程，这样一来，整个流程更加经济、高效。

除人工智能的上述应用外，具有 AI 视觉的自动机器人也被应用于物流领域。作为试点项目之一，全球物流服务提供商德铁信可（DB Schenker）在莱比锡工厂引进了来自 Gideon Brothers 公司的自动机器人。据称，这种机器人可以通过处理视觉印象，理解周围的环境并影响行进路线。为此，德铁信可正在投资创新型解决方案，以实现仓库物流流程的自动化。配备了现代技术的机器人无需转换系统就可以提高生产效率。

信息来源：德国物流联盟上海代表处

（五）钢来钢往：新技术赋能大宗商品 驱动产业智慧化升级

当前，新一轮科技革命和产业变革加速推进，数字经济蓬勃发展，新技术、新业态、新场景大量涌现。在创新驱动发展战略的引领下，5G、区块链、大数据、人工智能等技术创新步伐持续加快，推进了我国新型基础设施建设的发展。

对于黑色大宗商品来说，随着新技术、新业态、新场景的入场，产业也随之变化了起来。

"钢来钢往正在努力让大数据、人工智能等新技术创造实际的价值，引领大宗黑色商品产业的创新时代。黑色大宗产品期现及衍生品投资市场拥有海量、实时数据，可得性和丰富度都很高，为大数据、人工智能的赋能提供了肥沃的土壤。与此同时，大宗商品期现及衍生品交易极度依赖数据驱动决策的，人工智能在赋能和模式创新方面的价值非常明显。"钢来钢往 CEO、创始人王士宇表示。

人工智能将如何应用助推黑色大宗商品产业的发展？

首先，相对于传统分析方式，大数据、人工智能等技术可以处理更多的信息，对各类结构和非结构性的数据都能轻松处理，能够考虑的信息面更全，信息量更大，可以达到的预测效果上限更高。从效率上说，人工智能技术能够进行模糊数据筛选，能够在很短的时间内从大量数据中筛选出真正有用的数据。

比如在钢来钢往的大数据中心，涉及宏观、金融、产业等多个维度，覆盖了不同地区、不同时间、不同方式的各类型数据，为钢来钢往智能套保的分析功能奠定了基础。

其次，由于传统的量化模型大多基于静态，过于僵化并不具备灵活性，而近年兴起的线性加权量化模型，由于不同因子间存在多重共线性，模型也非常不稳定，难以快速适应市场风格切换，导致模型阶段性失效。具备"深度学习"能力的人工智能技术可以自动提炼有效数据，不断挖掘全新和独特的有效因子，优化投资组合，以适应不同的市场环境，提高投资策略的准确性及稳定性。

另外，大数据、人工智能可以在决策中回避人性弱点。对于绝大多数的普通投资者，市场的波动或多或少会影响人的情绪，进而影响之后的投资决策，使人做出一些错误的决定。人工智能则不会受到市场波动的影响，市场的波动只是客观的数据，算法会一致地贯彻自己的交易策略。

比如，在钢来钢往的智能交易决策系统中，金融数学以及人工智能的应用，将从传统的逻辑回归到深度学习的建模。数十个模型分别对价格走势、风险变化进行预测，并根据动态监测，实时调整预测模型，从而保证价格预测的准确性与及时性，减少了受人为情绪影响的可能性。

最后，相对于传统方法，大数据、人工智能等技术将助力决策的标准化、模型化、智能化；通过交易风险预测模型，能够更有针对性、更及时、更有效率地监测、识别和处置相关交易风险，有效减少交易风险事件的发生，同时降低了人工投入成本，极大提高了工作效率。

钢来钢往应用科学的大宗商品风险管理方法，针对不同的参与者，不同的交易场景，分别设计相应的风险管理策略，根据用户不同的现状和目标，结合不同的衍生品，实施不同的操作手段，达到不同的效果，从而真正做到智能化。

未来，钢来钢往将继续依托物联网、大数据、人工智能、区块链等新一代信息技术，以"技术+金融"双轮驱动模式赋能产业链，同时以智能交易决策系统引爆产业链，赋能智慧金融、智能物流，从而切实做到为产业链上下游的企业降低成本、提高效率、优化资源配置。

信息来源：中国物流与采购网

四、物流信息化

（一）综述

"十四五"信息通信业将迎来新变化

近日，工业和信息化部印发《"十四五"信息通信行业发展规划》（以下简称《规划》）。《规划》提出，到2025年，信息通信行业整体规模进一步壮大，发展质量显著提升，基本建成高速泛在、集成互联、智能绿色、安全可靠的新型数字基础设施，创新能力大幅增强，新兴业态蓬勃发展，赋能经济社会数字化转型升级的能力全面提升，成为建设制造强国、网络强国、数字中国的坚强柱石。

"十四五"期间，我国将如何进一步推动新型基础设施建设？从哪些方面深化5G应用？如何加强个人信息治理，保障人民群众的信息安全？11月16日，工业和信息化部有关负责人围绕相关热点问题进行了回应。

1. 力争每万人拥有5G基站数达26个

"信息通信行业是支撑经济社会发展的战略性、基础性、先导性行业，近年来实现了跨越式发展，为经济社会发展提供了强大的新动能。"工业和信息化部信息通信发展司司长谢存说。

谢存介绍，目前，我国已建成5G基站超过115万个，占全球70%以上；全国所有地级市城区、超过97%的县城城区和40%的乡镇镇区实现5G网络覆盖；5G终端用户达到4.5亿户，占全球80%以上。行业应用快速扩张，全国5G应用创新案例超过1万个，涵盖工业、医疗、教育、交通等多个行业。

谢存表示，根据《规划》，"十四五"时期，我国力争每万人拥有5G基站数达26个，实现城市和乡镇全面覆盖、行政村基本覆盖、重点应用场景深度覆盖，其中行政村5G通达率预计达到80%；持续扩大千兆光纤网络覆盖范围，加快应用、终端IPv6升级改造，实现IPv6用户规模和业务流量双增长，移动网络IPv6流量占比预计达70%；加快扩容国际互联网出入口带宽，持续提升国际信息通信服务质量。

此外，我国将构建数网协同、数云协同、云边协同、绿色智能的多层次算力设施体系，数据与算力设施服务能力将显著增强。同时，我国将基本建成覆盖各地区、各行业的高质量工业互联网网络，打造一批"5G+工业互联网"标杆，工业互联网标识解析体系更加完善，服务能力大幅提升。

"为了实现上述目标，近期，工业和信息化部聚焦5G、千兆光网、工业互联网、数据中心、物联网、区块链、IPv6等领域，着手组织实施专项行动，分别印发了三年行动计划进行部署。"谢存说。

2. 营造更健康的信息通信消费环境

近年来，随着互联网特别是移动互联网蓬勃发展，丰富多样的应用形态已深入社会生产、人民生活的方方面面，在带来诸多便利的同时，也暴露出一些违规收集使用个人信息、不合理索取用户权限等侵害用户权益的突出问题。

工业和信息化部信息通信管理局副局长王鹏介绍，近年来，工业和信息化部聚焦App违规处理用户个人信息、设置障碍、骚扰用户、欺骗误导用户等问题，推进App侵害用户权益整治行动。截至目前，已组织检测21批次共244万款App，累计通报2049款违规App，下架540款拒不整改的App。同时，强化应用商店关键责任链管理，督促应用商店加强自查清理，应用商店已主动下架40余万款违规App。

近期，工业和信息化部部署开展了服务感知提升行动，推动全行业优化服务举措、提升服务能力，建立个人信息保护"双清单"，持续加大用户信息保护力度。

"我们将充分利用经济、法律、技术、行政等监管手段，进一步强化综合治理，努力为用户营造更健康、更干净、更安全的信息通信消费环境。"王鹏说，今后要完善监管政策和标准，制定信息通信行业配套细化规定和标准，健全监管规则、细化实化监管举措。推动建立覆盖互联网信息服务提供者、应用商店、网络接入服务提供者、第三方服务提供者、手机终端厂商的全链条监管体系。加强技术手段建设，不断提升自动化、标准化检测能力，及时监测发现和依法处置违规行为。

王鹏表示，要充分吸纳市场主体、行业协会等多方力量共同参与治理，构建政府监管、企业自律、媒体监督、社会组织和用户共同参与的综合监管格局，实现多主体协同共治、齐抓共管的良好生态。

3. 保障基础通信网络安全运行

随着5G、工业互联网、车联网、物联网、大数据中心等新型基础设施和新一代信息通信技术加速向经济社会各领域渗透融合，网络安全在经济社会数字化转型发展中的基础性地位、全局性影响越发突出。

工业和信息化部网络安全管理局副局长杜广达表示，"十四五"期间，工业和信息化部将针对基础通信网络这一关键信息基础设施，全面完善实施网络安全审查、关键设备安全检测、网络漏洞管理等重要制度，进一步提升针对高级持续性攻击等网络安全威胁监测、防御、溯源技术能力，保障基础通信网络安全运行。

同时，从制度标准、技术手段、企业责任落实等方面多措并举，加快构建5G、工业互联网等融合领域网络安全保障体系。建立健全数据分级分类、重要数据保护等数据安全管理制度，加快构建数据安全风险技术监测体系。优化网络和数据安全产业发展的政策环境，培育具有国际竞争力的网络和数据安全领军企业。

"要坚持以人民为中心的发展理念，深化行业网络安全监管，充分发挥通信大数据资源和技术优势，持续加强防范治理电信网络诈骗、网络黑灰产业等网络环境综合治理工作，净化网络空间，保障行业安全健康发展。"杜广达说。

信息来源：中国物流与采购联合会

（二）综合信息

中方正式提出申请加入《数字经济伙伴关系协定》（DEPA）

11月1日，中国商务部部长王文涛致信新西兰贸易与出口增长部长奥康纳，代表中方向《数字经济伙伴关系协定》(DEPA)保存方新西兰正式提出申请加入DEPA。申请加入DEPA，符合中国进一步深化国内改革和扩大高水平对外开放的方向，有助于中国在新发展格局下与各成员加强数字经济领域合作、促进创新和可持续发展。下一步，中方将按照DEPA有关程序，和各成员开展后续工作。

信息来源：中国物流与采购联合会

深入学习贯彻习近平总书记重要指示精神

加快制造业数字化网络化智能化发展

肖亚庆赴重庆出席中国—上海合作组织数字经济产业论坛暨2021中国国际智能产业博览会并调研

2021年8月22日—23日,工业和信息化部党组书记、部长肖亚庆赴重庆出席中国—上海合作组织数字经济产业论坛暨2021中国国际智能产业博览会并致辞。

肖亚庆表示,习近平总书记高度重视数字经济发展,专门为大会发来贺信,就推进数字产业化、产业数字化,推动数字技术同经济社会发展深度融合,开创数字经济合作新局面作出重要指示,为数字经济发展指明了方向。我们要全力抓好落实,推动制造业数字化、网络化、智能化发展,为经济社会发展增添动力。

肖亚庆指出,近年来,我国数字经济加快发展,展现出强大的发展活力和巨大的发展潜力。2020年数字经济核心产业增加值占经济比重达7.8%。到今年6月底,我国建成5G基站96.1万个,5G网络已覆盖全国所有地级城市、95%以上的县域地区、35%的乡镇地区。制造业数字化转型全面提速,工业互联网平台接入设备总量已超过7000万台(套),重点领域关键工序数控化率、数字化研发设计工具普及率分别达到53.7%和73.7%。

肖亚庆强调,要抢抓智能化发展的新机遇,加快数字化发展,打造数字经济新优势。要筑牢数字经济基础,加快5G、人工智能、大数据、云计算发展,建设广覆盖、高效率、安全稳定运行的数字基础设施。要聚焦实体经济,坚持智能制造主攻方向,拓展5G+工业互联网、5G+人工智能在制造业领域的应用,加快制造业数字化转型。要统筹发展和安全,加强行业监管和标准引导,保障网络安全、数据安全,营造良好数字生态。要坚持开放合作,加强与上海合作组织成员国深度合作,加强政策、规则、标准融通,携手打造开放、公平、非歧视的数字发展环境,拓展数字经济新空间。

在重庆,肖亚庆先后到重庆声光电有限公司、重庆川仪自动化股份有限公司、长安汽车全球研发中心调研,详细了解企业产品研发、数字化改造、智能制造、新能源汽车研发等情况。他表示,要认真贯彻落实习近平总书记重要指示批示精神,顺应数字经济发展的潮流,加快制造业数字化、智能化转型,推动制造模式和企业形态变革,增强产业核心竞争力,把制造业做强做优做大。要大力发展新能源汽车、智能网联汽车,为减排做出新贡献。

调研期间,肖亚庆同重庆市委、市政府领导就加强部市合作、发展数字经济、推动制造业转型升级等交换了意见,并为国家地方共建硅基混合集成创新中心、国家级车联网先导区揭牌。

工业和信息化部副部长徐晓兰出席大会,部有关司局负责同志参会并调研。

信息来源:中华人民共和国工业和信息化部

加快产业数字化转型 拓展数字经济发展新空间

5月17日是第52个世界电信和信息社会日。在新冠肺炎疫情仍在全球肆虐的背景下,今年的主题——"在充满挑战的时代加速数字化转型"为各国化危为机指明了方向。

这一看似逆势而动、迎难而上的选择,正是中国在过去极不平凡的一年里的生动总结。新型基础设施建设的全面展开、中小企业牵手大平台积极上云、用数、赋智,中国经济实现V型复苏,交出一份亮眼"成绩单"。在2021年全国两会上,"数字化"与"数字经济"成为热词,数字化转型"众盼所归",各地推进数字化转型的战略目标逐渐清晰。

"十四五"规划纲要中,数字化建设任务,相比以往的五年规划,战略位势和建设内容都有了前所未有的提高。"加快数字化发展 建设数字中国"单独成篇列出，并首次提出数字经济核心产业增加值占 GDP 比重这一新经济指标，明确要求我国数字经济核心产业增加值占 GDP 的比重要由 2020 年的 7.8% 提升至 10%，足见数字经济分量之重，意义之大。

当前，各地正围绕"十四五"规划纲要列出的七大数字经济重点产业、十大数字化应用场景，加快产业数字化转型，营造良好的数字生态，不断拓展数字经济发展空间，为实现经济高质量发展注入新的活力。

1. 疫情之下，数字化转型迎来"机遇期"

新冠病毒肺炎疫情的爆发给世界经济发展带来巨大冲击，并由此产生一系列深远的经济社会影响。面对突如其来的疫情，以 5G、AI、云计算等为代表新兴数字信息技术，有效助力统筹抗疫，并推动数字经济迅速发展。

无接触配送、无人超市等新业态、新模式蓬勃兴起，为中国经济率先走出疫情影响增添助力。

在线办公、直播教学、远程会诊等蔚然成风，成为数字化应用的重要工具。

许多网络平台提供捐助、提供免费服务、对商户提供优惠政策支付，提供产销对接，缓解了农产品滞销，同时解决了城市基本生活需要。

借助于 5G 网络，亿万网民如同身临现场，亲眼见证了火神山医院、雷神山医院、方仓医院的拔地而起。

中南财经政法大学数字经济研究院执行院长盘和林认为，新冠病毒肺炎疫情倒逼数字化转型。中小企业应当以本次疫情为改革契机，并结合企业自身及相关产业特点，提升企业的管理信息化水平，借助于数字化管理手段和工业互联网平台等改善经营管理模式，实现基于数字化驱动带来的降本增效、增收节支等好处，形成新的商业模式，增强企业竞争力。

2. 政策助力 数字化转型换挡提速

"十三五"期间，中国数字经济年均增速超过 16.6%。数字经济持续快速增长，质量效益明显提升。2020 年年底数字经济核心产业增加值占 GDP 比重达到 7.8%，发展活力不断增强。

工信部表示，我国数字经济产业基础不断完善，建成了全球规模最大的光纤网络和 4G 网络，5G 手机终端用户连接数达 2.8 亿，占全球比例超过 80%；5G 标准必要专利声明数量占比超过 38%，位列全球首位。软件和信息服务业、电子信息制造业、通信服务业等快速发展。以软件为例，去年软件业务收入达 8.16 万亿元，同比增长 13.3%。

"虽有智慧，不如乘势。"在中国数字经济快速发展的背后，离不开国家层面的产业布局及政策引导。

2020 年 5 月 13 日，国家发展改革委联合 145 家单位，通过线上方式共同启动"数字化转型伙伴行动（2020）"，支持中小微企业降低数字化转型成本、缩短转型周期、提高转型成功率。

"十四五"规划勾勒了未来 5 年数字经济的发展目标，在此基础上，沿着"十四五"规划纲要擘画的数字经济发展蓝图，各地方各部门正在抢抓建设数字经济新赛道，壮大经济发展新引擎，打造数字经济新优势，一系列重磅支持政策正在加紧制定。

国家发改委表示，将做好"十四五"数字经济专项规划的编制，加强关键数字技术的创新应用，加快推进数字产业化和产业数字化，完善数字治理体系，提升数字服务水平。此外，相关部门正研究出台新时期推动"互联网+"政策文件，强化对数字经济与实体经济融合重点方向的政策引导，进一步调动社会积极性。

新型基础设施是夯实数字经济发展的基础。国家互联网信息办公室表示，正在抓紧制定《"十四五"国家信息化规划》，包括将加快信息基础设施的优化升级，加快 5G 网络规模化部署，前瞻性地布局

6G 网络技术储备，全面推动 IPv6（互联网协议第 6 版）应用的规模部署。

工信部此前也明确，将围绕"十四五"规划纲要里列出的七大数字经济重点产业、十大数字化应用场景，重点发力，以应用为牵引，推动大数据、人工智能、区块链等产业发展，着力培育开源生态，打造具有国际竞争力的数字产业集群。

地方也积极推进数字经济建设，数字化转型步伐不断加快。

湖南提出，到 2025 年，数字经济核心产业增加值占地区生产总值比重达到 11%，建设全国数字经济创新引领区、产业聚集区和应用先导区。

浙江提出到 2025 年，数字经济核心产业增加值占地区生产总值比重达 15%，打造全球数字变革高地。

四川开工建设 5G 基站、大数据中心等新型基础设施项目达到 34 个。

在河北雄安新区，首个基于 5G 应用的生态环保智慧监测项目落地，依托联通高速率、低时延的 5G 网络实现 5G+VR 无人机、5G+多功能无人船搭载北斗导航等创新技术，监控白洋淀的水质。

据不完全统计，目前全国已经有超过 20 个省市对发展数字经济、加快数字化转型提出目标规划；全国具有一定影响力的工业互联网平台超过 80 个；各种类型的工业 App 数量超过 35 万个，有力支撑了产业提质降本增效。在信息消费方面，积极培育、推广基于数据驱动的新模式、新业态，特别在疫情防控期间，在线教育、远程办公、网络购物等都发挥了非常重要的作用。

中国信通院的数据显示，2020 年我国工业互联网产业经济增加值规模达到 3.1 万亿元，融合带来的经济影响规模约为 2.5 万亿元，对 GDP 增长的贡献度超过 11%。预计"十四五"时期我国数字经济年均增速将保持在 15% 左右。

3. 数字化转型，让高质量发展更具活力

数字经济这场基于技术的革命，毫无疑问将会整体驱动社会生产方式、生活方式和治理方式变革。

进入 21 世纪以来，移动通信技术不断发展，数字化已成各行各业发展的目标。各国政府和行业组织都在积极推动行业及社会数字化转型。特别是随着 5G 的发展，行业数字化更是被提升到新的高度。

5G 自问世以来，就在赋能行业数字化方面被委以重任。作为面向未来创新的统一连接平台，5G 能够满足多样化的场景需求，如在线教育、联网医疗、智慧交通、智慧工厂、海量物联网等，将为众多行业带来积极变革。特别是结合了 AI 技术的 5G，使万物互联成为现实，信息就像电一样，往来穿梭于云和端之间，成为一种巨大的新能量，由此催生出许多崭新的行业和服务。

"4G 改变生活，5G 改变社会"，高通公司中国区董事长孟樸认为，5G 作为基础技术，其应用将无处不在，为更美好的生活服务，并推动千行百业发展。

中国在 5G 建设和发展方面走在世界的前列，不仅建有全球最大的 5G 网络，发展了最多的 5G 用户，更是在 5G 赋能千行百业方面积极探索，5G 行业应用也不断涌现。下一步，如何让 5G 在千行百业真正落地，让 5G 应用真正产生效应，就成为当下 5G 发展的关键。

"十四五"规划纲要提出，布局全新的数字经济产业生态，构建基于 5G 的应用场景和产业生态，在智能交通、智慧物流、智慧能源、智慧医疗等重点领域开展试点示范。

为此，工信部日前发布了《5G 应用"扬帆"行动计划（2021—2023 年）》征求意见稿，提出到 2023 年要实现重点领域 5G 应用深度和广度双突破，5G 网络使用效率明显提高，5G 物联网终端用户数年均增长率超 200%。

4. 征程万里风正劲，重任千钧再出发

高质量发展是"十四五"乃至更长时期我国经济社会发展的主题，关系到我国社会主义现代化建设全局。无论是信息化还是数字化，信息通信业都是推动经济社会转型的关键支撑。

《"扬帆"行动计划》的发布吹响了5G赋能千行百业和助推行业数字化转型的号角。在各行各业都大力推进5G应用创新的基础上，5G的发展将进一步换挡提速。

中国信息通信研究院院长余晓晖认为，当前全球新一轮科技革命和产业变革深入发展，5G、人工智能等新一代信息技术不断突破并加速向制造业融合渗透，推动制造业生产方式、组织形态、商业模式等变革与重塑，持续向数字化方向跃迁升级。

他指出，站在新的历史方位，我们要充分把握新一代信息技术与制造业融合的发展机遇，探索符合我国国情的数字化转型路径，持续培育经济发展新动能，全力支撑制造强国和网络强国建设，让高质量发展更具活力，积蓄起竞争新优势。

信息来源：中国物流与采购联合会

2021数字化转型发展高峰论坛：一系列数字化转型成果发布

中国网4月1日讯3月31日，由中国信息通信研究院、中国通信标准化协会主办的"2021数字化转型发展高峰论坛"在北京召开，大会主题为"数字赋能 共建共享"。

工业和信息化部副部长刘烈宏出席会议并致辞，国务院国资委科创局局长苟坪、中国银行保险监督管理委员会统信部副主任骆絮飞、北京市经济和信息化局副局长姜广智、中国信息通信研究院院长余晓晖出席会议并发言，中国工程院院士李伯虎做主题报告。中国信息通信研究院党委书记宋灵恩主持论坛开幕式。

工业和信息化部副部长刘烈宏在致辞中表示，近年来，工业和信息化部认真贯彻落实党中央、国务院决策部署，联合其他部门围绕加快新型基础设施建设、推动行业数字化转型、促进融通发展等方面做了大量工作，取得积极成效。下一步，鼓励第三方机构持续完善数字化转型配套标准体系，并加快推广。一方面，针对数字化转型需求企业，通过相关成熟度模型帮助其了解自身数字化发展程度，找出短板弱项，明确未来发展方向；另一方面，通过促进相关标准落地，对数字化转型供给企业的服务能力进行客观评价，引导其不断提升数字化转型服务的质量与可信度，构建公平规范的市场秩序，促进行业健康发展。

国务院国资委科创局局长苟坪表示，国资委认真贯彻落实党中央、国务院决策部署，政策驱动、组织推动、示范带动，加快推进国有企业数字化转型工作，在数字新基建建设、产业数字化、数字产业化等方面取得积极进展。他指出，国资委将更加坚定、更加全面、更加深入地推进国有企业数字化转型工作，着力实施行动计划、推进试点示范、突破核心技术、营造良好氛围，努力开创国有企业数字化转型的新局面。

中国银行保险监督管理委员会统信部副主任骆絮飞指出，数字化转型是顺应当前新一轮科技革命和产业变革、释放数字红利的必然趋势，数字化转型是推动金融服务结构调整、加速新旧动能转换、实现金融行业高质量发展的必然选择，银保监会正在积极推动行业数字化转型相关工作。银行保险业正从信息化逐步向移动化、智能化、生态化方向迈进，针对数字化转型工作，骆絮飞提出六点思考和建议：一是加强顶层设计；二是建立敏捷组织；三是增强数据驱动；四是重塑业务体系；五是IT要实现高效供给；六是强化风险防控。

北京市经济和信息化局副局长姜广智表示，北京在我国信息化、网络化、数字化的发展进程中一直担当着引领者、产业先行者、市场排头兵的重要角色。他表示，下一步，北京将把建设全球数字城市标杆城市作为构建新发展格局的重要举措，努力实现全方位、全角度、全链条、全要素的数字化转型，构筑未来竞争的新优势。

中国工程院院士李伯虎围绕"智慧工业互联网"作主题报告，介绍了其内涵、系统体系架构、技术体系框架及中国特色。他表示，"智慧工业互联网"由六大新体系组成，体现了新时代技术与各子体系专业领域技术的新深度融合。

会上，中国信息通信研究院联合招商局集团、五矿集团、中国电信、中国移动、中国联通、浦发银行、宝信等企业共同成立"企业数字化发展共建共享平台"，平台设立企业IT数字化成熟度委员会、数字化可信服务委员会、数字化生态适配中心三大核心机构，将围绕企业数字化发展，开展政府支撑、技术研究、标准评估、适配测试和实践推广等方面工作。

在企业数字化转型发展重要成果发布环节，中国信息通信研究院院长余晓晖发布了企业数字化转型发展双曲线、企业IT数字化能力和运营效果成熟度模型（IOMM）、数字化可信服务能力要求等一系列重磅成果，并发布企业IT数字化能力和运营效果成熟度模型（IOMM）最新评估结果、数字化可信服务首批评估结果以及数字化生态兼容性首批评估结果。同时，余晓晖还对数字化转型优秀集体和个人的遴选结果进行公布。

信息来源：中国网

2021年我国IPv6发展取得明显进展 87款APP的IPv6流量占比超过65%

2021年，各地区、各部门认真贯彻落实党中央、国务院决策部署，按照《关于加快推进互联网协议第六版（IPv6）规模部署和应用工作的通知》要求，对照《深入推进IPv6规模部署和应用2021年工作安排》目标任务，加强统筹协调，压实工作责任，制定政策标准，完善安全保障，强化整体推进，推动IPv6规模部署和应用取得明显进展。各类网信企业发挥主体作用，持续提升IPv6应用广度和深度，加快构建IPv6创新产业生态，内生动力不断增强。

监测数据显示，截至2021年12月底，我国IPv6活跃用户数达6.08亿，占网民总数的60.11%。物联网IPv6连接数达1.4亿，移动网络IPv6流量占比达35.15%，固定网络IPv6流量占比达9.38%，家庭无线路由器IPv6支持率达16%，政府门户网站IPv6支持率达81.8%，主要商业网站及移动互联网应用IPv6支持率达80.7%。主要年度指标超额完成，呈现出良好发展势头。

网络设施和终端设备是IPv6端到端贯通的关键环节。目前，中国电信、中国移动、中国联通已完成骨干网、城域网和LTE网络IPv6升级改造，新建5G网络全面支持IPv6，骨干直连点均实现IPv6互联互通。数据中心和域名系统基本支持IPv6，内容分发网络（CDN）和云服务平台具备IPv6服务能力。市场上主流4G/5G手机终端均支持IPv6，基础电信企业为宽带用户配发的家庭网关中，已获得IPv6地址的超过80%。

加快互联网商业应用升级改造，是推动IPv6规模部署和应用的重点任务之一。监测显示，截至2021年12月底，我国国内网民使用频度较高的200款移动应用程序（APP）均支持IPv6访问，平均IPv6流量占比达52.89%，其中87款APP的IPv6流量占比超过65%。

监测显示，仍然有部分APP改造升级缓慢、IPv6流量占比较低。下一步，中央网信办将会同国家发展改革委、工业和信息化部等部门，进一步加强统筹协调，营造良好发展环境，不断提升IPv6网络端到端贯通水平和服务质量，培育IPv6创新产业生态，鼓励和支持APP加快升级改造步伐，加大放量引流力度，扎实推进IPv6规模部署和应用向纵深发展，为建设网络强国和数字中国提供坚实支撑。

信息来源：中国网信网

减少碳排放超 90%！大湾区首个 5G 智慧港口开港

11月14日，粤港澳大湾区首个5G绿色低碳智慧港口——深圳蛇口妈湾港开港。

在妈湾智慧港区，智能操作中心的远控岸桥司机操作岸桥，从船上抓取集装箱，精准地落在自动驾驶集卡上。自动驾驶集卡根据系统规划线路行驶到堆场，由自动化轨道吊完成堆场收箱作业。"自动化作业、智能闸口和自动驾驶应用，减少现场交叉作业风险达50%。"工作人员说。

1989年建成的妈湾港，为深圳经济特区发展提供基础设施保障。经过3年改造后，如今港区占地98.36万平方米，设计吞吐能力超300万标准箱，可供靠泊世界最大型集装箱船舶。

改造后的妈湾港在全球首创全域、全时、全工况、多要素的传统集装箱码头升级整体方案，是目前全国最大的"5G+自动驾驶应用示范"港区。安装于港区灯塔上的5G基站，实现港区5G信号全面覆盖，38台5G+自动驾驶集卡全部采用单车无人自动驾驶操作。港口改造后，码头作业效率显著提升，其中堆场提升45.4%，闸口提升50%，减少操作人员约93人，减少碳排放超90%，充分展示中国智慧港口领域全球领先的建设成果。

信息来源：中国物流与采购联合会

中国首个自贸区"离岸通"平台上线

作为中国首个直接整合境外数据用以支持贸易真实性审核的辅助信息平台，中国（上海）自由贸易试验区（以下简称上海自贸区）"离岸通"平台10月14日上线。

据此间官方表示，此举标志着上海自贸区在离岸贸易发展道路继续迈出坚实一步。

离岸贸易是货物运输在海外、资金结算在国内的特殊贸易模式，促进贸易的资金流和信息流向总部型企业集聚，对总部所在地的贸易、金融、配套服务等方面发展具有强大的带动作用。离岸业务的规模也代表了一个区域的国际市场竞争力和全球市场资源配置能力。

2020年4月，上海自贸区保税区管理局曾提出建设离岸转手买卖信息服务系统的设想，希望通过大数据方式，对企业的离岸转手买卖业务环节提供验证，支持商业银行对离岸转手买卖的收付汇结算。

据此间官方表示，经过一年多的持续推进，该平台已完成一期系统框架搭建，基本达成预期目标。润通航运、索尼电子运营、西门子国贸等区内企业与其合作银行已将实际业务数据导入"离岸通"平台进行测试，测试结果达到预期目标。

"离岸通"平台包含"一门户、五系统"，通过引入境外的海关报关数据、国际海运数据和港口装卸数据，辅助银行对企业的离岸贸易行为进行真实性判断。

目前，"离岸通"平台已获取境外17个国家的海关报关数据、并对接覆盖约60%国际海运业务的船公司和港口装卸信息。通过对全球数据的整合，这一平台不仅能够支持浦东新区内企业离岸贸易的真实性判断，未来亦有望将扩展服务范围至长三角地区乃至全中国。

根据最新数据，2021年上海自贸试验区保税区域内企业离岸转手买卖业务规模已占上海全市90%以上。

下一步，上海自贸区将继续完善离岸转手买卖信息服务系统功能，不断增加数据接入的海关和口岸数量，拓展空运、陆运、多式联运等多种运输模式的物流信息来源，提升企业业务结算便利度。

信息来源：中国物流与采购联合会

国际航协推出 EPIC 平台 提升航空货运数字协作

国际航空运输协会（IATA，以下简称"国际航协"）宣布推出 EPIC 平台（提升合作伙伴识别和协作平台），推动全球航空货运供应链数字化。EPIC 旨在简化跨航空货运价值链数字协作的复杂流程，包括实现关键信息（如消息传递功能和身份识别）的高效交换。

随着航空货运业的数字化发展，航空公司、货运代理、地勤人员和海关当局需要能够安全地进行数字化合作。这是一个相当大的挑战，目前有 4 万多家货运代理与 450 多家航空公司和 23 家第三方信息服务提供商交换信息。由于没有一种工具供公司交换建立这些业务联系所需的信息，数字化过程基本上依靠人工、低效且过于复杂。

"EPIC 通过简化获取跨数字化航空货运供应链开展业务所需信息的方式，加速提升航空货运的效率。推出这一平台的时机可谓正当其时。新冠病毒肺炎疫情促进电子商务呈指数级增长，托运人的要求只有通过数字化供应链才能提供优质服务。"国际航协机场、客运、货运和安全部门高级副总裁尼克·卡伦（Nick Careen）表示。

EPIC 除支持企业对企业的流程对接外，还支持加入平台的海关进行数字清关流程。尤其有助于提升推进预报货物信息（ACI）要求的效率，包括装载前预报货物信息（PLACI）计划。

信息来源：中国物流与采购联合会

（三）网络安全

《网络安全威胁情报行业发展报告(2021年)》发布

近日，《网络安全威胁情报行业发展报告（2021 年）》发布。该报告由国家工业信息安全发展研究中心发布，北京微步在线科技有限公司提供研究支持。

报告主要围绕网络安全威胁情报基本概念、国外威胁情报发展情况、我国威胁情报产业调研分析、威胁情报服务能力评价框架以及未来发展趋势及建议等方面展开，旨在为更好发挥威胁情报价值、促进威胁情报落地应用、推动威胁情报产业发展提供参考。

报告发现，2014 年起，威胁情报逐渐成为网络安全的热点领域之一，2018 年更是出现爆发性增长。各国政府、企业对威胁情报的重视程度不断提高，各类产业主体积极围绕威胁情报技术及商业模式开展探索，同时大力推动威胁情报标准化和共享机制的建立。

研究表明，威胁情报于 2015 年前后正式进入我国市场，随着网络信息安全理念逐步从"被动安全"转向"主动安全"，威胁情报价值愈发凸显，市场需求持续扩大，据估计 2021 年我国威胁情报市场规模约在 10.69 亿元左右。

报告指出，为更好发挥威胁情报赋能作用，应进一步夯实威胁情报对网络安全发展的基础支撑作用，促进威胁情报开发利用以覆盖多元化情报需求，加快标准化建设以实现更大范围情报共享，以更加广泛的威胁情报视野驱动各类网络安全技术、服务、产业协同，实现推进网络安全产业高质量发展的目标。

此外，报告在产业深度调研的基础上提出威胁情报服务能力评价框架，为更加科学全面评价地评价供应商能力提供参考。该框架面向威胁情报供应商能力成熟度和市场发展潜力两方面目标，围绕情报数据、业务流程、产品服务、企业竞争力等四个基本维度，开展对威胁情报服务能力的评价。

来源：中国信息安全

共筑网络安全防线 ——我国网络安全工作取得积极进展

没有网络安全就没有国家安全，就没有经济社会稳定运行，广大人民群众利益也难以得到保障。

党的十八大以来，在习近平总书记关于网络强国的重要思想和关于网络安全工作"四个坚持"重要指示精神指引下，我国网络安全工作发展进入快车道，各项工作取得积极进展，形成了一系列生动实践和宝贵经验。

1. 不断夯实网络安全法治基础

法者，治之端也。

近年来，在中央网信委坚强领导下，以总体国家安全观为指导，国家网络安全工作顶层设计和总体布局不断完善，网络安全"四梁八柱"基本确立。

出台网络安全法、数据安全法、个人信息保护法、《国家网络空间安全战略》《关键信息基础设施安全保护条例》等网络安全法律法规、战略规划，网络空间法治进程迈入新时代；

印发《网络安全审查办法》《云计算服务安全评估办法》《汽车数据安全管理若干规定（试行）》等部门规章和规范性文件，国家网络安全工作的政策体系框架基本形成；

制定发布322项国家标准，共有12项包含我国技术贡献和提案的国际标准发布，网络安全国家标准体系日益完善。

万物互联的时代，机遇与风险并存。

应对网络安全风险挑战，需要防患于未然。近年来，我国不断加强网络安全事件应急指挥能力建设，国家网络安全应急体系日益健全。

与《国家网络安全事件应急预案》有效衔接，金融、能源、通信、交通等行业领域纷纷制修订本行业领域网络安全应急预案，安全防护体系不断完善，应急响应处置能力持续提升。

互联网是人类的共同家园。让这个家园更美丽、更干净、更安全，是国际社会的共同责任。

我国不断强化互联网国际治理和网络安全国际交流合作，推动建立多边、民主、透明的国际互联网治理体系。自2014年起，世界互联网大会已连续8年成功举办，关于全球互联网发展治理的"四项原则""五点主张""四个共同"等中国智慧，得到国际社会的广泛认同，网络空间命运共同体等重要理念深入人心。

2. 全力维护人民群众在网络空间的合法权益

随着数字化进程的加速推进，广大人民群众对网络安全、数据安全、个人信息安全的关注度与日俱增。

我国不断健全网络安全审查制度和云计算服务安全评估制度，开展多种专项治理行动全力维护人民群众在网络空间的合法权益。

组织开展对关键信息基础设施采购网络产品和服务活动的网络安全审查，对滴滴、运满满、货车帮、BOSS直聘等启动网络安全审查，有效防范采购活动、数据处理活动以及国外上市可能带来的国家安全风险。

同时，组织对面向党政机关和关键信息基础设施服务的云平台开展安全评估，加强云计算服务安全管理，防范云计算服务安全风险。截至目前，已有56家云平台通过云计算服务安全评估。

互联网通达亿万群众。网信事业要发展，必须贯彻以人民为中心的发展思想。

为维护公民个人信息安全，2019年以来，有关部门组织开展App违法违规收集使用个人信息专项治理，对问题较为严重的1000余款App进行公开曝光。今年，持续深入开展摄像头偷窥等黑产集中治理，下架违规产品1600余件，并对存在隐私视频信息泄露隐患的视频监控App厂商进行约谈。

依法严厉打击网络黑客、电信网络诈骗等人民群众深恶痛绝的违法犯罪行为，"净网"专项行动深入推进，今年以来共抓获违法犯罪人员1.6万余名，对其中6700余人采取刑事强制措施，努力让人民群众在网络空间享有更多获得感、幸福感、安全感。

3. 全社会共筑网络安全防线

网络安全为人民，网络安全靠人民，维护网络安全是全社会的共同责任，需要政府、企业、社会组织、广大网民共同参与，共筑网络安全防线。

自2014年以来，十部门共同连续在全国范围举办国家网络安全宣传周，推动宣传教育进机关、进企业、进学校、进社区，有效提升全民网络安全意识和防护技能，在全社会营造"网络安全为人民、网络安全靠人民"的良好氛围。

网络空间的竞争，归根结底是人才竞争。

近年来，相关部门与时俱进，推出一项项强有力的政策举措，助力网络安全人才培养、技术创新、产业发展的良性生态加速形成。

设立网络空间安全一级学科，组织实施一流网络安全学院建设示范项目，11所高校入选；网络安全技术产业快速发展，产业增速全球领先；建设国家网络安全人才与创新基地，开展国家网络安全教育技术产业融合发展试验区建设，推动加快网络安全学科建设和人才培养进程⋯⋯

网络无边，安全有界。站在新的历史起点上，我国将全面加强网络安全保障体系和能力建设，不断打造网络安全工作新格局。

信息来源：中国物流与采购联合会

工信部：明年初步建立物联网基础安全标准体系

10月25日，工信部发布《物联网基础安全标准体系建设指南（2021版）》（简称《指南》），明确物联网终端、网关、平台等关键基础环节安全要求，满足物联网基础安全保障需要，促进物联网基础安全能力提升。到2022年，初步建立物联网基础安全标准体系。

1. 明确时间表

《指南》明确了我国构建物联网基础安全标准体系的时间表。《指南》提出，到2022年，初步建立物联网基础安全标准体系，研制重点行业标准10项以上，明确物联网终端、网关、平台等关键基础环节安全要求，满足物联网基础安全保障需要，促进物联网基础安全能力提升；到2025年，推动形成较为完善的物联网基础安全标准体系，研制行业标准30项以上，提升标准在细分行业及领域的覆盖程度，提高跨行业物联网应用安全水平，保障消费者安全使用。

根据《指南》的定义，物联网基础安全标准主要是指物联网终端、网关、平台等关键基础环节的安全标准。物联网基础安全标准体系包括总体安全、终端安全、网关安全、平台安全、安全管理等5大类标准。

产业发展，标准先行。《指南》提出4个方面的具体工作。（1）加快标准研制。按照标准体系明确的目标和任务，加强产学研用等各方的工作协同，注重物联网基础安全标准与行业发展实际相结合，成体系推进标准研制。（2）实施动态更新。跟踪物联网新技术、新应用的发展趋势，主动适应物联网安全发展水平的不断提升，加强标准体系的动态更新和完善，有效满足产业安全发展需求。

（3）深化标准应用。鼓励行业协会、标准化技术组织等面向生产者、用户、第三方检测认证机构等，开展重点标准的宣传和培训，引导企业对标达标，推动标准落地实施。四是开展交流合作。支持中外企业、协会、标准化机构等开展物联网基础安全标准的国际交流合作，积极参与物联网安全国际标准制定，为提升全球物联网安全水平贡献中国技术方案。

2. 景气度攀升

物联网行业在5G和云计算技术的推动下显示出明确的长期成长性。根据MarketsandMarkets数据，2020年全球物联网安全市场规模为125亿美元，预计2025年增至366亿美元。另据赛迪咨询数据，2018年我国物联网安全市场规模达88.2亿元，同比增长34.7%，预计2021年增至301.4亿元。

在万物互联时代，物联网安全市场成为网安行业新蓝海。近年来，网络安全公司争相布局物联网安全业务，产品业务目前主要应用在公安、园区、医疗、教育等领域。

"数据安全、物联网安全等方面未来机会较多。"安恒信息高级副总裁、首席科学家刘博表示。

安恒信息2021年半年报显示，公司加快在物联网安全业务领域的核心能力构建，已经形成一站式物联网平台、物联网安全感知与管理平台、物联网安全检测平台及物联网安全心等产品，建立端到端的物联网数据安全防护体系，并能对物联网资产进行监测与评估。

信息来源：中国物流与采购联合会

摘录整理：李佳 吴洁

第十一篇 物流金融与保险

一、供应链金融概述

一、物流金融

物流金融是指以物流企业融入和融出资金的经济关系总和，一般可分为间接融资和直接融资两大类经济关系，在实践中则变现为间接融资运作系统和直接融资运作系统，运作系统由参与主体、产品、制度构成。间接融资一般可分为物流银行贷款、供应链金融和物流融资租赁三种形式，直接融资一般可分为商业信用、股权和债权等3种形式。

随着我国信用经济和数字经济不断深化，我国物流业发展跨入了全面提升的重要历史阶段，中央对金融供给侧结构性改革和解决企业贷款尤其是中小企业贷款难、贵、慢问题的政策，无疑是物流业快速发展的金融抓手，这是当前乃至整个"十四五"期间物流金融的大背景。在此大背景下，物流金融的间接与直接金融的渠道结构基本稳定，但创新将成为物流金融的主旋律。为此，在介绍间接和直接融资中做适当的创新引导。

（一）物流间接融资

1. 传统的银行贷款产品

（1）本质特征。体现贷款银行与借款企业之间两点型借贷关系（即特定经济关系）。相对于结构型贷款关系。

（2）贷款种类划分。理论上划分如下：按用途，可分为流动资产贷款（一般可细分出周转贷款、循环贷款和专项贷款）、技改贷款、网点贷款、固定资产贷款、企业发展贷款、过桥贷款（多用于重组）；按期限，可分为短（1年及以内）、中（1年≤5年）长期贷款（5年以上）；按担保与否，可分为信用贷款、抵押贷款、质押贷款、第三方保证贷款；按贷款银行家数，可分为单一银行贷款和银团贷款或异地联合协作贷款。

按着《贷款通则》的规定，我国商业银行发放的贷款形式主要有：委托贷款、信用贷款、抵押贷款和票据贴现等4种形式。

（注：数据信用是商业银行中小企业贷款主流风控指标，数据内容几乎涵盖与企业经营状况直接相关的存量和流量源信息，如企业的3年财务年报、3个月财务报表、报表6个月对公账单、6个月税单和社保单、场地租赁合同及3个月水电账单、收入和利润、产值和库存、设备和保险、还款保证等信息。数据型用是我国企业信用信息供给系统尚未完善条件下的产物，借款企业需提供的源信息数据项清单由各家贷款银行自行确定。借款企业全息信用信息应包括该企业主体和债项信用及公共和金融信用信息。主体和债项信用预期由信用评级形成，公共和金融信用记录由征信形成。迄今，我国有信用评级行业，但没有主体信用供给源，有企业征信行业和公共和金融信用记录供给源，企业信用信息供给系统尚未完善，这是信用信息不对称的系统缺陷，也是企业贷款，尤其是中小企业贷款难、贵、慢的系统性问题。）

（3）现行银行贷款品种列表

同时，各商业银行面向市场积极进行金融创新推出了许多适应中小企业需要的贷款品种，体现了各自的营销策略和和客户特色。

表1：现行主流银行贷款品种

序号	贷款品种名称	说　明
1	委托贷款	是指由政府部门、企事业单位及个人等委托人提供资金，由受托人（贷款银行）根据委托人确定的贷款对象、用途、金额、期限、利率等代为发放、监督使用并协助收回的贷款。贷款银行只收取手续费，不承担贷款风险
2	信用贷款	是指以借款人的信誉发放的贷款。并以借款人信用程度（AA-及以上综合信用等级）作为还款保证的
3	担保贷款	是保证贷款、抵押贷款、质押贷款的统称。权利质押是指：以银行票据、债券、存款单、仓单、提单，依法可以转让的股份、股票，依法可以转让的知识产权，依法可以质押的其他权利（如应收账款——次级贷款）
4	票据贴现（类质押贷款）	是指借款人将未到期银行承兑汇票或商业承兑汇票转让给银行，取得扣除贴现利息后的贷款资金
5	综合授信（类循环贷款）	企业信用程度好、申请贷款较频繁，银行可授予其一定时期内一定金额的信贷额度，企业在有效期与额度范围内可以循环使用
6	信用担保贷款	由中小企业担保机构予以担保的企业贷款。机构属于公共服务性、非营利性组织，一般由当地政府财政拨款形成担保基金。如中小企业服务中心、各区财政管辖的、市科委管辖的该类机构。2021年至今本市处于紧缩状态
7	买方贷款	银行按照企业间的购销合同，对其产品的购买方提供贷款支持
8	异地联合协作贷款	牵头银行同异地协作企业的开户银行结合，分头提供贷款。主要针对产品销售、生产协作产品等企业补充流动资金
9	项目开发贷款	即高科技中小企业向银行申请的科技成果转化项目开发贷款
10	自然人担保贷款	由自然人提供财产担保并承担代偿责任3年期内中小企业贷款。自然人担保可采取抵押、权利质押、抵押加保证等3种方式
11	无形资产担保贷款	以依法可转让的商标权、专利权、著作权等无形资产作为抵押物发放的企业贷款
12	保全仓库业务（担保贷款衍生品）	是以企业所拥有的较为通用的流动资产为抵押物而发放的贷款
13	自助贷（担保贷款衍生品）	通过评估中小企业在银行的质押和抵押物、银行给予中小企业一定授信额度，在约定期限内中小企业根据授信额度可以反复进行贷还款业务
14	上市贷	面对大中型企业，助推企业高成长发展的贷款业务。如上海浦发银行上海分行的上市贷，首贷3000万，存量续贷5000万元
15	线上供应链融资业务	面对平台类企业创新的贷款业务。以买方为核心，核心买方承诺任何情况下不会提出商业纠纷或拒绝付款，并向贷款银行穿送货确认应付账款，银行确认后向其上游供应商办理买断式保理融资
16	结算贷	面对中小企业的贷款业务，属于普惠金融范畴的银行贷款业务。如上海浦发银行上海分行该项业务，基于借款企业资金结算情况，单户贷款最高不超过1000万元
17	其他	系普惠金融创新贷款业务，如税收贷、社保贷等

2、新型的银行贷款产品

（1）本质特征。贷款银行、信信息供给源机构或（和）信用保障机构按各自功能作用组成结构型供给侧与借款企业形成的结构型借贷关系。相对于两点式贷款关系。

（2）贷款种类。在此将其定义在保理、信用验证贷款和供应链金融范围。

（3）保理业务。保理（Factoring，全称保付代理，又称托收保付，）指卖方将其现在或将来的基于其与买方订立的货物销售／服务合同所产生的应收账款转让给保理商（提供保理服务的金融机构），由保理商向其提供资金融通、买方资信评估、销售账户管理、信用风险担保、账款催收等一系列服务的综合金融服务方式。

保理业务是一项集贸易融资、商业资信调查、应收账款管理及信用风险承担于一体的综合性金融服务。对金融供给侧结构性改革具有借鉴作用，甚至将其视为供应链金融的新模式。

①国际保理业务发展脉络

保理（Factoring，全称保付代理，又称托收保付，）指卖方将其现在或将来的基于其与买方订立的货物销售／服务合同所产生的应收账款转让给保理商（提供保理服务的金融机构），由保理商向其提供资金融通、买方资信评估、销售账户管理、信用风险担保、账款催收等一系列服务的综合金融服务方式。

国际上保理历史悠长，已有100多年历史。英国1911年出版的《牛津简明词典》对保理业务就有定义，1995年出版的《保理法律与实务》对保理又作定义。美国1985年道恩斯·古特曼所著《金融和投资辞典》对保理也有定义，同时美国还有一个被普遍接受且较为严格的保理定义，全球保理业务发展影响深远。

保理的国际定义有两个：一是国际统一司法协会1988年5月28日订立、1995年5月1日生效的《国际保理公约》第一条中对保理合同做出的定义；二是国际保理商联合会（简称FCI）在其2013年7月修订的最新版《国际保理通则》中规定。目前普遍引用后者，即"保理合同是指一方当事人（供应商）与另一方当事人（保理商）之间所订立的合同，根据该合同：a. 供应商可以或将要向保理商转让由供应商与其客户（债务人）订立的货物销售合同所产生的应收账款，但主要供债务人个人、家人或家庭使用的货物销售所产生的应收账款除外。b. 保理商应履行至少两项下述职能：为供应商融通资金，包括贷款和预付款；管理与应收账款有关的账户（销售分户账）；代收应收账款；对债务人的拖欠提供坏账担保。"

②我国保理业务发展历程

1991年4月底，应FCI邀请，中国对外经济贸易部计算中心（现商务部国际贸易经济合作研究院）和中国银行组织联合考察组，赴荷兰、德国和英国考察国际保理业务。经考察组集体研究决定，正式向FCI发函确认将Factoring一词的中文译名确定为"保理"，从此中文"保理"一词被全球广泛使用。

在2014年由中国银行业监督管理委员会（简称银监会）公布的《商业银行保理业务管理暂行办法》中称"保理业务是以债权人转让其应收账款为前提，集应收账款催收、管理、坏账担保及融资于一体的综合性金融服务。债权人将其应收账款转让给商业银行，由商业银行向其提供下列服务中至少一项的，即为保理业务：a. 应收账款催收：商业银行根据应收账款账期，主动或应债权人要求，采取电话、函件、上门等方式或运用法律手段等对债务人进行催收。b. 应收账款管理：商业银行根据债权人的要求，定期或不定期向其提供关于应收账款的回收情况、逾期账款情况、对账单等财务和统计报表，协助其进行应收账款管理。c. 坏账担保：商业银行与债权人签订保理协议后，为债务人核定信用额度，并在核准额度内，对债权人无商业纠纷的应收账款，提供约定的付款担保。d. 保理融资：以应收账款合法、有效转让为前提的银行融资服务。

2021年1月1日，《中华人民共和国民法典》正式生效，其中的第761条对保理合同作出了定义："保理合同是应收账款债权人将现有的或者将有的应收账款转让给保理人，保理人提供资金融通、应收账款管理或者催收、应收账款债务人付款担保等服务的合同。"

③保理业务分类

保理业务分为国际保理和国内保理。国内保理是根据国际保理发展而来，与国际保理不同的是，国内保理的保理商、保理申请人、商务合同买方均为国内机构，业务内容主要包括应收账款买断和应收账款收购及代理。

国际保理又叫国际付款保理或保付代理。它是指保理商通过收购债权而向出口商提供信用保险或坏账担保、应收账款的代收或管理、贸易融资中至少两种业务的综合性金融服务业务，其核心内容是通过收购债权方式提供出口融资。

④保理业务常识

a. 国际保理业务的运作有单保理和双保理两种方式怎么选择。仅涉及进出口商一方保理商的叫做单保理方式；涉及双方保理商的则叫做双保理方式。双保理能更好了解进口商信用，但费用较高，且有些国家没有保理商。

b. 保理合同中应明确应收账款是买断式还是赎回式，买断式的保理费比赎回式的高，需要权衡。

c. 与保理业务银行或保理商签约前，既要了解其是否加入FCI协会后要使用的"EDI factoring.com"系统，这涉及进口商或买方信用信息调查质量；也要了解开展保理业务的金融机构的保理业务处理系统的成熟程度，与一般信贷系统不同，这个系统保护风险控制，额度控制，应收账款信息处理等操作。

d. 买方要有较好的信誉或信用，这样进口保理商才能够为其核定一定的信用额度，否则是不可能被接受的。在续做保理业务之前，这些申请、信用评估、核定信用额度等大量的工作是要在正式签订出口合同就要做的。

e. 出口保理商为进口商核准了信用额度后，才能够正式签定外贸合同或装运货物。保理业务进行过程中，出口商要注意进口商的信用额度的使用状况（余额状况），以及其信用状况的变化。随时保持与出口保理商的有效沟通，切忌突破核定使用的信用额度。如果需要融资，需要事先了解利息比率。

f. 在采用保理服务时应该注意的另一个重要问题，就是了解保理的费用水平。据说，这是保理业务未被广泛采用的一个主要原因。

（4）信用验证贷款

①信用验证贷款简介：该贷款产品名称为信用验证贷款（Credit Verified Lending 缩写 CVL.）。产品是基于行业信用信息共享平台（以下简称："平台"）开发的结构型贷款产品，按照"信用+金融"结构原理和金融工程技术开发的新型贷款产品。

②产品功能目标：产品基于市场信用信息（综合信用+数据信用）供给源，通过综合信用和数字信用复合验证，全面揭示企业的信用状况，实现贷款企业信用信息对称，从根本上解决中小企业贷款难贵慢问题。

③产品功能机理：产品创新遵循金融工程原理，按照"贷款产品＋信用信息＋X"结构型贷款产品模式，在"银行与企业"两点式借贷关系中嵌入"市场信用信息供给源"主体，使贷款的供给侧由"贷款方"单一型模式变成"贷款方＋市场信用信息供给源主体"的结构型模式，即"供给侧结构型"贷款。

结构型贷款将两点式贷款的"公共信用＋金融信用＋企业源信息＋资信评级（多为评分表能级）"低能级信息对称模式转换成"社会公共信用＋金融信用＋市场信用（企业信用预期＋债项信用预期）＋行业公共信用"高能级信息对称模式，即传统贷款产品的"银企"两点式信贷模式转换成银行＋信用信息供给源的"结构型供给侧"信贷模式。

④产品的衍生性：产品以信用贷款为原点，但不局限于信用贷款，根据需要贷款的中小企业的实际情况进行分层创新，以达到普惠效应。产品分层创新的前提是遵循"贷款产品＋信用信息 ＋ X"结构型贷款产品模式，其中的"X"指分层标志，如保险、抵押、质押、又如订单、供应链金融等各类企业贷款都可以指代"X"来分层衍生，以更好地满足企业对贷款品种选择。

⑤申请CVL的门槛：目前，正与泰瑞、浦发、光大等银行实施产品推广和分层计划，欢迎企业实用该贷款产品。企业在提出申请CVL，需在上海市物流协会行业信用信息共享平台建立信用档案，该档案反映了档案主体综合信用信息，档案永续保存，仅供档案主体自查和贷款信用验证使用。具体操作请上上海市物流协会官网，点击行业管理对话框咨询。届时，建档企业需设置信用专员岗，参加高技能人才培养基地企业信用管理培训，检定合格办法专业技能培训合格证。

（5）供应链金融

①供应链金融的本质意义。供应链的意义：头部企业主导，贯穿物流、信息流、资金流和商流，构成涵盖供应商、制造商、分销商、零售商、消费者网链产业结构模式。

供应链金融的意义：从信用经济学角度，它与信用产业链相伴而行，必然衍生出结构型贷款的分层新产品，即供应链金融。从实践角度，贷款机构基于结构型贷款，以真实贸易为背景，以供应链核心客户为依托，设置"供应链系统"覆盖和链接全链企业，封闭运行，按照自偿式贸易融资规则，采取应收账款质押和第三方物权监管增信措施，为供应链上下游企业提供融资服务。

②供应链金融的经济和政策意义。供应链金融是解决中小企业融资难问题和有效管控贷款风险的有效途径，具有普惠意义。供应链金融动态显化企业及其上下游的债项信用，并对企业及其上下游进行债项验证，并将其设定为产品创新分层的标志。金融供给侧结构性改革是中央加快金融改革和提高金融供给质量的重大政策。供应链金融与金融供给侧结构性改革政策耦合的潜在功能，应当充分发挥其供给侧功能。

③供应链金融信用验证更加深化。供应链金融遵循综合信用和数据信用复合信用验证模式，从需求侧分析，销售暴露企业资金缺口，企业将其拥有的未来现金流资产剥离出来进行融资，形成企业结构性融资需求，在实际操作中，综合信用验证实操一致，两者债项验证的差异在于前者将债项验证延伸至企业的上下游。

④供应链金融的业务模式

a. 供应链金融产品细分。"贷款产品＋信用信息 ＋ X"结构型贷款产品模式中，已经将供应链金融列入供给侧结构型贷款产品分层创新的序列之中。这里具体定义如下：设供应链金融为X一级分层，二级分层为应收账款、预付款、库存，以下还有三级分层，详见表：

表2：供应链金融三级分层表

供应链金融（一级）					
二级分层					
A. 应收账款		B. 预付款资		C. 库存	
序号	三级分层	序号	三级分层	序号	三级分层
a	票据	a	先票/款后货	a	静态抵押
b	保理	b	担保提货	b	动态抵押
c	出口应收	c	进口信用证项下未来货权质押授信	c	仓单质押
d	出口信用		国内信用证	d	
e	保理池注		保贴函商业承兑汇票	e	
f	票据池注				

注：保理池、票据池，是指供应链上各企业的财务资产的集合需实践探索。

b. 供应链金融服务模式细分。生产运营领域供应链金融服务模式：流程化、定向化和整合化金融服务模式。贸易流通领域供应链金融服务模式：物流导向性、市场导向型、一体化供应链金融服务模式。

⑤企业构建供应链金融系统须知。a. 我国供应链金融尚处于探索和试点阶段。b. 上海市物流协会已经开发出"供应链金融系统"（模块型），可以根据需要自由组合，还可以提供系统安装工程服务。c. 构建供应链金融系统，拟以课题方式与上海市物流协会合作，基本流程：签订合作协议、前期调查研究、确定解决方案、实施供应链系统建设、试运行和整改完善、确定系统版本、成果验收、知识产权申报。

3. 企业间接融资中的信用信息对称

（1）实现信用信息对称的基础设施

市场信用信息由企业综合信用信息（即信用预期评价结果）和企业数据信用构成，其供给源的载体是行业信用信息共享平台，国务院《社会信用体系建设规划纲要（2014—2020年）》明确行业信用信息共享平台和建立企业信用档案的要求，这是信用信息对称的基础设施。迄今，全国仅上海市物流协会实现了这个目标，并将在上海物流金融领域发挥引领和示范作用。

（2）完善物流企业信用身份

上海市物流协会行业信用信息共享平台面向物流企业，为企业市场信用信息档案，做到应建尽建。企业已然建有社会公共信用和金融交易信用两类信用档案，缺失市场信用信息档案，无法确立自身完整的信用身份，给经营活动尤其是融资活动带来不便，应尽快在上海市物流协会行业信用信息共享平台建立市场信用信息档案，完善自己的信用身份。

（3）关于数据信用

数据信用是商业银行中小企业贷款主流风控指标，数据内容几乎涵盖与企业经营状况直接相关的存量和流量信息，如企业的3年财务年报、3个月财务报表、报表6个月对公账单、6个月税单和社保单、场地租赁合同及3个月水电账单、收入和利润、产值和库存、设备和保险、还款保证等信息。

（二）物流直接金融

1. 直接金融基本概念

直接融资是间接融资的对称，指资金供求双方（不包括银行）直接交易的资金融通方式。即，在一定时期内，资金盈余单位通过直接与资金需求单位协议，或在金融市场上购买资金需求单位所发行的有价证券，将货币资金提供给需求单位使用。商业信用、企业发行股票和债券，以及企业之间、个人之间的直接借贷，均属于直接融资。

2. 规范和监管

国家对直接金融制定有系统的法规对之进行规范和监管，以保证直接金融的交易合规合法，起到保护交易双方合法权益、维护市场秩序和管控金融风险的作用。物流企业开展直接金融活动，应先充分了解国家的相关法规和政策，以及操作规范和流程，在法规框架内运作。

3. 相对于间接金融的特点

直接融资是资金直供方式，与间接金融相比，投融资双方都有较多的选择自由，选择以合法为前提。而且，投资者可以选择收益率，筹资方可以控制成本。鉴于筹资人资信程度各异，债权人信用风险程度不同，所以直接金融的信用风险与信用信息供给系统的完善程度和效率成正比，查证筹资方信用身份显得尤为重要。部分直接金融资金具有不可逆性。

4. 直接融资的种类和工具

（1）证券市场融资

①债务融资。证券市场债务融资的主要工具是债券，企业是债券发行的主体。债券是企业为筹集所需资金而发行的借款凭证，有公开和定向两种募集方式，期限以中长期居多。企业债券的发行涉及信用评估、律所、资产评估、承销、审计等中介机构，同时要受相关法规的制约和监管。企业债的成功发行和顺利兑付，需要有企业的信誉、信用、实力和良好的运营管理予以支撑，稍有不慎就会酿成发行和兑付风险。所以企业债券的风险相对较大，其规模、成本和期限受信用等级影响较大。在我国，发行企业债要经政府主管部门批准，按规定程序操作，接受政府部门全程监管。

②股权融资的工具为股权凭证（俗称股票）。股权融资的主体为股份有限公司，股权融资的方式有多种选择，企业应根据实际情况予以选择，如公募和私募、IPO和挂牌交易，同是IPO还有选板问题（如主板、创业板、高新板等不同层级）。股权融资涉及信用评估、律所、资产评估、承销、审计等中介机构，按规定公告股权融资，同时要受相关法规的制约和监管。

股权融资需要注意的问题。股权融资对普通股和优先股的定位或配比至关重要。普通股是最普遍和最要的股权类型，享有对公司经营的参与权、盈余分配权和资产分配权、优先认股权等，谓全权股，其收益在发行时不限定，而是按公司经营业绩来确定。优先股是指股东拥有优先于普通股股东进行分红和资产清偿的权利，其股息一般是事先固定的，但对公司没有经营参与权和投票权。股份有限公司股权融资时，优先股往往成为股权融资的首选。公开上市的股份有限公司股权融资往往会引发控制权旁落等意外。

③权益融资，即非股份有限公司企业，如有限责任公司、有限合伙公司、合伙企业等，出资人是权益融资主体，以出让部分权益获取企业所需资金。权益融资涉及信用评估、律所、资产评估、承销、审计等中介机构，按规定公告股权融资，同时要受相关法规的制约和监管。

（2）商业信用

①商业信用的定义。指企业与企业之间互相提供（即销方的预收或应收，购方的预付和应付），且以商品、劳务交易直接联系的资金融通形式。主要表现为两类：一类是提供商品的商业信用，如企业间的商品赊销、分期付款等，这类信用主要是通过提供商品实现资金融通；另一类是提供货币的商业信用，如在商品交易基础上发生的预付定金、预付货款等，这类信用主要是提供与商品交易有关的货币，以实现资金融通。

②商业信用的工具。商业票据是商业信用工具,我国的《票据法》将之定义在商业汇票。它是在信用买卖时证明债权债务关系的书面凭证。商业票据由债权人发给债务人,命令他在一定时期内向指定的收款人或持票人支付一定款项的支付命令书。商业票据必须经过付款人承兑才能生效。承兑是指汇票的付款人在汇票上签名,用以表示到期付款的意愿的行为。凡是由企业承兑的称为商业汇票,由银行承兑的称为银行承兑汇票。

③贴现。贴现是银行办理放款业务的一种方式。当商业票据的持有人需要现金时,可将未到期的票据卖给银行,银行则按市场贴现率扣除自贴现日至票据到期日的利息后,将票面余额支付给持票人。这时,商业信用转化成了银行贷款(类质押)。银行只接受付款人信用合格的商业汇票的贴现,所以持票人应把握好商业汇票承兑企业的信誉和信用状况。

(3)直接金融其他方式。常见的是银行票据,即支票、汇票和本票。

(一)供应链金融数字化发展趋势

2017年10月,国务院发布《关于积极推进供应链创新与应用的指导意见》,首次对供应链创新发展作出重要部署,以此作为推动供给侧改革的重要抓手。2020年10月,习近平总书记在《求是》杂志发文《国家中长期经济社会发展战略若干重大问题》,进一步指出:"优化和稳定产业链、供应链。产业链、供应链在关键时刻不能掉链子,这是大国经济必须具备的重要特征。"要促进产业链供应链稳定发展、优化升级,关键是要推动供应链中各企业间金融资本的有效衔接,围绕供应链众多中小企业的融资难点痛点,积极稳妥地开展供应链金融服务与产品创新。当下,云计算、物联网、人工智能等数字化技术的飞速发展,极大地促进了社会生产组织方式变革与供应链管理模式创新,为供应链金融发展带来新的变化,也为商业银行带来了新的业务机遇与挑战。

1. 数字化背景下供应链金融发展新变化

制造业诸多行业普遍具备产业链供应链链条长、行业集中度低、参与企业多等特点,供应链金融服务需求旺盛,同时复杂的组织形式与要素关联也导致了这些行业的供应链物流、资金流、信息流情况极其复杂,为供应链金融业务开展造成较大阻碍。人工智能、区块链、云计算与大数据等数字技术的日益成熟与创新运用,导致社会生产组织形式、商业运行模式发生巨大改变,产业链供应链运行效率提升,为供应链金融市场需求、业务组织与风险管理带来新的变化。

(1)供应链金融市场需求规模显著扩大

数字技术在电商平台、物流服务、生产协调等全方位的运用降低了供应链衔接成本,加速了供应链物流、资金流、信息流的良性循环,提升了产业链供应链的整体运行效率。电商平台运用大数据、人工智能技术进行消费者画像,根据其喜好精准推送商品信息,缩短消费者购物信息搜寻、消费决策的时间。物流综合服务商利用大数据系统对商品物流所涉及的各个环节进行统筹建模分析,科学分配运力,优化流程衔接,实现物流成本的最小化与物流高效到达。生产商借助于大数据分析市场消费数据,根据市场需求加快产品改进,同时利用云计算展开工业设计,实现研发生产的协同对接,有效提升产品生产效率,缩短新产品上市周期。随着供应链间各要素的流动速度进一步加快,各环节企业间的业务合作更加密切频繁,基于信任的赊销行为增多,供应链市场金融规模不断扩大。可以看到,国内工业企业应收账款净额逐年增加(见图1),2020年达到16亿元,较2011年年均增长9.8%。同时,灼识咨询研究显示,供应链金融市场规模(主要指应收账款、预付账款以及存货)已从2016年的16.7万亿元增加到2020年的24.9万亿元,年均复合增长率为10.5%,预计2021年将进一步增至28.6万亿元。

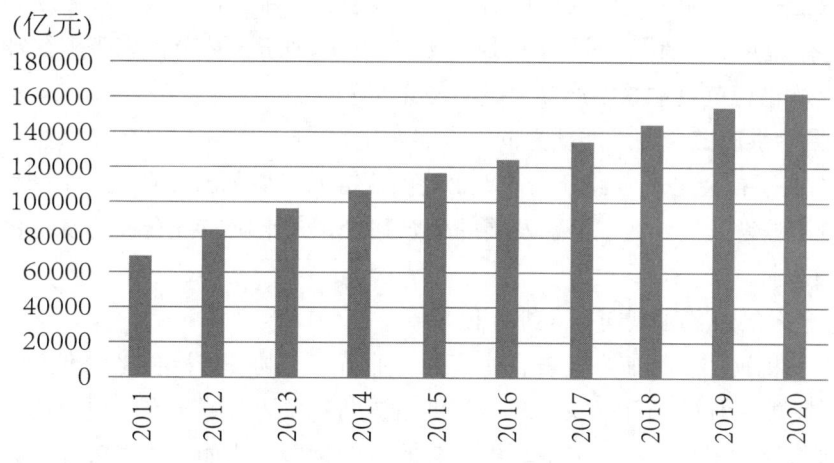

图1: 工业企业应收账款净额变化

(2) 供应链金融业务模式效率明显提升

融合物联网、大数据、人工智能等数字技术的供应链金融模式可以显著提升交易系统的安全性、准确性与运营效率。利用物联网的传感、定位、导航以及云计算、数字孪生等技术,实现将供应链企业间交易过程,尤其是仓储和货运环节的实时数据化与可视化,便于金融机构在线上实时监控企业交易行为,核验交易真实背景,减少现场监督成本,大大增强了金融机构对基础资产的掌控能力。大数据、人工智能系统的运用将交易流程线上化与智能化,通过对供应链关联企业、市场数据以及宏观、金融、行业等发展信息数据进行实时监测,开发针对特定应用场景的金融工具与分析模型,及时了解行业动态与企业资金需求,精准判断目标企业的信用水平、盈利能力与风险状态,提高信用市场信息透明度,提升风险定价与评估的准确性,从而可以提供更加精细化的供应链金融服务。交易流程标准化、线上化、自动化系统加快了信息审查、合约签订、交易结算等完成速度,有助于减少商业银行与企业间的线下沟通成本,降低商业银行在信贷审查、审批和监管方面的人工、资金与时间成本,从银行成本定价角度来看,也提升了商业银行的放贷意愿与支持力度,进一步降低了中小微企业获取信贷资源的进入门槛。

2. 国内商业银行供应链金融服务新实践

在传统利差缩小、市场竞争加剧的背景下,创新供应链金融业务,向上下游中小企业提供融资、结算、咨询等综合性服务成为各家银行拓展新业务的着力点与转型方向。从业务定位来看,不同类型银行发展供应链金融的优势和战略取向各有不同:国有大型商业银行核心企业客户多,服务普惠金融的监管要求较高,始终把持与供应链核心企业的业务联系,同时以批发性融资方式向中小微企业进行授信,是其供应链金融业务开展的主要思路;股份制商业银行拥有灵活的市场化经营机制与大量的全国性客户基础,是国内供应链金融业务开展与创新的主体,较早开展供应链金融业务,积极推进数字技术与供应链金融的业务融合,积累了丰富的数字技术应用经验与业务开展经验,在产品服务创新与业务渠道上具有较强优势;地方性商业银行利用地方平台可以深入供应链末梢端的小微客户群体,在对小微企业客户的信息收集、业务关系维护与获客能力方面有较大优势,但因自身资产规模不足,缺少大型数字化平台的建设能力,同时与供应链核心企业的业务合作不多,供应链金融业务开展存在一定障碍。

目前，国内商业银行主要针对应收账款在自身供应链金融线上平台搭建与金融产品设计上开展创新。比如，最早开展供应链金融的平安银行，推出供应链 1.0—3.0 品牌，提供核心企业系统、反向保理、公司金卫士等产品服务；中国银行的"达"系列贸易融资，提供应收账款融资与质押开证服务；兴业银行的"金芝麻"产品服务涵盖中小企业产、购、销三大环节；重庆银行针对重庆市政府采购，开发定制了首款供应链金融数字产品"链企政采贷"。

3. 数字化背景下供应链金融发展新方向

数字化技术加速了社会生产专业分工，产业链供应链的发展朝着专业化、复杂化、网络化的方向进一步深化，沿着产业链发展、数字金融发展的融合路径，未来供应链金融的发展将呈现如下三个新方向。

（1）供应链金融的服务领域向行业细分化发展

未来，技术进步将进一步加速产业链企业间的专业分工与协作，社会化生产活动将构成更加专业细化、衔接紧密、功能多样的循环体系，产业链供应链向链条更长、更专、更全的方向发展，这也将促使供应链金融围绕客户需求，向更专业、更细分的方向发展。比如，民生银行以大型乳制品企业为核心，围绕乳业自动化程度高、市场半径小、消费频率高等特点，打造了专门的乳业供应链金融服务链。商业银行未来应进一步提高产业链供应链研究能力，加强专业化、精细化管理，在细分领域提供更加专业的金融服务。

（2）供应链金融的组织形式向平台协作化发展

供应链上节点企业种类的多样化、企业间业务关系的复杂化、业务协作流程的专业化是开展供应链金融业务的主要难题，对所有企业信用历史、交易行为、市场关系等综合信息的汇集与处理能力提出了很高的要求，同时应收融资票据等市场金融工具的标准、法律制定、流通平台建设与推广也是供应链业务创新的主要障碍，并非某一机构依靠一己之力可以完成。供应链金融发展是系统性工程，离不开商业银行、政府、第三方机构、核心企业以及众多中小微企业的合力协作。因此，搭建供应链金融统一协作平台，加强各机构间的交流合作，建立良好的协调交流机制，是未来供应链金融发展的又一趋势。

来源：《中国金融》2021 年第 24 期

（二）供应链金融平台，如何填平信用沟壑

无论是行业走向、技术成熟，还是政策法规环境，均是外部因素。数字化供应链金融平台想要发展壮大，更需要各参与方主动积极参与，换句话说，就是各参与方有利可图，这个飞轮才能启动并越转越快。

数字化供应链金融平台主要有 3 个角色，即核心企业、供应商和资金方。

这三方中，资金方与供应商，一个是资金提供方；另一个是资金接收方，呈现对偶关系，两者获益紧密关联，道理也互为补充，因此，我们把两者放在一篇论述。

1. 供应商

这里的供应商主要指以大型企业为核心企业的产业链上的中小企业。

中小企业融资难融资贵是老大难问题，持续很多年而无有效解决方案，随着近期法律环境的变

化,这个问题更是雪上加霜。

最高人民法院、最高人民检察院、公安部、司法部印发《关于办理非法放贷刑事案件若干问题的意见》的通知规定,"违反国家规定,未经监管部门批准,或者超越经营范围,以营利为目的,经常性地向社会不特定对象发放贷款,扰乱金融市场秩序,情节严重的,依照刑法第225条第(四)项的规定,以非法经营罪定罪处罚。"这条规定堵死了大量民间资金流向中小企业的路径。

《最高人民法院关于审理民间借贷案件适用法律若干问题的规定(2020第二次修正)》中规定,"出借人请求借款人按照合同约定利率支付利息的,人民法院应予支持,但是双方约定的利率超过合同成立时一年期贷款市场报价利率四倍的除外。"利率的限制又给小贷公司等业务按照民间借贷定性的合法放贷机构造成了重大冲击,可以预测,未来小贷公司等机构会因为亏损而大面积关停。

上述两个司法解释的出台有其复杂的社会背景,是否合理暂且不议,但其产生的客观效果之一,就是面向中小企业的资金供给量大幅下降,这对于本来就融资难的中小企业来说无疑是雪上加霜。

在中小企业融资最为艰难的时刻,供应链金融平台给依附在大型企业产业链的中小企业带来了曙光。

通过平台的信用传导机制,供应商(大多为中小企业)可以将所持对核心企业的应收账款作为资产,向银行等资金方进行保理融资。由于银行评价这类资产主要考察的是核心企业的信用,所以融资利率很低。再加上科技手段的应用,融资速度快捷、手续简便,整个融资过程相当友好。

一面是封堵,另一面是吸引,这种态势下,供应链金融平台势必会成为未来众多中小企业融资的主要渠道。

2. 再看资金方

供应链金融平台的资金方有银行、保理公司,信托公司、财务公司等各类金主。

在传统金融模式下,上述资金方对于中小企业来说都是高冷的存在,他们的目光基本集中在"高富帅"的企业当中,"嫌贫爱富"是刻在他们骨子里的品性。

道理不难理解,中小企业信用指标不清晰,自身又缺少能够证明信用的财产,总之,就是信用缺失。尽管资金方也愿意贷给那些优质和有潜力的中小企业,但是他们没有能力从成千上万的中小企业中识别出哪些是优等生?心有余而力不足,只能无奈放弃这块市场。

但是,供应链金融平台巧妙地解决了资金方与中小企业之间的博弈难题。

中小企业信用缺失这一前提不变,但是他可以通过供应链金融平台借用核心企业的信用,从而获得资金方的认可。

对于资金方来说,这就是通过核心企业产业链的场景,从成千上万的中小企业中筛选出优等生的过程。

之前笼罩在资金方与中小企业之间的信息浓雾,在不改变资金方,也不改变中小企业的情况下,仅仅依托供应链金融平台这个机制,而被驱散了。资金方这次终于可以在情怀(支持中小企业)和利益(低风险项目)兼得的情况下做生意了,摘掉"嫌贫爱富"这顶帽子指日可待。

除了支持中小企业发展,获取中小企业融资这块蓝海市场之外,供应链金融平台也会巩固和扩大资金方对核心企业的业务收入。

通常,核心企业因为资质良好,每年都会从金融机构获取一定的授信额度,但是光授不用,金融机构也是没啥收入。金融机构相比行业龙头企业,也是弱势群体,也需要绞尽脑汁让核心企业办理贷款,使用授信,提高授信使用率,就是提高收益率。

供应链金融平台模式中,资金方看重的是核心企业的信用,信用额度占用的是核心企业的授信,有时占用的是核心企业集团的信用额度。因此,该业务模式扩大了核心企业使用金融机构授信的场景，提高了授信使用的可能，从而增加金融机构的实际收入。换句话说，这也解决了金融机构面对核心企业时的放贷难问题。

对供应商来说，缺少资金日子难过；但对银行等金融机构来说，有钱却花不出去也很难受。供应链金融平台，像一座桥梁，把被信用沟壑隔开的供应商和资金方重新连在一起，解决了业务痛点或者至少缓解了痛感，实现了共赢。

来源：未央网

（三）秒懂供应链金融的生态圈

在推行供应链金融活动过程中，各供应链金融利益相关方参与主体的角色和结构关系，以及它们与制度和技术环境的关系构成了供应链金融生态。

1. 供应链金融生态圈结构

供应链金融生态圈结构包含四层：供应链金融源；供应链金融实施主体；供应链金融资金方；供应链金融基础服务。

（1）供应链金融源

供应链金融的受益主体主要是依附于供应链上焦点企业的上下游中小微企业，通过融入供应链的产、供、销各个环节，借助焦点企业信用提升供应链上中小微企业的信用，拓展融资渠道，缓解融资难、融资贵问题。

（2）供应链金融实施主体

在供应链金融发展初期，实施主体主要为商业银行。而在产业互联网大发展的背景下，银行不再是供应链金融产品与服务提供的绝对主体。掌握了供应链上下游企业真实贸易的行业龙头企业、B2B平台企业、物流企业等各参与方纷纷利用自身优势，切入供应链金融服务领域。

（3）供应链金融资金方

供应链金融资金方是直接提供金融资源的主体，也是最终承担风险的组织。

（4）供应链金融基础服务

供应链金融的发展需要配套的基础设施服务提供方，如区块链技术服务提供商、电子仓单服务提供商、供应链金融信息化服务商、行业组织等。这些企业可以利用自身供应链金融基础服务的优势，链接资金提供方，供应链金融服务方、融资对象等，为整个供应链金融生态圈提供基础服务。

2. 供应链金融生态参与主体

（1）商业银行

商业银行针对供应链融资需求企业的实际情况，提供多种模式的融资解决方案。商业银行在资金成本方面具备的天然优势，但商业银行的传统金融服务模式一定程度上制约了其供应链金融的发展。

（2）行业龙头

行业龙头企业依据自身在行业内的规模优势、经济效益优势、带动和辐射优势、竞争优势等，整合供应链上游和下游的中小微企业，链接资金提供方，为行业内的中小微企业提供融资解决方案。

（3）供应链管理公司

供应链管理公司外包焦点企业的非核心业务，整合供应链上下游资源，链接资金提供方，为供应链上下游中小微企业提供供应链服务和融资解决方案，提升了整个供应链的运作效率。

（4）物流公司

物流企业通过物流活动参与到供应链运作中，通过整合供应链中的物流网络，链接资金提供方，为服务对象提供物流供应链服务和融资解决方案，有利于稳定业务网络，提升物流企业的竞争能力。

（5）B2B 平台

B2B 在整个电子商务市场交易规模一直占绝对比例，是实体经济与互联网结合的最佳载体。目前诸多 B2B 平台也通过对接资金提供方为平台上下游提供融资解决方案。

（6）外贸综合服务平台

外贸综合服务平台为中小企业提供进出口环节的融资、通关、退税、物流、保险等相关服务，平台针对中小外贸企业发展中的资金问题，开拓了中小企业国际贸易项下的供应链金融。

（7）金融信息服务平台

金融信息服务平台通过互联网技术链接资金提供方和供应链上的资产端，为供应链上的中小微企业提供融资解决方案和资金支持。

（8）金融科技公司

金融科技是金融和信息技术的融合型产业，关键在于利用大数据、人工智能、区块链等新技术手段对传统金融行业所提供的产品、服务进行革新，提升金融效率。

（9）信息化服务商

在供应链金融在线化、平台化的趋势下，信息系统是供应链金融业务运作的灵魂。

（10）基础设施服务商

供应链金融的发展需要配套的基础设施服务提供方，这些企业可以利用自身供应链金融基础服务的优势，链接资金提供方、供应链金融服务方、融资对象等，为整个供应链金融生态圈提供基础服务。

3. 不同的行业模式解析

（1）建立健全农业供应链

结合本地特色农业，优先选择粮食、果蔬、茶叶、药材、乳制品、蛋品、肉品、水产品、酒等重要产品，立足区域特色优势，充分发挥农业产业化龙头企业示范引领作用，推动供应链资源集聚和共享，打造联结农户、新型农业经营主体、农产品加工流通企业和最终消费者的紧密型农产品供应链，构建完善全产业链各环节相互衔接配套的绿色可追溯农业供应链体系。

（2）积极发展工业供应链

结合本地主导产业，优先选择钢铁、煤炭、水泥、玻璃等相关产业，推动企业打造供需对接、资源整合的供应链协同平台，提高产业协同效率，推动降成本、去库存和去产能，助力供给侧结构性改革。

在与消费升级密切相关的产业中，优先选择家电、汽车、电子、纺织等，推动企业构建对接个性化需求和柔性化生产的智能制造供应链协同平台，提高产品和服务质量，满足人民日益增长的美好生活需要。

针对必须抢占制高点的战略新兴产业，充分调动各方资源，打造合作紧密、分工明确、集成联动的政产学研一体化的供应链创新网络，推进大型飞机、机器人、发动机、集成电路等关键技术攻关和产业发展。

（3）创新发展流通供应链

推动企业与供应商、生产商实现系统对接，构建流通与生产深度融合的供应链协同平台，实现供应链需求、库存和物流实时共享可视。

推动企业建设运营规范的商品现货交易平台，提供供应链增值服务，提高资源配置效率。促进传统实体商品交易市场转型升级，打造线上线下融合的供应链交易平台，促进市场与产业融合发展。

鼓励传统流通企业向供应链服务企业转型，建设供应链综合服务平台，提供研发、设计、采购、生产、物流和分销等一体化供应链服务，提高流通效率，降低流通成本。

推进城市居民生活供应链体系建设，发展集信息推送、消费互动、物流配送等功能为一体的社区商业，满足社区居民升级消费需求，提高居民生活智能化和便利化水平。

（4）规范发展供应链金融服务实体经济

推动供应链核心企业与商业银行、相关企业等开展合作，创新供应链金融服务模式，在有效防范风险的基础上，积极稳妥开展供应链金融业务，为资金进入实体经济提供安全通道，为符合条件的中小微企业提供成本相对较低、高效快捷的金融服务。

推动政府、银行与核心企业加强系统互联互通和数据共享，加强供应链金融监管，打击融资性贸易、恶意重复抵质押、恶意转让质物等违法行为，建立失信企业惩戒机制，推动供应链金融市场规范运行，确保资金流向实体经济。

供应链金融的出现有利于解决中小微企业融资难、融资贵这个长久以来我国金融发展中的问题，兼顾了中小微企业的融资需求和相关的风险控制，政策倾斜让供应链金融中的金融机构在税收、信贷等方面有一定程度的受益。

来源：群星金融

（四）供应链金融的四大发展趋势与三大创新方向

供应链金融平台在不同行业的应用，必然衍生出不同的行业特性，这将促使供应链金融平台向更细分、更精准、更专业的方向发展，供应链金融平台的综合服务将逐渐走向成熟。

供应链金融是一个系统化概念，是面向供应链所有成员企业的一种系统性融资安排。具体描述为，将供应链上的相关企业作为一个整体，根据交易中构成的链条关系和行业特性设计融资模式，为各成员企业提供灵活的金融产品和服务的一种融资创新解决方案。

由于依靠真实贸易背景且资金的封闭式运作，降低了商业银行的风险，为商业银行带来了可观的存款和中间业务收入。

这从某种程度上体现了供应链金融的核心价值，即通过供应链金融业务让中小企业从银行拿钱不再可望而不可即。从银行的角度则可以通过供应链金融平台将中小企业信贷市场有效打开。

线上供应链金融平台虽然源于传统的线下供应链金融，但却不是简单的供应链金融的线上版，而是随着互联网技术和大数据应用的日趋成熟诞生出来的一种金融创新。

时至如今，线上供应链金融平台的解决方案提供者已不局限于商业银行，信托公司、电商平台、第三方支付公司、P2P平台、供应链专业化服务公司均纷纷参与到供应链金融业务当中，结合自身业务特性和行业优势，在不同业务场景下为各行业提供线上的供应链金融解决方案。随之将逐渐诞生出电商供应链融资、P2P+供应链融资、大宗商品供应链融资等多种模式。当下，甚至少数行业龙头也开始主动打造线上供应链融资平台。

1. 线上供应链金融平台的本质

(1) 线上供应链金融平台是信用创造，通过大数据了解企业的运营情况，给予信用支持，而不仅只看财务表面。

一位商业银行的高管曾经说过，供应链金融平台的创新之处在于，借助网络技术彻底革新了风险管理的定义与操作模式。

传统的风控只注重对资产负债表、现金流量表、利润表的审查，而现在风控部门必须综合研究"四流"，即商流、资金流、物流、信息流，可以说供应链金融平台的发展是市场的必然需求。

从实践应用来看，以上描述可以理解为将核心企业、供应商、经销商的经营数据提供给银行，供商业银行进行数据分析，以完成对企业直接授信关键信息的核定，使得融资流程更加简单、快速，风险预警更加及时。

从这个角度来看，线上供应链金融平台的发展，目前正逐步取代"ERP+银行供应链金融系统"的模式，而向"供应链协同平台+线上供应链金融服务平台"和"产业电商平台+线上供应链金融服务平台"这两种模式发展。

(2) 线上供应链金融平台不是革命而是提升。

①现在资金利用效率的提升，即把钱以最快的速度投到所需要的地方和能够创造更多价值的地方；

②现在传统金融机构对企业服务模式和服务理念的提升，打破了传统的银行主导模式，以及银行仅直接面对单个企业提供金融服务，而与核心企业上下游各不相干、各自为战的局面；

③现在核心企业供应链管理水平的提升。

不仅实现了服务在线化、营销互联网化、工作流程标准化以及风控自动化，更深远的意义在于为银行、核心企业及其上下游构筑了一个开放的、交互的、信息共享的电子商务平台，推动了供应链运转方式的极大提升。

2. 线上供应链金融平台四大创新点

(1) 显著提升核心企业以及上下游的资金周转率、降低经营成本

传统供应链金融通常只授信核心企业资金额度，签署一份总合同，需要核心企业与银行之间、核心企业与上下游企业、上下游企业与银行之间、与仓库、担保公司、监管之间合作沟通。每次业务发生，还要根据大合同再次签署单笔销售合同，重新走单笔业务贷款流程，过程非常繁琐，而在线供应链金融平台，完成第一次流程后，在业务周期内，每次借款还款均通过线上完成，手续简便、随借随还，极大地降低了中小企业的融资成本，提高企业资金周转率，降低了经营成本。

(2) 提升核心企业的管理效率

一方面，线上供应链金融平台解决了银企双方系统升级更新速度不匹配问题，一般来说银行升级慢、企业升级快，匹配程度差。通过在线供应链金融平台可以实现双向连接，双向匹配；另一方面，线上供应链金融平台打破了传统金融机构生硬组合产品的模式，可按需将金融服务渗透到商务活动各环节，在提高服务水平的同时，缩短了服务响应时间。

(3) 解决银企信息对称问题，为中小企业信用提供依据。

传统模式下，银行主要查看核心企业以及上下游企业的财务报表，都是过去、静态的数据；而通过瑞通供应链金融平台，动态数据得到了有效收集，使金融机构实时掌握了企业的经营情况，提高了决策的灵敏性。

(4) 线上供应链金融平台打破了地域限制，更好地为核心企业上下游提供服务。

传统供应链金融由于业务归属区域特征，一般只能和当地分行或支行合作；而线上供应链金融平台通过线上合作，可以为不同区域的上下游企业提供贷款支持。

3. 透视在线供应链金融案例

在产业链中，核心企业按职能可以划分为：生产型核心企业、流通型核心企业和资源采掘型核心企业。在产业链中，核心企业通常对上下游企业具有很强的掌控力，利用其信用辐射，可开展上下游线上供应链金融业务。

例如，某食品加工企业是中国速冻食品行业龙头企业（以下简称：A企业），A企业在预付款管理中存在着众多企业共有的问题，一是在执行预付款时信息流和资金流割裂从而导致整个过程效率低下。二是下游企业由于资金周转不畅导致暂时性资金短缺。在本案例中，A企业财务经理需通过定时查询来账信息确定预付款信息，再经由手工登记到财务系统中，个人费时费力；若客户更换打款账户，仅靠来账信息，A企业无法确定具体客户预付款，需与销售一起才能确定预付款信息，非常麻烦。

通过引入在线供应链金融服务平台，优化了一系列流程，优化后的预付款流程，从而达到了如下效果：

（1）经销商充值自助完成，不需要核心企业方财务查账、核对，减少了差错和人力。

（2）经销商下单时若余额不足，系统会自动提示差额，并提示充值，不需人工通知。

（3）如果经销商自有资金不足，可以点击"融资购买"按钮，核心企业电商平台会自动发送电子订单（合同）数据到在线融资服务平台，A企业销售经理可以登录到在线融资服务平台去确认该笔订单（合同）无误，如果确认无误则通过在线融资服务平台发送电子订单（合同）数据到银行，银行放款到经销商账户，并自动支付到A企业账户，完成该笔订单付款操作。

（4）货款支付成功，则自动生成发货单，并附带付款凭证，仓管人员立即就可以看到，若仓库有货，则可以打印，安排发货。经销商贷款购买商品，需要还款赎货，A企业才能安排发货，一般情况下，经销商贷款比例不超过70%。

（5）发货完成后，系统根据实际发货数量，自动生成财务凭证，导入到K3系统（企业ERP系统）中；六是整个流程全部电子化，无需人工操作、人工核对，差错率为0；没有差错，可以减少应对差错的管理成本，规范企业经营。

A企业不仅预付款环节存在上述问题，在订单管理环节也会遇到类似问题。其中主要原因就是A企业没有自己的电商平台，之前的网上销售采用的是天猫开店方式，网店销售数据无法与企业ERP系统自动交互，订单与企业ERP中的库存信息，以及财务系统中的预付款信息都需要人工维护、核对，订单管理基本上都是手工处理。

针对以上问题，一般核心企业都会建立专门的采购、生产、库存、订单的ERP系统和财务系统来支撑业务的正常运转。但是由于各个系统数据并不互通，造成不同部门需要数据交换时仍旧采取线下人工整理的方式，人为隔离了商流与资金流，从而导致信息传输的滞后和误差经常发生。

通过"互联网+支付+融资"的方式，实现了以互联网技术为载体，以数字签名技术为保障，通过电商平台、第三方支付、融资平台之间系统无缝对接，在基于企业信息流、商流、物流的基础上，依据不同的贸易环节植入银行、信托等金融机构提供的互联网金融产品与服务，从而实现信息流、商流、物流和资金流四流合一。

从以上的案例可以看出：首先，核心企业实施在线供应链金融服务以企业信息化为突破口；其次，银行资金导入不再以企业的财务报表为唯一依据，而是根据真实的贸易背景、贸易环节进行资金的智能配置；再次，经销商实现了方便、灵活、快捷的融资，实际是利用了核心企业的信用做背书。

4. 在线供应链金融发展呈现四大新趋势

（1）将向更加细分行业发展，更加专业化、服务精准化

在线供应链金融在不同行业的应用，必然衍生出不同的行业特性，这将促使在线供应链金融向更

细分、更精准、更专业的方向发展,产业在线金融的综合服务将逐渐走向成熟。近几年,各大金融机构已在细分产业、细分领域展开了线下的供应链金融,如民生银行打造乳业产业链金融,与国内某知名乳制品企业合作,专门为其及上下游提供适合的金融服务。在线供应链金融会继续沿用这一思想和模式,根据金融机构自身优势和特点,在细分领域为客户提供更加专业的金融服务。

（2）逐渐改变商业银行原有信用评估体系

信息获取的成本将大大降低,信用体系将进一步完善,不同金融机构之间的数据将会实现共享。在线供应链金融通过互联网深度应用,交易、物流等数据将更加容易获取,并经过大数据技术处理,形成特定信用报告,方便金融机构更好地去判断和决策。

（3）大数据应用得到充分体现

金融机构对贷款企业或贷款对象的监控,将从财务报表等静态数据,转变为动态数据的实时监控,将风险降到最低。目前已有大数据机构与金融机构合作,为企业客户量身定制企业版的"体检报告",依托丰富的真实数据来源和大数据处理技术,计算出各标准数据的区间范围,通过上下游企业数据的匹配,对其资信进行合理判断。此报告最大的亮点是数据实时变化,并提供了部分数据变化预测,对业务周期全程化进行监控,能够做到及时通知和给出建议,从而将金融机构风险降到最低。

（4）与产业电商的深度结合推动产业金融走向成熟

展望未来,传统企业仍是中国经济的重要支柱,电子商务本身并不能改变物流管理、资源调配和支付结算的本质,但却可以极大地提高效率。传统产业链的电子商务化是未来实现企业利益的最大化和提升全供应链竞争力的必然趋势。在这一过程中,产业电商和在线供应链金融的结合将日趋紧密,势必衍生出更多新的增值服务,产生新的行业生态,推动产业金融服务的模式逐步走向成熟。

5. 推动在线供应链金融发展需要变革和创新

（1）从商业银行来看,应打破原有信贷业务的风控运营模式和制度限制,积极建立互联网模式下新的交易监控和风险管理体系。针对在线供应链金融的创新型业务,实现银行现有管理方式的变革与创新。

（2）从核心企业来看,应充分利用信息技术,如云计算、大数据分析技术、物联网、电子支付等新兴技术,应用于在线供应链金融,并紧跟互联网和电子商务发展,加速供应链管理信息化和供应链电子商务化的进程。

（3）从政府和产业基金来看,应针对支撑中小企业供应链金融创新业务的平台企业给予政策和资金上的大力扶持。此类企业具有较强创新能力,同时对传统行业的规则和需求有深入了解,但此类企业的数量少、规模小,尚不能有效起到支撑产业转型和升级的作用。因此,不仅需要政府和产业基金在政策和资金上给予支持,更需要在现阶段有针对性地培养在线供应链金融、产业电商和产业金融方向的专业性、应用性人才。

来源：同花顺财经

（五）经济发展新格局下 如何构建供应链金融新生态？

构建以国内经济大循环为主的国内国际经济双循环的经济发展新格局,是党中央应对当前国际国内新形势提出的新的发展战略。供应链经济是实现经济双循环目标的重要抓手,而供应链金融则是供应链经济能否持续繁荣的重要保障。

近年来,我国的供应链金融虽然有了较快的发展,但面对复杂多变的经济金融形势,特别是构建经济发展新格局的战略背景下,必须根据供应链经济变化新特点,扎紧供应链金融的风险敞口,设计好供应链金融的新布局,提升供应链金融在各项金融产品中的比重,加快供应链金融各项政策落地,以数字化为主要手段全面推动供应链金融生产能力的再释放,充分满足供应链经济发展的需求,发挥金融在供应链经济发展,特别是经济发展新格局构建中的重要作用。

一、引言

经济发展新格局是党中央面对国际国内复杂的政治经济形势,站在两个一百年发展历史交汇点上提出的重大战略布署,是第二个百年中第一个五年计划的主要经济发展策略目标,将深度影响我国社会经济的各个方面,将经济发展新格局细化为各个经济领域的新布局是当前必须面对的重要工作。

供应链经济将各个经济主体及其活动用串联的方式融为一体,形成了社会主义市场经济中最具特色和管理价值意义的经济主体,交易与流通是供应链经济的主要活动方式。在构建经济发展新格局中,交易与流通将在国内经济大循环中有特殊的地位,因此,发展供应链经济不仅仅是国内经济大循环为主体、国内国际经济双循环发展格局的重要抓手,也是当前应对常态化了的新冠疫情,救小微企业于危难困境的重要通道。

供应链金融近年来虽然得到一定的发展与成就,但存在的障碍与问题仍然较多,特别是面对新的发展多变、不确定性增大的经济环境,需要根据国内经济发展格局新变化,与时俱进,深化改革,服从并服务于经济发展新格局背景下供应链经济的新特点、新需求。

二、文献资料

(一)关于经济发展新格局的研究

陆岷峰(2021)认为经济发展新格局核心内容是解决经济发展的驱动力问题,一方面,强调经济内循环为主,保持国内经济发展的基本面不受或少受外界因素的影响;另一方面,在强调经发展双循环的同时,以经济高质量发展为置顶原则,在经济增长同时伴随经济上成功转型升级,夯牢我国在全球经济中核心竞争力。不再以简单的短期经济增长动力为目标,而是以长期的经济可持续增长,形成新时代国家经济发展的新模式。

周军煜(2021)认为经济发展新格局不仅仅强调内循环,在强调内循环主体地位同时不否认外循环的积极作用,经济发展新格局更多强调经济发展全过程,不再是单向的拉动或驱动,强调的是螺旋式上升,是一种高质量的发展,是一个立足全球经济发展而设计的大格局、大布局。而这个新格局中,强调生产、流通、交易、消费各个环节都能保持畅通,在高速的循环中保持经济的高质量发展。

高伦(2021)认为经济发展新格局的实质是强调国内外产业链、供应链、价值链的延伸、拉长与拓宽,是一种将区域经济的健康发展与世界经济进行友好的融合,是立足全球经济形势的一种最优的战略方案。既阻隔全球经济发展中不确定性因素对我国经济发展的负面波及和影响,同时,又以中国经济的健康发展牵引世界经济复苏,是贡献给全球经济治理的方略之一,为世界经济返回增长道路提供的中国智慧方案。

(二)关于供应链经济发展的研究

周军煜(2021)认为发展供应链经济是落实经济发展新格局最重要的措施之一,经济双循环一定意义上就是国内供应链经济和国际供应链经济的运行与发展,在世界经济一体化的大背景下,没有孤立的经济活动,所有经济现象从供需关系角度都可以归纳或抽象为供应链经济,因此,供应链经济的发展质量一定意义上决定了经济发展新格局目标的实现。推动供应链经济的发展,要大力发展物流产业,拓展新兴产业,拉伸产业链、价值链和供应链,保持经济发展韧性。

徐阳洋（2021）认为发展供应链经济抓住了经济的发展的根本，因为供应链上除了为数有限的核心企业外，更主要的是支撑了千百万的小微企业的生存与发展，而小微企业则是我国经济发展中社会成本极低而回报率很高的群体，供应链经济运转正常，小微企业的发展才有了可靠的市场生存基础，因此，发展供应链经济有利于全社会经济主体运行质态的提升。

曹梦石（2021）认为目前供应链经济还处于政策的推动为主层面，没有完全形成以市场机制激发供应链经济发展的局面，而政策的设计初心更多的出于对小微企业的生存保护。供应链经济的发展有其内在的规律与逻辑，因此，需求按照市场价格等导向进行有序的引导与推动，在流通过程中实现增值，而政府的职能宜更多地着力于供应链经济发展的市场规则的制定与价值导向的设计上，使供应链经济发展为自发与自觉的一种经济活动行为。

（三）关于供应链金融发展的研究

徐阳洋（2021）认为供应链经济发展对供应链金融提出了新的需求，也为金融机构的业务发展提供了更多的商业机会。经济发展新格局的背景下的供应链经济发展有了新特点、新需求，这也驱动供应链金融不断进行改革与创新，以适应供应链经济的发展的需求，在这一个意义上讲，供应链经济决定供应链金融的发展，推动着供应链金融不断进行供给侧结构性改革，以服务于供应链经济发展的需要。

陆岷峰（2021）认为供应链金融潜在风险较大，风险源较多且风险的系统性较强，具有很强的连锁反应和传导效应，供应链经济越发达，供应链条越长，供应链金融的潜在风险发生的概率会越多，因为风险点、风险源更多，因此，发展供应链金融要将风险防范放在首位，只有从金融的角度控制住风险，才能反过来约束供应链经济可能出现的更大的风险。

欧阳文杰（2021）认为供应链金融近几年虽然得到了较大的发展，但实际上仍然主是大型商业银行的特供品，而且供应链金融是供应链企业完全封闭在一个商业银行系统当中的独享品，大量的仍然是单独做的金融服务，供应链金融的功能亟须进一步开发，其反作用于供应链经济功能远远没有发挥出来。

三、构建经济发展新格局下打造供应链经济与金融生态圈路径

（一）经济发展新格局、供应链经济、供应链金融三者逻辑关系

1. 经济发展新格局决定和影响着供应链经济、供应链金融的发展目标及模式

经济发展新格局是我们党确定的新时代经济发展的战略目标与模式，其影响是全面的、基础性的，是所有经济主体一切行为的标准与规则。供应链经济和供应链金融均属于市场经济中主要活动组成要素之一，当然要服务、服从于经济发展新格局的战略目标。

经济发展新格局决定着供应链经济、金融的发展方向、模式，是统领供应链经济与金融行动的纲领。

2. 供应链经济是经济发展新格局重要抓手

无论是经济内循环还是经济外循环都是以市场主体间的经济交易为前提的，市场越活跃，交易越频繁，供应链经济就越发达，从社会集约化程度来讲，供应链经济的繁荣程度从另外一个视角体现了经济发展的质量与水平，因此，也就体现了经济发展新格局政策落地的程度。此外，供应链经济的发展不断对供应链金融提出新的需求，推动着供应链金融的发展和改革，是供应链金融发展的依据与创新目标。

3. 供应链金融支持与服务于供应链经济

供应链经济发展为金融提供独一无二的金融场景，金融是以支持实体经济为初心、本源，当然，在经济发展新格局中，支持供应链经济的发展也是其最根本的初心与使命。同时，供应链金融通过跨界融合以及协同发展，打通供应链经济中各个供应链环节的交易点，推动供需结构优化与匹配，实现社会经济活动的降本增效，而且供应链金融在支持供应链经济中本身也得到了发展与壮大，一方面是供应链

经济发展的推手,另一方面也是促进经济高质量发展;实现经济发展双循环新发展格局的抓手。

因此,经济发展新格局、供应链经济、供应链金融三者从范围来看,后者从属于或服务于前者,前者决定或影响着后者,但三者之间有时又是相互交叉的,并不一定是有序的一种递进逻辑关系,但金融是前者的重要的驱动力发展基础不容置疑。

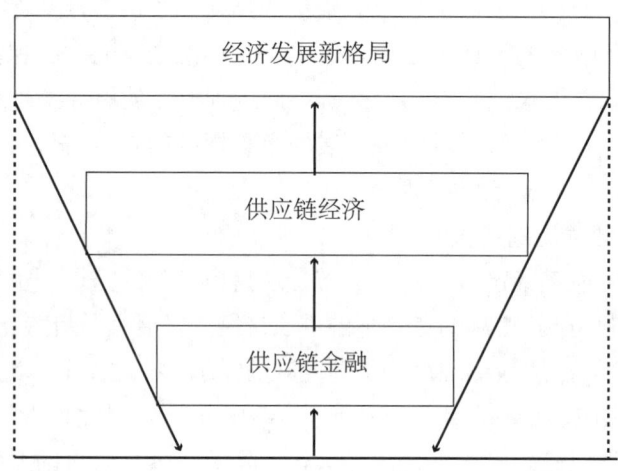

图2:经济发展新格局、供应链经济、供应链金融三者关系示意图

一定意义上说,经济发展新格局是发展蓝图的底色,是供应链经济与金融的最终目标,供应链经济是蓝图的重要角色,有上承经济发展新格局的使命,下启供应链金融的需求,而供应链金融支持并服务于供应链经济,是经济发展新格局、供应链经济发展最底层、原始的动力源,通过对供应链经济的推动而催生经济发展新格局目标的落地。因此,重点研究、布局好供应链金融的发展,对供应链经济、对经济发展新格局的构建均有十分重要的意义。

(二)经济发展新格局下供应链经济的新特点

供应链经济在不同时期其本质特征不会发生太大的变化,但其非本质特点会随着经济环境的变化而发生变动和调整,经济发展新格局的新形势下,供应链经济的发展呈现出较多的新特征(见3),因而,就对供应链金融的发展也提出了许多新的需求。

表3:经济发展新格局背景下供应链经济的新特点

项目\内容	供应链经济的新特点	对供应链金融的新要求
1	消费供应链在供应链经济中的占比上升	重点支持消费性的核心及上下游企业
2	区域供应链经济发展将成为供应链经济主流	支持区域经济的核心企业的发展
3	全球价值链、供应链、产业链断链频发	锻牢供应链经济各个节点
4	供应链经济发展的复杂性程度前所未有	借助于现代化技术手段对供应链经济、金融进行风险控制
5	供应链经济的风险发生概率多且金融巨大	布局实施供应链金融风险分析、预警、监测等常态化管理

1. 消费供应链在供应链经济中的占比上升

随着市场经济的发展,社会分工越来越细,但从大的结构来看,生产、流通、交易、消费四大环节，各自均构成自己的供应链生态圈。在经济发展新格局背景下，强调的是以经济内循环为主，国内国际双循环同步发展的战略，而国内经济大循环又是以消费市场的激发为主导，因此，以消费为主体的市场必然带来供应链结构的上的变化。以消费为龙头的供应链与以其它为龙头的供应链显然对金融的需求是不尽相同。这就要求供应链金融要重点支持消费性的核心及上下游企业，以消费金融的提升带动消费经济的发展，从而牵引整个供应链经济的成长。

2. 区域供应链经济发展将成供应链经济主流

区域供应链经济的发展将成区域经济新航标。在经济发展新格局的背景下，依托自然优势、历史文化、政治经济中心等构建的若干区域经济将成为经济发展新格局的重要实现基础。

区域经济重要特点是依托区域优势来发展，形成各自相对封闭的发展生态圈，也就形成了相对独立的供应链，而且很多的供应链还是闭环式的。这就要求供应链金融要将发展着力点向内，立足支持区域经济的核心企业的发展，推动区域经济供应链条的拉长、拓展，以若干个区域供应链经济的振兴提振整个供应链经济的活力与信心。

3. 全球价值链、供应链、产业链断链频发

产业链、价值链、供应链在流动、运转速度上不同步，但链条是越拉越长，在链条的各个节点的衔接的难度在加下，垂直细分的延伸的供应链也在拉长，国内外供应链并不因为国界而将风险有效的隔离，其影响的传导的作用力始终存在，甚至力度在加大。而国际上的政治、经济发展的巨大不确定性，特别是极少数国家搞单边主义，人为设置国际贸易壁垒，极大危及全球供应链链接的基石。这就要求供应链金融要瞄准供应链经济各个节点，锻牢各个节点的，及时、用资金黏合链接断链的地方，保持供应链经济畅通流转。

4. 供应链经济发展的复杂性程度前所未有

要求金融对风险的穿透能力在加大，随着经济主体多元化，交易复杂化，供应链经济并不是清晰透明的网络，而是盘根错节、犬牙交错纠结在一起，因此，供应链金融的产品或其风险控制难度十分的大，对金融机构供应链金融的风险的管理提出个性化需求。供应链金融当积极借助于新生代信息技术，对供应链经济、金融进行全方位、全流程的风险管控。

5. 供应链经济的风险发生概率多且金融超大

由于供应链经济的黏合度、交织度的不断提升，单位个体发生的风险概率也在加大，而一旦发生风险，通过供应链机制的风险传导、风险扩散速度会加快，影响力会加大，要求金融的风险控制转档升级，这对于微型金融机构这种风险往往是致命性。因此，要保持供应链经济与供应链金融同步健康、协调发展。

当然，供应链经济中的这些新特点有些并不是因为经济发展新格局带来，而是供应链经济延伸历史发展的轨迹在新时代的一种新的表现形式，这些特点决定着供应链金融发展的模式的构造，要求供应链金融全面提升治理水平，运用最新金融技术工具用于供应链金融的管理，提升供应链金融服务供应链经济实力与能力。

（三）供应链金融发展中存在的主要问题

面对快速发展的供应链经济，供应链金融发展显得有些滞后，特别是在金融产品的供给、风险管理、服务手段方面尤其突出（见表4）。分析透这些问题的表现及原因，有利于进一步明确供应链金融改革的主要方向与发展重点，从而激发供应链金融发出更多发展动能，为供应链经济发展提供金融动力。

表4：供应链金融发展中存在的主要问题示意图

项目\内容	供应链金融主要问题	解决供应链金融主要问题主要策略
1	供应链金融供给体系不覆盖	提升线上供应链金融应用水平和范围
2	核心企业主动作为积极性低	制定勇于承担供应链金融方面责任核心企业差别化利率等政策
3	供应链金融泄密概率多又密	完善金融科技信息管理制度与系统
4	供应链金融科技管理相对滞后	保持商业银行信息科技管理体制与供应链经济、金融相协调、相融
5	供应链金融潜在的风险较大	运用金融科技全方位嵌入到供应链金融全流程当中

1. 供应链金融供给体系不覆盖

除了大型商业银行有遍布全国甚至全球主要国家的物理网点及办事机构外，大量的股份制商业银行、地方银行仍然属于区域性商业银行，而供应链则是有地就长根的树种，是涉及全国各地甚至各地的。而现行政策及物理环境对于微型金融机构做供应链金融业务极为不利。中小商业银行没有遍布全国的物理网点，现行的监管政策对区域性金融机构的异地融资是有比例和规模限制的，而从供应链本身来讲，又是跨区域的，因此，中小区域性金融机构无法享受供应链金融的盛宴，有些核心企业虽属于地方银行的核心客户，由于金融服务范转所限，眼睁睁地看着其为同业所掠走。而从各家银行来看，国有大行虽然供应链金融覆盖面广，但存在内部业务条线相对割裂，对市场反应不敏感，信息系统．开发响应不快等。股份制行分支机构遍布全国，市场嗅觉灵敏，行动力强，很早布局供应链金融，是当前银行系供应链金融供给的中坚力量。

中小银行体系内差异较大，头部城商行拥有较强的产品研发能力和金融科技力量，是供应链金融业务的主要供应商，推出线上化融资产品并逐渐崭露头角。但大量规模较小、地域覆盖有限的城商行与农商行，受限于人员储备和科技力量不足，难以将供应链金融作为主要发展方向。特别是目前受反洗钱等监管要求，开户等实地进行尽职调查获客成本高、效率低，而供应链业务的客户特点是以点带面，批量式营销，很难满足面签开户等线下业务要求，因此，束缚着供应链业务向上下游拓展延伸。

2. 核心企业主动作为积极性低

市场经济条件下，风险与收益永远是对等的，而作为企业主体，承担了相对应的风险就应当享受相对应的收益。供应链金融交易能否成功，核心企业的资质及能否为中下游企业主体背书至关重要。但通常情况下，核心企业为中下游企业进行确权或担保是要承担较大的风险责任的。一方面，好的核心企业一般处于相对强势地位，不愿意对应付账款进行确权，另一方面，从银行对贷款质理管控要求的角度，融资风险管理一般要穿透到核心企业，而核心企业因为他人的事项而不愿意将自己的经营信息全部裸现在银行面前，因而合作意愿不高。因此，在现行政策下，并没有明确的风险补偿机制或对核心补贴机制，因此，一些社会责任心不是很强的核心企业是不会为上下游企业提供确权等服务。

3. 供应链金融泄密概率的多又密

核心企业的积极性不高。供应链金融的泄密风险较大。供应链金融交易成功是基于商业银行对供应链上企业的信息全面的掌握。而在这一信息收集过程中，将要对链上的企业进行穿透式了解，因此，信息了解得越多，金融决策就越准确，而相对应的则是供应链上企业的有关或无关的信息可能被金融服务商完全取走，这对于供应链上企业而言，一些商业秘密因为涉及的环节很多，一旦泄密也难以查找或弥补相对应的损失，因而，供应链上的核心企业会对金融机构的信息资源进行屏蔽。

4. 供应链金融科技管理相对滞后

为加强商业银行信息科技安全管理，各行对业务系统．开发和业务信息科技服务均实行总行集中上收管理，内部管理流程较长，对供应链金融需求响应较缓慢，与供应链金融变化快、需求多差距较远。虽然各行供应链金融业务已经投入了一定的基础技术设施，但大多数商业银行在线供应链金融的技术整合还有较大空间，供应链金融业务系统较为分散，特别是系统间信息的交互和整体应用尚未实现，对于一些客户提出的在线供应链业务方面的需求，还没有建立标准化的供应链金融平台进行对接，物别是对于不同项目进行个性化的开发还不够，技术支撑供应链金融的力度还不到位。

5. 供应链金融潜在的风险较大

供应链金融中的风险：（1）链上中小企业资产保全清收难，促使借款小微企业有履行还款义务主观，但供应链上下游的中小企业缺少有效的抵质押资产，如若经营发困难，也很难按时偿付。（2）法律诉讼陷入困境，如果借款人同时在几家金融机构贷款，会同时涉及多个诉讼案件，造成涉案借款人的资产和账户被多轮查封。供应链金融发展当中存在的这些问题一方面是由于供应链本身所造成，另一方面，更主要是金融供给上存在的不足所引起，其最终结果会影响和阻碍供应链经济的健康发展，进而进一步影响到经济发展新格局的实现。

（四）以数字化为抓手全面推动供应链金融生产能力的再释放

2017年以来，国家有关部委连续先后5次发文关于大力支持供应链经济和供应链金融的发展，尽管政策十分利好，但供应链金融发展中存在的问题急需技术的创新与应用来化解，与此同时，经济发展新格局的构建，又对供应链经济与供应链金融提出了新的要求，而近年来，数字经济的快速发展，科技助力金融的转型升级已经成为金融业发展的不二选择，特别是大数据解决了银行与服务对象的信息不对称，人工智能解决了金融高效率及自动化管理问题，区块链更是通过共识机制、智能合约、去中心化等对传输中的信息实行了全过程的保真与约束，物联网从物质形态上对服务对象进行全方位的监控，5G、移动互联网极大提高了金融运行的效率，这些技术在供应链金融场景中均有极大发挥空间。

因此，基于构建经济发展新格局，根据当前供应链经济新特点与新需求，以数字化为切入点，通过对供应链金融进行系统的改造、升级，激发供应链金融的潜在生产力。至于供应链经济新特点对供应链金融提出的新需求以及针对供应链金融中存在问题应对策略，将在本文结论与建议中阅述，本文本处重点就如何以数字化为抓手全面推动供应链金融生产能力的再释放措施作重点研究。

1. 积极搭建供应链金融平台

平台化、线上化是当今数字经济发展的重要特征之一，平台化、线上化将线下复杂多变的经济活动完全集聚在一个虚拟的空间与平台上，有利于进行数字化的分析、整理、归类以及有效的监控和管理。平台化、线上化的供应链金融服务平台可以突破时间与空间的限制，将供应链上所有的经济活动在平台上进行展示，为供应链金融的成长提供了技术上的援助。

因此，（1）要构建多样化的供应链金融平台，可以是区域也可以是条线的，与供应链金融的发展高度配合；（2）要加强各供应链平台间的沟通与互用，实现平台各类数据的互联互用；（3）完善和优化供应链金融服务平台的功能，将供应链金融服务平台，整合为供应链经济发展的平台，为企业提供综合性和专业化皆备的金融服务；（4）构建多对多的供应链金融服务体系平台，即供应链金融对应的不仅仅是多家链上企业，可以是多家金融机构，使更多的金融机构可以从平台上找到适合自己的客户，销售自己的个性化的金融产品，从"线下人工"到"线上智能"。

目前商业银行较多应用的是应收账款流转平台业务，此类平台大都以真实、合法的贸易为背景，应用区块链等技术实现应收账款债权的签发、质押等完全在"链平台"上实现。实质就是应收账款债权的转让。由于区块链技术具有不可篡改、信息共享的功能，可以将具有真实贸易背景或者债务债权关系用电子凭证的方式进行业务交易，让核心企业的高级信用渗透于整个供应链中，让各级供应商小微企业借助于核心企业信用而获得适当的资金支持，由于企业间的交易规则事先被写进智能合约当中，从而使各类交易行业、合约可以直接执行，且每笔交易都可溯源。供应链上企业的各类敏感商业信息在区块链背景下实现不可篡改功能的同时，由于同时被加密储存从而有效的保护了链上所有企业的隐私不被泄密。

2. 加强供应链金融风险管理

供应链经济的复杂性致使供应链金融的管理难度加大，仅仅依靠传统的管理手段、理念无法适应当复杂多变的供应链经济发展的需求。金融科技已经成为现代金融管理的首选工具与手段。通过大数据可以实时了解供应链上企业及经营所有的实时情况，利用区块链可以有效的实现管理去中心化、溯源、智能合约等，而这些有利于有效地控制链上的风险，防止信息失真，物联网有效地解决了货物质押中的押品管理问题，可以实现24小时全天候的管理，而智能化风控则是人工智能的最有利的优势，基于大数据的基础上，可以通过预警系统的建立，机器人的自动操作、识别、计算，从而有利于高效能地了解、管理风险。因此，用金融科技手段多样及先进性思维，让供应链金融数字化、可视化、可信化、和智能化走进现实，打破因信息不对称、不完整所带来的风控难题，提升风险管理效率，降低风险管理成本。要逐步实现对供应链金融风险链条化的管理，通过升级供应链金融风控模型，实现金融科技对供应链金融全面风险管理，从授信企业"单点"风险管理模式向产业"链条"全风险管理模式转变，通过构建大数据动态风险监控系统，强化对供应链金融实现有效、实时的风险预警系统管理，实现供应链金融风险可控可解。

3. 不断创新供应链金融业务模式

为创新供应链金融模式，金融机构（1）要与核心企业、电商平台等市场资源方面抱团，推出高含金量的供应链金融服务方案和产品矩阵，让供应链条上各类参与者都能选择择到适中的融资方式。（2）要对传统供应链金融业务进行功能升级和优化，可以实现发票自动和批量核验，降低手工操作成本，运用电子签名方式，允许核心企业通过系统对接方式开展电子确权等，降低操作风险等。（3）可以提升传统供应链金融产品的服务体验和运行效率，加大金融科技技术在供应链金融领域应用，完成供应链场景化API产品，建成覆盖应收、预付、存货、场景金融等四大基础类别的供应链金融线上化产品体系。进一步做好商业银行交易银行产品组合销售以及精细化研发，做大、做长产业链。

4. 加大供应链金融开放力度

要走开放式发展道路，构建面向供应链金融场景和渠道的开放银行。开放银行利用开放API模式，通过与第三方技术公司的合作，让处于供应链场景下的企业主体随时都可以获得金融的支持，因此，通过发挥开放API模式业务在供应链金融业务中的支持作用，将各行的供应链金融产品完全展示给链上企业，并实时进行交易。因此，还要积极探索与物流、消费等领域的场景供应链金融合作机会，以拓展供应链金融服务新领域，通过开放银行主动对接供应链上的优质核心企业和平台，与核心企业、金融科技公司、供应链公司、保理公司、担保公司等多方合作，打造供应链金融各方共生发展的"生态圈"和"朋友圈"。

5. 不断提升供应链金融智慧化程度

供应链金融业务要从自动化向智能化再向未来的智慧化迈进，要实现供应链金融营销、产品、管理等多维度的全面智慧化。（1）营销智慧化，通过智能营销平台按照目标客户精准筛选，根据筛选结果引导客户经理营销目标企业，并借助于线上渠道做好供应链上下游企业营销工作，提升获得批量获客能力。（2）产品智慧化。不仅客户端产品服务完全实现线上化，对于链上企业的信贷申请、合同签约、提款、还款以及融资用信审批、等完全实现智慧化。大力推进数字员工对结构性供应链金融产品的审批，提升审批的客观性及效率，最大限度地发挥各方面协同效用。(3) 管理智慧化，打通行内业务管理部门间的"门户"，推广额度启用、远程智能核保、贷后管理、企业运行监控、抵质押物看管等内部管理性事务的自动处理或线上办理，推动供应链金融服务智能水平提升。

四、研究结论与建议

（一）研究结论

1. 必须重视供应链金融的特殊作用

供应链金融处于经济发展新格局、供应链经济底端，处于服务的地位与角色，然而正是这种底端构成了供应链经济发展的基础，特别是在市场经济出现极大的不确定性、不稳定性的背景下，金融对于供应链经济的发展起着压仓石作用，关键时刻可以锻链接口、拉长链条、保持供应链的上物流的畅通无阻。为此，要积极利用行业协会、联盟等组织将供应链与金融链间信息打通，构建健康、持续的服务供应链经济发展的供应链金融体制与机制。

2. 必须紧跟供应链经济变化新特点

供应链经济的发展在经济发展新格局与供应链金融两者中是关键，不仅影响着经济发展新格局目标的实现，也决定和影响供应链金融产品设计、服务模式等，因此，要实时研究并掌握不同时期供应链金融的新特点与新需求，保持供应链经济金融需求与金融供给相协调。

3. 必须扎紧供应链金融的风险敞口

供应链金融的风险貌似金融问题，实质是供应链经济问题，金融风险控制标准是市场经济要素中判别风险的重要原则与标准，也是对市场经济活动质量评价的重要指标，供应链金融风险这个锚控制得好，不仅有利于金融质量的提高，也有利于控制好供应链金融各个节点上的的风险点与风险源。

4. 必须设计好供应链金融的新布局

经济发展新格局深度影响供应链经济发展步骤，对金融的布局也有很大的影响，因此，商业银行要跳出供应链金融来审视供应链金融作用，而应当站在经济发展新格局的高度对金融布局进行整体优化，以服务经济内循环为主，坚持国内国际双循环的原则，将金融整体资源配置也要基于这一新格局，从而使供应链金融是基于金融新布局的一部分，以提升供应链金融与其他金融以及经济新格局的融合度。

5. 必须提升供应链金融在业务中的比重

经济发展新格局涉及经济的各个方方面面，金融当然也不例外，既然供应链经济是实现经济发展新格局中重要的有生力量和载体，商业银行在金融资源的配置中要加大供应链金融在各项业务中的占比。（1）要加大直接对供应链经济的支持力度，对于供应链经济发展的资金需求、金融服务要积极给予优先与重点；（2）要加大对供应链经济发展相关联的产业与行业的金融支持和服务力度，为供应链经济发展提供一个更加宽松与良好经济与金融环境；（3）要积极创新链上金融产品，通过产品的多样化、个性化，为供应链经济发展提供更加专业、特色的金融服务。

6. 必须加快供应链金融各项政策落地

近年来，国家为大力发展供应链经济，出台了很多供应链金融发展的政策领，以此来推动金融服务机构积极创新供应链金融服务模式，这些政策落地后取得了很好的效果。但由于供应链金融涉及到金融机构内部多个部门，而且还受金融机构的数据能力的影响，实际工作中协同难度还是较大，导致有些政策在落地过程中存在各种障碍和传导梗阻。因此，有必要扎实推进供应链金融各类政策的有效落地。

（二）研究建议

1. 增大区域金融机构供应链金融异地授信额度

对于供应链金融业务的中小金融机构在考核异地授信指标时，可以从异地授信额度中按一定比例扣除或完全扣除，让区域法人金融机构有更多资源支持供应链经济发展。

2. 设计支持核心企业发展供应链金融差别化政策

优质的企业，在行业的上下游起着承前启后，上下左右的核心、枢纽作用。一定程度上已经承担了较多的发展经济的社会责任，而供应链金融有些产品是完全基于核心企业的信用交易才能成立，如应收款票据融资，此时需要核心企业的确权，一定程度上核心企业是没有义务一定要向金融机构出具这方面法律文件。金融机构宜适当给予金融政策方面的优惠，对于承担供应链上信用担保的核心企业，实行有差别的利率政策，鼓励核心企业主动的履行确权、担保等责任。

3. 成立供应链经济与金融协调协会或联盟

供应链经济实质是提高高黏度企业间的合作经济，链上的主体是各个企业，因此，必要的组织形式有利于供应链上企业间的信息沟通与交流，在市场起基础性、决定性作用的背景下，行业协会、联盟等形式十分有利于供应链上企业的合作与共赢，通过协会或联盟形式将企业与金融机构间保持畅通信息沟通机制。

4. 大力发展供应链企业信用融资比重

商业银行要逐步改变只依托供应链核心企业对其他企业进行授信的习惯性做法，要更多专注对个体融资主体的质量评价，特别是拟授信企业的发展韧性与韧劲进行 360 度评估，要将第一还款来源状态作为最主要的授信和供应链金融服务的依据，在此基础上，可以积极推进线上企业的信用贷款。

5. 适时减免核销金融企业供应链金融服务小微企业坏账

供应链金融的意义不仅仅是驱动供应链经济的发展，支持、帮助为数众多的小微企业摆脱发展困境的是供应链金融的另一重大使命，基于小微企业高风险等特性，对于金融机构支持供应链上的小微企业所产生的呆坏账要积极实行税前核销，以激发金融机构做大供应链金融内在动力。

6. 加大商业票据汇票交易市场化程度

供应链金融中以应收款为押品的融资约占供应链融资 60% 以上，但目前商业汇票交易不发达、不活跃，一方面是由于有些核心企业信用度较差，另外一方面票据交易市场也不发达。因此，（1）要进一步发育商业票据交易市场，让票据交易成为投资客新的投资渠道；（2）要大力发展第三方对核心企业的信用评估制度，让核心企业的信用等级信息在一定范围内公开，为好的优质的核心企业提供更宽的发展空间；（3）要加强基于商业票据的金融衍生产品的设计，如允许其进行资产证券化，为供应链经济发展提供更多的金融资源。

此外，基于数字化作为供应链金融发展抓手，还要充分利用金融功能，全方位为供应链经济补短加长。为供应链经济提供授信融资只是供应链金融的部分而不是全部，因此，要为供应链上企业提供信息咨询、结算便利等同样是供应链金融的重要使命，金融机构要根据持续创新和设计多元化的金融产品，为企业提供全方位的、全功能性的金融服务。

来源：中国知网

（六）"链"金融，更好链接资金需求

为满足实体经济融资需求，近年来商业银行持续创新产品服务模式，积极发展供应链金融，从

供应链产业链整体出发,整合物流、资金流、信息流等信息,在真实交易背景下,为供应链中的关键企业与上下游企业提供系统性的金融解决方案。供应链金融解决了哪些融资难题?如何为供应链产业链提供优质的金融服务?

1. 银行首先抓住"链"中的关键企业,再找到"链"上下游的薄弱环节,为其提供信贷支持

4月的山东大地,到处是春天的气息。在滨州阳信县肉牛养殖户张新国自家的牛棚里,精心饲养的西梅塔尔肉牛正在闲适的吃草。

"再过几个月,我准备参与亿利源公司'养母返犊'项目,公司提供基础母牛,生出的牛犊由公司收购,3年后母牛还能以原价卖回给公司。"张新国说,每头母牛需支付3万元采购款,但有了产业链的支持,就能从银行获得专项贷款,"资金上没有后顾之忧,我准备养上50来头母牛。"

张新国所说的"养母返犊"项目,是阳信亿利源清真肉类有限公司的肉牛养殖产业链中重要一环。亿利源希望打通肉牛养殖的全产业链,增加企业的肉牛加工供应,稳固全链上下游企业、农户生产经营。而恒丰银行提供的供应链金融服务,成为这条肉牛养殖产业链发展的重要支撑。

"现在我们公司加工的牛肉供不应求,但进口的牛肉加工生产线产能利用率仅六七成左右,关键还是优质肉牛来源不足。有了供应链金融支持,我们可以自己构建一条养殖产业链,扩大肉牛养殖规模,提供充足的肉牛。"亿利源董事长杨振刚说。

按照亿利源的规划,从饲草种植、肉牛养殖、养殖园区建设、养母返犊、关键企业发展,到牛肉销售、冷链物流,这条产业链贯穿肉牛养殖全过程。"要尽量保证产业链相对封闭,每个环节都需要严密把控,才能降低风险,保证整个产业链高效运行。"杨振刚说,比如,只有饲养亿利源提供的母牛,生出来的牛犊才会被返收。因为养殖户自己不太清楚整个产业的状况和结构,不知道哪种品类的肉牛更好,亿利源提供母牛,教授养殖技术,能保证牛肉的品质。

而对银行来说,产业链供应链风险可控,在"链"中嵌入金融服务的风险就会相应降低。"与工业生产相比,农业产业链供应链相对较短,也没那么完备。银行可以与其中的关键企业合作,通过金融的手段帮助产业链填补缺失,也能在此过程中打开金融服务的新空间。"恒丰银行济南分行乡村振兴业务管理部负责人殷切说,要使贷款风险可控,就要保证资金在产业链关键企业和上下游企业中封闭流转。

在具体做法上,银行首先抓住"链"中关键企业亿利源,再找到"链"上下游的薄弱环节,为其提供信贷支持。恒丰银行为建设肉牛智慧养殖园区项目提供6000万元授信额度支持,然后顺着关键企业上下游而去:在上游,为与关键企业具有稳定供销关系的规模化饲草种植户、养殖农户、养殖合作社和养殖企业提供贷款;在下游,为牛肉加工、销售企业和冷链物流项目企业提供贷款。目前智慧养殖园区内养殖区的钢结构工程和有机肥加工中心的主体建筑已经搭建完成,整个产业链运转流畅。

2. 当前大部分供应链金融方案更多地依靠关键企业的信用延伸和信用增信

"十四五"规划纲要提出,提升产业链供应链现代化水平。为此,金融应助力添薪,为产业链供应链提供优质服务。今年的《政府工作报告》明确提出,创新供应链金融服务模式。

疫情防控期间,供应链金融的重要性已经凸显。为了帮助上下游中小企业及时回款,2020年3月,国务院常务会议提出,鼓励发展订单、仓单、应收账款融资等供应链金融产品,促进中小微企业全年应收账款融资8000亿元。当年9月,八部门联合发布《关于规范发展供应链金融 支持供应链产业链稳定循环和优化升级的意见》要求,金融机构、核心企业、仓储及物流企业、科技平台应聚焦主业,立足各自专业优势和市场定位,加强共享与合作,深化信息协同效应和科技赋能,推动供应链金融场景化和生态化,提高线上化和数字化水平,推进产业链条信息透明、周转安全、产销稳定,为产业链的市场竞争能力和延伸拓展能力提供支撑。

中国银行交易银行部总经理王晓介绍，目前市场上供应链金融模式主要包括两类：（1）关键企业采用债务付款承诺、债务加入、连带责任保证等模式，为上下游企业提供直接信用支持；（2）关键企业不提供直接信用支持，但能够对上下游企业进行有效管理，协助银行有效把控物流、信息流和资金流。

无论什么模式，在供应链金融中，关键企业都至关重要。"当前大部分供应链金融方案更多地依靠关键企业的信用延伸和信用增信，关键企业作为付款人，为上游供应商提供应付账款确权，帮助其获得金融支持，但对下游经销商企业，关键企业作为收款人，通常难以提供直接的信用支持。"王晓说。

"关键企业的作用，应该更多地体现在对产业链供应链的整合上。"安徽银保监局局长周家龙认为，供应链金融首先是要有较为完备和稳定的供应链产业体系，关键企业要主导构建起供应链管理体系，包括关键企业自身和上下游企业的内部经营管理系统、原材料、产成品和物流信息系统等，在此基础上金融机构嵌入服务，再运用金融科技的力量和一些增信手段，供应链金融就会有更好的发展前景。

金融科技赋能，也让供应链金融更精准、高效。近年来，一些金融机构和平台公司借助于大数据、区块链、物联网等技术，更精准地识别企业真实资金需求，智能监控金融风险。比如微众银行摆脱对关键企业信用的过度依赖，关注上下游小微企业自身经营状况，以及其与关键企业之间真实的贸易关系和交易数据，运用大数据技术建立起全流程智能化风险控制系统。

3. 转变风险控制理念，用好科技平台"转换器"

除关键企业之外，提供金融服务的金融机构和科技平台应该发挥什么作用？

（1）银行要转变理念。恒丰银行交易银行部负责人张黎炜说，各家银行在产品和模式上做了大量的创新，金融科技在供应链金融上的运用日趋成熟。例如银行与第三方科技公司开展合作，对传统细分行业进行数字化改造，实现对大数据的精准抓取和高效运用，打造了数据驱动的智能风控体系。

"现在最迫切的是要转变风险控制理念。"张黎炜分析说，银行深耕各个行业多年，比金融科技公司更了解客户有价值的信息和数据。但囿于传统信贷审批理念，往往容易形成对关键企业的路径依赖，主要依托关键企业的信用实现对链属企业的风险控制。目前恒丰银行正在探索围绕细分行业全生命周期，对产业链进行打包统一授信，联合关键企业对产业链进行数字化改造，通过资金流和物流封闭运行实现风控闭环，将授信资源精准滴灌到链条各节点。

（2）相关金融科技公司要发挥信息和技术的优势。天星数科副总裁赵卫星说，科技平台企业要通过数字技术手段，以开放姿态连接产业实体和金融机构，用科技的力量做好产业和金融之间的"转换器"和"适配器"。

赵卫星说，科技平台一方面推动产业数字化升级，帮助实体企业降本增效；另一方面通过大数据、云计算、区块链等数字科技手段，将产业实体的生产行为、经营风险、产业数据、企业信用、行业特点等，转化成金融属性上的可见可读可信、可评估可验证可流转的信息，帮助银行等金融机构更好地识读产业、看懂企业、评估风险，更愿意服务企业。

（3）要加快数据共享和开放。赵卫星说，"在我们服务一个个产业、帮助一家家企业进行数字化提升的过程中发现，随着产业数字化的不断深入，遇到的难题也不断呈现。"比如有的产业上下游数字化程度参差不齐，"数据孤岛"情况严重，甚至在一家企业的各个生产环节中，数字化接口、通信协议、数采模式都不一样，无法协同。再比如经营环节的数字化相对成熟，但是制造环节的数字化就比较难以深入。

王晓认为，由于对新技术和新业态缺少长期的历史数据积累，基于大数据的供应链金融信用风险评估模型的有效性和合理性，还有待在业务实践中去验证和完善。希望出台更多的供应链创新鼓励支持政策，搭建开放创新的供应链发展互动沟通机制，为金融机构供应链金融创新给予专项的信贷规模和资金支持。

　　受访的多家金融机构均建议,应持续强化数据库建设,加大信息数据的共享和开放力度,包括海关、进出口贸易等数据,产业链采购、生产、分销、仓储、物流等各个环节的交易数据,以及互联网交易平台的交易数据等。此外,还要将这些数据加工处理成可服务于供应链金融的征信数据。

来源:《人民日报》

二、物流融资租赁

（一）融资租赁在供应链金融中的几种业务模式

1. 方案简介

供应链金融在当今市场发挥着越来越重要的角色，它是商品交易下应收应付、预收预付和存货融资而衍生出来的组合融资，是以核心企业为切入点，通过对信息流、物流、资金流的有效控制或对有实力关联方的责任捆绑，针对核心企业上、下游长期合作的供应商、经销商的融资服务。

在供应链金融中可以把钱投在需求大的地方，有效提高一个产业链的总体效益。融资租赁有限公司所提出的供应链金融模式可以根据不同的企业进行有效的调整，以达到解决企业客户融资难的问题，以及为对象客户提供货物的囤积。在供应链金融模式中主要有保兑仓融资、应收账款融资、融通仓融资。融资租赁业务可以融入保兑仓融资和融通仓融资这两种模式中。

2. 关系图

（1）保兑仓融资模式—直接租赁

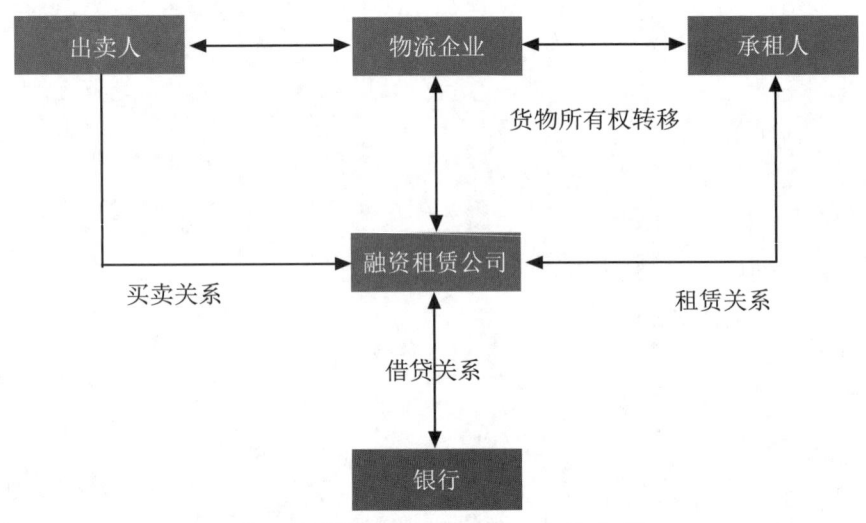

图 3: 保兑仓融资模式—直接租赁

①承租人、厂商、租赁公司、物流企业签订《货物融资租赁合同》。出卖人（厂商）、承租人、物流企业、租赁公司首先签订《货物融资租赁合同》，以明确各自权利和责任。

②融资租赁公司和银行签订《贷款合同》。

③在《货物融资租赁合同》中要明确厂商回购义务和客户为其自己提货逾期而做相应担保责任。此外，租赁公司和物流企业要明确仓单质押涉及到的货物所有权转移，以及物流企业对存货安全性的担保。

2、融通仓融资模式—售后回租

①承租人、物流企业、租赁公司首先签订《货物融资租赁合同》，以明确各自权利和责任。承租人，租赁公司，物流企业签订《货物融资租赁合同》。

②融资租赁公司和银行签订《贷款合同》。

③在《货物融资租赁合同》中要明确第三方担保和客户为其自己提货逾期而做相应担保责任。此外，融资租赁公司和物流企业要明确仓单质押涉及的货物所有权转移，以及物流企业对存货安全性的担保。

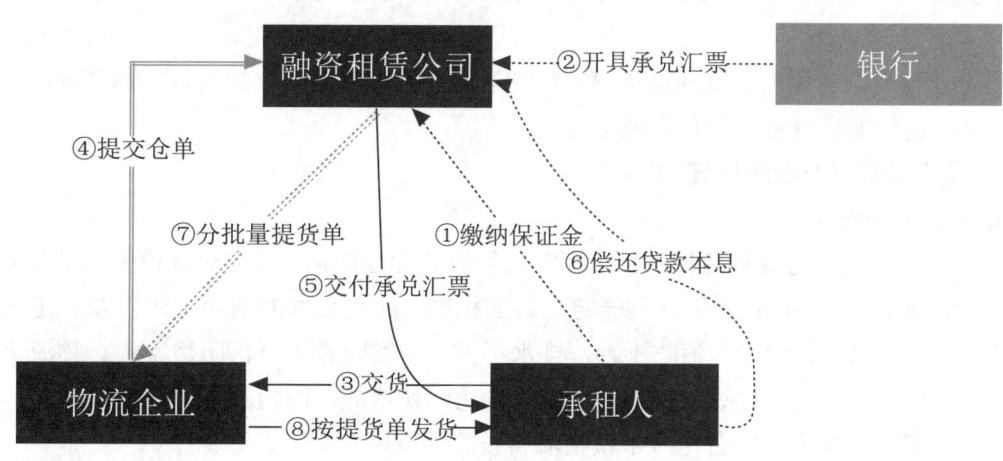

注：实线为物流方向，虚线为资金流，双实线为单据传递。

图 4：融通仓模式——售后回租

3. 两种模式关键点分析

（1）还款来源
①客户要提供其与下游经销商或直接用户的商品销售合同。
②租赁公司可以向银行提供贷款客户的应收账款质押或保理。
③客户对其自己提货逾期提供自有资产的担保措施。
④厂商对逾期货物提供回购担保。

（2）优势分析
①对于下游买方（客户）可以用银行融资支付预付货款，减少自有资金占用。售后回租业务模式中，客户可以把货物变现，加强企业自身现金流。此外，客户可以在原材料销售淡季买入存货以达到降低成本，抵抗通货膨胀影响。
②对于上游出卖方（厂商）可以提前确定销售规模，提前回收资金，稳定客户关系，提高市场占有率。
③能够为银行贷款找到良好的服务对象，大大减少了银行的不良贷款风险。此外，租赁公司还可以为银行做应收账款保理，应收账款质押，扩大了市场份额，拓展了业务范围。
④为物流企业提供一个良好的供应链循环，使其能够在供应链环节中发挥越来越重要的角色，能使整个供应链快速发展。

（3）信用条件
①对于下游买方（客户）符合国家产业政策，发展前景良好，或在合作银行开设基本账户或一般结算账户。
②买方（客户）有明确的销售（赊销）政策，并有完整有效的产品下游销售合同，产品生产周期正常，提货周期正常，有较好顺畅的自有资金。
③客户需要与上下游厂商保持良好的合作关系，有完整的交易记录，且未发生过重大违约经济纠

纷。

④客户需要交纳的申请材料：企业工商局登记证，企业机构证明，纳税材料，完税证明，企业法定代表人资料，主要股东个人信用记录，近3年企业的财务报表，审计报表，验资报告等。

⑤上游卖方厂商原则上是国内主流或行业主流企业，当地的龙头企业，具有完整良好的信用记录。

⑥物流企业自身具有强大的交通运输网，货物运输能力，货物验收能力，货物监管能力，完整良好的信用记录，良好的自有资产为货物做担保。

（4）风险点分析以及应对措施

①物流企业存货风险

厂商一旦将标的货物运抵融资租赁公司指定的物流企业仓库后，物流企业就要对此货物验收，监管，保护。因此物流企业的选择是要达到一定良好的标准，就有良好的信用记录以及一定规模的自有资产。一旦货物遭到破坏，例如：消防不善，排水不善，防腐防霉不善，防盗不善。物流企业要能够及时的补救，并算出损失，及时的向货物的所有方做出赔偿措施。国内较大的物流企业有：中国物资储运总公司，中国远洋物流有限公司，中铁物流科技股份有限公司等。

A. 如果货物由物流企业运抵客户指定地点，货物抵达之前的损失风险全由物流企业承担。

B. 如果货物由客户亲自执融资租赁公司签发的提货单提货，货物装车后的风险转移给客户

存货的要求：

a. 货权清晰，为了保证融资租赁公司最终对货物处置时没有其他第三方主张权利，在进行动产抵质押时需要对出质人或抵押人提供的动产权属进行认定；（增值税发票、货运发票）。

b. 价格稳定，价格波动剧烈的商品不宜作为抵质押物，一是增加盯市工作量，二是处置需要时间。

c. 流动性强，基础原料，战略物资，大宗物资，初级产品。

②违约风险

受到一些人为或者天灾的影响，客户不能够按规定及时的交付货款。所以融资租赁公司首先要和厂商签订回购协议，以对货物提供回购担保。然后，融资租赁公司还要和买方客户签订对其提货逾期造成的货物贬值提供相应有效的担保措施，该客户可用自有资产做担保。

③法律风险

仓单质押担保操作程序是否完备会影响到融资租赁公司，物流企业，融资企业甚至厂商企业的权利和义务。同时会引起质押物所有权的法律纠纷问题。根据我国《合同法》《担保法》等相关法律，仓单质押为权利质押。仓单转移存储物其所有权也同时转移，仓单上所记的物品权利与仓单本为一体。因此，仓单质押担保程序是关系到仓单权利是否实现的关键。然而，目前没有统一的法律标准，这也是引起法律纠纷的原因所在。所以，物流企业、融资租赁公司、客户要制定一个三方同意的有法律效益的《仓单质押操作合同》，以明确租赁公司和物流企业之间的货物所有权的转移。另外此合同也可以防止物流企业和客户进行违法犯罪活动。

5、产品内容设计

①保证金，手续费，首付金

下游买方客户需首先向租赁公司预付货款的20%～30%作为保证金。

融资租赁公司为此业务收取1.5%--2%的手续费、首付金为货款的5%--10%、租赁利率，在我方取得资金成本基础上上浮30%；仓储管理费用（比物流公司对外价格有所优惠）

融资租赁公司资金成本：银行承兑汇票或国内信用证方式结算：承兑汇票或信用证手续费、银行

贷款现金结算：贷款利率。此种方式下融资租赁公司可在银行做保理业务及时回笼资金。

库存原材料的未来价格走势要与美元的价格走势成反比。

②库存原材料的选择

A. 鉴于租赁公司采用"银行承兑汇票"向上游厂商付货款，而承兑汇票最高期限为6个月。下游客户需要有高存货周转率，良好的销售渠道。

B. 2009年末，全国中小企业平均存货周转周期为124天，应收账款周转周期为91天。营业利润为12.47%，销售增长率为0.89%，利润增长率为0.73%。

③担保条件

A. 原材料供应商在客户发生逾期后提供无条件回购担保。以货物原价和市场公允价值孰高者的一定比例（如80%至90%）回购。

B. 客户的土地厂房进行不动产抵押

C. 法人代表夫妇两人连带责任担保

D. 股权质押

E. 第三方担保

F.（可选择）物流企业为客户做出担保，在客户放弃提货权并无法实施厂商回购时，由物流企业负责对余下货物进行拍卖或转售，以补偿租赁公司的风险敞口。

4. 融资产品

（1）买方付息贴现，委托代理贴现业务等应收类产品。

（2）先票（款）后货存货质押，国内信用证，委托代理开票，法人账户透支等预付类产品。

（3）电子票据，票据库等电子服务类产品。

5. 退出机制

（1）最后一期客户缴清全部货款及利息，货物移交完毕，融资租赁业务结束。

（2）当客户出现逾期或放弃提货权，按担保措施实行风险敞口补偿。（厂商回购、客户担保、物流公司处置）

（3）若货物市场价值较高，租赁公司还可自行处置，在期货市场交易或者转售。

6. 贷后管理

（1）银行承兑汇票到期前15日，如客户交付的货款不足以兑付承兑汇票时，业务人员要以书面的形式通知客户组织资金兑付，并通知核心厂商作好承担保兑责任准备，如到期日前5日内下游客户仍未备足兑付资金，厂商必须无条件在5日内（到期日前）承担保兑责任。

（2）业务部门和生产商、客户应视提货发生频率，定期、专人每月或每周核对提货量和未提余额。每季度末，各分行要将保兑仓业务，通融仓的开展情况上报公司。

（3）项目经理应采用多种方式对生产商和客户进行授信后跟踪，密切关注其经营、财务、管理、产品销售、产品结构变化、产品价格变动和市场竞争程度等可能对租赁公司授信产生不利影响的情况。此外，项目经理还应随时从银行信贷登记系统查询客户、厂商在他行的授信情况，防止一份《购销合同》多头取得信用支持。

来源：搜狐网

（二）物流外包企业融资技巧有哪些

在我国，随着网络的发展，促进了物流行业的繁荣。在现实生活中，人们往往在各大网站进行购物消费，足不出户就可以进行各种各样的活动了。因此，对于物流的需求也得以提高。但是，对于一些物流外包企业来说，其融资过程是存在很多困难的。所以，了解物流外包企业融资技巧是十分有必要的。

1. 中小企业融资困难的原因

（1）我国缺乏对中小企业融资的政策扶持

目前，我国央行通过窗口指导，对全国性商业银行在原有信贷规模基础上调增5%，对地方性商业银行调增10%，并要求这部分额度必须用于中小企业、农业或地震灾区；随后出台政策放宽中小企业贷款额度，对个人小额担保贷款的最高额度从2万元提高至5万元；对劳动密集型小企业小额担保贷款的最高额度从100万元提高至200万元。虽然这些政策有较强的针对性和操作性，但长期来看，仅靠增加贷款很难从根本上解决中小企业的融资难题。比照国际经验，许多国家依据中小企业所有制类型和行业特性，对其融资都采取了各种优惠政策进行扶持。

（2）我国缺乏专门的金融管理机构

许多西方发达国家为了对中小企业进行金融支持而设立了专门的金融管理机构。一方面，专门管理机构的建立为一部分无法通过一般渠道获得商业贷款的中小企业提供了风险担保，解决了其资金需求问题；另一方面，可以成立政策性基金，专门用于支持中小企业发展。在我国，中小企业分属于各级政府及各产业主管部门，中小企业的宏观管理权较为分散。金融体系没有成立专门针对中小企业的政策性金融机构，尚未构建完整的中小企业信用担保体系，从而导致金融机构的资金支持也无法满足中小企业的发展需求，这使得中小企业的融资困境无法从根本上得到解决。

（3）中小企业经营稳定性差，增加了银行的信贷风险

由于中小企业规模小，在信息收集、分析市场方面投入成本少，因而易受经济景气性、金融环境以及行业变化的影响，这对于以稳健经营为宗旨的银行来说意味着还款的不确定性增加。据美国小企业管理局（SBA）统计，有近30%的小企业在成立两年内消失，由于经营失败、倒闭或破产等原因，有近56%的小企业在4年内退出市场。它反映了中小企业的经营稳定性差、投资风险大这一特征。在这种形势下，银行本着稳健性的经营原则，自然会尽量少贷或不贷给中小企业资金以规避风险，这在一定程度上阻断了中小企业的主要融资渠道，加大了中小企业的融资难度。

（4）中小企业可用于抵押担保的资产不足

金融机构在向信息不对称的中小企业提供贷款时，虽然难以获得贷款决策所需的信息，但可以从企业所提供的抵押品或者第三方担保中获得关于企业未来偿还能力的信息和保证，从而做出贷款决策，并且抵押有助于解决逆向选择问题。但由于中小企业固定资产比例低的财务特征，所能用于抵押的资产相对十分匮乏。因此商业银行不愿意对中小企业放贷。

（5）中小企业信用等级低，贷款成本高，银企关系恶劣

2. 物流外包企业融资技巧

（1）写一份大型商业计划书，然后丢掉。这是怎么回事？其实最重要的是参加制作商业计划的过程而不是结果，事情改变太快，计划很有可能落空。但是参与制订计划书的过程会让你更清楚自己在做什么，需要什么，项目存在什么问题等。

（2）公司吸引力源于公司执行力。创意虽好，最终起作用的还是执行力，如果没有执行力，再好的创意也是浪费；如果执行力够好，就能产生更多的创意以及更强的执行力。当风险投资家看到了你的执行力，他们才有可能投你。对于独立开发者一样，执行力构筑信任。

（3）制作视频。大多数投资者投人不投项目，视频制作很重要，有视频作解析的项目获得的融资是没有视频的项目所获资金的2倍之多，这点至关重要，不论你是想吸引VC还是想吸引就凭一张DVD就给你25美元的投资人，都如此。

（4）让你的项目经常露面经常更新状态。比如在众筹平台上，那些更新31次或者以上的项目往往融资要比那些不经常更新的项目多4倍。在Chapnick筹集风险投资期间，他会确保至少每两周就与投资人沟通一些积极的事情。经常更新还有一个好处：当你要更新的时候，你就会强迫自己进步，如果没有进步，谁会接着投呢？

（5）最后期限孕育新生，想象最后期限将至，你该怎么做？放下包袱，敢于失败，往往那些敢于失败并且能做出迅速调整的公司与项目都注定不会失败。

（6）在投资人转身之前说出你必须说的东西，网上变化太快，如果你不迅速抓住眼球，那么你就与幸运失之交臂，众筹如此，风险投资也一样。

中小企业面临着信用难，偿还率低的问题，导致融资出现了各种各样的阻碍。所以，当物流外包企业想要获得融资，就得提高自己的信用，同时与提供融资的服务进行详细的沟通，获取他们的信任。

来源：律图

三、物流直接融资

（一）物流企业融资的方式有哪些

1. 物流企业融资的方式有哪些

物流企业融资的方式有：①银行贷款。②发行债券。③融资租赁。④金融租赁。加强融资能力的办法：①创新政府基金支持物流金融发展。②加大税收政策支持。③引导物流企业提升自身信用等级，力促金融创新。企业会想着扩大产业链，来顺应市场的需要，这时候就可以通过融资的方式来实现资金的积累。

（1）银行贷款

银行是企业最主要的融资渠道。按资金性质，分为流动资金贷款、固定资产贷款和专项贷款三类。银行对一些经营状况好、信用可靠的企业，授予一定时期内一定金额的信贷额度，企业在有效期与额度范围内可以循环使用。

（2）发行债券

企业债券，也称公司债券，是企业依照法定程序发行、约定在一定期限内还本付息的有价证券，表示发债企业和投资人之间是一种债权债务关系。债券持有人不参与企业的经营管理，但有权按期收回约定的本息。

（3）融资租赁

融资租赁，是通过融资与融物的结合，兼具金融与贸易的双重职能，对提高企业的筹资融资效益，推动与促进企业的技术进步，有着十分明显的作用。融资租赁有直接购买租赁、售出后回租以及杠杆租赁。

（4）金融租赁

金融租赁是一种集信贷、贸易、租赁于一体，以租赁物件的所有权与使用权相分离为特征的新型融资方式。设备使用厂家看中某种设备后，即可委托金融租赁公司出资购得，然后再以租赁的形式将设备交付企业使用。当企业在合同期内把租金还清后，最终还将拥有该设备的所有权。对于资金缺乏的企业来说，金融租赁不失为加速投资、扩大生产的好办法；就某些产品积压的企业来说，金融租赁不失为促进销售、拓展市场的好手段。通过金融租赁，企业可用少量资金取得所需的先进技术设备，可以边生产、边还租金。

2. 如何加强物流企业融资能力

我国物流行业规模庞大，占GDP比重高，物流金融存在一些亟须解决的问题，如监管法律关系的界定、行业规范的完善、准入机制的建立等。利用相关政策调控和金融工具，加强对物流金融的扶持和引导，推进行业持续健康发展。

（1）创新政府基金支持物流金融发展

通过设立物流产业基金、入股社会金融机构等方式，加大对重点物流金融服务企业的支持力度，为其发展提供必要的资金保障；同时，积极引导金融机构提高对符合条件企业的授信额度，降低物流金融风险，助力打造区域物流金融服务中心。

（2）加大税收政策支持

业内人士建议，为促进现代物流业做大做强，政府宜为物流产业的发展提供更多、更符合实际需要的政策支持，如颁布税收优惠政策、降低相关税率等，力争从政策上为物流产业发展提供强大支持。

（3）引导物流企业提升自身信用等级，力促金融创新

企业要加强自身建设，尤其是设法提升自身信用等级，并及时与银行进行交流，使银行准确掌握自己的融资需求。从银行角度来看，也要从物流市场的实际情况出发，针对物流企业研发具有风投性质、支持新生物流企业发展的融资产品等，以便增加自身收益。鉴于物流企业普遍具有强烈的保险需求，保险公司也应积极研发针对性强的险种，大力推动物流保险业务全覆盖，以此提高自身实力，实现多赢。

综上所述，企业如果想得到好的发展，那就避免不了要去进行融资，而物流企业向大众融资的情况也是为了缓解企业在资金上面的压力，所以就需要去了解企业融资的方式有哪些，进而去选择一个自己有能力承担的方式去融资。

来源：律图

四、物流保险

（一）物流保险的基本原则

现在随着我国公民对于风险意识的防范已经越来越高，所以导致我国的保险公司在发展的过程当中寻求到了很多的市场商机，大家能够想象得到的保险类别基本上都有被保险公司开发。接下来，我为大家介绍一下物流保险的基本原则呢，请继续阅读以下由找法网小编为大家仔细归纳整理的相关知识，希望对大家有所帮助。

1. 物流保险的基本原则

（1）保险利益原则

保险利益是指投保人对保险标的具有的法律上承认的利益。

保险利益原则是指在签订保险合同时或履行保险合同过程中，投保人和被保险人对保险标的必须具有保险利益的规定。

（2）最大诚信原则

最大诚信是指当事人真诚地向对方充分而准确的告知有关保险的所有重要事实，不允许存在任何虚伪、欺瞒、隐瞒行为。

最大诚信原则是指保险合同当事人订立合同及合同有效期内，应依法向对方提供足以影响对方做出订约与履约决定的全部实质性重要事实，同时绝对信守合同订立地约定与承诺。

（3）近因原则

近因是指在风险和损失之间，导致损失的最直接、最有效、起决定作用的原因，而不是指在时间上或空间上最接近的原因。近因原则是指在风险与保险标的损失关系中，如果近因属于被保风险，

保险人应负赔偿责任；近因属于除外风险或未保风险，则保险人不负赔偿责任。

（4）损失补偿原则

损失补偿原则是指保险合同生效之后，当保险标的发生保险责任范围内的损失时，通过保险赔偿，使被保险人恢复到受灾前的经济原状，但不能因损失而获得额外收益。

2. 物流公司保险的理赔程序

（1）损失通知

当被保险人获悉或发现保险货物遭损，应马上通知保险人，以便保险人检验损失，提出施救意见，确定保险责任，查核发货人或承运人责任。延迟通知，会耽误保险人进行有关工作，引起异议，影响索赔。

（2）向承运人等有关方提出索赔

被保险人或其代理人在提货时发现货物明显受损或整件短少，除向保险公司报损外，还应立即向承运人、受托人以及海关、港务局等索取货损货差证明。当这些损失涉及承运人、受托人或其他有关方面如码头、装卸公司的责任，应立即以书面向他们提出索赔，并保留追偿权利，必要时还要申请延长索赔。

（3）采取合理的施救、整理措施

保险货物受损后，作为货方的被保险人应该对受损货物采取措施，防止损失扩大。特别是对受损货物，被保险人仍须协助保险人进行转售、修理和改变用途等工作。因为相对于保险人而言，被保

人对于货物的性能、用途更加熟悉，因此，原则上残货应由货方处理。

（4）备全必要的索赔单证

①保单或保险凭证正本

②运输契约，如提单、运单和邮单等

③发票

④装箱单、磅码单

⑤向承运人或有责任方请求赔偿的书面文件

⑥检验报告

⑦海事报告摘录或海事声明书

⑧货损货差证明

⑨索赔清单

3. 物流保险的种类

在物流作业过程中，只要涉及货物作业、监管的运作环节都有可能涉及货物保险问题。一般保险最受重视的环节有仓储作业、空运、海运、陆路运输作业阶段。在很多情况下港口作业过程的保险是作为运输保险的一部分投保的。海运过程中的险种分基本险和附加险，基本险又分平安险、水渍险和一切险等3种。陆路运输过程中的险种主要有陆运险和陆运一切险两种。航空运输过程中的保险分为航空运输险和航空运输一切险等2种。

以上就是关于物流保险的基本原则的相关法律知识了，综上所述，我们可以知道，保险原则总体来说包括以上四个部分，比如诚信，损失补偿等原则，可是如果要细分到各个不同类别的保险的话，每一种保险项目都有着不同的保险原则。

来源：找法网

（二）物流保险目前的险种以及对近代物流工业的促进作用

目前，随着社会的发展，人们对物流产业的需求越来越大，中国物流产业的竞争也越来越激烈，正在形成一种新的市场格局，如何规避风险是每一个物流企业都要面对和解决的问题。所以，物流保险很重要。

1. 物流保险目前的险种

（1）传统物流保险

目前，中国保险公司为物流行业提供的传统保险类型主要有3种：财产保险、货物运输保险、责任保险和信用保险。财产保险的保险标的与物流系统中的财产相对应，可以包括网上产品、仓库中的成品、半成品和原材料（统称为"库存"），用于工厂材料的生产、加工、包装、仓储、装卸设施和设备。

（2）物流新兴的专业保险

还有物流综合保险刚起步的专业保险。是最适应近代物流发展的理想保险，也是物流的专业保险。在中国，物流综合保险由于物流行业起步较晚、物流行业本身的不规范以及经营者的旧观念等原因，一直没有被广泛接受和实施。

2. 物流保险对近代物流工业的促进作用

（1）填补我国物流企业保险的空白

物流责任保险是物流企业急需的一种综合责任保险。因为人们对物流缺乏统一定义，而且物流服务内容不同，物流企业保险经验不足，国内外的保险公司仍处于探索阶段。

（2）已初步满足物流企业在中国的基本责任保险需求

本条款遵循国家标准《物流术语》中"物流"的定义，涉及运输、储存、装卸、搬运、包装、配送处理、配送和信息处理等各种物流服务环节。与现阶段物流服务企业提供的主要物流服务相一致，涵盖了我国物流企业在实现服务基本功能过程中因疏忽而应承担的大部分货物损失赔偿责任，初步满足了现阶段物流服务企业的基本责任保险需求。

（3）能简化物流企业的投保程序，节省物流保险费用

过去，中国物流企业为了通过保险分散和转移责任风险，必须根据所从事的业务活动，投保承运人责任保险、仓管员（受托人）责任保险、货运代理人责任保险、公众责任保险等责任保险，并根据每种保险类型确定保险责任限额和支付保险费。

从宏观角度看，物流保险是所有与物流活动有关的保险。将这一概念与物流概念相结合，可以得出结论，物流真正的保险概念是与物流活动相关的一系列保险内容，如财产、货物运输、机器损坏、车辆及其他交通工具的安全、人身安全保障、员工忠诚度保障等。在货物从供应地到接受地的实际流动中。还有可预见和不可预见的自然灾害。

来源：赢家财富网

摘录整理：叶克全 何牧

附 录
上海物流业大事记

1. 2021年2月10日，新年伊始，国际大港洋山港迎来开门红，船舶进出量和货物吞吐量创新高。据洋山港海事局统计，2021年1月，洋山港国际集装箱船舶进出704艘次，同比增长11.9%，环比增长12.3%，集装箱吞吐量以196.5万标准箱突破历史纪录，同比增长17.8%。洋山港集装箱吞吐量从2020年6月开始快速上涨，其中洋山四期自动化码头增势明显，1月，洋山四期自动化码头安全进出国际集装箱船舶234艘次，同比增长53.9%。洋山港船舶流量的增长主要得益于港口周转和运营效率的提高。其中，南美的船舶班次最多，其次是欧洲、地中海、美东和美西航线。

2. 2021年2月，上港集装箱吞吐量有望突破340万标准箱。这创造了一项历史，在经常包含春节的2月，上海港集装箱吞吐量首次站上月度300万标准箱这一台阶。以往，从春节开始到节后2~3周，都是传统的航运淡季，但今年，上海港迎来了史上最忙碌的"淡季"。7天假期内，上海港集装箱吞吐量就达到90万标准箱，同比增长24%。火热的市场行情下，上海港定下了新年目标。今年的目标是全港集装箱吞吐量达到4400万标准箱。上海港将努力争取有更大突破，继续保持全球领先的地位。

3. 2021年3月5日，上海市物流协会参加了在市政府召开由市人大财经委主持的"关于加快制定《上海市促进物流产业发展条例》"座谈会，市政府相关委办领导和有关专家参加会议。在市人大第十五届人大第五次会议期间，有18名人大代表提出了关于加快制定"上海市促进物流产业发展条例"的议案，该议案汲取和采纳了上海市物流协会关于推动上海物流产业发展的行业分析、发展重点和有关建议。上海市物流协会在政府制订十四五发展规划期间，两次召开关于"上海十四五物流业发展规划的意见征询会议"，听取协会专家和物流企业的意见，并形成了有关建议的报告上报市政府主管部门。在座谈会上，上海市物流协会常务副秘书长陈震作了发言，重点就明确主管部门和加强顶层设计提出了意见和建议。

4. 2021年4月7日，上海市物流协会在静安铂尔曼酒店5楼会议厅举行第三届第五次会员代表大会暨理事会会议。市商务委市场体系建设处肖刚处长、市发改委产业处朱思民处级调研员、市经信委生产性服务业处张莉副处长、市经信委综合规划处赵广君副处长、市交通委综合交通处邱小明处长、市商务委市场体系建设处余佳等政府主管部门领导莅临会议指导。协会会长浦静波、协会监事长高端出席会议。会议讨论审议了相关文件，通报了物流统计工作和物流行业信用体系建设情况。会上，协会代表上海市荣获2020年全国物流行业的劳模先进，宣读了面向行业的"弘扬劳模精神，实现新的跨越"的倡议书。

5. 2021年4月22日，"上海市冷链服务大数据中心"在上海市物流协会正式揭牌。"上海市冷链服务大数据中心"是在市商务委的指导下，在市粮食和物资储备局、市市场监管局、市交通委、市经信委等部门的支持下，通过协会3年多的数据积累，经过半年多的时间开发完成。这些数据在疫情防控期间，配合市政府在防疫物资抢运、上海港冷藏箱疏港、冷库信息追溯、进口冷链食品中转查验等方面发挥了重要作用。

6. 2021年4月22日，中共中央宣传部"初心始发地，再创新奇迹"新闻发布会上，中共上海市委副书记、市长龚正介绍上海传承红色基因、奋斗新时代、推进高质量发展的情况。龚正表示，经过继续努力，上海已基本建成国际经济中心、国际金融中心、国际贸易中心、国际航运中心，形成具有全球影响力的科技创新中心基本框架。

7. 2021年5月6日，主题为"发展现代物流体系，服务新发展格局"2021上海物流日高峰论坛暨华辰优安食品供应链生态平台启动发布会在上海国际会议中心圆满举行。本次活动以线上和线下相结合，通过直播平台多点联动的方式推出。"上海物流日"是上海物流界的品牌活动。活动由中国自由贸易（试验区）临港新片区管委会、上海市发改委、市商务委、市经信委、市交通委、市对外合作交流办公室、长三角地区合作办公室指导，上海现代服务业联合会、上海市物流协会、上海市物流学会、上海华辰隆德丰企业集团、上海商学院主办，上海物流行业社会组织合作联盟、上海冷链联盟、上海国际航运关联协会（学会）联盟等30家单位支持，由上海华辰优安供应链有限公司、上海现代服务业促进中心、上海现代服务业联合会物流与供应链服务专委会共同承办。活动由上海现代服务业联合会副会长兼秘书长李关德主持。上海现代服务业联合会会长郑惠强代表主办方致辞。上海海关副关长叶建、上海市商务委市场体系建设处处长肖刚在会上分别致辞。会上，发布了2021版《上海物流年鉴》。活动中，华辰优安进口冷链食品生态平台正式成立。联合会常务副会长陈振鸿、上海海关副关长叶建、市商务委市场体系建设处处长肖刚、中国物流与采购联合会副会长蔡进、上海华辰隆德丰企业集团董事长朱永兴共同开启华辰优安进口冷链食品生态平台启动仪式。

上海市物流协会常务副秘书长陈震在会上宣读了上海市物流行业中获得2021国家劳模称号的表彰名单。大会还对上海华辰隆德丰企业集团有限公司、上海欧坚网络发展集团股份有限公司、上海万家物流有限公司等30家上海物流与供应链建设先进单位进行了表彰。中国物流与采购联合会副会长蔡进在会上作了主旨演讲。上海卓昕瑞供应链管理有限公司董事长刘建国、上海大微国际物流有限公司项目负责人张淼分别以"集成方案赋能智造供应链""蚂蚁必达，面向中国进口买家的数字化供应链服务平台"为主题发布了演讲。本次线下的主会场邀请了市有关部门领导、联合会领导、各行业组织负责人、各大院校和研究机构专家，以及物流业领军企业、先进企业的负责人和代表近300人出席了活动。据悉，组委会还同时在物流行业与长三角地区内设置若干个分会场，有关物流企业都以各种方式在网上互动与观看，合作的平台约5000人观看了大会直播。

8. 2021年5月15日，上海物流行业协会组织合作联盟2021年第一次秘书长联席会议在绿地铂骊酒店第一会议室召开。出席会议的有联盟成员单位30余人。会议由上海国际航运中心发展促进会常务副理事长兼秘书长郑在主持。会上，交通部组合港管理委员会杨立新处长通报了长三角港口一体化发展进程和制度安排。上海市物流协会常务副秘书长陈震秘书长通报了5月7日在江苏省南京市举行的长三角物流联席会议暨合作联盟秘书处会议情况和将于7月在苏州市举行的"2021中国（江苏）长三角物流发展合作论坛"的方案内容，以及会议通过的关于深化长三角物流一体化发展的"六点建议"和上海市人大财经委召开的人大代表关于物流立法议案座谈会情况。上海国际航运中心发展促进会秘书长助理郑卫田通报了交通运输部及国务院发展研究中心近期对上海口岸营商环境的关注及要求。会上，参加会议的秘书长还就协会工作进行了沟通交流。

9、2021年5月25日，在公布的2020年度上海市科学技术奖榜单中，"洋山四期超大型自动化集装箱码头关键技术研究与应用"被授予科技进步奖特等奖。这座拥有完全自主知识产权的全自动化集装箱码头，打破国外垄断并实现技术反超，年吞吐量和作业效率均居世界自动化码头首位。洋山四期的建设，对开创及完善中国版的超大型自动化码头管控新模式、打破国外软件在自动化码头管理系统上的垄断、实现我国智慧港口核心关键技术的自主化均具有十分重要的意义。""洋山四期超大型自动化集装箱码头关键技术研究与应用"项目成果已在14个国内外码头中得到应用，彰显了"中国大脑、中国智造、中国服务"的实力。

10.2021年6月9日，东航物流（证券代码：601156.SH）在上交所举办了敲钟仪式，正式在上海主板挂牌上市，成为"航空混改第一股"。东航物流此次发行1.59亿股，总市值超过360亿元人民币。东方航空物流是一家现代综合物流服务企业，总部位于上海，致力于为全球客户提供安全、高效、精准、便捷的"天地合一"全程综合物流服务。作为国家首批、民航领域首家混合所有制改革试点企业，东航物流在国资委以及东航集团的支持下，率先实施了挂牌增资入股，完成股权多元化改革。东航物流旗下拥有中国货运航空、东航快递、东航运输、东航货站等子公司及境内外近200个分支机构，依托"天地合一"的物流综合服务体系和资源，东航物流已成为集航空货运、货站操作、多式联运、仓储、跨境电商解决方案等业务功能于一体的航空物流综合服务公司。

11.2021年6月17日，由上海市物流协会、上海市物流学会和慕尼黑展览（上海）有限公司联合举办的上海物流数智化论坛在上海新国际展览中心会议厅举行。上海市物流协会常务副秘书长、上海市物流学会秘书长陈震出席并首先致词。参加论坛的有本市和兄弟省市物流行业及企业代表、高校物流专业教授和专家共90余人。会上，复旦大学刘建林副教授、上海联通交通物流事业部技术总监沈文涛、深圳时聘网络科技有限公司招商总监孙伟伟、深圳易流科技股份有限公司食安事业群总经理王震、上通技术中心智能网联专家李博程5位专家，分别从发展趋势、供应链管理、航运生态、智能网联等方面就数字化、物流数智化发展作了精采演讲。

12.2021年7月6日，上海市人民政府办公厅印发关于《上海市先进制造业发展"十四五"规划》的通知 沪府办发〔2021〕12号规划提出，发挥上海产业基础和资源禀赋优势，以集成电路、生物医药、人工智能三大先导产业为引领，大力发展电子信息、生命健康、汽车、高端装备、先进材料、时尚消费品六大重点产业，构建"3+6"新型产业体系，打造具有国际竞争力的高端产业集群。

13.2021年7月8日，上海市政府正式印发《上海国际航运中心建设"十四五"规划》。该规划指出，到2025年，上海国际航运中心建设要形成枢纽门户服务升级、引领辐射能力增强、科技创新驱动有力、资源配置能级提升的发展新格局；基本建成便捷高效、功能完备、开放融合、绿色智慧、保障有力的世界一流国际航运中心。未来5年，上海将从"优化空间布局，发挥航运产业集聚辐射效应；引领长三角，推动港航更高质量一体化发展；凝聚发展合力，建设品质领先的世界级航空枢纽；打响服务品牌，强化全球航运资源配置能力；优化产业布局，高水平建设邮轮经济中心；挖掘科技动能，促进航运中心可持续发展；优化治理体系，全方位提升航运发展软实力"等七个方面推进上海国际航运中心建设。

14.2021年7月11日，《2021新华·波罗的海国际航运中心发展指数报告》发布。报告显示，2021年全球航运中心城市综合实力上海排名第三，仅次于新加坡和伦敦。上海在航运硬件和软件建设上持续发力，通过枢纽建设与服务业发展"双轮"驱动，借助于自贸试验区发展、科技创新赋能、长三角协同发展等机制，持续提升全球资源配置能力，综合排名紧追冠亚军，保持全球第三。

15、2021年7月22日，上海市人民政府印发关于《中国（上海）自由贸易试验区临港新片区发展"十四五"规划》的通知，到2025年，聚焦临港新片区产城融合区，建立比较成熟的投资贸易自由化便利化制度体系，打造一批更高开放度的功能型平台，集聚一批世界一流企业，区域创造力和竞争力显著增强，经济实力和经济总量大幅跃升，初步实现"五个重要"目标；初步建成具有较强国际市场影响力和竞争力的特殊经济功能区，在若干重点领域率先实现突破，成为我国深度融入经济全球化的重要载体，成为上海打造国内国际双循环战略链接的枢纽节点；初步建成最现代、最生态、最便利、最具活力、最具特色的独立综合性节点滨海城市；基本建成服务新发展格局的开放新高地、推动高质量发展的战略增长极、体现人民城市建设理念的城市样板间、全球人才创新创业的首选地。

16. 2021年7月23日，长三角物流发展与合作论坛在苏州市新城花园酒店召开。论坛由苏浙沪皖三省一市的物流协会、学会主办。本次论坛以"智慧物流赋于物流行业高质量发展"为主题。轮值方江苏省现代物流协会副会长兼秘书长候普主持，浙江省物流协会会长胡江潮、上海市物流学会会长许国良致词。复旦大学副教授刘建林等8位专家学者与企业家作了精彩演讲。来自苏浙沪皖的物流行业代表、专家学者、政府有关部门代表共500参会。

17. 2021年1月—7月，全市海铁联运完成21.7万标准箱，同比增长72%。其中芦潮港中心站完成20万标准箱，同比增长96%。上海港海铁联运有限公司上半年累计开行班列突破850列，通达9个省（直辖市）27个城市。六条固定车底循环天天班列稳定运行，6条线路累计完成箱量占总业务箱量88.3%。定制班列成为今年海铁联运业务的市场开发重点。海铁联运公司携手中远海、马士基、地中海、长荣、达飞等船公司，为外贸企业量身打造众多海铁联运定制班列，其中包括长兴"海信品牌"专列、无锡"小天鹅"专列、淮北"英科医疗"专列、常州"东方日升"专列等，定制班列的开行为外贸企业节省了物流成本。

18. 2021年8月9日，商务部、发展改革委、财政部、自然资源部、住房城乡建设部、交通运输部、海关总署、市场监管总局、邮政局等九部门印发《商贸物流高质量发展专项行动计划（2021-2025年）》，在全国范围内部署实施专项行动。该计划提出，要以习近平新时代中国特色社会主义思想为指导，坚持市场主导、政府引导，坚持创新驱动、转型升级，坚持因地制宜、有序推进，着力提升商贸物流网络化、协同化、标准化、数字化、智能化、绿色化和全球化水平。到2025年，初步建立畅通高效、协同共享、标准规范、智能绿色、融合开放的现代商贸物流体系，为形成强大国内市场、构建新发展格局提供有力支撑。计划明确12项重点任务。

19. 2021年8月，近日，位于上海市黄浦江原老闵南船厂码头离岸江面的闵行水上绿色综合服务区正式投入运行。这是上海港水域内第一家水上安全绿色综合服务区，由上海海事局与上海市交通委员会共同推动建设，是上海海事局"十四五"期间建设"浦江两岸海事服务示范区"的重要民生项目。闵行水上绿色综合服务区由"两区一中心"构成，即由36米趸船为基地建立的黄浦江海事安全服务中心、200米临时停泊区和以86米趸船为载体设置的便民服务区。其中，黄浦江海事安全服务中心是上海海事服务船员的"船员之家"，由政务大厅、流动课堂、船员健身房、党员红色驿站等构成，可提供船舶预约安检、违章处理、船员信息采集、24小时海事自助服务、船机物料供应等服务。200米临时停泊区可供过境船船员临时停泊休息、辖区作业船舶临时候泊以及交通管制时船舶临时停靠使用。据介绍，停泊区可同时容纳20余艘千吨级以上的内河船舶停泊。便民服务区由环保接收区、淡水燃油加装区和水上超市购物区等3个部分组成，24小时全天候运行。船舶在此可免费享受生活垃圾接收、生活污水接收、油污水接收"三免费"服务。此外，便民服务区还提供淡水加装、燃油加注等港口配套服务。

20. 2021年9月1日，上港集团投资运营的以色列海法新港正式开港，这是以色列60年来的第一个新码头。海法港位于以色列重要的港口城市——海法市，是以色列北部的交通和工业中心、地中海沿岸的铁路枢纽，在国际航运版图中占有重要地位。6年前，上港集团从多家国际竞争者中脱颖而出，获得了海法新港码头运营权，2018年正式启动港口建设工程。项目计划分两期建设，一期码头岸线长度805.5米，年设计吞吐量为106万标准箱；二期码头岸线长度715.7米，年设计吞吐量为80万标准箱。目前一期已建成投用，上港集团全面负责码头运营管理。

21. 2021年9月9日、11月18日、12月15日，为贯彻落实《关于开展上海市物流统计工作的通知》（沪发改服务〔2021〕）22号）文件精神，做好本市物流统计调查工作，上海市物流协会分别召开物流、工业、批零统计样本企业工作会议。市发改委朱思民调研员、复旦大学朱文贵博士、上海市物流协会常务副秘书长陈震，副秘书长张悦来、固晨曦参加。全市300余家首批样本企业的统计工作相关负责人参加了会议。会上进行了开展上海市物流统计动员和培训。做好物流统计调查工作是推动物流业高质量发展的基础工作，是掌握本市物流行业的规模、结构和运行状况的重要依据，以指标体系为基础，建立上海市物流统计报表制度，目的就是能准确把握行业运行状况和发展趋势，发现行业发展存在的问题，服务上海市物流业牵头部门对行业发展规划的制定以及对行业发展的宏观调控，辅助市场运行主体的经营决策。

22. 2021年9月23日，市商务委经过评定，上海产生了首批国际贸易分拨中心示范企业40家，并举行授牌仪式。40家国际贸易分拨中心示范企业分布在浦东新区、松江区、闵行区、普陀区，以及临港新片区、外高桥保税区等上海外贸重点区域，涵盖集成电路、汽车及零配件、医疗器械、大宗商品和消费品等领域。2020年，40家企业合计进出口额近3000亿元，占上海货物贸易进出口的近10%，成为一支引领上海货物贸易发展的重要力量。传统贸易方式相比，保税物流公司开展国际贸易分拨业务的企业同时具有较大的进出口规模，贸易能级更大。同时，相关企业还利用其物流网络和专业设施，为同领域其它外贸企业提供货运代理和物流服务。数据显示，2019年，在上海进出口百强企业中，保税物流进出口企业分别占38家和22家，2019年保税物流进出口前100位企业单体进出口规模均在16亿元以上。

23. 2021年9月28日，"中欧班列——上海号" 第一趟列车正式发车，首发启动仪式在铁路闵行货运站举行，上海市副市长宗明、副市长张为等领导共同启动发车，首列列车装运50个满载服装鞋帽、玻璃器皿、汽车配件、精密仪器等货物的40尺集装箱，将从上海一路向西，经阿拉山口、波兰马拉舍维奇，驶往德国汉堡。上海开通中欧班列是贯彻落实国家战略、服务构建新发展格局的重要举措，对进一步提升上海国际贸易中心能级、强化上海全球资源配置能力和开放枢纽门户功能具有重要意义。"中欧班列-上海号"将以市场化、专业化、国际化方式运行，目前每周开行一次，以后将逐步增加开行频次、开拓新的线路，为更多企业提供优质服务，努力构建高效便捷的国际贸易大通道。

24. 2021年10月22日，在上海举行的航运企业网络、数据安全与合规培训会上，上海市浦东新区商务委副主任董晓玲说，作为上海国际航运中心建设核心区，浦东新区拥有10400余家航运企业，覆盖航运全产业链，其中智能航运企业也有千余家，大量智能航运头部企业汇聚浦东。在浦东新区，航运资源要素快速集聚。据悉，得益于自贸试验区航运服务业扩大开放，目前已有累计34家外资国际船舶管理企业获批入驻浦东新区，其中全球排名前十有4家。

25. 2021年10月23日，"云丰杯"第五届全国绿色供应链与逆向物流设计大赛成功举办。本次大赛是在上海市学位委员会、中国物流与采购联合会绿色物流分会、中国运筹学会、全国物流标准化技术委员会逆向物流标准化工作组、中国物资再生协会的指导下，由上海市学生事务中心、上海市就业促进协会、上海市物流协会、上海市物流学会、上海市运筹学会、上海第二工业大学主办，上海第二工业大学研究生部、上海第二工业大学经济与管理学院、上海大学管理学院承办，云丰国际物流（上海）有限公司冠名赞助。本次大赛吸引了浙江大学、同济大学、华东理工大学、中国海洋大学、福州大学、澳门科技大学、上海大学、重庆邮电大学、上海海事大学、上海海洋大学等高校、共计319支团队的积极参与。有40组代表队分获优秀组织奖、特等奖、一、二、三等奖、优胜奖。其中，浙江大学参赛团队荣获特等奖。

26. 2021年10月28日，经过积极筹备，2021第二届中国（上海）工业品在线交易节暨上海物流业采购日活动在上海大华虹桥假日酒店国际会议中心成功举办。本次活动市经信委作为指导单位，由上海市物流协会、上海产业互联网公司联合主办。本次活动原计划在 7 月举办，后因疫情形势变化及防控需要，延迟至 10 月举办。出席本次活动的有市经信委生产性服务业处张连森副处长、曹瀚元老师、上海市物流协会常务副秘书长陈震、上海产业互联网公司执行总裁胡来武等领导，物流企业、物流装备企业、金融机构、人力资源服务企业、数字化科技企业的代表等共 200 余人，规模超过了上届。

27. 2021 年 11 月 4 日，由上海市人民政府和交通运输部共同主办的 2021 北外滩国际航运论坛在上海开幕，主题为"开放包容，创新变革，合作共赢——面向未来的国际航运业发展与重构"。国家主席习近平向 2021 北外滩国际航运论坛致贺信。习近平指出，航运业是国际贸易发展的重要保障，也是世界各国人民友好往来的重要纽带。在全球新冠病毒肺炎疫情蔓延的情况下，航运业为全球抗击疫情、促进贸易复苏、保持产业链供应链稳定发挥了积极作用。中国愿同世界各国一道，共克时艰，顺应绿色、低碳、智能航运业发展新趋势，深化国际航运事务合作，全力恢复和保障全球产业链供应链畅通，促进国际航运业健康发展，为推动构建人类命运共同体作出贡献。

28. 2021 年 11 月 7 日，《中共中央 国务院关于深入打好污染防治攻坚战的意见》印发，在加快推动绿色低碳发展，深入打好蓝天、碧水、净土保卫战等方面作出具体部署。其中提出加快快递包装绿色转型，深入实施清洁柴油车（机）行动，大力发展公铁、铁水等多式联运等涉及物流行业的相关内容，并在交通运输等领域，深入开展碳达峰行动，"十四五"时期，铁路货运量占比提高 0.5 个百分点，水路货运量年均增速超过 2%。

29. 2021 年 11 月 30 日，"上海—重庆·税港通"全面启动，上海港在全国率先推出数字化出口退（免）税业务产品，为企业出口退税提速。据介绍，"税港通"出口退（免）税业务产品由上港集团联合重庆市税务局和重庆港推出，打通了上海港与税务部门"大数据"通道，通过数字化赋能启运港退税模式，为出口外贸企业提供其在上海港国际干线离境等物流信息，代替原有物流纸质单证备案，提升长江流域腹地客户办理出口退税便捷度。"税港通"启用，将增强港口服务的业务竞争力和货源吸引力，有利于提升长江水运通道的服务效率，助力营商环境优化，实现外贸企业、港口、税务机关三方共赢。同时，这也是上港集团运用"互联网+"、大数据、云计算、区块链等技术，建设完善港口智能化运营管理服务系统的举措之一。航运界人士表示，此次港口集团与税务部门深度合作，有望打破信息壁垒，解决航运企业征信难题。

30. 2021 年 1 月—11 月，宁波舟山港完成货物吞吐量 11.25 亿吨，同比增长 3.8%，连续第 3 年实现年货物吞吐量超 11 亿吨；完成集装箱吞吐量 2899.0 万标准箱，同比增长 9.5%。港口运输生产实现稳健增长。宁波舟山港全力打造国内大循环战略支点和国内国际双循环战略枢纽，航线总数升至 287 条，较年初净增 27 条，航线总数创历史新高，其中"一带一路"航线达 117 条。同时，宁波舟山港深耕海铁联运、江海联运及海河联运等多式联运通道建设，粮食江海联运业务实现从长江下游向长江中游迈进，海铁联运业务量 1 月—11 月累计完成 110.8 万标准箱，同比增长 22%，业务辐射 16 个省（自治区、直辖市）61 个地级市。

31. 2021 年 12 月 16 日，长三角港口 2021 年集装箱吞吐量已突破 1 亿标准箱，标志着长三角世界级港口群建设取得阶段性成果，上海国际航运中心服务能级进一步提升。2021 年以来，长三角港口群在作业能力、辐射效应、智慧提升、绿色发展等各方面取得突破性进展。长三角港航部门在做好"外防输入"的前提下，积极优化航线布局，推动干支线高效衔接，加强港口资源整合，共建辐射全球的航运枢纽。同时，推动信息资源共享，口岸监管、港口服务等信息加快电子化，数据透明度、联通性进一步提升。为满足"减碳"要求，长三角港口坚持绿色可持续发展，积极推进新能源和清洁能源应用。科技创新助力长三角港口提升运营效率，自动化堆场、5G 与 F5G 应用、安全生产可视化管控平台、港航区块链综合服务平台……一项项创新实践在长三角落地开花，助力港口快速达到并在一定条件下超越设计通过能力，实现了宝贵岸线资源的集约化利用。特别是疫情暴发后，智慧高效的生产运营模式与传统模式相比有效减少了人员配比和流动，为供应链稳定、畅通提供保障。

32. 2021年12月24日，中国船舶集团有限公司总部迁驻上海大会在沪举行。中国船舶集团总部迁驻上海，将进一步提升上海国际航运中心的全球资源配置能力，也将为中国船舶集团加快建设世界一流船舶集团注入强劲动力。在中国船舶集团之前，中远海运集团、中国船东协会等总部型、功能型机构也相继迁沪。目前全球排名前列的班轮公司、船级社、邮轮企业、船舶管理机构以及波罗的海国际航运公会等知名国际航运组织纷纷在沪设立总部、分支机构或项目实体，这其中包括全球十大船舶管理机构中的6家、国际船级社协会正式成员中的10家、全球排名前百位班轮公司中的39家。特别是北外滩所在的虹口区，目前已集聚了4700多家航运企业，平均每平方公里落户197家航运企业。

33. 2021年12月27日，上海市人民政府印发关于《上海市营商环境创新试点实施方案》的通知，沪府发〔2021〕24号）提出把上海打造成为贸易投资最便利、行政效率最高、政府服务最规范、法治体系最完善的一流营商环境标杆城市，提升上海的城市软实力和核心竞争力。用3～5年时间，上海营商环境国际竞争力跃居世界前列，政府治理效能全面提升，在全球范围内集聚和配置各类资源要素能力明显增强，市场活跃度和发展质量显著提高，率先建成市场化、法治化、国际化的一流营商环境。

34. 2021年12月，春节前夕，最后一批出口汽车——517辆上汽名爵，乘坐"紫藤精英号"滚装船，已启航出海。这也是进入2022年以来上海外高桥海关监管验放的第11批出口海外的我国国产汽车。上海外高桥口岸是全国最大的汽车进出口口岸，其中海通码头承担了上海90%以上的汽车出口重任，自2020年6月以来持续保持出口高速增长。根据上海海关数据，2021年上海口岸出口汽车48.4万辆，出口额570.1亿元，均创历史新高，同比分别增长136%和206%。海通码头也因此频现"汽车密集症"，码头堆场不得不"精打细算"，通过租赁外围场地、移车司机加大场地归并频次等方式，来应对车辆出口高峰。而上海外高桥海关则随时应对临时单、周末单、加急单，启动24小时服务机制，增派人手进港加班，开设查验绿色通道，确保汽车出口通关零延时。

35. 2021年，上海自贸区临港新片区获批"外贸集装箱沿海捎带业务"试点。在临港新片区内，允许符合条件的外国、香港特别行政区和澳门特别行政区国际集装箱班轮公司，利用其全资或控股拥有的非中国籍国际航行船舶，开展大连港、天津港、青岛港与上海港洋山港区之间，以上海港洋山港区为国际中转港的外贸集装箱沿海捎带业务试点，这将带动洋山港的中转集拼业务发展，吸引国外船公司在洋山港进行货物中转；可以增加码头集装箱吞吐量，提升洋山港枢纽能级，为提升上海港国际航运中心能级带来重大利好。

36. 2021年，国铁集团推动中欧班列实现逆势大幅度增长，中欧班列全年开行达到1.5万列，发送146万标准箱，同比分别增长22%、29%。为应对世纪性疫情冲击和影响，确保国际产业链供应链稳定畅通、构建新发展格局作出积极贡献。国铁集团主动加强与沿线国家及铁路部门的沟通协调，主导发挥中欧班列国际铁路合作机制和国内运输协调委员会作用，克服疫情防控条件下口岸交接、班列作业、信息交换、统一定价等各种困难，努力承接海运、空运转移货源，确保了中欧班列安全顺畅稳定运行和开行数量的大幅度增长。与此同时，国铁集团统筹开好西部陆海新通道班列，全年发送57万标箱，同比增长57.5%。

37. 2021年，洋山港集装箱吞吐量超2280万标箱，刷新历史纪录。其中，洋山四期自动化码头继续成为最大增长点，全年集装箱吞吐超570万标箱，同比增长35.7%。洋山四期是全自动无人作业码头，洋山海关在四期码头物流通道上部署了移动式H986集装箱检查系统，在无人运输车AGV运输集装箱的过程中，这一新设备能同步实施非侵入式机检扫描，在保证货物物流不受影响的情况下采集进口集装箱的"X光照片"，满足自动化码头高效运作需求。

38. 2021年，上海浦东机场和虹桥机场年货邮吞吐量达436.6万吨，同比增长8.47%，一跃而超过2017年423万吨的历史高点，在逆势中刷新上海航空货运枢纽保障能级的新纪录。面对全球严峻复杂防疫形势，上海机场集团积极服务上海"国内大循环中心节点和国际国内双循环战略链接"定位，服务保通保运保供大局，为全球产业链供应链稳定贡献上海力量。作为全球前三、境内第一的国际航空货运枢纽，浦东机场货运航线网络覆盖全球48个国家／地区251个航点，目前有59家境外航空公司、10家国内航空公司在浦东机场运营国际货运业务。浦东机场出入境货运量占总量的93.7%，保障了境内机场超四成的出入境货运量。

39. 2021年，上海港集装箱吞吐量突破4700万标箱 连续12年位列全球第一。2021年，全球航运业经受疫情巨大冲击，货物滞港、流转不畅、突发不断、成本高企困扰着全球航运业。在重重挑战下，上海港集装箱吞吐量实现逆势上扬，连续12年集装箱吞吐量位列全球第一，上海港为保障全球物流链供应链畅通做出了不可替代的贡献。数量稳步增长的同时，2021年上海港国际中转箱吞吐量首破600万标准箱，同比增长约13.4%，国际中转枢纽地位持续凸显，也进一步增亮了上海国际航运中心成色。

40. 2021年11月30日，上汽红岩云南区域H6牵引车推广会在昆明隆重举行，现场与康辉物流、泰国又一顺国际冷链物流、华运达物流达成战略合作，并签约200台红岩杰狮H6牵引车，共同助力"一带一路"跨境物流高质量发展。作为与泰国、老挝、缅甸、越南、柬埔寨接壤的"一带一路"建设要点，云南的区域位置得天独厚，已成为我国面向南亚、辐射东南亚的中心。此次四方达成战略合作，将进一步为国际物流大通道的建设加码提速。

41、2021年7月8日，2021世界人工智能大会在上海世博中心开幕。上海市委书记李强在开幕式上致辞时指出，要深入贯彻落实习近平总书记重要指示精神，更加有力发挥人工智能的"头雁效应"，把人工智能作为全面推进城市数字化转型的重要驱动力，在打造智能经济、创造智享生活、塑造智慧治理上迈出更大步伐，加快建设更具国际影响力的人工智能"上海高地"，努力成为全球人工智能发展的最佳试验场和重要风向标，让智能时代的美好图景在上海这座城市得到充分演绎和生动展现。工业和信息化部部长肖亚庆出席并致辞。上海市委副书记、市长龚正主持。上海市政协主席董云虎、市委副书记于绍良出席开幕式。开幕式上发布了上海市新一批人工智能重大应用场景以及2021卓越人工智能引领者奖评选结果。

摘编整理：朱泽榕　高玲

上海物流业重大案例

一、洋山四期"中国芯"激活码头新动能

【信息时间：2021月4月9日】

从沪嘉高速公路旧址出发，途经沪芦高速公路、驶过东海大桥，15分钟的车程后，上海港洋山深水港区四期码头（简称洋山四期）渐入眼帘。高耸的桥吊自行挥舞巨臂从船上精准抓箱，无人驾驶的电动卡车来回运送，繁忙却安静有序，码头作业几乎空无一人，只见一辆辆集卡沿着东海大桥往来穿梭。

这是4月6日记者参加"沿着高速看中国"采访活动，在洋山四期码头看到的一幕。

洋山四期共建设7个集装箱泊位，集装箱码头岸线总长2350米，是目前全球规模最大、智能化程度最高，我国拥有完全自主知识产权的全自动化集装箱码头。自2017年12月开港以来，规模不断扩大、产能不断释放，2018年吞吐量达到201万标箱，2019年实现327万标箱，2020年突破420万标箱，已基本实现码头建设的初期目标。

"洋山四期吞吐量逐年增长，2020年仍然比2019年增长了28%，达425万标箱，其中有约52%吞吐量通过东海大桥陆运进行集疏，大量货物通过高速公路运往全国各地。"上港集团尚东分公司副总经理孙金余说。

2019年，东海大桥道路监控设施和通信设施全面改造，成为了国内第一座试点无人驾驶的桥梁，不仅提供了更加良好的道路通行环境，还可满足洋山港区智能集卡自动驾驶的需要。

创新驱动、科技赋能在港区内外同时上演。洋山四期采用上港集团自主研发的全自动化码头智能生产管理操控系统（简称ITOS系统），是我国唯一拥有"中国芯"的自动化码头。

ITOS系统覆盖自动化码头全部业务环节，通过衔接上海港业务受理平台、集卡预约平台、数据分析平台、统一调度平台等数据信息平台，实现智能调配生产计划模块、实时调度码头作业过程。孙金余介绍，自投入使用以来，ITOS系统不断迭代升级，为洋山四期提升港口运营管理能力、综合服务能力，持续在规模和智能化程度上保持全球领先提供了有力支撑。

据了解，洋山四期码头装卸作业采用"远程操控双小车集装箱桥吊＋自动导引车＋自动操控轨道式龙门起重机"生产方案。结合装卸设备的实际特点，上港集团创新研发了指令调度架构平台，并导入ITOS系统，通过设备调度模块与协同过程控制系统的应用，提升了码头现场生产效率，实现了码头作业从传统劳动密集型向自动化、智能化的革命性转变。

洋山四期自动化码头的建成和投产标志着我国港口行业在运营模式和技术应用上实现了里程碑式的跨越升级与重大变革，为上海港进一步巩固港口集装箱货物吞吐能力世界第一的地位、跻身世界航运中心前列提供了全新动力，也成为我国深化改革、扩大开放的重要窗口。

来源：中华航运网

二、上海港东北亚空箱调运中心揭牌，将加快港内空箱周转效率

【信息时间：2021年8月11日】

8月10日，上海港东北亚空箱调运中心在上海自贸区临港新片区签约并揭牌。上海港东北亚空

箱调运中心落户洋山特殊综合保税区，将提供港内空箱修理服务，加快港内空箱周转效率，根据各航运物流公司的需求和特点分块运营空箱中心，解决因进出口箱量不平衡所导致的季节性缺箱。

上海市"十四五"规划强调，要深化临港新片区建设，依托政策优势，推进航运领域对外开放，探索与国际接轨的航运发展制度和运作模式，营造稳定、公平、透明的发展环境。其中，建设枢纽港、优化集疏运体系、提供口岸配套服务保障等是航运发展的重要组成部分，上港集团建设"上海港东北亚空箱调运中心"，进一步提升洋山港区码头资源配套能级和上海国际航运中心综合服务能力。

作为21世纪海上丝绸之路的桥头堡和长江流域经济带江海联运的重要枢纽，上海港建立东北亚空箱调运中心的谋划由来已久。洋山港区是临港新片区的重要组成部分，也是上海国际航运中心的核心枢纽港，更承担着全球供应链核心节点的使命。临港新片区制度创新优势和洋山港区优越的地理位置为建设东北亚空箱调运中心奠定条件。

上港集团与马士基、达飞、地中海和长荣等全球知名航运物流共建东北亚空箱调运中心，落户洋山特殊综合保税区，有利于发挥临港新片区制度创新集成优势，形成系统运营模式，提升区域物流系统效率和对国际、国内两个市场航运资源配置效率，将对上海港大力发展国际、国内水水中转，提升航运枢纽能级起到积极意义。

"为着力打造国内大循环中心节点和国内国际双循环战略链接，上海港将在'十四五'期间致力于形成更加安全、便捷、高效的物流路径。"上港集团党委书记、董事长顾金山表示，上港集团将进一步深化与航运企业的战略合作，实现港航企业互联互通和共建共享，解决因进出口箱量不平衡所导致的季节性缺箱，提升港航物流资源配置能力和港口航运综合服务水平，使"上海港东北亚空箱调运中心"成为洋山特殊综保区的示范项目，为全面提升航运枢纽服务辐射能级，助推临港新片区新一轮高质量发展注入新的动能。

下阶段，上海港东北亚空箱调运中心将立足洋山深水港区，发挥临港新片区政策制度的创新优势，加强自身能力建设，推动关港联动、港航合作，形成系统运营模式：丰富完善运力结构，提升硬件服务能力和信息处理能力，提供港内空箱修理服务，加快港内空箱周转效率；积极争取海关关于空箱报关的政策支持，将洋山区域打造成为空箱中转的核心节点；与船公司建立战略合作机制，根据各航运物流公司的需求和特点分块运营空箱中心，解决因进出口箱量不平衡所导致的季节性缺箱，提升港航物流资源配置能力，提高港口航运综合服务水平，并共同探索港口物流业务新形态。

上港集团也将紧紧围绕建设世界一流航运枢纽的目标，通过新科技赋能、新区域开拓、新业态发展，为客户提供安全、便捷、高效、经济的物流服务，助力临港新片区打造更具国际竞争力、影响力的上海国际航运中心和辐射全球的航运枢纽。

来源：中华航运网

三、上海港首家水上绿色综合服务区启用"两区一中心"开展菜单式服务

【信息时间：2021年8月31日】

近日，位于上海市黄浦江原老闵南船厂码头离岸江面的闵行水上绿色综合服务区正式投入运行。这是上海港水域内第一家水上安全绿色综合服务区，由上海海事局与上海市交通委员会共同推动建设，是上海海事局"十四五"期间建设"浦江两岸海事服务示范区"的重要民生项目。

闵行水上绿色综合服务区由"两区一中心"构成，即由36米趸船为基地建立的黄浦江海事安全服务中心、200米临时停泊区和以86米趸船为载体设置的便民服务区。其中，黄浦江海事安全服务中心是上海海事服务船员的"船员之家"，由政务大厅、流动课堂、船员健身房、党员红色驿站等构成，可提供船舶预约安检、违章处理、船员信息采集、24小时海事自助服务、船机物料供应等服务。

200 米临时停泊区可供过境船船员临时停泊休息、辖区作业船舶临时候泊以及交通管制时船舶临时停靠使用。据介绍，停泊区可同时容纳 20 余艘千吨级以上的内河船舶停泊。便民服务区由环保接收区、淡水燃油加装区和水上超市购物区等 3 个部分组成，24 小时全天候运行。船舶在此可免费享受生活垃圾接收、生活污水接收、油污水接收"三免费"服务。此外，便民服务区还提供淡水加装、燃油加注等港口配套服务。

据了解，"十四五"期间，上海海事部门着力加强"浦江两岸海事服务示范区"建设，持续丰富海事监管服务举措，保障城市安全高效运行。在黄浦江上游建设启用水上绿色综合服务区的同时，在锚地资源紧张的黄浦江下游段，首创以系船浮筒为基点设立党员流动驿站，依托滨江区域化党建联盟的丰富资源，使水上驿站的海事单一输入型服务转变为菜单式需求型服务，将党群服务延伸到水上。

来源：中华航运网

四、长三角一体化，上海口岸"联动接卸"监管模式一年完成进出口近 30 万标箱

上海海关 7 日公布，2021 年，上海海关与南京海关、合肥海关、杭州海关携手拓展"联动接卸"海关监管模式，共完成进出口近 30 万标箱，有力推动了上海国际航运中心建设。

这一监管模式将长三角地区相关港口作为上海洋山港接卸地，实施"联动接卸、视同一港"整体监管，实现进出口货物"一次申报、一次查验、一次放行"。

目前，上海洋山港已与江苏太仓港、安徽芜湖港、浙江独山港和安吉港等形成常态化"联动接卸"工作模式，未来还将推广到江苏的大丰、苏州高新、张家港、扬州等沿江沿海港口。

据统计，在"联动接卸"模式之下，洋山港－芜湖港之间货物全程运输时间平均约 48 小时，相较于其他模式节省近一半时间。相较于传统的"水水中转"模式，"联动接卸"模式出口每标箱可节约物流成本 400 元，进口每标箱可节约 200 元。与"联动接卸"海关监管模式紧密相关，上海海关还积极推动中转集拼业务试点，探索设立国际中转集拼中心，试点研究应用安全智能锁、电子围栏等技术，打造物联平台，实现企业仓库管理系统与海关系统联网，应用高清监控系统对中转集拼作业区域实施全程可视化管理，为中转集拼业务试点提供更加安全高效的监管服务。

最近，上海外高桥四期码头启动国际中转集拼实货试点业务。规模化运作后，将有利于国际采购、分拨配送等高附加值物流增值服务向上海港集聚，推进上海港向港口综合物流服务提供商转变。

上海海关表示，当前，上海国际航运中心正从"基本建成"向"全面建成"迈进。作为长江水道重要的港口，上海承担了大多数长江经济带外贸货物中转业务，成为 21 世纪海上丝绸之路与长江经济带相互连接的江海联运重要节点。今后，上海海关将积极参与区域营商环境创新试点等改革工作，发挥海关联通国内国际两个市场的重要作用，着力推动长三角对外贸易高质量发展。

统计显示，2021 年，上海港集装箱吞吐量突破 4700 万标箱，比上一年增长 8%，已连续 12 年位居全球第一。

来源：新华社新媒体

五、培育大批"专精特新"企业，激发创新发展无限潜力

早在 10 年前上海就率先启动实施"专精特新"中小企业培育工程，坚持从专业化、精细化、特色化和新颖化角度，发现和培育一批专注核心业务、掌握自主知识产权、拥有独特工艺技术、具备竞争优势的高成长性企业。10 年来，上海对这项工作始终坚持不懈，默默发力。目前拥有"专精特新"市级企业达 3005 家、入选国家级"小巨人"企业为 262 家，数量在国内各大城市中与北京市并列第

一。到 2025 年，计划滚动培育"专精特新"企业 5000 家，其中"小巨人"企业 300 家，制造业单项冠军企业 30 家。

作为最早提出其概念并积极践行的上海，该如何利用前所未有的时代机遇，把前 10 年良好的开局延续下去，争做全国"专精特新"培育工作的"领头羊"？该如何借助"专精特新"企业的发展势头带动提升全市中小企业的整体水平，为经济发展注入新的动力？上海市人大代表、上海现代服务业联合会会长郑惠强，提出以下议案：

（一）引导企业提高自主创新能力

鼓励支持"专精特新"培育后备中小企业建立技术中心，支持企业与科研院所、大型企业开展产学研合作，提升自主创新能力；为中小企业提供技术创新、技术咨询、成果转化等方面服务，进一步降低中小企业自主创新的风险和成本。

（二）组织专项对接服务

根据企业需求，组织资源为"专精特新"中小企业提供"一对一"服务专员制；发挥公共服务平台网络的作用，为企业提供"互联网＋"应用以及信息咨询、研发设计、管理诊断、检验检测、技术转移、人才培训、市场开拓、法律咨询、计量校准、权益维护等服务；组织企业家参观考察，参加企业领军人才培训和经营管理者培训提升能力；遴选和支持一批公共服务示范平台和服务机构为企业提供技术创新、上市辅导、投融资、数字化应用、工业设计等专业服务，并积极推荐认定国家中小企业公共服务平台网络、公共服务示范平台及创业创新示范基地；鼓励开展中小企业创新创业大赛和数字经济领域专业大赛，培育支持一批企业"双创"优秀项目和优秀团队；引导"专精特新"企业参加各类大型专业展会，加快参与国内国际双循环。

（三）建立企业紧缺人才库和企业家档案库

建立"专精特新"培育后备企业紧缺人才数据库，了解企业运行发展情况，协调解决企业困难和问题；加强资源统筹整合，与商务、科技、工商等领域各类公共服务平台加强系统对接，实现信息共享，发挥大数据优势；建立"专精特新"培育重点企业家档案库，掌握企业家基本信息，搭建企业间沟通交流平台。

（四）加大财税金融扶持

发挥技术改造专项资金和中小企业发展专项资金的作用，聚焦现有财政支持渠道，对"专精特新"企业项目予以重点支持。同时，组织企业与中小企业发展基金等各类基金、投资机构对接，引导基金公司和投资机构投资"专精特新"中小企业；开展政银企合作对接活动，引导和支持金融机构为企业量身定做金融产品；支持融资性担保机构为"专精特新"中小企业提供担保。

（五）深入推进数字化赋能行动

鼓励企业运用信息技术开展研发设计，提高产品质量和附加值；推动云服务商和工业企业的供需对接，针对性开展应用普及和培训，提高工业企业数字化改造的意识和积极性；组织开展工业互联网应用试点示范，培育协同设计、协同供应链管理、产品全生命周期管理、供应链金融等平台应用新模式。

从国际经验看，德国建成世界科技强国的成功经验，就是在其工业体系中有千万家小而强的"隐形冠军"企业，长期专注于某些细分领域，深耕细作，在技术工艺、产品质量等方面达到行业领先地位，从而成为"德国制造"的支柱和脊梁。当前，中国正在借鉴"隐形冠军"数量最多的德国模式，走"科技强国"之路。在这过程中，上海应当坚持分层培育"专精特新"中小企业群体，积极引导中小企业走专业化、精细化、特色化、新颖化的发展道路，聚焦主业、苦练内功、强化创新，把更多的中小企业打造成为掌握独门绝技的"单打冠军"和"配套专家"。

来源：服务业联合会网

六、全国首个全智能全天候半导体全球分拨中心在浦东启用

【发布日期：2021年12月15日】

2021年12月14日，经过自动扫描单号、自动抓取、自动发货等全流程自动化操作，近铁公司在上海浦东新建成的全球分拨中心为其半导体行业客户成功运作了首单货物，这也标志着全国首个全智能全天候半导体全球分拨中心在浦东机场综合保税区启用。

2021年7月15日，《中共中央国务院关于支持浦东新区高水平改革开放打造社会主义现代化建设引领区的意见》明确了浦东"全球资源配置的功能高地"的战略定位。该项目的启用，就是浦东增强全球资源配置能力，实施全球营运商计划（GOP），助力企业面向全球、运作全球、配置全球的一项重要成果。

项目启用后，近铁半导体亚太分拨中心正式升级为全球分拨中心。据介绍，近铁半导体全球分拨中心是近铁公司目前全球自动化程度最高、面积最大、业务量最大的半导体全球分拨中心，该中心通过运用全流程自动化系统，在上海海关全天候通关服务的支持下，实现"一键下单、不分昼夜、智能发货、全球速达"，即便是客户只有"一两片芯片"的需求，也能从浦东发货全球、快递到家。

这些首创和功能突破的背后，离不开GOP工作专班全方位的服务、上海海关全天候通关服务的支持以及近铁公司全智能的运营。据介绍，为进一步提升浦东全球资源配置能力，2020年12月16日，上海自贸试验区推出GOP，并在保税区域率先实施，近铁公司成了首批GOP培育企业。保税区管理局根据近铁公司发展现状、营运模式、战略目标等多个维度，建立一企一档工作机制，为其量身定制支持方案，在投资贸易、外汇结算、人才流动等方面给予政策"打包"支持。同时，通过成立由各职能部门共同组成的GOP工作专班，针对近铁公司的实际需求，提供7×24小时贴身服务，解决了企业高标准智能仓库建设、外籍人士入境、生活配套服务等多方面诉求，并帮助企业拓展产业链，助推近铁公司将运作范围从亚太区向全球拓展。

2021年7月，海关总署出台15项措施支持浦东新区高水平改革开放，明确提出"支持浦东实行'全球营运商计划'"。为此，作为GOP领导小组成员的浦东机场海关空港办，针对近铁公司提出的"快速进出、及时配送的'芯需求'"积极破局，通过海关高级认证企业（AEO）培育、设立通关服务专窗、打造7×24小时通关卡口、建设无尘查验室等创新举措，实现了一站式海关监管验放。此外，通过运用国际领先的高密度存储系统、多层穿梭车系统、协作机器人等自动化设备，整个流程中只需在收货时扫描物料信息、发货时输入出货信息，即可实现发货全球、快递到家。相比传统的分拨仓库，同等面积下货物处理效率提升近5倍，空间利用率提高约4倍。同时，近铁公司还研发了月台管理系统，实现每票订单的动态进程跟踪与管理。司机可根据系统指示，快速有序地完成仓库提送货、自助打印进出区单证、海关过卡等环节，真正实现全流程自动化。

近铁半导体全球分拨中心启用后，业务量有望倍增，年进出口额预计可从原来的200亿元增至近400亿元。

来源：《解放日报》

七、氢能重卡商业落地再提速 上汽红岩在鄂尔多斯首批氢能重卡正式投入运营

2021年11月22日，鄂尔多斯市"伊金霍洛旗氢能重卡运营启动仪式"在内蒙古正能化工集团隆重举行，鄂尔多斯市伊金霍洛旗政府领导、圣圆能源集团、上海钢联物流、内蒙古正能化工集团、上汽红岩、捷氢科技等企业代表共同出席。在启动仪式上，上汽红岩交付鄂尔多斯市用户的首批氢能重卡正式投入运营，这不仅是上汽红岩氢能重卡商业落地再进一步的重要标志，同时也是上汽红岩鄂

尔多斯新能源重卡项目进程中的又一重要里程碑。

氢能，作为一种高热量、零污染、储量丰富的能源，其热值是其他化石燃料的3倍左右，且燃烧后产生的是水，被公认为最洁净的燃料，也被市场称为"21世纪的终极能源"。国务院近日发布《2030年前碳达峰行动方案》，提出推动运输工具装备低碳转型，积极扩大电力、氢能、天然气、先进生物液体燃料等新能源、清洁能源在交通运输领域应用，推广电力、氢燃料、液化天然气动力重型货运车辆。

作为民族重卡企业，上汽红岩积极响应国家"双碳"号召，加快推动氢能重卡的落地应用。基于鄂尔多斯市富集的氢能资源和丰富的使用场景，今年10月，上汽红岩鄂尔多斯新能源重卡基地揭牌奠基，全球首个万辆级氢能重卡产业链项目正式启动。

此次上汽红岩投入商业运营的首批6×4氢能重卡，将主要用于鄂尔多斯市伊金霍洛旗露天煤矿运输，运输路线由原煤坑口运输至集运站，单程100公里左右。

来源：上汽集团网

八、4万标箱运输圆满完成，上汽红岩洋山港智能重卡准商业化运营实现新突破

2021年12月23日，在上汽集团赋能下，上汽红岩、友道智途洋山港智能重卡在上海洋山港正式装箱启运第4万标箱，圆满完成2021年度4万标箱运输任务，为建设世界一流港口提供"硬核"支撑，也为世界级枢纽港口建设提供"中国方案"，充分展现出"中国力量"。

随着我国5G商用全面展开，在上汽集团商用车"新四化"战略的指引下，上汽红岩积极探索5G+L4技术在重卡领域场景应用的更多可能性。早在2019年8月，上汽红岩、友道智途洋山港智能重卡就在上海洋山港实现全球首次港区5G智能化作业，2020年7月已在上海洋山港实现准商业化运营，2020年底完成超过2万标箱的运输任务。经过2年多的实际应用，上汽红岩、友道智途洋山港智能重卡助力洋山港港口通行服务效率得到了大幅度提升。

据了解，上汽红岩、友道智途洋山港智能重卡依托上汽集团技术赋能打造而成，应用AI、5G、V2X车联通信等先进技术，融入了全栈自主软件和数据驱动算法等智能系统，打通了"智能汽车、车队管理、物流调度、港口作业"之间的全业务链流程。

它成功实现了在港区特定场景下的L4级自动驾驶、厘米级定位、精确停车（±3cm）、与自动化港机设备的交互以及东海大桥队列行驶，为港口运输用户提供了更智能、更安全、更高效、更环保的集装箱转运方案。

来源：上汽集团网

摘编整理：朱泽榕 高玲

上海市物流协会 2021 年大记事

1. 2021 年 1 月 23 日,上海市物流协会发布物流服务单位疫情防控技术指南。这是协会根据市商务委有关物流业疫情防控的要求,为了更好、更安全地保障经济社会发展和城乡民生供给,所制定的防疫指南。指南的适用范围是指本市范围内物流活动的新冠肺炎疫情防控工作,主要内容包括物流企业防控措施、作业现场防控措施、物流配送防控措施、作业人员防控措施、作业区域防控措施、出行来访和后勤防控措施、设施设备防控措施等。

2. 2021 年 3 月 5 日,协会应邀参加了在市政府召开由市人大财经委主持的"关于加快制定《上海市促进物流产业发展条例》"座谈会,市政府相关委办领导和有关专家参加会议。在市人大第十五届人大第五次会议期间,有 18 名人大代表提出了关于加快制定《上海市促进物流产业发展条例》的议案,该议案汲取和采纳了上海市物流协会关于推动上海物流产业发展的行业分析、发展重点和有关建议。上海市物流协会在政府制定十四五发展规划期间,两次召开关于"上海十四五物流业发展规划的意见征询会议",听取协会专家和物流企业的意见,并形成了有关建议的报告上报市政府主管部门。在座谈会上,常务副秘书长陈震代表协会作了发言,重点就明确主管部门和加强顶层设计提出了意见和建议。

3. 2021 年 3 月 4 日,百联集团教培中心党委书记陆敏一行到访协会,与协会常务副秘书长陈震等协会人员交流教培工作。百联教培中心与上海市物流协会在教培方面已有多年合作。这次交流,围绕物流服务师职业等级项目开发,线上培训,物流专项技能培训考核鉴定,职业技能竞赛等进行了探讨。百联集团教培中心书记陆敏希望与上海市物流协会加深合作,优势组合,资源共享,在新的一年有新发展。常务副秘书长陈震介绍了协会教培方面主要工作以及目前协会重点研究的教培项目,他感谢陆敏书记在我们协会寻求新发展,新突破的时候,送经上门,共商合作。他表示,协会将抓紧工作,与百联集团教培中心就几项重点工作开展具体研究,落实操作。协会副秘书长张悦来、固晨曦等参加了活动。

4. 2021 年 4 月 7 日,上海市物流协会在静安铂尔曼酒店 5 楼会议厅举行第三届第五次会员代表大会暨理事会会议。市商务委市场体系建设处肖刚处长、市发改委产业处朱思民处级调研员、市经信委生产性服务业处张莉副处长、市经信委综合规划处赵广君副处长、市交通委综合交通处邱小明处长、市商务委市场体系建设处余佳 等政府主管部门领导莅临会议指导。协会会长浦静波、协会监事长高端出席,会议由浦静波会长主持。

会议审议通过了"关于上海市物流协会 2020 年工作的回顾总结和协会 2021 年重点工作安排"的报告、"关于上海市物流协会 2020 年财务收支情况的报告"等文件。听取并对常务副秘书长陈震所作的协会秘书长 2020 年述职情况的报告"进行了评议,并获得通过。

会上举行了协会纠纷调解中心揭牌仪式,浦静波会长和肖钢处长为中心揭牌。宣读了面向行业的"弘扬劳模精神,实现新的跨越"的倡议书。浦静波会长在会上作了会议总结。市政府主管部门的领导在会上通报了有关物流业发展的最新情况和重点工作,并提出了要求。

5. 2021 年 4 月 22 日,"上海市冷链服务大数据中心"在上海市物流协会正式揭牌。"上海市冷链服务大数据中心"是在市商务委的指导下,在市粮食和物资储备局、市市场监管局、市交通委、市经信委等部门的支持下,通过协会 3 年多的数据积累,经过半年多的时间开发完成。这些数据在疫情防控期间，配合市政府在防疫物资抢运、上海港冷藏箱疏港、冷库信息追溯、进口冷链食品中转查验等方面发挥了重要作用。

上海市商务委市场体系建设处肖刚处长、上海市市场监管局食品安全协调处陈艳处长、上海市交通委综合交通处邱小明副处长、上海市经信委生产性服务业处陈琦芳副处级调研员为中心揭牌。

6.2021年5月7日，2021年长三角物流发展联席会议和长三角现代物流合作联盟主席团秘书处工作会议在江苏省南京市南京饭店召开。来自苏浙沪皖三省一市物流行业协会和相关地市物流行业协会的负责人和代表30余人到会参加。会议由江苏省现代物流协会副会长兼秘书长侯普主持。上海市物流协会监事长高瑞，常务副秘书长陈震，副秘书长张悦来、固晨曦和上海市物流学会副秘书长张三敏参加了会议。会上，上海市物流协会常务副秘书长陈震代表联席会议和合作联盟秘书处提出了深化长三角物流业和物流行业协会合作的"六点建议"，包括深化信用建设、物流统计、标准化建设、智能化装备、教育培训和示范区社团及企业的深度融合等方面，会议经讨论审议，同意并通过了"建议"。江苏省现代物流协会副会长兼秘书长侯普介绍了关于举办"2021年中国（江苏）长三角物流发展与合作论坛"的会议方案，论坛拟于7月在苏州市举行，会议讨论并原则通过了会议方案。

7.2021年5月14日，上海市物流协会产教融合专业委员会在上海商学院会议厅举行成立大会。市经信委生产性服务业处张莉副处长、商学院副校长贺瑛教授、协会高瑞监事长、常务副秘书长陈震、专委会殷延海会长、张悦来秘书长等出席。参加会议的有专委会的理事单位、会员单位和来自企业、高校、教学研究机构和协会的分支机构等代表共60余人。会议由协会副秘书长固晨曦主持。会上，贺瑛副校长代表商学院祝贺产教融合专委会的成立。高瑞监事长代表协会在会上致词。陈震常务副秘书长在会上提出了工作要求。专委会应延海会长在会上报告了建立专委会的目的、意义和筹建过程以及五大核心目标。张莉副处长代表主管部门祝贺专委会的成立，通报了上海市生产性服务业的发展情况。会上举行了专委会揭牌仪式。上海市物流协会产教融合专委会由高校、企业和有关单位共同发起成立，会长为上海商学院的殷延海副教授，秘书长由上海市物流协会副秘书长张悦来兼任。

8.2021年5月15日，上海物流行业协会组织合作联盟2021年第一次秘书长联席会议在绿地铂骊酒店第一会议室召开。出席会议的有联盟成员单位30余人。会议由上海国际航运中心发展促进会常务副理事长兼秘书长郑在主持。会上，交通部组合港管理委员会杨立新处长通报了长三角港口一体化发展进程和制度安排。上海市物流协会常务副秘书长陈震秘书长通报了5月7日在江苏省南京市举行的长三角物流联席会议暨合作联盟秘书处会议情况和将于7月在苏州市举行的"2021中国（江苏）长三角物流发展合作论坛"的方案内容，以及会议通过的关于深化长三角物流一体化发展的"六点建议"和上海市人大财经委召开的人大代表关于物流立法议案座谈会情况。参加会议的秘书长还就协会工作进行了沟通交流。

9、2021年6月17日，由上海市物流协会、上海市物流学会和慕尼黑展览（上海）有限公司联合举办的上海物流数智化论坛在上海新国际展览中心会议厅举行。上海市物流协会常务副秘书长、上海市物流学会秘书长陈震出席并首先致词。参加论坛的有本市和兄弟省市物流行业及企业代表、高校物流专业教授和专家共90余人。

会上，复旦大学刘建林副教授、上海联通交通物流事业部技术总监沈文涛、深圳时聘网络科技有限公司招商总监孙伟伟、深圳易流科技股份有限公司食安事业群总经理王震、上通技术中心智能网联专家李博程5位专家，分别从发展趋势、供应链管理、航运生态、智能网联等方面就数字化、物流数智化发展作了精采演讲。

10.2021年7月1日，庆祝中国共产党成立100周年纪念大会在北京隆重召开。协会党支部认真组织本单位党员和干部群众收听收看。协会秘书处党员和非党同志济济一堂，集中收看中央电视台直播的庆祝大会实况，聆听习近平总书记的重要讲话。大家心潮澎湃，深受鼓舞。回首过去，展望未来，坚信在以习近平总书记为核心的党中央坚强领导下，有全国各族人民的紧密团结，全面建成社会主义现代化强国的目标一定能够实现，中华民族伟大复兴的中国梦一定能够实现。协会党支部要以当前深入开展党史学习教育活动，加强党的建设，促进全年各项工作全面完成，推动行业协会健康发展。

11. 2021 年 7 月 23 日，由苏浙沪皖三省一市物流协会、学会主办的 2021 长三角物流发展与合作论坛在苏州新城花园酒店召开。本次论坛以"智慧物流赋于物流行业高质量发展"为主题。轮值方江苏省现代物流协会副会长兼秘书长候普主持，浙江省物流协会会长胡江潮、上海市物流学会会长许国良致词。复旦大学副教授刘建林等 8 位专家学者与企业家作了精彩演讲。来自苏浙沪皖的物流行业代表、专家学者、政府有关部门代表共 500 人参会。

12. 2021 年 7 月 23 日，上海物流行业社会组织合作联盟 2021 年第二次秘书长联席会议在苏州市新城花园酒店 3 楼会议室召开。参加会议的有口岸联合会、国航中心促进会、仓配协会、船东协会、港口协会、国际货代协会、物流与供应链专委、电商协会、物流协会、物流学会以及物流协会下属的冷链、中小企业服务、物流供应链分会等联盟成员单位代表 30 余人。上海市发改委服务业发展处朱思民调研员应邀出席。会议由上海市物流学会秘书长、上海市物流协会常务副秘书长陈震主持。会上，陈震秘书长首先通报了事关行业发展的最新情况，上海国际航运中心促进会郑在副会长兼秘书长在会上通报了正在筹备中的中国长三角国际港务集团的最新进展。会上，参加会议的联盟成员各行业协会就航行运价快速上涨对外贸出口和产业链的影响、通关一体化推进情况、协会的跨界合作与数字化发展、航运企业的发展变化、以及会员企业在运输、仓储和疫情防控中遇到的新情况新问题等进行了充分交流和热烈讨论。

朱思民调研员介绍了这次市政府明确市发改委为全市物流牵头部门的决定情况和前后变化，并就物流业如何用好政府服务业发展引导资金作了讲解，希望物流行业协会发挥桥梁纽带作用，推动行业和企业通过模式创新、技术创新等，努力实现降本增效的新成效。

13. 2021 年 8 月 4 日，针对当前新冠病毒肺炎疫情防控形势严峻，为贯彻落实市委、市政府有关疫情防控工作要求，协会就近期企业防疫防控工作，向会员企业提出"关于加强当前疫情防控确保企业安全运行的意见"，提出了加强人员出入管控；加强对公共区域的消杀；加强企业员工个人防护；加强和社区防疫的配合等要求。

14. 2021 年 9 月 9 日，物流统计样本企业工作会议在百联集团（资产）大楼 7 楼会场召开，协会固晨曦副秘书长主持会议。市发改委朱思民调研员、复旦大学朱文贵博士、上海市物流协会常务副秘书长陈震，副秘书长张悦来，全市 90 余家首批样本物流企业的统计工作相关负责人参加了会议。会上，朱思民调研员针对此次统计工作作了动员，希望各企业增强责任意识，充分认识到物流统计工作的重要性。固晨曦副秘书长向统计样本企业介绍了行业统计的意义，发改委和协会将向样本企业发放政府信息采集单位的铭牌。

朱文贵博士对统计具体填报工作进行了培训，对企业提出的问题一一做了解答。协会统计部主管童瑶对相关统计数据资料的搜集报送工作作了布置。协会副秘书长固晨曦作了总结发言，物流协会作为物流统计的实施单位，将在发改委领导监督下，严格按照统计局要求从事统计工作，同时严格遵守会员代表大会通过的《上海市物流协会数据中心管理办法》的规定，确保操作规范、信息安全、运用合理。接受会员企业和社会的监督。

15. 2021 年 10 月 23 日，"云丰杯"第五届全国绿色供应链与逆向物流设计大赛在上海第二工业大学进行了决赛。本次大赛是在上海市学位委员会、中国物流与采购联合会绿色物流分会、中国运筹学会、全国物流标准化技术委员会逆向物流标准化工作组、中国物资再生协会的指导下，由上海市学生事务中心、上海市就业促进协会、上海市物流协会、上海市物流学会、上海市运筹学会、上海第二工业大学主办，上海第二工业大学研究生部、上海第二工业大学经济与管理学院、上海大学管理学院承办，云丰国际物流（上海）有限公司冠名赞助。本次大赛吸引了浙江大学、同济大学、华东理工大学、中国海洋大学、福州大学、澳门科技大学、上海大学、重庆邮电大学、上海海事大学、上海海洋大学等高校、共计319支团队的积极参与。在专家评委老师严格的评选商议下，有40组代表队分获优秀组织奖、特等奖、一、二、三等奖、优胜奖。其中，浙江大学参赛团队荣获特等奖。

16. 2021年10月28日，2021第二届中国（上海）工业品在线交易节暨上海物流业采购日活动在上海大华虹桥假日酒店国际会议中心成功举办。本次活动市经信委作为指导单位，由上海市物流协会、上海产业互联网公司联合主办。本次活动原计划在7月举办，后因疫情形势变化及防控需要，延迟至10月举办。出席本次活动的有市经信委生产性服务业处张连森副处长、曹瀚元老师、上海市物流协会常务副秘书长陈震、上海产业互联网公司执行总裁胡来武等领导，物流企业、物流装备企业、金融机构、人力资源服务企业、数字化科技企业的代表等共200余人，规模超过了上届。会上，陈震常务副秘书长代表协会首先致辞。

会上，上海信卫工贸有限公司、云锐科技（上海）有限公司、上海云钠信息科技有限公司、上海运匠信息科技有限公司、盛京银行股份有限公司上海分行、中国联合网络通信有限公司上海市分公司、江苏物润船联网络股份有限公司、上汽集团商用车技术中心等8家企业的高管就当前物流业的热点进行了激情演讲。

8位嘉宾的交流发言引起了与会代表的浓厚兴趣，获得了广泛好评。本届物流活动日现场还举行了授牌仪式，企业及产品展示，开展了采购洽谈和业务对接。

17. 2021年12月1日，协会接上海市人力资源和社会保障局文件（沪人社职〔2021〕399号）关于公布本市第二批职业技能等级认定社会培训评价组织的通知，经单位申报、专家评估、现场考察、结果公示等程序，上海市物流协会等25家机构被确定为上海市开展职业技能等级认定工作的社会评价组织。上海市物流协会获得"物流服务师"职业等级认定资格备案，具备对这个职业进行三级、二级、一级职业技能等级认定。协会将认真按照国家职业技能标准的有关要求，积极开展社会化职业技能等级认定，主动接受有关部门的质量监督和社会监督，为物流行业转型升级，培养造就更多专业型、技术型应用人才做出应有贡献。

18、2021年12月7日，协会举办"企业经营财务优化分析与诊断"培训。本次培训邀请到了业内资深的3位讲师，分别是来自和君恒诚的陈炜琴，主讲转型时代的业财融合与价值创造——从财务报表透析企业治理；来自上海吉程人力资源有限公司合伙人吴晓青，主讲人力资源规划与税筹、以及来自上海淼升品牌管理有限公司创始人虞俊，主讲金四下税务筛查风险点揭秘及其应对策略。内容丰富、实用性强，旨在帮助企业在这一年的经营、财务状况、财税安排工作中能够进行规范、合理、科学的思考与处置。参加培训的30多位管理者也与讲师进行了积极的互动。

19. 2021年12月23日，上海市物流学会九届四次理事会暨会员代表大会及2021年学术年会在百联资产大楼7楼会议室举行。学会会长许国良出席会议。学会副会长、复旦大学徐以汛教授主持会议。

会议审议并通过了许国良会长所作的关于2021年工作总结与2022年工作计划；审议并通过了张三敏副秘书长所作的关于学会2021年会费收支情况的报告；审议并通过了陈震秘书长所作的学会第四批"产学研基地"的决定。

会上，许会长为获得第四批"产学研基地"的3家企业授牌。主持人徐教授宣读了大会决议。

上海物流协会会员单位抗疫先进事迹

1. 中通快递

3月16日，中通快递集团召开全国疫情防控部署会议。赖梅松董事长指出，要严格落实好疫情防控的责任主体，务必在保障防疫安全的情况下，保障生产的稳定有序运营；要严格做好各中心人员的健康管控，做好各项突发事项的应急预案；要严格执行好各中心人员进出的"二码一核酸"的核验管理，尽量减少人员进出流动；要严格执行好各中心的场、车、件的消杀工作，切实做好日常的防护和消毒；要严格做好疫情防护物资的配备，至少储备30天以上的防护物资；要严格做好疫情防控的应急处理，保持信息畅通和及时；要严格配合执行好地方政府对疫情防控的工作要求，尽最大可能保障生产畅通有序。

2. 光明领鲜

领鲜物流在有150名员工或被隔离、或被流调封控的困难下，党支部开展了志愿义务保供活动。动员令一下，领鲜物流职能部门的党员、积极分子、管理骨干和非一线其他管理人员成立了领鲜物流党员志愿义务保供突击队。3月14日，在总经理的带领下，领鲜物流党员志愿义务保供突击队义务为"光明温暖"送给抗疫一线的医护人员家属的"三送"慰问品，进行分拣、配送。

3. 百联集团联华物流

3月14日凌晨，联华物流接所在地区实施24小时封闭管控的通知。针对突发情况，联华物流一方面在库区门岗外设立"临时指挥所"，负责对外信息交流，对内部署仓库、运输、信息等板块的运作协同；另一方面积极与各方沟通，办理《疫情防控保障证明》。物流库区依旧灯火通明，在人员配备仅为正常值1/3的情况下，近112吨蔬菜，6500余箱水果，1.2万份包装菜，赶在凌晨3点组配完成。第一批冷链配送车辆，缓缓驶离库区。

4. 上海全方物流有限公司

【爱心战疫，国企担当】

企业的倾情助力，为疫情防控工作凝聚了强大合力，在多方驰援上海疫情防控的爱心接力下，作为上海对口扶贫支援的新疆喀什地区，为上海各级工会送来的暖心礼包，为这场战"疫"增添了温暖和感动，更坚定了大家战胜疫情的信心和决心。

爱心接力 行动支持

4月20日上午，新零售物流事业部东兴路仓库接到原商务委援疆干部的电话，希望公司能协助新疆企业"喀什疆果果农业科技有限公司"完成约3500份爱心礼包的分发和配送任务，东兴路仓库在接到任务以后立即启动紧急项目管理，安排团队人员洽谈商务合同，对接合作信息，明确操作流程，并根据配送任务的14个送货点，合理规划配送路线，安排运输车辆，于当天完成全部前期准备工作。

爱心速递 当日送达

4月21日一大早，全方物流公司自有车辆陆续赶到仓库，并根据不同行政区域、不同车型陆续将一批批新疆爱心礼包装车并严格进行消杀，通过多方努力，当天顺利完成了徐汇、长宁、宝山等8家工会爱心礼包的配送任务，将新疆企业的爱心和温暖送到了各级工会的手中、心中。得到了相关工会及爱心企业负责人的一致好评。

从对接援助企业，拟定配送方案到沟通协调各级工会，装车配送，最后到成功送达各级工会手中，全程不超过36个小时，完美地诠释了全方物流新零售物流事业部东兴路仓库项目团队成员们的高效工作作风。

责任创造价值，行动诠释爱心，新零售物流事业部在疫情攻艰时刻，始终将国企的担当，社会的责任扛在肩上，在完成集团第一医药任务的同时也加入爱心战役中成为一股温暖坚定的力量。

这些爱心物资将为基层工会带来一份守护与温暖愿所有奋战在疫情防控的爱心人士和工作人员平安健康

我们终将取得这场战"疫"的全面胜利！3月13日，国药医工总院在收到市经信委的专业人员招募信息后，从生物制药部和所属多米瑞公司挑选出第一批共7人组成的团队前往上海市宝藤医学检验中心支援核酸检测任务。当日配合完成核酸检测样本8000余例。

5. 郑明物流

郑明物流作为上海市疫情防控生活物资保障重点企业，快速启动各项保供机制以保障疫情期间人民生活物资的供应。在防疫期间，郑明——盒马项目业务量激增，公司紧急增派车辆和司机，全天24小时作业，由之前的每日100余车次增加到每日200余车次，配送范围辐射全上海的70余家盒马鲜生以及300余家盒马邻里。配送货品包括蔬菜、水果、肉类、海鲜、调味品等1000余种商品，每日发货量由之前的120余万件增加至150余万件。

6. 苏宁易购物流

苏宁易购全力支援地区抗疫。3月30日，上海苏宁易购接到一项紧急送装任务。虹口区一单位为保障便民窗口急需配置3台热水器，上海苏宁易购物流和售后帮客立刻行动，迅速安排仓库调拨，服务工程师火速配送并安装，圆满任务。上海浦东集中隔离点正在加紧建设，在接下来的3天内，苏宁帮客服务工程师将完成560台空调的紧急安装与调试。上海苏宁易购奉贤物流基地作为全国援助物资的中转基地，几乎保持着24小时的运转状态。截至目前，上海苏宁易购物流具备通行条件的运输车辆近200余台，一方面连接"绿色通道"为上海地区源源不断输送防疫物资；另一方面也承担起当地生活物资的保障。

7. 上海景鸿（集团）有限公司

坚持守护 同心抗疫

上海景鸿（集团）有限公司创建于1993年3月，承载着成为国内高品质物流、安保服务供应商的使命，经营业务涉及现代物流、安保科技、保安服务、项目投资等多个领域。目前拥有上海景鸿国际物流股份有限公司、上海景鸿保安服务股份有限公司、上海临港景鸿安全防范科技发展有限公司等十多家全资或控股公司，以及上海南方商城有限公司、中艺景鸿国际贸易（上海）有限公司等多家合资公司，业务足迹遍及上海、北京、成都、重庆、郑州、青岛等国内多个城市。

在保卫大上海的战"疫"中，景鸿保安驻农商银行浦东分行保安队在分行安保部的领导下，坚持以企业核心价值观为引领，立足银行系统保安服务的特点，结合疫情防控的形势和任务，精挑细选优秀保安员驻守服务现场，系统策划，规范履职，严密防范，加强保安服务现场疫情防控工作标准化管理，有效的促进了农商银行浦东分行各安保服务现场疫情防控工作。全体驻守现场的保安员舍小家顾大家，不畏艰险，迎难而上，勇担当，勤作为，发扬了景鸿保安特别能吃苦、特别能战斗、特别能奉献的精神，在逆境中用实际行动守卫着农商银行浦东分行的每一个服务点的安全，赢得了客户的高度认可。

景鸿保安驻农商银行浦东分行保安队保安员陆宝发、江巧白，自战疫以来，舍小家，顾大家，始终坚守在战"疫"一线，他们不惧危险、恪尽职守，根据岗位职责和疫情防控任务要求，他们在查验"场所码"、测温登记、对办公楼宇门把手、电梯按钮、灯具开关等公共设施高频率触摸部位定时消杀方面展现出了认真负责和精细工作的职业品德；面对银行战疫人手的不足，两位年过五旬的保安员主动充当"搬运工""清洁工"的角色,装卸、搬运大量防疫物资并消杀,主动对营业大厅、ATM机等公共区域实施清洁与消杀,他们的主动作为,弥补了服务现场战力量的不足。

写在最后:两位年过半百的保安员,当他们奋战在战疫一线的时候,也每时每刻牵动着家人的心,有问候,有牵挂,也有泪水……儿女满堂天伦乐,何须再受北风寒。当保卫大上海的战疫擂鼓声声时,以陆宝发、江巧白为代表的广大景鸿保安员们,主动请缨,那声"有我在,请放心"掷地有声。他们在关键时刻,在大局面前,视战疫的责任和义务高于一切,危难时刻把保安的职责和担当举过头顶。用赤诚与担当守护阵地,为客户单位安全运营作出了自己应有的贡献。

致敬奋战在战疫一线可爱、可敬的景鸿保安们!

8. 上海邮政

全力以"复"!邮政人们一直在奔跑
当前上海疫情防控形势总体稳中向好
复工复产工作有序推进
总有这样一群"绿色逆行者"
默默坚守、无私付出
将美好送达

黄浦邮政

近日,黄浦区分公司开始为黄浦区的街道运送保供物资,他们利用熟悉地域环境、车辆调配灵活等优势,为保供物资的运输提供强有力的支持。

据了解,外滩街道这次共有约9000箱保供物资,先后有3辆这样大型的拖挂式卡车到货。由于外滩街道不少区域都是老旧小区,大型车辆很难到达相关指定区域。这次作为"国家队"的邮政人们主动请缨加入运送保供物资的队伍中,大大缓解街道方面的运输压力,进一步缩短相关运输时间,减轻社区工作人员的劳动强度,确保保供物资能够及时送达居民手中。目前,黄浦区分公司还将帮助南京东路街道、小东门街道以及打浦桥街道等街道保供物资的运输,最大限度解决保供物资最后100米的运送难点和堵点。

杨浦邮政

据统计,5月1日—9日,杨浦区分公司"保供流动超市"已接单10300余单,服务超过70个小区。

下一步,杨浦区分公司将进一步加快完善"前置仓+流动超市"保供模式,充分发挥国有企业"六种力量",坚决扛起行业"国家队"的责任,继续用实际行动践行"人民邮政为人民"的初心使命,展示邮政人的良好形象,为坚决打赢疫情防控这场大仗硬仗做出行业贡献。

奉贤邮政

近日,上海市邮政管理局发布了上海快递第一批复工复产"白名单",邮政、EMS在列。为进一步加快邮件运输,提供好运行保障服务,保障市民民生物资配送,奉贤区分公司按照邮管局要求,报备当地邮管局,积极开展复工复产。一是严格管理复工复产人员,复工人员报备区邮管局同意后方能复工。所有复工人员封闭管理,每日执行三检(一核酸两抗原),严格防疫措施,做好个人防护。二是严格执行邮件消杀。现在全国各地到上海的EMS邮件已经恢复流通,邮件到分公司后,先按规定消杀,再静置一些时间,然后封发到各营业部,各营业部再次消杀,确保邮件安全。三是为加快邮件快速运转,保障用户基本民生物品、药品类邮件的寄递。目前邮件限重3公斤以内。

5月2日进行动员后,奉贤区分公司开始陆续投送从3月28日全市封控后留存未发的邮件、报纸。在留守人员对报纸、信件进行分类后,有112个小组按照小区村居进行投送。包括被封控在小区内的工作人员,也加入了志愿者投送服务队,挨家挨户送到居民家中。仅仅数天时间,就已经投送了将近10万份留存的报刊、邮件,预计很快就能将留存的报刊、邮件清场。

嘉定邮政

嘉定区分公司下属各营业部在做好防疫物资、紧急药品和人民群众生活必需品保供工作的同时,结合实际,精心准备,做到稳岗稳工。投递员们白天积极做好保供邮件的投递,晚上则加班加点做好邮件的留存消峰工作,只为尽早将邮件送达用户手中。

不惧风雨,也不畏战斗
@所有上海邮政人
让我们一起携手
同心抗疫,共迎花开
坚决打赢这场疫情防控阻击战!

9. 交运集团

交运沪北所属上海通华公司为上海世博展览馆集中隔离点提供不锈钢组合式水箱、污水水箱。两台390立方米的巨大不锈钢组合式水箱,要在三天内完工验收并能正常投入使用,任务十分艰巨。但企业毫不畏惧、迎难而上,成立战"疫"项目突击队。企业在岗干部职工全员上阵配合,仅用了一个晚上(10小时)便完成了2台污水水箱的生产,并一次性通过检验。一台污水水箱已于3月27日凌晨0:20发往现场;另一台也于28日下午完成运输交付。这次的项目是在与疫情赛跑、与生命在赛跑。"72个小时、现场18名施工及项目协调人员、厂内近30名一线员工及管理人员、1100张水箱板、3700米拉筋、为10个馆、最大容纳量1.2万人提供服务……"这是企业展现在社会面前、给予人民的最漂亮的答卷。

10. 荣庆物流

荣庆物流配合当地政府紧急配送279万试剂盒至抗疫一线。3月25日晚,荣庆物流先后接到上海市嘉定区马陆镇政府、宝山区交通委紧急通知,需将新冠抗原试剂盒及其配套用品安全及时运往疫情防控第一线,以配合街镇做好抗原检测筛查。荣庆物流凭借自身医药冷链物流专业服务优势,紧急调配17辆医药专业运输车辆,并配备专人负责,以确保此次运输配送工作顺利进行。截至3月26日17:00,荣庆物流高效完成了全部试剂保障任务。

11. 日利成

"日利成供应链"抗疫保供做贡献。入春的申城,昼夜温差10余度,夜幕下春寒料峭。但,入夜的"日利成供应链",却是热火朝天,一派繁忙……

4月2日,日均超过1000吨转运能力的"日利成供应链"被上海市商务委员会应急征用,主要负责接收全国各省市支援上海的物资。各地物资到达上海后被安排在"日利成供应链"卸货,经消杀、检验,重新装到"日利成供应链"所属的货柜车,然后转运到市商务委指定的街镇。这些经由上海市人民政府合作交流办公室组织协调的来自全国各省市支援上海的物资,经市商务委统筹协调后,形成物资到街镇的计划,并下达指令到"日利成供应链"的现场督战组……

囿于疫情,"日利成供应链"仅剩半数转运能力,总经理石代伦所在小区被封出不来就在家中遥控指挥,近10人的管理团队吃住办公都在公司。公司现有58辆货柜车全部出动,50名装卸工分成双班,每日每班工作12小时,确保第一时间完成转运前的卸货装车工作。

基于路途遥远的安全考量,运载全国各省市支援上海物资的大货车司机,白天跑在高速公路上,晚上必须得有充足的休息,到达上海时多为深夜。比如,山东潍坊100吨支援上海物资车辆在4月5日凌晨2点才到达"日利成供应链"。车辆进入公司前,先要在公司门外完成车辆的消杀,然后进公司停到进货区。停好车打开货柜门，上海质检院捐赠食品快检实验室嘉定站的工作人员会第一时间逐车对支援物资抽取采样物品，然后回到位于"日利成供应链"的现场实验室进行快速检验。检验结果无异后第一时间通知现场装卸工人开始消杀，做好转运准备。

卸货转装的仓库平台上，到处都是忙碌的装卸工人们，董事长卢革胜抽空也会帮忙推推转运物资的板车，管理团队的其他人也会时不时"变身"装卸工人……他们似乎忘记了已是深夜，心里想着的是尽快完成转运，保证货柜车一大早出发驶往上海的各个街镇。

市商务委和市政府合作交流办的驻点办公人员，也在一边协助清点核对物资；一边忙着给兄弟省市写"援助物资感谢信"……

日夜兼程奔袭来沪的司机师傅，返程前也会收到一箱"一片温馨一片情，上海人民感谢您"的盲盒礼物。

夜晚，面积9912平方米的博园路898号灯火通明，无论是办公室区域，还是装卸货区域，设备不停地运转；车辆不间断地出入，灯亮着；人忙着，各司其职忙而有序。此刻的大家都有一个小目标：在严格执行新冠疫情防控标准的要求下，在确保上海市民食品安全的前提下，做好本职完成转运，为早日战"疫"成功贡献一点微薄之力。

援助物资

它们来自全国各省市通往上海的高速公路上；

它们汇聚在"日利成供应链"的仓库和货柜车上；

它们装载在驶向上海各街镇道路的货车上；

它们来到了上海市民的身边……

而这些都离不开"日利成"人的辛勤付出，感谢你们，加油，加油！

12. 云丰国际

云丰国际受东方快消品中心、饮料协会委托承运一批由中石化易捷、日加满、界界乐等企业捐赠的饮用水及其他饮品运输任务。董事长董平在接到任务委托后，第一时间组织在岗调度召开紧急会议调派车辆，于4月17日—18日分别从杨浦区共青路和嘉定区金园四路和宝安公路产品仓库提出总计21.26吨、2677箱各类饮品分别送往位于徐汇、黄浦、杨浦三地养老机构、救助站以及浦东新区方舱医院。第一时间为相关医护人员和救助人员送上爱心企业的捐赠物资。

13. 上海联达智能物流有限公司

上海联达智能物流有限公司董事长侯艳作为宝山区政协常委，致公党区总支部副主委，宝山区总商会副会长，积极响应宝山区委统战部、区工商联的号召，带领公司员工以实际行动投入疫情防控阻击战中来，为疫情防控工作做出贡献。侯艳了解到宝山医院的白衣天使们在第一时间奔赴位于宝山富长路的方舱医院，为病患及时提供诊疗服务，侯艳及公司员工们为广大医务工作者们崇高的职业精神所感动，决定向富长路方舱医院捐赠物资。4月13日，联达物流将一批抗疫急需物资捐赠给富长路方舱医院，受到了院方的欢迎和感谢。这批物资中包含了面包、桶面、饼干、牛奶、汽水等，共计2900箱，价值20多万元。侯艳表示，慰问一线医务工作者，是我们企业义不容辞的社会责任，更是参与抗疫行动的具体体现。

联达智能物流大力保障产业链畅通，公司为配合宝钢厂区24小时生产的需求，第一时间启动应急机制，组成一支由39辆生产车辆、39位一线员工、7位管理人员（包括汽运、水运调度）的应急小组，进驻宝钢厂区，全力配合宝钢股份运输部，保障封控期间宝钢生产的需求，确保封控期间厂内水运出厂等业务顺利进行。公司水运部计划运力3.5万吨/7航次全力完成宝钢股份运输部及营销中心（宝钢国际）合同物流部下达的任务。

疫情发生以来，联达物流公司积极行动、主动作为，多次参与到物资配送、保供支援等工作中来。员工们纷纷表示，能为上海抗疫工作做贡献是莫大的光荣。

14. 冲在护"芯"战"疫"第一线

上海市进入全域静态管理已经持续月余，作为高度国际化和垂直分工的产业，半导体材料、货物流通、上下游衔接等问题不仅困扰着整个芯片行业，也牵动着开尔唯的心弦。聚焦和深耕泛半导体与医疗器械两大行业多年，我们与行业有着深厚的感情基础，对行业遇到的困难感同身受。一时间，开尔唯倾全公司之力冲到护"芯"战"疫"第一线，以高度的使命感、丰富的物流经验以及周全的运输方案获得相关企业的认可。

在稳产稳链的路上急速奔跑

上海封闭管理后，半导体产业链物资运输挑战很大。面对准备时间短、需要打通环节多、运输任务极其繁重等困难，开尔唯及时调整计划，集中优势资源，想办法逐一打通通行证、异地送货管控、司机隔离等环节，快速将一批欧洲等地进口生产，经上海口岸入境的10余套欧洲光刻机安全及时地送达无锡、北京、合肥、武汉等地多家著名集成电路制造企业。这些设备不仅对温控和减震有极高的要求，客户对时间的限定也极为苛刻，但我们充分发挥专业和经验优势，将价值几十亿元的贵重物资按计划交付给客户。

光刻胶业务受限于空运舱位紧张，冷链货物防疫措施提高以及操作环节复杂等因素，运输难度倍增。我们组织专业团队，破解关键难题，缩短准备周期，不仅满足了光刻胶时效性高、温度要求高的特点，还按时保质地送达客户手中。日前，随着集成电路产业链相关企业复工复产后对原材料需求的走高，开尔唯靠前一步，提前打通广州、深圳、郑州等口岸通道，积极为产业链跨国企业和国内知名大型企业提供物流解决方案，保障液晶面板、光刻机、光刻胶等精密设备及产业链重要原材料物资的运输，为维护核心关键产业的稳定作出努力。

给行业开出开尔唯方案

持续的封闭管控导致原材料和配件进不来，成品出不去，物流运输受阻、相关人力极度缺乏、物流成本也大幅增加。相比于居家办公和封控管理所带来的影响，物流成为目前行业最大的变量和最迫切的需求。开尔唯凭借多年来深耕高科技行业积累的丰富的物流经验，主动请缨，为集成电路行业"不停产、不断供"给出开尔唯方案，行业内首创在市外设立中转站的成品交货模式。

针对疫情下上海的特点，我们在上海车队和苏州两地设立分拨中心，提供仓储、贴标、分拣、打包、理货等服务，接受和分发全国各地原料、成品、设备等重要物资。

整个运输过程人员、车辆、仓储等全部以公司自有资源为主，不仅规划了最合理的运输路线，有详细的每日用车调度和隔天用车计划；还对每班次车辆进行远程追踪，逐一核对在中转站交接的货物，同时还实行驾驶员全程防护服，车辆和货物实时消毒等闭环管理措施，确保客户产品万无一失。

这一创举是开尔唯为行业分忧解愁的具体行动，是我们为疫情下经济社会发展做贡献的具体体现，一经推出便受到行业的普遍关注和交口称赞。

你保供行业，我为你保障

市域实行封控管理后，为打通物流环节，开尔唯人四处奔走，在上海市相关部门的大力支持下，公司第一时间申请到了市内应急保障的通行证和沪苏运输通行证，这是一条沉甸甸的"生命线"，更是一份委以重任的信任感。

当得知某著名半导体工厂几千名员工为了生产保供，在生活、防疫物资方面有供应缺口时，开尔唯立即拟定方案，抽调精锐资源，安排17.5米半挂牵引车和9.6米飞翼等车型连夜出动，前后组织6批次为厂里运送帐篷、睡袋、托盘等生产生活必需品，全力改善驻厂员工生活条件，解决了他们的后顾之忧。收到感谢和问候的回复后，开尔唯人只轻轻地说了一句："不客气，我们是一家人"。

为了给客户送一份药品，我们的大货车在黄浦江两岸穿行几十公里；为了将一份纾困食蔬礼包递到客户家里，开尔唯人披星戴月跑步前进；为了提高响应度，满足客户的时间要求，我们的物流团队时刻处于"马不停蹄，人不离车"的待命状态，一车一人一盒饭已经成为疫情期间最感人的场景。

勇毅笃定，向"疫"而行

在与疫情的斗争中，开尔唯一直是参与者、见证者和实践者，并开创了多个"第一"。2020年武汉疫情，第一批派驻专业团队驰援武汉的上海企业；上海产业园区第一批复工复产的企业；2022年上海疫情，第一批打通上海市内流通和沪苏流通的企业。开尔唯人用诸多的"第一"诉说着朴实的情怀和企业公民的担当。

作为专业的物流合作伙伴，开尔唯对医疗设备的熟悉程度以及对其运输、仓储方面有着天然优势。今年以来，在郑州、吉林疫情严重泛滥之时，开尔唯人冒着风险，千里驰援，运输重要医疗设备支援当地医院建设，越是疫情严重他们越是被需要。从上海出发，疾驰2100公里，一辆车一个人一套CT设备提前12个小时运抵吉林白城。应某国际医疗设备生产商CS部门请求，赵文渤和崔志颖驰援长春通源方舱安装，任务结束后被隔离。很多员工的行程不断被赋星，被大家亲切地称为"三星员工"。上海疫情严重后，开尔唯更是义不容辞，调兵遣将，配合某国内主要医疗设备生产商，先后支援临港方舱医院、世博展览馆方舱医院、崇明花博会方舱医院、松江区中心医院、世博城市足迹馆方舱医院的建设和设备调试，辗转中的付出和艰辛不仅挑战着身体的极限，无处不在的病毒风险更是对他们心理的考验。但每当任务结束后，他们总会很坚定地喊一句"上海加油，开尔唯加油！"朴实中带着义无反顾的坚强。

疫情对医疗设备的需求居高不下，在上海封闭管理期间，为了配合德国著名医疗器械厂商产线不停、产能不降的目标，开尔唯20多名一线员工自愿报名，想法设法做通小区工作，背着简单的行李，一头扎进忙碌的车间。吃在厂里，住在厂里，克服重重困难已经坚持20多天，其中大部分都是"90后"员工。他们用青春的朝气和活力书写着人生，也用实际行动投入抗疫事业当中。

疫情以来，开尔唯全体员工在不同岗位上为抗疫事业默默发力，恪守着对客户的承诺。有的坚持居家办公，一天不耽搁；有的冲锋在抗疫保供一线，一刻不懈怠。在稍显寂静的大都市里，用使命、担当、责任在疫情面前筑起了一道牢固的堤坝。

我们相信！

前路光明！

阴霾终会散去！

中国加油！

上海加油！

开尔唯加油！

15. 平凡勇者，磨砺成锋

上海联通智慧赋能疫情防控

当前，上海正处于疫情防控应急处置关键时期，疫情就是命令，防控就是责任。为确保政务云、随申码、空中课堂，还有像空气和水一样重要的网络、宽带和信号正常运行，上海联通第一时间启动应急机制，组建应急团队，为打赢疫情防控阻击战提供坚强保障。

上海联通成立通信保障小组，应对大规模核酸检测工作，全力保障辖区内核酸监测点通信网络通畅；调派专业骨干队伍进驻浦江云数据中心，执行封闭式运营保障，保障上海市政务云等重要项目正常运转；积极配合各级政府部门开展防疫工作，为集中隔离点酒店提供门防监控服务，严格按照防疫标准，采用红外光栅报警系统和门磁系统，进行昼夜警戒，确保各隔离酒店安全有序运转。

目前，上海联通已面向100多个街道、企事业单位、医院学校等提供1000余套"数字哨兵"并正式投入使用。在浦东新区，首批"数字哨兵"已在供排水管理局、虹桥公寓居委等场所正式上线；在嘉定区，菊园经济开发区物业管理人员由衷感叹道，以往人工查验时每个人最少需要半分钟，而如今只需要刷一下身份证或者随申码，"数字哨兵"就会显示通行人员的身份信息、体温、最近一次核酸结果以及疫苗注射信息，并且伴随语音通报功能，自动判断是否符合通行标准，不到2秒钟就可以轻松完成健康核验。

机场空管、航司、海运、港口、城市交通及物流快递等交通物流企业肩负着全国乃至全球的人员流动、各类日常物资及救援物资的物流运输和应急调度的重大责任，是城市的生命线，作为交通物流行业的信息科技服务供应商，上海联通交通物流事业部勇于迎接挑战，为华东空管局、上海国际机场、东航及三通一达等等客户量身定制5G、物联网、云服务等智慧科技解决方案，为交通物流行业客户保驾护航！

为促进物流行业复工复产，交通物流事业部与邮政、三通一达、极兔、顺丰、德邦、联邦、UPS等主流物流企业联合，针对企业转运中心、场站、仓、门店等场所，针对四轮、三轮、两轮等干线、城配车辆，进行人机共存消杀、数字哨兵等防疫防护设施设备的需求全面的细致排摸、部署，促进企业具备复工复产的疫情防护条件；同时与圆通国家工程实验室联合正在快速推进"防疫应急车辆管理平台"搭建，应用于商委、保供企业、物流企业，力图快速形成物流企业正规军联盟，有效助力保供单位的物资配送工作；与圆通、行深等行业领头企业合作，紧急调配运送一批无人车进上海各大方仓医院，助力方舱内运力能力迅速提升，促进疫情救治、抗疫防护等工作安全、高效开展。

不忘初心，牢记使命，上海联通展现了国家队、主力军、排头兵的力量，守"沪"共同家园！

上海联通助力无人驾驶配送车。4月1日，上海联通助力美团买菜紧急部署驰援上海的首批50辆"智能无人驾驶配送车"，用于解决部分封控街镇、社区因疫情防控人员不足的情况。上海联通第一时间召集各部门成立专项团队，为无人车部署提供网络技术支撑等服务，确保无人车正常交付使用。经过各方通力协作，首批50辆"智能无人驾驶配送车"于4月4日在浦东御水路某小区进行了试运行，4月5日，无人车正式上路，为封控小区提供无接触、更安全的配送服务，缓解基层防疫人员服务压力。4月5日，上海联通项目团队与圆通速递等合作伙伴联合打造的"智慧无人驾驶配送车"在临港方舱医院全部部署完毕。

16. 九州通物流以"当日达"保障上海居民用药

当前，上海疫情防控形势依旧严峻，让买菜、买药这些原本简单的"小事"变得不容易。药品物资的短缺、末端配送的运力不足等都是造成药品送达难的原因。

如何保证居民用药的及时性成为亟待解决的社会问题。在2020年武汉疫情期间，曾凭借自身网络、技术优势承担物流运转的九州通物流，在上海疫情期间再次承担起医药物品的配送，并发布了"守沪不停步，团购送到家"的活动，承诺当日送达。

4月21日，九州通医药集团物流有限公司总经理张青松在接受《中国物流与采购》杂志记者采访时表示，该项活动自3月底就已在上海启动，配送范围覆盖上海市12个区域、300余个社区，每日配送订单量可达到2万余单，并全部实现"当日达"。

（1）以"武汉经验"驰援上海

作为上海市疫情期间药品保供单位，九州通在疫情发生之初就做好了物资储备与人员动员。九州通旗下的好药师大药房，在上海疫情期间正常运营门店数达到355家，占全上海好药师药房的70%。

"疫情期间，由于不少药店停止营业，大量的订单集中在好药师大药房，目前每日的订单量是疫情前的一倍。"张青松告诉记者，为了保证上海市民所需药品的充足，九州通利用自己的网络优势与供应链优势，从全国各个仓库和合作医药企业客户手中调集所需药品驰援上海。4月8日，九州通接到上海防疫指挥部12小时内紧急配送4000万只口罩的需求后，从武汉总部仓库立即调货，并安排10余辆大货车于次日送达上海8区18个物资接收点。

面对上海疫情下物流不畅、物资无法进入上海的问题，九州通则利用在武汉疫情期间积累的经验积极解决。"前期从武汉出发运输药品的货车司机，在进入上海返回武汉后要被隔离，前后大概有20名左右的司机被隔离。"张青松认为，这样的运输方式显然对人力、成本都造成了极大浪费，于是他们借鉴此前在武汉疫情时积累的经验，干线运输采取了接力方式。"我们从武汉出发的货车一路开到距离上海最近的服务区，再由上海九州通公司持有通行证的货车司机就地接应。这样武汉的司机就不用进入上海市，为九州通物流省下了大量的人力资源。"目前，九州通物流根据计划，每天都有几十辆干线车往返于武汉与上海之间，以此来保障上海市的药品供应。

由于在上海市内配送需要持有通行证，所以在疫情发生之初，九州通物流就立刻着手为40余辆城市配送车办理了通行证。"现阶段这40多辆车可满足当天的订单配送任务，后续我们也会根据业务实际情况，再继续增加持有通行证车辆以满足运力需求。"张青松表示，目前在上海市内从事分拣、配送的员工有100余人，每天工作时长达到17、18小时，为了避免小区封控所带来的人力不足问题，这些员工全部选择住在单位宿舍，进行闭环管理。

在末端配送方面，九州通物流选择了效率更高的社区团购模式。好药师大药房在接受到订单后，会将数据上传至九州通系统上，仓储分拣人员会在第一时间按照区域进行订单打包。九州通在上海市内的城市配送车辆则随时待命，根据区域将订单送至各个小区，由消费者直接在小区门口取货，或由社区工作人员接收后发放到消费者手中。

（2）实战＋硬件＋技术＝快速响应

2020年，九州通物流凭借着快速的物流运转系统，承担起了疫情期间武汉医药物品及其他物资的运输。而两年前的这场应急物流战，为今日九州通物流保供上海医药物资打下了坚实的基础。

张青松告诉记者，武汉经验这次在上海主要运用了两点：一是九州云仓系统的数智化应用。沿用武汉抗疫经验，团队根据接收物资及分发管理以九州云仓系统为托底，结合上海九州通现代化医药物流中心，做到接收物品分门别类、库存管理记录在案、出库复核准确无误、一键排车智能分配、末端配送检核留痕。二是搭建坚实的组织架构，设立运营管理中心。中心包括信息接收处理组、线路规划组、调度管理组、车辆管理组、现场执行组、业务支持组、数据分析组、质量管理组等10个组50余人专业职能人员。在不管任何业务类型，都能做到"5个一致"，即上下游信息流一致、物品流通一致、数据流一致、出库作业完成时间随客户最后截单时间一致、配送作业完成时间随客户最后接收时间一致。

除了实战经验，两年来九州通物流在硬件设施与技术能力上都进行了迭代升级。

为保障新冠疫苗的运输，九州通物流去年采购了130余台专用新型冷藏车。而这130辆冷藏车在此次上海抗疫期间也起到了至关重要的作用，成为确保九州通物流以武汉为中心至上海往返物资的重要载体。与此同时，九州通物流不断增加自身在全国的物流中心数量，目前已拥有141座物流中心，搭建起全国5条干支线配送网络，建立了覆盖全国行政区域95%以上的医药物流网络，让物流网络辐射范围与运输时效都有所提升。此外，九州通物流拥有协同管理的350多家承运商，1500多家委托方，在物资调配方面更具有主动性。

在技术方面，九州通旗下的九州云仓线上数智化管理得到更多业务模式的应用及功能优化，尤其是在物流中心管理及出库一键排车功能上，较2020年出库复核效率提升25%，配送较当初效率提升30%。"此次上海防疫物资配送，点位多、分布广、配送难，九州云仓系统的库存管理很好的解决了接收物资及分发管理难的问题。"张青松介绍，完善的运营分析、安全控制体系、物流标准化体系，实现全集团141座物流中心的日常高效、安全、低成本运营。整个物流仓储、运输、配送等作业流程，经过近年来的不断优化，已经实现管理规范化、调度智能化、作业自动化、操作标准化、过程可视化、信息移动化、指标分析透明化。

（3）充分发挥应急响应能力

上海作为国内重要的经济城市，在交通、枢纽、物流等方面都具有先天优势；九州通物流在上海拥有自己的分公司与物流云仓，这些都成为保障药品当日送达的重要因素。但张青松同时表示，九州通物流不管是在上海这样拥有自建仓库的一线城市，还是在目前尚未建仓的城市，都有着搭建应急物流体系的能力。

"去年西安疫情期间，我们受当地政府委托，由九州通物流总部派出专业人员前往西安做相关物流体系的指导与协调。"张青松回忆说，由于九州通物流在西安没有自己的仓库，所以在当地与其他物流企业的医药仓库进行合作，搭建起应急物流体系。"体系的建设是多方位的，九州通物流的技术系统只是其中一方面，还要对物流的流程标准进行规范化定义。经过这几年的摸索，九州通物流在应急物流上已经形成了自己的一套体系，所以即使当地没有我们自己的仓储，也可以实现应急物流的快速上线。"（本文刊载于《中国物流与采购》2022年第9期）

17. 上海你好，快递小哥回来了！——圆通逐步推进复工复产

在上海，快递小哥回来了！

日前，继被列入上海复工复产白名单之后，圆通速递积极落实国家邮政局、上海市委市政府关于疫情防控和复工复产工作的部署，根据上海市邮政管理部门相关工作指引要求，充分发挥快递物流业在保障人民群众正常生活、促进产业链供应链稳定方面的重要作用，积极稳妥逐步有序开展复工复产。

5月1日，两辆快递干线车装载着外省包裹，驶入圆通上海浦东集运中心。传送带伸入货车内，将一件件包裹直接卸下，自动喷雾机从不同方向为包裹喷洒消毒剂。穿着防护服、佩戴口罩和手套的操作员将消杀后的包裹分拣到对应网格中，等待复工分公司晚些时候来收取。

中心负责人赵一鉴表示，他们严格遵照上海市邮政快递业企业复工复产疫情防控指引，对集运中心实行闭环管理。工作人员仔细核验驾驶员的"行程码""随身码"、24小时核酸检测报告、防疫通行证，要求扫描"场所码"。驾驶员身着防护服、佩戴N95口罩，在车上做完抗原检测试剂并核验为阴性之后，才被允许驾车入场。在集运中心内，驾驶员全程不下车、不开窗。

"在对进港车辆进行严格管理的同时，对于园区内工作人员我们也严格按照指引相关规定进行管理，对进出港包裹和操作场地严格执行相关消杀流程。预计随着复工复产相关工作的有序推进，中心进港的车辆和快件将会逐渐增多。"赵一鉴说。

同时，圆通在上海也已有少部分分公司复工复产。在圆通上海松江大港分公司，快递员阮理江终于等到了近一个月的首批进港包裹。对包裹进行集中消杀、分拣后，他驾车驶向小区，根据街道、居委和小区的要求，派件均采取无接触配送形式。

圆通大港分公司负责人司马文钦说："当天进港包裹数量虽然相比平时少了很多，但却是一个好的开始。"

与其他圆通分公司一样，大港分公司对驾驶员采取了闭环管理：单独住宿、单独吃饭，不与其他员工接触。分公司内所有快递员还保持24小时1次核酸+2次抗原的检测频率，并且在分公司住宿，

"我们一直强调,不能麻痹大意,一定要先做好防疫安全,才能更好服务大家。"

作为上海市青浦区复工复产白名单企业,圆通申请的首批重点物资运输车辆通行证已陆续获批,通行证数量在不断增加中。同时,为支持上海各分公司顺利复工复产,圆通总部日前决定向上海200多家分公司发放共计1000余万元的兜底工资补贴,用于快递员、驾驶员、操作员、客服人员等分公司一线人员生活保障;同时圆通金融部门将向上海地区复工分公司提供最高50万元的授信额度,支持各分公司开展工作。

据了解,除上海之外,在近期受疫情影响的吉林、山西等地,圆通的各环节工作也在有序恢复。截至目前,圆通在山西省内已有600多家分公司及网点陆续复工,5月1日当天的派件量已达4月29日的2.5倍,圆通长治集运中心也逐步恢复运转。在吉林,圆通长春集运中心成为当地首批获得复工复产许可的快递企业,目前中心员工到岗率已达到近90%,操作能力和运转速度逐步恢复到日常水平。

18. 泓明供应链管理有限公司

汇聚行业媒体力量,助推集成电路产业"芯"火不息!

从3月延续至今的疫情,让全国集成电路产业陷入胶着状态。上海作为国内集成电路产业的重要阵地,产业规模占到全国1/4,覆盖产业链上中下游各个环节。由于产业特殊性,一旦产业停工,将会产生不可估量的损失!因此上海集成电路产业不能在此刻停摆,困难时刻,泓明集团毅然担起保供重担。

作为产业供应链先行者,泓明全力保障中国"芯"产业链不间断运作。自3月疫情管控以来,在集成电路关键零部件方面,泓明为下游企业累计完成浦东机场进口提送1500余票2500余件货物。从上海分拨中心面向全国100余家国内重点集成电路企业,累计出库交付2600余票3700件。 面对集成电路制造企业生产原材料光刻胶短缺问题。我司协同浦东国际机场海关、东航物流等多方通力合作下,采用航空包板与商业包机等措施。劳动节前共完成4批次24吨光刻胶包机任务,5月9号顺利完20吨光刻胶包机业务,预计还会有20吨光刻胶包机到港,助力中国芯。

抗疫保产

在泓明集团上下一心,全力抗疫保产期间,浦东政协、浦东工商联积极发挥平台作用,采纳建言,贡献智慧,提供信息资源支持;集成电路协会协调行业上下游企业支持泓明保供保产,同时助力我司办理通行证,保障疫情下运输通畅,并协助我司复工复产等系列工作。此期间,不仅有协会及政府支持助力产业供应链稳定运行,各大媒体也持续对我司保供事迹采访报道,为产业呐喊助威。

19. 普洛斯供应链高效服务保供一线 积极"守沪"责无旁贷

2022年申城防疫加码,与此同时,保供也成为抗疫工作的重要一环,普洛斯供应链紧急启动应急机制,倾力出动,高效组织供应链资源,执行了多项资源调配、物资保供任务。作为供应链领域积累了丰富经验的运营专家,普洛斯供应链责无旁贷,及时响应政府号召,加入保供一线,一方面,深入社区、服务居民,另一方面支持企业客户,助力复工复产,尽心尽责"守沪"一方,积极贡献力量。

截至5月15日,普洛斯供应链在上海完成超200吨保供物资配送,为1.3万个上海家庭解决燃眉之急,同时为近50家企业的平稳复工提供了生活物资保障。此外,众多普洛斯员工更是志愿成为"保供团长",为近100个社区的居民稳住"菜篮子",保住"奶瓶子",守护"毛孩子",上演了一场暖心的"最后100米"接力赛……

率先加入申城保供一线克服重重困难,将每一份物资及时送达

得益于专业化的运营能力和经验沉淀,普洛斯供应链在封控初始便得到上海市商务委认可,获得《疫情防控生活物资保障企业证明》,第一时间加入上海保供一线。

即便在物资调拨最艰难的4月初,普洛斯供应链也能够快速执行从采购、打包、组套、装卸一体服务，并打通交通堵点、组织车队运输，克服重重阻滞，最终将物资安全送达。截至目前，普洛斯供应链为申港社区 11 个小区的居民提供了紧急生活物资配送。

抗疫保供之路并非一帆风顺。普洛斯供应链团队克服了仓库操作人力不足、保供车辆紧张、道路管控卡点等一系列困难，愈战愈勇，越练越强。

"守沪者"的守护者日均出货 30 吨，助力近 50 家企业平稳复工

除了保障市民日常生活需求外，普洛斯还关注到率先实现复产复工企业的需求，成为"守沪者"的守护者。

为了帮助一些复工企业解决封闭式运营面临的物资供应难题，普洛斯供应链紧急成立应急保供项目组，全方位保障其在防疫、运营和生活上多重物资需求。在半个月时间内，普洛斯供应链日均出货量 30 吨，为近 50 家企业提供生鲜食品、医疗防疫物资供应。

同时，为了帮助企业解决居家办公员工的生活保障问题，4 月 7 日，普洛斯供应链上线"生活物资关怀礼包"。在一个多月时间里，先后为 20 余家客户、伙伴企业的员工家庭雪中送炭，让客户和伙伴们真切感受到"隔离不隔爱"！

我的团长我的团

员工化身保供"团长"，服务近 100 个社区。而一些普洛斯员工也积极行动起来，志愿成为保供"团长"，积极服务所生活的社区，帮助社区居民稳住"菜篮子"、护住"奶瓶子"、守住"毛孩子"。面对突发的疫情，婴幼儿家庭成了"特困群体"，商场、超市闭店关门，线上渠道也按下了暂停键，奶粉、纸尿裤一时求购无门。为了缓解宝宝们口粮的燃眉之急，普洛斯供应链率先发起"护婴行动"，调集爱他美、A2、美素佳儿等婴幼儿奶粉，以及好奇纸尿裤等婴儿用品，护住了宝宝们的"奶瓶子"，也就为家庭送去了"定心丸"。

如父母对孩子的殷切爱护，不少爱宠人士也将家中的宠物当作孩子一般抚育，但突然的封控让宠物用品的供应也成为问题。随着食品供应链的恢复，普洛斯供应链也紧急洽谈宠物品牌，为社区养宠家庭提供宠物食品及用品，消减了"爸爸妈妈"们对爱宠食物不足的担忧。

随着供应链、物流逐步恢复，普洛斯供应链还在持续发挥自身在生鲜食品、母婴用品以及宠物食品用品方面的资源优势，形成针对社区的专属供应链服务，向社区居民提供品类丰富的生活物资，满足居民对高品质生活的追求。目前此项服务已覆盖 88 个上海社区。

"你永远可以相信普洛斯供应链"

全员接力，与时间赛跑、向科技借力。疫情对于供应链企业而言就像一场大考，不仅是对资源快速调配能力的考验，更多是对供应链整合协同能力的一场试炼。

庆幸的是，普洛斯供应链拥有一支成熟的供应链采购和物流运营专家团队，即便在疫情期间仍然可以实现多品类灵活组货，同时依靠稳定的物流配送资源和管家式的客服集成管理。

在高效保供过程中，数字化和智能化技术也是关键。一直以来，普洛斯供应链都十分重视以科技锻造新型供应链服务能力，公司自主研发的物流协同中台系统与采购渠道管理系统便成为了普洛斯供应链此次提供高效保供服务的核心武器。依托上述系统的高效运转，操作人员采购、仓储、配送、客服和结算的沟通效率大大提高。

而一次次顺利完成履约交付的背后，更是普洛斯供应链高效服务能力的充分展现。面对疫情的复杂形势，为了保障保供项目的顺利履约交付，普洛斯供应链团队迎难而上，从组织货源、协同仓储到调集运力、末端配送，各个环节高效衔接。截至 5 月 15 日，普洛斯供应链已完成配送的物资超过百余种品类，总重量超过 200 吨，配送里程达 5 万多公里，服务了超过 1.3 万户上海家庭。

"你永远可以相信普洛斯供应链"不只是一句口号，更是普洛斯供应链积极践行社会责任的驱动力。普洛斯供应链将继续以高效供应链履约能力和高标准的优质服务,与申城一起坚守,努力为上海的全面复工复产贡献一份力量。

20. 新金桥物流：跑好复工加速度,打好保畅稳链"组合拳"

随着疫情防控逐渐平稳,复工复产刻不容缓,但由于疫情带来的各种难点、堵点频现,全力打通产业链、稳定供应链成为新金桥物流保障复工复产稳步进行的关键点。

多方协力,破解堵点

物流运输受阻是各企业复工复产面临的主要问题之一。为满足客户外省地区货运需求,货代报关部承接了客户BSF上海至南通、连云港的运输业务。根据收货地防疫要求,来自上海的车辆需要办理当地通行证或通过其他城市中转,部分收货单位还需要对货物进行消杀服务等等。基于以上复杂多变的情况,货代报关部加强风险研判,准备多样化解决方案,以高效和专业的服务对接所有环节,为客户破解运输堵点,顺利在预定时间内将货物送至目的地。

与此同时,新金桥物流为金桥开发区多家企业提供了机场提货、送货的运输服务,为开发区企业复工复产疏通梗阻。

特殊时期,特殊之举

由于疫情防控影响,上海快递业务基本处于停滞状态。我司客户F面临无法向全国客户寄送发票的棘手问题,导致资金回笼受阻。"只出不进"给企业带来了资金链断裂,甚至业务停摆的风险。

接到客户的紧急求助,货代报关部特事特办,想尽一切可行办法,用尽一切可用资源,为企业开启"绿色通道",发起了一场价值亿元的发票接力跑：利用我司在无锡的中转仓库,通过"闪送＋汽运"的组合方式将上海发票送至无锡转运仓库,随后再转寄至国内各个目的地,成功为客户F完成了第一批价值5000万元、第二批价值4000余万元的发票转寄工作,力解企业燃眉之急。

因地制宜,保驾复工

货代报关部客户Y公司是国内大飞机制造产业链的核心供应商之一。确保Y公司维修用零部件的退运、国内零部件的保障供给、进口备品备件的免税审批及报关是货代报关部助企复工复产、稳链补链的关键点。在充分了解客户需求、摸清客户难点所在,货代报关部"对症下药",制订不同方案因地制宜、精准施策：利用无锡仓库中转模式贯通飞机发动机维修用零部件退运之路；利用货物运输通行证资质衔接各地点对点配送业务,保障工厂各项紧急发料,顺利将多批维修用零部件发运至厦门、四川等地；为确保进口货物免税审批工作不断档,积极为客户及海关搭建"沟通桥",全程跟踪落实相关材料递交及反馈,以"办实事、见实效"的服务宗旨助力客户复工之路。

响鼓更需重锤敲,复工复产的脚步正劲。新金桥物流将畅通产业链、供应链作为首要任务,展现国有企业硬实力,同时密切关注客户的复工情况、复工难点,千方百计为客户想办法、谋出路,合力跑出复工复产加速度。

新名词解释

1. 视觉分拣技术和流程设计
法布劳格物流询 2021年5月29日

视觉技术毫无疑问是人工分拣技术的下一个热点，尽管在广泛采用的过程中还存在一些障碍。除了硬件，还有一些其他问题需要解决，以便在优化的用户工作流中，充分地将 AR 与扫描、语音和其他技术集成起来。这些都是可控制的挑战。但是，如果想仅仅依靠视觉技术来提高劳动生产率和准确性是不现实的，因为与任何新的用户技术一样，视觉技术带来的操作效率提高背后真正的驱动因素是更好的工作流程设计。当用户想采用这项新的技术时，通常有 3 种主要的方法：新技术运用、工作流改进和流程的优化，每种方法带来的效益规模是不同的。

新技术运用

这种方法是指一个配送中心在现有的工作流中用一种新的技术（语音、视觉等等）来替代旧的技术。比如，在一个传统的以 WMS 驱动的 RF 流程中，用头戴显示器来代替普通的设备屏幕，并且用语音输入和智能眼镜捕捉条形码来代替利用手持或可穿戴 RF 设备人工扫描条形码和键盘录入。新技术的运用能大大减少时间，比如操作工人停下来阅读屏幕上的信息和用设备扫描以及放慢速度来进行键盘录入或者按操作按钮。这种方法主要是影响 pick-face 上的操作效率，每次拣取动作能节约几秒钟。

工作流改进

为了进一步提高生产率，配送中心可以对当前工作流进行其他更改，以消除流程中的浪费时间和无价值的步骤。除了用智能眼镜和视觉识别代替设备屏幕和按键，你还可以压缩或合并过程步骤，简化异常过程（非常耗时的流程），减少员工花在主要流程的辅助工作上的时间。这些改进可以在每次拣取动作中再节约几秒钟，使端到端流程更简单准确。当与技术实现的好处结合在一起时，这种方法通常会带来 20% 的收益。

流程的优化

为了获得更大的效率，配送中心准备运用视觉技术时，通常会重新设计和优化它们的流程。常见的例子包括区域拣货、批量拣货、两阶段拣货（特别是对于消耗慢的产品）、和 bucket-brigade 拣货。进一步来说，许多配送中心都采用了先进的优化算法来增加拣货密度，减少新的或现有的批量拣货的行走距离。许多这样的优化都独立于要引进的新技术，但是对于许多配送中心来说，引入的新技术常常代表着流程优化改进的催化剂。

2. 供应链物流
JitLogistics，林梦龙 2021年1月23日

供应链是指围绕核心企业，从配套零件开始，制成中间产品以及最终产品，最后由销售网络把产品送到消费者手中的、将供应商，制造商，分销商直到最终用户连成一个整体的功能网链结构。

那么延伸理解就是围绕这个核心企业的物流就可以称为供应链物流。而供应链中的另外两个重要因素，资金流和信息流，是为物流服务，保障物流顺利的支持。供应链物流是结合供应链的特点，保证整个供应链顺畅的物流，它本质上和物流没有区别，都是运输配送，仓储加工，装卸等等所组成的，同样也需要单据信息系统等，而供应链物流对比下的一个特点，必然是结合供应链的，协调供应链上下运作，充分考虑各供应链成员的供需而配合运作，比如库存位置设立，运输批量等。

供应链物流就是一个系统化的物流，这个系统涉及供应链各个企业，而且这些企业是不同类型、不同层次的企业，有上游的原材料供应企业．下游的分销企业和核心企业，有供、产、销等不同类型。这些企业既互相区别、又互相联系，共同构成一个供应链系统。这个大系统物流包括企业之间的物流，但是也可能要包括企业内部的物流，直接和企业生产系统相连。供应链物流就是要从整个系统的整体出发，而非单纯割裂地看待物流，比如库存管理，设立最小量地安全库存，甚至越库作业（cross-dock）或者JIT（just in time），必然是库存优化的一个相当美好的成果，但是从整体考虑，就要考虑运输频率，装载率又甚至装卸场地空间的问题。

3. 智能物流

智能物流运用物联网、大数据、云计算／边缘计算、人工智能等技术优化物流决策过程。智能物流获取、分析物流信息并做出决策，从商品源开始实时跟踪与管理，保证信息流快于商品流，体现了数智化经济运作的特点，即信息与物质快速、高效、流畅地运转，集自动化、数字化、网络化和智能化于一体，推动我国物流行业的转型升级。

在数智化社会物流供应链中，流转物除了商品，还包括数据、信息、社会所需关键资源。其不仅仅承载着消费者与商家之间的交易，还运用大数据、人工智能、物联网等尖端科技的赋能，为数智化社会物流供应链提供合理的资源配置，是社会经济发展的基础设施，可规范社会履约行为。

智能物流生态的建立受到社会、经济、文化、环境等多种因素的共同作用，因此在其顶层设计时需加入人工智能、物联网、区块链等新兴技术，优化体系建设，从源头上解决上述多种因素所带来的问题，奠定数智化社会物流供应链中"数"与"智"的基础。

智能物流运用数字孪生构建自感知、自学习、自决策的闭环系统，通过传输接口、集成中间件、仿真系统等将物理世界中真实的物流供应链映射到数字世界中，确保其高保真的数字化表象。进而通过在数字世界中的运营策略模拟，优化算法测试和结果分析，将数字世界中验证的智能决策镜像至物理世界，用超越现实的方式完成数智化物流供应链的闭环。智能物流终将实现社会化转型，达成物流业的可持续发展，为数智化社会供应链建立良好的流通体系，为我国供给侧结构性改革添砖加瓦。

文献来源：京东集团《未来科技趋势白皮书》

4. 供应链金融

供应链金融通过核心企业资金、资源优势，解决了产业链上中小企业"资金流"问题，增强了企业发展核心动能。其次，这种跨界融合和协同发展服务模式，重塑了市场经济血脉和神经，打通产业链上下游之间的"商流""物流"以及信息流，实现了产品从设计到生产、以及销售服务的全过程高效协同生态。

以产业链管理服务、现代金融创新为依托，打造出具有现代化市场竞争力的高端产业集群体系，是提升中国国际话语权的重要任务。

供应链金融的兴起在于其能快速、有效地解决传统供应链中的产融分离以及融资问题。在传统产业链中，上下游的中小企业特别是经销商，经常面临资金周转难、贷款难等问题，这极大限制了其进一步扩大市场的能力。而作为产业链核心的大型企业集团，市场、品牌、资源、资金优势明显，为产业链中小游企业提供亟须的金融服务，有利于实现产业链协同发展，共同做大产业链市场蛋糕。

阿里发布"码商成长计划"，全面赋能个体工商户极小微群体，其中供应链金融服务（赊购贷款、循环信用贷等）是重中之重。

腾讯旗下微众银行着力打造基于税务数据和社交数据的小微信贷产品"微业贷"，试图将其培育成继"微粒贷"之后下一个现象级爆款互金产品。

建设银行全面践行"双小"普惠金融战略，建成了能适应小微金融场景的"小微快贷"产品体系，因此董事长田国立才能如此高调地表态："发展普惠金融业务不是靠良好的愿望，而是要靠能力。"

弘翼财富也在不断深耕自身生态的供应链金融体系，研究出一套独特的风控体系，为企业打造快速便捷的融资服务。由此可见，精确瞄准解决小微企业金融痛点和难点几乎成为供应链金融服务商的共同主题和共通战略。

摘编整理：朱泽榕 高玲

编辑说明

《上海物流年鉴2022》出版了，这已经是第11年度（版）行业年鉴。本年度年鉴共分十一篇；第一篇综合报告和政策文件介绍；第二篇物流业发展景气指数；第三篇物流基础领域；第四篇口岸、（临港）自贸区、进口博览会、航运中心建设；第五篇长三角物流区域联动合作；第六篇产业供应链物流；第七篇逆向物流；第八篇冷链物流；第九篇城市配送与快递物流；第十篇物流装备、标准、技术和信息化；第十一篇物流金融与保险。附录，本年鉴信息和稿件收集的时间范围为2021年全年。

受因疫情影响、行业发展变化等因素影响；根据行业发展实际，内容篇幅编排在《上海物流年鉴2021》基础上做了篇幅前后的改动，其余篇章在框架及内容上也有相应不同程度的扩充或缩减。

本次调整如下；第一篇综合报告和政策文件介绍、第二篇物流业发展景气指数，这两篇收入了当年主要的政府政策及法律法规的文件和官方解读，以及2021年物流业发展景气指数数据。恢复了第三篇物流基础领域，这一篇主要介绍2021年交通物流、水路运输、铁路运输、航空运输行业发展情况。第四篇口岸、（临港）自贸区、进口博览会、航运中心建设，这一章节较《上海物流年鉴2021》新增了航运中心建设相关内容。第五篇长三角物流业区域合作，将《上海物流年鉴2021》第六篇制造业物流变更为产业供应链物流，第七篇逆向物流，恢复第八篇冷链物流，第九篇城市配送与快递物流，第十篇物流装备、标准、技术和信息化，第十一篇物流金融与保险。

本年鉴选摘稿件信息主要来源于国家统计局、国家发展改革委、国家邮政局、交通运输部、商务委、中国（上海市）发展改革委、市经信委、市商务委、中物联、工信部、市统计局、市交通委、市城市交通运输管理处、市口岸服务办公室、上海市邮电管理局、上海海关、上海市港口行业协会、上海市物流协会（学会）、上海市快递协会、上海现代服务业联合会等公共网站，本年鉴采用的选摘稿件均注明数据信息来源出处。

由于疫情持续影响原因，物流行业信息统计不够全面及时，加以物流业涉及面广、内容浩繁，少数数据由于统计口径不尽一致，数值有可能不尽相同，再加上编辑专业水平及经验不足，若有疏漏及不足之处，敬请读者和业内外人士批评指正。

上海物流年鉴编辑部
2022年4月28日